KB192680

엑스포지멘터리

열왕기상

1 Kings

엑스포지멘터리 열왕기상

초판 1쇄 발행 2014년 6월 5일
개정판 2쇄 발행 2019년 4월 1일

지은이 송병현

펴낸곳 도서출판 이엠
등록번호 제25100-2015-000063
주소 서울시 구로구 공원로 3번지
전화 070-8832-4671
E-mail empublisher@gmail.com

내용 및 세미나 문의 스타선교회: 02-520-0877 / EMail: starofkorea@gmail.com / www.star123.kr
Copyright © 송병현, 2019. *Print in Korea.*
ISBN 979-11-86880-01-2   93230

「이 도서의 국립중앙도서관 출판시도서목록(CIP)은 서지정보유통지원시스템 홈페이지(http://seoji.nl.go.kr)와 국가자
료공동목록시스템(http://www.nl.go.kr/kolisnet)에서 이용하실 수 있습니다. (CIP제어번호:CIP2015000753)」

엑스포지멘터리

열왕기상

1 Kings

| 송병현 지음 |

EXPOSItory comMENTARY

EM Exposi
Mentary

한국 교회를 위한 하나의 희망

저의 서재에는 성경 본문 연구에 관한 많은 책이 있습니다. 그중에는 주석서들도 있고 강해서들도 있습니다. 그러나 그중에 송병현 교수가 시도한 이런 책은 없습니다. 엑스포지멘터리, 듣기만 해도 가슴이 뛰는 책입니다. 설교자와 진지한 성경 학도 모두에게 꿈의 책이 아닐 수 없습니다. 이런 책이 좀 더 일찍 나올 수 있었다면 한국 교회가 어떠했을까를 생각해 봅니다. 저는 이 책을 꼼꼼히 읽어 보면서 가슴 깊은 곳에서 큰 자긍심을 느꼈습니다.

이 책은 지금까지 복음주의 교회가 쌓아 온 모든 학문적 업적을 망라하고 있을 뿐만 아니라 한국 교회 강단이 목말라하는 모든 실용적 갈망에 해답을 던져 줍니다. 이 책에서는 실제로 활용할 수 있는 충실한 신학적 정보가 일목요연하게 제시됩니다. 그러면서도 또한 위트와 감탄을 자아내는 감동적인 적용들도 제공됩니다. 얼마나 큰 축복이며 얼마나 신나는 일이며 얼마나 큰 은총인지요. 저의 사역에 좀 더 일찍 이런 학문적 효과를 활용하지 못한 것이 아쉽기만 합니다. 진실로 한국 교회의 내일을 위해 너무나 소중한 기여라고 생각합니다.

일찍이 한국 교회 1세대를 위해 박윤선 목사님과 이상근 목사님의 기여가 컸습니다. 그러나 이제 한국 교회는 새 시대의 리더십을 열어야 하는 교차로에 서 있습니다. 저는 송병현 교수가 이런 시점을 위해 준비된 선물이라고 생각합니다. 진지한 강해 설교를 시도하고자 하는 모든 이와 진지한 성경 강의를 준비하고자 하는 모든 성경공부 지도자에게 어떤 대가를 지불하고서라도 우선 이 책을 소장하고 성경을 연구하는 책상 가까운 곳에 두라고 권면하고 싶습니다. 앞으로 계속 출판될 책들이 참으로 기다려집니다.

한국 교회는 다행스럽게 말씀과 더불어 그 기초를 놓을 수 있었습니다. 이제는 그 말씀으로 어떻게 미래의 집을 지을 것인가를 고민하고 있습니다. 이 〈엑스포지멘터리 시리즈〉는 분명한 하나의 해답, 하나의 희망입니다. 이 책과 함께 성숙의 길을 걸어갈 한국 교회의 미래가 벌써 성급하게 기다려집니다. 더 나아가 한국 교회 역사의 성과물 중의 하나인 이 책이 다른 열방에도 나누어졌으면 합니다. 이제 우리는 복음에 빚진 자로서 열방을 학문적으로도 섬겨야 하기 때문입니다. 이 책을 한국 교회에 허락하신 우리 주님께 감사와 찬양을 드립니다.

이동원 | 지구촌교회 원로목사

총체적 변화를 가져다줄 영적 선물

교회사를 돌이켜 볼 때, 교회가 위기에 처해 있었다면 결국 강단에서 하나님의 말씀이 제대로 선포되지 못한 데서 그 근본 원인을 찾을 수 있습니다. 영적 분별력이 있는 사람이라면 모두 이에 대해 동의할 것입니다. 사회가 아무리 암울할지라도 강단에서 선포되는 말씀이 살아 있는 한, 교회는 교회로서의 기능이 약화되지 않고 오히려 사회를 선도하고 국민들의 가슴에 희망을 안겨 주었습니다. 백 년 전 영적 부흥이 일어났던 한국의 초대교회가 그 좋은 예입니다. 이러한 영적 부흥은 살아 있는 하나님의 말씀이 강단에서 영적 권위를 가지고 "하나님께서 이렇게 말씀하셨다"라고 선포되었을 때 나타났던 현상입니다.

오늘날에는 날이 갈수록 강단에서 선포되는 말씀이 약화되거나 축소되고 있습니다. 이런 상황 속에서 출간되는 송병현 교수의 〈엑스포지멘터리 시리즈〉는 한국 교회와 전 세계에 흩어진 7백만 한인 디아스포라에게 주는 커다란 영적 선물이 아닐 수 없습니다. 이 시리즈는 하나님의 말씀을 쉽게 이해할 수 있도록 풀이한 것으로, 목회자와 선교사는 물론이고 평신도들의 경건생활과 사역에도 큰 도움이 될 것입니다. 무엇보다도 저는 이 시리즈가 강단에서 원 저자이신 성령님의 의도대로 하나님 나라 복음이 선포되게 하여 믿는 이들에게 총체적 변화(total transformation)를 다시 경험할 수 있는 계기를 마련해 주리라 확신합니다.

송병현 교수는 지금까지 구약학계에서 토의된 학설 중 본문을 석의하는 데 불필요한 내용들은 걸러내는 한편, 철저하게 원 저자가 전하고자 하는 메시지를 현대인들이 가장 잘 이해할 수 있도록 전하고자 부단히 애를 썼습니다. 이 시리즈를 이용하는 모든 이에게 저자의 이런 수고와 노력에 걸맞은 하나님의 축복과 기쁨과 능력이 함께하실 것을 기대하면서 이 시리즈를 적극 추천합니다.

이태웅 | GMTC 초대 원장, 글로벌리더십포커스 원장

주석과 강해의 적절한 조화를 이뤄낸 시리즈

한국 교회는 성경 전체를 속독하는 '성경통독' 운동과 매일 짧은 본문을 읽는 '말씀 묵상'(QT) 운동이 세계 어느 나라 교회보다 활성화되어 있습니다. 얼마나 감사한 일인지 모릅니다. 그러나 상대적으로 책별 성경연구는 심각하게 결핍되어 있는 것이 사실입니다. 때때로 교회 지도자들 중에도 성경해석의 기본이 제대로 갖춰져 있지 않아 성경 저자가 말하려는 의도와 상관없이 본문을 인용해서 자신이 하고 싶은 말을 하는 분들이 적지 않음을 보고 충격을 받은 일도 있습니다. 앞으로 한국 교회가 풀어야 할 과제가 '진정한 말씀의 회복'이라면 이를 위해 가장 중요한 것은 바른 말씀의 세계로 인도해 줄 좋은 주석서와 강해서를 만나는 일일 것입니다.

좋은 주석서는 지금까지 축적된 다른 성경학자들의 연구 결과가 잘 정돈되어 있을 뿐 아니라 저자의 새로운 영적·신학적 통찰이 번뜩이는 책이어야 합니다. 또한 좋은 강해서는 자기 견해를 독자들에게 강요하는(impose) 책이 아니라, 철저한 본문 석의 과정을 거친 후에 추출되는 신학적·사회과학적 연구가 배어 있는 책이어야 할 것이며, 글의 표현이 현학적이지 않은, 독자들에게 친절한 저술이어야 할 것입니다.

그러나 솔직히 말씀드리면, 저는 서점에서 한국인 저자의 주석서나 강해서를 만나면 한참을 망설이다가 내려놓게 됩니다. 또 주석서를 시리즈로 사는 것은 어리석은 행동이라는 말을 신학교 교수들에게 들은 뒤로 여간해서 시리즈로 책을 사지 않습니다. 이는 아마도 풍성한 말씀의 보고(寶庫) 가운데로 이끌어 주는 만족스러운 주석서를 아직까지 발견하지 못했기 때문일 것입니다. 그러나 제가 처음으로 시리즈로 산 한국인 저자의 책이 있는데, 바로 송병현 교수의 〈엑스포지멘터리 시리즈〉입니다.

송병현 교수의 〈엑스포지멘터리 시리즈〉야말로 제가 가졌던 좋은 주석서와 강해서에 대한 모든 염원을 실현해 내고 있습니다. 이 주석서는 분명 한국 교회 목회자들과 평신도 성경 교사들의 고민을 해결해 줄 하나님의 값진 선물입니다. 지금까지 없었던, 주석서와 강해서의 적절한 조화를 이뤄낸 신개념의 해설주석이라는 점도 매우 신선하게 다가옵니다. 또한 쉽고 친절한 글이면서도 우물 깊은 곳에서 퍼 올린 생수와 같은 깊이가 느껴집니다. 이 같은 주석 시리즈가 한국에서 나왔다는 사실에 저는 감격하지 않을 수 없습니다. 이 땅에서 말씀으로 세상에 도전하고자 하는 모든 목회자와 평신도에게 이 주석 시리즈를 적극 추천합니다.

이승장 | 예수마을교회 목사, 성서한국 공동대표

시리즈 서문

"너는 50세까지는 좋은 선생이 되려고 노력하고, 그 이후에는 좋은 저자가 되려고 노력해라." 내가 시카고 근교에 위치한 트리니티 신학교(Trinity Evangelical Divinity School) 박사과정을 시작할 즘에 지금은 고인이 되신 스승 맥코미스키(Thomas E. McComiskey)와 아처(Gleason L. Archer) 두 교수님께서 주신 조언이었다. 너무 일찍 책을 쓰면 훗날 아쉬움이 많이 남는다며 하신 말씀이었다. 박사학위를 마치고 1997년에 한국에 들어와 신대원에서 가르치기 시작하면서 나는 이 조언을 마음에 새겼다. 사실 이 조언과 상관없이 내가 당시에 당장 책을 출판한다는 일은 불가능한 일이었다. 중학교를 다니던 70년대 중반에 캐나다로 이민을 갔다가 20여 년 만에 귀국하여 우리말로 강의하는 일 자체가 당시 나에게는 매우 큰 도전이었으며, 책을 출판하는 일은 사치로 느껴졌기 때문이다.

세월이 지나 어느덧 나는 선생님들이 말씀하신 50을 눈앞에 두었다. 1997년에 귀국한 후 지난 10여 년 동안 나는 구약 전체에 대한 강의안을 만드는 일을 목표로 삼았다. 내 자신에게 동기를 부여하기 위하여 내가 몸담고 있는 신대원 학생들에게 매 학기마다 새로운 구약 강해

과목을 개설해 주었다. 감사한 것은 지혜문헌을 제외한 구약 모든 책의 본문관찰을 중심으로 한 강의안을 13년 만에 완성할 수 있었다는 점이다. 앞으로 수 년에 거쳐 이 강의안들을 대폭 수정하여 매년 2-3권씩을 책으로 출판하려 한다. 지혜문헌은 잠시 미루어두었다. 시편 1권(1-41편)에 대하여 강의안을 만든 적이 있었는데, 본문관찰과 주해는 얼마든지 할 수 있었지만, 무언가 아쉬움이 남았다. 삶의 연륜이 가미되지 않은 데서 비롯된 부족함이었다. 그래서 나는 지혜문헌에 대한 주석은 60을 바라볼 때쯤 집필하기로 작정했다. 삶을 조금 더 경험한 후로 미루어 놓은 것이다. 아마도 이 시리즈가 완성될 때쯤이면, 자연스럽게 지혜문헌에 대한 책들을 출판할 때가 되지 않을까 싶다.

이 시리즈는 설교를 하고 성경공부를 인도해야 하는 중견목회자들과 평신도 지도자들을 마음에 두고 집필한 책들이다. 나는 이 시리즈의 성향을 exposimentary("해설주석")이라고 부르고 싶다. Exposimentary라는 단어는 내가 만들어낸 용어이다. 해설/설명을 뜻하는 expository라는 단어와 주석을 뜻하는 commentary를 합성하였다. 대체적으로 expository는 본문과 별 연관성이 없는 주제와 묵상으로 치우치기 쉽고, commentary는 필요이상으로 논쟁적이고 기술적일 수 있다는 한계를 의식해서 이러한 상황을 의도적으로 피하고 가르치는 사역에 조금이나마 실용적이고 도움이 되는 교재를 만들기 위하여 만들어낸 개념이다. 나는 본문의 다양한 요소와 이슈들에 대하여 정확하게 석의하면서도 전후 문맥과 책 전체의 문형(文形; literary shape)을 최대한 고려하여 텍스트의 의미를 설명하고 우리의 삶과 연결하려고 노력했다. 또한 히브리어 사용은 최소화했다.

이 시리즈를 내 놓으면서 감사할 사람이 참 많다. 먼저, 지난 25년 동안 나의 인생의 동반자가 되어 아낌없는 후원과 격려를 해주었던 아내 임우민에게 감사한다. 아내를 생각할 때마다 참으로 현숙한 여인을 (cf. 잠 31:10-31) 배필로 주신 하나님께 감사할 뿐이다. 아빠의 사역을 기도와 격려로 도와준 지혜, 은혜, 한빛에게도 고마운 마음을 표한다. 평생 기도와 후원을 아끼지 않은 친가와 처가 친척들에게도 감사하다는 말을 전하고 싶다. 항상 옆에서 돕고 격려해준 평생친구 장병환·윤인옥, 박선철·송주연 부부들에게도 고마움을 표하는 바이며, 시카고 유학시절에 큰 힘이 되어주셨던 이선구장로·최화자권사님 부부에게도 이 자리를 빌려 평생 빚진 마음을 표하고 싶다. 우리 가족이 20여 년 만에 귀국하여 정착할 수 있도록 배려를 아끼지 않으신 백석학원 설립자 장종현 목사님에게도 감사하는 바이다. 우리 부부의 영원한 담임목자이신 이동원 목사님에게도 고마움을 표하고 싶다.

2009년 겨울 방배동에서

감사의 글

스타선교회의 사역에 물심양면으로 헌신하여 오늘도 하나님의 말씀이 온 세상에 선포되는 일에 기쁜 마음으로 동참하시는 김형국, 백영걸, 정진성, 장병환, 임우민, 정채훈, 송은혜, 강숙희 이사님들께 감사의 마음을 전하고 싶습니다. 이사님들의 헌신이 있기에 세상은 조금 더 살맛 나는 곳이 되고 있습니다.

2016년 여름이 시작된 방배동에서

일러두기

엑스포지멘터리(exposimentary)는 "해설/설명"을 뜻하는 엑스포지토리(expository)라는 단어와 "주석"을 뜻하는 코멘터리(commentary)를 합성한 단어이다. 본문의 뜻과 저자의 의도와는 별 연관성이 없는 주제와 묵상으로 치우치기 쉬운 엑스포지토리(expository)의 한계와 필요이상으로 논쟁적이고 기술적일 수 있는 코멘터리(commentary)의 한계를 극복하여 목회현장에서 가르치고 선포하는 사역에 실질적으로 도움이 되도록 하는 새로운 장르이다. 본문의 다양한 요소와 이슈들에 대하여 정확하게 석의하면서도 전후 문맥과 책 전체의 문형(文形; literary shape)을 최대한 고려하여 텍스트의 의미를 설명하고 성도의 삶과 연결하려고 노력하는 설명서이다. 엑스포지멘터리는 다음과 같은 원칙을 바탕으로 인용한 정보를 표기한다.

1. 참고문헌을 모두 표기하지 않고 선별된 참고문헌으로 대신한다.
2. 출처를 표기할 때 각주(foot note) 처리는 하지 않는다.
3. 출처 표기는 괄호 안에 하되 페이지는 밝히지 않는다.
4. 여러 학자들이 동일하게 해석할 때 모든 학자들을 표기하지 않고

일부만 표기한다.

5. 한 출처를 인용하여 설명할 때, 설명이 길어지더라도 각 문장마다 출처를 표기하지 않는다.

주석은 목적과 주 대상에 따라 인용하는 정보 출처와 참고문헌 표기가 매우 탄력적으로 제시되는 장르이다. 참고문헌이 없이 출판되는 주석들도 있고, 각주가 전혀 없이 출판되는 주석들도 있다. 또한 각주와 참고문헌이 없이 출판되는 주석들도 있다. 엑스포지멘터리 시리즈는 이 같은 장르의 탄력적인 성향을 고려하여 제작된 주석이다.

선별된 약어표

개역	개역성경
개정	개역성경개정판
공동	공동번역
새번역	표준새번역 개정판
현대	현대인의 성경
아가페	아가페 쉬운성경
BHK	Biblica Hebraica Kittel
BHS	Biblica Hebraica Stuttgartensia
ESV	English Standard Version
CSB	Nashville: Broadman & Holman, Christian Standard Bible
KJV	King James Version
LXX	칠십인역(Septuaginta)
MT	마소라 사본
NAB	New American Bible
NAS	New American Standard Bible
NEB	New English Bible

NIV   New International Version

NRS   New Revised Standard Bible

TNK   Jewish Publication Society Tanakh

TNIV   Today's New International Version

AAR   American Academy of Religion

AB   Anchor Bible

ABD   The Anchor Bible Dictionary

ABRL   Anchor Bible Reference Library

ACCS   Ancient Christian Commentary on Scripture

AJSL   American Journal of Semitic Languages and Literature

ANET   J. B. Pritchard, ed., The Ancient Near Eastern Texts Relating to the Old Testament. 3rd. ed. Princeton: Princeton University Press, 1969.

ANETS   Ancient Near Eastern Texts and Studies

AOTC   Abingdon Old Testament Commentary

ASORDS   American Schools of Oriental Research Dissertation Series

BA   Biblical Archaeologist

BAR   Biblical Archaeology Review

BASOR   Bulletin of the American Schools of Oriental Research

BBR   Bulletin for Biblical Research

BCBC   Believers Church Bible Commentary

BDB   F. Brown, S. R. Driver & C. A. Briggs, A Hebrew and English Lexicon of the Old Testament. Oxford: Clarendon Press, 1907.

BETL   Bibliotheca Ephemeridum Theoloicarum Lovaniensium

BibOr   Biblia et Orientalia

BibSac   Bibliotheca Sacra

BibInt	Biblical Interpretation
BJRL	Bulletin of the John Rylands Library
BJS	Brown Judaic Studies
BLS	Bible and Literature Series
BN	Biblische Notizen
BO	Berit Olam: Studies in Hebrew Narrative & Poetry
BR	Bible Review
BRS	The Biblical Relevancy Series
BSC	Bible Student Commentary
BT	The Bible Today
BV	Biblical Viewpoint
BTCB	Brazos Theological Commentary on the Bible
BZAW	Beihefte zur Zeitschrift für die alttestamentliche
CAD	Chicago Assyrian Dictionary
CBC	Cambridge Bible Commentary
CBSC	Cambridge Bible for Schools and Colleges
CBQ	Catholic Biblical Quarterly
CBQMS	Catholic Biblical Quarterly Monograph Series
CB	Communicator's Bible
CHANE	Culture and History of the Ancient Near East
DSB	Daily Study Bible
EBC	Expositor's Bible Commentary
ECC	Eerdmans Critical Commentary
EncJud	Encyclopedia Judaica
EvJ	Evangelical Journal
EvQ	Evangelical Quarterly
ET	Expository Times

ETL	Ephemerides Theologicae Lovanienses
FOTL	Forms of Old Testament Literature
GCA	Gratz College Annual of Jewish Studies
GKC	E. Kautszch and A. E. Cowley, Gesenius' Hebrew Grammar. Second English edition. Oxford: Clarendon Press, 1910.
GTJ	Grace Theological Journal
HALOT	L. Koehler and W. Baumgartner, The Hebrew and Aramaic Lexicon of the Old Testament. Trans. by M. E. J. Richardson. Leiden: E. J. Brill, 1994−2000.
HBT	Horizon in Biblical Theology
HSM	Harvard Semitic Monographs
HOTC	Holman Old Testament Commentary
HUCA	Hebrew Union College Annual
IB	Interpreter's Bible
ICC	International Critical Commentary
IDB	Interpreter's Dictionary of the Bible
ISBE	G. W. Bromiley (ed.), The International Standard Bible Encyclopedia. 4 vols. Grand Rapids: 1979−88.
ITC	International Theological Commentary
J−M	P. Joüon−T. Muraoka, A Grammar of Biblical Hebrew. Part One: Orthography and Phonetics. Part Two: Morphology. Part Three: Syntax. Subsidia Biblica 14/I−II. Rome: Editrice Pontificio Istituto Biblico, 1991.
JAAR	Journal of the American Academy of Religion
JANES	Journal of Ancient Near Eastern Society
JNES	Journal of Near Eastern Studies

JBL	Journal of Biblical Literature
JBQ	Jewish Bible Quarterly
JJS	Journal of Jewish Studies
JSJ	Journal for the Study of Judaism
JNES	Journal of Near Eastern Studies
JSOT	Journal for the Study of the Old Testament
JSOTSup	Journal for the Study of the Old Testament Supplement Series
JPSTC	JPS Torah Commentary
LCBI	Literary Currents in Biblical Interpretation
MHUC	Monographs of the Hebrew Union College
MJT	Midwestern Journal of Theology
MOT	Mastering the Old Testament
MSG	Mercer Student Guide
NAC	New American Commentary
NCB	New Century Bible Commentary
NCBC	New Collegeville Bible Commentary
NEAEHL	E. Stern (ed.), The New Encyclopedia of Archaeological Excavations in the Holy Land. 4 vols. Jerusalem: Israel Exploration Society & Carta, 1993.
NIB	New Interpreter's Bible
NIBC	New International Biblical Commentary
NICOT	New International Commentary on the Old Testament
NIDOTTE	W. A. Van Gemeren, ed., The New International Dictionary of Old Testament Theology and Exegesis. Grand Rapids: Zondervan, 1996.
NIVAC	New International Version Application Commentary

OBC	Oxford Bible Commentary
Or	Orientalia
OTA	Old Testament Abstracts
OTE	Old Testament Essays
OTG	Old Testament Guides
OTL	Old Testament Library
OTM	Old Testament Message
OTS	Oudtestamentische Studiën
OTWAS	Ou-Testamentiese Werkgemeenskap in Suid-Afrika
PBC	People's Bible Commentary
PEQ	Palestine Exploration Quarterly
PSB	Princeton Seminary Bulletin
RevExp	Review and Expositor
RTR	Reformed Theological Review
SBJT	Southern Baptist Journal of Theology
SBLDS	Society of Biblical Literature Dissertation Series
SBLMS	Society of Biblical Literature Monograph Series
SBLSymS	Society of Biblical Literature Symposium Series
SHBC	Smyth & Helwys Bible Commentary
SJOT	Scandinavian Journal of the Old Testament
SJT	Scottish Journal of Theology
SSN	Studia Semitica Neerlandica
TBC	Torch Bible Commentary
TynBul	Tyndale Bulletin
TD	Theology Digest
TDOT	G. J. Botterweck and H. Ringgren (eds.), Theological Dictionary of the Old Testament. Vol. I-. Grand Rapids:

Eerdmans, 1974–.

THAT	Theologisches Handwörterbuch zum Alten Testament. 2 vols. Munich: Chr. Kaiser, 1971–1976.
TJ	Trinity Journal
TOTC	Tyndale Old Testament Commentaries
TS	Theological Studies
TUGOS	Transactions of the Glasgow University Oriental Society
TWAT	Theologisches Wörterbuch zum Alten Testament. Stuttgart: W. Kohlhammer, 1970–.
TWBC	The Westminster Bible Companion
TWOT	R. L. Harris, G. L. Archer, Jr., and B. K. Waltke (eds.), Theological Wordbook of the Old Testament, 2 vols. Chicago: Moody, 1980.
TZ	Theologische Zeitschrift
UBT	Understanding Biblical Themes
VT	Vetus Testament
VTSup	Vetus Testament Supplement Series
W–O	B. K. Waltke and M. O'Connor, An Introduction to Biblical Hebrew Syntax. Winona Lake: Eisenbrauns, 1990.
WBC	Word Biblical Commentary
WBCom	Westminster Bible Companion
WCS	Welwyn Commentary Series
WEC	Wycliffe Exegetical Commentary
WTJ	The Westminster Theological Journal
ZAW	Zeitschrift für die alttestamentliche Wissenschaft

선별된 참고문헌

(Select Bibliography)

Ackerman, S. *Under Every Green Tree: Popular Religion in Sixth-Century Judah*. HSM. Atlanta: Scholars Press, 1992.

_____. "The Queen Mother and the Cult in Ancient Israel." JBL 112 (1993): 385−401.

Ackroyd, P. R. "An Interpretation of the Babylonian Exile: A Study of II Kings 20 and Isaiah 38−39." SJT 27 (1974): 329−52.

Adam, K. P. "Warfare and Treaty Formulas in the Background of Kings." Pp. 35−68 in *Soundings in Kings: Perspectives and Methods in Contemporary Scholarship*. Ed. by M. Leuchter, and K. P. Adam. Minneapolis: Fortress, 2010.

Ahlström, G. W. *Royal Administration and National Religion in Ancient Palestine*. Leiden: Brill, 1982.

Albertz, R. *A History of Israelite Religion in the Old Testament Period: Volume I: From the Beginning to the End of the Monarchy*. Trans. by J. Bowden. Louisville: John−Knox Press, 1994.

_____. *Israel in Exile: The History and Literature of the Sixth Century B.C.E.*

Leiden: Brill, 2004.

_____. "Why A Reform Like Josiah's Must Have Happened." Pp. 27–46 in *Good Kings and Bad Kings*. Ed. by L. L. Grabbe. London: T&T Clark, 2005.

Albrecktson, B. *History and the Gods: An Essay on the Idea of Historical Events as Divine Manifestations in the Ancient Near East and in Israel*. Lund: Gleerup, 1967.

Albright, W. F. "The Chronology of the Divided Monarchy of Israel." BASOR 100 (1945): 16–22.

_____. "New Light from Egypt on the Chronology and the History of Israel and Judah." BASOR 130 (1953): 4–11.

_____. "The High Place in Ancient Palestine." Pp. 242–58 in *Congress Volume: Strasbourg, 1956*. VTSup. Leiden: Brill, 1957.

Alter, R. *The Art of Biblical Narrative*. New York: Basic Books, 1981.

Archer, G. *A Survey of Old Testament Introduction*. Chicago: Moody Publishers, 2007.

Aucker, W. B. "Putting Elisha in his Place: Genre, Cohenrence, and Narrative Function in 2 Kings 2–8." Ph. D. diss., University of Edinburgh, 2000.

Auld, A. G. *Kings without Privilege: David and Moses in the Story of the Bible's Kings*. Edinburgh: T & T Clark, 1993.

_____. *I & II Kings*. DSB. Philadelphia: Westminster Press, 1986.

Avoiz, "When Was the First Temple Destroyed, According to the Bible?" Biblica 84 (2003): 562–65.

_____. "The Book of Kings in Recent Research (Part I)." CBR 4.1 (2005): 11–55.

_____. "The Characterization of Solomon in Solomon's Prayer (1 Kings 8)."

BN 126 (2005): 18-28.

Barker, M. "Hezekiah's Boil." JSOT 26 (2001): 31-42.

Barrick, W. B. *The Kings and the Cemeteries: Toward a New Understanding of Josiah's Reform*. VTSup. Leiden: Brill, 2002.

_____. "On the Removal of the High Places in 1-2 Kings." Biblica 55 (1974): 257-59.

_____. "Another Shaking of Jehoshaphat's Family Tree: Jehoram and Ahaziah Once Again." VT 51 (2001): 9-25.

Begg, C. T. "The Significance of Jehoiachin's Release: A New Proposal." JSOT 36 (1986): 59-66.

_____. "Jotham and Amon: Two Minor Kings of Judah According to Josephus." BBR 6 (1996): 1-13.

Bergen, W. J. *Elisha and the End of Prophetism*. JSOTSS. Sheffield: Sheffield Academic Press, 1999.

BinNun, S. "Formulas from Royal Records of Israel and of Judah." VT 18 (1968): 414-32.

Blenkinsopp, Joseph. *The Pentateuch*. Anchor Bible Reference Library. New York: Doubleday, 1992.

Brenner, A., ed. *A Feminist Companion to Samuel and Kings*. The Feminist Companion to the Bible. Sheffield: Sheffield Academic Press, 1994.

Brettler, M. Z. "The Structure of 1 Kings 1-11." JSOT 49 (1991): 87-97.

Bright, J. *A History of Israel*. 3rd ed. Philadelphia: Westminster Press, 1981.

Brindle, W. A. "The Causes of the Division of Israel's Kingdom." BibSac 141 (1984): 223-33.

Bronner, L. *The Stories of Elijah and Elisha: As Polemics against Baal Worship*. POS. Leiden: E. J. Brill, 1968.

Brueggemann, W. *1 & 2 Kings*. SHBC. Macon, GA: Smyth & Helwys, 2000.

_____. "The Kerygma of the Deuteronomist Historian." Interpretation 22 (1968): 387–402.

_____. *Solomon: Israel's Iconic Icon of Human Achievement*. University of South Carolina Press, 2005.

Burney, Ch. F. *Notes on the Hebrew Text of the Books of Kings*. Oxford: Oxford University Press, 1903.

Byl, J. "On the Capacity of Solomon's Molten Sea." VT 48 (1998): 309–14.

Campbell, A. F.; M. A. O'Brien. *Unfolding the Deuteronomistic History: Origins, Upgrades, Present Text*. Minneapolis: Fortress, 2000.

Carr, D. M. *From D to Q: A Study of Early Jewish Interpretations of Solomon's Dream at Gibeon*. SBLMS. Atlanta: Scholars Press, 1991.

Carroll, R. P. "The Elijah–Elisha Sagas: Some Remarks on Prophetic Succession in Ancient Israel." VT 19 (1969): 400–415.

Casson, L. *Sea and Seamanship in the Ancient World*. Princeton: Princeton University Press, 1971.

Childs, B. S. *Introduction to the Old Testament as Scripture*. Philadelphia: Fortress, 1979.

_____. "On Reading the Elijah Narrative." Interpretation 34 (1980): 128–37.

Cogan, M. *I Kings*. AB. New York: Doubleday, 2001.

_____. *Imperialism and Religion: Assyria, Judah, and Israel in the Eight and Seventh Centuries B.C.* SBLMS. Missoula: Scholars Press, 1974.

Cogan, M.; H. Tadmor. *II Kings*. AB. New York: Doubleday, 1988.

Cohn, R. L. *2 Kings*. BO. Collegeville, MN: Liturgical Press, 2000.

_____. "Convention and Creativity in the Book of Kings: the Case of the Dying Monarch." CBQ 47 (1985): 603−16.

_____. "The Literary Logic of 1 Kings 17−19." JBL 101 (1982): 333−50.

Conroy, C. *1-2 Sauel; 1-2 Kings*. OTM. Michael Glazier, 1983.

Cook, A. "Fiction and History in Samuel and Kings." JSOT 36 (1986): 27−48.

Crockett, W. D. *A Harmony of Samuel, Kings, and Chronicles*. Grand Rapids: Baker Book House, 2003.

Cross, F. M. *Canaanite Myth and Hebrew Epic*. Cambridge, Mass.: Harvard University Press, 1973.

Culley, R. C. *Studies in the Structure of Hebrew Narrative*. Minneapolis: Fortress, 1976.

Cundall, A. C. "Sacral Kingship—The Old Testament Background." VE 6 (1969): 31−41.

Dalley, S. "Recent Evidence from Assyrian Sources for Judean History from Uzziah to Manasseh." JSOT 28 (2004): 387−401.

Davies, J. A. "Discerning Between Good and Evil? Solomon As a New Adam in 1 Kings." WTJ 73 (2011): 39−57.

De Vries, S. J. *I Kings*. WBC. Waco, Tex.: Word, 1985.

Delamarter, S. "The Death of Josiah in Scripture and Tradition: Wrestling With the Problem of Evil?" VT 54 (2004): 29−60.

Donner, H. "The Separate States of Israel and Judah." *Israelite and Judean History*. Ed. by J. Hayes and J. Miller. OTL. Philadelphia: Westminster, 1977.

Ellul, J. *The Politics of God and the Politics of Man*. Grand Rapids: Eerdmans, 1972.

Emerton, J. A. "The House of Baal in 1 Kings XVI 32." VT 47 (1997): 293-300.

_____. "The High Places of the Gates in 2 Kings XXIII 8." VT 44 (1994): 455-67.

Eynikel, E. *The Reform of King Josiah and the Composition of the Deuteronomistic History*. OTS. Leiden: E. J. Brill, 1996.

Feldman, L. H. "Josephus' Portrait of Arsa." BBR 4 (1994): 41-60.

Fensham, F. C. "A Few Observation on the Polarization between Yahweh and Baal in 1 Kings 17-19." ZAW 92 (1980): 227-36.

Fewell, D. "Sennacherib's Defeat: Words at War in 2 Kings 18:13-19:37." JSOT 34 (1986): 79-90.

Fohrer, G. *Introduction to the Old Testament*. London: Clarendon, 1970.

Fox, N. S. *In the Service of the King: Officialdom in Ancient Israel and Judah*. MHUC. Cincinnati: Hebrew Union College Press, 2000.

Fretheim, T. E. *Deuteronomic History*. Nashville: Abingdon Press, 1983.

_____. *First and Second Kings*. WBCom. Louisville: John-Knox Press, 1999.

Frisch, A. "The Exodus Motif in 1 Kings 1-14." JSOT 87 (2000): 3-21.

_____. "Structure and Its Significance: The Narrative of Solomon's Reign [1 Kings 1-12:24]." JSOT 51 (1991): 3-14.

Fritz, V. *1 & 2 Kings*. CC. Trans. by Anselm Hagedorn. Minneapolis: Fortress, 2003.

Galil, G. *The Chronology of the Kings of Israel and Judah*. Leiden: E. J. Brill, 1996.

_____. "The Message of the Book of Kings in Relation to Deuteronomy and Jeremiah." BibSac 158 (2001): 406–14.

Gallagher, W. R. *Sennacherib's Campaign to Judah*. Studies in the History & Culture of the Ancient Near East. Leiden: Brill, 1999.

Gane, R. "The Role of Assyria in the Ancient Near East During the Reign of Manasseh." AUSS 35 (1997): 21–32.

Gerbrandt, G. E. *Kingship according to the Deuternomistic History*. SBLDS. Atlanta: Scholars Press, 1986.

Goldberg, J. "Two Assyrian Campaigns against Hezekiah and Later Eighth Century Biblical Chronology." Biblica 80 (1999): 360–90.

Gooding, D. W. "Jeroboam's Rise to Power." JBL 91 (1972): 529–33.

Gottwald, N. K. *All the Kingdoms of the Earth: Israelite Prophecy and International Relations in the Ancient Near East*. New York: Harper & Row, 1964.

Goulder, M. "Behold My Servant Jehoiachin." VT 52 (2002): 175–90.

Gray, J. *I & II Kings: A Commentary*. OTL. 2nd ed. Philadelphia: Westminster, 1970.

Green, A. R. W. "The Fate of Jehoiakim." AUSS 20 (1982): 103–09.

Gross, W. "Lying Prophet and Disobedient Man of G–d in 1 Kings 13: Role Analysis as an Instrument of Theological Interpretation of an Old Testament Narrative Text." Semeia 15 (1979): 97–135.

Hallo, W. W. "From Qarqar to Carchemish." BA 23 (1960): 34–61.

Hallo, W. W.; W. K. Simpson. *The Ancient Near East*. New York: Harcourt Brace Jovanovich, 1971.

Halpern. "Why Manasseh is Blamed for the Babylonian Exile: the Evolution of a Biblical Tradition." VT 48 (1998): 473–514.

Handy, L. K., ed. *The Age of Solomon: Scholarship at the Turn of the Millenium*. Studies in the History & Culture of the Ancient Near

East. Leiden: Brill, 1997.

Haran, M. "The Empire of Jeroboam ben Joash." VT 19 (1967): 267–324.

_____. "The Books of the Chronicles 'of the Kings of Judah' and 'of the Kings of Israel': What Sort of Books Were They?" VT 49 (1999): 156–64.

Hasel, M. G. "The Destruction of Trees in the Moabite Campaign of 2 Kings 3:4–27: a Study in the Laws of Warfare." AUSS 40 (2002): 197–206.

Hayes, J. H.; J. K. Huan. "The Final Years of Samaria (730–720BC)." Bib 72 (1991): 153–81.

Hays, J. D. "Has the Narrator Come to Praise Solomon or to Bury Him? Narrative Subtlety in 1 Kings 1–11." JSOT 28 (2003): 149–74.

Hobbs, T. R. *2 Kings*. WBC. Waco, Tex.: Word, 1985.

Hollenback, G. M. "The Dimensions and Capacity of the 'Molten Sea' in 1 Kgs 7,23–26." Biblica 81 (2000): 391–92.

Honeycutt, R. "1–2 Kings." *The Broadman Bible Commentary*, vol. 3. Ed. by C. J. Allen. Nashville: Broadman, 1970.

Horn, S. H. "Did Sennacherib Campaign Once or Twice Against Hezekiah?" AUSS 4 (1966): 1–20.

Howard, D. M. *An Introduction to the Old Testament Historical Books*. Chicago: Chicago: Moody Press, Press, 1993.

House, P. R. *1, 2 Kings*. NAC. Nashville: Broadman & Holman, 1995.

Hubbard, R. L. *First and Second Kings*. Expositor's Bible Commentary. Chicago: Moody, 1991.

Hurowitz, V. *I Have Built You an Exalted House*. JSOTSS. Sheffield:

Sheffield Academic Press, 1992.

_____. "Another Fiscal Practice in the Ancient Near East: 2 Kings 12:5-17 and a Letter to Esarhaddon (LAS 277)." JNES 45 (1986): 289-94.

Ishida, T., ed. *Studies in the Period of David and Solomon: And Other Essays*. Winona Lake: Eisenbrauns, 1982.

Japhet, S. *I & II Chronicles*. OTL. Louisville: Westminster/John Knox, 1993.

Jones, G. H. *1 and 2 Kings*. NCBC. 2 vols. Grand Rapids: Eerdmans, 1984.

Kaiser, O. *Introduction to the Old Testament*. Oxford: Oxford University Press, 1975.

_____. *Isaiah 1-12*. OTL. 2d ed. Trans. by R. A. Wilson. Philadelphia: Westminster, 1981.

Kalimi, I.; J. D. Purvis. "King Jehoiachin and the Vessels of the Lord's House in Biblical Literature." CBQ 56 (1994): 449-457.

Keil, C. F. *Biblical Commentary on the Old Testament: The Books of the Kings*. Grand Rapids: Eerdmans, 1954.

Kenik, H. A. *Design for Kingship*. SBLDS. Atlanta: Scholars Press, 1983.

Keulen, P. S. F. *Manasseh through the Eyes of the Deuteronomists*. OTS. Leiden: E. J. Brill, 1996.

Keys, G. "The So-Called Succession Narrative: a Reappraisal of Rost's Approach to Theme in 2 Samuel 9-20 and 1 Kings 1-2." IBS 10 (1988): 140-55.

Kitchen, K. A. *On the Reliability of the Old Testament*. Grand Rapids: Eerdmans, 2003.

_____. "I and II Kings." TSF Bulletin 41 (1965): 10-22.

_____. "Where Did Solomon's Wealth Go?" BAR 15 (1989): 30.

Klein, R. W. "Jeroboam's Rise to Power." JBL 89 (1970): 217–18.

Knoppers, G. N. "Prayer and Propaganda: Solomon's Dedication of the Temple and the Deuteronomistic Program." CBQ 57 (1995): 229–54.

_____. *The Reign of Jeroboam, the Fall of Israel, and the Reign of Josiah.* Vol. 2 of *Two Nations Under God: The Deuteronomistic History of Solomon and the Dual Monarchies.* HSM. Atlanta: Scholars Press, 1994.

_____. "'There Was None Like Him': Incomparability in the Books of Kings." CBQ 54 (1992): 411–31.

_____. "Prayer and Propaganda: Solomon's Dedication of the Temple and the Deuteronomist's Program." CBQ 57 (1995): 229–54.

Koch, K. *The Prophets, vol. 1: The Assyrian Period.* Minneapolis: Fortress, 1982.

Konkel, A. H. *1 and 2 Kings.* NIVAC. Grand Rapids: Zondervan, 2006.

Lasine, S. "Jehoram and the Cannibal Mothers (2 Kings 6:24–33): Solomon's Judgment in an Inverted World." JSOT 50 (1991): 27–53.

Leithart, P. J. "Counterfeit Davids: Davidic Restoration and the Architecture of 1–2 Kings." TynBul 56 (2005): 19–34.

Lemke, W. E. "The Way of Obedience: 1 Kings 13 and the Structure of the Deuteronomistic History." Pp. 301–26 in *Magnalia Dei: The Mighty Act of God.* Ed. by F. M. Cross et al. Garden City: Doubleday, 1976.

Levenson, J. D. "Who Inserted the Book of the Torah?" HTR 68 (1975): 203–33.

Levinson, B. M. "The Reconceptualization of Kingship in Deuteronomy and the Deuteronomistic History's Transformation of Torah." VT 51 (2001): 511–34.

Lindblom, J. *Prophecy in Ancient Israel.* Philadelphia: Fortress, 1965.

Lohfink, N. "The Cult Reform of Josiah of Judah: 2 Kings 22–23 as a Source for the History of Israelite Religion." Pp. 459–75 in *Ancient Israelite Religion.* Ed. by P. D. Miller et al. Minneapolis: Fortress, 1987.

Long, B. O. *1 Kings, with an Introduction to Historical Literature.* FOTL. Grand Rapids: Eerdmans, 1984.

_____. *2 Kings.* FOTL. Grand Rapids: Eerdmans, 1991.

Longman, T.; R. B. Dillard. *An Introduction to the Old Testament.* 2nd ed. Grand Rapids: Zondervan, 2006.

Lovell, N. "The Shape of Hope in the Book of Kings: The Resolution of Davidic Blessing and Mosaic Curse." JESOT 3 (2014): 3–27.

Lowery, R. H. *The Reforming Kings.* JSOTSS. Sheffield: Sheffield Academic Press, 1991.

Luckenbill, D. D. *Ancient Records of Assyria and Babylon.* 2 vols. Chicago: University of Chicago Press, 1926–27.

Malamat, A. "Aspects of the Foreign Policies of David and Solomon." JNES 22 (1963): 1–22.

_____. "Organs of Statecraft in the Israelite Monarchy." BA 28 (1965): 34–65.

Matheney, M. P. "I Kings." *Broadman Bible Commentary*, vol. 3. Ed. by C. J. Allen. Nashville: Broadman, 1970.

Mathews, V. H.; D. C. Benjamin. *Old Testament Parallels.* New York: Paulist, 1991.

McCarter, K. *2 Samuel.* AB. New York: Doubleday, 1984.

McConville, J. G. "Narrative and Meaning in the Books of Kings." Biblica 70 (1989): 31–49.

McFall, L. "A Translation Guide to the Chronological Data in Kings and Chronicles." BibSac 148 (1991): 3–45.

McKay, J. W. *Religion in Judah under the Assyrians, 732-609 B.C.* London: SCM Press, 1973.

McKenzie, S. L. *The Trouble with Kings: The Composition of the Books of Kings in the Deuteronomistic History.* VTSup. Leiden: E. J. Brill, 1991.

Mead, J. K. "Kings and Prophets, Donkeys and Lions: Dramatic Shape and Deuteronomistic Rhetoric in 1Kings XIII." VT 49 (1999): 191–205.

Mendenhall, G. "The Monarchy." Interpretation 29 (1975): 155–70.

Milgrom, J. *Leviticus*, 3 vols. AB. New Heavens, Conn.: Yale University Press, 1998–2001.

Millard, A. "Solomon in All His Glory." VE 12 (1981): 5–18.

_____. "Sennacherib's Attack on Hezekiah." TynBul 36 (1985): 61–77.

_____. "Does the bible Exaggerate King Solomon's Golden Wealth?" BAR 15 (1989): 20–34.

Montgomery, J. A.; H. S. Gehman. *The Books of Kings.* ICC. Edinburgh: T & T Clark, 1951.

Moore, M. S. "Big Dreams and Broken Promises: Solomon's Treaty with Hiram in Its International Context." BBR 14 (2004): 205–21.

Morgenstern, J. "A Chapter in the History of the High-Priesthood." AJSL 55 (2952): 1–24, 183–98, 360–77.

Motyer, J. A. *The Prophecy of Isaiah: An Introduction and Commentary.* Downers Grove, IL: InterVarsity, 1994

Mulder, M. J. *1 Kings 1-11*. Trans. by J. Vriend. HCOT. Leuven: Peeters, 1998.

Na'aman, N. "Death Formulae and the Burial Place of the Kings of the House of David." Biblica 85 (2004): 245-54.

_____. "New Light on Hezekiah's Second Prophetic Story (2 Kgs 19,9b-35)." Biblica 81 (2000): 393-402.

Nakanose, S. *Josiah's Passover: Sociology & the Liberating Bible*. Maryknoll: Orbis Books, 1993.

Nelson, R. D. *First and Second Kings*. John Louisville: John Knox Press, 1987.

_____. "The Anatomy of the Book of Kings." JSOT 40 (1988): 39-48.

Nicholson, E. W. *God and His People: Covenant and Theology in the Old Testament*. Oxford: Clarendon Press, 1986.

_____. Deuteronomy and Tradition. Oxford: Clarendon Press, 1967.

Noth, M. *The Deuteronomistic History*. Trans. by D. J. A. Clines. JSOTSS. Sheffield: JSOT Press, 1981.

Obed, B. "The Historical Backgroud of the Syro-Ephraimite War Reconsidered." CBQ 34 (1972): 153-65.

O'Brien, M. "The Portrayal of Prophets in 2 Kings 2." ABR 46 (1998): 1-16.

Ollenburger, B. C. *Zion, the City of the Great King: A Theological Symbol of Jerusalem Cult*. JSOTSS. Sheffield: Sheffield Academic Press, 1987.

Olley, J. W. "Pharaoh's Daughter, Solomon's Palace, and the Temple: Another Look at the Structure of 1 Kings 1-11." JSOT 27 (2003): 355-69.

_____. "'Trust in the Lord': Hehekiah, Kings and Isaiah." TynBul 50

(1999): 59-77.

Olmstead, A. T. *History of Assyria*. London: Scriber's Sons, 1923.

Olyan, S. "Hᵃsalom: Some Literary Considerations of 2 Kings 9." CBQ 46 (1984): 652-68.

Oswalt, J. N. "The Golden Calves and the Egyptian Concept of Deity." EQ 45 (1973): 13-20.

_____. *The Book of Isaiah: Chapters 1-39*. NICOT. Grand Rapids: Eerdmans, 1986.

Otto, S. "The Composition of the Elijah-Elisha Stories and the Deuteronomistic History." JSOT 27 (2003): 487-508.

Parker, K. I. "Repetition in 1 Kings 1-11." JSOT 42 (1988): 19-27.

Parker, S. B. "Did the Authors of the Books of Kings Make Use of Royal Inscriptions?" VT 50 (2000): 357-78.

Patterson, R. D.; H. J. Austel. "1, 2 Kings." Pp. 615-954 in *The Expositor's Bible Commentary*. Rev. ed. Grand Rapids: Zondervan, 2009.

Payne, D. F. *Kingdoms of the Lord. A History of the Hebrew Kingdoms*. Exeter: The Paternoster Press, 1981.

_____. "The Elijah Cycle and Its Place in Kings." IBS 8 (1986): 109-14.

Payne, J. B. "The Relationship of the Reign of Ahaz to the Accession of Hezekiah." BibSac 126 (1967): 93-128.

Porten, B. "The Structure and Theme of the Solomon Narrative (1 Kings 3-11)." HUCA 38 (1967): 93-128.

Pritchard, J. B., ed. *Ancient Near Eastern Texts Relating to the Old Testament*. 3rd ed. Princeton: Princeton University Press, 1969.

Provan, I. W. *1 and 2 Kings*. NIBC. Peabody, Mass.: Hendrickson, 1995.

_____. *Hezekiah and the Books of Kings*. BZAW. Berlin: Walter de Gruyter, 1988.

_____. "Why Barzillai of Gilead (1 Kings 2.7)? Narrative Art and the Hermeneutics of Suspicion in 1 Kings 1–2." TynBul 46 (1995): 103–16.

Rad, G. von. "The Deuteronomic Theology of History in I and II Kings." Pp. 205–21 in *The Problem of the Hexateuch and Other Essays*. London: SCM, 1966.

Rainey, A. "Compulsory Labor Gangs in Ancient Israel." Israel Exploration Journal 20 (1970): 191–202.

Rendsburg, G. "The Mock of Baal in 1 Kings 18:27." CBQ 50 (1988): 414–17.

_____. "The Guilty Party in 1 Kings iii 16–28." VT 48 (1998): 534–41.

Rice, G. *I Kings: Nations Under God*. ITC. Grand Rapids: Eerdmans, 1990.

Robinson, D. W. B. *Josiah's Reform and the Book of the Law*. London: The Tyndale Press, 1951.

Robinson, J. *The First Book of Kings*. CBC. Cambridge: Cambridge University Press, 1972.

_____. *The Second Book of Kings*. CBC. Cambridge: Cambridge University Press, 1977.

Ruthven, J. "A Note on Elijah's Fire from Yahweh." JETS 12 (1969): 111–15.

Satterthwaite, E. "The Elisha Narratives and the Coherence of 2 Kings 2–8." TynBul 49 (1998): 1–28.

Seow, C–L. "The First and Second Books of Kings." Pp. 1–295 in The

New Interpreter's Bible. Vol. 3. Nashville: Abingdon Press, 1999.

Skinner, J. *Kings*. Edinburgh: T & T Clark, n. d.

Slotki, I. W. *Kings*. The Soncino Books of the Bible. London: Soncino, 1990.

Smelik, K. A. D. "Distortion of Old Testament Prophecy: The Purpose of Isaiah xxxvi and xxxvii." Pp. 70–93 in *Crises and Perspectives: Studies in Ancient Near Eastern Polytheism, Biblical Theology, Palestinian Archaeology and Intertestamental Literature. Papers Read at the Joint British-Dutch Old Testament Conference, held at Cambridge, U. K., 1985*. Ed. by A. S. van der Woode. Leiden: Brill, 1986.

Smit, E. J. "Death—And Burial Formulas in Kings and Chronicles Relating to the Kings of Judah." Neotestamentica (1966): 173–78.

Snaith, N. H. "Kings." Interpreter's Bible, vol. 3. Nashville: Abingdon Press, 1954.

Soggin, A. *Introduction to the Old Testament*. 3rd. ed. OTL. Louisville: John-Knox Press, 1989.

Spoelstra, J. "Queens, Widows, and Mesdames: The Role of Women in the Elijah-Elisha Narrative." JESOT 3 (2014): 171–84.

Sprinkle, J. M. "2 Kings 3: History or Historical Fiction?" BBR 9 (1999): 247–70.

Stade, B.; F. Schwally. *The Book of Kings*. Leipzig, 1904.

Stavrakopoulou, F. *King Manasseh and Child Sacrifice*. BZAW. Berlin: Walter de Gruyter, 2004.

Steck, O. *Überlieferung und Zeitgeschichte in den Elisa-Erzählungen*. NeukirchenVlyun: Neukirchener, 1968.

Steinmann, A. E. "The Chronology of 2 Kings 15–18." JETS 30 (1987): 391–97.

Sweeney, M. A. *King Josiah of Judah: The Lost Messiah of Israel.* Oxford: Oxford University Press, 2001.

_____. *I & II Kings: A Commentary.* OTL. Louisville: John-Knox Press, 2007.

Talshir, Z. "The Reign of Solomon in the Making: Pseudo-Connections Between 3 Kingdoms and Chronicles." VT 50 (2000): 233-49.

Thiele, E. R. *The Mysterious Numbers of the Hebrew Kings.* Grand Rapids: Kregel, 1983.

Thompson, J. A. *The Book of Jeremiah.* NICOT. Grand Rapids: Eerdmans, 1980.

Thompson, M. W. *Situation and Theology: Old Testament Interpretations of the Syro-Ephraimite War.* Sheffield: Almond Press, 1982.

Todd, E. W. "The Reforms of Hezekiah and Josiah." SJT 9 (1956): 288-93.

Van Seters, J. *In Search of History.* New Haven, Conn.: Yale University Press, 1983.

_____. "Solomon's Temple: Fact and Ideology in Biblical and Near Eastern Historiography." CBQ 59 (1997): 45-57.

Van Winkle, D. W. "1 Kings xiii: True and False Prophecy." VT 39 (1989): 31-43.

_____. "1 Kings XII 25-XIII 34: Jeroboam's Cultic Innovations and the Man of God from Judah." VT 46 (1996): 101-14.

Von Rad, G. "The Deuteronomist Theology of History in I and II Kings." *The Problem of Hexateuch and Other Essays.* London: Oliver & Boyd, 1966.

Vos, H. F. "The Glories of the Reign of Solomon." BibSac 110 (1953): 321-32.

Walsh, J. T. *1 Kings*. BO. Collegeville, MN: Liturgical Press, 1996.

_____. "The Characterization of Solomon in First Kings 1-5." CBQ 57 (1995): 471-93.

Washburn, D. L. "Perspective and Purpose: Understanding the Josiah Story." TJ 12 (1991): 59-78.

White, M. C. *The Elijah Legends and Jehu's Coup*. BJS. Atlanta: Scholars Press, 1997.

Whitley, C. F. "The Deuteronomic Presentation of the House of Omri." VT 2 (1952): 137-52.

Whybray, R. N. *The Succession Narrative: A Study of II Sam. 9-20 and I Kings 1 and 2*. London: SCM Press, 1968.

Williams, D. S. "Once Again: The Structure of the Narrative of Solomon's Reign." JSOT 86 (1999): 49-66.

Williamson, H. G. M. *1 and 2 Chronicles*. NCB. Grand Rapids: Eerdmans, 1982.

Wilson, R. R. *Prophecy and Society in Ancient Israel*. Philadelphia: Fortress, 1980.

Wiseman, D. J. *1 and 2 Kings*. TOTC. Leicester: InterVarsity, 1993.

Wolff, H. W. "The Kerygma of the Deuteronomistic Historical Work. ZAW 73 (1961): 171-86.

Wood, L. J. *Israel's United Monarchy*. Grand Rapids: Baker Books, 1979.

Würthwein, E. *Die Bücher der Könige: 1 Könige 1-16*. Göttingen: Vandenhoeck & Ruprecht, 1977.

_____. *Die Bücher der Könige: 1 Könige 17-25*. Göttingen: Vandenhoeck & Ruprecht, 1984.

Young, E. J. *The Book of Isaiah*. 3 vols. NICOT. Grand Rapids: Eerdmans, 1965-72.

Young, R. C. "When Did Solomon Die?" JETS 46 (2003): 589−603.

Zevit, Z. "Deuteronomistic Historiography in 1 Kings 12−2 Kings 17 and the Reinvestiture of the Israelite Cult." JSOT 32 (1985): 57−73.

Zimmerli, W. *I Am Yahweh*. Atlanta: John Knox Press, 1982.

Ziolkowski, E. J. "The Bad Boys of Bethel: Origin and Development of A Sacrilegious Type." HR 30(1991): 331−58.

차례

열왕기

너희는 돌이켜 너희 악한 길에서 떠나 나의 명령과 율례를 지키되
내가 너희 조상들에게 명하고 또 내 종 선지자들을 통하여 너희에게 전한
모든 율법대로 행하라

(왕하 17:13)

여호와께서 그의 종 다윗을 위하여 유다 멸하기를 즐겨하지 아니하셨으니
이는 그와 그의 자손에게 항상 등불을 주겠다고 말씀하셨음이더라

(왕하 8:19)

소개

열왕기는 역사적 내러티브(historical narrative)로서 솔로몬이 다윗의 뒤를
이어 왕이 된 때(971 BC)로부터, 주전 597년에 포로로 바빌론에 끌려가
감옥에 수감되었던 여호야긴이 37년 만에 출옥한 때까지(viz., 560 BC)
를 역사적 배경으로 삼고 있다. 400여 년에 이르는 이스라엘과 유다의
왕정 시대의 역사를 신학적인 관점에서 정리하고 있는 것이다. 열왕

기는 오늘날의 기준에 비추어볼 때 그 시대 이스라엘에 관한 객관적이
고 공정한 역사 교과서라고 할 수는 없지만, 분명한 역사성을 띤다(cf.
Brueggemann). 왜냐하면 열왕기는 그 시대의 이스라엘의 역사를 일정한
관점에서 정리하고 있기 때문이다. 또한 저자는 자신이 조명하고자 하
는 시대의 모든 일을 총망라한 백과사전적인 정보를 제공하는 것이 아
니라, 여느 역사가처럼 자신의 역사 철학과 의식을 바탕으로 한 일정
한 기준으로 특별히 선별한 일부 사건들만을 조명하여 해설을 첨부해
책을 집필했다(cf. Sweeney).

　우리는 또한 열왕기가 교훈적인 문헌이라는 사실도 인정해야 한다.
저자는 단순히 이스라엘의 과거를 객관적으로 정리하기 위해 이 책을
쓰지 않았다. 그는 기록을 통해 독자들에게 하나님과 그의 백성에 관
한 교훈과 도전을 주고자 한다(House). 독자들의 삶과 가치관을 바꾸고
자 이 책을 집필한 것이다. 이러한 차원에서 열왕기는 최소한 세 가지
성격을 지닌다(Provan). 첫째, 열왕기는 내러티브(narrative literature)이다.
둘째, 열왕기는 역사서(historical literature)이다. 셋째, 열왕기는 교훈서
(didactic literature)이다.

1. 저자와 저작연대

성경은 열왕기가 누구에 의해서 저작되었는가에 대해서는 언급하지
않는다. 탈무드는 선지자 예레미야가 이 책을 저작했다고 한다. 아마
도 열왕기하 24:18-25:30이 예레미야 52장에서 인용되고 있음을 근
거로 이러한 결론을 내린 것으로 생각된다. 탈무드는 성경의 모든 책
이 선지자들에 의해 저작되었다고 주장하기 때문에, 예레미야 선지자
를 열왕기의 저자로 여기는 것은 충분히 이해가 된다. 그러나 예레미
야는 주전 582년경에 인질로 이집트에 끌려갔다는 사실을 감안할 때
(렘 42-43장), 바빌론의 포로생활이 끝나가고 있음을 전제로 하고 있는

열왕기를 예레미야가 저작했을 가능성은 없어 보인다.

열왕기하에 마지막으로 기록된 사건은 여호야긴이 바빌론으로 끌려가 감옥에 갇힌 지 37년 만에 풀려나는 일이다(왕하 25:27-30). 이때가 주전 560년이다. 그렇다면 이 책의 최종적인 정리와 편집은 여호야긴이 감옥에서 풀려 나온 후에 가능한 일이다. 더 나아가 저자는 37년만에 자유인이 된 여호야긴이 바빌론 사람들이 내려준 하사품을 먹으며 나머지 여생을 편안하게 살았다는 말을 더한다(왕하 25:29). 이 같은 회고는 열왕기의 최종 편집이 아무리 빨라도 주전 550년대에 있었던 일임을 암시한다. 물론 저자 혹은 편집자가 인용하고 있는 자료들과 정보는 훨씬 더 오래된 것들이다.

열왕기의 일부 텍스트는 포로 시대와 예루살렘의 파괴를 전제한다. 이러한 텍스트가 일부 보수적인 학자들이 주장하는 것처럼 예언으로 선포된 것들인지, 아니면 진보적인 학자들이 주장하는 것처럼 훗날 열왕기 사가가 역사를 정리하면서 이미 일어난 일들을 마치 예언적으로 읽히도록 기록한 것인지 확실히 알 수는 없다. 그러나 이러한 텍스트는 책의 성향이나 저작 목적을 연구하는데 큰 도움을 줄 수 있다(왕상 9:1-9; 11:9-13; 왕하 17:19-20; 20:17-18; 21:11-15; 22:15-20 등등).

저작 연대를 논할 때 중요한 단서는 "오늘날/지금까지"라는 표현이다. "오늘날까지"(עַד הַיּוֹם הַזֶּה)는 열왕기에서 열세 번(왕상 8:8; 9:13, 21; 10:12; 12:19; 왕하 2:22; 8:22; 10:27; 14:7; 16:6; 17:23, 34, 41), "지금까지"(עַד-עָתָּה)는 한 번 등장한다(왕하 13:23). 이 모든 "오늘"에 대한 언급은 과거에 일어난 사건들이 어떻게 저자가 이 책을 집필할 때 영향을 미쳤는가를 설명한다. 그리고 이때는 560년 이후라는 것은 쉽게 생각되나 정확히 언제인지는 각자의 추측에 맡길 수밖에 없다.

"오늘날까지"라는 표현들 중 최소한 두 개는 포로기 전(前) 시대를 언급하는 듯하다. 열왕기상 8:6-9은 "제사장들이 여호와의 언약궤를 자기의 처소로 메어 들였으니 곧 성전의 내소인 지성소 그룹들의 날개 아래라 그룹들이 그 궤 처소 위에서 날개를 펴서 궤와 그 채를 덮었는데 채가 길므로 채 끝이 내소 앞 성소에서 보이나 밖에서는 보이지 아니하며 그 채는 오늘까지(עַד הַיּוֹם הַזֶּה) 그곳에 있으며 그 궤 안에는 두 돌판 외에 아무것도 없으니 이것은 이스라엘 자손이 애굽 땅에서 나온 후 여호와께서 저희와 언약을 맺으실 때에 모세가 호렙에서 그 안에 넣은 것이더라"라고 한다. 그런데 이 구절을 번역하고 있는 칠십인역(LXX)에는 법궤에 대한 언급이 없다. 그래서 일부 학자들은 이 구절이 매우 늦은 시대에 첨부된 것으로 간주한다.

그러나 이 표현의 출처는 저자가 열왕기를 집필하면서 인용한 책인 "솔로몬 행전"일 수도 있다(왕상 11:41). 열왕기하 13:23은 "여호와께서 아브라함과 이삭과 야곱과 더불어 세우신 언약 때문에 이스라엘에게 은혜를 베풀며 그들을 불쌍히 여기시며 돌보사 멸하기를 즐겨하지 아니하시고 이때까지(עַד־עָתָּה) 자기 앞에서 쫓아내지 아니하셨더라"라고 말한다. 그렇다면 "이때까지"와 주전 722년은 어떤 관계를 지니고 있는가?

"이때"는 북 왕국의 멸망이 있었던 주전 722년 전이 확실하다. 열왕기 저자는 남 왕국 유다가 하나님의 진노를 사지 않게 된 동기를 한결같이 하나님이 다윗에게 주신 약속 때문이라고 한다. 반면에 본문은 북 왕국의 경우 아브라함, 이삭, 야곱 등 선조들과의 약속 때문이라고 한다. 물론 이 말씀은 남 왕국에도 적용된다. 남 왕국은 일차적으로는 다윗 언약 때문에, 이차적으로는 선조들과의 언약 때문에 하나님의 은혜와 보호를 받았던 것이다.

대부분의 학자들은 여호야긴이 바빌론 감옥에서 풀려난 560년 이후인 550년대에 열왕기가 최종적으로 정리되었을 것으로 추정한다. 노트(Noth)는 열왕기뿐만 아니라 여호수아, 사사기, 사무엘서 등도 모두 동일한 저자/학파에 의해서 저작된 것으로서 신명기적 가치관에 근거하여 이스라엘의 역사를 정리했다고 생각했다.[1] 그는 이 저자/학파를 '신명기적 사가'(Deuteronomistic Historian)라고 불렀다(cf. Fretheim).

2. 다른 책들과의 관계

열왕기는 성경의 다른 책들의 존재를 전제로 하고 쓰여진 책이다. 바로 앞에 등장하는 사무엘서와 밀접한 관계가 있을 뿐 아니라 필연적인 연결성을 지닌다. 사무엘서와 열왕기를 계속 읽어내려 가면 마치 한 작품으로 생각될 수 있게 하는 흐름이 있다. 심지어는 모세오경, 특히 신명기와도 매우 깊은 연관이 있다는 것이 학자들의 일반적인 견해이다(Cogan). 열왕기는 또한 선지서들의 시대적 배경을 제시해주는 매우 중요한 자료이기도 하다. 그러므로 열왕기를 해석하는 과정에서 구약성경 전체를 염두에 두고 주해해 나가는 것은 필수적인 부분이다.

히브리어 성경에서 열왕기는 '전 선지서'(Former Prophets)의 네 번째 위치에 있는 책이다. 칠십인역(LXX)은 사무엘상·하를 제1,2열왕기/왕국기(1 & 2 Reigns)로 열왕기상·하를 제3, 4열왕기/왕국기(3 & 4 Reigns)라고 부른다. 또한 라틴어 번역 불가타(Vulgate)도 역시 이 책들에 같은 이름을 주었다. 고전들이 사무엘서—열왕기를 이렇게 취급하는 것은 한 때는 사무엘서와 열왕기가 한 권이었다가 훗날 이 책들이 어떠한 기준보다는 편리성을 고려하여 임의적으로 나누어졌음을 시사한다(Sweeney, Patterson & Austel, cf. Fretheim, Fritz). 사무엘서의 주인공이라 할 수 있는 다윗에 관한 이야기가 끝을 맺는 곳이 사무엘서의 마지막 부분이 아니라 열왕기상 2:10-11이라는 사실도 이 같은 사실을 입증하는 듯하다. 또한 일부 헬라어 사본들은 사무엘하의 끝부분을 열왕기상 2:11로, 혹은 열왕기상 2:46까지 연장하고 있다(cf. Konkel).

더 나아가 열왕기가 상·하 두 권으로 나누어지게 된 것에도 특별한

---

1 『엑스포지멘터리 역사서 개론』 서론 섹션을 참조하라.

이유가 있었던 것은 아니다. 아하시야 왕의 이야기는 열왕기상 22:51에서 시작되어 열왕기하 1:18에서 끝이 난다. 엘리야의 이야기는 열왕기상 17장에서 시작되며 열왕기하 2장에 가서야 막을 내린다. 이와 같은 사항들은 이 책이 임의로 나누어졌음을 뒷받침하고 있다.

구약의 책들 중에서 사무엘서, 열왕기, 역대기만 각각 두 권으로 나뉘어져 있는데 이 책들은 다른 책들보다 분량이 많다. 히브리어로 열왕기는 2만 5천여 단어, 사무엘서는 2만 4천여 단어, 역대기도 2만 4천여 단어로 구성되어 있다. 반면에 이사야서는 1만 7천여 단어, 예레미야서는 2만 2천여 단어로 구성되어 있다. 히브리어 성경이 헬라어로 번역이 되면 단어 수가 최고 50퍼센트까지 늘어난다는 점을 감안할 때, 한 권의 정경을 상·하로 나누는 것은 칠십인역(LXX)에서 비롯되었을 것이다(Cogan).

히브리어 정경은 이 책에 "왕들"(מְלָכִים)이라는 이름을 주었으며, '전선지서'(former prophets)의 마지막 자리를 내주었다. 열왕기 이후로는 '후선지서'(latter prophets)(이사야, 예레미야 등등)가 등장한다. 열왕기는 대부분의 후 선지서의 역사적인 해석틀(frame)을 제공한다. 또한 열왕기의 일부분은 별 차이 없이 후 선지서 안에서 발견되기도 한다. 예를 들어 열왕기하 18:13-20:19이 거의 그대로 이사야 36-39장에서 발견되며, 열왕기하 24:18-25:30은 예레미야 52장에서 인용되었다.

3. 저작 목적

열왕기는 이스라엘 두 왕국의 역사와 왕들의 업적과 실패를 조명한다. 그러나 저자가 정확히 어떤 목적으로 이 시대를 조명한 것인지 확실하게 파악하기는 어렵다. "저자가 전하고자 하는 테마는 무엇인지, 그의 목적이 무엇인지를 결정하는 것은 매우 어렵다"(Jones). 학자들이 이렇게 느끼는 것은 과거에 열왕기 연구가 매우 열악했던 점을 반영한다. "내 생각에는 열왕기가 어떤 의미를 가지고 집필되었는가를 연구하는 것은 구약 학계가 가장 관심 갖지 않은 부분 중의 하나이다"(McConville). 실제로 학자들의 열왕기 주석들을 살펴보면 책의 분량에 비해 서론이 참으로 짧다는 생각이 들 때가 많다(Fritz, Seow, Brueggemann). 그만큼 열왕기는 전체적으로 아우르기가 어렵거나 많이 연구되지 않은 책이다.

반세터스(van Seters)는 이 책은 이스라엘 두 왕국이 자신들의 과거를 정리하기 위해서 기록한 것이라고 주장한다. 반면에 노트(Noth)는 바벨론의 포로가 된 이스라엘이 "하나님의 백성인 우리가 왜 바빌론으로 끌려와야만 했는가?"라는 신학적 질문을 조명하기 위해 이 책을 저작한 것이라고 생각했다. 한 가지 주목할만한 것은 열왕기에는 이스라엘의 과거, 회개의 필요성, 현재의 어려움과 함께 미래에 대한 소망이 기록되어 있다는 사실이다. 저자는 또한 이스라엘의 왕들의 죄를 상세하게 기록함으로써 포로로 끌려온 이스라엘 백성들이 이제는 하나님 앞에 범죄하지 말 것을 경고하고 있다.

열왕기는 끊임없이 죄를 짓는 이스라엘이 진정으로 회개할 때마다 하나님이 구원의 손길을 내미시는 모습도 거듭 강조한다. 특히 부패하고 타락한 왕들이 하나님 앞에 엎드릴 때마다 그들을 용서하시는 하나님의 모습이 매우 인상적이다. 하나님은 범죄한 이스라엘이 돌아오기만 한다면 언제라도 용서할 의향이 있으시다는 사실을 분명히 하고 있다. 저자는 바빌론에 포로로 끌려와서 하나님에 대한 실망과 온갖 피해의식에 빠져 있는 이스라엘 백성들의 유일한 살 길은 진정한 회개임을 암시하고 있는 것이다.

열왕기는 이스라엘이 바빌론에 포로로 끌려오게 된 것은 그들과 조상들의 죄의 결과라고 말하고 있다. 그러나 저자는 책의 끝부분에서는 포로가 된 이스라엘의 비통하고 아픈 현실에도 불구하고 미래를 소망적이고 낙관적으로 보는 듯하다. 여호야긴이 바빌론에 끌려와 감옥 생활을 한 지 37년 만에 풀려나 여생을 편안하게 살았다는 이야기로 책의 마지막 부분을 장식한 것에서 이러한 시각을 찾을 수 있다.

4. 역사적 정황

열왕기는 이스라엘의 초대 왕 사울의 뒤를 이었던 다윗 왕의 통치 말년(ca. 970 BC)의 이야기로 시작해서, 여호야긴이 바빌론의 감옥에서 37년을 복역하고 출감한 이야기(560 BC)로 막을 내린다. 총 400여 년의 세월을 정리하고 있는 것이다. 또한 모든 것이 좋은 여건에서 시작되었던 왕국이 하향곡선을 그리다가 결국 추락하는 일대기를 그리고 있다. 이러한 차원에서 열왕기의 진행은 '제2의 사사기'라고 할 수 있다.

　북 왕국 이스라엘을 주전 722년에 멸망시켰던 아시리아 제국은 초기부터 시리아–팔레스타인 지역을 끊임없이 침략했다. 아시리아의 기록에 의하면 이 제국이 침략했던 가나안과 주변 지역은 다음과 같다 (Howard).

연대	왕	대상	결과
877	앗수르나시르팔 1세 (Ashur–nasirpal I)	두로–시돈–비블로스 (Tyre–Sidon–Byblos)	공물 징수
853	살만에셀 1세 (Shalmaneser I)	서쪽 나라들의 연합군과 카르카르(Qarqar)에서 전쟁	아시리아 제국의 팽창이 주춤함
841	살만에셀 3세 (Shalmaneser III)	다메섹–므깃도–두로–시돈 (Damascus–Megiddo–Tyre–Sidon)	갈멜 산에 기념비가 세워졌고 예후가 공물을 바침
805	아다드니라리 3세 (Adad–nirari III)	다메섹(Damascus)	다메섹을 취하고 요아스에게서 공물을 받음
743–738	디글랏빌레셀 3세 (Tiglath–pileser III)	북시리아에서 우라르투 족 (Urartians)과 전쟁	다메섹과 이스라엘의 므나헴이 공물을 바침

734	디글랏빌레셀 3세 (Tiglath-pileser III)	악고-아벡-게셀-가자-아스글론 (Acco-Aphek-Gezer-Gaza- Ashkelon)	아하스가 공물 을 바침
733	디글랏빌레셀 3세 (Tiglath-pileser III)	하솔므깃도 (Hazor-Megiddo)	북 왕국(이스라 엘)이 대부분의 영토를 빼앗김
732	디글랏빌레셀 3세 (Tiglath-pileser III)	다메섹(Damascus)	사마리아가 항 복하고 호세아가 왕위 에 오름
724 -722	살만에셀 5세 (Shalmaneser V)	두로-세겜-사마리아 (Tyre-Shechem-Samaria)	사마리아가 함 락 당하고 이스 라엘이 완전히 멸망함
720	사르곤 2세 (Sargon II)	하맛-블레셋-두로 (Hamath-Philistia-Tyre)	하맛, 가사, 두 로가 함락됨 유다와 이집트 가 공물을 바침
712	사르곤 2세 (Sargon II)	다메섹-벧산-므깃도-아스돗 (Damascus-Beth-shan- Megiddo-Ashdod)	아스돗을 차지 함 히스기야가 공 물을 바침
701	산헤립 (Sennacherib)	두로-에글론-가드-라기스- 예루살렘(Tyre-Ekron-Gath- Lachish-Jerusalem)	예루살렘 성 밖 에서 수많은 아 시리아 군이 떼 죽음 당함

디글랏빌레셀 3세(Tiglath-pileser III) 시대부터 아시리아 제국이 정복한 나라들에게 펼친 외교 정책은 다음과 같이 세 단계로 시행되었다. 첫 번째 단계는 정복한 나라를 속국으로 삼았다. 속국은 아시리아에게 매년 미리 합의한 조항에 따라 조공을 바쳐야 했으며, 아시리아가 필요로 할 경우 군대를 조직하여 제국의 전쟁을 도와야 할 의무가 있었다. 그러나 속국의 자치성을 인정하여 상당한 정치적 자율권을 수용했다. 문제 일으키지 않고 조공만 잘 바치면 상당히 관대하게 대했던 것이다.

두 번째 단계는 속국이 처음으로 반기를 들었을 때에 관한 것으로 다음과 같은 정책이 적용되었다. 현재 속국을 통치하고 있는 왕가(王家) 내에서 아시리아에 충성할 수 있는 인물을 찾을 수 있다면 그를 새 왕으로 임명했다. 아울러 반역한 나라의 영토 중 상당 부분을 빼앗아 주변의 다른 속국에게 주거나 아시리아 제국이 관료들을 파견하여 직접 통치하는 주(province)로 만들었다. 또한 속국의 반란과 반역의 가능성을 줄이기 위해 상당수의 상류층 사람들을 끌고가 낯선 땅에 강제로 이주시켰다. 속국이 바치는 조공의 액수와 전쟁에 동원하는 군인 수도 매년 늘려서 요구하였다.

세 번째 단계는 속국이 한 번 이상 반기를 들었을 때에 적용하는 정책이다. 통치하던 왕/반역한 왕을 폐위시키고 정치적 독립권을 빼앗았다. 국가의 모든 영토는 아시리아의 주로 편입되었으며, 아시리아인 총독과 관리들이 통치하게 된다. 반역한 나라는 자치권을 완전히 상실하게 되는 것이다. 남아있던 상류층은 모두 강제로 끌려갔으며 그들의 자리를 타국에서 끌어온 상류층이 채웠다. 온 나라에 혼합/혼혈 결혼이 강요되었다. 이 같은 결혼 정책을 강요했던 것은 민족의 정체성을 없애기 위해서였다. 피가 섞이면 반역도 줄어들 것이라는 생각에서 강요한 정책이었으며 상당한 부분에 있어서 성공적이었다. 북 왕국 이스라엘이 주전 722년에 아시리아의 손에 멸망한 이후 순수 혈통의 열 지파가 희귀해진 것도 바로 이러한 이유에서였다.

약 130여 년 후에 남 왕국 유다를 멸망시켰던 나라는 신바빌론 제국이었다. 바빌론은 85년이라는 비교적 짧은 기간에 존재했던 제국이지만 근동 지역에 끼친 영향은 실로 대단했다. 특히 바빌론이 가나안 지역에 끼친 영향력은 아시리아를 능가했다. 바빌론의 외교 정책은 아시리아의 정책보다 훨씬 더 관대했다. 민족의 정체성을 곤경에 빠뜨리는 국제결혼도 강요하지 않았다. 바빌론 제국은 각 나라에서 바빌론으로 끌려온 모든 사람들에게 재산권을 인정해 주었으며 많은 자유를 허락했다. 그들은 또한 포로들 중에서 능력 있는 자들을 선별하여 제국 정치에 대거 참여시켰다.

  유다의 관점에서 볼 때 바빌론의 관대한 외교 정책은 한마디로 하나님의 은혜였다. 만일 유다가 주전 701년에 산헤립에 의해 멸망했다면 다시는 재건되지 못할 가능성이 매우 높았다(cf. 사 36-37장). 북 왕국 이스라엘의 예를 생각해 보라. 아시리아의 손에 망한 북 왕국에 속했던 대부분의 지파들은 흔적을 감추었다. 하나님이 다윗과 맺은 언약을 생각하셔서 남 왕국만큼은 잔인한 아시리아 사람들의 손에 멸망하지 않도록 자비를 베푸신 것이다. 특히, 이사야 36-39장이 기록하고 있는 701년의 산헤립 사건의 전모를 살펴보면 아찔한 생각이 든다. 이 때의 이스라엘은 건국 이후 최고의 위기를 맞고 있었다. 한마디로 그들의 운명이 풍전등화(風前燈火)였던 것이다. 하나님은 히스기야의 믿음을 보시고 그의 생명을 연장해 주신 것처럼, 멸망할 수밖에 없는 유다의 생명을 연장해 주셨다. 신바빌론 제국의 왕들은 다음과 같다.

왕	연대	성경
나보폴라사르 (Nabopolassar)	625-605	
느부갓네살 (Nebuchadnezzar)	605-562	왕하 24-25; 다니엘서
에윌므로닥 (Amel-Marduk; Evil- Merodach)	562-560	왕하 25:27-30; 렘 52:31-34
네르글리살(Neriglissar)	560-556	렘 39:3, 13
라바쉬 마르둑 (Labashi-Marduk)	556	
나보니두스 (Nabonidus; Nabunaid)	556-539	

  아시리아와 바빌론이 대를 이어 고대 근동의 군주로 군림했던 시대를 배경으로 하고 있는 열왕기는 이스라엘과 유다의 왕 40명에 대해

기록하고 있다. 이들에 대한 저자의 전체적인 평가는 분명하다. 열왕기 저자는 이스라엘과 유다의 왕들(때로는 그들의 아내들)이 악을 행했다는 표현을 무려 38차례나 사용한다. 저자는 이스라엘의 두 왕국이 멸망하게 된 가장 큰 원인은 왕을 중심으로 한 기득권자들과 지도자들의 부패와 종교적 타락에 있다고 주장한다. 저자의 이러한 주장은 그가 왕들이 범한 죄에 관해서 얼마만큼의 공간을 할애하고 있는가를 보아서도 알 수 있다.

저자가 왕들의 죄를 이렇게 낱낱이 기록하고 있는 것은 단순히 이들을 비난하기 위해서가 아니다. 그는 이스라엘 지도자들의 죄를 온 이스라엘 백성들이 범한 죄의 축소판 혹은 모형으로 제시하고 있는 것이다. 정치적, 영적 지도자들이 이렇게 부패했으니 그들이 통치하던 백성들은 얼마나 더 부패했는지 상상할 수 있다. 즉, 왕들의 죄를 보는 것은 곧 온 이스라엘의 죄를 보는 것과 같다는 것이다.

이스라엘의 두 왕국에는 각각 20명의 왕이 있었다.[2] 같은 수의 왕으로 남 왕국 유다는 북 왕국 이스라엘보다 135년 더 지속되었다. 북 왕국의 20명의 왕 중 일곱 명은 암살당했다. 암살당한 북 왕국의 왕들은 나답(Nadab), 엘라(Elah), 요람(Joram), 스가랴(Zechariah), 살룸(Sahllum), 브가히야(Pekahiah), 베가(Pekah)이다. 북 왕국의 왕, 시므리(Zimri)의 통치기간은 7일에 불과했다. 불과 210년 동안 한 나라로 존재했던 북 왕국에 20명의 왕이 있었다. 한 왕의 평균 통치기간은 10년에 불과했다. 뿐만 아니라 북 왕국에는 도합 아홉 개의 왕조가 형성되었다. 한 왕조에서 나온 왕의 숫자는 평균 두 명꼴이다. 북 왕국의 역사는 한마디로 '왕권 쟁탈전'의 연속이었다.

반면에 남 왕국 유다는 20명의 왕을 통해 345년 동안 한 나라로 존재했다. 왕 한 명이 평균 17년을 통치한 것이다. 남 왕국 왕들이 북 왕국 왕들에 비해 70퍼센트 이상 더 오래 통치한 셈이다. 또한 남 왕국이 다

---

2 북 왕국 왕들에서는 디브니(왕상 16:21-22)를 빼면 19명이 된다.

윗 왕조였다는 것을 감안하여 다윗과 솔로몬의 80년 통치를 더해서 평균을 내면 한 왕당 19년의 통치 기간이 나온다. 남 왕국 왕들의 통치는 북 왕국의 왕들에 비하면 훨씬 더 안정적이었던 것이다.

북 왕국의 아홉 왕조와는 달리 남 왕국은 한 왕조가 이 모든 기간을 통치했다. 다윗 왕조가 그대로 유지되었던 것이다. 북 왕국의 20명의 왕들은 모두 다 한결같이 악했다. 반면에 남 왕국의 왕들 중 8명은 좋은 평가를 받았다. 열왕기 저자에게 좋은 평가를 받은 남 왕국의 왕들은 아사, 여호사밧, 요아스, 아마샤, 아사랴(웃시야), 요담, 히스기야, 요시야이다. 이 여덟 명 중 처음 여섯 왕들은 나름대로 훌륭한 왕들이었으며, 일반적으로 "그의 아비 다윗의 길로 행했다." 그러나 그들에게는 "산당(high places)을 제거하지 않았다"라는 꼬리표가 붙었다. 히스기야와 요시야만 유일하게 산당을 제거함으로써 저자의 절대적인 칭찬을 받는다. 즉, 저자는 예루살렘 성전을 중심으로 한 예배의 중앙화를 모든 왕들을 평가하는 가장 큰 잣대(canon)로 사용하고 있다.

산당을 제거하는 것은 큰 정치적, 종교적인 부담을 지닌 일이었다. 이스라엘은 가나안에 정착한 후 산당에서 예배를 드렸다. 물론 장막에서도 예배를 드렸다. 그러나 실제적으로 이스라엘은 여호수아 시대부터 장막보다는 산당을 중심으로 예배를 드렸다. 사무엘, 다윗, 그리고 솔로몬도 산당에서 예배를 드렸다. 이렇듯 이스라엘의 숨결이 오랜 세월 동안 스며들고, 이스라엘의 가장 중요한 전통의 한 부분이 되어버린 산당을 없애기란 그리 쉬운 일이 아니었다.

이스라엘에 대대적인 종교개혁을 단행했던 히스기야 왕도 산당을 제거한 것 때문에 큰 곤욕을 치른 일이 있다. 주전 701년에 유다는 산헤립의 공격을 받아 온 땅을 점령 당하고 예루살렘만 남게 되었다(왕하 18장; 사 36-37장). 산헤립이 파견한 랍사게는 예루살렘을 포위한 후 유다에 임한 모든 재앙이 히스기야가 여호와의 산당을 없앴기 때문이라고 주장했다. 산당이 제거되는 것에 분노하신 여호와께서 그 일의 장본인인 히스기야와 이스라엘을 징벌하기 위해서 아시리아 군을 보낸 것이라며 민심을 동요시켰다. 물론 곧 거짓으로 드러났지만, 히스기야는 '혹시, 내가 진짜로 잘못한 것인가?' 하는 생각에 사로잡혀 매우 곤혹스러웠을 것이다.

요시야의 죽음이 이스라엘에 끼쳤던 영향을 생각해 보자. 요시야는 유다 전역에 히스기야에 버금갈만한 종교개혁을 실행했다. 하나님은 그에게 여호와의 말씀이 기록된 책까지 주셨다. 그러나 그는 이집트의 바로 느고의 진로를 막다가 살해당했다. 장례식을 치르는 이스라엘 사람들의 마음은 어떠했을까? 과거에 히스기야는 산당을 제거했다가 아시리아 사람들에게 된통 당한 적이 있었다. 이번에는 요시야가 산당을 건드렸다가 시체가 되었다. 아마 그들은 산당을 건드리는 것을 일종의 금기(taboo)로 생각하기 시작했을 것이다.

그럼에도 불구하고 열왕기 저자의 입장은 분명하다. 예루살렘에 성전이 세워진 이후로 이스라엘의 모든 산당은 사라져야 한다는 것이다. 대부분 왕들은 정치적, 종교적 부담감 때문에 산당들을 제거하지 못했으며, 이러한 왕들의 소극적인 자세가 하나님 앞에 범죄한 대표적인 예라는 것이 저자의 주장이다. 왕들이 산당들을 제거하지 못한 것은 이스라엘 백성들을 의식했기 때문이다. 백성들이 원하지 않는 일을 과감히 행동으로 옮길만한 자신이 없었다. 그러므로 산당을 제거하지 못하고 그곳에서 예배드린 것은 온 이스라엘 백성이 얼마나 여호와께 불순종했는가를 보여주는 징표가 된다. 이렇게 열왕기 안에서 산당은 하나님과 이스라엘의 관계에서 최고의 걸림돌이다. 아담과 하와에게 선악과가 있었다면 이스라엘에게는 산당이 있었다.

왕들의 일생을 살펴보면서 한 가지 아쉬운 점은 히스기야와 요시야처럼 훌륭한 왕들도 유다를 하나님의 진노에서 구하지 못했다는 것이다. 이스라엘이 얼마나 오랫동안 하나님을 노하게 했던지, 이렇게 위대한 순종과 믿음을 지닌 왕들도 이 나라에 임박했던 하나님의 심판을 잠시 보류시킬 수는 있었지만 완전히 철회시킬 수는 없었다. 성경 저자들에 의하면 유다는 주전 701년 히스기야 시대에 아시리아의 산헤립의 손에 의해 멸망했어야 했다. 그러나 하나님이 히스기야의 믿음을 보시고 이스라엘의 수명을 115년 연장해 주셨다. 요시야 시대 때, 하나님은 이 백성이 당장 심판을 받아야 하지만, 요시야가 죽어 조상에게 돌아간 후 그의 후손이 다스리는 시대가 되어서야 이 일이 일어날 것이라고 말씀하셨다. 아이러니한 것은 위대한 왕 히스기야의 뒤를 이은 왕이 바로 유다 최악의 왕 므낫세였다는 사실이다(왕하 24:3-4). 만약에 므낫세가 아닌 경건한 왕이 이스라엘을 통치했다면 그들의 역사는 어떻게 달라졌을까? 역사는 항상 한 사람의 역할이 얼마나 중요한지를 가르쳐준다. 오늘날도 하나님은 '한 사람'을 찾고 계신다. 우리 모두가 하나님이 찾으시는 한 사람이 되기를 원한다.

5. 인용된 자료들

저자는 열왕기에서 이야기하는 내용이 여러 문서들에서 인용한 것임을 본문 중에 직접 밝힌다(cf. Jones). 그가 언급한 출처들은 그 당시 널리 알려져 있던 책들로, 크게 네 가지로 분류할 수 있다.[3] 일부 학자들은 여기에 "성전 기록"이라는 다섯 번째 자료를 더한다(Cogan). 그들은 이 자료가 열왕기 저자가 인용하고 있는 성전에 관한 모든 정보의 출처인 것으로 이해한다. 그러나 대부분 학자들은 "성전 기록"이 따로 존재했던 것이 아니고 "솔로몬 행장"의 일부였을 것이라는 추측을 내놓는다. 저자가 사용한 것으로 생각되는 자료들을 살펴보자.

---

3 히브리어 성경에서는 열왕기상 8:12-13(LXX에서는 8:53) 끝부분에 다음과 같은 문자적 변이(textual variant)가 존재한다. "이것이 그 노래책(the book of song)에 적혀있지 않느냐?" 이 책이 정확히 무엇인지는 모르나 마지막 단어(הַשִּׁיר)에서 가운데 두 글자의 위치를 바꾸면 야살(הַיָּשָׁר)이 된다. 이 야살의 책에 관해서는 『엑스포지멘터리 여호수아』와 『엑스포지멘터리 사무엘하』의 여호수아 10:13, 사무엘하 1:18에서 접한 바 있다.

첫째, "솔로몬의 행장"(עַל־סֵפֶר דִּבְרֵי שְׁלֹמֹה)이다(왕상 11:41). 열왕기상 3-11장의 대부분이 이 책에서 인용하여 저작된 것으로 생각되며 다음과 같은 특징이 있다. (1) 솔로몬의 지혜와 부를 잘 드러낸다(3:3-28; 4:29-34; 5:9-14; 10:1-13, 14-25), (2) 솔로몬의 훌륭한 연설과 기도가 포함되어 있다(8:14-61), (3) 솔로몬의 왕정의 기록을 담고 있다(4:1-6, 7-19, 22-28), (4) 솔로몬의 왕궁과 성전에 대해서 자세히 기록했다(6:1-7:51).

둘째, "이스라엘 왕 역대지략"(עַל־סֵפֶר דִּבְרֵי הַיָּמִים לְמַלְכֵי יִשְׂרָאֵל)이다. 이 책은 열왕기 안에서 열여덟 차례 언급된다(왕상 14:19; 15:31; 16:5, 14, 20, 27; 22:39; 왕하 1:18; 10:34; 13:8, 12; 14:15, 28; 15:11, 15, 21, 26, 31). 북 왕국 이스라엘의 20명의 왕 중 17명의 죽음을 이야기할 때 "이스라엘 왕 역대지략"이 언급된다. 저자는 이스라엘 왕들에 대한 더 자세한 사항은 이 책을 참조하라고 권면한다. 즉, 저자가 열왕기를 집필할 때만 해도 이 책은 상당히 알려진 책이었기 때문에 그는 주저하지 않고 독자들에게 이 책을 권하고 있다. 그러나 불행하게도 우리는 이 책을 전수받지 못했다.

셋째, "유다 왕 역대지략"(עַל־סֵפֶר דִּבְרֵי הַיָּמִים לְמַלְכֵי יְהוּדָה)이다. 열왕기 기자는 이 책을 열다섯 차례 언급한다(왕상 14:29; 15:7, 23; 22:45; 왕하 8:23; 12:19; 14:18; 15:6, 36; 16:19; 20:20; 21:17, 25; 23:28; 24:5). 그가 남 왕국 유다의 왕들 중 15명의 왕의 죽음을 기록하는 과정에서 언급하는 출처이다. 그러나 저자는 틀에 짜인 왕들의 '죽음 언급'을 아하시야, 아달랴, 여호아하스, 여호야긴, 시드기야의 다섯 왕들의 죽음을 기술할 때에는 사용하지 않으며, 또한 이들의 삶을 정리하면서 사용했던 출처도 밝히지 않는다.

넷째, 선지자들에 대한 기록물들이다. 열왕기는 선지자들의 삶과 사역에 대해 많은 이야기를 담고 있다. 북 왕국 이스라엘 출신의 선지자는 실론 사람 아히야(왕상 11:29-38; 14:1-18), 하나니의 아들 예후(왕

60

상 16:1-4, 7), 엘리야(왕상 17-19장; 왕하 1:1-2:18), 엘리사(왕하 2:19-25; 3:3-9:13; 13:14-21), 이믈라의 아들 미가야(왕상 22:2-38), 아밋대의 아들 요나(왕하 14:25), 이름이 밝혀지지 않은 하나님의 사람들(왕상 13:1-32; 20:13-14, 33, 38, 35-43)이다. 남 왕국 유다 출신 선지자들은 이사야(왕하 19-20), 훌다(왕하 22:13-20), 그리고 이름이 밝혀지지 않은 선지자들(왕하 21:10-15) 등이 있다. 종합해 보면 북 왕국 출신 중 6명, 남 왕국 출신 중 2명의 이름이 밝혀진 선지자 8명과 여기에 남·북 왕국의 이름이 밝혀지지 않은 선지자들을 더하면 총 10명이 된다.

위 책들 중 이스라엘과 유다 왕의 역대지략은, 바빌론이나 아시리아에서도 많이 발굴된 왕들의 역대기들(Kings' annals/chronicles)과 그 성향이 매우 비슷하다. 고대 근동 왕들의 역대기는 매년 그 해에 군림했던 왕의 정치적, 군사적, 종교적 업적들을 기록했다. 각 왕에 대한 소개는 아주 간단하고 몇 년 통치한 것을 밝힌 후 각 해의 하이라이트를 짤막하게 기록했다.

열왕기가 수많은 출처를 인용하고 있는 부분은 고대의 편집 과정을 연구하는 데 도움이 된다. 아울러 책 안에서 종종 발견되는 순간적인 주제 변화와 연대에 대한 혼선 등, 책을 읽는 데 매끄럽지 못하고 방해가 되는 요소들이 왜 나타나는가를 이해하는 데도 도움이 된다. 열왕기를 제외한 구약 성경의 다른 부분에 언급된 출처들은 다음과 같다.

	자료 문서	관련 구절
시가	야훼의 전쟁기	민 21:14
	야살의 책	수 10:13; 삼하 1:18
왕의 기록들	다윗 왕의 역대 기록들	대상 27:24
	이스라엘과 유다의 왕들의 책 유다와 이스라엘의 왕들의 책	대하 27:7; 35:27; 36:8 대하 16:11; 25:26; 28:26; 32:32
	이스라엘의 왕들의 책	대상 9:1; 대하 20:34
	열왕기 주석	대하 24:27

	이스라엘의 왕들의 말들	대하 33:18
	이스라엘 왕 다윗과 그의 아들 솔로몬의 칙령	대하 35:4
선지자의 기록들	선견자 사무엘의 글	대상 29:29
	선지자 나단의 글	대상 29:29; 대하 9:29
	선견자 갓의 글	대상 29:29
	실로 사람 아히야의 예언	대하 9:29
	선견자 잇도의 묵시	대하 9:29; 12:15; 13:22
	선지자 스마야의 글	대하 12:15
	하나니의 아들 예후의 글	대하 20:34
	선지자 이사야가 기록한 웃시야의 행적	대하 26:22; 32:32
	호새(선견자들)의 역대기	대하 33:19

저자는 밝히지 않지만 위에 언급된 것들 이외에 다른 출처들을 사용했을 가능성도 많다. 열왕기를 읽어내려 가면서 염두에 두어야 할 것은 우리가 열왕기에서 계속 접하게 되는 왕들에 대한 종교적 평가는 저자가 사용했던 출처에는 없었을 것이라는 사실이다. 저자가 왕들의 정치적, 경제적 업적을 기록한 책을 인용하지만, 저자는 이 왕들의 종교적 업적에 제일 많은 관심을 쏟고 있다. 그래서 그는 각 왕들의 정치적 업적이나 국제적 위치와는 상관없이 그들을 종교적으로만 평가한다. 이 부분은 하나님이 저자에게 직접 주신 영감에 근거한 평가였을 것이다.

한 예로 북 왕국의 오므리 왕을 생각해 보자. 오므리(왕상 16:21-28)는 매우 능력 있는 이스라엘의 왕이었으며 그에 대한 언급은 근동 문헌들에서도 발견되었다. 그러나 열왕기 저자는 이 왕의 통치의 이모저모와 업적을 묘사하는 일에 있어서 고작 여덟 절밖에 할애하지 않는다. 반면에 엘리사는 성경 외에는 전혀 알려지지 않은 인물이다. 그러나 열왕기 저자는 그에게 일곱 장이라는 큰 공간을 할애한다(왕하 2-8장). 엘리야 역시 열왕기상 17-19장, 21장 등 상당히 비중 있는 자리를 차지하고 있다.

열왕기 저자는 이스라엘의 모든 왕들에게 동일한 관심을 쏟지 않는다. 그는 특별한 왕들을 중심으로 책을 구성한다. (1) 솔로몬(왕상 3-11장), (2) 여로보암(왕상 11-14장), (3) 아합(왕상 16-22장), (4) 예후(왕하 9-10장), (5) 히스기야(왕하 18-20장), (6) 요시야(왕하 22-23장). 저자는 자신의 가치관, 철학, 관심 등에 근거하여 선별적으로 이스라엘의 통치자들을 평가하고 있다. 북 왕국 이스라엘의 20명의 왕들은 모두 다 부정적인 평가를 받는다. 또한 거의 모든 왕들에게 "여로보암의 죄"를 범했다는 꼬리표가 붙는다. 북 왕국의 왕들에 대해서 주요 학자들이 제시한 재위 기간은 다음과 같다. 도표에서 보듯이 연대에 대해서 학자들 사이에 상당한 차이가 존재한다.

	Hayes/Hooker	Thile	Bright	Cogan/Tadmor
여로보암(요람)	927-906	931-910	922-901	928-907
나답	905-904	910-909	901-900	907-906
바아사	903-882(880)	909-886	900-877	906-883
엘라	881-880	886-885	877-876	883-882
시므리	7 days	885	876	882
오므리	879-869	885-874	876-869	882-871
아합	868-854	874-853	869-850	873-852
아하시야	853-852	853-852	850-849	852-851
여호람(요람)	851-840	852-841	849-843/2	851-842
예후	839-822	841-814	843/2-815	842-814
여호아하스	821-805	814-798	815-802	817-800
요아스(여호아스)	804-789	798-782	802-786	800-784
여로보암 2세	788-748	793-753	786-746	789-748
스가랴	6 months	753-752	746-745	748-747
살룸	1 month	752	745	747
므나헴	746-737	752-742	745-737	747-737

브가히야	736–735	742–740	737–736	737–735
베가	734–731	740–732	736–732	735–732
호세아	730–722	732–722	732–724	732–724

　위 목록에는 열아홉 명의 왕이 제시되어 있다. 그러나 열왕기상 16:21에는 기낫의 아들 디브니(885–880 BC)(왕상 16:21)가 기록되어 있다. 디브니를 더하면 북 왕궁의 왕은 20명이 되는데 이것은 남 왕국의 20명과 균형을 이룬다. 또한 분열왕국을 통치했던 왕들의 숫자가 40(=20+20)이라는 것도 나름대로 의미가 있다. 구약에서 '40'은 수난과 심판의 숫자이다(cf. 40년의 광야생활). 남·북 왕국의 왕들의 숫자가 '40'이라는 것은 분열왕국의 시대가 수난과 심판의 세월이었다는 상징적인 메시지를 지닌 것으로 해석될 수 있다.

　시므리(Zimri)라는 사람은 엘라를 죽이고 북 왕국의 왕이 되어 겨우 7일 동안 통치했다. 그러나 그에 대한 평가를 보면 그는 여호와 보시기에 악을 행했다고 전하고 있다(왕상 16:19). 일주일 동안 나라를 얼마나 망가뜨렸기에 이러한 평가가 꼬리표로 붙었을까? 우리는 이 사람의 경우에서 "여호와 보시기에 악을 행하였더라"라는 말은 모든 이스라엘 왕에게 적용되는 일종의 공식화된 표현(stereotyped formula)임을 알 수 있다. 반면에 유다 왕들에 대한 평가는 긍정과 부정이 섞여 있다. 주요 학자들이 제시한 남 왕국 왕들의 연대기는 다음과 같다. 북 왕국 이스라엘 왕들의 연대에서처럼 남 왕국 유다 왕들의 연대에 관해서도 학자들의 견해 차이는 상당하다. 필자는 딜레(Thiele)의 연대를 기준으로 유다와 이스라엘 왕들의 이야기를 주해해 나갈 것이다.

	Hayes/Hooker	Thiele	Bright	Cogan/Tadmor
르호보암	926–910	931–913	922–915	928–911
아비야	909–907	913–911	915–913	911–908

아사	906–878(866)	911–870	913–873	908–867
여호사밧	877–853	872–848	873–849	870–846
여호람	852–841	853–841	849–843	851–843
아하시야	840	841	843/2	843–842
아달랴	839–833	841–835	842–837	842–836
요아스(여호아스)	832–803(793)	835–796	837–800	836–798
아마샤	802–786(774)	796–767	800–783	798–769
아사랴(웃시야)	785–760(734)	792–740	783–742	785–773
요담	759–744	750–732	750–735	758–743
아하스	743–728	735–716	735–715	743–727
히스기야	727–699	716–687	715–687/6	727–698
므낫세	698–644	697–643	687/6–642	698–642
아몬	643–642	643–641	642–640	641–640
요시야	641–610	641–609	640–609	639–609
여호아하스	3 months	609	609	609
여호야김	608–598	609–598	609–598	608–598
여호야긴	3 months	598–597	598/7	597
시드기야	596–586	597–586	597–587	596–586

저자가 자신의 책을 정리하기 위해서 여러 출처를 사용한 것은 확실하지만 그 문서들이 같은 시대에 남과 북 왕국을 통치한 왕들에 대해서 번갈아가며 동시에(synchronistic) 정리했을 가능성은 없다. 남과 북 왕국의 왕들을 시대에 따라 번갈아가며 정리하는 것은 열왕기 저자의 고유 표기법이다(cf. Fritz). 열왕기 기자는 분명히 남 왕국 사람으로 유다에서 포로가 되어 바빌론으로 끌려갔던 사람이 거의 확실하다. 그럼에도 불구하고 그는 왜 이미 140여 년 전에 멸망한 북 왕국 이스라엘의 역사와 남 왕국 유다의 역사를 시대적인 평행을 유지하며 정리한 것일까?

성경 기자가 두 내러티브/주제를 평행적으로 엮어가는 것은 열왕기에서만 발견되는 현상이 아니다. 예를 들면 창세기에서 이집트에 있는 요셉 이야기와 가나안에 있는 야곱 이야기가 이런 방식으로 전개된다 (창 41:47-47:12). 사무엘서에서는 압살롬이 반역을 일으켰을 때 저자는 두 진영을 오가면서 이야기를 진행한다(삼하 15-17장). 그러나 열왕기가 남북 왕국의 왕들을 통시적으로 정리하는 일은 그 규모에 있어서 '열왕기 크기'(Kings-size alternation)이다(Sternberg). 이러한 전개 방식은 무엇보다도 남 왕국 이야기와 북 왕국 이야기를 하나로 묶어 통일성을 부여하고자 한 저자의 노력을 반영한다. 저자는 이 두 왕국의 이야기를 한 나라의 이야기처럼 전개하여 두 나라가 원래 한 민족이었음을 암시하며, 언젠가는 다시 이 두 나라가 통일이 되기를 소망하는 마음을 자신의 책에 담았다.

열왕기 저자는 또한 이러한 기술 방식을 통해 남 왕국과 북 왕국의 차이점들—남 왕국 왕조의 안정과 북 왕국 왕조의 불안, 다윗과 여로보암의 대조적 모델, 하나님을 향한 충성과 배반 등등—을 두 왕국 역사의 공통점들—하나님의 자비에 호소하는 것, 하나님이 두 왕국의 역사를 주관하시는 것, 두 왕국에 유효한 언약 등등—에 종속시키고 (subordinate) 있다(Cohn). 이스라엘이 분열된 것은 주의 백성이 저지른 죄의 결과였으며, 하나님의 선하신 뜻은 이 두 나라가 하나로 존재하는 것이었다는 사실을 암시한다. 저자가 어떻게 이스라엘과 유다의 역사를 평행적으로 정리해 나가고 있는지 다음 도표를 참조하라. 다음 예는 주전 930-840년을 배경으로 한다(House).

이스라엘	유다
1. 여로보암1세 930-909 BC(왕상 12장-14:20)	
	2. 르호보암 930-913 BC(14:21-31) 3. 아비얌 913-910 BC(15:1-8)

	4. 아사 910–869 BC(15:9–24)
5. 나답 909–908 BC(15:25–32) 6. 바아사 908–886 BC(15:33–16:7) 7. 엘라 886–885 BC(16:8–14) 8. 시므리 885 BC(16:15–20) 9. (디브니) 885–880 BC(16:21) 10. 오므리 885–874 BC(16:22–28) 11. 아합 874–853 BC(16:29–22:40)	
	12. 여호사밧 872–848 BC(22:41–50)
13. 아하시야 853–852 BC(22:51–왕하 1:18) 14. 여호람 852–841 BC(3:1–8:15)	

앞에서 언급했듯이 열왕기 저자가 사용한 문서들에는 왕들에 대한 신학적 평가는 없었을 것이다. 저자는 자신의 책에서 무엇보다도 두 나라 왕들에 대한 정확한 역사적 정보를 제공하기 위해 노력한다. 물론 열왕기에서 이 왕들의 업보를 낱낱이 기록하는 것은 저자가 목적한 바가 아니다. 그는 이스라엘 역사의 전반적인 성향을 회고하면서 각 왕에 대해 필요한 만큼만 언급한다. 또한 저자가 자신의 필요에 따라 제한적으로 제공하는 '정확하고 포괄적인' 역사는 '신학적' 역사이다. 열왕기가 제공하는 역사적 정보는 많은 경우 신학적인 해석과 교훈을 첨가한 것이라는 뜻이다.

열왕기는 이스라엘 역사의 한 부분을 조명하는 것으로 이해된다. 저자는 각 왕에 대해서 자세하게 기록함으로써 이 나라는 매우 오랜 역사와 전통을 가진 자랑스런 나라라는 것을 암시한다(cf. 왕상 6:1). 그는 북 왕국이 아시리아에 의해 멸망할 때까지 지속적으로 남 왕국과 북 왕국의 왕들을 번갈아가며 언급한다. 저자는 이스라엘과 유다가 비록 두 개의 정치 체제를 유지했지만, 하나의 민족임을 강조하고자 했다.

열왕기는 또한 유다와 이스라엘의 역사를 주변 나라들의 이야기들과 지속적으로 연결하는데, 이러한 현상은 이 두 나라의 역사를 온 세상

역사의 한 부분으로 이해하려는 저자의 노력을 반영하고 있다. 저자의
이 같은 의도는 포로 시대를 거치면서 이스라엘의 세계관이 현저한 변
화를 경험한 결과이다. 선조 시대 때부터 자신들을 세계의 중심으로
여기며 자신들의 관점으로 모든 것을 판단했던 이스라엘이, 바빌론의
포로가 된 일을 계기로 세계의 일부로서의 자신의 위치에 눈을 뜨게
된 것이다.

6. 연대(chronology)

열왕기에서는 구체적인 연대가 히브리어 성경의 그 어느 책에서보다
도 조직적이고 체계적으로 제시되고 있다(Cogan). 그럼에도 불구하고
열왕기는 여러 가지 설명하기 어려운 문제를 포함한다. 그중 몇 가지
의 예를 생각해 보자(cf. Jones). 첫 번째 문제는 저자가 같은 사건을 두
고 책 안에서 서로 다른 연대를 언급하는 현상이다. 요람 왕에 대한 연
대를 생각해 보자. 열왕기하 1:17은 이스라엘 왕 아하시야가 죽고 난
후에 그에게 대를 이을 아들이 없어서 여호람(요람)이 왕이 되었다고
한다. 이때가 유다 왕 여호사밧의 아들 여호람 제2년이었다. 반면에
열왕기하 3:1은 유다 왕 여호사밧이 즉위한 지 18년째 되던 해에 이스
라엘의 여호람(요람)이 왕이 되었다고 기록하고 있다(이 구절은 여호람을
아합의 아들이라고 부른다). 그렇다면 유다의 여호람은 아버지 여호사밧이
통치를 시작한 지 16년째 되던 해부터 아버지와 공동 통치를 시작한
것이다. 반면에 열왕기하 8:16은 남 왕국의 여호사밧과 여호람의 공동
통치가 시작된 후에 북 왕국의 여호람이 왕위에 오른 것이 아니라, 북
왕국의 여호람(요람)이 통치를 시작한 지 5년째 되던 해에 남 왕국의 여
호람이 왕이 되었다고 한다. 서로 상충되는 증언이다.
　두 번째 문제는 한 나라 왕의 연대가 대비되는 다른 나라의 연대가
일치되지 않는 현상이다. 열왕기상 16:23에 의하면 북 왕국의 오므리

왕은 남 왕국의 아사 왕 31년에 왕이 되어 12년 동안 이스라엘을 통치했다고 한다. 오므리가 죽자 그의 아들 아합이 대를 이어 왕이 되었다(왕상 16:28-29). 이때가 남 왕국 아사 왕 즉위 38년째 되던 해라고 한다(왕상 16:29). 그러나 열왕기상 16:23에 의하면 아합이 왕이 된 때가 아사 왕 즉위 43년째가 되어야 한다. 이 두 문구 사이에는 설명할 수 없는 5년의 차이가 존재한다. 어떻게 된 것일까? 아마도 세월이 지나면서 성경을 반복적으로 필사한 과정에서 빚어진 실수일 것이다.

세 번째 문제는 주어진 숫자가 더해져서 특정한 기간을 채워야 하는데 그렇지 못하는 경우이다. 북 왕국의 여로보암과 남 왕국의 르호보암은 솔로몬이 죽은 후 통일왕국이 분열되었을 때에 왕이 되었다. 이 두 사람이 각각 왕이 된 때는 동일한 시점이거나 몇 달 차이에 불과할 것이다. 또한 기록에 의하면 훗날 북 왕국의 예후와 남 왕국의 아하시야가 같은 해에 왕이 되었다(왕하 9:23-27). 그렇다면 여로보암/르호보암 시대부터 이때까지 흐른 시간이 같아야 한다. 그런데 그때까지의 시간을 계산해 보면 서로 다르다.

북 왕국의 기록을 따져 보면 98년의 세월이 흐른 것에 비해 같은 기간에 남 왕국은 95년에 불과하다. 열왕기의 남 왕국과 북 왕국 역사 정리에서 같은 기간에 대해서 3년의 차이를 보이고 있는 것이다. 게다가 만일 한쪽이 다른 쪽보다 더 길다면 남 왕국이어야 한다. 남 왕국의 르호보암은 아버지 솔로몬이 죽자마자 왕이 되었으므로, 여로보암보다 몇 달이라도 더 왕으로 군림했을 것이기 때문이다. 비슷한 맥락에서 더 현저한 차이는 다음 사항에서 드러난다. 예후 때부터 북 왕국이 멸망할 때까지의 햇수를 더해 보면 북 왕국은 143년 7개월이 된다. 반면에 같은 시기의 남 왕국의 숫자를 더해 보면 166년이나 된다. 열왕기 저자가 같은 기간을 묘사하면서 유다의 역사를 이스라엘의 역사보다 거의 23년(15%) 더 길었던 것으로 묘사하고 있다.

네 번째 문제는 고대 근동의 역사 자료와 비교해볼 때 잘 어울리지 않는 부분들이다. 산헤립이 예루살렘을 침략하여 포위한 것은 주전 701년에 있었던 일이 확실하다.[4] 이때는 남 왕국의 히스기야가 왕위에 오른 지 14년째 되던 해이다(왕하 18:13). 그렇다면 히스기야는 주전 715년에 왕위에 올랐다. 그러나 열왕기하 18:1은 히스기야가 호세아 3년에 왕위에 오른 것으로 기록하고 있다. 그때가 729년이다. 그렇다면 14년의 혼선은 어떻게 설명해야 하는가?

이와 같은 혼선은 오늘날 우리에게 알려진 모든 고대 사본, 번역본들에 그대로 반영이 되어 있다. 심지어는 마소라 사본과 번역본들 사이뿐만 아니라, 번역본들도 서로 현저한 차이를 보인다. 다음은 헬라어 번역본인 칠십인역과 다른 헬라어 번역본인 루시안 버전(Lucianic Version)의 차이를 정리해 놓은 것이다(Jones).

본문	마소라 사본	칠십인역	루시안
왕상 15:9 아사	여로보암 즉위 20년째	24년째	24년째
왕상 16:8 엘라	아사 즉위 26년째	20년째	20년째
왕상 16:15 시므리	아사 즉위 27년째	――――	22년째
왕상 16:29 아합	아사 즉위 38년째	여호사밧 2년째	여호사밧 2년째
왕상 22:41 여호사밧	아합 즉위 4년째	오므리 11년째	오므리 11년째

4 이 시대의 이스라엘 역사와 고대 근동의 역사에 대하여는 거의 확실한 연대 편성이 가능하다. 이 시대를 조명하는 매우 중요한 역사적 자료 두 가지가 있다. 첫 번째 자료는 주후 2세기에 알렉산드리아(Alexandria)에서 살았던 천문학자 톨레미(Ptolemy)가 주전 747년 이후의 고대 근동 왕들의 연대를 정리해 놓은 문서이다. 톨레미는 고대 근동 왕들의 여러 역대기에 등장하는 별들의 이동, 여러 천체적인 변화를 잘 정리하며 기재했기 때문에 그가 제시하는 연대들이 거의 확실하다는 것이 학자들의 공통적인 평가이다. 두 번째 자료는 아시리아 제국의 역대기이다. 이 책은 주전 649년 때까지를 기록하고 있다. 이 자료에서 추출한 성경과 연관된 내용은 다음과 같다. (1) 북 왕국 이스라엘은 살만5세(Shalmaneser V)에게 주전 722년에 멸망했다. (2) 요시야는 주전 609년에 므깃도에서 느고에게 죽임을 당했다. (3) 예루살렘은 주전 586년에 함락됐다.

왕상 22:52 아하시야	여호사밧 즉위 17년째	14년째	24년째
왕하 1:17 여호람	여호람 즉위 2년째	여호사밧 18년째	여호람 2년째
왕하 3:1 여호람	여호사밧 즉위 18년째	18년째	-----
왕하 8:16 여호람	여호사밧 즉위 8년째	40년째	8년째
왕하 8:25 아하시야	요람 즉위 12년째	12년째	11년째
왕하 9:29 브가히야	2년	2년	10년

그러므로 대부분의 학자들은 몇 개의 확실한 연대를 정리해 놓고 나머지 연대들에 대해서 여러 가지 창조적인 방법으로 접근해서 설명하고 정리한다. 이때 거의 모든 학자들의 설이 마소라 사본(Masoretic Text)이 숫자를 잘못 기록하고 있거나 오류를 담고 있는 것을 전제로 한다. 가장 합리적이면서 가능하면 마소라 사본에 제시된 연대를 최대한 존중하려는 노력의 결과가 딜레(Edwin R. Thiele)의 『The Mysterious Numbers of the Hebrew Kings』(Grand Rapids: Zondervan, 1983)이다. 필자도 딜레의 연대가 가장 균형 있고 합리적이라 생각하여 이 책에서도 그가 제시하는 연대를 따른다.

이스라엘과 유다 왕들의 엇갈리는 연대를 재구성하는데 있어서 학자들은 다양한 방법을 사용한다. 그중 다섯 가지 주요 방식은 다음과 같다(cf. Jones). 첫 번째 접근 방법은 열왕기 안에 제시된 연대는 완전히 가상적인 것이므로 실제 숫자나 상황과 전혀 관계가 없는 것으로 간주해야 한다는 주장이다. 이러한 주장을 펼치는 사람들 중 크레이(E. Krey)와 베그라이크(Begrich)가 대표적인 학자들이다. 이들은 자신들의 주장의 성경적 근거를 열왕기상 6:1에서 찾는다. 열왕기상 6:1은 이스라엘이 출애굽한 해부터 솔로몬이 성전 건축을 시작한 해 사이에 480년의 세월이 지났다고 한다. 학자들은 480년이 두 사건 사이에 흐른 시간을 정확하게 표현하는 실제적인 숫자보다는 이스라엘의 지파들 숫자(12)에 구약에서 한 세대를 의미하는 시대(40년)를 곱한 결과 (480=12x40)라고 한다. 그러나 실제로 한 세대는 40년이 아니라 20년에 불과하므로 이 본문이 제시하는 숫자를 문자 그대로 480년으로 간주할 것이 아니라, 240년 정도로 생각해야 한다. 그러므로 이 방법을 사용하는 학자들은 성경이 제시하는 숫자들의 현실성을 거의 무시하다시피 하고 고대 근동의 자료를 바탕으로 이스라엘의 역사를 재구성한다.

두 번째 접근 방식은 성경이 제시하는 정보의 가치를 최소화하고 대신 고대 근동의 자료들을 바탕으로 이스라엘의 역사를 재구성하려는 노력이다. 이 같은 주장을 펼치는 학자들은 성경이 제시하는 연대가 전적으로 혹은 부분적으로 수정되어야 한다고 주장한다. 원래부터 잘못된 정보를 담은 자료를 근거로 열왕기가 정리되었거나, 원래는 열왕기의 연대가 정확했는데 세월이 지나 반복적으로 필사하다보니 실수가 들어왔을 수도 있다고 한다. 복사하던 사람들의 계산 착오나 실수로 오류가 사본에 들어오게 되었을 수도 있다는 것이다. 한 가지 확실한 것은 성경이 제시하는 연도들만으로는 만족스러운 결과를 얻을 수 없다는 것이다. 올브라이트(W. F. Albright)와 그의 제자들이 이 그룹에 속한다.

세 번째 방법은 열왕기에는 여러 가지의 연대 기록방식이 섞여 있다는 주장이다. 이 학자들에 의하면 성경 저자들은 최소한 다섯 가지의 연대 표기 방식을 복합적으로 사용하고 있다. 구약 안에는 고대 근동의 여러 지역에서 사용되었던 다양한 연대 계산법들이 그대로 섞여 있다는 견해이다. 모빙켈(Mowinckel)과 옙센(Jepsen)이 대표적인 학자들이다. 그러나 그들은 원리를 논했을 뿐 이스라엘 역사의 정확한 연대를 정리하고 규명하는 것에는 별다른 관심을 보이지 않았다.

네 번째 방식은 고대 근동의 여러 연계법과 복잡한 가정(假定) 등을 동원해서 조화시키는(harmonize) 것이다. 이미 소개된 딜레(Thiele)가 그 대표적인 예다. 보수적인 입장에서 성경의 연대를 최대한으로 방어하려는 의도는 좋으나, 너무나도 많은 가정과 복잡한 계산법 등이 동원되다 보니 학자들의 신뢰성을 확보하는 일에는 다소 어려움을 겪고 있다. 그러나 아직까지는 가장 좋은 대안 중 하나로 평가를 받는다.

다섯 번째 방식은 칠십인역(LXX)을 기준으로 왕들의 연대를 정리하는 것이다. 셴켈(Shenkel)의 주장에 의하면 그동안 연대 연구에 있어서 마소라 사본이 필요 이상으로 중심 역할을 해왔다. 그는 개인적으로 칠십인역을 포함한 고대 번역본들의 가치를 평가한 후 연대 연구에 있어서 이 번역본들이 마소라 사본과 동등한 자격으로 비교되어야 한다고 주장했다. 원본(Urtext)을 추측하는데 있어서 고대 사본들의 가치가 새로이 부각되는 시점에서 상당한 설득력이 있어 보이나, 그동안 유대교─기독교 성경의 중심이 되어온 마소라 사본에 익숙해져 있는 우리에게 그의 제안은 쉽게 받아들여지지 않는다.

열왕기가 제시하는 연대의 신빙성을 논하기 전에 우리는 먼저 열왕기가 과연 어떤 책인가에 대한 충분한 논의를 해보아야 한다. 열왕기는 단순히 이스라엘 역사의 주요 연대들을 알리고자 저작된 책이 아니다. 열왕기는 설교되고 고백된 역사이다. 저자의 초점은 독자들의 삶을 변화시키고 자신의 정체성을 재평가하도록 유도하는 데 맞추어져 있다. 만약에 저자가 단순히 주요 사건들의 연대를 알리기 위해서 이 책을 저작했다면, 우리는 책 안에서 제시된 연대기의 신빙성을 논해야 할 것이다. 그러나 그가 만약에 전적으로 다른 목적을 가지고 이 책을 집필했고 이 과정에서 필요에 따라 연대들을 부수적인(secondary) 사항들로 열거하고 있다면, 나열된 연대들의 신빙성을 논하는 것은 저자가 이 책을 집필한 목적과 의도를 벗어나므로 바람직하지 않을 수도 있다.

7. 이슈

열왕기는 처음에는 통일왕국의 역사, 이후에는 분열왕국의 역사를 정리하다가 북 왕국 이스라엘이 망한 다음에는 오로지 남 왕국 유다의 역사만을 정리하고 있다. 열왕기는 늙어 죽어가는 다윗 왕의 이야기로 시작한다. 솔로몬이 왕국을 계승해서 초기에는 거의 이상적인 통치를 하지만, 말년에 가서는 하나님을 멀리하게 된다. 결국 그의 죄 때문에 이스라엘은 솔로몬이 죽은 직후인 주전 931년에 두 나라로 나뉜다. 다윗-솔로몬 시대 때 가나안 지역의 정치 무대에서 중요한 위치를 차지했던 이스라엘은 나라가 분열하는 바람에 두 개의 약소 국가로 몰락했다. 그 이후 이스라엘과 유다는 음탕한 두 자매와 같이(cf. 겔 16, 23장) 지속적으로 하나님의 말씀을 거역하며 죄를 쌓아간다. 결국 북 왕국이 하나님의 심판을 받아 주전 722년에 먼저 멸망한다. 남 왕국은 그 후 약 130여 년 동안 홀로 존재하다가 여호와의 심판을 받아서 주전 586년에 종말을 맞았다. 열왕기는 이처럼 이스라엘이 다윗 시대에 누렸던 번영과 영화를 어떻게 잃게 되었으며 어떠한 우여곡절 끝에 바빌론으로 끌려가는 수치와 멸망을 맞게 되었는지를 설명해준다.

(1) 실패와 소망

열왕기는 사울 왕부터 시작된 이스라엘의 통일왕국 시대의 이야기를 계속해 나가는 것으로 시작된다. 사사 시대를 마치고 이스라엘이 정식으로 한 국가로 출범한 후 이스라엘을 통치했던 사울, 다윗, 솔로몬 등 통일왕국의 왕들의 시작, 성공, 그리고 실패의 결과는 다음과 같이 요약될 수 있다.

	사울	다윗	솔로몬
선택	사무엘에 의해 대중들에 의해 성령이 왕권을 시작 하게 함	사무엘에 의해 기나긴 과정 대중들에 의해	다윗에 의해 사독과 나단에 의해
성공과 가능성	암몬 족을 이김	예루살렘을 취함 블레셋을 물리침 언약궤를 가져옴 다윗 언약 제국 확장	꿈과 지혜 요구 지혜와 제국 통치 성전 건축
실패	제사장 역할 지혜롭지 못한 맹세 불순종(아말렉 족)	밧세바와 간음 우리아 살인 인구 조사	이방 아내들과 영적 타락 강제 노동과 높은 세금
실패의 결과	판단력 상실, 무능력, 시기(猜忌)	집안의 갈등(암논, 압 살롬, 아도니야) 반란(압살롬, 세바)	군사적 위기들 나라 분열

솔로몬의 죄로 인해 나라가 둘로 분열된 이후 열왕기는 표면적으로는 이스라엘 두 왕국의 여러 왕들의 성공과 실패만 서술하고 있다. 저자는 계속되는 악한 왕들의 통치와 지속되는 왕국의 어려운 삶을 낱낱이 기록한다. 그러나 이러한 첫인상을 초월하면 열왕기는 형편없는 왕들의 통치가 연속되는 어려운 상황에서도 살아 계신 하나님의 약속이 주의 백성들로 하여금 미래에 대한 소망을 가지게 했음을 증언하는 책이다. 이 소망은 하나님이 사무엘하 7장에서 다윗과 맺으신 언약에 기초를 두고 있다. 다윗은 죽은 지 오랜 세월이 지난 후에도 이처럼 이스라엘의 역사에 위로와 소망이 되었던 것이다.

열왕기 기자는 변치 않는 하나님의 사랑과 자비를 약속하는 다윗 언약에 근거하여, 하나님이 바빌론에 끌려와 있는 자기 백성과 함께하시며 머지않아 그들을 꼭 회복시켜주실 것이라는 소망을 제시하는 사건을 책의 가장 마지막 부분에 기록하고 있다. 바로 여호야긴 왕 사건이다(왕하 25:27-30). 유다의 여호야긴 왕은 주전 597년(에스겔 선지자도 이

때 바빌론으로 끌려왔음)에 바빌론으로 끌려가 곧장 감옥에 수감되었다. 그는 투옥된 지 37년 만에 감옥에서 풀려났다. 바빌론 왕은 감옥에서 풀려난 그에게 하사품을 주었으며, 여호야긴은 바빌론 왕의 배려로 나머지 여생을 편안하게 보낼 수 있었다.

저자가 여호야긴 이야기를 열왕기의 마지막 사건으로 장식하는 것은, 바빌론에서 살고 있는 유다의 모든 백성에게 머지않아 그들의 삶에 찾아올 자유와 풍요로움에 대한 소망을 품게 하기 위해서이다. 이 이야기의 중요성은 유다 사람들이 바빌론으로 끌려와 포로생활을 하고 있는 암울한 상황에서 선포되고 있다는 점에 있다. 주의 백성이 가장 비참하고 절망적으로 느끼는 그때에 구원을 베푸실 하나님이 가장 가까이에 계시는 것이다. 그러므로 크리스천들은 어떤 순간에도 좌절할 필요가 없다. 가장 포기하고 싶을 때가 하나님의 구원과 은혜를 기대하기에 가장 좋은 순간이기 때문이다.

열왕기 기자는 여호와의 선민이라고 자처하던 이스라엘이 어떻게 바빌론까지 끌려오게 되었는가 하는 이슈와 씨름했다. 그는 유다가 바빌론으로 끌려온 것은, 그들의 하나님 여호와가 바빌론의 신 마르둑보다 약해서 그에게 패배하여 자기 백성인 이스라엘을 노획물로 내준 것이 아니라고 한다. 저자는 그들이 바빌론에 와있는 것은 여호와 하나님이 자기 백성인 유다를 손수 바빌론으로 보내셨기 때문이라고 한다. 주의 백성이 하나님의 끊임없는 경고에도 불구하고 너무 오랫동안 죄에서 돌이키지 않았기 때문에, 하나님이 이스라엘과 시내 산에서 맺으신 언약대로 이들을 약속의 땅에서 몰아내셨다는 것이다.

저자에 의하면 이스라엘이 바빌론으로 끌려오게 된 것은 여호와께서 그들의 하나님으로서의 권한과 의무를 실행하신 결과이다. 여호와께서 손수 자기 백성을 바빌론으로 보내셨다면, 그들을 바빌론에서 인도해 다시 고향으로 돌아오게 하실 수 있는 유일한 분도 하나님이시다. 귀향의 영광이 있으려면 바빌론에 끌려와 살고 있는 이스라엘은 오직 그들을 이곳까지 내치신 여호와만을 바라보아야 하며, 여호와만이 그들을 구원하실 수 있다는 사실을 의식해야 한다. 저자는 이러한 이해를 전제로 이스라엘의 역사를 정리하며 사건들을 해석해 나가고 있다. 그가 이러한 관점에서 책을 저작했다는 것은 열왕기의 구조에서도 역력하게 드러난다(Savran, cf. Konkel).

A. 솔로몬 왕국의 단독 역사와 몰락(왕상 1–11장)
  B. 여로보암과 북 왕국의 분리(왕상 12–14장)
    C. 유다 왕들/이스라엘 왕들(왕상 15:1–16:21)
      X. 오므리 왕조; 바알 숭배(왕상 16:22–왕하 12:21)
    C'. 유다 왕들/이스라엘 왕들(왕하 13–16장)
  B'. 북 왕국의 멸망(왕하 17장)
A'. 유다 왕국의 단독 역사와 멸망(왕하 18–25장)

열왕기는 솔로몬의 영화로운 왕정의 출범으로 시작하여 유다 왕국의 멸망으로 막을 내린다(A–A'). 솔로몬이 아버지 다윗으로부터 정권을 계승 받았을 때에는 모든 것이 좋았다. 그러나 그는 통치 말기에 하나님의 말씀에 순종하지 않음으로 왕국 분열에 직접적인 원인을 제공했다. 두 왕국은 시간이 흐를수록 계속 추락해 갔고 회복의 기미는 전혀 보이지 않았다. 결국 북 왕국은 주전 722년에 아시리아의 손에 멸망했고, 남 왕국은 586년에 바빌론 군에 의해 종말을 맞았다. 더할 수 없는 번영으로 시작한 나라가 민족의 몰락으로 막을 내린다.

여로보암이 북방 열 지파를 통솔하여 북 왕국 이스라엘을 건국했지만 이 나라는 210년 만에 멸망했다(B–B'). 북 왕국이 멸망하게 된 가장 큰 동기는 자신을 왕으로 세우신 여호와께 등을 돌렸기 때문이다. 그는 자신이 통치하는 북 왕국의 백성들이 예배 때문에 예루살렘을 찾는 것을 막기 위해서, 벧엘과 단에 금송아지를 세움으로써 아론의 죄(cf.

출 32장)를 반복했다. 그는 다윗처럼 하나님으로부터 영구적인 통치를 약속받을 수도 있었지만, 이처럼 가증스러운 죄를 지음으로써 자기 왕조의 몰락을 자처했다. 이후의 북 왕국 왕들도 벧엘과 단에 있는 예배 처소들을 정치적으로 이용해 하나님께 범죄했다.

북 왕국 이스라엘과 남 왕국 유다는 분열왕국 시대 내내 서로 경쟁하고 다투는 나라였다(C-C'). 왕국이 분열할 때 시작되었던 여로보암과 르호보암의 갈등이 이 두 자매 나라를 계승한 왕들 사이에 지속되었기 때문이다. 외부 세력에 대항하려면 힘을 합해도 부족한 때에 이들의 질투와 시기는 서로의 멸망을 부추기는 결과를 초래했다. 남 왕국은 북 왕국이 막을 내린 지 130여 년 후에 종말을 맞았다.

열왕기 구조의 중심을 차지하고 있는 오므리 왕조의 이야기는 40년의 상대적으로 짧은 시간을 정리하고 있다. 열왕기가 정리하고 있는 시간이 400년에 달한다는 것을 감안할 때 이 시대는 전체 시간의 10분의 1 밖에 되지 않는다. 그러나 저자는 책의 3분의 1을 오므리 왕조 시대를 조명하는데 할애한다. 저자가 열왕기의 플롯 진행에 있어서 그만큼 이 기간에 비중을 두고 있는 것이다. 그렇다면 열왕기가 오므리 왕조의 이야기를 통해 강조하고자 하는 것은 무엇인가?

오므리는 그 당시에 기록된 고대 문헌들에도 언급될 정도로 고대 근동의 정치 무대에 잘 알려져 있고 영향력을 행사하던 능력 있는 정치가였다. 그러나 열왕기 저자는 이 시대를 조명하면서 오므리 왕조의 정치력에 대해 어떠한 관심도 두지 않는다. 그는 단지 이스라엘 안에 바알 숭배가 성행하게 된 데 이 왕조가 어떻게 기여했는가에 초점을 맞추고 있다. 특히 왕들이 후원하는 바알 숭배에 대해서 선지자들과 제사장들은 어떻게 반응했는가를 관심있게 묘사한다. 이스라엘을 설립한 여로보암의 죄로 인해 하나님은 이미 이스라엘에게 사형선고를 내리셨다(왕상 14:15-16). 그래도 독자인 우리는 은근히 하나님의 용서와 집행유예를 기대했다. 아합과 이세벨 시대를 지나면서 이스라엘은 다시는 되돌아올 수 없는 곳까지 가버렸다는 것이 저자의 주장이다. 그동안 이스라엘이 타국의 포로가 되지는 않을 것이라는 조그만 희망이라도 남아 있었다면, 아합 시대를 지나면서는 그 소망이 완전히 소멸된 것이다. 아합과 이세벨이 바알과 아세라 종교를 이스라엘의 국교(國敎)로 정하고 여호와 종교를 노골적으로 핍박하기 시작했기 때문이다.

저자는 열왕기를 통해 바빌론에 거하고 있던 하나님의 백성들에게 세 가지 교훈을 제시한다. 첫째, 바빌론에 끌려와 사는 이스라엘 사람들은 조상들의 역사를 교훈 삼아 같은 실수를 되풀이하지 않도록 노력해야 한다. 특히 하나님의 사자인 선지자들의 가르침에 귀를 기울여야 여호와의 진노를 피할 수 있다. 이스라엘이 바빌론으로 끌려온 것은 그들의 하나님 여호와께서 바빌론의 신들에게 패하여 자신의 백성을 내어 주어서가 아니라, 이스라엘 공동체가 오랜 세월 동안 끊임없이 범죄함으로써 여호와의 진노를 샀기 때문이다. 그러므로 바빌론 생활은 하나님의 심판의 결과이다. 그렇다고 해서 모든 심판이 다 성취되어 끝났다고 생각해서는 안 된다. 하나님은 아직도 칼을 들고 바빌론까지 그들을 쫓아오실 수도 있기 때문이다(cf. 겔 5장).

둘째, 비록 하나님이 이스라엘을 바빌론에 포로로 보내어 그들을 심판하셨지만, 그분은 여전히 선하고 인자하신 분이시다. 그러므로 자기 백성이 진실로 회개하기만 한다면 언제라도 용서할 준비가 되어 있으시다. 하나님이 이스라엘을 바빌론으로 보내어 심판하셨다는 것은, 그들을 다시 고향으로 인도하실 분도 하나님이시라는 사실을 암시한다. 저자는 호세아 선지자의 외침을 자신의 호소로 사용하고 있다. "오라 우리가 여호와께로 돌아가자. 여호와께서 우리를 찢으셨으나 도로 낫게 하실 것이요, 우리를 치셨으나 싸매어 주실 것임이라. 여호와께서 이틀 후에 우리를 살리시며 셋째 날에 우리를 일으키시리니, 우리가 그의 앞에서 살리라. 그러므로 우리가 여호와를 알자 힘써 여호와를 알자. 그의 나타나심은 새벽 빛같이 어김이 없나니 비와 같이, 땅을 적시는 늦은 비와 같이 우리에게 임하시리라"(호 6:1-3).

셋째, 비록 예루살렘은 폐허가 되었고, 성전은 불에 탔고, 백성들은 바빌론으로 끌려왔지만, 이스라엘은 아직도 하나님의 백성이다. 그리고 여호와께서는 이 순간에도 자기 백성에게 소망과 힘을 주기를 원하신다. 하나님이 다윗과 맺으신 언약은 유효한 것이며, 시내 산 언약과 함께 '새로운 출애굽'을 기대하게 하는 중요한 요소로 자리매김을 한다. 이스라엘 백성들이 하나님을 바라는 한 새로운 시대에 대한 소망이 지속된다.

(2) 선지자와 예언

열왕기에는 열 명의 선지자가 등장한다. 저자가 선지자를 일컫는 명칭이 다양하다. 때로는 "종"(עֶבֶד)(왕상 14:18; 왕하 14:25)으로, "하나님의 사람"(אִישׁ־הָאֱלֹהִים)(왕상 12:22; 13:1)으로 부르기도 하지만, "선지자"(נָבִיא)라는 명칭도 자주 사용된다. 열왕기는 "하나님의 사람"(선지자의 칭호)이라는 표현을 60차례 사용하며, 일반적인 명칭인 "선지자"(נָבִיא)를 54회 사용한다. 이 외 다른 단어들을 포함하여 선지자를 가리키는 호칭을 총 94차례 사용하고 있다(Howard). "선지자"(נָבִיא)의 기본적인 개념은 선포/외침이다. 즉, 선지자는 가르치는 사람이다. 무엇을 가르치는가? 하나님의 뜻을 가르치는 것이 선지자들의 기본적인 역할이다.

하나님의 대변인 역할을 했던 선지자들은 누구를 가르쳤는가? 물론 백성들을 가르쳤다. 그러나 그들 사역의 주요 대상은 왕을 중심으로 한 정치, 종교 지도자들이었다. 그러므로 악한 왕들과 제사장들이 가장 싫어했던 사람이 바로 선지자였다(cf. Fretheim). 열왕기를 살펴보면 왕과 선지자 사이에 끊임없이 갈등이 있었음을 알 수 있다. 즉, 선지자의 밥은 악한 왕과 제사장들이었고 왕의 천적은 선지자였던 것이

다. 왜 선지자는 왕과 제사장을 그토록 책망했을까? 선지자가 제도화
된 시기가 이스라엘에 왕정이 들어설 때쯤이라는 것이 우리에게 큰 진
리를 가르쳐주는 것 같다. 역사적으로 살펴볼 때 잘못된 왕(권력자들)을
견제할 수 있는 유일한 사람은 선지자였다. 그래서 이스라엘에서 선지
자 제도가 왕정 제도와 동시에 출범한 것이며, 선지자는 왕을 포함한
정치적·종교적 권력자들에게 직언하는 것을 소명으로 삼았다. 오늘날
목사가 대를 잇고 있는 구약의 제도가 있다면 바로 선지자 제도일 것
이다. 그렇다면 이러한 구약 선지자들은 우리에게 무엇을 도전하고 있
는가?

　선지자는 어떤 사람인가? 그들은 먼저 윤리적인 삶을 사는 사람들이
다(cf. 겔 13장; 렘 23장; 나단; 엘리야). 또한 그들은 미래를 예언하는 사람
들이다. 성경 전체의 4분의 1이 예언적인 요소를 포함하고 있다(Payne).
폰 라드(von Rad)는 열왕기 안에서 최소한 11개의 예언이 성취된 것을
지적한다. 각 성취에는 "여호와의 말씀대로"라는 꼬리표가 붙는다. 선
지자의 말은 하나님의 말씀이다. 선지자들은 그들이 사역하던 시대에
하나님의 말씀으로 받들어졌던 정경(viz., 이미 선포된 하나님의 말씀)을 통
해, 하나님의 이름으로 말씀을 선포할 수 있는 권위와 자신들의 예언
이 그대로 성취될 것이라는 확신을 얻었다. 열왕기 안에서 성취되는
예언은 다음과 같다(von Rad).

	내용	예언	성취
1	성전 건축	삼하 7:13	왕상 8:20
2	왕국 분열	왕상 11:29 ff.	왕상 12:15
3	벧엘의 단을 파괴함	왕상 13:2	왕하 23:16–18
4	여로보암 가문의 멸망	왕상 14:6 ff.	왕상 15:29
5	바아사 집의 멸망	왕상 16:1 ff.	왕상 16:12
6	여리고 재건시 임할 재앙	수 6:26	왕상 16:34
7	아합의 전사	왕상 22:17	왕상 22:35 ff.

8	아합 가문과 이세벨의 죽음	왕상 21:21 ff.	왕하 9:25-37
9	아하시야의 죽음	왕하 1:6	왕하 1:17
10	유다의 멸망	왕하 21:10 ff.	왕하 24:2
11	벧엘의 단 갈라짐	왕상 13:3	왕상 13:5

열왕기에 등장하는 선지자들 중 엘리야와 엘리사는 매우 특별하다. 이 두 선지자의 사역은 모세 이후 그 어느 선지자의 사역보다 많은 기적들이 있었다(cf. 왕상 17장-왕하 13장). 이스라엘의 왕이 노골적으로 이방 신을 숭배하며 그 종교를 국교화시키려 한 때가 이 선지자들이 사역하던 시대이다. 엘리야가 진정한 여호와의 선지자라는 것이 열왕기상 17장에서 확인된다. 엘리사의 사역은 더 자세하게 묘사되어 있으며, 엘리야의 사역보다 더 많은 기적을 동반했다(cf. 왕하 2-9장).[5] 엘리사의 삶은 예언으로 끝이 났다. 그는 또한 죽음 속에서도 기적을 행했다(왕하 13:14-21).

저자가 왕들에게 쏟는 관심만큼이나 선지자들에 대해 지대한 관심을 가지고 그들의 삶을 묘사하는 것에는 어떤 의미가 있는가? 열왕기가 이스라엘의 정치적 리더인 왕들의 부패에 그 초점을 맞추고 있는 사실을 감안하면, 저자가 선지자들의 청렴한 삶을 부각시킴으로 왕들이 마음을 먹기만 하면 부패한 삶을 살지 않고 충분히 거룩하게 살 수 있었다는 사실을 강조하는 듯하다. 선지자들은 왕들의 삶에 대안적인 삶을 제시하고 있는 것이다.

엘리야-엘리사의 사역과 기적이 뭉치로 일어나는 일을 생각해보자. 성경은 많은 기적을 기록하고 있다. 자세히 보면 기적들이 뭉치로 나타나는 특별한 시대가 있는데 그중 하나가 엘리야-엘리사 시대였다. 성

---

5 어떤 사람들은 이런 엘리사의 능력이 그가 엘리야에게 "당신의 영의 두 배를 받기를 원하나이다"(왕하 2:9)의 문자적인 성취라고 주장한다. 그러나 엘리사가 엘리야에게 원했던 것은 단순히 "당신의 수제자가 되기를 원합니다"였다(갑절을 원하는 것은 구약의 장자권과 연결이 되어 있다).

경의 다른 기적 뭉치는 모세 시대, 예수님 시대에 나타난다. 이 세 시대
는 하나님의 백성이 변화(transition)나 위기(crisis)를 맞은 때라는 공통점
을 지닌다. 불안하고 어려울수록 하나님의 역사가 강하게 임하는 것이
다. 하나님은 그의 백성들을 절대 고아같이 버려두시는 분이 아니다.

"발자국"이란 제목의 이야기를 한 번쯤은 들어보았을 것이다. 한 사
람이 꿈을 꾸었다. 그 꿈에서 예수님과 동행하며 이런저런 이야기를
하고 있었다. 바닷가에 와서 보니 자신의 일생이 모래밭에 새겨진 발
자국의 모습으로 표현되어 있었다. 그의 일생을 돌아보니 항상 자신의
발자국 옆에 또 하나의 발자국이 있었다. 예수님의 발자국이었다. 그
런데 자신의 일생 중 가장 어려운 순간에는 발자국이 한 쌍밖에 없었
다. 그는 예수님께 물었다. "주님, 제가 가장 어려울 때 주님은 어디에
계셨습니까?" 예수님은 그에게 말했다. "그 발자국을 자세히 보렴. 그
발자국은 너의 발자국이 아니라 나의 발자국이란다. 네가 힘들고 괴로
워할 때 나는 너를 안고 다녔단다." 우리에게 고난과 절망이 닥친다면
그때가 하나님의 기적을 바라기에 가장 적합한 때이다.

(3) 하나님과 거짓말하는 영

미가야라는 선지자에 의하면 아합을 속이기 위해서 하늘에서 거짓 영
이 아합의 선지자들에게 임했다(왕상 22:19-23). 하나님이 보내신 거짓
영을 받은 선지자들은 아합의 승리를 예언했지만, 미가야는 전쟁에서
패할 뿐만 아니라 아합도 그 전쟁에서 죽을 것을 경고했다. 참 선지자
미가야의 말을 듣기보다는 자기가 듣고 싶어한 예언을 해 준 선지자들
의 말을 듣고 전쟁터로 향했던 아합은 결국 죽어서 집으로 돌아왔다.

어떤 사람들은 이 사건에서 나타난 하나님의 도덕성을 의심한다. 하
나님이 속임수를 사용하여 아합을 죽이셨다는 것이다. 어떻게 생각하
는가? 이 모든 일이 환상 속에서 일어나는 것은 어떤 의미를 제공하는

가? 하나님이 악을 허락하시는 것과 인간의 책임에는 어떤 관계가 있는가?

사실 이 이슈에 대한 질문들은 텍스트에 대한 오해에서 비롯된 것이다. 아합이 불러온 400명은 어느 종교에 속한 선지자들이었을까? 무엇보다도 이들이 여호와의 선지자들이었을 가능성은 배제해야 한다. 왜냐하면 아합의 아내 이세벨은 바알과 아세라 종교를 국교화하면서 여호와의 선지자들을 잡아 죽이는 일을 했다. 그래서 오바댜라는 사람이 여호와의 선지자 100명을 굴에 숨겨놓고 봉양했다(왕상 18장). 이 상황에서 이세벨의 남편 아합이 여호와의 선지자를 후원할 가능성은 얼마나 되겠는가? 전혀 없다. 그렇다면 이들은 누구인가? 이들은 아세라의 선지자들이었다. 오랜 가뭄 후에 엘리야는 아합을 만나 이세벨의 녹을 먹는 바알 예언자 450명과 아세라 예언자 400명을 데리고 갈멜산으로 나오라고 했다(왕상 18:19). 과연 누가 참 신인지 가려보자는 것이었다. 결과는 여호와의 일방적인 승리였으며, 바알 선지자 450명은 그날 바로 처형당했다. 그런데 아세라의 예언자들은 그 어디에도 보이지 않았다. 바로 이들이 미가야 사건에서 모습을 드러내는 것이다(cf. 왕상 22:6).

아세라 선지자가 여호와의 이름으로 예언을 할 수 있단 말인가? 그들은 바알 숭배자들처럼 다신주의자들이었다. 그러므로 어떤 거리낌도 없이 예언을 요청하는 손님이 숭배하는 신의 이름으로 예언을 해주었다. 또한 하나님이 아합을 죽이기 위해서 아세라 선지자들에게 거짓 영을 보내시는 것은 당연한 일이라고 할 수 있다. 죄인들의 잘못된 예언에 의해 기고만장해진 죄인을 심판하신 것이다.

(4) 전무후무한 히스기야와 요시야

열왕기에서 가장 훌륭한 평가를 받는 왕들은 히스기야와 요시야이다

(왕하 18:5-6; 왕하 23:25; cf. 신 6:5). 저자는 이 두 왕에 대해서 "이런 사람이 전에도 후에도 없었다"(אַחֲרָיו לֹא־הָיָה כָמֹהוּ)라고 평가한다. 어떻게 한 입을 가지고 두 말을 하는가? 비평학자들은 열왕기 기자가 하나는 히스기야를 영웅시하는 문서와 요시야를 영웅시하는 다른 문서를 편집도 하지 않은 채 사용하다 보니 빚어진 실수라고 단정한다. 즉, 걸러지지 않은 채 짜깁기 된 히스기야 전승과 요시야 전승이 빚어낸 결과라는 것이다. 그러나 성급한 결론이다. 저자는 이 두 사람을 각기 다른 방면에서 전무후무한 자로 평가하고 있다.

히스기야의 경우는 믿음과 하나님을 의지함에 있어서 전무후무한 자라는 것이 열왕기 저자의 평가이다. 그가 어떤 믿음을 소유한 자였는가는 열왕기에서 묘사하고 있는 산헤립 침략 사건에 잘 묘사되어 있다. 히스기야는 믿음으로 자기가 통치한 유다에 임박했던 하나님의 심판을 몇 세대 보류할 수 있었다. 주전 701년에 망했어야 할 나라가 주전 586년까지 지속되었던 것이다. 그의 이야기와 기도문이 이 같은 사실을 잘 묘사하고 있다.

요시야는 언약 준수에 있어서 비교할 사람이 없었다는 것이 저자의 평가이다(왕하 23:2-3, 21). 저자의 이러한 평가는 그가 요시야의 일생에 대해서 어떻게 기록하고 있는지 그 구조를 살펴보면 알 수 있다.

A. 평가적 문장: 여호와 보시기에 정직, 다윗의 길로 행함(왕하 22:2)
  B. 제18년의 일: 율법서 발견(왕하 22:3-11)
    C. 율법서에 대해 물음, 하나님의 대답(왕하 22:12-20)
      X. 언약 갱신(왕하 23:1-3)
    C'. 율법서에 따른 요시야의 개혁(왕하 23:4-20)
  B'. 제18년의 일: 유월절 지킴(율법서에 기록된 대로, 왕하 23:21-24)
A'. 평가적 문장: 모세의 율법을 온전히 준행한 임금, 전무후무한 왕
  (왕하 23:25)

8. 신학

열왕기는 하나님 나라와 다윗 왕국의 발전이 어떤 연관성이 있는지를 회고하고 있다. 간단히 말하자면 이상적인 차원에서 다윗 왕국은 하나님 나라의 실제적인 모형이 되어야 했다. 그러나 현실은 사뭇 달랐다. 다윗은 자신이 다스리는 나라를 하나님 나라의 모형으로 세우는데 조금은 성공했다. 다윗은 후손들이 그의 왕국을 더 하나님 나라같이 발전시키기를 기대하며 나라를 솔로몬에게 물려주었다. 그러나 솔로몬과 후손들이 세우고 다스린 이스라엘은 결코 하나님 나라의 모형이라 할 수 없었다.

그렇다고 해서 다윗의 노력이 물론 의미없이 허비된 것은 아니었다. 다윗은 죽은 후에도 이스라엘 역사에 매우 긴 그림자를 드리워 놓았기 때문이다. 사무엘하 22장에 묘사되어 있는 다윗의 마지막 모습은 열왕기에서도 그대로 기념된다. 심지어는 사무엘하 22장에서 사용되는 단어들과 이미지들이 열왕기에서도 사용된다. 의로운 자(삼하 22:21; 왕상 9:4), 하나님 앞에 온전한 자(삼하 22:24, 왕상 9:4); 법과 규례를 지킨 자(삼하 22:23, 왕상 11:38), 그의 길을 지킨 자(삼하 22:22; 왕상 11:33), 기름 부은 자에게 베푸시는 끊임없는 사랑(삼하 22:51; 왕상 8:23). 열왕기 저자는 이러한 기준으로 남 왕국 유다의 왕들을 평가한다. 모든 왕들이 그들의 행정 능력이나 정치적인 업적 등으로 평가받는 것이 아니라, 그들의 조상 다윗과 같았는지 아니면 다윗과 같지 않았는지에 따라 신학적, 신앙적 평가를 받는 것이다.

(1) 다윗 언약

사무엘하 7장의 다윗 언약은 열왕기 신학 형성에 매우 중요한 역할을 한다. 열왕기는 하나님이 사무엘하 7장에서 하신 약속을 어떻게 이스라엘의 역사 속에서 잘 지키셨는가를 보여준다. 저자는 유다의 여러 왕들의 죽음을 묘사한 후 그들이 한결같이 "그의 아비/조상 다윗과 묻혔다"라는 고정적인 표현을 사용하여 마무리한다. 열왕기 기자는 자신의 책에서 다윗 왕조가 어떻게 끊어지지 않고 지속되었는가를 관심 있게 전한다. 수없이 묘사되는 것이 '다윗 때문에 은혜를 베푸시는' 하나님의 모습이다(왕상 11:12, 13, 32, 34, 36; 15:4-5; 왕하 8:19; 19:34; 20:6). 또한 저자는 열왕기에서 다윗이 직접 하나님께 이 약속을 받았다는 것을 거듭 강조한다(왕상 2:33, 45; 5:5; 8:15, 19, 24, 26; 11:38; 왕하 21:7).

유다와 이스라엘은 하나님 나라의 상징이다. 이스라엘과 유다의 왕은 "하나님의 아들"(삼하 7:14)로서 이 세상에서 하나님의 대리인 역할을 해야 한다. 하나님은 이 왕들이 특별해서 대리인으로 선택하신 것이 아니라, 일방적인 은총으로 이들을 선택하셨다. 상황이 이렇다는 것을 깨달았다면 왕들은 더욱더 신실하고 정직하게 나라를 다스려 하나님의 선택하신 은총에 보답해야 한다. 그러나 현실은 그렇지 않았고 경건한 왕보다는 경건하지 못한 왕의 수가 훨씬 더 많았다. 왕들이 타락하면 그들이 다스리는 나라도 부패하고 쇠퇴하기 마련이다. 그러므로 다윗이 세운 왕조가 망해갈 때 이 세상에 상징적으로 형성된 하나님의 나라도 쇠퇴해 갔다.

다윗 왕조와 밀접한 연관이 있는 것은 다윗 언약의 조건적 성향과 무조건적 성향(conditionality and unconditionality of the covenant)이다. 사무엘서는 다윗 언약의 무조건적 성향이 부각되고 있다(cf. 삼하 7:15-16). 그러면서도 다윗의 뒤를 잇는 왕들에게는 "하나님의 축복을 만끽하려면 이렇게 하라"는 조건들이 붙는 듯하다(삼하 7:14). 반면에 열왕기에서는 다윗 언약의 조건적 성향이 강조된다. 다윗에게는 언약이 무조건적으로 주어졌지만, 그의 후손들에게 이 언약이 언급될 때에는 조건성이 확연히 드러나는 것이다(cf. Fretheim). 특히 열왕기상 9:2-9, 열왕기하 17:7-23, 열왕기하 24:3-4 등은 언약의 조건성을 강력한 언어를 사용하여 강조한다. 유다의 왕들이 하나님이 그들의 조상 다윗과 맺으신 언약이 자신들 시대에도 유지되기를 원한다면, 그들은 하나님의 말씀을 반드시 순종해야만 한다.

원래 하나님이 다윗에게 주신 언약은 왕이 신하에게 내려주는 하사품과 같기 때문에, 다윗과 그의 후손들이 그 언약에 어떻게 반응하는가에 상관없이, 변함없고 무조건적인 축복으로 지속된다. 다만 각 왕들이 그 언약의 축복을 누리려면 모세 율법을 지켜야 한다는 것이 전제된다. 다윗 언약은 시내 산 언약이 선포된 지 한참 후에 선포된 것이며, 시내 산 언약의 요구를 무효화하는 것은 아니기 때문이다. 그러므로 왕은 자기가 통치하는 백성들처럼 이스라엘이 시내 산에서 하나님과 맺은 언약을 지켜야 할 의무가 있다(신 17:18-19). 솔로몬도 언약을 잘 지키도록 권면을 받았다(왕상 3:14). 저자는 북 왕국이 몰락한 이유를 이 의무를 잘 이행하지 못해서였다고 회고한다(왕하 17:7-23; 18:12). 신분에 상관없이 이스라엘 사람이 하나님의 축복을 누리려면 시내 산 언약을 준수해야 한다는 가르침은 여호수아서에서부터 계속 강조되어 왔다.

비록 주의 백성이 하나님과 맺은 시내 산 언약을 준수하지 않아 포로가 되어 타국으로 끌려갔지만, 열왕기 저자가 살고 있는 바빌론에는 열왕기하 25장에 기록된 다윗의 계보를 이어받은 왕족이 함께 살고 있었다는 사실이 일부 사람들에게는 매우 희망적인 요소가 되었을 것이다. 다윗 언약은 무조건적이기 때문에 하나님이 언젠가는 이 언약을 지키기 위해서라도 그들을 구원하실 것이라는 소망이 있기 때문이다. 그렇다고 해서 바빌론에 끌려와 있는 유다 사람들이 다윗 계열 왕족들에게 희망을 걸어서는 안 된다. 저자는 이스라엘은 오직 하나님께 소망을 두고 그분만 의지해야 한다는 것을 강조한다.

(2) 미래에 대한 하나님의 은혜와 소망

노트(Noth)의 주장과는 달리 열왕기는 이스라엘과 유다가 어떻게 망하게 되었는가만을 설명하는 책이 아니다. 이 책에는 상당히 긍정적이고 희망적인 요소들이 있다. 폰라드(von Rad)는 이것을 '메시아 사상'(messianic motif)으로 설명한다. 저자가 살던 시대의 이스라엘은 이방 민족에게 침략당해 백성들은 포로가 되어 무너져 있지만, 장차 이 나라의 진정한 주인인 메시아가 오실 것이라는 소망이 열왕기 안에 제시되고 있는 것이다. 이러한 차원에서 히스기야, 요시야, 여호사밧 같은 왕들은 부족하나마 장차 오실 메시아의 모형이라고 할 수 있다.

볼프(H. Wolff)는 '회개 촉구'(call to repentance)라는 주제로 미래에 대한 이스라엘의 소망을 설명한다. 나봇을 죽이고 포도원을 빼앗은 아내 이세벨로부터 그 포도밭을 선물로 받고 기뻐하던 아합이 선지자의 신탁(神託)을 받고 회개했을 때, 주께서 그에게 내리시겠다던 벌을 그의 아들 세대로 보류해주신 은총을 경험한 것처럼, 열왕기 안에서는 아무리 흉악한 죄인이라도 회개하면 주님께서 용서하신다는 진리가 거듭 강조된다. 이 같은 진리가 강조되는 것은 하나님께 범죄하여 바빌론으로 끌려온 백성이 주님의 마음을 이해하고 회개하여 주님께 돌아오기를 권면하기 위해서이다. 바빌론에서 열왕기를 맨 처음으로 읽게 된 원독자들이 진실한 마음으로 회개하면, 주님이 은혜를 베푸시고 개입하셔서 그들의 역사는 언제든지 바뀔 수 있다는 가능성이 제시되고 있는 것이다. 즉, 그들은 포로의 신분을 벗어나 본국으로 다시 돌아가 다윗 계열 왕이 다스리는 나라를 세울 수 있게 되는 것이다.

브루게만(Brueggemann)은 열왕기의 미래에 대한 소망을 '하나님의 자비'(God's graciousness)와 연계한다. 책 안에서 몇 번씩이나 강조되는 것은, 유다가 범죄한 대가로 나라가 망하고 백성이 바빌론에 끌려와 있는 것은 사실이지만, 그들을 심판하신 하나님은 자기 백성을 심판하시기를 즐기시는 분이 아니라는 사실이다. 심판을 받고 신음하는 주의 백성도 아프지만, 어쩔 수 없이 자기가 가장 사랑하는 백성을 심판하여 타국으로 내치신 하나님의 마음은 더 아프기 때문이다. 적절한 때가 되면 하나님은 자기 종 다윗과 맺으신 언약 때문이라도 자비를 베풀어 이스라엘 자손들을 구원하실 것이다.

맥콘빌(McConville)은 열왕기의 미래 지향적인 성향을 '신명기적 신학'(deuteronomistic theology)의 소망(hope)'과 연결한다. 신명기적 관점의 신학에는 근본적으로 소망이 포함되어 있다는 것이 그가 강조하고자 하는 바이다. 주의 백성이 죄를 지으면 분명 하나님의 심판이 임한다. 심지어 하나님 스스로 범죄한 백성을 약속의 땅에서 내치실 수 있다고 경고하셨다. 그럼에도 불구하고 언제든지 주의 백성이 회개하고 하나님을 찾고 말씀을 준수하기만 하면, 신명기(특히 28장 이후)에 기록된 것 같이 하나님은 이들을 다시 약속의 땅으로 인도하실 것이라고 하신다. 열왕기는 이 같은 하나님의 약속에 근거하여 바빌론에 끌려와있는 주의 백성에게 소망을 주고 있는 것이다.

위에 제시된 학자들의 주장에 한 가지 더해야 할 것은 '다윗 언약의 보편성'이다. 성경은 사무엘하 7장에 소개된 다윗 언약의 영원성이 한 개인이 아닌 온 백성에게 적용되는 것으로 말한다(삼하 7:13, 16; 왕상 2:45; 8:19; 9:5). 이러한 맥락에서 열왕기 저자는 다윗이 예루살렘 안에 계신 하나님 앞(viz., 성전)에 '등'(lamp)을 받은 일(cf. 왕상 11:36; 15:4; 왕하 8:19)을 미래에 대한 소망을 제시하는 일에 있어서 매우 중요한 요소로 간주한다. 처음부터 이 소망의 메시지는 다윗의 집에만 주어진 것이 아니다. 솔로몬의 기도의 일부인 열왕기상 8:46-53은 이스라엘의 범죄와 회개에 대한 하나님의 심판과 용서까지도 전제로 하면서 하나님이 은혜를 베풀어 주실 것을 기도한다. 다윗 계열의 왕인 여호야긴의 이야기(왕하 25:27-30) 또한 책의 소망적인 메시지에 설득력을 더한다. 저자는 이 모든 예들을 통해 다윗 언약을 이 세상의 그 무엇도 흔들 수 없는 소망을 주는 것으로 이해한다. 주의 백성이 바빌론에서도 희망을 잃지 않고 여호와의 구원의 손길을 갈망할 수 있는 것은 다윗 언약 때문이다.

(3) 심판과 회개

심판은 열왕기 신학에서 중요한 자리를 차지하는 개념이다. 통일왕국이 분열된 것은 솔로몬의 죄에 대한 심판이었다(왕상 11장). 두 분열왕국이 멸망하게 된 것도 그들의 죄에 대한 심판이었다(왕하 17:7-23; 왕하 24:3-4). 심판과 함께 강조되는 것이 회개다. 하나님이 주의 백성을 심판하시는 이유는 그들이 회개하고 다시 하나님께 돌아오게 하기 위함이다. 히브리어 성경에서는 '돌아오다/돌이키다'(שוב)가 회개를 표현한다. 이 동사의 가장 기본적인 의미로 회개를 설명하자면 회개는 가던 길에서 돌아서거나 다른 길로 간다는 뜻이다. 사무엘서와 열왕기의 저자는 이스라엘에게 회개를 촉구하면서 계속 이 단어를 사용한다(삼상 12:14-15, 20-21). 그들이 죄의 길을 가면 갈수록 하나님으로부터 멀어지는 것이니, 가던 길(viz., 죄의 길)을 돌이켜 하나님 가까이로 돌아오라는 의미이다.

열왕기가 백성에게 회개를 촉구하는 것은 하나님의 선하심에 근거를 두고 있다(왕상 8:56-57). 또한 열왕기에서 하나님의 선하심은 다윗 왕조를 통해 표현된다. 그러므로 비록 죄로 인해 심각하게 타락했다 할지라도 다윗의 집안은 아직도 여호와의 좋은 소식을 전하는 전령이다(Brueggemann)(cf. 왕하 25:28). 솔로몬은 헌당 기도(왕상 8장)에서 백성이 하나님께 '돌아올 때'에 관한 다섯 가지 정황을 논한다(33, 35, 47, 48, 58절). 솔로몬은 이 기도를 통해 이스라엘이 하나님께 돌아와서(회개하고) 소리를 높일 때 하늘에서 그들의 부르짖음을 들으시고 은혜를 베풀어 달라고 간구한다(30, 32, 34, 36, 39, 43, 45절). 주의 백성이 하나님께 어떠한 죄를 짓는다 할지라도 그들이 진심으로 회개하면 그들을 용서하시고 다시 주의 백성으로 받아달라는 호소이다.

　솔로몬이 하나님께 용서해 달라는 주의 백성의 죄가 어느 정도인가? 열왕기 저자는 북 왕국 이스라엘이 망하게 된 이유를 설명하면서 이들의 죄가 어느 정도였는가를 자세하게 기록하고 있다(왕하 17:7-23). 훗날 망하게 된 남 왕국도 별반 다를 바가 없다는 것이 저자의 평가이다.

　이렇게 된 것은, 이스라엘 자손이 자기들을 이집트 땅에서 이끌어내어 이집트 왕 바로의 손아귀로부터 구원하여 주신 주 하나님을 거역하여, 죄를 짓고 다른 신들을 섬겼기 때문이며, 또 주께서 이스라엘 자손의 면전에서 내쫓으신 이방 나라들의 관습과, 이스라엘의 역대 왕들이 잘못한 것을, 그들이 그대로 따랐기 때문이다. 이스라엘 자손은 또한 주님이신 그들의 하나님을 거역하여 옳지 못한 일을 저질렀다. 곧, 망대로부터 요새화된 성읍에 이르기까지, 온 성읍 안에 그들 스스로 산당을 세웠으며, 또 높은 언덕과 푸른 나무 아래에는 어느 곳에나 돌기둥들과 아세라 목상들을 세웠으며, 주님께서 그들의 면전에서 내쫓으신 이방 나라들처럼, 모든 산당에서 분향을 하여 주의 진노를 일으키는 악한 일을 하였으며, 또한 주님께서 그들에게 하지 말라고 하신 우상숭배를 하였다. 그런데도 주님께서는 이스라엘과 유다에 여러 예언자와 선견자를 보내어서 충고하셨다. "너희는 너희의 그 악한 길에서부터 돌아서서, 내가 너희 조상에게 명하고, 또 나의 종 예언자들을 시켜 내가 너희에게 준 그 모든 율법에 따라, 나의 명령과 나의 율례를 지켜라." 그러나 그들은 끝내 듣지 아니하고, 주님이신 그들의 하나님께 신실하지 못하였던 그들의 조상들처럼, 그들은 완고하였다. 그리고 주의 율례와, 주님께서 그들의 조상과 세우신 언약과, 그들에게 주신 경고의 말씀을 거절하고, 헛된 것을 따라가며 그 헛된 것에 미혹되었으며, 주님께서 본받지 말라고 명하신 이웃 나라들을 본받았다. 또 그들은 주님이신 그들의 하나님이 주신 그 모든 명을 내버리고, 쇠를 녹여 부어 두 송아지 형상을 만들었으며, 아세라 목상을 만들어 세우고, 하늘의 별들에게 절하며, 바알을 섬겼다. 그들은 또한 자기들의 자녀들을 불살라 제물로 바치는 일도 하였다. 그리고 복술도 하고, 주문도 외우며, 주님께서 보시기에 악한 일을 함으로써 주님께서 진노하시게 하였다. 그러므로 주님께서는 이스라엘에게 크게 진노하셨고, 그들을 그 면전에서 내쫓으시니 남은 것은 유다 지파뿐이었다. 그러나 유다도 또한 그들의 주님이신 하나님의 명령을 잘 지키지 아니하고, 이스라엘 사람들이 만든 규례를 그대로 따랐다. 그리하여 주님께서는 이스라엘의 모든 자손을 내쫓으시고, 그들을 징계하여 침략자들의 손에 넘겨 주셔서, 마침내는 주의 면전에서 내쫓기까지 하셨다. 그래서 이스라엘은 다윗의 집으로부터 갈라졌으며, 이스라엘은 느밧의 아들 여로보암을 왕으로 삼았고, 여로보암은 또한 이스라엘이 주님을 버리고 떠나서 큰 죄를 짓도록 만들었다. 이렇게 하여 이스라엘 자손은, 여로보암이 지은 그 모든 죄를 본받아 그대로 따라갔고, 그 죄로부터 돌이키려고 하지 않았다. 마침내 주님께서는, 그 종 예언자들을 보내어 경고하신 대로, 이스라엘을 그 면전에서 내쫓으셨다. 그래서 이 날까지 이스라엘은 자기들의 땅에서 앗시리아로 사로잡혀 가 있게 된 것이다.

(왕하 17:7-23, 새번역)

(4) 성전 건축

열왕기의 하이라이트 중 하나는 솔로몬의 성전 건축이다. 이스라엘의 삶에 있어서 성전은 매우 중요한 종교적 요소였다. 성전은 이스라엘 사람들이 하나님 앞에서 자신들의 감정을 드러내는 곳이었다. 그들은 성전에서 기쁨의 날에는 감사의 노래를 불렀고, 고단한 날에는 탄식과 한숨 섞인 기도를 올렸다. 그들은 성전으로 인해 울었고, 슬픈 시를 읊조렸으며, 때로는 성전으로 인해 즐거움의 노래를 불렀으니, 성전은 그들의 참 안식처이자 피난처였다. 이처럼 성전은 이미 오래전부터 이스라엘의 연민과 열망의 대상이자 향수를 유발하는 매체가 되어 있었다. 그렇다면 수천 년이 지난 오늘날도 이스라엘의 마음을 사로잡고 있는 성전은 과연 어떠한 상황에서 어떻게 건축되었는가? 성전이 지닌 신학적인 의미는 무엇이었는가?

다윗이 통일왕국을 이룩한 다음 어느 정도 정치적 안정을 누리게 되자 여호와의 법궤를 예루살렘으로 모셔왔다(삼하 6장). 이후 다윗은 여호와의 궤가 거할만한 성전을 건축하고 싶어했다(cf. 삼하 7장). 다윗의 뜻을 전해 들은 선지자 나단도 좋아했다. 그러나 바로 다음날 하나님이 나단을 통해서 의외의 말씀을 주셨다. 비록 여호와께서 다윗을 무척 사랑하고 귀하게 여기시지만, 그는 결코 성전을 지을 만한 자격이 되는 사람이 아니라는 것이었다. 이 프로젝트는 훗날 다윗의 후손이 맡게 될 것이라고 하셨다. 대신 하나님이 그에게 넘치는 은혜를 베푸셨다. 다윗을 대견하게 여기신 하나님이 오히려 다윗을 위하여 집(viz., 영원한 통치권)을 지어주신 것이다. 이것이 바로 우리가 흔히 말하는 다윗 언약의 골자이다.

다윗은 그의 후손 중 성전을 건축할 자(viz., 솔로몬)를 위해 열심히 재산을 모았다. 그는 자신이 직접 성전을 건축하는 영광은 누리지 못하지만, 이 프로젝트를 위해 재정 확보 등 만반의 준비를 했다. 덕분에 솔로몬은 아무런 경제적인 어려움 없이 이스라엘 민족의 숙원 사업이었던 성전 건축을 순조롭게 진행했다. 이처럼 성전 건축은 2대에 거쳐 준비되고 진행되던 메가 프로젝트였다.

솔로몬은 당시 최고의 목재였던 레바논의 백향목과 두로의 히람 왕이 제공한 잣나무를 사용하여 성전을 건축했다(왕상 9:11). 또 히람 왕은 금 외에 건축에 필요한 모든 것을 준비해 주었고 심지어는 필요한 기술력까지 제공해 주었다(왕상 7:13; 9:11). 두로가 이처럼 성전 건축에 깊이 연관되었다는 사실은 상징적인 의미를 지니고 있다. 두로는 고대 근동에서 대표적인 무역 국가였다. 그들의 배는 유럽에서 이집트, 아프리카를 왕래하며 온갖 진귀한 것들을 거래했다(ABD). 그러므로 그 당시 누군가가 세상에서 가장 귀한 것들을 구하기 원한다면 당연히 두로의 도움을 받아야 구할 수 있었다. 이처럼 고대 근동의 온갖 진귀한 것을 거래하던 두로가 성전 건축에 참여했다는 것은 솔로몬의 성전이 이 세상에서 가장 좋은 재료들을 사용하여 건축되었음을 시사한다. 이것은 여호와는 단순히 이스라엘만의 수호신이 아니라 온 세상의 창조주이시자 통치자라고 고백하는 이스라엘의 신앙에 의하면 당연한 일이다.

성전 건축에 있어서 물질적인 준비뿐만 아니라 인적(人的) 준비도 완벽했다. 무엇보다도 이 프로젝트는 많은 지혜—어떻게 생각하면 이 세상의 지혜를 넘어선 초자연적인—를 요구했다. 이 같은 사실은 출애굽 시대 때 이스라엘이 광야에서 장막을 건축했던 일에서 역력하게 드러난다. 하나님은 장막과 장막에서 쓰이게 될 도구를 디자인하고 시공 과정을 관리하는 막중한 임무를 수행케 하기 위하여 브살렐과 오홀리압에게 지혜의 영을 부어 주셨다(출 31:1-11). 그들은 이 분야에서 이미 많은 노하우(know how)를 지니고 있었지만 하나님은 이들에게 신령한 지혜를 더하셨던 것이다. 장막을 건축하는 일은 그만큼 막중한 프로젝트였다. 장막 건축이 이 정도였다면 성전 건축도 당연히 막중한 일이다. 그러므로 우리는 성전 건축에 있어서 많은 지혜와 기술이 필요했음을 충분히 상상할 수 있다.

솔로몬은 당시 최고의 장인을 구해 성전 건축 공사를 관리하도록 했다. "솔로몬 왕이 보내어 히람을 두로에서 데려오니 그는 납달리 지파 과부의 아들이요 그의 아버지는 두로 사람이니 놋쇠 대장장이라 이 히람은 모든 놋 일에 지혜와 총명과 재능이 구비한 자이더니 솔로몬 왕에게 와서 그 모든 공사를 하니라"(왕상 7:13-14). 솔로몬은 성전을 건축하기 위해서 당시 최고의 자제들, 최고의 공법, 최고의 감독관을 고용한다. 그는 최고의 성전을 지어 여호와께 드리기 위해 돈을 아끼지 않았던 것이다.

여기까지는 열왕기 저자가 솔로몬의 업적을 매우 높이 평가한다. 문제는 열왕기 기자가 솔로몬의 다른 면모를 강조하고 있다는 것이다. 성전 건축 이야기(왕상 5-8장)의 중심부에 솔로몬의 왕궁 이야기(6장)가 끼어 있다. 게다가 솔로몬은 성전 건축에 7년을 사용한 것에 비해 왕궁 건축에는 13년의 공을 들였다. 물론 솔로몬의 궁이 규모에 있어서 성전보다 훨씬 더 컸기 때문이지만 왠지 독자들의 마음을 불편하게 하는 정보이다. 더 나아가 저자는 성전이 완성된 다음에도 왕궁 건축이 진행된 13년을 기다렸다가 성전 건축이 시작된 지 20년 되던 해에야 비로소 헌당식을 올린 것처럼 묘사한다.[6] 열왕기 저자는 분명 솔로몬에 대한 부정적인 측면을 암시하고 있다.

비록 히람이 공사를 감독한다더라도 솔로몬 역시 많은 부분에 조언하며 이 일을 함께 진행해 나갈 수밖에 없었을 것이다. 그렇다면 솔로몬은 성전 건축을 총괄할만한 자격이 있는 사람인가? 열왕기 저자는 솔로몬이 성전 건축을 총괄할만한 자격이 충분히 있었다고 한다. 이미 언급한 것처럼 성전 건축에 있어서 제일 중요한 것은 하나님만이 주실 수 있는 지혜를 얻는 일이다. 솔로몬에게는 이러한 지혜가 있었다. 하나님이 솔로몬에게 "원하는 것은 뭐든지 줄 테니 내게 구하라"하고 말씀하셨을 때, 그는 지혜를 구했다(왕상 3:5-9). 여호와께서는 그가 원하는 대로 큰 지혜를 주셨다. 하나님이 솔로몬에게 어떤 지혜를 주셨는지는 바로 다음에 기록된 아이의 소유권을 놓고 펼쳐진 두 여인의 재판 이야기에 잘 묘사되어 있다(왕상 3:16-28).

---

6 본문 주해에서 언급하겠지만, 솔로몬은 성전이 완성된 후 11개월을 기다렸다가 이듬해에 헌당예배를 드렸다. 그러나 저자는 마치 왕궁이 완성된 다음(viz, 성전 공사가 시작된 지 20년이 된 시점)에야 헌당예배를 드린 것처럼 이야기를 진행해 나간다. 저자가 이야기의 흐름을 이같이 진행하는 것은 솔로몬의 마음에는 성전보다 그의 왕궁이 더 중요했음을 암시하기 위해서이다(cf. 본문 주해).

이 재판은 솔로몬이 주의 백성을 통치하기 위해서 지혜를 구했던 기도에 하나님이 얼마나 확실하게 응답해 주셨는가를 보여주는 좋은 예이다. 또한 이 사건은 솔로몬이 앞으로 감독하고 추진해 나가야 할 성전 건축에 필요한 신성한 지혜도 충분히 지니고 있음을 시사하는 사건이기도 하다. 열왕기 저자는 옛적에 이스라엘이 광야에서 장막을 건축할 때, 그 프로젝트를 지휘했던 브살렐과 오홀리압에게 하나님의 지혜가 충만했던 것처럼, 성전을 건축한 솔로몬에게도 여호와의 지혜가 충만했음을 암시한다. 이처럼 성전 건축은 물질적인 차원뿐만 아니라 인적 차원에 있어서도 철저하게 준비된 프로젝트였다.

솔로몬의 성전 건축 과정을 생각해 보자. 당시로서는 최첨단이라 할 만한 기술과 공법이 사용되고 있다. 성전을 완공하는 데 걸린 시간만 칠 년이었다(왕상 6:38). 사람들은 건축자재로 쓰였던 그 많은 나무를 레바논에서 운반해 왔다. 또한 엄청난 양의 돌이 필요했다. 이 모든 물자의 공급은 당연히 가장 효율적인 운반 기술을 요구했을 것이다. 이스라엘 안에서는 이 거대한 프로젝트를 지휘할 사람이 없어서 솔로몬은 반(半) 이스라엘(half-Israelite) 사람인 히람을 두로에서 초청하여 일을 맡겼다(왕상 7:13-14).

성전 공사에 사용된 기술과 공법이 어떠했는가를 보여주는 듯한 말씀이 열왕기상 6:7에 기록되어 있다. "이 전은 건축할 때에 돌을 뜨는 곳에서 치석하고 가져다가 건축하였으므로 건축하는 동안에 전 속에서는 방망이나 도끼나 모든 철 연장 소리가 들리지 아니하였다"(새번역). 건축에 필요한 모든 석재를 채석장에서 디자인하고 다듬어서 성전에서는 간단히 조립만 할 수 있게 했다는 뜻이다. 하나님의 성전을 건축하는 공사장에서 연장 소리가 들리지 않게 했다는 것은 훌륭한 시공법이 매우 적절하게 사용된 예라고 전해지고 있다. 이처럼 솔로몬은 세상 최고의 재료를 사용하여 최첨단 내지는 가장 효율적인 방법과 기술로 성전을 건축하였다. 한마디로 말해서 성전 건축은 처음부터 끝까지 모든 면에서 완벽했다.

성전은 완벽하게 시공되었지만, 성전을 건축한다는 것 자체는 하나의 신학적 딜레마를 안고 있다. 솔로몬 성전의 건축 준비는 오래전 다윗이 '자신은 백향목 궁에 거하거늘 하나님의 궤는 휘장 가운데 있는 것'에 대해 미안하고 안타까워하며 하나님을 위하여 집을 짓겠다는 의지로 시작되었다(삼하 7:2). 하나님은 다윗의 이러한 마음 씀씀이를 대견하게 여기시고 오히려 그와 그의 집안에 큰 축복을 내리셨다. 다윗의 성전 건축 희망은 결과적으로 출애굽 이후 광야에서부터 시작된 하나님의 궤의 방랑이 드디어 막을 내리고 한 곳에 정착하게 되는 긍정적인 효과를 가져왔다. 그러나 좋은 면만 있었던 것은 아니다. 하나님이 나단을 통해 다윗에게 말씀하셨다.

"네가 나를 위하여 내가 살 집을 건축하겠느냐 내가 이스라엘 자손을 애굽에서 인도하여 내던 날부터 오늘까지 집에 살지 아니하고 장막과 성막 안에서 다녔나니 이스라엘 자손과 더불어 다니는 모든 곳에서 내가 내 백성 이스라엘을 먹이라고 명령한 이스라엘 어느 지파들 가운데 하나에게 내가 말하기를 너희가 어찌하여 나를 위하여 백향목 집을 건축하지 아니하였느냐고 말하였느냐"(삼하 7:5-7).

이 말씀을 보면 하나님은 다윗에 대한 칭찬이나 대견함보다는 오히려 당신의 불편함 내지는 불만을 토로하고 계시는 듯하다. 이러한 뉘앙스는 이미 여러 학자들에 의해 포착된다(cf. Gordon, McCarter, Brueggemann). 하나님의 심기를 불편하게 하는 것은 성전이 하나님의 이동성(移動性)을 제한한다는 것이다. 장막은 성전에 비하면 초라한 천막에 지나지 않는다. 그러나 출애굽 이후 하나님의 임재의 상징이었던 궤는 장막에 거하면서 필요에 따라서 항상 이동할 수 있는 자유를 지녔다. 그런데 궤가 성전에 거하게 되면 이러한 자유가 제한을 받을 수밖에 없는 것이다. 그러므로 다윗이 성전을 건축하겠다는 의도는 본의 아니게 하나님의 자유를 구속할 수 있는 문제를 안고 있었다.

만일 성전이 하나님의 자유를 구속하는 공간이 되어 버린다면 하나님으로서는 성전 건축을 결코 받아들일 수 없다. 그러므로 성전을 건축하는 것만큼이나 이 신학적인 갈등을 해결하는 것도 중요하다. 그렇다면 과연 이 위기는 어떻게 수습이 되는가? 열왕기 저자는 솔로몬이 성전을 헌당하면서 드린 기도문에서 이 문제를 해결했다고 기록한다. 성전이 완성되고 솔로몬은 먼저 다음과 같이 고백했다. "하나님이 참으로 땅에 거하시리이까 하늘과 하늘들의 하늘이라도 주를 용납하지 못하겠거든 하물며 내가 건축한 이 성전이오리이까"(왕상 8:27). 솔로몬은 비록 그가 건축한 성전이 세상의 가장 진귀한 것들과 가장 훌륭한 기술에 의해 완성된 걸작품이지만, 하나님께 그 곳에 거하시도록 요구하기에는 너무 협소하고 보잘것없음을 통감하고 있다. 그러므로 그는 성전 봉헌기도에서 이스라엘 백성들이 여러 가지 기도제목을 안고 성전에서 혹은 성전을 향하여 기도할 때마다 하나님이 이들의 기도를 성전이 아닌 "하늘에서 들으시고" 응답해 주시기를 수차례 간구한다(왕상 8:30, 32, 34, 36, 39, 43, 45, 49).

솔로몬은 자신이 건축한 성전이 하나님의 자유를 구속하지 않을 것이며 결코 속박할 수도 없다는 사실을 확실하게 고백하고 있는 것이다. 또한 성전은 결코 하나님의 거처가 될 수 없기에 그는 백성이 기도할 때마다 하나님은 하늘에서 들으시고 응답해 주시기를 호소한다. 성전이 만일 하나님의 거처가 될 수 없다면, 성전은 어떤 의미를 지니고 있는가? 다음 섹션에서 언급하겠지만, 성전이 하나님의 거처가 될 수 없다 하더라도 성전은 매우 중요한 신학적, 상징적 의미를 지닌다. 그러나 이 모든 것은 하나님을 위한 것이 아니라 그분을 섬기는 백성들을 위한 것임을 알 수 있다. 많은 사람들이 성전은 하나님을 위한 것이라고 착각한다. 그러나 열왕기 기자는 성전은 이스라엘의 하나님 여호와를 위한 것보다는 그의 백성들을 위한 것임을 강조하고 있는 것이다.

(5) 성전의 신학적 의미

성전은 이스라엘의 종교뿐만 아니라 사회, 정치에도 많은 영향을 끼쳤다. 성전이 장막 형태로 존재할 때부터 백성들은 그곳에서 끊임없는 제물과 예배로 하나님을 섬겼다. 왕을 포함한 이스라엘의 지도자들은 성전에 있는 법궤와 제사장들을 통해 하나님의 뜻을 구했다. 이스라엘의 지도자들이 성전을 통해 하나님의 뜻을 구하는 것은 여호와의 통치권을 위임받아 주님의 백성을 다스리는 자들이 당연히 해야 할 일이었다. 또한 이스라엘 사회와 각 개인의 삶 전체는 성전을 중심으로 이루어졌다고 해도 과언이 아니다. 이스라엘은 신정(神政)통치를 지향하는 공동체였기 때문이다. 이스라엘의 삶에서 성전이 지닌 신학적인 의미를 다음의 몇 가지로 요약해 볼 수 있다.

첫째, 성전은 이스라엘 세계의 중심이었다. 구약 성경에 의하면 이스라엘은 하나님이 열방 중에서 택하신 매우 특별한 민족이었다. 하나님이 선택하신 이 특별한 민족의 삶은 출애굽 때부터 장막을 중심으로 한다. 이스라엘이 광야에서 한 민족으로 탄생하는 순간부터 하나님의 임재를 상징하는 성막은 그들의 삶의 깊숙한 곳에 자리를 잡았다. 그 이후 이스라엘은 항상 성막/성전을 중심으로 살았다.

그러나 이스라엘 백성이 쉽게 성막에 접근할 수는 없었다. 성막은 백성들이 가까이하기에는 너무나도 거룩한 공간이므로 성막을 찾는 것은 두려움이 앞서는 일이었다. 이것은 이스라엘의 광야생활을 통해 확실히 알 수 있다. 성막이 움직일 때 철거하고 운반하는 일, 그리고 새로운 곳에 다시 세우는 모든 과정은 레위 사람들만 진행할 수 있었다(민 1:51). 또한 성막은 일반 백성들과 일정한 거리를 유지해야 했다. 그리고 이스라엘의 진과 성막 사이에는 레위 사람들의 텐트를 세워, 하나님의 진노가 이스라엘을 죽이지 못하게 하는 완충 지역이 있었다(민 1:53).

이처럼 하나님의 성막은 백성들이 가까이하기에는 너무나도 부담스러운 곳일 뿐만 아니라 결코 가까이할 수 없는 곳이었다. 그렇다고 해서 그들이 성막을 떠나서 살 수 있었던 것도 아니다. 성막이 한곳에 머물게 되면 백성들도 그곳에 머물렀으며 성막이 움직일 때까지 움직이지 않았다(민 9:15-23). 뿐만 아니라 각 지파는 하나님의 명령에 따라 성막을 중앙에 두고 지정된 순서와 위치대로 진을 치고 살았다. 성막의 동쪽(앞쪽)에는 유다 그룹이, 성막의 남쪽에는 르우벤 그룹이, 성막의 서쪽에는 에브라임 그룹이, 성막의 북쪽에는 단 그룹이, 그리고 나머지 지파들은 사이사이에 텐트를 쳤다(민 2:1-31).

장막이 이동할 때에도 각 지파들은 이러한 대형을 유지하며 행군했다(민 2:34). 이스라엘의 회복과 성전의 회복을 예언했던 에스겔 선지자도 언젠가 이스라엘이 회복되어 다시 가나안 지역에 정착하게 되면 "성소는 그 중앙에 있을 것"을 예고한다(겔 48:8). 성전은 이스라엘이 국가로 탄생할 때부터 멸망한 이스라엘이 완전히 회복될 먼 미래에 이르기까지 이스라엘 세계의 중앙에 위치했으며 이스라엘의 삶은 성소를 중심으로 지속되었다.

둘째, 성전은 하늘과 땅이 만나는 곳이다. 성전은 거룩하신 하나님이 택하시고 언약을 맺으신 이스라엘과 관계를 유지하시기 위해 정기적이고 꾸준히 만나시는 장소이다. 레위기 16장에 의하면 아론의 두 아들이 부정으로 인해 하나님 앞에서 죽은 다음, 여호와께서는 모세를 통해 그의 형 아론에게 함부로 지성소에 들어오지 말 것을 당부하셨다. 잘못 들어왔다가는 죽을 수 있다는 것이다. 왜 자칫 잘못하면 지성소에 들어왔던 제사장이 죽게 되는 것일까? 이는 하나님이 임재하시기 때문이다. "내가 구름 가운데서 속죄소 위에 나타남이니라"(레 16:2). 이렇듯 하나님이 그의 백성들을 만나려고 임하시는 곳이 바로 성전이며, 이 성전에서 하나님은 백성들의 기도를 들으셨다.

이미 언급한 것처럼 솔로몬의 헌당기도 역시 이러한 성전의 기능을 잘 표현한다. "주의 종과 주의 백성 이스라엘이 이곳을 향하여 기도할 때에 주는 그 간구함을 들으시되 주께서 계신 곳 하늘에서 들으시고 들으시사 사하여 주옵소서"(왕상 8:30). 비록 성전이 하나님이 거하실 만한 곳은 결코 될 수 없지만, 이곳은 하나님이 백성을 만나시는 곳이므로 솔로몬은 이러한 기도를 드리고 있다. 심지어 솔로몬은 이스라엘이 하나님께 범죄하여 이방인들의 땅으로 끌려가게 되더라도 그 땅에서 뉘우치고 이 성전을 향해 기도하면 들어주실 것을 호소했다(왕상 8:46-50). 다니엘서에서도 실제로 다니엘이 페르시아 왕 다리오의 금지령에도 불구하고 예루살렘으로 향한 창을 열어 놓고 하루에 세 번씩 무릎을 꿇고 기도했다가 사자의 굴에 던져지게 되었다(단 6:10). 이처럼 이스라엘의 역사 속에서 성전은 하늘(하나님)과 땅(백성들)이 만나는 곳이었다.

셋째, 성전은 하나님이 계시는 하늘의 축소판이다. 성경은 예루살렘 성전이 인간의 지혜와 재능으로 설계되고 건축된 것이 아니라 하늘에 있는 원본을 그대로 따라 만든 일종의 복사판이라는 사실을 암시한다. 히브리서 저자는 예수 그리스도의 희생으로 이루어진 속죄를 설명하면서 다음과 같이 말한다

"그러므로 하늘에 있는 것들의 모형은 이런 것들로써 정결케 할 필요가 있었으나 하늘에 있는 그것들은 이런 것들보다 더 좋은 제물로 할지니라 그리스도께서는 참 것의 그림자인 손으로 만든 성소에 들어가지 아니하시고 바로 그 하늘에 들어가사 이제 우리를 위하여 하나님 앞에 나타나시고"(히 9:23-24; cf. 8:5; 9:11).

히브리서 기자는 이 세상의 성전은 하늘나라에 있는 본체의 모형이라고 주장한다. 물론 우리는 하늘에 있는 성전을 본 적이 없어서 솔로몬 성전이 하늘의 성전과 비교해서 어떤 면이 비슷하고 어떤 면이 다른지는 전혀 알 수 없다. 그러나 한 가지 확실한 것은 이 두 성전은 분

명히 깊은 연관성이 있다는 사실이다.

히브리서 기자의 이 같은 주장은 구약에서도 뒷받침될 수 있을까? 하나님은 모세를 시내 산으로 부르셔서 앞으로 백성이 건축할 성막에서 사용하는 도구들을 어떻게 만들어야 하는가를 가르쳐 주셨다(출 25장). 구체적인 규격을 상세히 가르쳐주신 다음 모세에게 다음과 같은 당부를 하셨다. "너는 삼가 이 산에서 네게 보인 양식대로 할지니라"(출 25:40; cf. 25:9). 하나님이 시내 산에서 모세에게 성전에서 사용할 도구들을 어떻게 만들 것인가를 가르쳐주시면서 동시에 무언가를 보여 주셨던 것이다. 히브리서 기자는 이 말씀을 직접 인용하면서 다음과 같이 말한다. "그들이 섬기는 것은 하늘에 있는 것의 모형과 그림자라 모세가 장막을 지으려 할 때에 지시하심을 얻음과 같으니 이르시되 삼가 모든 것을 산에서 네게 보이던 본을 따라 지으라 하셨느니라"(히 8:5).

성경은 이처럼 성전이 하늘에 있는 실체의 복사본/축소판임을 암시한다. 성전은 세상에 속해 있으면서도 세상의 것과는 전혀 다른 하늘의 실체를 반영하고 있기에 이스라엘 사람들은 이곳을 세상에서 가장 거룩한 공간으로 여기게 되었다. 백성은 성전을 보면서 하늘의 실체를 상상할 뿐만 아니라 하나님이 계시는 하늘을 맛볼 수 있었다. 성전이 하늘나라의 축소판이기 때문이었다.

넷째, 성전은 하나님의 내재적·초월적 임재의 상징이다. 이미 솔로몬의 헌당기도에서 살펴본 것처럼 하나님은 결코 어떤 공간에도 제한될 수 없는 자유로운 분이시다. "하나님이 참으로 땅에 거하시리이까 하늘과 하늘들의 하늘이라도 주를 용납하지 못하겠거든 하물며 내가 건축한 이 성전이오리이까"(왕상 8:27). 그럼에도 불구하고 성경은 성전을 하나님의 거처라고 말한다. "내가 그들 중에 거할 성소를 그들이 나를 위하여 짓되"(출 25:8). 위에 언급한 것처럼 솔로몬은 자신이 건축한 성전의 압도적인 화려함과 아름다움에도 불구하고 이 성전은 결코 하나님의 거처가 되지 못한다고 고백한다. 그러면서도 그는 성전을 하나님의 처소라고 부른다. "그때에 솔로몬이 이르되 여호와께서 캄캄한데 계시겠다 말씀하셨사오나 내가 참으로 주를 위하여 계실 성전을 건축하였사오니 주께서 영원히 계실 처소로소이다"(왕상 8:12-13). 성전은 하나님이 그의 백성들을 만나는 장소일 뿐만 아니라 하나님이 거하시는 처소였던 것이다.

성전이 어떻게 하나님이 머무실 공간이 될 수 없으면서 또한 동시에 하나님의 처소란 말인가? 하나님의 초월성(transcendence)과 연결하여 말할 때는, 하나님은 범우주적으로 초월하시고 절대적으로 거룩하신 분이시기에 세상 그 어떤 장소나 건물도 그분을 감당할 수 없다. 그래서 성전은 하나님의 전이 될 수 없다. 그러나 이스라엘의 통치자로서 백성 사이에 내재하실(immanent) 때 하나님의 거처는 분명히 성전이다. 하나님은 성전에서 백성을 만나셨고 판결을 내려 주셨다. 뿐만 아니라 이스라엘의 통치자이신 하나님의 내재는 이스라엘의 생존에 매우 중요한 전제조건인 이스라엘의 안보, 번영과 필연적인 관계가 있었다. 이러한 하나님의 내재하심을 강조하기 위해서 하나님은 성전에 가시적으로 임하셨다. "구름이 회막에 덮이고 여호와의 영광이 성막에 충만하매 모세가 회막에 들어갈 수 없었으니 이는 구름이 회막 위에 덮이고 여호와의 영광이 성막에 충만함이었으며…이스라엘의 온 족속이 그 모든 행진하는 길에서 그들의 눈으로 보았더라"(출 40:34-35, 38; cf. 출 25:8; 레 9:22-24; 16:2; 민 9:15-23; 왕상 8:10-13; 대하 7:1-3). 하나님은 온 이스라엘이 보는 앞에서 성전에 임하셔서 이들 사이에 내재하심을 확인시켜 주셨다.

(6) 성전의 파괴

위에서 언급한 것처럼 성전은 이 세상에서 가장 거룩한 곳이다. 그러므로 율법은 백성이 경건하지 못한 모습으로 성전에 들어오는 것을 금

할 뿐만 아니라, 성전 안에서 일하는 레위 사람과 제사장도 각별히 조심할 것을 경고했다(민 18:1-7). 그들도 불경스러운 행위를 하게 되면 죽음을 면할 수 없었기 때문이다. 유태인의 전례에 의하면 대제사장이 1년 중 유일하게 지성소로 들어갈 수 있는 속죄일에, 대제사장은 허리에 방울을 달고 한쪽 발에 밧줄을 묶고 지성소에 들어갔다(Josephus). 허리에 단 방울은 대제사장의 생존여부를 알리는 역할을 했고, 만일 방울 소리가 들리지 않아 대제사장이 죽은 것으로 생각되면 발에 묶인 밧줄을 잡아 당겨 시체를 끌어냈다. 성경에서 제사장 아론의 아들 나답과 아비후가 여호와께 불을 잘못 드려 죽음을 당한 예를 볼 수 있다(민 26:60-61; cf. 레 16:1). 이처럼 율법은 성막에서 제사장의 완벽함을 요구했다. 작은 실수나 부정은 곧 그들의 죽음으로 이어졌다.

　유다의 영적 교만과 태만을 부추긴 '시온의 불가침설'(어떠한 일이 있어도 시온/예루살렘은 망하지 않는다는 신학적 주장)도 상당 부분이 성전의 절대적인 거룩함에 근거한다. 그런데 유다가 운명을 다했던 주전 586년에 그처럼 거룩하고 구별된 장소인 성전이 어떻게 바빌론 군에 의해 짓밟히고 불태워질 수 있었을까? 평소에는 이스라엘 사람도 잘못 접근하면 즉사(卽死)했던 곳을, 이방인들이 후환을 두려워하지도 않고 짓밟고 파괴할 수 있었단 말인가? 에스겔 선지자는 이스라엘 사람의 죄 때문에 속죄소를 장식하고 있던 두 그룹 사이에 머물러 있던 하나님의 영광이 성전 문지방으로 옮겨 갔다가(겔 9:3), 성전의 동쪽 문으로 이동한 후(겔 10:18), 예루살렘의 동편 산(감람산으로 추정됨) 위에 머물렀다(겔 11:23)고 기록한다. 하나님의 영광이 성전을 떠난 것이며, 하나님의 영광이 떠난 성전은 하나의 건물에 지나지 않았다. 이때가 대략 주전 592년쯤 된다. 그러므로 이방인들은 이미 하나님의 영광이 떠난 성전을 전혀 두려움 없이 짓밟을 수 있었다. 에스겔에 의하면 성전을 떠난 하나님의 영광은 그가 환상 속에서 본 새 성전이 완성된 다음에야 다시 돌아온다(겔 43:4).

9. 개요

열왕기 저자는 북 왕국 이스라엘 왕들의 행적를 평가할 때, 한결같이 그들이 악을 행하였다는 말로 간략하게 정리한다. 반면에 남 왕국 유다 왕들의 이야기는 훨씬 더 비중 있게 다루고 있으며, 각 유다 왕의 이야기는 시작과 끝이 같은 틀(frame)을 지니고 있다. 두 왕국의 왕들에 대한 기록을 비교해볼 때, 한 가지 차이점은 유다 왕들의 경우 어머니의 이름을 제공하는 반면, 북 왕국의 왕들을 언급할 때에는 어머니의 이름을 제공하지 않는다. 저자는 이 같은 차별화를 통해 하나님이 궁극적으로 유다를 지배하는 다윗 왕조를 통해 역사를 이어나가실 것을 암시한다. 신약에 와서는 예수님이 바로 다윗 계열 왕으로 오신다.

시작할 때: "이스라엘의 왕 ____ 제 ____년에 유다 왕 ___이 왕이 되니 ____ 이 위에 나아갈 때에 나이 ____세라. ____에서 ___년을 치리하니라. 그 모친의 이름은 ____라. 여호와 보시기에 악을 행하였더라."	다음과 같은 정보를 제공한다. 1. 왕위에 오를 때의 나이 2. 통치 햇수 3. 통치 수도 4. 어머니의 이름 5. 신학적 평가
끝 맺을 때: "____의 남은 사적과 그 행한 모든 일은 유다 왕 역대지략에 기록되지 아니하였느냐? ____이 그 열조들과 함께 자매 그 열조들과 함께 다윗 성에 장사 되고 그 아들 ____이 대신하여 왕이 되니라."	다음과 같은 정보를 제공한다. 1. 정보의 출처 2. 죽음과 장례 3. 계승자

위와 같은 틀을 중심으로 구조를 분석하면 열왕기는 다음과 같이 세분화할 수 있다.

I. 솔로몬의 상승(왕상 1:1-2:46)
  A. 솔로몬이 왕이 됨(1:1-2:12)

I. 솔로몬의 상승

(1:1-2:46)

다윗이 즉위하여 이스라엘을 통치한 지 어느덧 30여 년이 지나 70대가 되었다. 다윗은 이제 왕으로 기름부음을 받을 때의 젊음과 아름다움도, 골리앗을 대적하여 싸울 때의 순수함과 용기도, 아둘람 광야 시절의 패기도 모두 잃었다. 세월이 다윗의 가장 좋은 것들을 모두 앗아가 버린 것이다. 다윗은 자신의 몸 하나 따뜻하게 할 수 없을 정도로 늙었다. 이제 그는 죽을 날만을 기다리고 있다.

여호와 하나님의 인도하심을 받아 지금까지 온 그의 삶은 참으로 다사다난(多事多難)했다. 그의 일생을 돌아보면 참으로 감격스럽고 영광스러운 순간이 있었다. 하나님께 망언을 서슴지 않았던 골리앗을 때려 눕혔던 때, 그가 사울의 죽음 후 분열된 나라를 통일하여 왕으로 취임한 일 등은 그의 삶의 절정이었다. 그러나 자존심을 완전히 뭉개버린 수치와 치욕의 순간들도 있었다. 우리아의 아내 밧세바와의 간음과 그 일로 인해 벌로 내려진 아들 압살롬의 반역은 두고두고 그를 겸손하게 하고 마음 아프게 하는 일이었다. 이제 다윗은 이 모든 것을 과거의 늪에 묻어두고 세상을 떠나 주님의 품으로 갈 준비를 해야 한다.

다윗은 사울이 세운 왕조가 하나님의 심판으로 한 대에서 끝나버린

109

일을 목격한 적이 있다. 반면에 하나님이 다윗과 후손에게는 영원한 통치권을 약속하셨다(cf. 삼하 7장). 다윗은 이 세상을 떠나기 전에 하나님의 약속이 실현되는 것을 보고 싶어한다. 그러므로 그는 자신이 죽기 전에 대를 이어 왕이 될 아들을 선정하여 왕으로 세워야 한다. 만약 다윗이 죽기 전에 자기 아들들 중 하나를 왕으로 세울 수 있다면, 하나님이 주신 약속의 첫 번째 성취가 될 것이며, 앞으로 자손 대대로 하나님이 그 약속을 지키실 것을 보장하는 증표가 되기도 할 것이다.

그렇다면 과연 누가 다윗의 대를 이어 이스라엘의 왕이 될 것인가? 이 질문은 사무엘하 9장 이후로 이때까지 가장 중요한 이슈로 남아있다(Fretheim). 그동안 암논, 압살롬 등 가장 유력한 왕자들은 제거되었다. 이제 남은 사람은 아도니야와 솔로몬뿐이다. 그러므로 이 두 형제는 왕권을 놓고 대결할 수밖에 없는 상황이다. 이 둘의 왕권 쟁탈전은 온갖 권모술수와 속임수 등을 동원한다. 그리고 끝에 가서는 한 형제가 다른 형제에 의해 죽임을 당한다. 가인과 아벨 이야기가 예루살렘 왕궁에서 재현되고 있는 것이다(cf. Fretheim).

저자는 다윗의 뒤를 이어 솔로몬이 이스라엘의 왕이 될 것을 하나님이 계획하셨다고 한다. 이러한 차원에서 솔로몬이 다윗의 대를 이어 이스라엘의 왕이 되는 것은 하나님이 다윗에게 주신 약속들이 앞으로도 잘 실현될 것을 의미하는 일종의 보증수표인 셈이다.

솔로몬의 상승을 묘사하고 있는 열왕기상 1-2장을 1-11장의 일부로 보는 학자들이 많다(cf. Long, Campbell & O'Brien, Patterson & Austel). 실제로 1-11장은 다음과 같은 통일성 있는 구조를 제시한다(Patterson & Austel). 그래서 많은 학자들이 이 섹션은 오랜 세월을 지나면서 편집된 것이 아니라, 처음부터 한 사람이 저작한 것이라고 한다(Fritz).

A. 솔로몬의 상승(1:1-2:46)
  B. 솔로몬이 하나님을 사랑함(3:1-28)

C. 솔로몬 통치의 영화(4:1-34)

　　D. 성전 건축 준비(5:1-18)

　　　　E. 성전 건축과 헌당(6:1-9:9)

　　D′. 완공 후에 성전과 연관된 일들(9:10-25)

　C′. 솔로몬 통치의 영화(9:26-10:29)

B′. 솔로몬이 이방 아내들을 사랑함(11:1-13)

A′. 솔로몬의 쇠퇴(11:14-43)

그러나 1-11장이 솔로몬의 통치에 대한 기록이기는 하지만, 이 장들이 다루는 주제와 내용이 원체 다양하기 때문에 세분화해서 보는 것이 더 바람직하다(cf. Konkel, Sweeney, Brueggemann). 학자들은 1-2장을 '계승 이야기'(succession narrative)로 따로 구분한다(Whybray, cf. Rost). 본 텍스트는 다음과 같이 두 섹션으로 구분할 수 있다.

A. 솔로몬이 왕이 됨(1:1-2:12)

B. 솔로몬이 정권을 장악함(2:13-46)

A. 솔로몬이 왕이 됨(1:1-2:12)

다윗이 세상을 떠날 날이 멀지 않았지만, 그는 이때까지 자신의 대를 이어 이스라엘의 왕이 될 아들이 누구인가를 밝히지 않았다. 나이를 감안하면 단연코 아도니야가 왕위를 계승해야 한다. 다윗의 첫째 아들이었던 암논이 살아 있었다면, 그가 가장 자연스러운 선택이 되었을 수도 있다. 그러나 암논은 다말을 강간하고 버렸다가 다말의 친오빠 압살롬의 손에 죽임을 당했다. 또한 압살롬은 하나님과 아버지께 반역

111

함으로써 스스로 왕이 될 기회를 저버리고 죽었다.[7] 그러므로 다윗의 아들들 중 압살롬 다음으로 나이가 많았던 아도니야는 당연히 자신이 왕이 될 것으로 기대하며 나름대로 준비도 하고, 자기 정권을 구성할 인물을 모으고 있었다.

사무엘서 저자는 다윗과 밧세바 사이에서 솔로몬이 태어났을 때, 여호와께서 그를 사랑하셨다는 말을 남김으로써 하나님의 마음이 이미 솔로몬에게 쏠려있었음을 암시한 적이 있다(삼하 12:24-25). 그렇다면 자신이 다윗의 대를 이어 이스라엘의 왕이 될 것을 당연시하여 여러 가지로 준비해 오던 아도니야와 하나님이 이스라엘의 왕으로 마음에 두신 솔로몬은 왕위 계승을 놓고 한바탕 혈전을 벌여야 한다. 열왕기는 이처럼 왕위계승을 둘러싼 피비린내 나는 갈등을 전제하고 시작한다.

한 가지 인상적인 것은 옛적 사울 왕이 다스리던 시대에 다윗이 이스라엘의 왕권이 여러 경로를 통해 자신에게 올 때까지 특별한 노력을 하지 않고 기다렸던 것처럼, 솔로몬도 이스라엘의 차기 왕이 되려고 적극적인 정치적 행보를 하고 있는 형 아도니야와는 달리, 모든 행동을 자제한다는 사실이다. 여호와께서 주변 여건과 사람들을 통해 왕으로 세워주실 때까지 솔로몬은 옛적에 아버지 다윗이 그랬던 것처럼 묵묵히 하나님의 때와 역사를 기다렸다. 그렇다고 해서 솔로몬도 다윗처럼 경건한 사람이라는 뜻은 아니다. 솔로몬은 절대 경건하고 거룩한 사람은 아니다(Auld).

그럼에도 불구하고 하나님은 솔로몬을 다윗의 대를 잇는 왕으로 세우셨다. 물론 1-2장에 기록된 내용을 살펴보면 솔로몬을 왕으로 세우시기 위해서 하나님이 직접적으로 개입하셨다는 말씀은 없다. 대신 주

---

7 다윗에게는 아비가일을 통해서 얻은 길르암이라는 둘째 아들이 있었다(삼하 3:3). 그러나 성경이 그에 대하여 어떠한 기록도 남기지 않은 것으로 보아 아마도 어린/젊은 나이에 죽은 것으로 생각된다.

의 종인 선지자 나단이 솔로몬을 왕으로 세운 일을 하나님의 간접적인 개입으로 들 수 있다. 3장에 가서야 비로소 하나님이 솔로몬을 왕으로 세우셨다는 사실이 명백해진다(3:6-14).

솔로몬이 어떻게 해서 다윗의 대를 이어 왕이 되었는가를 기록하고 있는 본 텍스트는 다음과 같은 구조를 지니고 있다(cf. Walsh).

  A. 다윗 왕의 쇠퇴(1:1-4)
    B. 아도니야가 자신을 왕으로 높임(1:5-8)
      C. 아도니야가 잔치를 베풂(1:9-10)
        D. 나단의 솔로몬 등극에 대한 계략(1:11-14)
          E. 다윗의 궁에서 있었던 일(1:15-37)
        D'. 나단과 사람들이 솔로몬을 왕으로 세움(1:38-40)
      C'. 아도니야의 잔치가 중단됨(1:41-49)
    B'. 아도니야가 자신을 낮춤(1:50-53)
  A'. 다윗의 죽음(2:1-12)

```
I. 솔로몬의 상승(1:1-2:46)
  A. 솔로몬이 왕이 됨(1:1-2:12)
```

1. 다윗 왕의 쇠퇴(1:1-4)

¹ 다윗 왕이 나이가 많아 늙으니 이불을 덮어도 따뜻하지 아니한지라 ² 그의 시종들이 왕께 아뢰되 우리 주 왕을 위하여 젊은 처녀 하나를 구하여 그로 왕을 받들어 모시게 하고 왕의 품에 누워 우리 주 왕으로 따뜻하시게 하리이다 하고 ³ 이스라엘 사방 영토 내에 아리따운 처녀를 구하던 중 수넴 여자 아비삭을 얻어 왕께 데려왔으니 ⁴ 이 처녀는 심히 아름다워 그가 왕을 받들어 시중들었으나 왕이 잠자리는 같이 하지 아니하였더라

열왕기를 열고 있는 이야기가 실제로는 새로운 시작이 아니라 이미 사무엘서에서 시작된 다윗 사이클(Davidic Cycle)의 마침이다(Fritz). 이미 서론에서 언급한 것처럼 원래 사무엘상-열왕기하까지는 한 권의 책이 었는데, 훗날 필요에 따라 네 권으로 구분되었다. 본문에 묘사된 이야 기가 전혀 새로운 일이 아니라, 이미 진행된 이야기를 근거로 하고 있 다는 사실이 본문에서도 두 가지 요소를 통해 암시된다. 첫째, 저자는 책을 시작하면서 다윗이 이제는 매우 늙었다고 한다. 저자는 독자들이 다윗에 대하여 상당한 지식을 가지고 있음을 전제한다(Seow). 물론 이 지식은 사무엘상·하에 기록되어 있으며, 열왕기를 시작하는 이야기는 사무엘서에 기록된 다윗 이야기의 연계선상에서 읽혀지길 요구한다. 둘째, 열왕기는 이야기의 연계성을 암시하는 히브리어 접속사(ו)로 책 을 시작한다. 지금부터 시작되는 이야기는 앞(사무엘서에 기록된) 이야기 의 연속으로 읽으라는 신호이다. 이 점을 염두에 두고 영어 번역본들 의 상당수가 'Now'로 책을 시작한다(ESV, NAS, RSV).

다윗은 백성들의 마음을 휘어잡는 카리스마와 정치적인 민첩함을 통 해 큰 나라를 일구어냈다. 그러나 그의 사적인 삶은 수치와 비극의 연 속이었다. 다윗은 부하 우리아의 아내를 취하여 간음했고, 이 일로 인 해 온 백성들 앞에 엄청난 수치를 당해야 했다. 다윗은 은밀한 곳에서 남의 아내를 범했지만, 대낮에 사람들이 보는 앞에서 그의 아내들을 범할 '이웃'이 있을 것이라고 하나님이 벌을 내리셨는데, 반역을 일으 킨 친아들 압살롬이 사람들이 지켜보는 곳에 텐트를 치고 그곳에서 다 윗의 아내들을 차례로 욕보였던 것이다.

다윗은 큰 아들 암논이 이복 여동생 다말을 강간하는 것도 지켜보았 다. 심지어는 자신의 심복 요압이 압살롬을 죽이는 일까지 용납해야 했다. 정치적으로는 많은 업적을 남긴 유능한 왕이었지만, 개인적인 삶은 한마디로 파란만장한 일생이었다. 모든 사람의 선망의 대상이요, 백성의 존경을 한 몸에 받았지만, 그의 비참했던 사생활은 우리의 마음에 경종을 울린다. 사람이 세상을 얻은들 가족을 잃는다면, 가정이 화목하지 못하다면 진정으로 행복하다 할 수 있겠는가?

실제로 사무엘서는 죄의 가장 큰 파괴력은 가정을 망가뜨리는 것이라고 한다. 사무엘서는 시작하자마자 엘가나의 두 아내가 경쟁하면서 그 가정에 우환을 가져왔음을 회고한다. 엘리는 나름 경건한 제사장이자 사사였지만, 자식들을 경건하게 키우지 못함으로써 파탄에 이르렀다. 하나님의 사람 사무엘도 하나님을 두려워하지 않는 자식들로 인하여 인생에 오점을 남겼다. 사울의 집안도 내분으로 가득했다. 하나님의 마음에 합한 자로 묘사되는 다윗마저도 행복한 가정을 이루는데 실패했다. 죄는 사무엘서에 등장하는 주요 인물들의 가정을 철저하게 파괴한 것이다. 그러므로 우리는 이들이 경험했던 슬픔을 피하기 위해서라도 가정에 충실해야 하고, 자녀들을 경건하게 키워내는 일에 최선을 다해야 한다. 행복한 가정은 우리의 가장 크고 확실한 간증이고 사역이다.

다윗의 집안을 찾아온 환난은 여기서 끝나지 않는다. 다윗이 솔로몬에게 왕위를 물려주는 과정에서 다시 한 번 살인의 소용돌이가 그의 집안을 강타한다. 다윗은 일생 동안 많은 것을 얻었지만 또 많은 것을 잃었던 사람이다. 그는 정치 무대에서는 견줄 자가 없을 정도로 막강하고 절대적인 권력을 지녔던 왕이다. 그러나 그의 사적인 삶은 비참할 정도로 불행했다. 그런 그가 이제 죽어가고 있다. 이처럼 열왕기는 암울한 분위기에서 시작한다.

책이 시작되면서 다윗은 매우 나이가 많은 왕으로 소개된다(1절). 사무엘하 5:4에 의하면 다윗이 왕이 되었을 때 나이가 30세였다. 또한 열왕기상 2:11에 의하면 40년을 통치하고 죽었다. 그렇다면 열왕기가 시작되는 이 순간 다윗의 나이는 60대 말 혹은 70대가 확실하다(Fritz; cf. Seow). 당시 남자들이 보통 50세를 전후로 죽었던 사실을 고려하면, 다윗은 장수했다. 성경은 장수가 하나님의 축복이라고 한다(cf. 제5계명).

다윗은 지금까지 여호와의 축복을 누리며 살아온 것이다.

그러나 다윗의 노년이 건강한 삶은 아니었다. 다윗의 몸이 차가운 것을 보다 못한 신하들이 그를 위해 "젊은 처녀"(נַעֲרָה בְתוּלָה)를 찾았다(2절). 이 처녀는 다윗을 받들어 모시는 사람이 되어 그의 성적인 욕구를 충족시키기 위해서 선별되었다. 개역개정이 "받들어 모시는 사람"으로 번역하는 히브리어 단어(סֹכֶנֶת)는 의미가 확실하지 않아 "간호사", "동반자", "첩", "왕비" 등 다양하게 번역되었다(Jones, Montgomery & Gehman, Seow, cf. Fritz). 그래서 잠시 후 그녀를 탐하는 아도니야도 그녀의 정체성에 혼란을 빚은 것일까?

일부 학자들은 다윗의 몸이 차가웠다는 것을 발기부전증을 앓았던 것으로 해석한다(Brueggemann). 가능한 해석이다. 특히 젊었을 때 많은 여자를 가까이했던 다윗이 아비삭과 관계를 갖지 못해 그녀를 처녀로 남겨두고 죽는 것을 보면 더욱더 그렇다(4절). 그러나 동맥경화증(arteriosclerosis)으로 인해 실제로 그의 몸이 차가웠다는 해석이 더 설득력이 있다. 아마도 이 질병으로 다윗의 성적 욕구도 감소했을 것이다. 다윗은 아마도 상당히 진전된 동맥경화증을 앓고 있는 듯하다(De Vries, Seow, Walsh).

왕의 몸이 차갑다는 말을 들은 신하들이 처녀를 붙여주면 동맥경화증이 조금이라도 해결되리라고 생각했다. 신하들은 처녀가 다윗의 "품에 누워[안겨]" 있으면 문제가 해결되기를 기대하는데(2절), "그의 품에 누워있다"(שֹׁכֶבֶת בְּחֵיקֶךָ)는 표현은 옛적에 나단이 밧세바 일로 다윗을 책망하러 와서 양의 비유로 말할 때 사용한 표현이다(삼하 12:3). 학자들은 이러한 표현이 본문에서 사용되는 것은 우연이 아니라고 생각한다. 잠시 뒤에 이 표현과 연관이 있는 밧세바가 다윗을 찾아와 그녀를 대신해서 '그의 품에 누워있는' 젊은 처녀를 보게 될 것이기 때문이다(Sweeney, Brueggemann, Seow).

신하들은 온 나라를 뒤져 수넴에서 아비삭(אֲבִישַׁג)이라는 처녀를 찾았다(3절). 수넴은 잇사갈 지파에 속한 마을이다(왕하 4:8). 수넴은 훗날 엘리사가 죽은 아이를 살리는 곳이기도 하다(왕하 4:32-37). 아비삭이 다윗의 궁궐에 들어올 때 처녀(בְּתוּלָה)였고, 다윗이 그녀와 성관계를 갖지 못하였으므로 그녀는 다윗이 죽은 후에도 처녀(בְּתוּלָה)였다는 점은 잠시 후 펼쳐질 아도니야의 몰락 이야기에서 매우 중요한 요소로 부각된다(2:13-25). 고대 사회가 왕의 통치 능력을 정력과 직접적으로 연관시켰던 점을 감안하면, 다윗은 더는 이스라엘을 효과적으로 통치하는 왕이 아니다(Sweeney, Patterson & Austel). 심지어 다윗은 자기 왕궁도 다스릴 힘이 없다. 그래서 신하들과 주변 사람들이 그에게 필요한 것을 결정해서 채워주고 있다(Seow).

상당수의 학자들이 아비삭이 아가 6:13에 언급되어 있는 술람미 여인이라는 추론을 내놓았지만 별로 설득력 없는 추측이다(Fritz; cf. Pope). 아비삭은 대단히 아름다웠다(יָפָה עַד-מְאֹד). 이러한 묘사 또한 다윗이 밧세바를 처음 보았을 때의 모습을 연상시킨다(삼하 11:2). 다윗의 침실에서 아비삭이 밧세바를 대신한 것이다(Walsh). 아비삭이 하루 24시간 왕의 시중을 들고 보살폈지만 다윗은 그녀와 성관계를 갖지 않았다(יְדָעָהּ לֹא; lit., "그녀를 알지 않았다")(4절). 아마도 갖고 싶어도 그럴만한 기력이 없었을 것이다.

저자는 다윗의 쇠태를 매우 강력하게 묘사하고 있다(Konkel). 사실 그동안 다윗의 일생은 여인들로 가득 차 있었다. 심지어 다윗은 남의 여자인 밧세바까지 넘보고 빼앗았던 사람이다. 그러나 이제는 그의 마음을 빼앗기에 충분히 매력적이고 젊은, 게다가 마음만 먹으면 얼마든지 떳떳하게 합법적으로 관계를 가질 수 있는 여인이 그에게는 그림의 떡에 지나지 않는다. 그의 왕성했던 성적 욕구와 기능마저도 그를 떠난 것이다. 그가 세상을 떠날 날이 머지않았다(House).

또한 다윗의 쇠약해진 건강은 그의 통치 수행 능력의 쇠퇴를 상징한다(Gray, Jones). 나라의 번영과 안녕이 통치하는 왕의 건강과 에너지에

117

의해 크게 좌우된다는 점을 감안할 때, 다윗의 쇠약은 새로운 왕의 필
요를 암시한다. 하나님은 분명 다윗의 자손이 영원히 그의 대를 이어
주의 백성을 다스릴 것이라고 약속하셨다(삼하 7:1-17). 이제 그 약속의
실현이 도마 위에 올랐다. 과연 누가, 어떻게 다윗의 대를 이어 왕이
될 것인가? 안타깝게도 다윗은 이 이슈에 대해 대책을 세워놓지 않았
다. 그래서 다윗은 아무것도 모르는데, 살아있는 아들들 중 나이가 가
장 많은 아도니야가 다윗의 자리를 탐하게 된다.

I. 솔로몬의 상승(1:1-2:46)
  A. 솔로몬이 왕이 됨(1:1-2:12)

2. 아도니야가 자신을 왕으로 높임(1:5-8)

⁵ 그 때에 학깃의 아들 아도니야가 스스로 높여서 이르기를 내가 왕이 되리
라 하고 자기를 위하여 병거와 기병과 호위병 오십 명을 준비하니 ⁶ 그는 압
살롬 다음에 태어난 자요 용모가 심히 준수한 자라 그의 아버지가 네가 어
찌하여 그리 하였느냐고 하는 말로 한 번도 그를 섭섭하게 한 일이 없었더
라 ⁷ 아도니야가 스루야의 아들 요압과 제사장 아비아달과 모의하니 그들이
따르고 도우나 ⁸ 제사장 사독과 여호야다의 아들 브나야와 선지자 나단과 시
므이와 레이와 다윗의 용사들은 아도니야와 같이 하지 아니하였더라

아도니야(אֲדֹנִיָּה)(lit., "여호와는 나의 주님이시다")는 다윗이 헤브론에서
낳은 아들들 중 넷째였다(삼하 3:2-5). 장자 암논은 셋째 아들인 압살롬
에게 죽었고, 압살롬은 아버지를 대적하다가 전쟁터에서 요압에게 죽
임을 당했다(삼하 18장). 둘째 길르압(혹은 다니엘, 대상 3:2)에 대해서는 더
는 언급이 없는 것으로 보아 일찍 죽은 것으로 추정된다(Provan, Jones).
그러므로 아도니야는 나머지 아들 중 장자로서 왕권은 당연히 자기 것
이라고 생각했을 것이다. 게다가 빼어난 용모까지 지니고 있었으니(6

절) 상황이 더할 나위 없다. 그러나 사무엘서 저자가 하나님의 심판을 받았던 사울과 압살롬도 용모가 빼어났다고 묘사했던 점을 생각하면 (삼상 9:2; 삼하 14:25), 아도니야는 제2의 사울이나 압살롬이 될 수도 있다는 생각을 갖게 한다.

정황을 고려할 때 아도니야는 이때 30대 중반 정도 되었을 것이다. 그는 자기 주변을 병거, 말, 군사(5절; cf. 삼상 8:11) 등 왕권을 상징하는 것들로 채워나갔다. 아버지 다윗의 동의 없이 스스로 왕처럼 행세하기 시작한 것이다. 그러나 신명기 17:16이 왕은 많은 말(군사력)을 두지 말라는 금지령을 선포하는 것을 감안할 때, 우리는 아도니야가 하나님이 왕으로 세우실만한 인물이 못 된다는 것을 직감할 수 있다. 또한 사사 시대에 기드온의 아들 아비멜렉이 스스로 왕이 되었다가 하나님의 심판을 받아 죽은 적이 있다(cf. 삿 9장). 이스라엘의 왕은 하나님이 세우셔야지, 사람이 자기가 하겠다고 해서 되는 것이 아니라는 사실을 강조하는 사건이다. 이 같은 정황을 감안할 때, 아도니야는 벌써 하나님의 뜻에서 멀어져 있음을 암시하는 듯하다. 게다가 저자는 아도니야가 이처럼 행동하는 것은 아버지 다윗이 한 번도 그의 잘못을 나무란 적이 없어서라고 한다(6절). 아도니야는 가정교육을 잘못 받은 철부지에 불과하다는 것이다. 결국 열왕기는 아도니야가 하는 일을 부정적으로 평가하고 있다(Fritz).

아도니야는 자신의 야심을 숨기려 하지도 않는다. 그는 여기저기 돌아다니며 공공연히 "나는 왕이 될 것이다"(אֲנִי אֶמְלֹךְ)라고 외쳤다(5절). 그가 사용하는 강조형을 정확하게 표현하면, "나, 바로 내가 왕이 될 것이다"가 된다. 아도니야가 강조형 1인칭 대명사(אֲנִי)를 사용하여 "내가"를 강조하는 것은 모든 사람에게 차기 왕권에 대한 자신의 입장을 분명히 밝히기 위해서이다. 그러나 아도니야의 왕권에 대한 강한 의지와 야심은 지금까지 80여 년 동안 준수되어온 이스라엘의 전통을 위협하고 있다. 이스라엘의 초대 왕들인 사울과 다윗은 하나님이 먼저 선택하셨으며 선지자가 그들에게 기름을 부음으로써 왕권을 인준받았다. 아도니야는 지금 이러한 전통을 무시하고 있다. 일부 학자들은 더 나아가 아도니야의 행동이 아버지께 반역을 꾀하기 위한 준비 작업으로 해석하지만(Ishida) 별 설득력이 없다. 그가 지닌 군사의 수가 너무 적고, 솔로몬이 왕이 되었을 때, 그는 아예 싸울 생각도 못해 보고 스스로 붕괴하지 않는가? 만일 그가 아버지를 상대로 반역을 준비하고 있었다면, 솔로몬을 상대로 반역을 시도했을 것이다.

아도니야의 행동은 다윗의 셋째 아들 압살롬을 연상시킨다(cf. 삼하 15:1). 게다가 그는 용모마저도 압살롬처럼 빼어났다고 한다(6절; cf. 삼하 14:25-26). 아도니야는 사울(삼상 9:2), 다윗(삼상 16:12), 압살롬(삼하 14:25)처럼 사람들의 마음을 휘어잡는 신체적 조건을 지녔던 것이다. 압살롬이 마차와 말들과 왕족들을 거늘고 다녔던 것처럼(삼하 15:12), 아도니야도 이런 것들을 앞세우고 다녔다. 뿐만 아니라 다윗이 아도니야의 방탕과 방자함을 묵인하는 것도 압살롬의 행동을 묵인한 것과 비슷하다. 다윗이 아버지로서 징계해야 할 자식들을 벌하지 않아 암논과 압살롬을 잃은 적이 있다. 그러나 다윗은 그 사건을 통해 하나도 배운 것이 없다. 이제 그는 머지않아 같은 이유로 아도니야를 잃게 될 것이다. 그래서 일부 학자들은 망나니처럼 행동하는 아도니야에 대한 책임은 아버지 다윗에게 있다고 한다(cf. Konkel). 또한 저자는 이러한 묘사법을 통해 우리에게 아도니야도 압살롬처럼 비참한 몰락을 향해 가고 있다는 점을 알려준다(Provan). 또한 저자가 아도니야의 행동을 매우 부정적으로 평가하는 것은 왕권 쟁탈전의 승리가 솔로몬 쪽으로 기울어져 있음을 시사한다(Cogan).

아도니야의 야심은 다윗의 심복 요압 장군과 아비아달 제사장의 지지를 받는다(7절). 이 두 사람은 다윗의 젊은 시절부터 왕과 함께했던 매우 권세 있는 사람들이다. 아비아달은 엘리 제사장의 자손이자 사울이 죽인 놉 제사장들 중 유일한 생존자였다(삼상 22:20-23; 23:6, 9). 다윗이 사울과 갈등을 벌일 때부터 그의 제사장으로 함께한 사람이다. 아비아달은 사독과 함께 다윗 시대에 가장 으뜸가는 제사장으로 사역했다(삼하 20:25). 그러나 아비아달은 법궤가 있는 예루살렘에서 사역했고(대상 16:39), 사독은 성막이 있어 당시 여호와 종교의 중심지였던 기브온에서 사역하는 것으로 보아(왕상 3:4-15), 사독이 대제사장이었던 것이 확실하다(Patterson & Austel).

요압은 다윗을 위해 예루살렘을 정복했고(대상 11:4-6), 전쟁에서 이스라엘을 수많은 승리로 이끈 장본인이며(삼하 8:1-14; 10:1-19), 압살롬 반역을 제압하는데 결정적인 역할을 했던 사람이다. 또한 그는 위험한 사람이다(삼하 3:27; 18:15; 20:10). 요압은 아브넬(삼하 3장)과 우리아(삼하 11장) 등 무죄한 사람을 둘이나 죽인 경험이 있다. 표면적으로는 그가 다윗에게 충성하는 것처럼 보였지만, 항상 자기 마음에 내키는 대로, 심지어 다윗의 뜻을 거스르면서까지 행동하는 사람이었다. 그래서 그의 주인 다윗마저도 그를 두려워했다(삼하 3:39). 요압은 다윗의 친척이며(대상 2:15-16), 아직도 다윗의 군대를 지휘하고 있다(삼하 20:23). 그러므로 아도니야가 요압의 지지를 받는다는 것은 아도니야가 경우에 따라 이스라엘의 군대를 자기 편으로 동원할 수도 있다는 것을 암시한다(Konkel). 요압은 결단력 있고 능력 있는 장군이었으며, 예루살렘에서 정치적으로도 위험한 인물이었다.

저자는 아도니야를 지지하는 자들보다 지지하지 않는 자들의 수가 더 많았음를 우리에게 알려준다(8절). 아도니야가 그들의 도움을 요청하지 않았는지, 아니면 그들이 아도니야의 요청을 거부했는지는 확실하지 않다. 반대 세력에는 사독 제사장(삼하 8:17), 나단 선지자, 다윗의 최정예 용병 군의 우두머리 브나야(삼하 8:18), 시므이와 레이(이들에 대해서는 더는 아무것도 알려지지 않음), 그리고 다윗을 보좌하는 장군 여럿이 속해 있다. 다윗의 주요 각료들이 차기 왕에 대하여 이처럼 나누어져 있다는 것은 다윗이 평생에 거쳐 어렵게 이루어 놓은 백성의 연합이 붕괴되고 있다는 것을 암시한다(Seow).

아도니야의 지지 세력과 거부 세력의 갈등이 구세대와 신세대의 갈등, 혹은 지역을 중심으로 한 갈등으로 여겨지기도 한다(Provan, Walsh). 아도니야는 헤브론에서 태어났으며(삼하 3:4), 그를 지지하는 요압과 아비아달은 아도니야가 태어나기 전부터 다윗과 함께했던 사람들이다. 반면에 솔로몬은 예루살렘에서 났고(삼하 5:14), 나단, 사독, 브나야는 다윗이 예루살렘을 정복하여 행정 수도로 삼을 때까지 성경에 등장하지 않는다. 즉, 아도니야와 솔로몬의 대립은 마치 헤브론과 예루살렘의 대립과 같다는 것이다(Sweeney). 차기 왕권을 놓고 왕자들이 다툼을 벌이는 것은 고대 근동의 여러 나라들에서 찾아볼 수 있는 매우 흔한 상황이었으며, 왕권을 얻지 못한 왕자들의 죽음으로 막을 내렸다(Konkel). 그러므로 우리는 머지않아 아도니야가 죽음을 면치 못할 것이라는 생각을 갖게 된다.

> I. 솔로몬의 상승(1:1-2:46)
>   A. 솔로몬이 왕이 됨(1:1-2:12)

3. 아도니야가 잔치를 베풂(1:9-10)

> [9] 아도니야가 에느로겔 근방 소헬렛 바위 곁에서 양과 소와 살찐 송아지를 잡고 왕자 곧 자기의 모든 동생과 왕의 신하 된 유다 모든 사람을 다 청하였으나 [10] 선지자 나단과 브나야와 용사들과 자기 동생 솔로몬은 청하지 아니하였더라

스스로 이스라엘의 왕이 된 아도니야가 잔치를 베풀었다. 즉위식을 거행하고 참석한 사람들을 위하여 리셉션을 베풀기 위해서였다. 장소는 에느로겔(עֵין רֹגֵל) 가까이에 있는 소헬렛 바위(אֶבֶן הַזֹּחֶלֶת)였다. "소헬렛 바위"의 문자적 의미는 "기어 다니는 것[viz., 뱀]들의 바위"이다

(HALOT, Jones). 그러나 "미끄러지는 바위"(sliding rock, rock slide)(Driver, Konkel, cf. HALOT)로도 해석될 수 있으며, 이렇게 해석할 경우 사람들이 바위 밑에 있는 계곡으로 무엇을 버리고자 하면 이 바위에서 떨어뜨렸음을 암시한다(De Vries). 이름의 의미를 감안하면 아도니야가 하필이면 이곳("미끄러지는 바위")에서 잔치를 벌이는 것은 아이러니하다. 머지않아 솔로몬이 그를 죽음으로 "떨어뜨릴 것"이기 때문이다. 압살롬의 반역 때 다윗은 이곳에 두 군사를 전령으로 숨겨두어 예루살렘 성안에서 벌어지는 일에 대한 후새의 보고를 받았다(삼하 17:17). 그때도 다윗은 이 "미끄러지는 바위"에서 얻은 정보를 바탕으로 압살롬을 "미끄러지게" 했다.

아도니야는 그곳에서 잔치를 베풀고 많은 왕족들과 예루살렘의 유지들을 초청했다. 자신의 왕위에 대한 여론이 확실하게 형성되지 않은 상태에서 일을 밀어붙이기로 작정한 것이다. 그의 잔치에 많은 왕족들과 유지들이 참석하면 대중적인 과시 효과도 있고 그만큼 자신의 입지가 강해진다는 확신에서 이날 일을 치르기로 작정한 것이다. 에느로겔 샘은 유다와 베냐민의 접경 지역에 있었으며(cf. 수 15:7; 18:16), 다윗 성(City of David)에서 남쪽으로 약 500미터에 위치했다. 오늘날 이 샘은 "욥의 우물"(Bir Ayyub)로 불린다(Cogan). 소헬렛 바위의 정확한 위치는 파악하기가 어렵다.

아도니야는 잔치에 솔로몬은 초청하지 않았다. 그는 이미 솔로몬을 경쟁자로 생각하고 있다는 뜻이다(Seow). 나단과 브나야도 초청하지 않았다. 이는 이들이 솔로몬을 왕으로 지지하고 있다는 것을 아도니야가 알고 있음을 시사한다(Walsh). 또한 아도니야가 이들을 초청하지 않은 것은 그가 이 갈등을 대화와 협상으로 풀어나가려 하기보다, 힘을 모아 이들을 제압하려는 계획을 가지고 있음을 시사한다(Gray). 그렇다면 솔로몬과 함께하는 사람들도 무언가를 해야 한다. 그렇지 않으면 속수무책으로 죽임을 당할 수밖에 없기 때문이다. 아도니야의 편가르기가 벌써부터 피 바람을 예고한다.

　지금까지 제공된 정보를 바탕으로 아도니야 진영에 합류한 사람들과 그렇지 않은 사람들 중 상징성을 지닌 대표 인물들을 구별해보면 다음과 같다. 왕권을 다투는 두 세력의 갈등 구도를 감안할 때 아도니야 진영에 합류하지 않은 사람들을 친(親)솔로몬 계열로 분류하는 것이 바람직하다. 다음 도표에서 확연히 드러나듯 솔로몬에게는 있는데, 아도니야에게는 없는 것이 선지자의 지지이다. 특히 나단은 다윗에게 그와 자손이 이 백성을 영원히 통치할 것이라는 하나님의 약속을 전달해준 사람이다(cf. 삼하 7장).

　우리는 다윗이 나단을 통해 받은 하나님의 약속을 다윗 언약이라고 하는데, 나단은 다윗 만큼이나 이 하나님의 언약이 실현되는 것을 보고 싶어하는 사람이다. 그런 그가 아도니야의 진에 합류하지 않았다는 것은, 하나님이 다윗의 후계자로 아도니야를 마음에 두지 않으셨음을 암시한다. 게다가 그를 지지하는 제사장이 아비아달이다. 아비아달은 엘리 제사장의 손자이다. 옛적에 한 선지자가 나타나 엘리에게 그의 후손들이 제사장직에서 배제될 것이라고 선언한 적이 있다(삼상 2:27–36). 이 예언이 아직도 유효한 상황에서 아비아달이 아도니야를 지지하고 나섰다는 것도 상황이 그에게 불리하게 돌아가고 있음을 암시한다. 아도니야는 큰일났다!

	친(親)아도니야	친(親)솔로몬
장군	요압(cf. 삼하 3:23–39; 11:14–25; 18:9–19:8)	브나야(삼하 8:18; 20:23)
제사장	아비아달(삼상 22:20; 삼하 15:24–29)	사독(삼하 8:17; 15:24–27)
선지자		나단(삼하 7:1–16; 12:1–15, 24–25)

4. 나단의 솔로몬 등극에 대한 계략(1:11-14)

[11] 나단이 솔로몬의 어머니 밧세바에게 말하여 이르되 학깃의 아들 아도니야가 왕이 되었음을 듣지 못하였나이까 우리 주 다윗은 알지 못하시나이다 [12] 이제 내게 당신의 생명과 당신의 아들 솔로몬의 생명을 구할 계책을 말하도록 허락하소서 [13] 당신은 다윗 왕 앞에 들어가서 아뢰기를 내 주 왕이여 전에 왕이 여종에게 맹세하여 이르시기를 네 아들 솔로몬이 반드시 나를 이어 왕이 되어 내 왕위에 앉으리라 하지 아니하셨나이까 그런데 아도니야가 무슨 이유로 왕이 되었나이까 하소서 [14] 당신이 거기서 왕과 말씀하실 때에 나도 뒤이어 들어가서 당신의 말씀을 확증하리이다

아도니야의 야심에 동조하지 않은 선지자 나단 등은 지금까지 그의 행동을 관망만할 뿐 어떠한 행동도 취하지 않았다. 그러나 아도니야가 소헬렛 바위 옆에서 많은 귀족들과 유지들을 초청하여 큰 잔치를 벌이고 있다는 소식을 듣고 난 후에는 더는 잠잠히 있을 수 없었다. 자칫하면 솔로몬과 함께 자신들의 생명도 위태롭게 된다는 것을 잘 알고 있기 때문이다. 일부 주석가들은 아도니야는 가만히 있는데, 솔로몬과 그를 지지하는 자들이 죄 없는 아도니야를 궁지에 몰기 위하여 만들어 낸 이야기라고 하는데(De Vries, Alter), 텍스트의 의미를 무시하는 지나친 해석이다(Patterson & Austel).

이미 언급한 것처럼 솔로몬은 하나님이 선택하고 다윗이 마음에 둔 차기 이스라엘의 왕이다(cf. 삼하 12:24-25; 대상 22:9-10; 28:4-7). 옛적에 나단이 다윗 언약을 선포할 때에도 하나님이 이미 다윗에게 태어난 아들(viz., 아도니야)이 아니라 앞으로 태어날 아들(viz., 솔로몬)을 왕으로 삼으실 것을 말씀하신 적이 있다(Keil, cf. 삼하 7:12). 이 같은 사실을 종

합해볼 때 아도니야와 그를 추종하는 자들도, 하나님과 다윗이 선택한 왕이 솔로몬이라는 것을 의식하고 있기 때문에 솔로몬뿐만 아니라 다윗도 이 잔치에 초청하지 않았다. 그렇다면 이 사람들은 본인들이 의식하든, 의식하지 못하든 하나님의 계획에 대항하여 이런 일을 저지르고 있는 것이다.

솔로몬을 왕으로 세우는 일을 주도하는 사람은 밧세바 사건으로 다윗을 책망한 후 그녀가 솔로몬을 낳았을 때 잠시 그녀를 찾아와 하나님의 위로를 전한 다음 사무엘서에서 자취를 감춘 선지자 나단이다(삼하 12:24-25). 어떻게 생각하면 나단은 밧세바에게 '병 주고 약 주는 자'이다. 그는 신탁(oracle)을 통해 다윗과 밧세바의 '부적절한 관계'의 결과로 태어나는 아이가 죽게 될 것을 선언한 적이 있다(삼하 12:14). 이제 나단은 밧세바와 다윗 사이에 태어난 솔로몬을 이스라엘의 왕으로 세우기 위하여 생명을 건 모험을 시작한다. 나단은 어떠한 개인적인 이권을 추구하는 사람이 아니라, 오로지 하나님의 뜻에 순종하는 선지자였기 때문이다.

나단은 밧세바를 찾아가 당장 움직이지 않는다면 그녀와 아들 솔로몬의 생명이 위험하다는 것을 상기시키면서 계략을 내놓았다. 아도니야가 이대로 왕이 된다면 솔로몬과 밧세바는 생명을 잃을 것이라는 나단의 말은 매우 현실적이다(Brueggemann). 나단은 밧세바에게 다윗을 찾아가 "솔로몬으로 다윗 왕의 대를 잇게 하시겠다는 맹세(שבע)는 어찌 되었기에 아도니야가 왕이 되었습니까?"라는 어조의 말을 시작하라고 지시했다(13절). 다윗의 무능함을 책망하자는 것이 아니라, 이스라엘의 왕인 다윗이 예루살렘에서 이 같은 일이 일어나고 있음을 전혀 모르는 있다는 사실에 호소하자는 계략이다. 나단은 밧세바가 왕과 대화하는 동안 들어와 긴박하게 돌아가는 상황을 보고하여 분위기를 거들겠다고 했다. 나단이 밧세바에게 준 말이 재미있다. 다윗을 의미하는 2인칭 강조형 "당신"(you)(אתה) 이후 "나의 주 왕"(אדני המלך)으로 시작하는 문장이 "아도니야가 왕이 되었습니다"(מָלַךְ אֲדֹנִיָּהוּ)로 끝을 맺는다. 나단은 밧세바에게 "누가 이 나라의 왕입니까? 나의 주[다윗], 아니면 아도니야?"로 이슈를 몰고 가라고 제시하고 있는 것이다(Walsh).

그런데 나단의 "아도니야가 왕이 되었다"는 주장이 타당한가? 지금까지의 이야기는 아도니야가 잔치를 베풀었고 거기에 몇 명을 초청하지 않았다는 사실을 말한 것뿐이었지, 그 잔치가 아도니야의 "즉위식"이라는 구체적인 말은 하지 않았다. 솔로몬이 왕이 되었다는 소식을 접한 후에 신속하게 해산하는 아도니야의 잔치에 대한 대목 어디에도 즉위 기념 잔치였다는 말은 기록되어 있지 않다(cf. 41-49절). 아마도 아도니야의 잔치는 자신이 왕이 되는 일에 있어서 후원자들을 모으는 성향의 것이 아니었나 싶다. 물론 이러한 잔치를 베푼 자체도 목숨을 잃을 수 있는 일이다. 그래서 아도니야는 급히 장막에 들어가 제단의 뿔을 잡고 모인 하객들은 즉시 돌려보내지 않았겠는가? 이 잔치가 즉위식이었다는 것은 그러한 가능성이 암시될 뿐 그 어디에도 명확하게 기록되어 있지 않다. 어떻게 생각하면 아도니야는 "내가 왕이 되리라"는 말을 공공연히 해오던 상황에서(5절) 이 성대한 잔치 때문에 본의 아니게 역적으로 몰리게 된 것이다(Walsh). 그러나 이 잔치에 초청받지 않은 사람들 입장에서는 분명 즉위식과 리셉션으로 여겨질 수 있다.

사무엘서 그 어디에도 다윗이 밧세바에게 솔로몬을 왕으로 삼겠다고 약속한 것이 기록되어 있지 않다. 만일 다윗이 이러한 약속을 했다면 이것은 모든 사람들에 의해서 공인된 사실로 간주하였을 텐데 이 이야기가 시작될 때까지 그 어떠한 언급도 없다. 뿐만 아니라 나중에 나단이 들어와서 하는 말의 그 어디에도 맹세에 대한 언급이 포함되어 있지 않다(24절). 그래서 대부분 학자들은 이 "맹세"는 나단 선지자가 지어낸 것이라고 해석한다(Gray, Nelson, Cogan, Jones, Provan, Walsh). 다윗이 솔로몬을 후계자로 마음에 두었고 전에 밧세바에게 자신의 의지를 밝힌 적이 있지만, 그렇게 하겠다고 구체적으로 맹세한 적은 없다는 뜻이다.

그렇다면 30절에 기록된 다윗의 '맹세 확인'을 어떻게 이해할 것인가? 희미한 기억 속에서 긴가민가하던 일이 진실이라 여겨짐은 세뇌된 결과라는 것이다. 그런데 다윗에게 '맹세'를 추궁하는 밧세바의 이름이 아이러니하다(Walsh). 그녀의 이름 "밧세바"(בַּת־שֶׁבַע)는 '맹세의 딸'이란 뜻을 지녔기 때문이다. '맹세의 딸'이 다윗으로부터 '하지 않은 맹세'를 요구하고 있다는 것이다. 나단과 밧세바는 늙은 다윗의 희미한 기억력을 이용해 솔로몬을 왕으로 세우고자 하고 있다(Seow).

만일 이 학자들의 해석이 타당하다면 나단은 어떻게 다윗이 밧세바의 맹세 작전에 넘어갈 것을 기대하고 있단 말인가? 첫째, 다윗은 지금 매우 무기력한 상태이다. 노환이 그를 찾아왔기 때문이다. 그러므로 그의 기억력도 가물가물하다. 자신이 밧세바에게 이러한 맹세를 했는지, 하지 않았는지 확신이 없다. 둘째, 설령 다윗이 모든 것을 정확하게 기억하고 있다 하더라도 나단은 다른 계략으로 다윗이 아도니야에게 발끈하도록 할 것을 계획하고 있다. 잠시 후에 보겠지만 그는 아도니야를 역모한 자로 묘사해서 흔들리는 다윗의 마음이 결단에 이르도록 한다.

> I. 솔로몬의 상승(1:1-2:46)
> A. 솔로몬이 왕이 됨(1:1-2:12)

5. 다윗의 궁에서 있었던 일(1:15-37)

상황이 긴급하게 돌아가고 있다. 만일 아도니야의 즉위식이 별다른 반대 없이 진행된다면, 백성들은 그가 아버지 다윗의 적극적인 지지 내지는 묵인을 근거로 왕이 된 것으로 생각할 것이다. 그렇게 되면 아도니야가 경쟁자로 여기는 솔로몬이 위험해질 수 있다. 나단은 먼저 밧세바를 다윗에게 보내고 그다음 자신이 직접 다윗을 찾아가 상황을 반전시키고자 한다. 선지자 나단은 하나님이 솔로몬을 다윗의 대를 이어 왕이 될 사람으로 정하신 것을 알고 있다. 그러므로 그는 생명을 걸고서라도 솔로몬이 왕이 되는 것을 도와야 한다. 비록 솔로몬이 다윗의 대를 이어 왕이 되는 것은 하나님의 계획이었지만, 많은 사람들이 노력하여 그 일을 이루어 나가는 것이 우리에게 시사하는 바를 생각해 볼 필요가 있다. 하나님의 계획은 주의 백성이 최선을 다해 이루어나가야 한다(cf. Fretheim, Nelson). 밧세바와 나단이 다윗을 찾아가 누가 그의 대를 이어 왕이 될 것인가에 대하여 결정을 요구하는 본 텍스트는 다음과 같이 구분할 수 있다.

A. 밧세바와 다윗(1:15-21)
　　B. 다윗과 나단(1:22-27)
A′. 다윗이 밧세바를 부름(1:28-31)
　　B′. 다윗이 나단을 부름(1:32-37)

> I. 솔로몬의 상승(1:1-2:46)
> 　A. 솔로몬이 왕이 됨(1:1-2:12)
> 　　5. 다윗의 궁에서 있었던 일(1:15-37)

(1) 밧세바와 다윗(1:15-21)

[15] 밧세바가 이에 침실에 들어가 왕에게 이르니 왕이 심히 늙었으므로 수넴 여자 아비삭이 시중들었더라 [16] 밧세바가 몸을 굽혀 왕께 절하니 왕이 이르되 어찌 됨이냐 [17] 그가 왕께 대답하되 내 주여 왕이 전에 왕의 하나님 여호와를 가리켜 여종에게 맹세하시기를 네 아들 솔로몬이 반드시 나를 이어 왕이 되어 내 왕위에 앉으리라 하셨거늘 [18] 이제 아도니야가 왕이 되었어도 내 주 왕은 알지 못하시나이다 [19] 그가 수소와 살찐 송아지와 양을 많이 잡고 왕의 모든 아들과 제사장 아비아달과 군사령관 요압을 청하였으나 왕의 종 솔

로몬은 청하지 아니하였나이다 ^{20} 내 주 왕이여 온 이스라엘이 왕에게 다 주
목하고 누가 내 주 왕을 이어 그 왕위에 앉을 것을 공포하시기를 기다리나
이다 ^{21} 그렇지 아니하면 내 주 왕께서 그의 조상들과 함께 잘 때에 나와 내
아들 솔로몬은 죄인이 되리이다

밧세바는 나단이 일러준 대로 늙은 왕을 만나기 위해 다윗의 침실을
찾았다. 젊은 수넴 여자 아비삭이 다윗과 함께 있다(15절). 원래 밧세
바가 아비삭의 자리에 있었지만, 늙었다는 이유로 이제는 그곳에 있을
수 없게 되었다. 세월의 무상함을 느꼈을까? 밧세바는 아마도 순간적
으로라도 아비삭이 자신의 자리를 차지한 것에 대해 질투를 느꼈을 것
이다(Sweeney, cf. Brueggemann). 그러나 밧세바는 늙은 남편의 새 아내를
시기할만한 여유가 없다. 그녀는 자기와 아들 솔로몬의 생사가 달린
긴급한 문제로 왕을 찾아왔다.

모처럼 그를 찾은 아내를 보고 다윗이 무슨 일인지 물었다(16절). 평
소에는 잘 나타나지 않던 사람이 방문을 하니 당연히 나오는 질문이
다. 밧세바는 다윗이 그녀의 아들 솔로몬이 대를 이어 왕이 될 것을 맹
세한 적이 있는데 어찌하여 아도니야가 왕이 되었냐고 질문한다(18절).
그녀는 은근히 다윗에게 "당신이 다스리는 나라에서 어떤 일이 일어
나고 있는지 알고 있냐?"며 압력을 가하고 있다. 아도니야가 큰 잔치
를 베풀고 제사장 아비아달과 군사령관 요압을 포함하여 많은 귀족들
과 권력가들을 초청하여 잔치를 하면서도 솔로몬은 초청하지 않았다
고 덧붙였다(19절). 아도니야가 왕이 된 일로 인해 솔로몬이 위험에 빠
졌다는 것을 왕에게 상소하고자 한다.

밧세바의 보고는 다윗으로 하여금 옛적 일을 떠올리게 하기에 충분
했다. 압살롬도 많은 사람을 불러 잔치를 벌이다가 반역을 선언했고
다윗도 모르는 사이에 그로부터 왕권을 빼앗아가지 않았던가! 그때도
다윗은 어떤 일이 벌어지고 있었는지에 대해 이미 너무 늦었을 때까지

모르고 있었다. 이번에도 왕이 궁 안에서 평안하게 거하고 있는 동안에 일이 벌어졌다. 밧세바가 상황을 매우 비슷하게 묘사하는 것은 다윗의 아픈 곳을 자극하기 위해서일 것이다.

밧세바는 보고에서 네 가지를 지적하며 다윗으로 하여금 행동을 취하도록 유도한다. 첫째, 다윗은 자신이 통치하는 나라에서 어떤 일이 벌어지고 있는지 모른다(18절). 사람들은 다윗이 왕으로서 통치 능력을 상실한 것으로 간주한다는 것이다. 둘째, 아도니야를 지지하고 있는 사람들의 이름을 밝힌다(19절). 특히 다윗의 부하로 있으면서도 끊임없이 그의 속을 썩였던 요압의 경우 다윗의 불편한 심기를 자극하기에 충분하다. 아마도 다윗은 '요압이 또 일을 저질렀구나!' 정도로 생각하게 되었을 것이다. 셋째, 온 이스라엘이 왕위 후계자에 대한 다윗의 입장 표명을 기다리고 있다(20절). 만일 다윗이 후계자 지명을 더 늦춘다면, 그의 권위와 신뢰뿐만 아니라 나라의 화합/통일성도 위협을 받을 수 있다는 뜻이다(Seow). 그러므로 이제라도 신속하게 누가 왕권을 계승할 것인지를 밝혀야 한다는 요구이다. 넷째, 다윗이 죽으면 밧세바와 솔로몬은 죄인으로 취급 받을 것이다(21절). 밧세바는 솔로몬은 아도니야에게 죽임을 당할 만한 일을 한 적이 없다고 단언한다. 솔로몬이 죄가 있다면, 아버지 다윗만을 사랑하고 존경하여 신실하게 섬긴 것뿐이다. 이 점을 강조하기 위하여 밧세바는 다윗에게 솔로몬에 대하여 말하면서 "당신의 아들 솔로몬"이라는 말 대신 "당신의 종 솔로몬"(שְׁלֹמֹה עַבְדֶּךָ)이라는 표현을 사용한다(Seow, cf. 19절).

다윗은 자신이 밧세바의 전(前)남편 우리아에 대해 지은 죄가 있기에 그 누구보다 아내들 중 그 누구보다는 밧세바를 측은하게 여겼을 것이다. 그러므로 다윗은 자신이 먼저 죽더라도 밧세바만큼은 평안히 살다가 여생을 마치게 하고 싶었을 것이다. 그런데 밧세바와 그녀의 아들이 위협을 받고 있다. 다윗은 이 순간 그녀를 위해서라도 무언가 결정을 해야 한다는 생각을 하기 시작했다. 이 시점에서는 "맹세"의 진의가 더는 중요한 요소가 되지 못한다(cf. Fretheim). 상황의 절박함이 분위기를 주도한다.

```
I. 솔로몬의 상승(1:1-2:46)
  A. 솔로몬이 왕이 됨(1:1-2:12)
    5. 다윗의 궁에서 있었던 일(1:15-37)
```

(2) 다윗과 나단(1:22-27)

[22] 밧세바가 왕과 말할 때에 선지자 나단이 들어온지라 [23] 어떤 사람이 왕께 말하여 이르되 선지자 나단이 여기 있나이다 하니 그가 왕 앞에 들어와서 얼굴을 땅에 대고 왕께 절하고 [24] 이르되 내 주 왕께서 이르시기를 아도니야가 나를 이어 왕이 되어 내 왕위에 앉으리라 하셨나이까 [25] 그가 오늘 내려가서 수소와 살찐 송아지와 양을 많이 잡고 왕의 모든 아들과 군사령관들과 제사장 아비아달을 청하였는데 그들이 아도니야 앞에서 먹고 마시며 아도니야 왕은 만세수를 하옵소서 하였나이다 [26] 그러나 왕의 종 나와 제사장 사독과 여호야다의 아들 브나야와 왕의 종 솔로몬은 청하지 아니하였사오니 [27] 이것이 내 주 왕께서 정하신 일이니이까 그런데 왕께서 내 주 왕을 이어 그 왕위에 앉을 자를 종에게 알게 하지 아니하셨나이다

각본대로 밧세바가 왕과 대화를 나누는 동안 나단이 왕과의 면담을 요청했다. 나단과 밧세바는 다윗에게 깊이 생각할 기회를 주지 않고 자신들의 계획대로 일을 진행하고 있다. 나단이 왕을 면담할 때 밧세바는 잠시 물러나 있는 듯하다(cf. 28절). 나단은 다윗이 밧세바에게 했다는 맹세에 대해 전혀 언급하지 않는다. 다만 자신이 보고 들은 것이라며 말할 뿐이다. 밧세바는 사적인 차원에서 왕을 찾았다면 나단은 정치적인 이슈를 가지고 공식적으로 왕을 찾았다는 분위기가 조성되고 있다(Walsh). 만일 다윗이 밧세바가 한 말에 대하여 조금이라도

의심하고 있었다면, 나단의 발언은 모든 의심을 한순간에 날려버린다 (Sweeney).

나단은 아도니야가 왕이 된 것을 언급하면서 이러한 일이 다윗 왕의 허락 아래 이루어진 일이냐고 물었다(24절). 그의 질문은 왕이 당연히 허락했으니까 이런 일이 가능하지 않겠느냐는 논리를 펼치고 있다. 즉, 자신은 아도니야가 이런 일을 다윗의 허락 없이 했을 거라고는 추호도 생각하지 않는다는 것이다. 이러한 자신의 확신을 암시하기 위해서 그는 다윗에게 "당신"(אַתָּה)이 이 일을 허락하신 것이냐며 2인칭 단수 강조형 대명사를 사용하고 있으며, 마지막 문장에서 "저한테만이라도 귀띔해 줄 수 있었을 텐데 해 주지 않으신 것에 대해 서운하게 생각한다"라는 취지의 발언을 한다(27절). 자신의 개인적인 서운함을 통해 아도니야에 대한 다윗의 서운함과 분노를 유발시키기 위한 계책이다. 또한 만일 다윗이 허락하지 않은 상황에서 잔치에 참석한 사람들이 "아도니야 왕 만세!"(יְחִי הַמֶּלֶךְ אֲדֹנִיָּהוּ)를 불렀다면 이 일은 명백한 반역 행위가 된다는 의미의 발언이다. 나단은 심리적으로 다윗을 극도로 압박하고 있다.

나단은 다른 방법으로도 다윗을 압박하고 있다. 첫째, 밧세바는 많은 귀족들과 왕자들이 잔치에 초청받은 것에 반해 솔로몬만 제외되었다고 했는데(19절), 나단은 자신을 포함해 브나야, 사독 등도 초청되지 않았다고 밝힘으로써(26절) 밧세바와 솔로몬의 생명만 위험한 것이 아니라 자신들도 위험에 노출되어 있다는 사실을 강조한다. 나단의 발언에는 아도니야의 초청을 받지 않은 사람들만이 다윗의 진정한 종들이라는 것도 전제되어 있다(Seow). 둘째, 아도니야가 왕이 된 것이 "오늘"(הַיּוֹם) 있었던 일이라고 한다(25절). 다윗이 이 일에 대해서 행동을 취하기에 아직 늦지 않았다는 점을 암시한다. 만일 조치를 취하려면 빨리 서둘러 취하라는 취지의 발언이다.

133

(3) 다윗이 밧세바를 부름(1:28-31)

²⁸ 다윗 왕이 명령하여 이르되 밧세바를 내 앞으로 부르라 하매 그가 왕의 앞으로 들어가 그 앞에 서는지라 ²⁹ 왕이 이르되 내 생명을 모든 환난에서 구하신 여호와께서 살아 계심을 두고 맹세하노라 ³⁰ 내가 이전에 이스라엘의 하나님 여호와를 가리켜 네게 맹세하여 이르기를 네 아들 솔로몬이 반드시 나를 이어 왕이 되고 나를 대신하여 내 왕위에 앉으리라 하였으니 내가 오늘 그대로 행하리라 ³¹ 밧세바가 얼굴을 땅에 대고 절하며 내 주 다윗 왕은 만세수를 하옵소서 하니라

밧세바와 나단에게 자극을 받은 다윗이 지금까지 묘사된 그의 모습과는 달리 신속하고 정확하게 조치를 취했다. 아직도 그가 이스라엘의 왕이라는 것을 보여주는 모습이다. 다윗은 밧세바를 불렀다. 그리고 나서 전에 했던 맹세를 이날(הַיּוֹם הַזֶּה) 이행하겠다고 선언했다(30절). 즉, 솔로몬에게 왕권을 물려주겠다던 약속대로 그를 이날 왕으로 세울 것을 확인하고 있는 것이다. 다윗이 밧세바가 주장한 것처럼 솔로몬에게 왕권을 물려주겠다고 약속했는지 하지 않았는지는 이제 중요하지 않다(Seow). 이 순간 다윗에게 중요한 것은 밧세바와 나단이 주장한 것과는 달리 자신이 아직도 이 나라를 통치하고 있으며 후계자를 결정하는 것은 자신의 고유 권한이라는 사실이다. 더 나아가 다윗은 나단의 발언에서 암시된 것처럼 후계자가 즉위하는데 있어서 결코 소외되지 않겠다는 강한 의지를 보여주어야 한다.

다윗이 이 두 가지를 성취하기 위해서는 그의 허락 없이 스스로 왕이라고 자청한 아도니야를 거부하고 솔로몬을 세울 수밖에 없다. 특히

왕의 아들들 중에 솔로몬만 아도니야의 잔치에 초청받지 않았다는 밧세바(10절)와 나단의 발언(26절)은 솔로몬만이 일종의 "역모"를 행하고 있는 왕자들과 다르다는 것을 보여준다. 또한 만일 다윗이 솔로몬을 차기 왕으로 지목하지 않으면 그의 생명이 위협을 받고, 밧세바도 무사하지 못하리라는 결론을 내릴 수밖에 없다. 왕권을 놓고 경쟁할 때 승자가 패자를 죽이는 일은 당시 흔히 있었던 일임을 감안하면 더욱더 그렇다(cf. 왕상 15:29; 왕하 10:6-14; 11:1). 나단과 밧세바는 정황을 이렇게 몰아가기 위하여 계책을 꾸몄던 것이다.

다윗 왕은 자세를 가다듬고 절대 이 일에 있어서 지체하지 않을 것임을 명백히 한다. 자기가 아직도 이스라엘의 최고 통치자로서 건재함을 보여주겠다는 것이다. 나단을 통해 아도니야가 '오늘' 왕이 된 것을 알게 된 그가 '이날'이 지나기 전에 결정적인 행동을 취하겠다는 의지를 밝힌다. 이러한 차원에서 '이날'은 '오늘'보다 더 결정적이고 확고한 표현이다(Walsh). 밧세바가 이 말을 듣고 땅에 엎드려 그에게 절을 했다(31절). 나단이 다시 불리는 것으로 보아(32절) 다윗이 밧세바에게 솔로몬에 대해 말할 때에 나단은 자리를 떠났던 것으로 생각된다.

(4) 다윗이 나단을 부름(1:32-37)

³² 다윗 왕이 이르되 제사장 사독과 선지자 나단과 여호야다의 아들 브나야를 내 앞으로 부르라 하니 그들이 왕 앞에 이른지라 ³³ 왕이 그들에게 이르되 너희는 너희 주의 신하들을 데리고 내 아들 솔로몬을 내 노새에 태우고 기혼으로 인도하여 내려가고 ³⁴ 거기서 제사장 사독과 선지자 나단은 그에게 기름을 부어 이스라엘 왕으로 삼고 너희는 뿔나팔을 불며 솔로몬 왕은 만세

수를 하옵소서 하고 ³⁵ 그를 따라 올라오라 그가 와서 내 왕위에 앉아 나를 대신하여 왕이 되리라 내가 그를 세워 이스라엘과 유다의 통치자로 지명하였느니라 ³⁶ 여호야다의 아들 브나야가 왕께 대답하여 이르되 아멘 내 주 왕의 하나님 여호와께서도 이렇게 말씀하시기를 원하오며 ³⁷ 또 여호와께서 내주 왕과 함께 계심 같이 솔로몬과 함께 계셔서 그의 왕위를 내 주 다윗 왕의 왕위보다 더 크게 하시기를 원하나이다 하니라

밧세바를 돌려보낸 다음, 다윗은 사독 제사장, 나단 선지자, 그리고 자신의 경호장관 브나야를 서둘러 입궐하게 하였다(32절). 다윗이 이들을 지명한 것은 정황을 감안할 때 매우 적절한 처사이며 그가 아직도 확고한 판단력과 통치 능력을 가지고 있음을 시사한다(Jones, House). 그런데 나단은 이미 다윗을 찾아온 적이 있어서 당연히 그를 불렀을 것이지만, 사독과 브나야는 어떻게 지목한 것일까? 나단이 이미 아도니야가 잔치에서 제외된 사람들이라 하며 그들의 이름을 언급한 적이 있다(26절). 다윗은 이들만이 아도니야 쪽으로 기울지 않았다는 결론에서 이렇게 결정한 것으로 생각된다.

다윗은 그들에게 말하기를 신하들을 거느리고 자신의 전용 노새에 솔로몬을 태워 기혼 샘으로 가라고 한다. 오늘날로 말하면 대통령 전용 리무진에 솔로몬을 태우고 샘으로 가라는 뜻이다. 거기서 모든 사람들이 보는 앞에서 솔로몬에게 기름을 붓고 나팔을 불어 이스라엘의 왕으로 추대하라고 지시했다. 아도니야는 오로지 유다 사람들의 지지를 받아 왕이 되었는데, 솔로몬은 "온 이스라엘"이 보는 앞에서 왕으로 세움을 받는다. 그것도 다윗의 인준을 상징하는 왕의 나귀를 타고 말이다.

다윗 자신도 선지자의 기름부음을 통해 왕이 되었다(삼상 16:13). 이제 솔로몬이 기름부음을 통해 이스라엘을 다스릴 때가 되었다. 기혼은 예루살렘 동쪽 기드론 계곡에 위치했으며 예루살렘 성에서 가장 잘 보이는 곳이다(Konkel). 솔로몬은 예루살렘 모든 사람 앞에서 왕위에 오르

게 된 것이다. 또한 기혼은 아도니야의 잔치가 벌어지고 있는 에느로겔에서 그리 멀지 않은 곳에 위치해 있다(Sweeney). 밧세바나 나단이 이곳을 전혀 언급하지 않았는데도 다윗이 솔로몬을 기혼에서 왕으로 세우라는 것이 이야기 진행상 재미있다. 곧 알게 되겠지만 아도니야가 잔치를 벌이는 장소에서도 솔로몬이 왕이 되었다는 사람들의 소리가 들리기 때문이다.

사람들은 솔로몬이 다윗 왕의 전용 노새를 타고 가는 모습을 보면 이 일은 다윗이 직접 지시한 일임을 알게 될 것이다. 그러므로 다윗의 이러한 지시는 가시적 효과를 극대화하기 위함이다. 아도니야는 귀족들과 엘리트 시민 등 소수를 동원한 파티에서 왕으로 즉위하지만 다윗은 모든 사람들 앞에서 솔로몬에게 기름을 붓고, 그를 왕의 나귀에 태우고, 음악을 동원하는 일 등을 통해 왕이 된 것을 선포하고 알리라고 한다. 사실 이게 올바른 방법이 아니겠는가! 게다가 선지자 나단이 솔로몬에게 기름을 붓는 것은 이스라엘의 왕이 세워지는 방법의 전승을 그대로 답습하고 있다. 다윗도, 사울도 선지자 사무엘에 의하여 왕으로 세워지지 않았던가! 그러므로 다윗은 전통적인 방법으로, 정당한 예식을 통해 솔로몬을 왕으로 세우라고 명령하는 것이다.

기혼 샘에서 솔로몬에게 기름붓는 예식이 끝나면 뿔 나팔을 불어 모든 백성들이 "솔로몬 왕 만세!"(יְחִי הַמֶּלֶךְ שְׁלֹמֹה)를 외치게 했다. 나단이 아도니야의 잔치에 모인 사람들이 "아도니야 왕 만세!"(יְחִי הַמֶּלֶךְ אֲדֹנִיָּהוּ)를 부르고 있다고 한 말과 똑같은 표현이다. 다만 주어가 아도니야에서 솔로몬으로 바뀌었을 뿐이다. 아도니야의 계획이 완전히 수포로 돌아가고, 그가 견제했던 솔로몬이 그가 계획한 일의 모든 혜택을 받게 된 것을 뜻한다. 모든 것이 반전되는 순간이다. 만일 아도니야가 반발하고 엉뚱한 짓을 하면 아도니야의 파티에 대해 알지 못하는 백성들 입장에서는 반역으로 여겨지도록 여건을 만들어가고 있다.

기혼에서의 모든 예식이 끝나면 나단 등은 곧장 솔로몬을 왕궁으로

모시고 가서 보좌에 앉혀 이스라엘의 통치자가 됨을 확인하라는 명령
도 덧붙였다(35절). 기혼 샘에서 왕궁으로 가는 길은 매우 가파른 길
이다. 솔로몬의 운명과 아도니야의 운명이 극적으로 대조되고 있다
(Walsh). 솔로몬은 먼저 기혼으로 내려갔다가(33절) 이제 왕궁으로 올라
간다. 반면에 아도니야는 자신을 높임으로 일을 시작했다(5절). 잠시
후 그는 제단에서 내려와 솔로몬에게 자신을 낮추며 절을 해야 한다(53
절). 그가 잔치를 벌인 소헬렛 바위(lit. "미끄러지는 바위")의 이름에 걸맞
게 아도니야는 낮은 곳에서 높은 곳으로 올라가는 솔로몬과는 대조적
으로 높은 곳에서 낮은 곳으로 미끄러진다.

브나야가 "아멘"(אָמֵן)으로 화답하며 적극적으로 다윗의 명령을 지지
하고 축복하는 발언을 했다(36-37절). 아멘은 "그렇게 되기를 바랍니
다!"라는 뜻이다(Cogan, cf. 민 5:22; 신 27:15-26; 렘 28:6; 느 5:13). 나단과
사독이 솔로몬을 왕으로 세우는 일에 있어서 종교적인(하나님의 인허)
상징성을 지닌다면, 이 모든 일이 외부의 방해 없이 진행될 수 있도록
보안을 맡게 된 다윗의 호위 부대장인 브나야는 군대가 솔로몬의 왕권
을 지지한다는 상징성을 지닌다(House). 이 일을 통해 브나야는 요압을
대체하게 된다(Brueggemann).

I. 솔로몬의 상승(1:1-2:46)
 A. 솔로몬이 왕이 됨(1:1-2:12)

6. 나단과 사람들이 솔로몬을 왕으로 세움(1:38-40)

[38] 제사장 사독과 선지자 나단과 여호야다의 아들 브나야와 그렛 사람과 블
렛 사람이 내려가서 솔로몬을 다윗 왕의 노새에 태우고 인도하여 기혼으로
가서 [39] 제사장 사독이 성막 가운데에서 기름 담은 뿔을 가져다가 솔로몬에
게 기름을 부으니 이에 뿔나팔을 불고 모든 백성이 솔로몬 왕은 만세수를
하옵소서 하니라 [40] 모든 백성이 그를 따라 올라와서 피리를 불며 크게 즐거

워하므로 땅이 그들의 소리로 말미암아 갈라질 듯하니

다윗의 지시를 받은 세 사람은 곧바로 왕의 명령을 행동으로 옮겼다. 그들은 솔로몬을 다윗의 노새에 태워 기혼으로 내려갔다. 그렛 사람들(הכְּרֵתִי)과 블렛 사람들(וְהַפְּלֵתִי)이 그들과 함께했다고 하는데(38절), 그들은 브나야의 부하들로 다윗이 자신을 경호하기 위해서 세운 용병들이다(Sweeney, cf. 삼하 8:18; 20:23). 그들은 다윗이 큰 곤경에 처했을 때도 다윗에게 변함없이 충성하고(cf. 삼하 15:17) 그를 섬겨준 자들이었다(cf. 삼하 20:7). 이들은 다윗이 죽은 후에 보통 군인들에 흡수되었던 것으로 생각된다(Cogan).

사독이 솔로몬에게 기름을 부었다(39절). 저자는 사독이 사용한 기름이 장막(הָאֹהֶל)에서 가지고 온 것임을 밝힌다. 물론 이 장막은 다윗이 하나님의 법궤를 위해 예루살렘에 세운 것을 말한다(삼하 6:17). 이때 법궤가 머무는 장막은 기혼에서 멀지 않았던 것으로 알려졌다(Skinner, Robinson). 하나님의 거룩한 곳에서 온 이 기름이 솔로몬을 거룩하게 한다. 한 가지 재미있는 것은 이스라엘의 처음 세 왕을 세우는 데 사용되는 기름의 양이다. 사무엘이 사울을 왕으로 세울 때(삼상 10:1), 그는 "기름병"(פַּךְ)의 분량을 사용했다. 반면에 다윗과 솔로몬을 왕으로 세우는 데는 "기름으로 채운 뿔"(קֶרֶן)을 사용한다(삼상 16:1, 13; 왕상 1:39). 양으로 비교할 때 병보다 뿔이 훨씬 더 많은 양을 담을 수 있다. 저자는 이 같은 사실을 지적함으로써 다윗과 솔로몬의 확고한 연관성을 암시한다(Provan).

이스라엘의 처음 두 왕, 사울과 다윗은 사무엘에 의해서 조용히 기름부음을 받았다. 솔로몬은 모든 사람들이 지켜보는 가운데 치러지는 성대한 예식을 통해 왕이 되었다. 드디어 다윗 왕조가 시작되고 있으며 이스라엘이 국가로서 확고히 뿌리내렸음을 상징한다. 옛적에는 사무엘 선지자가 왕들을 세웠다(사무엘은 제사장이기도 했다). 이번에는 사독 제사장이 장막에서 가져온 기름으로 솔로몬에게 기름을 붓고 있다. 그만큼 여호와 종교도 자리를 잡아가고 있는 것이다.

사독이 솔로몬에게 기름을 부으니 모든 백성이 "솔로몬 왕 만세!"(יְחִי הַמֶּלֶךְ שְׁלֹמֹה)를 외쳤다. 이 외침은 1장의 절정으로(Fretheim), 나단 등 수많은 사람들이 이때까지 노력한 결과이다. 그들이 악기를 연주하며 얼마나 열광적으로 기뻐하며 소리를 질렀는지 그들의 소리에 온 땅이 갈라졌다고 한다(וַתִּבָּקַע הָאָרֶץ בְּקוֹלָם)(40절). 지진을 연상시키는 과장법이다(cf. 민 16:31). 저자는 이 과장법을 통해 솔로몬이 이스라엘의 왕으로 취임한 것이 매우 중요한 사건임을 강조한다(Konkel). 백성의 소리가 얼마나 컸는지 몇 백 미터 밖에서 잔치를 하고 있는 아도니야에게도 들렸다(cf. 41절). 갈수록 아도니야의 입지가 좁아지고 있다.

I. 솔로몬의 상승(1:1–2:46)
  A. 솔로몬이 왕이 됨(1:1–2:12)

7. 아도니야의 잔치가 중단됨(1:41–49)

[41] 아도니야와 그와 함께 한 손님들이 먹기를 마칠 때에 다 들은지라 요압이 뿔나팔 소리를 듣고 이르되 어찌하여 성읍 중에서 소리가 요란하냐 [42] 말할 때에 제사장 아비아달의 아들 요나단이 오는지라 아도니야가 이르되 들어오라 너는 용사라 아름다운 소식을 가져오는도다 [43] 요나단이 아도니야에게 대답하여 이르되 과연 우리 주 다윗 왕이 솔로몬을 왕으로 삼으셨나이다 [44] 왕께서 제사장 사독과 선지자 나단과 여호야다의 아들 브나야와 그렛 사람과 블렛 사람을 솔로몬과 함께 보내셨는데 그들 무리가 왕의 노새에 솔로몬을 태워다가 [45] 제사장 사독과 선지자 나단이 기혼에서 기름을 부어 왕으로 삼고 무리가 그 곳에서 올라오며 즐거워하므로 성읍이 진동하였나니 당신들에게 들린 소리가 이것이라 [46] 또 솔로몬도 왕좌에 앉아 있고 [47] 왕의 신하들도 와서 우리 주 다윗 왕에게 축복하여 이르기를 왕의 하나님이 솔로몬의 이름

을 왕의 이름보다 더 아름답게 하시고 그의 왕위를 왕의 위보다 크게 하시기를 원하나이다 하매 왕이 침상에서 몸을 굽히고 [48] 또한 이르시기를 이스라엘의 하나님 여호와를 찬송하리로다 여호와께서 오늘 내 왕위에 앉을 자를 주사 내 눈으로 보게 하셨도다 하셨나이다 하니 [49] 아도니야와 함께 한 손님들이 다 놀라 일어나 각기 갈 길로 간지라

아도니야는 잔치가 한참 무르익어갈 때 뿔나팔 소리를 들었다(41절). 이 나팔 소리는 그들의 잔치를 순식간에 멈추게 하는 효력을 발휘했다. 나팔 소리를 듣고 궁금해하는 아도니야 일행에게 아비아달의 아들 요나단이 찾아왔다. 아도니야는 "좋은 사람이니 좋은 소식을 가져왔을 것"(כִּי אִישׁ חַיִל אַתָּה וְטוֹב תְּבַשֵּׂר)이라며 그를 반겼다(42절). 이 말은 그의 경제적 위치나 지위에 따른 위치를 뜻하는 것이 아니라 어려운 상황에서 믿고 신뢰할 수 있다는 것을 뜻한다(Gray, De Vries, cf. 삼하 2:7; 13:28). 그러나 그에게는 아도니야에게 전해줄 좋은 뉴스가 없다.

요나단의 등장은 다시 한 번 아도니야와 압살롬을 연관시키는 역할을 한다(cf. Sweeney). 압살롬의 반역 때 요나단은 사독의 아들 아히마아스와 함께 그들의 아버지들이 사람을 보내 전해준 예루살렘의 소식을 다윗에게 낱낱이 중계해 주었던 사람이다(삼하 15:27-28, 36; 17:17-21). 그때 요나단은 에느로겔에 숨어 예루살렘의 소식을 기다렸다(삼하 17:17). 그는 이번에도 에느로겔에 와있다. 그러나 정보를 수집하기 위해서가 아니라 주기 위해서이다.

요나단은 "우리의 주 다윗 왕"(אֲדֹנֵינוּ הַמֶּלֶךְ־דָּוִד)이 솔로몬을 왕으로 세웠다고 말하면서 은근히 자신이 누구에게 충성하고 있는가를 밝힌다. 자신은 그동안 다윗을 왕으로 섬겨왔으며 그가 섬기던 다윗 왕의 결정에 따라 솔로몬이 왕이 되었으니 그에게 충성할 것임을 암시하는 것이다. 요나단의 보고는 간단명료했다. 솔로몬이 왕이 된 것과 아도니야가 잔치에 부르지 않은 사람들이 솔로몬을 왕으로 세우는 일에 중요한

역할을 맡은 것 등은 아도니야의 간담을 서늘하게 하는 정보였을 것이다. 게다가 다윗은 솔로몬이 즉위한 것을 보고 여호와 하나님께 감사의 찬양을 드렸다 하지 않는가!(48절) 단순히 자신이 솔로몬보다 나이가 더 많다는 이유를 들어 어떻게 뒤집어 볼만한 상황이 아니다. 왕권 쟁탈전에서 아도니야는 완패한 것이다.

소식을 들은 하객들은 순식간에 자리를 떴다. 그곳에 계속 머무는 것은 역모에 속하는 것으로 생각될 수 있기 때문에 썰물처럼 빠져나간 것이다. 하객들로 북적대던 에느로겔이 텅 비게 되었다. 아도니야가 자신을 차기 왕으로 추대할 때 축하한다며 찾아왔던 수많은 사람들 중 남은 사람은 하나도 없다. 하나님이 허락하지 않으신 권세를 탐한 자의 몰락이다. 아도니야는 성화되지 않은 야심으로 인해 한순간에 가장 높은 곳(왕의 자리)에서 가장 낮은 곳(죄인)으로 떨어졌다.

I. 솔로몬의 상승(1:1-2:46)
  A. 솔로몬이 왕이 됨(1:1-2:12)

8. 아도니야가 자신을 낮춤(1:50-53)

⁵⁰ 아도니야도 솔로몬을 두려워하여 일어나 가서 제단 뿔을 잡으니 ⁵¹ 어떤 사람이 솔로몬에게 말하여 이르되 아도니야가 솔로몬 왕을 두려워하여 지금 제단 뿔을 잡고 말하기를 솔로몬 왕이 오늘 칼로 자기 종을 죽이지 않겠다고 내게 맹세하기를 원한다 하나이다 ⁵² 솔로몬이 이르되 그가 만일 선한 사람일진대 그의 머리털 하나도 땅에 떨어지지 아니하려니와 그에게 악한 것이 보이면 죽으리라 하고 ⁵³ 사람을 보내어 그를 제단에서 이끌어 내리니 그가 와서 솔로몬 왕께 절하매 솔로몬이 이르기를 네 집으로 가라 하였더라

상황이 얼마나 불리한가를 알아차린 아도니야가 곧장 장막으로 달려가 제단의 뿔을 잡았다. 제단의 뿔은 제물들의 피가 묻히는 곳으로 제

단에서 가장 거룩한 곳이다. 이스라엘뿐만 아니라 가나안의 여러 종교에서도 제단의 뿔을 잡으면 그 사람이 제단의 신(들)의 보호 아래 오는 것으로 여겨졌다(Milgrom, Walsh). 신전의 신(들)이 제단의 뿔을 잡은 자를 세상의 고뇌에서 보호한다고 생각했기 때문이다(Noth, Fritz). 신변의 안전을 위해서 제단의 뿔을 잡는 것은 율법도 허락한 일이다(출 21:14). 그러나 학자들은 이러한 행위가 정당한 재판이 이루어질 때까지만 그 사람을 보호했던 것이지 법으로부터 면책을 준 것은 아니었다고 생각한다(Wiseman, Cogan). 사람을 죽이고 도피성으로 피했다고 할지라도 정당한 재판의 결과에 따라 사형까지 당할 수 있다는 사실을 감안하면 올바른 해석이다.

아도니야가 제단의 뿔을 잡았다는 소식이 솔로몬에게 전해졌다. 사람들은 아도니야가 솔로몬에게 자신을 죽이지 않겠다는 맹세를 요구한다는 것도 보고했다. 솔로몬이 자기를 죽일 것이라는 아도니야의 생각은 어디서 비롯된 것일까? 그가 솔로몬의 인격을 제대로 읽은 것일까? 아니면 자신이 솔로몬이었으면 그렇게 했을 것이라는 결론에서 비롯된 것일까? 나단은 아도니야가 왕이 되면 솔로몬과 밧세바를 죽일 것이라고 말한 적이 있으므로(12절) 후자로 본다(Brueggemann, Patterson & Austel).

아도니야는 제단의 뿔을 잡고 솔로몬과 협상을 하려고 한다. 그러나 실제로 그에게는 협상에 내놓을 만한 카드가 없다. 그러므로 솔로몬이 그의 협상 제의를 받아 준 것은 그에 대한 배려이다. 솔로몬의 반응도 매우 교활하다. 그는 아도니야가 요구한 것처럼 맹세하지 않았다. 뿐만 아니라 그가 선하다면 살 것이요, 나쁜 짓을 하면 죽을 것이라는 애매한 말로 대답하여 그에게 대답함으로써 그를 살려주는 것에 조건을 달고 있다. 무조건적인 사면이 아닌 것이다(52절). 그러므로 그는 애매한 말로 둘러대어 아도니야가 원하는 것은 한 가지도 주지 않았다(Walsh).

솔로몬은 제단의 뿔을 잡고 있는 아도니야에게 사람을 보내 끌고 왔다(53절). 솔로몬은 아도니야가 살게 된 것은 자신의 배려이지 결코 아도니야가 제단의 뿔을 잡았기 때문이 아니라는 것을 과시하고자 한다. 그는 언제든지 제단의 뿔을 잡은 사람을 끌어낼 수 있다는 경고를 하고 있는 것이다. 그리고 실제로 나중에 제단의 뿔을 잡고 있던 요압을 처형하도록 했다(왕하 2:29-35). 끌려온 아도니야는 솔로몬에게 넙죽 절하고 왕이 "당신 집으로 가시오!"(לְבֵיתֶךָ)라고 한 명령에 집으로 돌아왔다. 일부 학자들은 이 말을 "왕궁의 일에서 손을 떼라!"는 뜻으로 해석한다(Ehrlich).

이렇게 해서 본 장(章)이 시작될 때만해도 생명에 위협을 느꼈던 솔로몬이 자기 보좌를 완전히 굳히는 것으로 1장이 마무리된다. 반면에 스스로 왕이라고 떠들어댔던 아도니야는 죄인이 되어 집으로 돌아가 근신해야 한다. 참으로 많은 일이 일어난 하루였으며, 두 사람의 운명이 완전히 반전되는 하루였다. 아도니야는 왕권에 대하여 도저히 넘볼수 없는 상황에 처했다. 아도니야의 후원자들도 손을 못쓰기는 마찬가지다. 다윗이 지시하고, 하나님이 축복하시고, 군사력이 보장하는 일이니 당연하다(Brueggemann).

아도니야는 왕이 되려고 온갖 수단과 방법을 동원했지만 실패했다. 반면에 솔로몬은 왕이 되기 위하여 아무것도 하지 않았다. 왕권이 조용히 있는 그를 찾아온 것이다. 마치 옛적에 왕권이 스스로 그의 아버지 다윗을 찾아온 것처럼 말이다. 솔로몬은 새로운 다윗으로 좋은 출발을 보이고 있다. 오래전에 사무엘 선지자는 왕을 요구하는 이스라엘 장로들에게 그들이 왕을 세우면 왕은 그들을 노예로 삼고 부릴 것이며 많은 것을 빼앗아갈 것이라고 경고했다(cf. 삼상 8장). 다윗과 솔로몬은 스스로 왕권을 취하지 않았다. 그러므로 솔로몬도 다윗처럼 훌륭한 왕, 곧 백성들에게 빼앗는 왕이 아니라, 그들을 섬기고 사랑하는 왕이 될 가능성을 보여주고 있다. 안타깝게도 이런 기대가 오래 가지는 못한다.

9. 다윗의 죽음(2:1-12)

저자는 1장에서 다윗의 죽음이 임박해 있다는 것을 암시했다. 솔로몬이 왕이 되고 세월이 얼마나 흘렀는지 알 수 없다. 오랜 시간은 아닌 것 같다. 본문에서 다윗이 죽음을 맞는다. 그는 죽기 전에 몇 가지 정리해야 할 일을 위해 솔로몬을 부른다. 다윗이 솔로몬에게 하는 부탁을 묘사하고 있는 본문을 바라보는 학자들의 시선이 따갑다. 다윗이 평생을 바쳐 그를 섬겨왔던 요압에 대해서 어떻게 이렇게 말할 수 있으며, 그를 저주했던 시므이에게 여호와의 이름으로 한 맹세는 어디가고 솔로몬에게 이렇게 보복을 요구할 수 있느냐는 것이다. 일부 학자들은 이 섹션이 친솔로몬 성향의 저자(pro-Solomonic author)가 솔로몬이 다윗의 부탁 때문에 요압과 시므이를 처형했다는 변명을 하기 위해서 편집한 결과라고 주장한다(Jones).

다른 사람들은 다윗이 원래 매우 강경한 보복을 요구한 것을 친다윗적 성향의 저자(pro-Davidic author)가 신명기적 사상을 추가하여 오히려 강력한 톤을 완화시킨 결과라고 생각한다(Gray, Noth, De Vries). 본문이 담고 있는 신명기적 언어와 표현은 다음과 같다. "네 하나님 여호와의 명을 지키라"(cf. 신 11:1), "그의 길로 행하라"(cf. 신 8:6), "그의 법률과 계명과 율례를 지키라"(cf. 신 6:2), "네가 무릇 무엇을 하든지 어디로 가든지 형통할찌라"(cf. 신 29:9), "여호와께서 그가 하신 약속을 확실히 이루시리라"(cf. 신 9:5), "삼가 마음을 다하고 성품을 다하여"(cf. 신 4:29). 본 텍스트는 다음과 같이 두 파트로 구분한다.

  A. 다윗의 솔로몬 권면(2:1-9)
  B. 다윗의 죽음(2:10-12)

```
I. 솔로몬의 상승(1:1–2:46)
  A. 솔로몬이 왕이 됨(1:1–2:12)
    9. 다윗의 죽음(2:1–12)
```

(1) 다윗의 솔로몬 권면(2:1–9)

¹ 다윗이 죽을 날이 임박하매 그의 아들 솔로몬에게 명령하여 이르되 ² 내가 이제 세상 모든 사람이 가는 길로 가게 되었노니 너는 힘써 대장부가 되고 ³ 네 하나님 여호와의 명령을 지켜 그 길로 행하여 그 법률과 계명과 율례와 증거를 모세의 율법에 기록된 대로 지키라 그리하면 네가 무엇을 하든지 어디로 가든지 형통할지라 ⁴ 여호와께서 내 일에 대하여 말씀하시기를 만일 네 자손들이 그들의 길을 삼가 마음을 다하고 성품을 다하여 진실히 내 앞에서 행하면 이스라엘 왕위에 오를 사람이 네게서 끊어지지 아니하리라 하신 말씀을 확실히 이루게 하시리라 ⁵ 스루야의 아들 요압이 내게 행한 일 곧 이스라엘 군대의 두 사령관 넬의 아들 아브넬과 예델의 아들 아마사에게 행한 일을 네가 알거니와 그가 그들을 죽여 태평 시대에 전쟁의 피를 흘리고 전쟁의 피를 자기의 허리에 띤 띠와 발에 신은 신에 묻혔으니 ⁶ 네 지혜대로 행하여 그의 백발이 평안히 스올에 내려가지 못하게 하라 ⁷ 마땅히 길르앗 바르실래의 아들들에게 은총을 베풀어 그들이 네 상에서 먹는 자 중에 참여하게 하라 내가 네 형 압살롬의 낯을 피하여 도망할 때에 그들이 내게 나왔느니라 ⁸ 바후림 베냐민 사람 게라의 아들 시므이가 너와 함께 있나니 그는 내가 마하나임으로 갈 때에 악독한 말로 나를 저주하였느니라 그러나 그가 요단에 내려와서 나를 영접하므로 내가 여호와를 두고 맹세하여 이르기를 내가 칼로 너를 죽이지 아니하리라 하였노라 ⁹ 그러나 그를 무죄한 자로 여기지 말지어다 너는 지혜 있는 사람이므로 그에게 행할 일을 알지니 그의 백발이 피 가운데 스올에 내려가게 하라

자신의 죽음이 임박했다는 사실을 의식한 다윗이 솔로몬을 불러 평

생 마음에 두었던 몇 가지 일로 그를 권면한다(1절). 다윗의 권면을 살펴보면 모세가 죽기 전에 여호수아를 권면한 내용과 흡사하다(2-3절; cf. 수 1:6-9). 다윗은 먼저 솔로몬에게 하나님의 말씀에 절대적으로 순종할 것을 권고한다. 그다음 그는 솔로몬이 자신의 정권을 뿌리내리게 하기 위해 해야 할 일을 말해준다(5-9절). 이 순서는 매우 중요하다. 아무리 솔로몬이 왕권을 확고히 한다 해도 만일 여호와의 말씀에 대한 순종이 없으면 무의미하기 때문이다(House). 다윗이 솔로몬에게 여호와에 대한 믿음을 확고히 하라는 이 권면은 실용적인 의미와 목적도 포함하고 있다. 솔로몬이 성공적인 통치로 나라를 굳건히 세우려면 먼저 그가 하나님의 말씀대로 살아가야 한다는 사실을 암시한다. 즉, 솔로몬의 순종은 성공과 직결되어 있는 것이다.

다윗은 솔로몬이 여호와께 순종하면 자기가 세운 왕조가 영원히 보존될 것도 암시한다. 즉, 사무엘하 7장에서는 아무런 조건 없이 제시되었던 다윗 언약이 여기에 와서는 조건이 있는 언약으로 묘사되고 있는 것이다. "여호와께서 내 일에 대하여 말씀하시기를 만일 네 자손들이 그들의 길을 삼가 마음을 다하고 성품을 다하여 진실히 내 앞에서 행하면 이스라엘 왕위에 오를 사람이 네게서 끊어지지 아니하리라 하신 말씀을 확실히 이루게 하시리라"(4절). 많은 학자들이 다윗 언약에 조건이 추가된 것은 다윗—솔로몬 시대가 아니라 한참 후의 일이라고 주장한다(cf. Cogan).

그러나 만일 이 조건성이 추가되었다면 정확히 언제 추가되었는지, 아니면 다윗 언약에 원래 이러한 조건성이 있었는지 정확히 알 수 없다(cf. 시 132:11-12; Brueggemann). 다만 이 조건성은 앞으로 열왕기 전체에 두루두루 등장할 것이다. 다윗 언약에 조건성이 있었는가 없었는가에 대한 열왕기 저자의 입장도 두 가지로 해석될 수 있다. 열왕기가 끝나면서 북 왕국 이스라엘과 남 왕국 유다의 포로생활로 이스라엘의 왕권은 끝이 났다. 이 경우 다윗 언약은 분명히 조건적이며 신명기 30:15-20 등에 기록된 모세의 가르침을 그대로 반영하고 있다. 그러나 열왕기 저자는 자신의 저서를 바빌론에 유다의 왕이 있다는 말로 끝낸다(왕하 25:27-30). 이 경우 다윗 언약은 조건적인 것이 아님이 명백하다(Provan).

다윗은 솔로몬에게 하나님을 순종하는 것이 그의 개인적인 성공과 왕조 유지에 결정적이므로 말씀대로 살아야 한다는 권면을 한 후 실질적인 문제를 언급한다(5-9절). 요지는 자신에게 은혜를 베푼 자는 환대하고, 부담이 되었던 자들은 정리하라는 것이다. 다윗의 부탁은 세 가지로 정리될 수 있다.

첫째, 요압을 제거하라(5-6절). 요압은 생명을 내놓고 평생 다윗을 섬기던 군 대장이자 친척이었다. 다윗이 요압의 도움을 받은 것은 사실이지만, 그에 대해서 마음이 편한 적은 한 번도 없었던 것 같다. 사무엘서에 기록된 요압에 대한 이야기를 종합해보면 그는 무자비한 살인을 주저하지 않는 잔인성을 지닌 사람이다. 그가 아브넬과 아마사를 죽였던 이유도 다윗의 입장에서는 용서할 수도, 잊을 수도 없는 일이다. 아브넬은 요압이 동생의 원수를 갚기 위해서(삼하 3장), 아마사는 다윗이 자신이 차지해야 할 자리를 그에게 준 것을 시기해서 죽였다(삼하 20장).

아브넬의 죽음이 억울한 것은 그가 요압의 동생 아사헬을 죽이지 않으려고 몇 차례나 그에게 기회를 주었건만 끝까지 쫓아와서 정당방위로 죽일 수밖에 없었기 때문이다(삼하 2:18-23). 요압은 정당방위를 한 사람을 죽인 것이다. 또한 이 둘은 평화스러울 때 죽었으며, 다윗은 이들의 죽음에 연루되었다는 누명을 벗기 위하여 엄청난 노력을 해야 했다(cf. 삼하 3장). 그만큼 요압은 다윗에게 약이 되면서도 병이 되었던 사람이다.

죽음을 앞둔 다윗이 요압을 정리하라고 한 것은 자신이 아브넬이나 아마사의 죽음과 결코 연루되어 있지 않다는 것을 온 세상에 다시 한 번 입증하려는 의지에서 비롯되었을 것이다(Skinner). 사울이 기브온 사람들을 억울하게 죽인 일로 비롯된 3년의 기근의 경우에서 보았듯이, 억울한 피를 흘린 일이 제대로 된 심판을 받지 않으면 왕조에 악영향을 초래할 수 있다는 것을 의식한 것도 상당히 작용했던 것으로 생각된다(Matheney, cf. 삼하 21장). 뿐만 아니라 요압은 아직도 매우 큰 정치적 세력을 가진 자이다. 솔로몬의 왕권이 자리잡는데 가장 큰 위협 요소이기도 하다. 그러므로 다윗은 솔로몬의 왕권을 염려해서 이러한 제안을 할 수밖에 없다(House).

둘째, 바실래의 아들들에게 자비를 베풀어라(7절). 바실래는 길르앗에서 이주해와 살던 이방인 노인으로 다윗이 압살롬에게 쫓길 때 다윗과 그의 군사들의 필요를 채워준 고마운 사람이다(삼하 17:27-29; 19:31-32). 압살롬의 반역이 제압된 다음 다윗은 그에게 예루살렘으로 함께 갈 것을 권했지만, 자신은 너무 늙었다는 이유로 아들 김함만 따라 보냈다. 다윗은 그때의 일을 잊지 못해 솔로몬에게 바실래의 아들들을 잘 보살피라고 권면한다. 은혜를 체험한 자가 평생 그 은혜를 잊지 않는 것이 당연한 것이라는 진리가 제시되고 있다. 또한 바실래는 요단 강 동편 북쪽 지역에 사는 사람이었기에 바실래와 관계를 유지하면 동쪽 지파들과의 연결고리가 되어 솔로몬의 통치에 도움이 될 것이다(Sweeney, Konkel). 다윗은 김함을 예루살렘에 데리고 온 후 그에게 부동산을 하사했던 것으로 생각된다. 예레미야 41:17에 "게룻 김함"(מִגְרוֹת) (גֵּרוּת כ)(lit. "김함의 여관")이란 장소가 소개된다. 이곳이 예레미야 시대로부터 몇 세기 전에 다윗이 김함에게 하사한 것일 가능성을 배제할 수 없는 것이다(Thompson).

셋째, 시므이를 죽이라(8-9절). 시므이는 다윗이 압살롬에게 쫓겨 갈 때 그를 따라오며 저주를 퍼붓던 베냐민 지파에 속한 사람이다(삼하 16:5-14). 압살롬 반역이 끝난 후 그는 다윗을 찾아와 사죄했고 다윗은 더는 문제 삼지 않겠다는 맹세를 했다(삼하 19:16-23). 이제 죽음을 앞둔 다윗이 솔로몬에게 그를 지혜롭게 처리해서 결코 제명에 죽지는 못하게 하라고 권면한다. 다윗은 마음속으로 한 번도 시므이를 용서한 적이 없었던 것이다(Brueggemann). 시므이를 죽이는 것은 개인적인 앙갚음의 의미도 있겠지만 그는 친(親)사울(pro-Saul)—반(反)다윗(anit-David)의 표상이었다. 그러므로 그를 제거하여 앞으로도 다윗 왕조를 비방하는 자들에게 강한 경고를 하고자 하는 것이다(House). 일부 학자들은 이 시므이가 솔로몬을 지지하는 시므이(1:8)라고 주장한다(Walsh, Provan). 다윗에게 저주를 퍼부었던 사람이 어느덧 솔로몬을 지지하는 사람으로 변해있다는 것이다. 그러므로 다윗이 솔로몬을 지지하는 시므이를 처형하라고 하는 것은 그의 솔로몬에 대한 충성을 믿지 않기 때문이라는 것이다. 그러나 설득력이 부족한 추정으로 생각된다. 이 시므이는 동명이인(同名異人)이다.

```
I. 솔로몬의 상승(1:1–2:46)
  A. 솔로몬이 왕이 됨(1:1–2:12)
    9. 다윗의 죽음(2:1–12)
```

(2) 다윗의 죽음(2:10–12)

¹⁰ 다윗이 그의 조상들과 함께 누워 다윗 성에 장사되니 ¹¹ 다윗이 이스라엘 왕이 된 지 사십 년이라 헤브론에서 칠 년 동안 다스렸고 예루살렘에서 삼십삼 년 동안 다스렸더라 ¹² 솔로몬이 그의 아버지 다윗의 왕위에 앉으니 그의 나라가 심히 견고하니라

얼마나 더 시간이 흘렀을까? 다윗이 드디어 세상을 떠났다(10절). 사람들은 그를 조상과 함께 "다윗 성"에 안장했다. 그는 사울이 죽은 후 헤브론에서 유다의 왕으로 7년, 예루살렘에서 통일왕국 이스라엘의 왕으로 33년을 다스렸다(11절). 총 40년을 통치한 것이다. 그러나 많은 사

람들이 '40'이란 숫자가 실제 통치 기간이 아니라 한 세대를 상징하는 숫자라고 생각한다(Walsh, cf. Cogan). 이스라엘의 첫 왕 사울, 다윗, 그리고 솔로몬 모두 40년씩을 통치한다는 점을 감안할 때 가능성 있는 해석이지만 그렇다고 해서 40이란 숫자가 실제 통치 기간과 무관한 것으로만 보는 것도 바람직하지 않다. 다윗은 이스라엘을 40년 동안 통치하고 죽은 것이다.

몇 년 동안 다윗과 솔로몬의 공동 통치가 지속되었는지는 모르겠지만 다윗이 죽고 나니 솔로몬이 홀로 왕국을 다스리게 되었고, 그는 자신의 정권을 확고히 확립해 나갔다(12절). 학자들 사이에 12절을 앞부분의 결론으로 간주할 것인가, 아니면 다음 섹션의 서론으로 간주할 것인가에 관해서 논란이 있다. 예를 들면 하우스(House)는 앞부분의 결말로, 프로반(Provan)은 다음 섹션의 시작으로 취급한다. 또한 월쉬(Walsh)는 12절을 이등분하여 반은 앞부분에, 반은 뒷부분에 더하고 있다. 이 구절을 어느 쪽과 연결하느냐는 해석에 큰 영향을 미칠 수 있다. 만일 12절을 앞부분의 결론으로 간주하여 윗부분과 연결한다면 13절에서부터 시작되는 도륙은 솔로몬의 개인적인 욕심이 불러일으킨 잔인한 행위로 취급된다. 반면에 12절을 다음 섹션의 서론으로 간주한다면 13절 이후에 기록된 처형과 추방은 솔로몬의 정권을 탄탄하게 하기 위해서 치러야 했던 정당한 대가로 해석될 수 있는 것이다(cf. Sweeney, Patterson & Austel). 학자들의 결론은 솔로몬을 대체로 어떠한 인물로 보느냐에 따라 좌우된다. 열왕기 저자가 솔로몬을 그리 좋은 사람으로 간주하지 않다는 것을 감안할 때, 아무래도 자연스러운 의미는 12절을 앞부분의 결론으로 보는 것이 더 타당한 듯하다. 아버지가 죽고 난 후에 솔로몬은 그의 자리에 앉아서 아버지 못지않게 탄탄한 정치를 펼쳐나갔다는 의미로 해석하는 것이다.

B. 솔로몬이 정권을 장악함(2:13-46)

이 섹션에서 솔로몬은 자신의 정권이 탄탄하게 뿌리를 내려가고 있는 것에 만족하지 않고 자신에게 정적(政敵)이 될 수 있거나 자신의 정권의 안녕에 위협이 될 수 있는 사람들을 모두 제거한다. 그러다 보니 이 섹션은 피 냄새로 진동하고 있으며 섹션이 끝나기 전에 최소한 세 사람이 죽고 한 사람이 추방당한다. 아버지가 죽자마자 솔로몬은 자기가 함께 일할 사람들과 버릴 사람들을 구분하고 있는 것이다.

솔로몬은 옛 정권, 곧 아버지 다윗 정권에서 주요 각료로 일했던 사람들, 그러나 자신의 즉위를 반대했던 사람들을 제거한다. 솔로몬은 이 일을 통해 자신의 정권에 마음으로라도 반역을 계획하고 있던 사람들에게 반역을 결코 용납하지 않겠다는 강력한 경고를 선포한다. 또한 이들을 처벌하는 것은 아버지 다윗의 부탁을 들어주는 일석이조의 효과를 발휘한다. 그러나 솔로몬이 이 세 사람을 처형하는 것이 정치적 이권과 직접 연관이 있어서라는 것이 다윗이 남긴 유언 중 '죽이라'는 내용은 자신의 권위와 직접 연관이 있기에 그대로 따르지만, '바실래에게 베풀어라'는 유언은 솔로몬의 이권과 별 연관이 없기에 무시하는 것에서도 알 수 있다(cf. Fretheim). 솔로몬의 정권 안정을 묘사하는 본 텍스트는 아도니야의 죽음으로 시작하여 시므이 처형으로 끝나며 다음과 같은 구조를 지니고 있다.

  A. 아도니야 처형(2:13-25)
    B. 아비아달 추방(2:26-27)
  A′. 요압 처형(2:28-34)
    B′. 아비아달과 요압을 대체한 사독과 브나야(2:35)

A″. 시므이 처형(2:36-46)

I. 솔로몬의 상승(1:1-2:46)
  B. 솔로몬이 정권을 장악함(2:13-46)

1. 아도니야 처형(2:13-25)

고대 근동에서 자식이 아버지의 아내나 첩을 범하거나 후임 왕이 선왕의 아내나 첩을 범하는 것은 매우 중요한 상징적인 의미를 지닌다. 성경은 자식이 아버지의 아내/첩(viz., 양어머니)을 범하는 것을 "아버지의 침상을 범하는 것/더럽히는 것"이라고 하는데, 이런 행위는 아들이 자신을 아버지와 동등한 위치에 둔다는 것을 상징한다. 후임 왕이 선왕의 아내/첩을 범하는 것은 자신이 선왕의 모든 권세를 장악했다는 상징적인 의미가 있다. 그래서 당시에 이런 일은 쿠데타를 통해 정권을 장악한 사람들이 주로 행했다. 압살롬이 다윗에게 반역한 다음 제일 먼저 한 일이 아버지의 첩들을 공개적으로 범하는 일이었다(cf. 삼하 16:21-22). 솔로몬이 이스라엘의 왕이 된 상황에서 만일 다윗의 아내/첩을 탐할 수 있는 사람이 있다면 솔로몬이 유일하다.

이 같은 상황에서 아도니야가 뜻밖의 부탁을 가지고 솔로몬의 어머니 밧세바를 찾아왔다. 솔로몬에게 부탁하여 다윗의 첩이었던 아비삭을 자기에게 달라고 한 것이다. 일부 주석가들은 아도니야가 이 일을 통하여 정권을 탐하는 것이라고 하는데(Patterson & Austel), 이미 솔로몬이 왕위에 오르고 군대까지 장악한 상황에서 전혀 설득력이 없는 해석이다. 아도니야는 자신이 처한 상황의 심각성을 모를 정도로 어리석을 뿐만 아니라, 자신의 청이 어떤 결과를 초래할 수 있는지 깊이 생각해보지도 않고 이런 부탁을 할 정도로 단순한 사람이다. 곧, 이 사람은 이스라엘의 왕이 되기에는 너무 어리석다는 것이 저자가 암시하는 바이다(cf. Brueggemann). 청을 받은 밧세바는 그대로 솔로몬에게 전한다.

지혜로운 솔로몬이 이 사건을 빌미로 아도니야를 제거할 기회를 잡는다. 이 이야기는 다음과 같은 흐름을 바탕으로 진행된다.

  A. 아도니야의 청(2:13-18)
    B. 밧세바의 중계(2:19-24)
  A´. 솔로몬의 대답(2:25)

> I. 솔로몬의 상승(1:1-2:46)
>   B. 솔로몬이 정권을 장악함(2:13-46)
>   1. 아도니야 처형(2:13-25)

(1) 아도니야의 청(2:13-18)

¹³ 학깃의 아들 아도니야가 솔로몬의 어머니 밧세바에게 나아온지라 밧세바가 이르되 네가 화평한 목적으로 왔느냐 대답하되 화평한 목적이니이다 ¹⁴ 또 이르되 내가 말씀드릴 일이 있나이다 밧세바가 이르되 말하라 ¹⁵ 그가 이르되 당신도 아시는 바이거니와 이 왕위는 내 것이었고 온 이스라엘은 다 얼굴을 내게로 향하여 왕으로 삼으려 하였는데 그 왕권이 돌아가 내 아우의 것이 되었음은 여호와께로 말미암음이니이다 ¹⁶ 이제 내가 한 가지 소원을 당신에게 구하오니 내 청을 거절하지 마옵소서 밧세바가 이르되 말하라 ¹⁷ 그가 이르되 청하건대 솔로몬 왕에게 말씀하여 그가 수넴 여자 아비삭을 내게 주어 아내를 삼게 하소서 왕이 당신의 청을 거절하지 아니하리이다 ¹⁸ 밧세바가 이르되 좋다 내가 너를 위하여 왕께 말하리라

다윗이 죽은 지 얼마 되지 않아 아도니야가 밧세바를 찾아왔다. 의외의 손님을 맞게 된 밧세바는 아도니야에게 "화평한 목적으로 왔느냐?"(הֲשָׁלוֹם בֹּאֶךָ)라고 물었다(13절). 물론 그는 그렇다(וַיֹּאמֶר שָׁלוֹם)고 대답했다. 어떻게 생각하면 아도니야는 자신이 하는 말의 깊은 의미를 모

른다. 그는 분명히 화평(שׁלוֹם)을 추구하러 왔다. 그러나 그는 화평을 얻지 못하고 오히려 죽는다. 반면에 그의 죽음은 솔로몬에게 정적을 제거하는 기회를 주었기에 화평을 가져다준다. 솔로몬(שׁלמה)의 이름도 화평(שׁלוֹם)에서 비롯된 것이다.

아도니야는 먼저 밧세바에게 원래 이스라엘의 왕권이 자기 것이었고 이스라엘의 모든 백성이 그렇게 기대했는데 솔로몬에게 넘어갔다고 한다. 지금까지 있었던 일을 생각해보면 그는 큰 착각을 하고 있든지 아니면 지나치게 과장된 말을 하고 있다(Seow). 동시에 아도니야는 이스라엘이 동생 솔로몬에게 넘어간 것은 여호와의 뜻(כִּי מֵיהוָה הָיְתָה לּוֹ)이었음을 인정한다는 말을 덧붙인다(15절). 자신의 억울하고 안타까운 상황을 설명한 다음, 아도니야는 밧세바에게 솔로몬 왕에게 말을 잘해서 한때 다윗의 수종을 들던 수넴 여인 아비삭을 자기의 아내로 주도록 부탁해 달라고 했다. 일부 주석가들은 아도니야가 이 청을 통해 솔로몬에게 넘어간 나라를 되찾겠다는 의지를 표현하는 것이라 하는데(Sweeney, Patterson & Austel), 모든 정황을 고려하면 설득력이 없는 해석이다. 아도니야는 앞뒤 가리지 않고 자기 욕망과 정욕을 따르는 어리석은 사람이다.

저자는 다윗이 아비삭과 성관계를 갖지 않았다는 사실을 언급한 적이 있다(1:4). 두 사람이 성관계를 갖지 않았다면 이 두 사람이 동거는 했지만, 법적으로는 '결혼'이 성립되지 않았다고 해석할 수 있는 빌미가 될 수 있다. 아도니야는 아마도 이 점을 고려해서 아비삭을 탐하는 것으로 생각된다. 그렇다면 아도니야가 왜 밧세바를 찾아와 이러한 부탁을 하는 것일까? 두 가지 이유가 있다. 첫째, 그는 밧세바가 솔로몬 왕에게 막대한 영향력을 행사하는 것으로 생각한다. 둘째, 밧세바의 위치가 왕대비이다. 그렇다면 궁궐에 있는 모든 여자들이 그녀의 통제 아래 있다(Walsh). 그러므로 그가 밧세바를 찾아와 이러한 부탁을 하는 것이 이해가 간다.

밧세바는 그를 대신해서 왕에게 부탁해 보겠다고 약속했다(18절). 밧
세바가 솔로몬이 아도니야의 부탁을 오해할 수도 있다는 것을 알고 있
었을까? 아니면 전혀 그러한 가능성은 없다고 생각하고 이 요청을 받
아들였을까? 일부 학자들은 솔로몬이 이 말에 어떻게 반응할지 밧세바
가 정확히 알고 있었다고 생각한다(Provan, House, De Vries, Brueggemann).
반면에 전혀 몰랐을 것이라고 생각하는 사람들도 있다(Whybray, Keil,
Patterson & Austel). 그러나 저자는 여기서나 잠시 후에 전개될 밧세바와
솔로몬의 대화에서도 이렇다 할 힌트를 주지 않는다(cf. Seow). 독자들
의 상상력에 맡기겠다는 것이다. 아마도 밧세바는 솔로몬이 이 기회를
잘 활용하여 정권을 안정시킬 것으로 생각했을 것이다. 왕대비인 밧세
바는 정치적 계산이 빠른 여자였다.

밧세바가 어떤 여자인지를 아는지 모르는지, 아도니야는 밧세바와
대화하면서 동생 솔로몬을 "솔로몬 왕"(שלמה המלך)이라고 깍듯이 대
한다(17절). 아도니야의 이러한 자세와, 솔로몬에게 왕국이 넘어간 것
이 여호와의 뜻이라고 시인하는 점 등은 그가 솔로몬이 단정하는 것처
럼 결코 정권 장악에 흑심을 품고 아비삭을 달라고 한 것이 아님을 암
시한다. 또한 우리는 지금까지의 이야기에서 아도니야가 매우 단순한
사람이라는 것을 알고 있다. 그는 순전히 아름다운 미모를 지닌 아비
삭을 사모하는 것이다(Montgomery & Gehman). 설령, 아도니야가 흑심을
품었다 할지라도 이 상황에서 무엇을 할 수 있단 말인가!

```
I. 솔로몬의 상승(1:1-2:46)
  B. 솔로몬이 정권을 장악함(2:13-46)
    1. 아도니야 처형(2:13-25)
```

(2) 밧세바의 중계(2:19-24)

¹⁹ 밧세바가 이에 아도니야를 위하여 말하려고 솔로몬 왕에게 이르니 왕이

일어나 영접하여 절한 후에 다시 왕좌에 앉고 그의 어머니를 위하여 자리를 베푸니 그가 그의 오른쪽에 앉는지라 [20] 밧세바가 이르되 내가 한 가지 작은 일로 왕께 구하오니 내 청을 거절하지 마소서 왕이 대답하되 내 어머니여 구하소서 내가 어머니의 청을 거절하지 아니하리이다 [21] 이르되 청하건대 수넴 여자 아비삭을 아도니야에게 주어 아내로 삼게 하소서 [22] 솔로몬 왕이 그의 어머니에게 대답하여 이르되 어찌하여 아도니야를 위하여 수넴 여자 아비삭을 구하시나이까 그는 나의 형이오니 그를 위하여 왕권도 구하옵소서 그뿐 아니라 제사장 아비아달과 스루야의 아들 요압을 위해서도 구하옵소서 하고 [23] 여호와를 두고 맹세하여 이르되 아도니야가 이런 말을 하였은즉 그의 생명을 잃지 아니하면 하나님은 내게 벌 위에 벌을 내리심이 마땅하니이다 [24] 그러므로 이제 나를 세워 내 아버지 다윗의 왕위에 오르게 하시고 허락하신 말씀대로 나를 위하여 집을 세우신 여호와께서 살아 계심을 두고 맹세하노니 아도니야는 오늘 죽임을 당하리라 하고

아도니야의 부탁을 받은 밧세바가 솔로몬을 찾았다. 솔로몬은 보좌에서 내려와 어머니에게 절을 하고는 오른쪽에 앉도록 했다. 최대한의 예를 갖추어 어머니를 맞이한 것이다. 아도니야에게 갈 수 있었던 왕권이 어머니의 노력으로 자기에게 왔으니 더욱더 그래야 하지 않겠는가! 자리에 앉은 밧세바는 왕에게 '작은 부탁'이 있다며 말을 꺼냈다(20절). 반역으로 해석될 수 있는 심각한 일을 '작은 일'로 포장하는 밧세바는 매우 교활한 여자이다.

밧세바는 아비삭을 아도니야에게 주라고 솔로몬에게 부탁했고 솔로몬은 "차라리 이 나라를 아도니야에게 주라고 부탁하시라!"며 화를 낸다(22절). 만일 밧세바가 학자들이 주장하는 것처럼 매우 교활하고 계산이 빠른 여자였다면 그녀의 어수룩한 척한 행동은 솔로몬으로부터 이러한 행동을 유도하기 위하여 계산된 것이다(cf. Walsh). 왜? 솔로몬에게 그의 왕권을 위협할 수 있는 모든 정적들을 제거할 수 있는 기회를

만들어주기 위해서이다(House). 솔로몬과 밧세바는 요즘 말로 '짜고 치는 고스톱'을 하고 있는 것이다.

화가 머리끝까지 치민 솔로몬은 아도니야를 비난하면서 아비아달과 요압까지 거론한다(22절). 그는 이 일을 왕권을 탈취하려는 자들의 음모로 단정하는 것이다. 그리고는 자신을 왕으로 세우신 여호와의 이름으로 맹세하며 아도니야를 죽이겠다고 선언한다(24절). 이미 언급한 것처럼 아도니야가 치밀한 정치적 계산 속에서 아비삭을 요구한 것이 아니다. 아도니야는 그럴만한 인물이 되지 못한다. 솔로몬도 이 같은 사실을 잘 알고 있었을 것이다. 아도니야는 단순히 아비삭을 좋아하게 되었고, 이미 1장에서 밝혀진 것처럼 그녀는 아직도 처녀다. 그러므로 어떻게 생각하면 아비삭은 다윗의 아내가 아니며 간병인에 불과하다는 여지가 조금은 남아 있을 수 있다(cf. Jones). 아도니야는 이러한 관점에서 아비삭을 요청했다.

반면에 솔로몬은 자신의 입장에서 편할 대로 사건을 해석한다. 선왕의 아내를 요구하는 것은 반역 행위에 속한다는 것이다. 왕권이 바뀌면 후임 왕이 선왕의 아내들을 취하는 것이 근동 문화에서는 흔히 있는 일이었다. 압살롬이 반역을 일으킨 후 다윗의 아내들을 범한 것도 이러한 이유에서였다(삼하 16:21-22). 이처럼 솔로몬과 아도니야의 관점이 대립을 이루고 있다. 물론 솔로몬이 강자이므로 그의 입장이 관철된다. 또한 솔로몬은 아도니야를 불러 자초지종을 따져볼 생각도 하지 않는다. 그렇게 되면 일이 복잡해지기 때문이다. 솔로몬은 이 기회를 최대한으로 활용하여 모든 정치적인 적들을 제거할 계획이다. 안타깝게도 아도니야 스스로 솔로몬에게 이러한 빌미를 제공했다. 아도니야는 참으로 어리석은 사람이다.

(3) 솔로몬의 대답(2:25)

²⁵ 여호야다의 아들 브나야를 보내매 그가 아도니야를 쳐서 죽였더라

솔로몬이 아도니야를 불러다가 진실을 규명할 수도 있다. 그러나 그는 이 기회를 놓치지 않고 아도니야에게 반역죄를 씌워 제거하고 그의 일당도 일망타진해버린다. 솔로몬의 이름은 "평화"라는 뜻이지만(cf. HALOT), 그는 이름 뜻과 달리 매우 폭력적인 사람이다(Brueggemann). 특히 누가 조금이라도 자기 정권을 위협한다 싶으면 가차없이 처단하는 잔인성도 지닌 인물이다. 또한 그의 지시에 어떠한 반론도 제기하지 않고 따라줄 사람이 있다. 다윗에게 요압이 있었다면 솔로몬에게는 브나야가 있는 것이다. 두 사람의 역할뿐만 아니라 성격도 비슷한 것 같다. 브나야는 솔로몬의 명령을 받고 가서 아도니야를 쳐죽였다.

"죽은 자는 말이 없다"는 것은 오래된 진리다. 솔로몬은 이 일을 빌미로 정적들을 제거하기 위하여 일단 아도니야를 죽이고 본다. 아도니야의 요청은 다르게 해석될 수 있는 여지를 지니고 있었고, 자신은 그의 요청을 왕권에 대한 도전으로 해석한다 해도 그 누구도 솔로몬에게 잘못했다고 할만한 사건이 아니다. 그러므로 솔로몬은 이 일을 일단 정적을 제거하는 수단으로 삼는다. 이 모든 일에 있어서 아무도 솔로몬이 과잉 반응을 보였다고 비난할 수는 없게 된 것이다.

2. 아비아달 추방(2:26-27)

²⁶ 왕이 제사장 아비아달에게 이르되 네 고향 아나돗으로 가라 너는 마땅히 죽을 자이로되 네가 내 아버지 다윗 앞에서 주 여호와의 궤를 메었고 또 내 아버지가 모든 환난을 받을 때에 너도 환난을 받았은즉 내가 오늘 너를 죽이지 아니하노라 하고 ²⁷ 아비아달을 쫓아내어 여호와의 제사장 직분을 파면하니 여호와께서 실로에서 엘리의 집에 대하여 하신 말씀을 응하게 함이더라

다윗은 아비아달 제사장에 대해서는 솔로몬에게 어떠한 지시도 남기지 않았다. 그러나 솔로몬은 이미 22절에서 아도니야의 음모에 아비아달과 요압이 배후 세력으로 가담했다고 주장했다. 물론 이러한 솔로몬의 주장이 타당한 것인지 우리는 알 수 없다. 아도니야가 죽은 마당에 이들에 대한 징계도 당연히 이루어져야 한다는 것이 솔로몬의 생각이다. 그는 이 기회를 정적들을 제거하는 절호의 찬스로 사용하고 있는 것이다. 솔로몬이 칼자루를 쥐고 있는 이 순간 어떠한 변명도 통할 리 없다. 솔로몬은 제사장을 죽이는 죄는 범하고 싶지 않다. 그래서 그는 아비아달이 죽어 마땅하지만, 아버지 다윗과의 관계 때문에 살려줄 것이니 예루살렘을 떠나 아나돗으로 가서 살라고 명령했다. 솔로몬은 아비아달에게 사형을 선고하고 나서 사면을 선포하고 있는 것이다(Walsh). 일종의 새 왕의 취임을 기념하는 사면이다(De Vries, Konkel). 그러나 그는 사면을 받는 대신에 나머지 여생을 귀양가서 살아야 한다.

솔로몬은 이렇게 해서 정적이 될 수 있는 아비아달을 제거하지만, 열왕기 저자에게는 약 100여 년 전 사무엘상 2장에서 엘리 제사장의 집에 선포되었던 하나님의 사람의 예언이 드디어 성취된 것이다(삼상

2:27-36). 이처럼 이스라엘의 역사는 연결성이 있을 뿐만 아니라, 여호와의 말씀이 다시 한 번 신실하게 성취되는 순간이다. 역사는 하나님이 예언하신 것들이 적절한 때에 따라 성취되는 '성취된 예언'이라 말할 수 있겠다.

아나돗은 예루살렘에서 북동쪽으로 약 5킬로미터 떨어진 곳에 위치했다. 훗날 이곳에서 유다의 최후를 지켜본 선지자가 나왔다. 바로 예레미야였다. 그는 아나돗에서 제사장의 아들로 태어났다(렘 1:1). 그는 또한 예루살렘 성전에 대하여 경고하기를, 회개하고 악의 길에서 돌이키지 않으면 실로와 같은 꼴이 날 것이라고 했다(렘 7:14; 26:6-9). 실로는 엘리 제사장이 사역하던 곳이다. 그는 자기 집안의 슬픈 조상 이야기를 통해서 이스라엘에게 호소했다. 만일 이스라엘이 하나님께 돌아오지 않으면 자기 조상 엘리와 아들들이 하나님께 버림받은 것처럼 그들도 하나님께 버림받을 것이라고 말이다. 모든 것을 종합해볼 때, 예레미야는 아비아달의 자손이자 엘리의 후손이었던 것이다(cf. Thompson).

I. 솔로몬의 상승(1:1-2:46)
  B. 솔로몬이 정권을 장악함(2:13-46)

3. 요압 처형(2:28-34)

[28] 그 소문이 요압에게 들리매 그가 여호와의 장막으로 도망하여 제단 뿔을 잡으니 이는 그가 다윗을 떠나 압살롬을 따르지 아니하였으나 아도니야를 따랐음이더라 [29] 어떤 사람이 솔로몬 왕에게 아뢰되 요압이 여호와의 장막으로 도망하여 제단 곁에 있나이다 솔로몬이 여호야다의 아들 브나야를 보내며 이르되 너는 가서 그를 치라 [30] 브나야가 여호와의 장막에 이르러 그에게 이르되 왕께서 나오라 하시느니라 그가 대답하되 아니라 내가 여기서 죽겠노라 브나야가 돌아가서 왕께 아뢰어 이르되 요압이 이리이리 내게 대답

하더이다 [31] 왕이 이르되 그의 말과 같이 하여 그를 죽여 묻으라 요압이 까닭 없이 흘린 피를 나와 내 아버지의 집에서 네가 제하리라 [32] 여호와께서 요압의 피를 그의 머리로 돌려보내실 것은 그가 자기보다 의롭고 선한 두 사람을 쳤음이니 곧 이스라엘 군사령관 넬의 아들 아브넬과 유다 군사령관 예델의 아들 아마사를 칼로 죽였음이라 이 일을 내 아버지 다윗은 알지 못하셨나니 [33] 그들의 피는 영영히 요압의 머리와 그의 자손의 머리로 돌아갈지라도 다윗과 그의 자손과 그의 집과 그의 왕위에는 여호와께로 말미암는 평강이 영원히 있으리라 [34] 여호야다의 아들 브나야가 곧 올라가서 그를 쳐죽이매 그가 광야에 있는 자기의 집에 매장되니라

솔로몬에 의해 아도니야가 죽고 아비아달이 추방당했다는 소식이 요압에게 들렸다. 아도니야의 왕권을 지지하던 그는 당연히 위협을 느꼈다. 일부 학자들은 요압의 행동이 그의 죄를 자백하는 행위라고 생각하지만(Montgomery & Gehman), 그가 아비아달과 함께 아도니야에게 아비삭을 요구하라는 계략을 꾸몄는지 아닌지는 알 수 없으며, 중요하지도 않다. 그는 이 상황에서 아도니야와 같은 편으로 몰려 솔로몬의 진노를 사게 되었다. 또한 요압은 옛적에 무고한 사람을 둘이나 살해했지만, 권력을 잡고 있다는 이유로 죗값을 치르지 않았기에 더욱더 두려웠을 것이다. 그의 마음속 한편에는 드디어 올 것(viz., 하나님의 심판)이 왔다는 생각이 도사리고 있었을 것이다. 하나님의 정의로운 심판이 드디어 그를 찾아온 것이다.

요압은 장막으로 도망하여 제단의 뿔을 잡았다(28절). 에느로겔 잔치에서 도망한 아도니야가 취했던 것과 같은 행동을 하고 있다. 저자의 말이 흥미롭다. "이는 그가 다윗을 떠나 압살롬을 따르지 아니하였으나 아도니야를 따랐음이더라." 요압이 압살롬 반역 때 다윗에게 충성했다는 점을 상기시킴으로 인해, 만일 이 위기가 단순히 아도니야에 연관된 문제라면 솔로몬이 그를 판단할 때 관대하게 하지 않을까 하는

기대를 해보는 것이다(Walsh).

솔로몬은 뿔을 잡았던 아도니야에게는 관대했지만, 이번에는 호락호락 물러나지 않는다. 학자들이 주장하는 대로 제단의 뿔을 잡는 사람은 적절한 재판 과정을 통하여 유죄 판결이 날 때까지 보호를 받을 수 있다. 그러나 소식을 들은 솔로몬은 그 자리에서 끌어내어 그를 쳐죽이라고 한다(29절). 정당한 재판이 없이도 이런 일이 가능한가? 솔로몬은 반역죄에 대한 가능성을 언급하지도 않는다. 요압을 죽이는 이유가 자신의 정권을 위협해서가 아니라는 것이다. 솔로몬은 오랜 세월 동안 정의가 실현되지 않은 살인죄를 빌미 삼을 뿐이다(31-32절). 이스라엘 법정의 최종 재판관으로서 볼 때, 아직도 법의 적절한 판결을 받지 않은 요압의 살인죄는 너무나도 명백하고 만인이 아는 사실이기에 굳이 재판까지 할 필요성을 못 느낀다는 것이다(31-33절). 그의 아버지 다윗은 요압과의 관계 때문에 그를 내버려두었지만, 자기는 요압과 그럴만한 관계가 아니기 때문에 오랫동안 보류된 정의를 실현하고자 한다는 의미이다.

그렇다면 솔로몬이 정권에 위협이 된다고 해서 죽인 사람은 아도니야뿐이다. 아비아달은 오래전에 선포된 예언을 성취하기 위하여 추방을 당했고, 요압의 경우 지연된 정의가 실현된 것뿐이다. 솔로몬이 '지혜롭게' 행하여 일석이조의 효과를 누리고 있다. 자신의 정적들도 제거하면서 지연되었던 하나님의 말씀도 성취하고, 정의도 실현하고 있는 것이다. 솔로몬은 오히려 자신이 요압을 처형한 일로 인해 하나님이 다윗의 집안에 영원히 평안을 주실 것이라고 확신한다(33절). 아마도 사울이 기브온 사람들을 억울하게 죽인 일로 온 이스라엘에 3년 간의 기근이 있었던 점을 염두에 두고 하는 말인 듯하다. 그러나 우리는 솔로몬이 요압을 죽인 가장 큰 동기는 그의 정권에 위협이 될 수 있기 때문이라는 것을 잘 알고 있다(Provan). 솔로몬이 요압을 죽인 가장 큰 이유는 요압와 아도니야의 관계 때문이었다(Sweeney).

4. 요압과 아비아달을 대처함(2:35)

³⁵ 왕이 이에 여호야다의 아들 브나야를 요압을 대신하여 군사령관으로 삼고 또 제사장 사독으로 아비아달을 대신하게 하니라

솔로몬은 아비아달 자리에 사독을 임명했다. 사독의 자손들은 주전 171년에 시리아의 왕 안티오쿠스가 많은 뇌물을 받고 메네라우스(Menelaus)를 대제사장으로 임명할 때까지 이스라엘의 대제사장직을 도맡아했다(Patterson & Austel, cf. 마카비1서). 쿰란을 기점으로 살았던 에세네파 사람들은 메네라우스와 자손들을 정당한 대제사장으로 인정하지 않고 사독 계열의 대제사장 회복을 갈망했다. 에스겔은 종말에 하나님의 성전에서 사역할 제사장들을 사독의 후손들로 제한하는데, 이는 제사장들 중 유일하게 배교의 길을 가지 않았기 때문이다(겔 44:15-16).

솔로몬은 요압을 대신해 브나야를 군사령관으로 삼았다. 요압의 경우 일종의 시적 정의(poetic justice)가 행해지고 있다. 그는 칼로 살아왔던 사람이며 그가 살인한 두 사람은 모두 그의 경쟁자들이었다. 이제 그를 죽인 자는 경쟁자인 브나야이며, 그는 요압을 죽인 후 그의 자리를 차지한다. 브나야와 요압은 여러 모로 닮은 사람이다. 그러므로 '원조 요압'이 '제2의 요압'(viz., 브나야)으로 대체되었다. 솔로몬은 이 두 사람의 임명을 통해 자신의 즉위를 지지하고 도왔던 사람들을 포상하고 있다. 이들이 자신들의 생명을 담보로 한 일이니 당연히 보상을 받아야 한다.

5. 시므이 처형(2:36-46)

[36] 왕이 사람을 보내어 시므이를 불러서 이르되 너는 예루살렘에서 너를 위하여 집을 짓고 거기서 살고 어디든지 나가지 말라 [37] 너는 분명히 알라 네가 나가서 기드론 시내를 건너는 날에는 반드시 죽임을 당하리니 네 피가 네 머리로 돌아가리라 [38] 시므이가 왕께 대답하되 이 말씀이 좋사오니 내 주 왕의 말씀대로 종이 그리 하겠나이다 하고 이에 날이 오래도록 예루살렘에 머무니라 [39] 삼 년 후에 시므이의 두 종이 가드 왕 마아가의 아들 아기스에게로 도망하여 간지라 어떤 사람이 시므이에게 말하여 이르되 당신의 종이 가드에 있나이다 [40] 시므이가 그 종을 찾으려고 일어나 그의 나귀에 안장을 지우고 가드로 가서 아기스에게 나아가 그의 종을 가드에서 데려왔더니 [41] 시므이가 예루살렘에서부터 가드에 갔다가 돌아온 일을 어떤 사람이 솔로몬에게 말한지라 [42] 왕이 사람을 보내어 시므이를 불러서 이르되 내가 너에게 여호와를 두고 맹세하게 하고 경고하여 이르기를 너는 분명히 알라 네가 밖으로 나가서 어디든지 가는 날에는 죽임을 당하리라 하지 아니하였느냐 너도 내게 말하기를 내가 들은 말씀이 좋으니이다 하였거늘 [43] 네가 어찌하여 여호와를 두고 한 맹세와 내가 네게 이른 명령을 지키지 아니하였느냐 [44] 왕이 또 시므이에게 이르되 네가 네 마음으로 아는 모든 악 곧 내 아버지에게 행한 바를 네가 스스로 아나니 여호와께서 네 악을 네 머리로 돌려보내시리라 [45] 그러나 솔로몬 왕은 복을 받고 다윗의 왕위는 영원히 여호와 앞에서 견고히 서리라 하고 [46] 여호야다의 아들 브나야에게 명령하매 그가 나가서 시므이를 치니 그가 죽은지라 이에 나라가 솔로몬의 손에 견고하여지니라

요압을 제거한 다음 솔로몬은 사람을 보내 시므이를 불러들였다. 그에게 예루살렘에서 살 것과 만일 어떠한 이유에서라도 기드론 시내를

건너는 날에는 분명히 죽게 될 것이라는 경고를 했다(37절). 일종의 자택 감금(house arrest)을 내리고 있는 것이다. 일부 학자들은 솔로몬이 시므이로 하여금 기드론을 건너지 못하게 하는 것이 그가 혹시 자기 텃밭에서 역모를 꾸밀까 봐 경계하는 것이라고 추정한다(Provan). 기드론 시내는 예루살렘의 동쪽 경계선으로(Cogan), 시므이가 바후림에 있는 자기 밭을 돌아보려면 이곳을 건너야 한다. 그러므로 솔로몬의 이러한 경고는 그의 재산권 행사를 제한하겠다는 뜻이다. 또한 시므이가 솔로몬을 대항해서 역모를 꾸밀 가능성은 희박하다. 이미 아도니야, 요압, 아비아달 등 훨씬 더 능력 있는 사람들도 모두 실패하지 않았는가!

시므이 역시 시대적인 분위기를 읽고 있었기에 자신이 왜 이런 대우를 받는지를 알고 있다. 자신이 다윗에게 저주를 퍼붓던 일로 솔로몬이 자신에게 이렇게 조치하여 보복의 기회를 엿보고 있음을 파악하고 있는 것이다. 그러므로 그에게는 그저 "왕이 명한 대로 따르겠습니다"라는 말밖에는 할말이 없다(38절). 그런데 시므이는 솔로몬의 말을 예루살렘을 떠나서는 안 된다는 말로 알아들었을까, 아니면 기드론만 건너지 않으면 되는 것으로 알아들었을까? 저자는 또다시 애매모호함을 남길 뿐이다.

솔로몬의 명령이 떨어진 후 처음 3년 동안은 별다른 일 없이 지나갔다(39절). 그러다가 3년이 되던 해에 시므이의 종 두 명이 가드 왕 마아가의 아들 아기스에게 도망갔다. 그리고 그 소식이 시므이에게 들렸다. 시므이는 곧 가드로 내려가 종들을 찾아왔다(40절). 가드(Gath)는 블레셋 사람들의 영토에 속한 도시로, 예루살렘의 남서쪽으로 40킬로미터 떨어진 곳에 위치해 있다. 시므이가 전혀 주저함 없이 가드를 다녀온 것으로 보아 그는 솔로몬의 명령이 동쪽으로만 가지 말라는 것으로 이해했던 것으로 생각된다(Gray, Konkel). 그러나 소식을 들은 솔로몬은 이 기회를 놓치지 않았다.

솔로몬은 시므이를 문책했다. 그는 두 가지 측면에서 36-37절의 내용과 다른 말을 한다(cf. Sweeney). 첫째, 시므이에게 예루살렘을 떠나지 못하게 하였을 때 여호와의 이름으로 맹세했다는 점이다. 그러나 위에서는 그런 말을 한 적이 없다. 둘째, 솔로몬이 위에서 "아무 데도 가지 말라"고 명령했을 때, 어기면 죽게 될 것이라는 말을 더한 적이 없다. 기드론 시내를 건너면 죽는다는 말은 했다(37절). 그런데 여기서는 "어디든지 가면 죽는다"라고 말했다는 것이다(42절). 그는 시므이에게 자신을 변호할 기회도 주지 않는다. 그래서 상당수의 학자들이 솔로몬이 시므이를 죽이는 일이 결코 그와의 계약 위반 때문에 빚어진 일만은 아니라는 결론을 내린다(Walsh, Provan). 솔로몬 역시 시므이가 죽게 된 이유가 일부는 그의 아버지 다윗에게 한 일 때문이라고 밝힌다(44절).

저자는 "이렇게 하여 솔로몬은 권력을 완전히 장악하게 되었다"라고 결론을 내리고 있다(46절). 비록 솔로몬이 아버지에 대한 불손, 실행되지 않은 정의 등을 내세워 이들을 죽이고 추방했지만, 결국 최종적인 목적은 그의 정적들을 제거하는 것이었음을 시사하는 것이다. 솔로몬에게는 그의 뜻을 가장 확실하게 이행해줄 무자비한 심복이 있다. 바로 브나야이다. 브나야는 솔로몬의 명령에 따라 이 장(章)에서 벌써 세 사람을 죽였다. 아도니야(25절), 요압(34절), 시므이(46절).

열왕기상 2장에서 행해지고 있는 살육과 추방을 감안하면 열왕기 저자는 솔로몬을 결코 선하고 훌륭한 사람으로 묘사하고 있지 않다는 것이 학자들의 일반적인 평가이다(Provan, Walsh). 그는 권력을 매우 폭력적으로 사용할 수 있는 무자비한 사람이다(Brueggemann). 또한 솔로몬은 남들보다 뛰어난 지혜를 지닌 사람이었다. 그런데 그는 이 뛰어난 지혜를 제일 먼저 사람을 죽이는 데, 그것도 자신의 형을 죽이는 데 사용했다(cf. Fretheim). 앞으로 전개될 솔로몬의 통치가 상당히 폭력적일 것을 예측하게 하는 대목이다. 결국 우리는 다윗과 그의 아들의 인격을 보면서 하나님이 다윗 왕조를 축복하시고 유지하시는 것이 결코 인간

의 노력이나 좋은 성품에서 비롯된 것이 아니라, 순전히 그분의 의지
와 선택에 의한 것임을 인정하게 된다(Provan).

II. 솔로몬의 통치

(3:1–11:43)

열왕기 저자는 1–2장을 통해 어떻게 솔로몬이 형 아도니야를 제치고 다윗의 대를 이어 이스라엘의 왕이 되었는가를 설명했다. 나단을 중심으로 한 솔로몬 지지 세력이 생명을 건 모험을 통해 그를 왕으로 세웠다. 이러한 노력에 답례라도 하듯 솔로몬은 왕이 되자마자 정치적 순발력을 발휘하여 그의 왕권을 위협할 수 있는 적들을 제거함으로써 자신의 정권을 확립해 갔다.

저자는 이제부터 솔로몬의 일생과 사역을 묘사하고자 한다. 솔로몬은 이제 유명했던 아버지의 그림자에 가려진 사람이 아니요, 감정이 앞서는 젊은 청년도 아니다. 그는 자신의 통치권을 최대한 효율적으로 활용하는 능력 있는 정치인이다. 안타까운 것은 솔로몬은 분명 세상에서 가장 성공한 사람이지만, 율법대로 살아가는 일에 있어서는 완전히 실패한 사람이라는 사실이다(Brueggemann). 즉, 솔로몬은 세상의 눈에는 성공한 사람이지만, 하나님 보시기에는 최악의 왕이다. 저자는 이 같은 사실을 "솔로몬이 여호와를 사랑하고"(3:3)라는 말로 시작하여 "솔로몬이 이방의 많은 여인을 사랑하였으니"(11:1)라는 말로 끝냄으로써 독자들에게 전달한다(Brettler, Frisch). 자신의 통치를 하나님께로부터 선

169

물로 받은 지혜로 시작한 사람이 참으로 어리석게 마무리한다. 이런 상황을 두고 용두사미(龍頭蛇尾)라고 하지 않겠는가!

열왕기는 솔로몬의 삶을 세 단계로 나누어 이야기를 진행해간다. 첫째 단계인 열왕기상 3:1-4:34는 솔로몬이 하나님께 제물을 드리는 것과 어떻게 하나님이 지혜 선물로 그에게 화답하셨는가에 대한 이야기로 시작한다(3:1-15). 나머지 부분(3:16-4:34)은 솔로몬이 하나님께로부터 받은 지혜가 과연 어느 정도인가를 과시하는 사건들로 구성되어 있다. 이 섹션에 기록된 대부분의 이야기는 솔로몬이 통치를 시작한 지 4년이 지나기 전(ca. 970-966 BC)에 있었던 일로 생각된다. 왜냐하면 솔로몬이 성전을 건축하기 시작한 것이 즉위 4년째였고(왕상 6:1), 이 모든 이야기는 성전 건축이 시작되기 전에 있었던 일이 거의 확실하기 때문이다.

둘째 단계인 5:1-9:9는 솔로몬이 20년을 걸려, 완공한 궁전과 성전에 대한 이야기로 시작한다(5:1-7:51). 완공된 성전을 헌당하는 예배와 기도가 드려진 후(8:1-66), 하나님이 솔로몬을 다시 찾아오셔서 다윗 언약을 재확인해 주셨다(9:1-5). 그러나 하나님은 솔로몬에게 신실하지 않으면 커다란 대가를 치를 것이라는 경고를 덧붙이셨다(9:6-9). 처음에는 아무런 조건이 없는 것처럼 생각되던 다윗 언약이, 다윗의 입술을 통해 조건이 있음이 확인되더니, 이제는 하나님의 말씀을 통해 조건을 동반하고 있음이 확실해진 것이다(cf. Fretheim).

셋째 단계이자 마지막 섹션인 9:10-11:43은 솔로몬이 왕이 처리해야 할 일들을 어떻게 했는가(9:10-28)와 하나님이 그에게 주신 지혜 때문에 얼마나 많은 부와 명예를 누렸는가(10:1-29)를 회고한다. 그는 이처럼 여호와의 놀라운 축복을 누렸지만, 나중에는 이방 신들을 좇고 우상들을 숭배함으로써 스스로 자신의 품위를 손상시켰으며 결국 몰락했다(11:1-13). 하나님이 솔로몬의 우상숭배로 인해 이스라엘의 영토 일부를 몇 차례 이방인들에게 넘겨주셨다(11:14-40). 하나님의 이러

한 징계에도 불구하고 솔로몬은 매우 많은 부와 권력을 누리다 죽었다
(11:41-43). 하나님이 아히야 선지자에게 머지않아 이스라엘이 둘로 나
뉠 것을 예언하도록 하셨다. 솔로몬이 하나님이 하신 경고(9:6-9)를 무
시한 결과였다.

열왕기의 저자/편집자는 솔로몬이 죽은 후 많은 세월이 지난 다음에
이 책을 정리한 것이 분명하다. 그는 아무리 빨라도 주전 550년대에
바빌론에서 이 책을 집필/편집했다. 그렇기 때문에 저자는 솔로몬의
일생을 정리하면서 자신이 가장 중요한 출처로 사용했던 책이 "솔로몬
행장"(סֵפֶר דִּבְרֵי שְׁלֹמֹה)임을 밝힌다(11:41). 솔로몬의 통치에 대하여 묘사
하고 있는 본 텍스트는 다음과 같이 평행적 섹션들로 구분한다.

    A. 하나님의 첫 번째 현현(3:1-15)
      B. 솔로몬의 경건한 지혜(3:16-4:34)
        C. 솔로몬의 경건한 업적(5:1-7:51)
          D. 솔로몬의 믿음: 성전 헌당식(8:1-66)
    A'. 하나님의 두 번째 현현(9:1-9)
      B'. 솔로몬의 세상적 지혜(9:10-28)
        C'. 솔로몬의 세상적 업적(10:1-29)
          D'. 솔로몬의 배교: 몰락(11:1-43)

  II. 솔로몬의 통치(3:1-11:43)

A. 하나님의 첫 번째 현현(3:1-15)

이 섹션은 솔로몬 통치의 영화와 수치가 되는 요소들을 함께 소개한
다. 솔로몬이 누린 가장 큰 영화는 하나님이 그를 찾아오셔서 지혜를
선물로 주신 일이다. 솔로몬은 하나님이 하사해주신 지혜를 통해 많

171

은 축복을 누리게 되었고 성전과 궁궐을 포함한 건축 사업을 펼쳐나갔다. 솔로몬의 가장 큰 수치는 그의 영적 몰락에 촉매 역할을 했던 이방여인들과의 결혼과 산당에서 드려진 예배이다. 물론 성전이 완성되기 전이기에 산당에서 예배드리는 것이 문제되지 않으며, 하나님도 흔쾌히 그를 만나주셨다. 그러나 솔로몬이 굳이 다윗이 이미 예루살렘으로 운반해온 법궤가 있는 곳을 마다하고 기브온 산당을 찾아간 것이 왠지 좋아 보이지는 않는다(cf. Fretheim). 본 텍스트는 다음과 같이 구분된다.

  A. 결론적 요약(3:1–3)
    B. 솔로몬의 소원(3:4–9)
    B′. 하나님의 응답(3:10–15)

> II. 솔로몬의 통치(3:1–11:43)
>   A. 하나님의 첫 번째 현현(3:1–15)

1. 결론적 요약(3:1–3)

[1] 솔로몬이 애굽의 왕 바로와 더불어 혼인 관계를 맺어 그의 딸을 맞이하고 다윗 성에 데려다가 두고 자기의 왕궁과 여호와의 성전과 예루살렘 주위의 성의 공사가 끝나기를 기다리니라 [2] 그 때까지 여호와의 이름을 위하여 성전을 아직 건축하지 아니하였으므로 백성들이 산당에서 제사하며 [3] 솔로몬이 여호와를 사랑하고 그의 아버지 다윗의 법도를 행하였으나 산당에서 제사하며 분향하더라

열왕기는 솔로몬의 이야기를 시작하면서 세 가지를 먼저 언급한다. (1) 이집트 왕 바로의 딸과의 결혼, (2) 건축 사업, (3) 산당에서 드리는 예배. 앞으로 이 세 가지 주제가 얽히고설키면서 솔로몬의 이야기가 진행된다. 솔로몬이 바로의 딸과 결혼했지만 왕궁이 아직 건축된 때가

아니었기 때문에 그녀를 다윗 성에 있게 했고, 성전도 아직 건축되지 않았기에 산당을 찾아다니며 하나님께 제사드렸다는 것이다. 일부 주석가들은 본문이 솔로몬의 왕권은 하나님의 인정을 받았을 뿐만 아니라, 대외적으로는 이집트의 지지도 받았음을 의미하는 것으로 해석한다(Malamat, Patterson & Austel). 그러나 이 같은 해석은 너무 단순하며, 저자의 의도와는 맞지 않다. 이슈들을 하나씩 생각해보자.

솔로몬이 이집트의 공주를 아내로 맞이한 것이 첫 번째 결혼은 아니다. 그의 아들 르호보암이 41세에 왕이 되었고(cf. 왕상 14:21), 솔로몬의 통치 기간이 40년(cf. 왕상 11:42-43)이었다는 점을 감안하면 그가 르호보암의 어머니인 암몬 사람 나아마를 아내로 맞이한 것은 왕으로 즉위하기 전에 있었던 일이다. 솔로몬에게 딸을 주었던 이집트의 왕은 시아문(ca. 978-959 BC)이었던 것으로 추정된다(Soggin, Kitchen, Gray, Wiseman). 그가 솔로몬의 중요성을 인정하고 딸을 준 것이다. 아마도 이때 이집트는 매우 쇠퇴한 상태여서 솔로몬의 도움이 필요했거나 가나안 지역과 교역을 활발하게 하기 위한 방법으로 이 길을 택했을 것이다(House). 이 정략결혼을 통해 이스라엘과 이집트 사이에는 이집트의 21대 왕조가 시삭(Shishak)에 의해 막을 내렸던 주전 945년까지 20여 년 동안 평화가 유지되었다(Malamat). 저자는 이 결혼이 두 국가의 정치적인 동맹을 위한 정혼이었음을 명백히 하고 있다. "솔로몬은 이집트 왕 바로와 혼인 관계를 맺고(חתן)…" 이 히브리어 동사의 의미는 "…의 사위가 되다"이다(HALOT, BDB, TWOT).

솔로몬이 이집트 공주와 결혼한 것은 두 가지 문제를 안고 있다. 첫째, 솔로몬이 이집트 왕의 사위가 되었다는 것이다. 솔로몬이 출애굽 이야기에서 이스라엘 억압의 상징이었던 이집트 왕의 사위가 되었다는 것은 심각하게 비판받을 일이다(Olley, Sweeney). 훗날 그는 자기 백성을 억압하기를 옛적에 바로가 이스라엘 사람들을 억압했던 것처럼 한다(cf. 왕상 5:27-30). 이집트 왕의 사위가 된 솔로몬이 마치 자기가 이집트 왕인 것처럼 행세하며 이스라엘을 억압한다. 솔로몬의 억압으로 결국 열 지파가 여로보암을 왕으로 삼고 이스라엘에서 이탈한다(cf. 왕상 12장). 둘째, 성경에서 "사위가 되다"(חתן)는 동사가 사용될 때마다 항상 부정적인 의미를 지니고 있다는 사실이다(Walsh, cf. HALOT). 결혼한 남자가 장인의 지휘 아래 놓이게 되고 아내의 부정적인 영향을 벗어나지 못하는 경우에 자주 사용된다. 뿐만 아니라 성경이 이스라엘 남자와 이방 여인의 결혼에 대해 경고할 때도 이 동사가 사용된다(신 7:3; 수 23:12). 앞으로 솔로몬은 이방 아내들의 영향력을 이기지 못하고 그들이 가져온 우상들을 숭배하게 된다.

학자들은 저자가 시아문이라는 구체적인 이집트 왕 이름 대신 일반 명사 "바로"로 언급하는 것에서도 중요한 의미를 찾는다. 저자가 의도적으로 바로의 이름을 언급하지 않는 것은 출애굽 사건과 연관하여 "바로"가 지니고 있는 모든 억압과 폭력을 상징하기 위해서라는 것이다(Brueggemann). 이스라엘의 관점에서 모든 바로는 한통속이며, 오직 억압과 위협을 상징할 뿐만 아니라 모든 반(反)이스라엘적인 정서를 상징한다.

그러므로 성경에서 이 동사(חתן)가 사용되는 범위와 그 외 사항들을 근거로 이곳에 묘사된 일을 정리해보면, 솔로몬은 이 결혼을 통해 이집트 왕의 영향력 밑에 있게 되었고, 아내(바로의 딸)의 부정적인 영향을 받게 될 것임을 시사하는 것이다(Walsh). 아니나 다를까 열왕기상 9:16에서 이집트 왕은 가나안 사람들로부터 게셀을 취하여 솔로몬의 아내인 자신의 딸에게 선물로 준다. 문제는 게셀은 예루살렘에서 불과 30킬로미터 남쪽에 있는 곳이다. 바로는 솔로몬이 통치하는 영토 깊숙이 들어와 실력을 행사하고 있으며, 솔로몬 정권은 상당 부분 이집트의 지원에 의하여 유지되고 있음을 암시한다(Sweeney). 뿐만 아니라 열왕기상 11:1-8에 의하면 솔로몬을 우상으로 인도한 이방인 아내들 중에서 이집트 공주가 으뜸이었다는 것이 드러난다.

우리는 이집트와의 동맹으로 솔로몬의 정치적 위상이 더욱더 부각되었을 것을 쉽게 상상할 수 있다. 그러나 이 동맹이 깨진 후에 이집트는 이스라엘을 둘로 나눈 장본인인 여로보암을 도왔다(cf. 왕상 11:26-40). 또한 솔로몬의 결혼을 바라보는 저자의 시선이 다른 차원에서도 비판적이다. 출애굽 이후 하나님은 이스라엘 백성들에게 이집트하고 상종도 하지 말라고 했다(cf. 신 17:16). 그런데 솔로몬이 이집트 왕의 딸과 결혼했다는 말로 시작하는 이 이야기는 솔로몬에 대한 비난으로 해석될 수밖에 없다(Provan). 특히 다윗이 죽기 전에 솔로몬에게 하나님의 말씀에 순종하라는 권면을 남겼던 점을 생각하면 더욱더 그렇다(cf. 2:1-4).

솔로몬이 건축 사업에 관심을 두었다는 것은 이스라엘이 상당히 안정되고 평온한 시대를 맞고 있다는 점을 암시한다. 물론 사울-다윗 시대가 전적으로 혼란스러운 시대는 아니었다. 그러나 그들은 많은 전쟁을 치러야 했기 때문에 무역과 건축에 주력할만한 여유가 없었다. 솔로몬 시대에 접어들면서 평화 시대의 전형적인 상징인 건축 프로젝트들이 예고되고 있다. 그러나 솔로몬의 건축 프로젝트를 예고하는 저자의 시선이 곱지만은 않다. 솔로몬에 대한 비난을 이집트 공주와의 결혼에만 제한하는 것이 아니라 이 섹션이 요약하고 있는 그의 모든 행위(건축 프로젝트 포함)를 대상으로 한다는 것이 많은 학자들의 견해이다(Walsh, Provan). 훗날 솔로몬은 자신의 건축 프로젝트를 진행하면서 수많은 이스라엘 사람들을 노예처럼 부린다.

저자는 1절 후반부에서 그의 건축 사업을 언급하고 있는데 그 순서가 왕궁, 그 다음 성전이다. 이러한 순서로 프로젝트가 나열되는 것은 솔로몬의 마음이 정녕 어디에 가 있는지를 보여준다. 저자는 6:38-7:1을 통해 솔로몬이 자신의 왕궁을 건축하는 일에 성전을 건축할 때 소모한 시간보다 두 배를 할애했다는 것과 성전 건축이 자신의 왕궁 건축 때문에 방해를 받았다는 것을 암시한다. 이러한 증거들을 함께 읽으면 여기에 있는 말씀도 솔로몬이 성전보다는 자신의 궁을 건축하는 데 더 마음을 두었다는 사실을 강조한다.

이러한 정황에서 2절의 "주께 예배드릴 성전이 그때까지도 건축되지 않았으므로, 백성은 그때까지 여러 곳에 있는 산당에서 제사를 드렸다"(새번역)라는 말씀은 어떻게 이해해야 하는가? 전통적인 해석에 의하면 "아직 성전이 건축되지 않았기 때문에 백성들이 산당에서 예배드리는 것은 당연한 것"이라는 의미이다(Patterson & Austel, cf. House). 그러나 1절에 기록된 솔로몬에 대한 비난을 감안할 때 이 말씀 역시 성전 건축을 지체하고 있는 그에게 백성들이 산당을 다니게 된 것에 대한 책임을 부과하고 있다. 또한 산당은 솔로몬이 결혼한 이방 여인들이 소개한 종교들과 깊은 연관이 있다는 점을 감안할 때(11:7-8), 이 말씀은 더욱더 그를 비난하는 듯하다(Brueggemann, cf. Fretheim).

3절의 "솔로몬은 주를 사랑하였으며, 자기 아버지 다윗의 법도를 따랐으나, 그도 여러 산당에서 제사를 드리며 분향하였다"(새번역)라는 말의 의미도 그의 행위를 정당화하기는커녕 오히려 비난하는 것임을 쉽게 알 수 있다(cf. Seow). 물론 첫 번째 사실은 전적으로 긍정적이다. "솔로몬은 여호와를 사랑했다." 그러나 나머지 부분이 문제다. 저자가 솔로몬이 "자기 아버지 다윗의 법도를 따랐다"(לָלֶכֶת בְּחֻקּוֹת דָּוִד אָבִיו)라는 선언은 상당히 애매모호한 말이다. 물론 다윗이 열왕기에서 왕들을 평가하는 잣대로 사용된다는 면에서 이 말은 솔로몬에 대한 긍정적인 평가라고 할 수 있다. 그러나 히브리어 성경 그 어디를 찾아보아도 "다윗의 법도를 따랐다"는 말이 다시 사용되지 않는다. 게다가 이스라엘의 왕들을 평가할 때 항상 사용되는 기준이 "여호와의 법도"(חֻקּוֹת יְהוָה)이지 "다윗의 법도"라는 말은 사용하지 않는다(Walsh). 가장 최근의 일 (2장에서 사람들을 죽이고 추방한 일)을 바탕으로 이 말의 의미를 해석하면 솔로몬이 "다윗이 지시한 대로 피를 흘리고, 정적들을 제거한 것"이 될 수도 있는 것이다(Walsh). 만일 이 말씀에 애매모호함이 포함되어 있다면 다음 문장인 세 번째 선언문에서 그 애매함이 모두 제거된다.

저자가 다음 문장을 시작하는데 사용하는 히브리어 부사(adverb) "다만"(רק, only, except)은 앞에 선언된 내용에 대한 강한 예외를 뜻할 때 사용된다(Waltke & O'Connor). 즉, 솔로몬이 하나님을 사랑하고 다윗의 법도를 잘 따랐지만(설령 다윗의 법도가 긍정적인 의미를 지닌다 할지라도), 이 부분만큼은 그의 삶에 큰 오점을 남기는 예외였다는 것이다(Sweeney, Brueggemann). 우리말, 영어 번역본 모두 이러한 의미를 반영하고 있다(개역; 새번역; 공동; NAS, NIV, NRS, JPS, ESV). 특히 "솔로몬은 야훼를 사랑하였고 그의 아버지 다윗의 법도를 따라 살았다. 다만 한 가지, 그는 산당에서 제사하고 향을 피웠다"(왕상 3:3, 공동번역)라는 번역이 이 히브리어 부사의 의미를 가장 확실하게 드러낸다. 솔로몬의 산당 행위는 앞으로 열왕기에서 두고두고 접하게 될 대부분의 훌륭한 왕들에 대한 평가에 붙는 꼬리표와 같다. "그의 아비 다윗처럼 행하였더라. 그러나 산당은 제하지 않았더라"(왕상 15:14; 22:43; 왕하 12:3; 14:4; 15:4, 35). 종합해볼 때, 솔로몬이 하나님을 사랑했고, 다윗의 길로 걸어간 것은 사실이지만, 여호와를 향한 열정은 저자의 기대치에 이르지 못했다. 그의 마음이 둘로 나누어져 있는 것이다(Provan).

II. 솔로몬의 통치(3:1-11:43)
    A. 하나님의 첫 번째 현현(3:1-15)

2. 솔로몬의 소원(3:4-9)

⁴ 이에 왕이 제사하러 기브온으로 가니 거기는 산당이 큼이라 솔로몬이 그 제단에 일천 번제를 드렸더니 ⁵ 기브온에서 밤에 여호와께서 솔로몬의 꿈에 나타나시니라 하나님이 이르시되 내가 네게 무엇을 줄꼬 너는 구하라 ⁶ 솔로몬이 이르되 주의 종 내 아버지 다윗이 성실과 공의와 정직한 마음으로 주와 함께 주 앞에서 행하므로 주께서 그에게 큰 은혜를 베푸셨고 주께서 또

그를 위하여 이 큰 은혜를 항상 주사 오늘과 같이 그의 자리에 앉을 아들을 그에게 주셨나이다 ⁷ 나의 하나님 여호와여 주께서 종으로 종의 아버지 다윗을 대신하여 왕이 되게 하셨사오나 종은 작은 아이라 출입할 줄을 알지 못하고 ⁸ 왕께서 택하신 백성 가운데 있나이다 그들은 큰 백성이라 수효가 많아서 셀 수도 없고 기록할 수도 없사오니 ⁹ 누가 주의 이 많은 백성을 재판할 수 있사오리이까 듣는 마음을 종에게 주사 주의 백성을 재판하여 선악을 분별하게 하옵소서

아직 예루살렘 성전이 완성되지 않았기 때문에 솔로몬은 기브온에 있는 "제일 유명한 산당"(새번역)/"큰 산당"(개역, 공동)(הִיא הַבָּמָה הַגְּדוֹלָה)을 찾았다(4절). 이 지역 사람들이 사울에 의해 억울하게 죽임을 당해, 다윗이 통치하던 시대에 이스라엘에 3년 동안 기근이 임한 적도 있다(cf. 삼하 21:1-6). 저자는 왜 기브온에 있는 산당이 제일 유명한 산당이었는지 말하지 않는다. 그러나 역대하 1:5-6에 의하면 다윗이 법궤를 예루살렘으로 옮겨왔을 때, 장막과 브살렐이 만든 청동 번제단은 기브온에 있었다고 한다. 그러므로 기브온이 산당들 중에 제일 유명해진 것은 당연한 일이다. 당시 장막은 기브온 산당에 있었고, 여호와의 법궤는 예루살렘에 있었다. 이런 상황에서 저자는 솔로몬이 법궤가 있는 예루살렘에서 예배드리지 않고, 법궤가 없고 장막만 있는 기브온에서 예배를 드린 일을 별로 좋은 일로 생각하지 않는다(Sweeney).

일부 한국 교회에서 행해지고 있는 풍습이 본문에서 유래되었다. 일명 "일천 번제"(אֶלֶף עֹלוֹת)다. 교회들에서 행해지고 있는 "일천 번제"는 두 가지로 나뉜다. 첫째, 솔로몬이 1천 마리의 짐승을 드렸을 때 그의 큰 예물과 정성에 감동하신 하나님이 소원을 들어주신 것처럼 우리도 [한꺼번에] 아주 많이 헌금하면 하나님이 기도를 들어주실 것이라는 주장이다. 문제는 성경 그 어디에도 하나님을 제물(헌금)로 매수할 수 있는 분이심을 암시하는 가르침이 없다. 헌금은 하나님이 우리에게 내

려주신 축복의 일부를 감사한 마음으로 주님의 일을 위해서 되돌려드리는 예배 행위라는 사실을 생각해보면, 우리의 돈으로 하나님을 매수할 수 있다는 생각은 빨리 버려야 한다. 하나님은 우리의 어떠한 조건이 전제되지 않는 예배와 예물을 받기에 합당한 분이시다.

둘째, 솔로몬이 기브온에 있는 산당을 1천 번 찾거나 그곳에서 1천 번 예배를 드려 자신이 소원한 것을 얻은 것처럼 우리도 1천 번 예배하며 예물을 드리면 하나님이 우리의 소원/기도하는 바를 들어주신다는 주장이다. 이러한 주장이 타당한 것인가에 대하여 생각해보자. 본문은 단순히 솔로몬이 "1천 제물을 드렸다"(אֶלֶף עֹלוֹת יַעֲלֶה)라고 한다. 초점은 솔로몬이 몇 차례 예배를 드렸는가가 아니라 얼마만큼의 제물을 드렸는가에 맞추어져 있는 것이다. 그래서 모든 영어 번역본들뿐만 아니라 대다수의 한국어 번역본들도 솔로몬이 이곳에서 드린 제물의 숫자 통계를 부각하고 있다. "기브온에는 큰 산당이 하나 있었는데 솔로몬은 늘 그리로 가서 제사를 드렸다. 솔로몬은 그 제단에 번제물을 천 마리나 바친 적이 있다"(공동), "기브온에 제일 유명한 산당이 있었으므로, 왕은 늘 그곳에 가서 제사를 드렸다. 솔로몬이 그때까지 그 제단에 바친 번제물은, 천 마리가 넘을 것이다"(새번역). 또한 "1천"으로 번역된 히브리어 단어(אֶלֶף)를 실제 숫자 1천이 아니라 단순히 "매우 많은"을 뜻하는 개념으로 해석하는 학자들도 많다(Cogan, cf. 신 1:11).

더 나아가 솔로몬이 기브온을 1천 번씩이나 찾거나, 그곳에서 1천 회의 예배를 드렸을 가능성이 얼마나 되는가를 생각해보자. 기브온은 예루살렘에서 10킬로미터 북서쪽에 위치한 곳이었다(Walsh, Cogan). 우리는 왕이 한 번 움직이면 얼마나 많은 준비가 필요하고 얼마나 긴 행렬이 가야 하는지를 쉽게 상상할 수 있다. 그렇다면 솔로몬이 왕복 20킬로미터의 거리를 1천 번씩이나 왕래할 가능성이 얼마나 되는가? 기브온 산당에서 예배를 1천 번이나 드렸다는 것도 쉽게 납득이 가지 않는다. 한 번 방문할 때 네 차례씩 예배를 드렸다 해도 250번을 방문해야 한다. 현실적으로 어려운 일이다. 게다가 이미 앞 섹션에서 언급한 것처럼 솔로몬과 백성들이 산당에서 예배드리는 것은 긍정적인 의미가 아니라 부정적인 의미를 지니고 있다. 그러므로 솔로몬이 이러한 제물을 드리는 것이 부정적인 정황에서 언급된다는 것을 고려해볼 때 우리 한국 교회의 일부에서 행해지는 관례가 잘못되었음을 의미한다.

산당을 찾아 하나님께 예배를 드린 후 밤에 잠이 든 솔로몬에게 여호와께서 찾아오셨다(5절). 솔로몬은 하나님이 직접 찾아와 대화하는 마지막 왕이다(Fretheim). 하나님이 솔로몬의 꿈에 나타나셔서 이렇게 하시는 것이 솔로몬의 행위를 인정하는 것으로, 즉 산당을 찾아 예배드리는 것을 인정하는 것으로 이해하는 사람들도 있다(House). 그러나 솔로몬이 지금까지 한 일을 보면 온전히 하나님을 따르지 않고 있음이 확실하기 때문에 하나님이 그를 찾아오셨다는 것은 예외적이라 할 수 있다. 하나님이 솔로몬의 신실하지 못함을 탓하지 않으시고 그와 이스라엘에 복을 주시고자 신앙적인 한계를 드러내고 있는 그를 찾으신 것이다. 그러므로 이 사건은 연약한 인간에게 임한 하나님의 일방적인 은총을 강조한다. 특히 하나님이 신앙적으로 부족한 솔로몬을 찾아와 은혜를 베푸시는 것이 그의 아버지 다윗과의 언약 때문이라는 것으로 이해하면 더욱더 그렇다.

하나님은 솔로몬에게 소원을 말해보라고 하셨다. 다 들어주시겠다는 것이다. 솔로몬은 서슴없이 말했다. "저는 아버지처럼 훌륭하거나 능력 있는 사람이 못됩니다. 그러니 하나님이 저에게 맡기신 이 백성들을 잘 통치할 수 있는 지혜를 주십시오"(6-9절). 솔로몬은 아버지 다윗에 대해 이야기하면서 6절에서 "은혜"(חֶסֶד)라는 단어를 두 차례나 사용한다. 이 단어는 은혜라기보다는 "언약적/언약에 근거한 사랑"(covenant love)(cf. 삼하 7:15; 왕상 8:23)으로 해석되는 것이 바람직하다(Provan, cf. Sakenfeld). 이 말을 하면서 솔로몬은 하나님의 은혜(חֶסֶד)와 다윗의 "진실과 공의와 정직한 마음"을 연관시킨다. 다윗의 신실함이 하나님이 그에게 은혜를 베푸신 동기가 되었다는 것이다(Konkel). 솔로몬 역시 다윗처럼(cf. 2:1-4) 다윗 언약이 조건을 포함하고 있음을 인정한다. 이 언약이 지속되려면 자신도 아버지처럼 하나님 앞에 신실해야 한다는 점을 의식한 것이다.

솔로몬은 자신이 왕이 된 것도 순전히 하나님이 아버지 다윗에게 베푸신 은혜 덕분이라는 것을 의식한다(6절). 그는 자신이 주의 백성을 통치하는 막대한 임무를 수행하기에는 지혜와 경험이 부족하다는 것을 누구보다도 잘 안다. 그래서 그는 자신을 "어린아이"(נַעַר קָטֹן)라고 낮추어 표현한다. 그러나 이 '아이'는 이미 많은 정적을 제거한 '늙은 아이'이다. 솔로몬은 자신은 아직 "언제 나가고 언제 들어와야 하는지를 모르는"(לֹא אֵדַע צֵאת וָבֹא) 연약한 사람이라고 한다(7절). 이 말은 일종의 리더십에 연관된 숙어로서 대체로 백성들을 이끌고 전쟁하는 것을 뜻한다(cf. 삼상 18:16; 민 27:17, 21; 신 31:2; 수 14:11). 그는 하나님께 백성들에게 공평과 정의를 행할 수 있는 "분별하는 마음"(לֵב שֹׁמֵעַ)을 달라고 호소한다(9절). 문자적으로 해석하면 "듣는 마음" 혹은 "순종하는 마음"을 뜻한다(Brueggemann). 솔로몬이 비록 하나님을 온전히 따르지는 않지만, 그에게는 주의 백성을 다스리기 위해서 무엇을 구해야 하는가에 대한 지혜가 있었다. 만일 솔로몬이 이런 마음과 겸손을 일평생 유지했다면, 하나님 백성의 역사는 어떻게 바뀌어 있을까? 우리는 역사를 거울삼아 선조들의 실수에서 배워야 한다. 우리는 주의 백성을 잘 지도하기 위해서 지혜를 구하는 이 순간의 솔로몬은 닮으려고 노력해야 하지만, 하나님보다 우상을 더 사랑하여 스스로 몰락한 노년의 솔로몬은 절대 닮아서는 안 된다. 이런 죄를 저지르지 않으려면 우리는 꾸준히 자기 성찰이 필요하다.

3. 하나님의 응답(3:10–15)

[10] 솔로몬이 이것을 구하매 그 말씀이 주의 마음에 든지라 [11] 이에 하나님이 그에게 이르시되 네가 이것을 구하도다 자기를 위하여 장수하기를 구하지 아니하며 부도 구하지 아니하며 자기 원수의 생명을 멸하기도 구하지 아니하고 오직 송사를 듣고 분별하는 지혜를 구하였으니 [12] 내가 네 말대로 하여 네게 지혜롭고 총명한 마음을 주노니 네 앞에도 너와 같은 자가 없었거니와 네 뒤에도 너와 같은 자가 일어남이 없으리라 [13] 내가 또 네가 구하지 아니한 부귀와 영광도 네게 주노니 네 평생에 왕들 중에 너와 같은 자가 없을 것이라 [14] 네가 만일 네 아버지 다윗이 행함 같이 내 길로 행하며 내 법도와 명령을 지키면 내가 또 네 날을 길게 하리라 [15] 솔로몬이 깨어 보니 꿈이더라 이에 예루살렘에 이르러 여호와의 언약궤 앞에 서서 번제와 감사의 제물을 드리고 모든 신하들을 위하여 잔치하였더라

솔로몬의 간구를 들으신 하나님이 매우 기뻐하셨다(10절). 하나님은 솔로몬이 요구하지 않은 것 세 가지를 먼저 말씀하셨다. 장수, 물질적인 부유함, 원수 갚음(11절). 이 세 가지는 어떤 사람이라도 소원할 수 있는 희망 사항들이며, 이집트 왕(viz., 세상의 왕; cf. 3:1)이나 추구하는 것들이다(Brueggemann). 반면에 하나님의 백성인 이스라엘의 왕인 솔로몬은 이처럼 속된 것보다 더 좋은 것을 소원했다. 그러므로 하나님은 솔로몬이 구한 대로 그 누구와도 비교할 수 없는 총명함을 주셨을 뿐만 아니라 그가 기도하지 않은 것도 모두 허락하셔서 그 누구와도 견줄 수 없는 부귀와 영화를 주시겠다고 약속하셨다(13절). 그는 지적인 면에서나 물질적인 차원에서 그 누구도 누릴 수 없는 풍요로움을 누리게 될 것이다. 하나님이 이곳에서 하시는 약속이 얼마나 확실하게 실

행되는가는 그의 이야기 나머지 부분에서 확고히 드러난다.

솔로몬이 이 모든 하나님의 축복과 은혜를 지속시키기 위해서 해야 하는 일 한 가지 있다. 바로 여호와의 법도와 명령을 지켜 행하는 것이다(14절). 물론 시내 산에서 이스라엘과 하나님 사이에 맺어진 언약을 뜻한다. 하나님이 솔로몬의 왕권이 그의 언약적 신실함에 의해 좌우될 수 있다는 것을 시사하신다. 하나님이 다윗과 맺으신 언약(삼하 7장)은 영원하다(Fretheim). 그러나 솔로몬은 언제든지 또 다른 "다윗의 아들/후손"에 의하여 대체될 수 있는 것이다(House). 그러므로 솔로몬이 이 순간 올바른 선택을 하고 있지만, 앞으로도 계속 올바른 선택을 해야만 한다(Brueggemann).

B. 솔로몬의 경건한 지혜(3:16-4:34)

솔로몬이 하나님께로부터 축복으로 받은 지혜가 어느 정도나 될까? 도대체 그가 얼마나 지혜롭기에 하나님은 솔로몬 같은 사람이 전에도 없었고 후에도 없을 것이라고 하는 것일까? 그의 지혜는 실로 대단하다는 것이 저자의 결론이다. 저자는 여러 이야기를 통해 솔로몬의 지혜에 대한 자신의 평가를 뒷받침하고자 한다. 솔로몬은 재판(3:16-28)과 행정(4:1-28)과 지식(4:29-34) 등을 통해 하나님께 받은 지혜의 능력을 보여준다.

솔로몬의 지혜가 어떠했는가를 묘사하고 있는 본 텍스트의 기능은 단순히 하나님의 말씀이 어떻게 그의 삶에서 확고하게 성취되었는가를 입증하는 것을 초월한다. 저자는 솔로몬의 지혜가 전무후무할 정도였다는 점을 강조함으로써 그가 성전을 건축하는데 적절한 인물임을 암시한다. 모세 시대 때 하나님은 장막과 그 안에서 사용하는 물건들을 만들기 위해 브살렐과 오홀리압에게 지혜를 부어주신 적이 있다. 하나님이 거하실 장막을 건축하는 일에 있어서 인간의 지혜는 턱없는 한계를 지닌 것이다. 그러므로 하늘에서 내려지는 지혜가 필요했다.

이제 솔로몬은 성전을 건축해야 한다. 물론 성전 안에서 사용될 물건들, 성전의 규모 등은 모세 시대 때 이미 결정이 되었다. 성전에 비치되고 사용될 대부분의 기구들도 이미 만들어져 있다. 그럼에도 불구하고 우리는 성전을 건축하는 것에 있어서 또 한 번 초인적인 지혜가 필요하다는 것을 충분히 상상할 수 있다. 하나님이 주신 지혜를 가진 솔로몬은 성전을 건축하는데 충분한 자격을 지닌 사람이라는 것이다.

  A. 솔로몬의 재판(3:16-28)
    B. 솔로몬의 관료들(4:1-19)
      C. 번성하는 이스라엘(4:20)
      C'. 이스라엘의 국제적 위상(4:21-25)
    B'. 솔로몬의 군대(4:26-28)
  A'. 솔로몬의 명성(4:29-34)

II. 솔로몬의 통치(3:1-11:43)
  B. 솔로몬의 경건한 지혜(3:16-4:34)

1. 솔로몬의 재판(3:16-28)

[16] 그 때에 창기 두 여자가 왕에게 와서 그 앞에 서며 [17] 한 여자는 말하되 내 주여 나와 이 여자가 한집에서 사는데 내가 그와 함께 집에 있으며 해산하였더니 [18] 내가 해산한 지 사흘 만에 이 여자도 해산하고 우리가 함께 있었고 우리 둘 외에는 집에 다른 사람이 없었나이다 [19] 그런데 밤에 저 여자가 그의 아들 위에 누우므로 그의 아들이 죽으니 [20] 그가 밤중에 일어나서 이 여종이 내가 잠든 사이에 내 아들을 내 곁에서 가져다가 자기의 품에 누이

고 자기의 죽은 아들을 내 품에 뉘었나이다 [21] 아침에 내가 내 아들을 젖 먹이려고 일어나 본즉 죽었기로 내가 아침에 자세히 보니 내가 낳은 아들이 아니더이다 하매 [22] 다른 여자는 이르되 아니라 산 것은 내 아들이요 죽은 것은 네 아들이라 하고 이 여자는 이르되 아니라 죽은 것이 네 아들이요 산 것이 내 아들이라 하며 왕 앞에서 그와 같이 쟁론하는지라 [23] 왕이 이르되 이 여자는 말하기를 산 것은 내 아들이요 죽은 것은 네 아들이라 하고 저 여자는 말하기를 아니라 죽은 것이 네 아들이요 산 것이 내 아들이라 하는도다 하고 [24] 또 이르되 칼을 내게로 가져오라 하니 칼을 왕 앞으로 가져온지라 [25] 왕이 이르되 산 아이를 둘로 나누어 반은 이 여자에게 주고 반은 저 여자에게 주라 [26] 그 산 아들의 어머니 되는 여자가 그 아들을 위하여 마음이 불붙는 것 같아서 왕께 아뢰어 청하건대 내 주여 산 아이를 그에게 주시고 아무쪼록 죽이지 마옵소서 하되 다른 여자는 말하기를 내 것도 되게 말고 네 것도 되게 말고 나누게 하라 하는지라 [27] 왕이 대답하여 이르되 산 아이를 저 여자에게 주고 결코 죽이지 말라 저가 그의 어머니이니라 하매 [28] 온 이스라엘이 왕이 심리하여 판결함을 듣고 왕을 두려워하였으니 이는 하나님의 지혜가 그의 속에 있어 판결함을 봄이더라

아이의 죽음을 둘러싼 두 창녀의 소송을 기록하고 있는 이 사건은 솔로몬의 지혜로움을 온 나라에 알리는 계기가 되었을 뿐만 아니라 성경에서 가장 유명한 이야기 중 하나가 되어 우리에게 전수되어 왔다. 본문이 묘사하고 있는 사건과 비슷한 유형의 이야기들이 세계 곳곳에서 발견되었다(Montgomery & Gehman). 그래서 학자들은 이 이야기가 저자가 책을 집필하던 시절에 솔로몬에 대하여 전해 내려오던 여러 이야기 중 하나였을 것이라고 한다. 또한 여인들의 이름 등 구체성이 드러나지 않는 것으로 보아 이 이야기를 통해 솔로몬의 판단력이 어떠했는가에 대한 전반적인 평가를 하고 있는 것으로 생각된다(Fretheim). 솔로몬은 백성들의 모든 상소를 합리적으로, 지혜롭게 판결하는 능력을 지

넜다는 것이다. 일부 사본들은 "창녀"라는 말 대신에 "여관 운영자"(inn keeper)로 대신하고 있다(Montgomery & Gehman). 그러나 이러한 대안을 뒷받침할만한 역사적 자료가 충분하지 않다. 오히려 솔로몬이 사회의 가장 가련하고 불쌍한 부류의 상징인 창녀들의 소송을 지혜롭게 판결하는 것은, 그의 올바른 판결이 사회의 가장 낮은 곳까지 임했다는 사실을 상징하는 것으로 해석될 수 있다. 또한 고대 사회에서 창녀는 전혀 신뢰를 받지 못했다(Seow). 그러므로 솔로몬은 하나님이 그에게 주신 지혜로만 이 사건을 판단해야 하며 '창녀 증인들'의 말을 너무 믿어서는 안 된다는 사실을 암시한다.

사건의 내용은 이러하다. 두 창녀가 함께 살고 있는데 3일 사이로 둘이 아이를 낳았다. 함께 잠을 자다가 한 여자가 실수로 아이를 깔고 누워 죽이는 사건이 일어났다. 밤중에 깨어나 상황을 파악하게 된 여자가 죽은 자기 아이와 다른 여자의 아이를 바꿔치기 했다. 아침에 일어나 보니 아이가 서로 바뀐 것을 알게 되었고, 죽은 아이를 품고 있던 여자가 다른 여자에게 살아 있는 아이가 자기 아이라며 돌려달라고 요구했지만, 살아 있는 아이를 품고 있던 엄마는 그 아이가 자기 아이라고 우겨서 결국 솔로몬에게 지혜로운 판결을 요청하게 된 것이다.

이 사건의 핵심은 죽은 아이가 누구의 아이인지 밝혀줄 수 있는 증인이 하나도 없다는 것이다. 게다가 두 여인이 3일 간격으로 아이를 낳았으니 아이들의 크기나, 주변 사람들에게 두 여인이 각자 몸을 푼 지 얼마나 되었는가에 대하여 물어봐도 도움이 안 된다. 오직 이 두 여인과 하나님만이 진실을 알 뿐이다. 솔로몬은 과연 이 어려운 문제를 어떻게 풀어나갈 것인가?

솔로몬은 하나님이 주신 지혜로 이 딜레마를 곧 해결한다. 두 여인의 증언만을 듣고는 도저히 누가 진실을 말하고 있는지 판가름할 수 없다. 그래서 칼을 가져오라 해서 아이를 둘로 나누어 반씩 각 여인에게 주라고 명령한다. 엉뚱하고 충격적인 판결을 내리며 두 여인의 반응을 지켜보기로 작정한 것이다. 솔로몬이 기대했던 것처럼 한 여인은 당연하다는 반응을 보였고, 한 여인은 자기가 포기하겠으니 그 아이를 죽이지 말고 다른 여자에게 주라고 호소했다. 솔로몬은 아이를 죽이지 말고 다른 여자에게 주라고 한 여자가 아이의 진짜 어머니라며 그녀에게 아이를 돌려주었다. 일부 주석가들은 솔로몬이 두 여인을 심문해보지도 않고 이런 판결을 내리는 것은 잘못된 것이라고 주장하지만(Seow), 설령 "아이를 둘로 가르자"라고 주장한 여인이 친모라 할지라도, 자기 자식의 생명을 소중히 여기지 않은 그 여인은 어미의 자격이 없는 사람이다(cf. Fretheim). 그러므로 솔로몬의 판결은 정당하고 지혜로운 판결이다.

솔로몬의 지혜로운 판결에 대하여 소식을 들은 사람들이 모두 그를 두려워했다(ירא). 솔로몬에 의해서 온 나라가 공평과 정의로운 통치 아래 있게 됨을 상기시키는 말이다(cf. 2:46). 구약에서 지혜의 근원을 말할 때 "여호와를 경외하는 것이 모든 지식의 시작이다"라는 말이 자주 등장하는데 이 말에서 "경외하다"가 바로 이 히브리어 단어(ירא)이다. 즉, 온 이스라엘이 솔로몬을 두려워하게 되었다는 것은 백성들이 하나님으로부터 온 지혜가 솔로몬 왕과 함께하고 있다는 점을 깨닫게 되었다는 것을 의미한다(House, Walsh). 하나님이 약속하신 지혜가 이미 솔로몬의 삶에 잘 정착하고 있다.

이 이야기는 또한 솔로몬이 이스라엘 사회의 가장 낮은 자들의 음성에 귀를 기울이고 있다는 것을 매우 긍정적으로 묘사한다. 솔로몬처럼 위대하고 국제적인 위상을 지닌 왕이 자칫 잘못하면 자기 백성들, 특히 가장 연약한 사람들을 등한시할 수도 있는데, 저자는 그가 통치를 시작할 때는 그렇지 않았다고 한다. 솔로몬은 이상적인 왕의 조건인 '과부들을 변호하고, 고아를 송사하고, 힘없는 자들에게 정당한 판결을 내리는' 공의와 정의를 지녔다. 이는 하나님이 솔로몬이 간구한 것처럼 백성들의 음성을 듣는 '지혜로운 마음'을 주셨기 때문이다(cf. 3:9).

> Ⅱ. 솔로몬의 통치(3:1-11:43)
>   B. 솔로몬의 경건한 지혜(3:16-4:34)

2. 솔로몬의 관료들(4:1-19)

두 창녀가 제기한 소송에서 하나님이 주신 지혜로 모든 사람에게 매우 만족스러운 판결을 내린 솔로몬은 자신의 정권을 유지하는 각료들을 세웠다. 물론 그는 하나님이 주신 지혜를 사용하여 이들을 세웠다. 학자들 사이에 20절을 앞부분과 연결하여 이 관료들을 통한 통치의 결론으로 해석할 것인가, 아니면 뒷부분과 연결하여 21절부터 시작되는 이야기의 서론으로 해석할 것인가에 대하여 논란이 있다. 새번역, NIV, TEV 등은 20절을 새로운 섹션의 서론으로 취급하고 있다(so House). 반면에 상당수의 학자들과 번역본들은 20절을 앞부분의 결론으로 간주한다(공동, NRS, NAS, Provan, Walsh). 세 가지 이유로 후자가 설득력을 얻는다. 첫째, 20절은 1-2a절과 수미쌍관(inclusio)를 형성하며 솔로몬의 통치가 가져온 결과를 정리하는 듯하다. 솔로몬이 지혜롭게 관료들을 고용한 결과 "유다와 이스라엘에는 인구가 늘어나서, 마치 바닷가의 모래알처럼 사람이 많아졌지만, 먹고 마시는 것에 모자람이 없었으므로, 백성들이 잘 지냈다"는 것이다. 이러한 해석이 자연스러워 보인다. 둘째, 솔로몬이 통치를 잘해서 이스라엘이 내부적으로 크게 번성하고 풍요로워졌다는 사실이, 바로 다음 섹션이 언급하는 이스라엘의 국제적 위상이 급부상하게 된 발판을 마련한다. 이렇게 해석할 경우 20절은 앞 섹션의 결론에 해당하며 21절 이후 부분과 따로 구분되어야 한다. 셋째, 히브리어 성경과 우리말/영어 성경의 구절 나누는 것이 서로 다른데 히브리어 성경은 20절을 앞부분과 연결하고 있다. 다음 도표를 참조하라. 우리말 성경 중에는 공동번역이 히브리어 성경의 구분을 따르고 있다.

한국어/영어 성경	히브리어 성경
4:1-20	4:1-20
4:21-34	5:1-14
5:1-18	5:15-32

솔로몬의 관료들에 대하여 언급하고 있는 본문은 관료의 부류에 따라 다음과 같이 두 섹션으로 나뉜다.

A. 고급 관료들(4:1-6)
B. 열두 지역을 다스리는 장관들(4:7-19)

(1) 고급 관료들(4:1-6)

¹ 솔로몬 왕이 온 이스라엘의 왕이 되었고 ² 그의 신하들은 이러하니라 사독의 아들 아사리아는 제사장이요 ³ 시사의 아들 엘리호렙과 아히야는 서기관이요 아힐룻의 아들 여호사밧은 사관이요 ⁴ 여호야다의 아들 브나야는 군사령관이요 사독과 아비아달은 제사장이요 ⁵ 나단의 아들 아사리아는 지방 관장의 두령이요 나단의 아들 사붓은 제사장이니 왕의 벗이요 ⁶ 아히살은 궁내 대신이요 압다의 아들 아도니람은 노동 감독관이더라

본문이 나열하고 있는 고급 관료들을 정리해보면 다음과 같다.

제사장	사독의 아들 아사리아 사독 아비아달 [나단의 아들 사붓]
서기관	시사의 아들 엘리호렙 아히야
역사 기록관	아힐룻의 아들 여호사밧
군사령관	여호야다의 아들 브나야
관리를 지휘하는 장관	나단의 아들 아사리아
왕의 개인 자문관	[나단의 아들 사붓]
궁내 대신	아히살
강제노역 책임자	압다의 아들 아도니람

위 목록에서 주목할만한 것은 이미 추방된 아비아달이 아직도 제사 장들 사이에 언급되고 있다는 점이다. 일부 학자들은 이 목록이 아비 아달 추방 전의 것이기 때문이라고 하기도 하고(Fretheim), 아비아달이 추방되었지만 추방되기 전까지는 매우 중요한 위치에 있었기 때문에 여기에 다시 언급되었다고 한다(House). 다른 학자들은 솔로몬이 3장 에서 하나님께 지혜를 선물 받은 뒤 2장에서와는 다르게 생각하기 시 작했고, 그 결과 아비아달을 복귀시킨 것으로 이해한다(Provan). 본문 이 언급하고 있는 아비아달은 추방당한 제사장이 아니며 동명이인(同 名異人)일 것이라는 추측도 있다(Brueggemann). 아비아달로 인해 아나돗 이 제사장의 마을이 되어 예레미야 시대까지 이어진다는 것과 그의 추 방이 오래전 엘리 집안에 내려진 저주를 성취했다는 사실을 감안하면, 본문의 아비아달은 동명이인이 확실하다.

선지자 나단의 아들들이 두각을 나타내고 있다. 사붓은 왕의 개인 자문관 및 제사장을 하고 있고, 아사리아는 관리를 지휘하는 장관을 맡고 있다. 솔로몬이 나단에게 생명을 걸고 그를 지지해준 것에 대한 답례를 이렇게 하고 있는 것일까? 충분히 가능한 이야기이다.

많은 학자들이 서기관(סֹפְרִים)과 역사 기록관(הַמַּזְכִּיר)은 솔로몬이 이집 트의 영향을 받아 새로이 시작한 관직이라고 생각한다(DeVries, Gray, Jones). 만일 솔로몬이 장인인 이집트의 바로에게서 행정에 관한 것들에 영향을 받았다면 당연한 결과라고 할 수 있다. 서기관들의 기본적인 책임은 왕의 집안을 잘 관리하는 것과 외국에 오가는 문서와 서류 처 리를 도맡아했던 것으로 생각된다(Noth). 역사 기록관의 의무는 백성들 에게 왕의 명령과 지시를 선포하고 설명하는 것으로 추측된다(DeVries, Gray). 왕과 백성들 사이에 일종의 교섭자(liaison) 역할을 했던 것이다.

눈에 띄는 것은 단연 강제노역이다. 강제노역은 공적인 공사나 건 축 사업이 있을 때 임시적으로 사람들을 징집하여 일을 시키는 제도이 다. 이러한 제도는 이미 다윗 시대 때부터 이스라엘에서 실행되고 있 었다(cf. 삼하 20:24). 그러나 솔로몬의 정권에서 이 강제노역은 정도가 지나쳐서 결국 그가 죽은 후에 나라가 둘로 나뉘는 계기가 된다. 또한 강제노역을 지휘하던 아도니람은 화난 폭동들의 돌에 맞아 죽게 된다 (12:18).

(2) 열두 지역 장관들(4:7-19)

[7] 솔로몬이 또 온 이스라엘에 열두 지방 관장을 두매 그 사람들이 왕과 왕실 을 위하여 양식을 공급하되 각기 일 년에 한 달씩 양식을 공급하였으니 [8] 그 들의 이름은 이러하니라 에브라임 산지에는 벤훌이요 [9] 마가스와 사알빔과 벧세메스와 엘론벧하난에는 벤데겔이요 [10] 아룹봇에는 벤헤셋이니 소고와 헤벨 온 땅을 그가 주관하였으며 [11] 나밧 돌 높은 땅 온 지방에는 벤아비나답 이니 그는 솔로몬의 딸 다밧을 아내로 삼았으며 [12] 다아낙과 므깃도와 이스

191

르엘 아래 사르단 가에 있는 벧스안 온 땅은 아힐룻의 아들 바아나가 맡았으니 벧스안에서부터 아벨므홀라에 이르고 욕느암 바깥까지 미쳤으며 ¹³ 길르앗 라못에는 벤게벨이니 그는 길르앗에 있는 므낫세의 아들 야일의 모든 마을을 주관하였고 또 바산 아르곱 땅의 성벽과 놋빗장 있는 육십 개의 큰 성읍을 주관하였으며 ¹⁴ 마하나임에는 잇도의 아들 아히나답이요 ¹⁵ 납달리에는 아히마아스이니 그는 솔로몬의 딸 바스맛을 아내로 삼았으며 ¹⁶ 아셀과 아롯에는 후새의 아들 바아나요 ¹⁷ 잇사갈에는 바루아의 아들 여호사밧이요 ¹⁸ 베냐민에는 엘라의 아들 시므이요 ¹⁹ 아모리 사람의 왕 시혼과 바산 왕 옥의 나라 길르앗 땅에는 우리의 아들 게벨이니 그 땅에서는 그 한 사람만 지방 관장이 되었더라

열두 지역을 다스리는 장관들(7-19절)의 기본적인 의무는 왕실에 필요한 것들을 채워주는 것이다. 백성들로부터 세금을 징수하기 위해서 이 관료들을 세운 솔로몬은 그의 장인 이집트 왕을 닮아가고 있다. 그러므로 이 목록은 앞으로 심화될 백성들의 세금과 강제노동에 대한 반발을 암시한다(Brueggemann). 각 지역을 맡은 장관이 매년 한 달 동안 왕과 왕실에서 쓸 식품을 대는 책임을 맡았기에 열두 명이 필요했으며(7절), 이스라엘의 지파의 수가 '12'라는 것도 지역을 열둘로 나누는 것에 중요한 이유가 된 듯하다. 솔로몬은 하나님이 주신 지혜를 활용하여 매우 효율적이고 능력있는 체제를 구축했다(Fretheim). 본문이 나열하고 있는 장관들의 순서가 매년 1월부터 12월까지 각 월별로 왕궁의 필요를 채우는 순서와 같을 수 있다(Keil). 한 가지 특이한 것은 유다 지파의 땅은 이 목록에 속하지 않는다는 것이다. 왕의 지파인 유다는 세금에서 제외되는 특권을 누렸다는 것을 뜻하는 것일까? 아니면 유다 지파는 1년 내내 왕궁을 지원했으며, 나머지 지파들이 매년 한 달씩 돌아가며 보조했다는 의미일까? 정확히 알 수 없지만, 아마도 솔로몬이 유다 지파에게는 세금을 물리지 않은 것으로 생각된다.

본문이 제시하는 목록에 대하여 몇 가지 생각해보자. 첫째, 솔로몬이 나라를 열두 지역으로 나누는 데 있어서 이미 존재하던 각 지파적 경계선이 무시되고 존중되지 않고 있다(Gray, cf. Sweeney). 솔로몬이 의도적으로 각 지파의 영토 한계선을 무시함으로써 주변 지파들 사이에 조금씩 자리잡고 있던 원수 관계 내지는 경쟁 관계를 해소시키려는 듯하다(House). 둘째, 솔로몬은 벤아비나답(11절)과 아히마아스(15절) 두 사위를 장관으로 세웠다. 아마도 사위들의 집안의 영향력을 최대한으로 활용하여 자기 정권에 대한 반감을 완화하는 정치를 하겠다는 의지에서였을 것이다. 셋째, 일부 장관들에게는 다른 사람들보다 더 넓은 지역을 맡기고 있다. 실력과 능력에 따라 장관을 등용한 것이다. 지도자들을 세울 때 그들의 능력에 따라 적절한 책임을 맡기는 것도 지혜이다. 넷째, 솔로몬은 하나님이 아브라함에게 약속하신 모든 땅을 통치하고 있다. 모세가 갈망했고, 여호수아가 정복하고, 다윗이 차지한 땅이 인류 역사상 가장 지혜로운 사람의 손에 들어온 것이다.

솔로몬은 지금 매우 복잡한 체제를 형성하여 나라를 통치해 나가고 있다. 이러한 정황을 염두에 둔 독자들은 그의 왕국의 복잡한 구조와 연루된 수많은 관료들의 이름을 읽어내려가면서 솔로몬은 정말 많은 지혜가 필요했던 사람이라는 것을 인정하게 된다(Nelson). 그러므로 그가 하나님께 지혜를 구하고, 하나님이 적절하게 응답하신 것이 이스라엘의 안정과 번영에 있어서 얼마나 중요했는지를 다시 한 번 생각하게 된다.

II. 솔로몬의 통치(3:1-11:43)
　　B. 솔로몬의 경건한 지혜(3:16-4:34)

3. 번성하는 이스라엘(4:20)

20 유다와 이스라엘의 인구가 바닷가의 모래 같이 많게 되매 먹고 마시며 즐거워하였으며

솔로몬이 지혜롭게 나라를 다스리니 유다와 이스라엘의 인구가 마치 바닷가의 모래알처럼 많아졌다(20절). 오래전에 하나님이 아브라함에게 하신 약속이 드디어 성취되고 있는 것이다(cf. 창 22:17). 한 가지 불안한 것은 비록 솔로몬이 통일된 나라를 다스리고 있지만, 저자는 그가 다스리는 나라를 유다와 이스라엘이라 하며 두 파트로 나누고 있다. 솔로몬의 아버지 다윗이 7년의 내란 끝에 어렵게 통일왕국을 이루었고, 이 통일왕국을 솔로몬에게 물려주었지만, 이스라엘은 언제든 다시 분열할 수 있는 잠재성이 있음을 암시하는 듯하다.

유다와 이스라엘은 엄청난 인구 증가에도 불구하고, 솔로몬의 지혜로운 통치와 지도자 등용으로 인해 풍요로움을 누리게 되었다. 만일 나라의 살림이 넉넉하지 않은데 인구만 늘어나면 통치자에게는 인구 증가가 골칫거리가 될 수 있다. 다행히 하나님이 이스라엘 인구를 늘려주셨을 뿐만 아니라, 그들이 충분히 먹고 살 수 있도록 솔로몬의 나라에 풍요를 주셨다. 이스라엘은 역사상 최고의 풍요와 평안을 누리게 된 것이다(cf. Millard, Kitchen). 솔로몬의 통치 아래 있는 모든 사람이 "먹고 마시며 즐거워 하였고"(20절), "단에서 브엘세바에 이르기까지 온 이스라엘 땅에서 각기 포도나무 아래와 무화과나무 아래에서 평안히 살았다"(25절). 완전한 지상낙원의 모습이다(Fretheim). 훗날 솔로몬의 통치가 부패하지만, 이때만은 참으로 좋은 것들로 채워져 있었다.

> II. 솔로몬의 통치(3:1–11:43)
>   B. 솔로몬의 경건한 지혜(3:16–4:34)

4. 이스라엘의 국제적 위상(4:21–25[5:5])

21 솔로몬이 그 강에서부터 블레셋 사람의 땅에 이르기까지와 애굽 지경에 미치기까지의 모든 나라를 다스리므로 솔로몬이 사는 동안에 그 나라들이 조공을 바쳐 섬겼더라 22 솔로몬의 하루의 음식물은 가는 밀가루가 삼십 고

르요 굵은 밀가루가 육십 고르요 ²³ 살진 소가 열 마리요 초장의 소가 스무 마리요 양이 백 마리이며 그 외에 수사슴과 노루와 암사슴과 살진 새들이었 더라 ²⁴ 솔로몬이 그 강 건너편을 딥사에서부터 가사까지 모두, 그 강 건너 편의 왕을 모두 다스리므로 그가 사방에 둘린 민족과 평화를 누렸으니 ²⁵ 솔 로몬이 사는 동안에 유다와 이스라엘이 단에서부터 브엘세바에 이르기까지 각기 포도나무 아래와 무화과나무 아래에서 평안히 살았더라

유다와 이스라엘이 누리던 풍요로움(20절)의 상당 부분이 주변 국가 들에서 거두어들인 조공 덕분이었다. 이 나라들은 다윗에 의해 평정 된 후 계속 이스라엘에 조공을 바쳐왔던 것으로 생각된다(Patterson & Austel). 종주국의 왕이 바뀌면 종속국들은 더는 조공을 바치지 않으려 고 반역하는 것이 흔한 일이었는데, 솔로몬의 경우 이런 경험을 하지 않았다. 이 나라들이 다윗이 죽은 후에도 솔로몬에게 많은 양의 조공 을 바쳤기 때문이다(21절). 저자는 솔로몬의 통치 아래 조공을 바친 나 라들이 유프라테스 강에서부터 이집트의 접경에 이르는 지역에 있던 모든 국가들이었다고 밝힌다(21절). 물론 이러한 저자의 주장을 액면 그대로 받아들이지 않고 20절에 암시된 아브라함과의 약속(cf. 창 15:18) 의 성취를 추가로 강조하기 위한 과장법이라고 주장하는 학자들도 있 다(Gray, Provan, Walsh, Brueggemann). 솔로몬이 실제로 이 모든 지역을 통 치한 것이 아니라, 저자가 그의 위상을 이상적으로 그리기 위해 이 같은 언급을 하고 있다는 것이다. 그러나 다윗이 이미 이 지역에 있는 나라들 을 평정하여 조공을 바치고 있었기 때문에 굳이 솔로몬 시대에 와서 이 지역에 대한 솔로몬의 영향력이 미화되고 있다고 생각할 필요는 없다.

솔로몬의 삶이 얼마나 화려했는지 24-25절이 잘 보여주고 있다. "솔 로몬이 쓰는 하루 먹거리는 잘 빻은 밀가루 서른 섬(סֹלֶת)과 거친 밀가루 예순 섬과 살진 소 열 마리와 목장 소 스무 마리와 양 백 마리이고, 그 밖에 수사슴과 노루와 암사슴과 살진 새들이었다"(새번역). 학자들에 따

라 솔로몬이 거느린 식솔과 관료들의 숫자에 대한 추측이 상당히 다르다. 적게는 1만 4천 명, 많게는 6만 명에 이르는 추측이 나왔다(Jones, Skinner, Montgomery & Gehman, Noth).

학자들 사이에 이렇게 다양한 숫자가 제시되는 것은 "한 섬"(כֹּר)이 어느 정도의 양인지 확실하지 않기 때문이다. 원래 이 단위는 포도주 등 액체를 계산하는 단위이다. 그런데 여기서는 밀가루의 양을 계산하는 단위로 사용되고 있다. 어떤 사람들은 한 섬이 220리터(Scott) 정도 된다고 하는 반면 다른 사람들은 360리터 정도 된다고 한다(Powell, cf. Patterson & Austel). 한 가지 확실한 것은 매일 이 정도의 식량이 필요하다는 것은 그가 거느린 식솔의 규모가 대단했음을 암시한다. 그 당시 주변 국가들의 정부 규모와 비교해볼 때 이 숫자가 결코 과장된 것이 아니라고 주장하는 사람들도 있다(Keil, DeVries).

솔로몬의 엄청난 소비는 당연히 세금과 주변 국가들이 바치는 조공으로 조달되어야 한다. 자칫 잘못하면 주민들의 원성을 살 수 있는 것이다. 그러나 저자는 솔로몬은 대내외적으로 평안과 풍요로움을 유지할 수 있었다고 기록하고 있다(24-25절). 그러므로 그의 일생 동안 "단에서부터 브엘세바에 이르기까지, 유다와 이스라엘의 모든 사람은 저마다 자기의 포도나무와 무화과나무 아래에서 평화를 누리며 살았다"(25절, 새번역). 이러한 표현은 이스라엘과 유다의 모든 사람이 하나님의 축복 아래 살았다는 것을 강조하는 말이다(Kitchen, cf. 욜 2:22; 미 4:4). 엄청난 규모의 살림살이에도 불구하고, 특히 그의 화려한 소비 풍조에도 불구하고, 솔로몬이 이처럼 대외적으로 평화를 유지할 수 있었고, 대내적으로 모든 백성에게 풍요로움을 줄 수 있었다는 점은 역시 그의 지혜로운 리더십에 대한 찬사라 할 수 있다. 그러나 솔로몬의 호화로운 삶의 배경에는 착취 당하는 자들의 통곡 소리가 암시되어 있음도 간과해서는 안 된다. 그러므로 이곳에 기록된 이야기는 그의 나라가 분열하게 될 열왕기상 12장 이야기의 초석이 되고 있다(cf. Brueggemann).

5. 솔로몬의 군대(4:26–28[5:6–8])

²⁶ 솔로몬의 병거의 말 외양간이 사만이요 마병이 만 이천 명이며 ²⁷ 그 지방 관장들은 각각 자기가 맡은 달에 솔로몬 왕과 왕의 상에 참여하는 모든 자를 위하여 먹을 것을 공급하여 부족함이 없게 하였으며 ²⁸ 또 그들이 각기 직무를 따라 말과 준마에게 먹일 보리와 꼴을 그 말들이 있는 곳으로 가져 왔더라

솔로몬이 대외적으로 평화를 유지할 수 있었던 비결이 단순히 그의 지혜로움 때문만이었을까? 저자는 그의 통치의 어두운 면을 보여주고 있다. 솔로몬이 엄청난 규모의 군대를 유지하고 있었다. "솔로몬은 전차를 끄는 말을 두는 마구간 사만 칸과 군마 만 이천 필을 가지고 있었다"(새번역). 그러나 한글과 영어 번역본들을 살펴보면 두 가지 불확실성을 포함하고 있다. 첫 번째 문제는 4만 칸의 마구간이다. 일부 칠십인역(LXX) 사본들은 4만이 아니라 4천으로 기록하고 있다. 역대하 9:25 역시 4천으로 밝히고 있다. 이러한 자료들과 현실성을 고려할 때 4만보다는 4천이 옳은 듯하다. 두 번째 문제는 솔로몬이 말 1만 2천 필의 말을 소유했다고 하는 것인지, 아니면 마병이 1만 2천 명이었다고 하는지의 문제이다. 우리 성경 중에도 개역은 마병으로, 새번역과 공동은 말(馬)로 번역하고 있다. 영어 성경에도 마찬가지 현상이 나타난다. NIV, TEV는 말로 번역하고 있지만, NRS, NAS, JPS, KJV 등은 마병으로 해석한다. 이 히브리어 단어(פָּרָשִׁים)가 말을 의미할 수도 있고, 마병을 뜻하기도 하기 때문이다(HALOT, BDB, TWOT). 결국 이 단어의 의미를 문맥에서 파악해야 하는 것이다. 일부 학자들은 4천 개의 마구간은 마병보다는 말들을 위한 것이라는 점을 감안해서 1만 2천을 말의

숫자로 해석한다(Walsh). 반면에 4천 마리의 말들과 1만 2천 마병의 비율이 매우 현실적이라고 생각하여 마병들이라고 주장하는 사람들도 많다(Keil, Davies, Cogan, Konkel). 당시 말은 상당히 귀한 짐승이었고 여러 마병이 한 말을 관리하는 일이 충분히 가능하므로 1만 2천을 마병의 수로 보는 것이 바람직해보인다.

왕이 많은 말을 소유하는 것에 대한 경고는 이미 신명기에 기록되어 있다(신 17:14-20). 또한 사무엘이 왕의 사치/방탕에 대하여 경고한 적이 있다(삼상 8:10-18). 그러므로 이 섹션을 읽어내려가는 독자의 마음이 편할 수는 없다. 물론 저자는 솔로몬의 이러한 행동에 대하여 아직까지 구체적인 평가를 내리지 않는다. 그러나 그는 솔로몬 시대의 번영과 영화의 상당 부분이 군사력을 통한 공포와 억제에 의존한 것임을 시사하고 있다. 아울러 저자는 다시 한 번 하나님을 향한 솔로몬의 마음이 나누어져 있음을 암시한다. 그는 하나님이 주신 축복을 마음껏 누리고 있지만, 마음 한구석에서는 끊임없이 하나님의 말씀을 거역하고 있다. 바로의 사위가 됨으로서 이미 그의 마음은 이집트를 향했고, 이번에는 말을 많이 둠으로써 하나님의 말씀을 또 한 번 무시하는 행위를 하고 있다. 당시 말들이 대부분 이집트에서 수입되었다는 점을 감안하면, 이 말에 대한 언급은 솔로몬의 이집트 의존도를 다시 한 번 암시하는 것으로 해석된다. 솔로몬은 온 이스라엘에게 옛적에 그들을 억압하여 노예로 부리던 이집트의 바로 같은 존재가 되어 있다.

솔로몬의 사치스러운 삶과 군대를 채우기에는 속국들이 바치는 조공으로는 부족할 것이 뻔하다. 결국 나머지 부분은 이미 언급된 열두 지역을 다스리는 장관들의 몫인 것이다(27-28절; cf. 7-19절). 저자가 이 사실을 밝히는 것도 역시 별로 좋은 징조는 아니다(cf. Brueggemann). 훗날 이스라엘은 그들에게 지속적으로 부과된 무거운 세금과 노역 때문에 솔로몬의 후계자인 르호보암에게 호소하게 된다(왕상 12:1-4). 일단 여기서는 솔로몬이 만족해하는 모습이 제시되고 있다. 왕이 평안하고 행복하니 모든 사람이 행복해 보이는 착각을 일으킨다. 그러나 서민들은 착취당하기 시작했다.

6. 솔로몬의 명성(4:29-34[5:9-14])

²⁹ 하나님이 솔로몬에게 지혜와 총명을 심히 많이 주시고 또 넓은 마음을 주시되 바닷가의 모래 같이 하시니 ³⁰ 솔로몬의 지혜가 동쪽 모든 사람의 지혜와 애굽의 모든 지혜보다 뛰어난지라 ³¹ 그는 모든 사람보다 지혜로워서 예스라 사람 에단과 마홀의 아들 헤만과 갈골과 다르다보다 나으므로 그의 이름이 사방 모든 나라에 들렸더라 ³² 그가 잠언 삼천 가지를 말하였고 그의 노래는 천다섯 편이며 ³³ 그가 또 초목에 대하여 말하되 레바논의 백향목으로부터 담에 나는 우슬초까지 하고 그가 또 짐승과 새와 기어다니는 것과 물고기에 대하여 말한지라 ³⁴ 사람들이 솔로몬의 지혜를 들으러 왔으니 이는 그의 지혜의 소문을 들은 천하 모든 왕들이 보낸 자들이더라

솔로몬이 거대한 나라를 운영하며 큰 살림을 꾸려 가면서도 별다른 어려움 없이 모든 사람들을 만족시킬 수 있었던 것은 무엇보다도 하나님이 그에게 축복하신 지혜 때문이었다. 저자는 하나님이 그에게 주신 것을 세 가지로 말한다. 지혜(חָכְמָה), 총명(תְּבוּנָה), 넓은 마음(רֹחַב לֵב)(29절). 이것들은 많은 정보를 수집해서 얻게 되는 것이 아니라, 삶의 모든 신비와 깊이를 헤아리는 통찰력이다(Brueggemann). 솔로몬의 지혜는 과연 어느 정도였을까? 저자는 그의 지혜는 진정으로 수없이 많은 백성을 통치하는데 충분했다고 말한다.

하나님은 약속하신 대로 솔로몬에게 지혜를 주셨는데 어느 정도 주셨는가 하면 "하나님께서 솔로몬에게 지혜와 총명과 넓은 마음을 바닷

가의 모래알처럼 한없이 많이 주셨다"(29절. 새번역). 저자는 20절에서 이스라엘과 유다의 인구가 바다의 모래알처럼 많아졌다고 했다. 그는 이제 같은 표현을 솔로몬의 개인적인 능력을 묘사하는데 사용한다. 하나님이 아브라함과 약속을 확실하게 이루신 것처럼, 솔로몬과 약속도 확실하게 지키셨다는 것이다. 고대 근동 사회에서 지혜는 신들의 고유 소유물이며 신들이 택한 소수(왕을 포함한 귀족이 주류)에게 지혜를 조금 나누어주는 것으로 생각되었다. 이러한 정서를 고려할 때, 솔로몬은 기브온 산당에서 하나님께 구한 지혜를 참으로 과분하게 받았다.

하나님의 놀라운 축복의 결과가 여러 가지로 표현된다. 그의 지혜는 동양의 어느 누구보다도 뛰어났다(30절). 동양은 원래 지혜로 유명한 곳이다(cf. 마 2:1–12). 오늘날에도 바빌론을 중심으로 한 동방의 지혜 문헌들이 많이 남아있다. 그러므로 이 말은 대단한 칭찬이다. 뿐만 아니라 그는 이집트의 어느 누구보다도 지혜가 뛰어났다. 이집트 역시 지혜로 유명했던 곳이다(cf. 행 7:22). 저자는 솔로몬을 당대에 지혜로 유명했던 사람들과 비교한다. 예스라 사람 에단, 마홀의 아들 헤만, 갈골, 다르다(31절). 솔로몬은 이들보다 더 지혜로웠다는 것이다. 물론 우리는 이들이 누구였는지 알 수 없다. 모두 잊혀졌거나 생소한 사람들이다. 저자는 솔로몬의 지혜가 얼마나 대단했는지 세상 그 누구도 그의 지혜에 비교할만한 지혜를 지닌 사람이 없었다고 한다.

그렇다면 솔로몬의 지혜가 어느 정도였기에 저자는 서슴없이 이런 말을 한단 말인가? 그는 3천 가지의 잠언을 말했고, 1,005편의 노래를 지었고, 자연·식물·동물에 대한 해박한 지식을 가지고 있었다(33절). 근동 사람들은 이러한 지식을 매우 귀하게 여겼으며, 자연에 대한 박식함은 모든 사람의 선망의 대상이었다(Scott). 그의 지혜에 관한 소문을 듣고 많은 사람들이 세상 곳곳에서 몰려와 그의 지혜를 배우려 했다(34절). 솔로몬의 지혜에 대한 국제적 명성은 잠시 후 10장에 기록된 시바 여왕의 방문 이야기에서 절정에 이른다. 하나님은 솔로몬과 약속을 확실하게 지키셨던 것이다.

솔로몬은 이처럼 재판, 행정, 물질에 있어서 엄청난 축복을 누렸으며, 특히 그의 지혜로움은 온 세상에 알려져 모든 사람의 부러움을 샀다. 이 섹션은 하나님에 대해서 몇 가지 진실을 확인해 주고 있다. 첫째, 하나님은 꼭 약속을 지키신다. 솔로몬의 경우도 그렇지만, 아브라함에게 하신 약속도 철저하게 지켜지고 있음을 볼 수 있다. 하나님은 신실하신 분이시기에 항상 믿고 의지할 수 있는 분이라는 것이다. 둘째, 하나님은 각 개인에게 맡기신 소명/사명에 걸맞은 능력과 지혜를 주신다. 솔로몬에게 큰 나라를 맡기신 것에 합당한 지혜로 그를 축복하셔서서 맡은 본분을 잘 감당할 수 있도록 지혜와 능력을 주신 것이다. 우리도 하나님이 사명을 맡기실 때 두려워할 필요가 없는 것이, 그 사명을 감당할 수 있는 능력도 하나님이 주실 것을 확신하기 때문이다. 셋째, 비록 하나님이 인간으로 하여금 일하게 하시지만, 사역이란 궁극적으로 그분이 하시는 일이다. 하나님은 솔로몬에게 언약을 상기시키심으로 모든 것이 그분께 순종할 때 가능하다는 것을 강조하셨다. 즉, 우리는 그분이 사용하시는 도구에 불과할 뿐, 우리가 일을 하는 것이 아니라는 것이다. 그러므로 주의 소명을 받은 자들은 겸손, 헌신, 열정을 가지고 주님을 바라보아야 한다.

II. 솔로몬의 통치(3:1-11:43)

C. 솔로몬의 경건한 업적(5:1[5:15]-7:51)

다윗은 한때 하나님이 거하실 집을 짓는 것을 서원하고 염원했다(삼하 7:1-2). 그러나 하나님은 다윗의 바람을 거부하시고 성전을 건설하는 영광을 그의 아들에게 주시겠다고 말씀하셨다. 대신 하나님이 다윗을 위해서 영원한 "집"을 지어주셨다. 그것이 바로 '다윗 언약'이다. 하나님의 말씀을 들은 다윗은 솔로몬이 건축하게 될 성전을 위해 많은 물질과 재료들을 축적했고 심지어는 성전이 어떻게 건축되어야 하는가에 대해서 솔로몬에게 조언까지 남겼다(대상 22:1-19; 28:1-21). 이제 솔로몬이 드디어 그 일을 할 차례다. 이미 언급한 것처럼 그는 하나님께로부터 상상을 초월하는 지혜를 받았기 때문에 충분히 성전을 건축할 자격이 있다.

열왕기 전체가 그렇지만 특별히 이 성전 건축 이야기에서 이스라엘의 정치, 역사, 신학이 함께 흐르는 것을 쉽게 포착하게 된다(House). 솔로몬은 이스라엘의 연합과 안정적인 통치를 위해서 여호와 종교를 중앙화하는 것이 얼마나 중요한 일인가를 잘 알고 있다. 성전을 예루살렘에 건축하게 되면 그는 엄청난 정치적인 힘을 얻게 된다는 것도 의식하고 있다. 매년 세 차례씩 성전을 찾을 이스라엘 사람들을 관리하고 감시하면 그만큼 효율적인 통제와 통치가 가능한 것이다. 성전 건축은 출애굽 이후 이스라엘의 숙원 사업이었기에 큰 역사적 의미를 지니고 있다.

하나님은 이미 모세를 통해 언젠가는 이스라엘이 하나님이 지정하시는 한 곳에서만 예배할 날이 올 것이라고 하셨다(신 12:11; 16:15-16). 이제 거의 500년이 지난 이 순간 그 역사적인 숙원 사업이 현실로 드러나게 된 것이다. 신학적으로는 성전 건축은 여호와 종교를 중앙화함으로서 이스라엘을 하나님으로부터 멀어지게 하는 바알, 아세라와 같은 경쟁 종교들을 배척하는 것이다. 또한 이스라엘이 모세를 통해 맺은 하나님의 언약대로 순수하게 살아갈 수 있는 계기를 만들어줄 수 있는 사업이다. 본 텍스트는 다음과 같은 구조를 지니고 있다. 성전 건축 이야기가 한창 진행되는 도중에 왕궁 건축 이야기(7:1-12)가 흐름을 방해한다. 저자는 이러한 기법을 통해 솔로몬의 마음이 이미 둘로 나누어져 있음을 암시한다. 그가 성전 건축을 기뻐하지만, 자기 왕궁 건축을 더 기뻐하고 있다는 것이다.

A. 성전 건축 준비(5:1-18)
  B. 성전 건축(6:1-38)
  B′. 왕궁 건축(7:1-12)
A′. 성전 도구들과 치장(7:13-51)

II. 솔로몬의 통치(3:1-11:43)
  C. 솔로몬의 경건한 업적(5:1-7:51)

1. 성전 건축 준비(5:1-18[15-32])

솔로몬 이야기는 그가 어떻게 성전을 건축하고 헌당하게 되었는가를 중심으로 진행된다. 열왕기는 솔로몬 이야기에 할애하는 공간의 3분의 1을 성전 건축을 회고하는데 사용한다. 성전 건축은 솔로몬의 업적 중 가장 중요한 것이라는 사실을 의미한다(cf. House). 솔로몬의 삶의 절정인 성전 건축이 어떠한 과정을 통해 준비되었는가를 회고하고 있는 본 텍스트는 다음과 같이 두 파트로 나뉜다.

A. 솔로몬과 히람의 협상(5:1-12)
B. 솔로몬의 일꾼 징집(5:13-18)

II. 솔로몬의 통치(3:1-11:43)
  C. 솔로몬의 경건한 업적(5:1-7:51)
    1. 성전 건축 준비(5:1-18)

(1) 솔로몬과 히람의 협상(5:1-12[15-26])

¹ 솔로몬이 기름 부음을 받고 그의 아버지를 이어 왕이 되었다 함을 두로 왕 히람이 듣고 그의 신하들을 솔로몬에게 보냈으니 이는 히람이 평생에 다윗을 사랑하였음이라 ² 이에 솔로몬이 히람에게 사람을 보내어 이르되 ³ 당신

203

도 알거니와 내 아버지 다윗이 사방의 전쟁으로 말미암아 그의 하나님 여호
와의 이름을 위하여 성전을 건축하지 못하고 여호와께서 그의 원수들을 그
의 발바닥 밑에 두시기를 기다렸나이다 ⁴ 이제 내 하나님 여호와께서 내게
사방의 태평을 주시매 원수도 없고 재앙도 없도다 ⁵ 여호와께서 내 아버지
다윗에게 하신 말씀에 내가 너를 이어 네 자리에 오르게 할 네 아들 그가 내
이름을 위하여 성전을 건축하리라 하신 대로 내가 내 하나님 여호와의 이름
을 위하여 성전을 건축하려 하오니 ⁶ 당신은 명령을 내려 나를 위하여 레바
논에서 백향목을 베어내게 하소서 내 종과 당신의 종이 함께 할 것이요 또
내가 당신의 모든 말씀대로 당신의 종의 삯을 당신에게 드리리이다 당신도
알거니와 우리 중에는 시돈 사람처럼 벌목을 잘하는 자가 없나이다 ⁷ 히람이
솔로몬의 말을 듣고 크게 기뻐하여 이르되 오늘 여호와를 찬양할지로다 그
가 다윗에게 지혜로운 아들을 주사 그 많은 백성을 다스리게 하셨도다 하고
⁸ 이에 솔로몬에게 사람을 보내어 이르되 당신이 사람을 보내어 하신 말씀을
내가 들었거니와 내 백향목 재목과 잣나무 재목에 대하여는 당신이 바라시
는 대로 할지라 ⁹ 내 종이 레바논에서 바다로 운반하겠고 내가 그것을 바다
에서 뗏목으로 엮어 당신이 지정하는 곳으로 보내고 거기서 그것을 풀리니
당신은 받으시고 내 원을 이루어 나의 궁정을 위하여 음식물을 주소서 하고
¹⁰ 솔로몬의 모든 원대로 백향목 재목과 잣나무 재목을 주매 ¹¹ 솔로몬이 히
람에게 그의 궁정의 음식물로 밀 이만 고르와 맑은 기름 이십 고르를 주고
해마다 그와 같이 주었더라 ¹² 여호와께서 그의 말씀대로 솔로몬에게 지혜를
주신 고로 히람과 솔로몬이 친목하여 두 사람이 함께 약조를 맺었더라

저자는 다윗과 두로의 왕 히람이 오래전부터 좋은 관계에 있었다고
한다(1절; cf. 삼하 5:11). 히람이 다윗을 "사랑했다"는 것은 이 둘 사이
에 우호적인 언약이 체결된 적이 있었음을 의미한다(Patterson & Austel,
Brueggemann, Sweeney). 두로는 주로 무역을 하는 나라여서 당시 가장 큰
배를 타고 아프리카에서 유럽을 왕래하며 교역을 했다(ABD, cf. Bright).

두로는 반(半)이 뭍에 있고, 반이 섬에 있던 도시 국가였다. 그러므로 외부의 침략이 있을 경우 뭍에 있는 도시를 버리고 섬으로 옮겨가 살았다. 그들은 섬에 있으면서도 얼마든지 아프리카, 이집트와 유럽을 왕래하며 물건을 사고 팔 수 있었다. 이러한 두로를 완전하게 굴복시킨 사람은 알렉산더 대왕이 유일하다. 그는 주전 333년에 뭍에 있는 두로를 파괴하고 거기서 생산된 폐 건축물을 가지고 약 800미터 떨어진 섬까지 길을 놓았다. 이렇게 해서 두로는 나라가 세워진 이후 처음으로 온전히 망하게 된 것이다. 그 이후 두로의 뭍과 섬 사이에 많은 모래가 쌓여 이 지역을 반도(peninsula)로 만들었다(Konkel). 그래서 오늘날에는 섬마저도 육지가 되어 있다.

두로의 왕 히람이 솔로몬이 다윗의 대를 이어 왕이 되었다는 소식을 듣고 사신을 보내어 그동안 선친과 맺었던 좋은 관계를 지속하자고 제안했다(1절). 히람은 어떤 사람이었는가? 그는 다윗의 노년기에 페니키아의 수도 두로의 왕이었으며, 솔로몬이 노련한 왕이 될 때까지 30여 년을 통치했던 사람이다(Bright). 그의 통치 연대는 주전 970-936년 정도로 추측이 되며 아버지 아비바알(Abibaal)에게서 왕권을 계승 받았다(Katzenstein, cf. Sweeney). 히람이 솔로몬에게 사람을 보낸 것과 솔로몬이 그에게 성전 건축에 필요한 재료를 조달해 달라고 부탁한 데는 그럴만한 이유가 있다.

이때 두로를 포함한 가나안 전 지역이 솔로몬의 통치 아래 있었다(cf. 9:19). 그러므로 히람은 두로의 평안을 위해서뿐만 아니라 가나안 지역의 상권을 따내려면 당연히 솔로몬에게 잘 보여야 한다. 게다가 이스라엘은 두로의 경쟁자를 없애준 고마운 나라이기도 하다. 블레셋 사람들은 원래 해적의 후손으로, 바다에서 막강한 힘을 발휘했다(ABD). 그런데 그들을 정복하여 힘을 못쓰게 한 사람이 누군가? 바로 다윗이다. 그러므로 두로의 입장에서는 이스라엘이 항상 고마운 나라였던 것이다(cf. Konkel). 히람은 여러 가지 이유에서 다윗의 아들 솔로몬과도 관계를 잘 유지할 필요가 있었다.

솔로몬이 히람에게서 얻을 것은 무엇이 있었는가? 이미 언급한 것처럼 두로는 아프리카, 이집트, 가나안, 지중해 연안의 유럽 등지를 돌아다니며 무역을 하던 나라였다. 두로는 세상의 가장 진귀한 것들을 얼마든지 구할 수 있는 능력을 가지고 있었다. 솔로몬은 여호와의 성전과 자신의 궁을 건축하는 일에 있어서 세상의 가장 진귀한 것들을 사용하고자 한다. 그렇다면 그는 국제적인 무역 국가인 두로의 히람 왕의 도움을 받아야 한다. 또한 두로는 대륙을 오가면서 무역을 하는 나라이기에, 성전을 건축하는데 필요한 최첨단 기술 또한 얼마든지 구해 제공할 수 있다.

솔로몬은 화답의 편지를 보내 자초지종을 설명하고 여호와의 성전을 건축하는 것을 도와달라고 했다. 솔로몬은 아버지 다윗이 성전 건축을 염원했지만 그의 시대에는 전쟁이 끊이지 않았기 때문에(cf. 삼하 7:10-11; 8:1-14; 10-11; 12:26-31; 15-20) 현실적으로 불가능했고, 지금은 사방으로 평안이 있으니 성전 건축을 할만한 시기라고 했다(3-4절). 솔로몬은 또한 자신이 성전을 건축하는 것이 여호와 하나님의 말씀을 성취하는 것이라고도 했다(5절). 그러므로 솔로몬은 히람에게 전에 그가 다윗의 왕궁을 건축하는 일에 도움을 준 것처럼(삼하 5:11) 자기를 도와달라고 부탁한다. 특히 성전을 건축할 때 사용될 레바논의 백향목을 베어달라고 한다(6절). 백향목은 최고 30미터까지 자라는 나무였으며 향기로운 냄새로 인해 건축자재로 각광받는 나무였다(Konkel).

솔로몬은 품삯은 얼마든지 히람이 정하는 대로 지불할 것이며 이스라엘 사람들이 두로 사람들과 함께 일할 수 있도록 하겠다고도 했다. 그는 속국이라고 해서 두로를 착취할 생각을 하지 않는다. 솔로몬이 자신의 통제 아래 있는 속국의 왕을 이렇게 신사적으로 대하는 것은 역시 그가 국가를 경영하는 것, 국제 정세와 관계를 완만하게 유지하는 것 등에서 다분히 지혜로움을 시사한다(Long). 오늘날 국제 사회도 이런 마음을 가진 강대국 리더들이 많이 필요하다.

솔로몬의 편지를 받은 히람은 매우 기뻐했다(7절). 그는 백향목뿐만 아니라 잣나무까지 제공하겠다고 한다. 구체적으로 어떻게 이 목재들을 인수인계할 것인가에 대해서도 제안을 했다. 이 과정에서 히람은 솔로몬의 원래 제안을 거부하고 새로운 제안을 했다. 솔로몬은 원래 이스라엘 사람과 두로 사람이 함께 일할 수 있도록 하자고 했다. 솔로몬의 제안이 경비를 줄여보겠다는 의지에서 비롯된 것인지, 아니면 두로 사람들에게서 벌목하는 기술을 배워보겠다는 취지에서 비롯된 것인지 알 수 없다.

솔로몬의 제안을 들은 히람은 자기 사람들이면 벌목에 충분할 뿐만 아니라 베어낸 나무들을 뗏목으로 엮어 솔로몬이 지정하는 항구까지 운반해 주겠다고 한다. 이 제안을 통해 히람은 두 가지를 노리고 있는 듯하다. 첫째는 자신의 영토에 외국인들이 들어오는 것을 막는다는 것이다. 둘째는 이스라엘의 영토까지 뗏목을 끌고 와 양도해 줌으로써 두로의 이익은 극대화 시키겠다는 것이다.

히람은 솔로몬의 "정하는 대로 종들의 품삯을 주겠다"는 제안(6절)에도 대안을 제시했다. 히람은 종들의 품삯 대신 자신의 왕실에서 쓸 "식품"을 제공해 달라고 했다(9절). 히람의 이 제안 역시 표면적으로는 별 것 아닌 것 같지만 내면적으로는 솔로몬에 대한 상당한 경계심이 내포되어 있다. 만일 솔로몬이 히람의 일꾼들에게 품삯을 준다면 그들이 과연 누구의 일꾼들이 되는가? 두로 사람들이 솔로몬의 일꾼이 되는 상황이 벌어질 수 있다. 이러한 상황에서 만일 일꾼들이 히람파와 솔로몬파로 갈린다면 히람의 통치권이 위협받을 수 있는 상황이다. 그러므로 히람은 솔로몬에게 일꾼들의 품삯은 걱정하지 말고 오히려 자기 왕궁에서 먹을 음식을 조달해 달라고 한다. 비록 평범한 서신교환이 두 사람 사이에 오가는 것 같지만, 고도의 정치적·외교적 계산이 밑에 깔려있다. 잠시 후 기록되어 있는 솔로몬의 행위를 보라(13-14절).

서로 합의한 대로 히람은 솔로몬이 원하는 만큼 백향목과 잣나무를 보내 주었고(10절), 솔로몬은 매년 히람에게 왕실에서 쓸 것으로 밀 2

207

만 섬(בכ)과 짜낸 기름(שֶׁמֶן כָּתִית) 20섬(בכ)을 보냈다(11절). 짜낸 기름은 특별한 가공을 통해서 얻어진 기름으로 매우 귀하고 값비싼 것이었다. 보통 올리브 기름은 힘으로 짓이겨서 얻는 반면, 짜낸 기름(שֶׁמֶן כָּתִית)은 떫고 씁쓸한 맛을 주는 씨앗을 깨지 않기 위해 살살 빻아 끓인다. 끓이면 기름이 위에 떠오르는데, 이것을 채취해서 식힌 것이 바로 짜낸 기름이다(Konkel). 이 기름은 질이 좋아서 매우 비싼 값에 팔렸으며 성경에서는 장막의 불을 켜는 일과 제사용 과자를 만드는 데 사용했다(cf. 출 27:20; 29:40; 민 28:5).

솔로몬이 히람에게 준 것들은 두로에서 생산되지 않는 것들이다(Walsh). 기름의 양에 관해 번역본들이 차이를 보이고 있다. 마소라 사본은 분명히 솔로몬이 기름 20섬(עֶשְׂרִים כֹּר שֶׁמֶן)을 준 것으로 기록하고 있다. 반면에 칠십인역에는 2만 섬(εἴκοσι χιλιάδας βεθ)을 준 것으로 되어 있으며 역대하 2:10도 이렇게 기록하고 있다. 그래서 NIV, TEV 등은 2만 섬으로, NAS, NRS, JPS 등은 20섬으로 번역한다. 현실적으로 20섬은 너무 적고, 2만 섬은 지나치게 많다. 하여튼 솔로몬은 매우 많은 양의 음식을 매년 히람에게 주었던 것만은 확실하다.

이렇게 해서 히람과 솔로몬 사이에는 상부상조하는 관계가 형성되었고 그들 사이에는 평화(שָׁלוֹם)가 있었다(12절). 그리고 그들은 언약(בְּרִית)을 맺기도 했다. 훗날 아모스 선지자는 두로가 이 언약을 어기고 이스라엘 사람들을 잡아다 에돔에 팔아 넘긴 일을 맹렬하게 비난한다(cf. 암 2장). 저자는 이처럼 이스라엘과 두로 사이에 평화가 있어 좋은 관계가 유지될 수 있었던 것은 하나님이 솔로몬에게 지혜를 주셨기 때문이라고 평가한다. 그러나 저자의 이 같은 평가가 사실인지, 아니면 비아냥대는 소리인지 생각해보아야 한다. '이게 고작 솔로몬의 지혜다!'라는 의미를 지닐 수 있기 때문이다.

사실적인 선언문으로 받아들이기에는 두 가지 문제가 있다. 첫째, 4장에서 솔로몬의 쓸 것이 백성들에게서 거두어들인 세금뿐만 아니라 그의 통치 아래 있는 이방 나라들의 조공으로 충당되었다고 했다(4:7; 4:21-22). 그런데 지금 솔로몬은 히람에게 마치 조공을 바치듯 매년 많은 물질을 보내고 있다. 둘째, 솔로몬이 히람에게 보내는 곡물의 양이 지나치게 많다는 것이다. 솔로몬이 자신의 제국 전체에서 거두어들인 수입이 매년 3만 3천 섬의 밀가루였다(4:22). 그런데 그는 매년 2만 섬을 히람에게 주고 있다. '지혜로운' 솔로몬이 협상을 잘못했던 것이다(Walsh, cf. Provan).

(2) 솔로몬의 일꾼 징집(5:13-18[27-32])

¹³ 이에 솔로몬 왕이 온 이스라엘 가운데서 역군을 불러일으키니 그 역군의 수가 삼만 명이라 ¹⁴ 솔로몬이 그들을 한 달에 만 명씩 번갈아 레바논으로 보내매 그들이 한 달은 레바논에 있고 두 달은 집에 있으며 아도니람은 감독이 되었고 ¹⁵ 솔로몬에게 또 짐꾼이 칠만 명이요 산에서 돌을 뜨는 자가 팔만 명이며 ¹⁶ 이 외에 그 사역을 감독하는 관리가 삼천삼백 명이라 그들이 일하는 백성을 거느렸더라 ¹⁷ 이에 왕이 명령을 내려 크고 귀한 돌을 떠다가 다듬어서 성전의 기초석으로 놓게 하매 ¹⁸ 솔로몬의 건축자와 히람의 건축자와 그발 사람이 그 돌을 다듬고 성전을 건축하기 위하여 재목과 돌들을 갖추니라

솔로몬은 전국에서 3만 명의 일꾼을 징집했다(13절). 그는 이 사람들이 한 달은 레바논에서 일을 하게 했고, 두 달은 본국에서 일하게 했다(14절). 이 일을 관리하는 총 책임자는 아도니람이었다(14절; cf. 4:6). 그는 또한 15만 명을 추가로 징집하여 7만 명은 짐을 운반하도록 했고, 8만 명은 산에서 채석하도록 했다(15-17절). 역대하 2:17-18은 이 15만 명이 이방인들이었다고 기록한다. 이미 언급한 것처럼 다윗도 인력을

강제로 징집하여 사용한 적이 있다. 그러나 규모에 있어서 솔로몬의 강제 징집은 훨씬 더 엄청나다. 성전과 궁전이 화려할수록 더 많은 사람들이 희생해야 하는 것이다(Patterson & Austel).

이 인력을 감독하는데 3,300명의 책임자가 필요했고(16절) 책임자들을 관리하는 인원도 550명에 달했다(9:23). 같은 일을 회고하면서 역대하 2:2, 18(cf. 칠십인역)은 3,600명의 책임자와 250명의 관리 책임자를 언급한다(대하 8:10). 열왕기와 역대기의 차이를 어떻게 설명할 것인가? 두 세트의 숫자를 더하면 같다. 열왕기는 3,300명의 책임자와 550명의 관리 책임자 등 총 3,850명을 언급한다. 역대기도 3,600명의 책임자와 250명의 관리 책임자 등 총 3,850명을 언급한다. 그러므로 이 둘의 차이는 계급체계에 있어서 어디까지를 관리인으로, 어디서부터 관리 책임자로 취급할 것인가의 차이인 것이다(Keil). 역대기 저자는 열왕기보다 더 높은 계급에 속한 사람들을 관리 책임자로 규명하고 있다.

성전 건축에 사용될 돌과 나무에 대한 마무리 작업은 솔로몬의 기술자들, 히람의 기술자들, 그리고 그발 사람들(הַגִּבְלִים)이 맡았다(18절). 그발은 페니키아의 항구 도시였던 비브로스(Byblos)를 뜻하며 여호수아 13:5, 에스겔 27:9 등에서도 언급된다. 기록에 의하면 비브로스는 솔로몬 시대 때에도 독립을 누리는 도시 국가였다. 그러므로 솔로몬이 이들과 따로 계약을 체결했을 것이라는 추측이 있다(Cogan).

솔로몬이 징집한 일꾼들의 정체에 관해서 논란이 많다. 이들이 이스라엘 사람들이었는가, 아니면 가나안 사람들이었는가 하는 문제이다. 열왕기상 9:20-22에 이렇게 기록되어 있다. "이스라엘 자손이 아닌 아모리 사람과 헷 사람과 브리스 사람과 히위 사람과 여부스 사람 가운데서 살아남은 백성이 있었다. 솔로몬은 그들을 노예로 삼아서, 강제 노역에 동원하였다. 그들은, 이스라엘 자손이 다 진멸할 수 없어서 그 땅에 그대로 남겨 둔 백성들이었다. 그래서 그들은 오늘날까지도 노예로 남아 있다. 그러나 솔로몬은, 이스라엘 사람 가운데서는, 어느 누구도 노예로 삼지 않았다. 이스라엘 사람은 군인, 신하, 군사령관, 관리 병거대 지휘관, 기병대원이 되었다"(새번역). 그렇다면 솔로몬이 이스라엘 전국(מִכָּל־יִשְׂרָאֵל)에서 일꾼들을 모집했다는 본문을 어떻게 이해해야 하는가?

일부 학자들은 본문(5:13)과 9:20-22은 결코 합리적으로 설명이 될 수 없는 모순이라고 주장한다(Gray, Skinner, Matheney). 반면에 다른 학자들은 두 곳에서 사용되는 용어가 다르다는 점에 근거하여 둘이 합리적으로 설명될 수 있다고 생각한다(Keil, Patterson & Austel, Jones). 저자는 5:13에서 솔로몬이 징집한 이스라엘 사람들을 단순히 일꾼(מַס)이라 한다. 반면에 9:20-22에서는 징집된 가나안 사람들을 노예 일꾼(מַס־עֹבֵד)이라 한다. 이들의 주장에 의하면 온 이스라엘에서 징집된 일꾼들(מַס)은 일년에 3개월만 일하고 나머지 기간에는 집으로 돌아갈 수 있었고, 가나안 사람들에게서 징집된 노예 일꾼들(מַס־עֹבֵד)은 일년 내내 강제 노동에 시달렸다는 것이다. 그러나 문제는 이 표현이 사용되는 성경의 다른 예들(수 16:10; 삿 1:30, 33, 35; cf. 왕상 9:21과 대하 8:8비교)을 살펴보면 이러한 차이가 없다는 것이다(Cogan). 어떤 결론을 내리든 간에 많은 사람들이 성전 건축을 위해 착취당하고 있다.

히람은 이미 이스라엘 사람들의 도움 없이 백향목과 잣나무를 벌목하여 이스라엘의 항구까지 운반해주겠다고 했다(9절). 그런데 솔로몬이 만 명이나 되는 일꾼들을 교체해가며 레바논에 보낸 것은 무엇을 의미하는가? 두 가지 해석이 가능하다. 첫째, 솔로몬이 히람의 제안의 일부를 무시하고 자신이 원하는 대로 사람들을 보냈다는 것이다. 이 경우 비록 솔로몬이 히람과 동등한 자격으로 계약을 체결했지만, 자신이 군주이고, 히람이 종속자라는 것을 드러내는 일이다(Provan). 둘째, 식량 공급에 대한 조건이 첨부된 계약(11절)이 이미 체결된 상태에서 솔로몬이 일꾼들을 보낸 것이다. 이 해석에 따르면 솔로몬이 합의한 계약은 우리가 생각한 것보다 더 못하다. 돈은 돈대로 주고, 거기에 일꾼들을 추가로 보내주는 바보짓을 하고 있는 것이다(Walsh). 어떻게 생각하든 간에 일부 학자들이 솔로몬의 '지혜'를 바라보는 시선이 곱지 않다(cf. Fretheim). 그는 하나님께 큰 지혜를 선물로 받았지만, 그 지혜를 백성들을 억압하고 착취하는데 사용하고 있다. 또한 그의 지혜는 종속자인 히람에게 좋은 조건의 계약을 끌어내는 일에 완전히 실패하게 했다.

II. 솔로몬의 통치(3:1–11:43)
　　C. 솔로몬의 경건한 업적(5:1–7:51)

2. 솔로몬이 성전을 건축함(6:1–38)

솔로몬이 성전을 건축하면서 어떻게 필요한 자재들을 두로 사람들에게 공급받았는가를 설명한 저자는 이제 실제 건축 과정을 설명한다. 고대 왕들은 건축 프로젝트, 특히 자신들이 숭배하는 신들의 신전을 건축하는 것으로 자신들의 부와 위상을 과시했다(Patterson & Austel). 나라가 평안하고 풍요롭지 못하면 건축 사업은 아예 계획조차 할 수 없었던 것이 당시 정서였기 때문이다. 그러므로 고대 사회에서 왕이 신전을 건축한다는 것은 그가 통치를 잘하여 태평성대를 이루고 있다는 것을 상징했다.

　솔로몬에게도 가장 중요한 일이 바로 성전 건축이다. 그가 성전을 건축한다는 것은 곧 그의 통치가 매우 안정적이며 백성은 평안과 풍요를 누리고 있음을 전제한다. 이 사실에서 사역자들은 교훈을 얻어야 한다. 오늘날 많은 사역자가 성도의 삶이 힘들고 어려운데도 상관하지 않고 무리하게 예배당 건축과 증축을 밀어붙인다. 한 번 더 신중하게 생각해야 한다. 하나님은 솔로몬이 태평성대를 이룩하여 모든 백성이 평안하고 풍요를 누릴 때까지 기다리셨다가 성전 건축을 허락하셨다. 비록 솔로몬이 주님을 위해서 성전을 건축한다고는 하지만, 사실 이 건축물은 솔로몬과 그의 백성을 위한 것이지 하나님을 위한 것이 아니다. 왜냐하면 하나님은 법궤가 천막에 있건 화려한 성전에 있건 상관없이 주의 백성과 함께하실 것이기 때문이다. 솔로몬이 건축한 성전이 어떠했는가를 설명하는 본 텍스트는 다음과 같이 구분된다.

　　A. 성전의 전경(6:1-10)
　　　　B. 하나님의 격려와 약속(6:11-13)
　　A′. 성전의 내부 장식(6:14-38)

> II. 솔로몬의 통치(3:1-11:43)
> 　C. 솔로몬의 경건한 업적(5:1-7:51)
> 　　2. 솔로몬이 성전을 건축함(6:1-38)

(1) 성전의 전경(6:1-10)

[1] 이스라엘 자손이 애굽 땅에서 나온 지 사백팔십 년이요 솔로몬이 이스라엘 왕이 된 지 사 년 시브월 곧 둘째 달에 솔로몬이 여호와를 위하여 성전 건축하기를 시작하였더라 [2] 솔로몬 왕이 여호와를 위하여 건축한 성전은 길이가 육십 규빗이요 너비가 이십 규빗이요 높이가 삼십 규빗이며 [3] 성전의 성소 앞 주랑의 길이는 성전의 너비와 같이 이십 규빗이요 그 너비는 성전 앞에서부터 십 규빗이며 [4] 성전을 위하여 창틀 있는 붙박이 창문을 내고 [5] 또 성전의 벽 곧 성소와 지성소의 벽에 연접하여 돌아가며 다락들을 건축하되 다락마다 돌아가며 골방들을 만들었으니 [6] 하층 다락의 너비는 다섯 규빗이요 중층 다락의 너비는 여섯 규빗이요 셋째 층 다락의 너비는 일곱 규빗이라 성전의 벽 바깥으로 돌아가며 턱을 내어 골방 들보들로 성전의 벽에 박히지 아니하게 하였으며 [7] 이 성전은 건축할 때에 돌을 그 뜨는 곳에서 다듬고 가져다가 건축하였으므로 건축하는 동안에 성전 속에서는 방망이나 도끼나 모든 철 연장 소리가 들리지 아니하였으며 [8] 중층 골방의 문은 성전 오른쪽에 있는데 나사 모양 층계로 말미암아 하층에서 중층에 오르고 중층에서 셋째 층에 오르게 하였더라 [9] 성전의 건축을 마치니라 그 성전은 백향목 서까래와 널판으로 덮었고 [10] 또 온 성전으로 돌아가며 높이가 다섯 규빗 되는 다락방

213

을 건축하되 백향목 들보로 성전에 연접하게 하였더라

솔로몬은 히람과 협력하여 준비한 모든 목재들과 석재들의 작업이 끝난 후 성전을 건축하기 시작했다. 저자는 이때가 이스라엘이 출애굽한 지 480년째 되던 해이며 솔로몬이 통치하기 시작한 지 4년째 되던 해라고 기록하고 있다(1절). 저자가 이 정보를 제공하는 것은 출애굽 사건과 성전 건축 사업을 의도적으로 연결하기 위해서이다. 출애굽 사건은 이스라엘 국가의 시작이었으며, 성전 건축은 이스라엘 역사의 절정이었다는 것이다(Japhet). 고대 사회에서 중요한 건물 프로젝트를 오래전의 역사적 사건과 연관시키는 것은 흔히 있었던 일이다(Wiseman).

대체로 학자들은 솔로몬 즉위 4년(966 BC경)에 공사가 시작되었다는 것에는 별다른 이견을 제시하지 않는다. 심지어는 다윗과 솔로몬이 잠시 섭정을 했다는 점을 감안할 때, 솔로몬이 즉위 4년에 공사를 시작했다는 것은 그의 독립적인 통치가 시작된 이후 곧장 성전 공사를 시작했다는 것을 강조하여 솔로몬의 믿음을 부각하고 있다는 긍정적인 평가를 하기도 한다(Hurowitz).

그러나 480년에 대하여는 의견이 분분하다. 주전 15세기 중반(1447 BC경) 출애굽설을 주장하는 사람들은 이 숫자가 반올림된 숫자이며 실제적인 연대에 매우 근접해 있다고 해석한다(Patterson & Austel, cf. Thile). 반면에 13세기 출애굽설을 주장하는 사람들은 이 숫자가 실제가 아니라 상징적인 의미를 지닌 숫자라고 주장한다(cf. Fretheim). 이렇게 해석할 경우 이스라엘의 12지파에 한 세대를 상징하는 40년이 곱해서 얻은 숫자라는 것이 가장 유력한 설이다(cf. Japhet). 일부 학자들은 열왕기에 제시된 각 왕의 통치 연대를 종합하여 솔로몬 성전의 완공에서 바빌론에서 돌아온 귀향민들이 성전을 재건하기 위해 제단을 쌓은 때까지를 480년이라고 하기도 한다(Blenkensopp).

여기에 문제를 더하는 것은 칠십인역은 마소라 사본에서 발견되는 몇 구절이 누락되었고, 텍스트의 순서도 재구성하고 있다는 사실이다. 디브리스(DeVries)는 이러한 상황을 다음과 같이 요약한다. "11-13, 18, 21a, 22a, 31b-33a, 38b절 등이 누락되었으며, 마소라 텍스트의 순서를 1, 6-7, 9-15, 8, 16-34, 4-5절 등의 순서로 재편성했다." 뿐만 아니라 칠십인역은 출애굽 때부터 공사 시작까지를 480년이 아니라 440년(ἐν τῷ τεσσαρακοστῷ καὶ τετρακοσιοστῷ ἔτει)으로 기록하고 있다. 440년은 아론에서 사독 제사장까지가 11세대(cf. 대상 5:29-34)라는 점에서 비롯된 것으로 해석하기도 한다(Cogan). 한 가지 확실한 것은 저자가 출애굽 사건에 성전 건축을 연관시키는 것은 하나님이 이스라엘에게 약속의 땅을 주셨음을 다시 한 번 증명한다(Keil, cf. Fretheim). 이스라엘이 하나님이 출애굽 사건을 통해 그들에게 약속의 땅을 주신 것에 대한 감사의 표시로 하나님의 성전을 건축하고 있다는 것이다.

저자는 2-10절에서 성전의 구조를 설명한다. 한 규빗을 45센티미터로 계산할 때, 성전은 가로 27미터(=60규빗), 너비 9미터(=20규빗), 높이 13.5미터(=30규빗)에 달했다(2절). 성막의 길이가 30규빗(=13.5미터), 너비가 10규빗(=4.5미터)였던 점을 감안하면 성전의 가로와 세로는 정확히 성막의 2배가 되며, 면적으로는 4배가 된다. 오늘날의 기준에 의하면 그리 크지 않은 공간이라는 것을 알 수 있다.

성전의 본당 앞에는 현관이 있었는데 이 현관의 길이는 성전의 너비인 9미터와 같았고 4.5미터를 달아냈다고 한다(3절, 새번역). 성전은 3층으로 된 건물이었다(6절). 일부 학자들은 솔로몬의 성전이 3층으로 지어진 것은 당시 가나안과 시리아 사람들의 신전에서 영향을 받은 것이라고 하지만, 아직까지 솔로몬의 성전과 비슷한 구조를 지닌 신전이 발굴된 적은 없다(Jones). 어떤 사람은 솔로몬이 이미 존재하던 여부스 족의 신전을 개조한 것이라고 하지만, 이 같은 주장 역시 전혀 설득력을 얻지 못한다(DeVries).

성전 전체에 돌아가면서 방들이 있었다(10절). 아마도 제사장들이 사용하는 방들이었을 것이다. 즉, 성전은 매우 아름답고 정교했지만, 동시에 기능적이었다. 훗날 에스겔이 환상에서 본 성전도 제사장들의 방으로 둘러싸여 있다. 성전 건축에 사용된 돌은 채석장에서 이미 디자인하고 다듬어서 사용하였으므로 망치나 정 등, 쇠로 만든 어떠한 연장 소리도 성전 터에서는 들리지 않았다고 한다(7절). 일부 학자들은 솔로몬이 쇠 연장을 사용하지 않은 것은 이스라엘 사람들이 오랫동안 철연장을 금기시해왔기 때문이라고 하지만(Gray, Jones), 큰 설득력은 없으며 성전을 건축하면서 최첨단 공법을 사용한 사실을 강조하는 것으로 해석하는 것이 바람직하다.

성전은 완벽한 대칭을 이루는 구조를 지님으로써 질서와 안정감을 주는 건물이다(Brueggemann). 고대 근동 신화들은 흔히 세상을 위협하는 원초적인 무질서에 대한 이야기를 하는데, 여호와가 거하실 성전은 완전한 질서와 평안을 주는 구조를 지님으로써 이 같은 무질서와 대조를 이룬다. 솔로몬은 이같이 완벽한 성전을 건축하기 위해 돈을 아끼지 않고 가장 좋은 자재들을 사용하여 가장 훌륭한 성전을 지었다. 또한 그는 당시 최고의 공법을 사용하여 성전을 건축함으로써 공사장에서 망치와 그 외 쇠 연장 소리가 들리지 않게 했다. 고풍 있는 자태를 뽐내는 성전의 품위에 어울리는 공법이다(Brueggemann). 하나님의 위대하심에 걸맞는 건물을 지으려고 노력했던 것이다.

(2) 하나님의 격려와 약속(6:11-13)

[11] 여호와의 말씀이 솔로몬에게 임하여 이르시되 [12] 네가 지금 이 성전을 건축하니 네가 만일 내 법도를 따르며 내 율례를 행하며 내 모든 계명을 지켜

그대로 행하면 내가 네 아버지 다윗에게 한 말을 네게 확실히 이룰 것이요 [13] 내가 또한 이스라엘 자손 가운데에 거하며 내 백성 이스라엘을 버리지 아니 하리라 하셨더라

솔로몬이 성전 건축을 시작하자 하나님이 그에게 말씀하셨다. 새로운 내용은 이스라엘 백성들과 함께하시며 그들을 결코 버리지 않으시겠다는 하나님의 다짐이다(13절). 하나님은 여기에 이미 솔로몬에게 말씀하셨던 내용을 더하신다. "네가 내 법도와 율례를 따르고, 또 나의 계명에 순종하여, 그대로 그것을 지키면, 내가 네 아버지 다윗에게 약속한 바를 네게서 이루겠다"(12절, 새번역). 이 말씀은 이미 하나님이 기브온 산당에서 솔로몬의 꿈에 나타나셔서 하신 말씀과 비슷하다(3:14). 또한 다윗도 솔로몬에게 비슷한 권면을 한 적이 있다(왕상 2:1-4).

이 시점에 이미 말씀하신 내용이 반복되는 의미는 무엇일까? 첫째, 솔로몬과 이스라엘의 성공 여부는 여호와와의 언약을 신실하게 지키는데 달려있다는 점을 강조하고자 한다(House). 이스라엘이 여호와께 불순종하면 위대한 왕과 위대한 건물은 언제든지 대체될 수 있다는 점을 상기시키는 것이다. 둘째, 성전이 하나님-인간 관계를 대신할 수는 없다. 솔로몬이 아무리 영화롭고 아름다운 성전을 지어 하나님께 헌당한다 할지라도 그 건물이 결코 하나님과 이스라엘, 혹은 하나님과 솔로몬의 관계에 어떠한 부분도 대신할 수 없다는 점을 강조하고자 하는 것이다(Provan). 성전을 건축하기 전이나 후나 하나님과 솔로몬을 포함한 이스라엘의 관계는 변한 것이 없다. 물론 성전이 완공되면 이스라엘은 조금씩 이러한 사실을 잊게 되어 결국에는 성전이 하나님의 임재보다 더 중요하다고 생각하는 오류에 빠져 성전을 액땜하는 부적처럼 간주한다(cf. 렘 7:1-34). 일부 주석가들은 본문의 역할이 앞으로 솔로몬이 실패할 것을 예고하는 것이라고 한다(Sweeney). 성전 건축이 한참 진행되는 과정에서 이 같은 경고가 주어지는 것은 불안한 미래에 대해 경각심을 주기 위해서이다.

(3) 성전의 내부 장식(6:14–38)

[14] 솔로몬이 성전 건축하기를 마치고 [15] 백향목 널판으로 성전의 안벽 곧 성전 마루에서 천장까지의 벽에 입히고 또 잣나무 널판으로 성전 마루를 놓고 [16] 또 성전 뒤쪽에서부터 이십 규빗 되는 곳에 마루에서 천장까지 백향목 널판으로 가로막아 성전의 내소 곧 지성소를 만들었으며 [17] 내소 앞에 있는 외소 곧 성소의 길이가 사십 규빗이며 [18] 성전 안에 입힌 백향목에는 박과 핀 꽃을 아로새겼고 모두 백향목이라 돌이 보이지 아니하며 [19] 여호와의 언약궤를 두기 위하여 성전 안에 내소를 마련하였는데 [20] 그 내소의 안은 길이가 이십 규빗이요 너비가 이십 규빗이요 높이가 이십 규빗이라 정금으로 입혔고 백향목 제단에도 입혔더라 [21] 솔로몬이 정금으로 외소 안에 입히고 내소 앞에 금사슬로 건너지르고 내소를 금으로 입히고 [22] 온 성전을 금으로 입히기를 마치고 내소에 속한 제단의 전부를 금으로 입혔더라 [23] 내소 안에 감람나무로 두 그룹을 만들었는데 그 높이가 각각 십 규빗이라 [24] 한 그룹의 이쪽 날개도 다섯 규빗이요 저쪽 날개도 다섯 규빗이니 이쪽 날개 끝으로부터 저쪽 날개 끝까지 십 규빗이며 [25] 다른 그룹도 십 규빗이니 그 두 그룹은 같은 크기와 같은 모양이요 [26] 이 그룹의 높이가 십 규빗이요 저 그룹도 같았더라 [27] 솔로몬이 내소 가운데에 그룹을 두었으니 그룹들의 날개가 퍼져 있는데 이쪽 그룹의 날개는 이쪽 벽에 닿았고 저쪽 그룹의 날개는 저쪽 벽에 닿았으며 두 날개는 성전의 중앙에서 서로 닿았더라 [28] 그가 금으로 그룹을 입혔더라 [29] 내외소 사방 벽에는 모두 그룹들과 종려와 핀 꽃 형상을 아로새겼고 [30] 내외 성전 마루에는 금으로 입혔으며 [31] 내소에 들어가는 곳에는 감

람나무로 문을 만들었는데 그 문인방과 문설주는 벽의 오분의 일이요 [32] 감
람나무로 만든 그 두 문짝에 그룹과 종려와 핀 꽃을 아로새기고 금으로 입
히되 곧 그룹들과 종려에 금으로 입혔더라 [33] 또 외소의 문을 위하여 감람나
무로 문설주를 만들었으니 곧 벽의 사분의 일이며 [34] 그 두 문짝은 잣나무라
이쪽 문짝도 두 짝으로 접게 되었고 저쪽 문짝도 두 짝으로 접게 되었으며
[35] 그 문짝에 그룹들과 종려와 핀 꽃을 아로새기고 금으로 입히되 그 새긴
데에 맞게 하였고 [36] 또 다듬은 돌 세 켜와 백향목 두꺼운 판자 한 켜로 둘러
안뜰을 만들었더라 [37] 넷째 해 시브월에 여호와의 성전 기초를 쌓았고 [38] 열
한째 해 불월 곧 여덟째 달에 그 설계와 식양대로 성전 건축이 다 끝났으니
솔로몬이 칠 년 동안 성전을 건축하였더라

새번역 등은 14절을 앞부분과 연결하여 13절에 붙이지만(cf. Walsh),
대부분의 번역본들과 학자들은 뒷부분과 연결한다(NIV, NRS, Provan,
House). 큰 의미적 차이는 없다. 그러나 14절이 15-38절의 요약문의
역할을 하는 듯하다. 그러므로 뒷부분과 연결하는 것이 더 바람직하
다. 저자는 앞부분(2-10절)에서 성전의 구조와 외형적인 것에 치중하여
설명했다. 이제 그는 관심을 성전의 내부 장식들에 돌린다.

성전 내부의 벽은 백향목으로, 바닥은 잣나무로 마무리했으며 내부
에는 그 어디에도 돌이 보이지 않고 나무만 보였다(15, 18절). 지성소는
전체가 백향목으로 꾸며졌으며, 그 위에 순금을 입힌 길이 9미터, 너
비 9미터의 정사각형 방이었다(16, 20, 21절). 뿐만 아니라 솔로몬은 성
전 내부 전체를 금으로 입혔다(22절). 지성소의 가장 중심에는 4.5미터
높이의 그룹 둘이 날개를 펴고 있었다. 각 날개는 2.25미터, 둘을 합하
면 4.5미터, 두 그룹의 날개 길이를 모두 합하면 9미터에 이르렀다. 방
전체의 너비를 차지한 것이다. 이 그룹들이 에덴 동산의 입구를 막고
에덴을 보호하던 그룹들처럼 성전 안에 안치된 법궤를 보호하는 기능
을 했다(Gray). 더 나아가 그룹들은 하나님의 개인 마차 역할을 하는 것

으로(cf. 삼하 22:8ff.; 시 18:8ff.), 심지어 하나님의 보좌를 상징하기도 한다(Montgomery & Gehman). 한 가지 확실한 것은 성전에 하나님의 임재가 함께한다는 점이다. 하나님이 법궤가 있는 곳에 자신도 머무시기로 작정하신 것이다(House).

성전을 치장하는데 가장 많이 언급되는 것이 금이다. 저자는 20-22절에서 금을 여섯 차례나 언급함으로써 성전의 테마가 황금빛이라는 사실을 강조한다. 모세는 오래전에 성막 기구들을 모두 금으로 만들거나 치장한 적이 있다(출 25:3, 11, 12, 13, 17, 18, 24, 26, 28, 29, 31, 36, 38, 39). 이제 이 기구들이 금으로 장식된 집(성전)에 안치될 것이다. 다양한 금 기구들로 가득하고 순금으로 화려하게 치장된 성전은 위대하신 하나님 여호와가 거하시기에 적합한 곳이다(Brueggemann). 성전을 수놓은 무늬는 그룹, 종려 나무, 활짝 핀 꽃 등이 주류를 이룬다. 이 무늬들이 어떠한 의미를 지녔는가에 대하여는 확실히 밝혀진 바가 없다. 일부에서는 하나님의 풍요로움을 상징하는 것들로 해석한다(Provan).

건축 공사는 솔로몬 즉위 4년 시브월(두 번째 달로 오늘날의 4-5월)에 시작하여 11년 불월(여덟 번째 달로 오늘날의 10-11월)에 끝이 났다(38절). 정확히 7년 반이 걸린 것이다. 통일왕국의 왕이 되기 전에 다윗이 헤브론에서 유다의 왕으로 군림했던 기간도 이와 같다(삼하 5:5). 성전은 솔로몬이 건축한 가장 큰 건물은 아니지만 가장 중요한 건물이었다. 이 건물은 400여 년 동안 존재하다 바빌론의 손에 의하여 주전 586년에 파괴된다. 솔로몬의 파괴된 건물들 중 귀향민들이 돌아와 재건한 유일한 건물이 성전이기도 하다. 그만큼 이 건물은 이스라엘의 종교와 역사에 중요하다.

3. 솔로몬이 왕궁을 건축함(7:1–12)

[1] 솔로몬이 자기의 왕궁을 십삼 년 동안 건축하여 그 전부를 준공하니라 [2] 그가 레바논 나무로 왕궁을 지었으니 길이가 백 규빗이요 너비가 오십 규빗이요 높이가 삼십 규빗이라 백향목 기둥이 네 줄이요 기둥 위에 백향목 들보가 있으며 [3] 기둥 위에 있는 들보 사십오 개를 백향목으로 덮었는데 들보는 한 줄에 열 다섯이요 [4] 또 창틀이 세 줄로 있는데 창과 창이 세 층으로 서로 마주 대하였고 [5] 모든 문과 문설주를 다 큰 나무로 네모지게 만들었는데 창과 창이 세 층으로 서로 마주 대하였으며 [6] 또 기둥을 세워 주랑을 지었으니 길이가 오십 규빗이요 너비가 삼십 규빗이며 또 기둥 앞에 한 주랑이 있고 또 그 앞에 기둥과 섬돌이 있으며 [7] 또 심판하기 위하여 보좌의 주랑 곧 재판하는 주랑을 짓고 온 마루를 백향목으로 덮었고 [8] 솔로몬이 거처할 왕궁은 그 주랑 뒤 다른 뜰에 있으니 그 양식이 동일하며 솔로몬이 또 그가 장가든 바로의 딸을 위하여 집을 지었는데 이 주랑과 같더라 [9] 이 집들은 안팎을 모두 귀하고 다듬은 돌로 지었으니 크기대로 톱으로 켠 것이라 그 초석에서 처마까지와 외면에서 큰 뜰에 이르기까지 다 그러하니 [10] 그 초석은 귀하고 큰 돌 곧 십 규빗 되는 돌과 여덟 규빗 되는 돌이라 [11] 그 위에는 크기대로 다듬은 귀한 돌도 있고 백향목도 있으며 [12] 또 큰 뜰 주위에는 다듬은 돌 세 켜와 백향목 두꺼운 판자 한 켜를 놓았으니 마치 여호와의 성전 안뜰과 주랑에 놓은 것 같더라

이야기의 흐름을 감안할 때, 6장에서 성전의 전체적인 전경을 설명했으니 당연히 성전에서 사용되는 도구들에 대한 설명으로 이어질 것을 기대할 만하다. 그러나 저자는 성전 도구들과 치장들에 대하여는 13절에서부터 다시 이야기하고, 대신 여기에 솔로몬의 궁궐 건축에 대

한 이야기를 삽입하고 있다. 성전 건축이 총 7년 걸렸고 솔로몬 즉위 4년에 시작된 공사였으니(6:37-38), 13년 걸려 완공한 왕궁 건축 이야기는(7:1) 이야기의 진행상 시대적인 순서에 맞지 않다. 즉, 시대적인 순서를 감안할 때, 이 이야기는 헌당식이 거행되는 8장 이후가 적절하다.

그렇다면 저자가 왜 왕궁 건축 이야기를 이 시점에 삽입하여 자연스러운 성전 건축 이야기의 흐름을 막는 것일까? 저자가 자신의 책의 다음 단계로 넘어가기 전에 모든 건축 이야기를 마무리하기 위해서 그렇게 한 것일까? 여러 가지 화려한 치장으로 장식된 거룩한 성전 건축 이야기 속에 별것 아닌 세상적인 건물 건설을 파묻기 위한 것일까? 성전과 왕궁의 벽이 붙어 있다시피 해서 잠시 성전 이야기를 멈추고 그의 왕궁 건축 이야기를 하는 것이라고 할 수 있다(Patterson & Austel, cf. Fretheim). 성전과 왕궁이 같은 장소에 건축된 것은 다윗 왕조와 여호와의 긴밀한 관계를 상징하기도 한다(Sweeney). 그러나 저자가 성전 건축 이야기를 잠시 멈추고 왕궁 건설 이야기를 하는 것은 솔로몬의 마음의 중심이 5:3-6에서 간절히 드렸던 소원 기도와 같지 않다는 사실을 비난하는 것일 가능성이 높다. 실제로 많은 학자들이 이 마지막 해석, 즉 그의 세상적인 관심이 종교적인 열정을 앞섰다는 것으로 간주한다(Provan, House, Walsh, cf Brueggemann). 학자들은 저자도 이러한 사실을 강조하기 위해서, 이 사건의 시대적인 순서를 바꾸기까지 해서 이야기의 자연스러운 흐름을 막고 있는 것이라고 주장한다.

저자는 6장의 마지막 절인 38절에서 솔로몬이 성전을 건축하는데 7년이 걸렸다고 했다. 바로 이어서 저자는 7장의 첫째 절에서 솔로몬이 자신의 궁을 짓는 데는 13년의 공을 들였다고 한다. 이 두 구절의 대조가 솔로몬의 마음의 중심이 어디에 가 있는가를 암시하고 있다(Provan, Walsh, House). 물론 규모를 감안할 때 솔로몬 통치의 핵심이 되는 궁궐이 성전보다 훨씬 더 크고 오래 걸릴 수밖에 없다. 솔로몬이 말년에 거의 파산 지경에 이르게 된 것도 성전 건축 때문이 아니라 자신의 왕궁 건축 때문이었다. 그러나 성전 건축에 소모된 7년에 대한 언급에 왕궁을 건축하는데는 13년이 걸렸다는 말이 곧바로 뒤따른다는 것은 이 둘을 대조하려는 의도가 역력하다.

게다가 8절 후반부에 등장하는 "솔로몬은 이것[재판정]과 같은 궁전을, 그가 결혼하여 아내로 맞아들인 바로의 딸에게도 지어주었다"(새번역)는 말도 역시 시대적으로 한참 후의 일인데 여기에 삽입하고 있다(9:24). 이미 언급한 것처럼 그가 이방 여인, 그것도 이집트의 공주와 결혼한 것(3:1)은 상당히 부정적이고 미래를 불안하게 하는 의미를 지니고 있다. 그런데 솔로몬의 왕궁 건설을 논하고 있는 이곳에서 다시한 번 이 사실이 거론되는 것은 이 이야기 역시 부정적인 의도를 지니고 있음을 재차 확인하고 있는 것이다(Walsh).

솔로몬의 왕궁은 가로 100규빗(=45m), 세로 50규빗(=22.5m), 높이 30규빗(=13.5m)에 달했다. 성전이 가로 60규빗(=27m), 세로 20규빗(=9m), 높이 30규빗(=13.5m)이었던 점을 감안하면, 솔로몬 왕궁의 높이는 성전과 같지만, 면적은 4.2배에 달한다. 그렇다면 솔로몬 궁의 면적은 옛 성막보다 17배 정도 넓다. 솔로몬은 성전을 건축하는데 소요된 기간의 거의 배가 되는 시간을 왕궁 건설에 투자했다(1절). 왕궁의 규모가 그만큼 대단했다는 것이다. 뿐만 아니라 치장도 대단했다. 하나님의 성전은 상당한 양의 백향목을 사용하여 건축되었다(6:9-10, 15-16, 18, 20, 36). 반면에 솔로몬의 궁은 백향목으로 도배를 했다(7:2-3, 7, 11, 12). 얼마나 많은 백향목이 사용되었는지 아예 한 궁은 "레바논의 수풀 궁"(בֵּית יַעַר הַלְּבָנוֹן)이라고 이름했다.

그러나 이렇게 화려한 궁, 레바논으로부터 수입한 목재로 도배된 궁이 고작 방패 및 그릇들을 소장하는 곳에 불과했다!(왕상 10:17, 21). 역시 솔로몬이 여호와의 성전 건축보다는 자신의 궁 건축에 훨씬 더 치중했다는 점을 암시하는 것이다(Provan). 저자는 아울러 화려하고 성대한 왕궁 공사가 결국에는 징집된 노예들의 노동과 무리하게 거두어들인 세금으로 집행되었음을 시사한다(House).

솔로몬의 왕궁은 다섯 개의 주요 건물 및 섹션으로 구성되어 있다. "레바논의 수풀 궁"(2절), 주랑(אוּלָם הָעַמּוּדִים hall of pillars)(6절), 옥좌실(הַכִּסֵּא אוּלָם)이라고도 불리는 재판정(אֻלָם הַמִּשְׁפָּט)(7절), 자신이 거할 궁(אֲשֶׁר־יֵשֶׁב בֵּיתוֹ)(8절), 바로의 딸을 위해 지은 궁(בַּיִת יַעֲשֶׂה לְבַת־פַּרְעֹה)(8절). 바로의 딸이 특별히 구분되는 것은 그녀가 가장 높은 자리를 차지한 왕비였던지 아니면 결코 무시해서는 안 되는 사람의 딸이라는 점을 강조하기 위함이다(House). 또한 솔로몬의 명성이 얼마나 대단했는지, 심지어는 이집트의 왕도 그에게 딸을 주었다는 사실을 암시하기 위해서이다.

성전과 붙어있는 이 궁들은 왕족들이 사는 곳일 뿐만 아니라, 왕이 백성을 통치하는 업무를 보는 관청 구실도 했다(Bright). 솔로몬은 이 궁들을 건축하는데 엄청난 양의 귀한 석재와 목재를 사용했다. 이것이 하나님의 축복인가 아니면 인간의 탐욕의 결과인가? 저자는 직접적으로 언급하지 않는다. 그러나 율법이 왕은 "많은 양의 금과 은을 모아서는 안 된다"(신 17:17)고 하는 점을 감안할 때 솔로몬의 호화스러움은 결코 긍정적인 것이 아니다(House). 한 학자는 이렇게 표현하고 있다. "그는 여호와가 위대한 하나님이신 것처럼 자기도 위대한 왕이라는 것을 드러내기 위해서 상상할 수 있는 모든 일을 했다. 여기에 훨씬 가시적으로 부각되는 것은 솔로몬의 지혜가 아니라 그의 부와 명예이다. 세상적인 성공이 그의 신앙이었다는 것은 의심할 여지가 없다"(DeVries).

> II. 솔로몬의 통치(3:1–11:43)
>   C. 솔로몬의 경건한 업적(5:1–7:51)

4. 성전 도구들과 치장(7:13–51)

솔로몬이 성전 건축을 지휘하고 있지만 공사를 감독할 사람이 필요했다. 그는 다시 두로 쪽을 바라보며 두로 왕 히람에게 도움을 청했다.

두로가 세계를 누비며 교역을 하고 있었기 때문에 그 당시 최고의 기술자를 그곳에서 구하든지, 아니면 그들이 제공할 수 있을 것이라는 기대에서였을 것이다. 솔로몬은 기대한 대로 거기서 납달리 지파에 속한 과부의 아들 히람(חִירָם)이라는 사람을 찾았다. 그는 성막과 기구들을 제작했던 브살렐에 버금가는 기술력과 지혜를 가진 사람이다. 솔로몬은 성전을 건축하기 위해서 돈을 아끼지 않고 최고의 기술자를 동원했던 것이다(Patterson & Austel, Sweeney). 히람은 솔로몬의 오른팔이 되어 성전 건축에 차질이 없도록 만전을 기했다. 히람의 성전 건축과 기구 제조를 회고하고 있는 본 텍스트는 다음과 같이 구분된다.

  A. 총감독 히람(7:13-14)
  B. 두 놋쇠기둥(7:15-22)
  C. 바다 모양의 물통(7:23-26)
  D. 놋쇠 받침대와 대야(7:27-39)
  E. 솥, 삽, 작은 대접(7:40-47)
  F. 금 도구(7:48-51)

> II. 솔로몬의 통치(3:1-11:43)
>   C. 솔로몬의 경건한 업적(5:1-7:51)
>   4. 성전 도구들과 치장(7:13-51)

(1) 총감독 히람(7:13-14)

[13] 솔로몬 왕이 사람을 보내어 히람을 두로에서 데려오니 [14] 그는 납달리 지파 과부의 아들이요 그의 아버지는 두로 사람이니 놋쇠 대장장이라 이 히람은 모든 놋 일에 지혜와 총명과 재능을 구비한 자이더니 솔로몬 왕에게 와서 그 모든 공사를 하니라

역대하 2:13은 그녀(히람의 어머니)가 납달리 사람이 아니라, 단 지파에 속했다고 한다. 역대기 기자가 이처럼 그녀의 소속 지파를 바꾸는 것이 모세 시대에 장막을 건축했던 브살렐을 도왔던 오홀리압이 단 지파 출신이었고 그와 연관시키기 위해서라는 주장이 제기되기도 한다 (Williamson). 그러나 정확한 이유는 알 수 없다.

히람의 아버지는 두로 사람으로, 놋쇠 대장장이였다. 히브리어 문장의 구조가 불확실해서 일부 학자들은 이 사람이 순수 이스라엘 사람이었을 가능성을 제시한다. 납달리 여자가 과부라는 것을 먼저 밝히는 것은 그녀가 두로 사람과 결혼하기 전에 첫 번째 결혼에서 얻은 자식일 가능성이 많다는 것이다(cf. Provan). 이렇게 해석할 경우 여호와의 성전 건축에 이스라엘 사람이 총지휘를 했다는 것을 의미한다. 반면에 그를 혼혈로 단정하는 사람들도 있다(House, Cogan, Brueggemann). 이 해석을 따르면 이방인들이 재료를 대다시피 했고, 순수 이스라엘의 혈통이 아닌 반(半) 이스라엘 사람이 공사를 총지휘하게 된다. 이스라엘의 하나님의 전을 건설하는데 있어 이스라엘 사람들은 보조 역할을 할 뿐, 중심 역할은 못하고 있는 것이다. 그렇다고 해서 히람의 역할을 부정적으로 평가할 필요는 없다. 혼혈인 히람은 두로(viz., 이방 문화)와 이스라엘 문화(viz., 여호와 종교의 정서)를 아우르는 사람이다. 그러므로 그가 성전 건축을 지휘할 때, 두 세계의 장점을 충분히 살려 가장 좋은 시공 방법과 재료와 정서를 반영한 것으로 볼 수 있다. 비록 그가 훌륭한 기술을 가졌지만, 과부의 아들이라는 사실이 당시 사회에서 그에게 엄청난 핸디캡으로 작용했을 것이다. 그러므로 하나님이 성전 건축을 위하여 그를 총책임자로 사용하신 것은 그의 기술을 높이 평가하신 것뿐만 아니라 가장 낮은 곳까지 미치는 하나님의 은혜를 증거하는 사건이기도 하다(Patterson & Austel).

역대하 2:14는 히람이 금, 은, 철, 돌, 나무와 다양한 염료 등을 매우 잘 다루는 기술을 지녔다고 한다. 열왕기 저자가 그를 묘사하는 것을 보면 옛적에 모세의 명령을 받고 성막과 기구들을 제작했던 브살렐을 연상케 한다(출 31:2-3; 35:30-31). 브살렐이 하나님이 내려주신 특별한 지혜와 최고의 기술로 성막과 기구들을 만들었던 것처럼, 히람도 성전과 기구들을 제작할만한 충분한 기술력을 지닌 사람이었던 것이다. 이 이야기에서 히람의 가장 중요한 역할은 그의 출신 성분이 아니라 그의 실력이다(Brueggemann).

　　일부 번역본들은 두로의 왕 히람과 구분하기 위해서 이 사람을 후람이라 부르기도 한다(새번역; NIV). 이 번역본들이 그를 후람이라고 부르는 것은 역대하 2:13, 4:16 등이 그를 후람이라고 부르고 있기 때문이다. 그러나 재미있는 사실은 역대기는 두로의 왕도 후람으로 부른다는 점이다. 즉 열왕기는 두 사람을 모두 히람이라고 부르고, 역대기는 후람이라고 부르고 있다. 그는 놋쇠를 다루는 일뿐 아니라 건축 기술과 전문 지식을 두루 갖춘 사람이었다(14절). 그래서 솔로몬은 그를 공사의 총책임자로 삼았다. 히람이 이 세 가지 능력을 지녔다는 것이 옛적에 브살렐과 오홀리압이 모세를 도와 장막과 그 안에서 사용되는 도구들을 건축했던 일을 연상시킨다(출 31:1-11; 35:30-35). 히람은 먼저 놋쇠로 네 가지의 주요 물건들을 만들어냈다(15-47절).

> II. 솔로몬의 통치(3:1-11:43)
> 　C. 솔로몬의 경건한 업적(5:1-7:51)
> 　　4. 성전 도구들과 치장(7:13-51)

(2) 두 놋쇠기둥(7:15-22)

[15] 그가 놋기둥 둘을 만들었으니 그 높이는 각각 십팔 규빗이라 각각 십이 규빗 되는 줄을 두를 만하며 [16] 또 놋을 녹여 부어서 기둥 머리를 만들어 기둥 꼭대기에 두었으니 한쪽 머리의 높이도 다섯 규빗이요 다른쪽 머리의 높이도 다섯 규빗이며 [17] 기둥 꼭대기에 있는 머리를 위하여 바둑판 모양으로 얽

은 그물과 사슬 모양으로 땋은 것을 만들었으니 이 머리에 일곱이요 저 머리에 일곱이라 [18] 기둥을 이렇게 만들었고 또 두 줄 석류를 한 그물 위에 둘러 만들어서 기둥 꼭대기에 있는 머리에 두르게 하였고 다른 기둥 머리에도 그렇게 하였으며 [19] 주랑 기둥 꼭대기에 있는 머리의 네 규빗은 백합화 모양으로 만들었으며 [20] 이 두 기둥 머리에 있는 그물 곁 곧 그 머리의 공 같이 둥근 곳으로 돌아가며 각기 석류 이백 개가 줄을 지었더라 [21] 이 두 기둥을 성전의 주랑 앞에 세우되 오른쪽 기둥을 세우고 그 이름을 야긴이라 하고 왼쪽의 기둥을 세우고 그 이름을 보아스라 하였으며 [22] 그 두 기둥 꼭대기에는 백합화 형상이 있더라 두 기둥의 공사가 끝나니라

히람은 두 놋쇠기둥(הָעַמּוּדִים נְחֹשֶׁת)을 만들어 야긴과 보아스라 불렀다. 높이 18규빗(=5.4m)에 둘레가 12규빗(=3.6m)에 달하는 거대한 기둥이었으며, 이 기둥의 꼭대기에 놓을 기둥머리(כֹתָרֹת)를 놋쇠로 만들었으며 이 머리는 높이 5규빗(=2.25m)의 높이에 달했다. 예레미야 52:21에 의하면 이 기둥의 속은 비어있었으며, 두께는 사람 손가락 네 개의 두께였다고 한다. 이 두 기둥은 건물의 일부를 지탱하거나 연결되어 있는 것이 아니라, 홀로 서 있는 것들로 생각된다(DeVries, Patterson & Austel). 건축적으로 기능을 하는 기둥이 아니라 순전히 장식용이었다.

히람은 놋쇠로 석류(רִמֹּן)를 만들고 그 석류를 그물에 늘어뜨려 기둥머리들을 장식했다. 그 위에 또 4규빗(=1.8m)의 머리가 올려진 것으로 생각된다(19절). 열왕기하 25:17은 이 머리의 높이가 4규빗이 아니라 3규빗이라고 한다. 이 같은 차이는 열왕기가 필사되는 과정에서 스며든 필사자의 실수로 인한 것일 수 있고, 요시야 시대에 성전이 보수되면서 기둥머리의 크기가 조정된 결과일 수도 있으며(cf. 왕하 12:6-14), 머리의 크기를 재면서 서로 다른 지점을 사용한 결과일수도 있다(cf. ZPEB). 이 머리는 200개의 석류가 열을 지어 장식한다. 석류는 많은 씨앗을 가진 과일로서 풍요와 다산을 상징하는 과일이다(Provan). 성전에

와서 예배드리는 자들이 하나님의 축복 아래 번성할 것을 기원하는 장식이다.

야긴(יָכִין)이란 이름은 '그가 [단단히] 세우실 것이다'라는 뜻이다. 보아스(בֹּעַז)는 '힘/능력'을 뜻한다. 이 같은 단어들의 의미를 바탕으로 야긴과 보아스는 하나님이 창조하신 세상의 바탕(foundation)과 창조 세계의 안정성을 상징한다(Sweeney, cf. 미 6:2; 사 24:18; 렘 31:37). 그러나 보아스는 룻의 남편이자 다윗의 조상을 연상시키는 이름이며 이 두 단어를 연결하여 '여호와의 능력 속에 왕이 즐거워할 것이다'로 해석하는 것이 바람직하다(Cogan, Wiseman). 이 두 기둥은 무엇보다도 여호와 하나님과 그가 축복하시고 세우신 다윗 왕조와의 연관성에 초점을 맞춘 기념물이라는 뜻이다.

그러므로 이 두 기둥은 하나님이 다윗에게 약속하신 것을 이루실 것과, 하나님이 이 성전을 건축한 왕에게 능력 주실 것을 간구하는 의미를 지닌다(Provan). 또한 하나님의 나라가 이스라엘을 통해서 능력과 안정으로 임하는 것을 상징하는 것으로(Keil, Brueggemann), 또는 하나님의 임재와 왕의 영구성을 의미하는 것으로(Gray), 혹은 둘 다를 상징하는 것으로 해석되기도 한다(Jones). 일부 학자들은 이 기둥들이 출애굽 때 이스라엘을 보호했던 구름 기둥과 불 기둥을 상징하며 이 대형 기둥들 위에서 짐승의 기름기나 향 등이 태워졌다고 하는데(Yeivin, Albright, May), 역사적으로나 고고학적으로 설득력이 있는 주장은 아니다.

II. 솔로몬의 통치(3:1-11:43)
  C. 솔로몬의 경건한 업적(5:1-7:51)
    4. 성전 도구들과 치장(7:13-51)

---

(3) 바다 모양의 물통(7:23-26)

²³ 또 바다를 부어 만들었으니 그 직경이 십 규빗이요 그 모양이 둥글며 그

높이는 다섯 규빗이요 주위는 삼십 규빗 줄을 두를 만하며 ²⁴ 그 가장자리 아래에는 돌아가며 박이 있는데 매 규빗에 열 개씩 있어서 바다 주위에 둘렸으니 그 박은 바다를 부어 만들 때에 두 줄로 부어 만들었으며 ²⁵ 그 바다를 소 열두 마리가 받쳤으니 셋은 북쪽을 향하였고 셋은 서쪽을 향하였고 셋은 남쪽을 향하였고 셋은 동쪽을 향하였으며 바다를 그 위에 놓았고 소의 뒤는 다 안으로 두었으며 ²⁶ 바다의 두께는 한 손 너비만 하고 그것의 가는 백합화의 양식으로 잔 가와 같이 만들었으니 그 바다에는 이천 밧을 담겠더라

히람은 바다 모양의 물통(הַיָּם מוּצָק)을 만들었다. 이 물통은 평범한 크기의 물통이 아니다(cf. Byl, Hollenback). 지름이 10규빗(=4.5m), 높이가 5규빗(=2.25m), 둘레가 30규빗(=13.5m)의 작은 수영장 급이었다. 일부 학자들은 본문이 제시하는 치수를 바탕으로 계산하면 파이(π)의 값이 3.14가 아니라 3이라며 실제성에 대하여 문제를 제기한다(Hollenback, cf. Patterson & Austel). 그러나 저자는 이 물통에 대한 전반적인 치수를 제시할 뿐 구체적이고 세부적인 치수를 제시하는 것이 아니기 때문에 지나친 지적이다(Jones).

물통이 기둥형(viz., 위에서 아래까지 일정한 크기를 유지)이었는지, 사발형(viz., 밑으로 내려갈수록 좁아지는 형태)이었는지 정확하게 알 수는 없다. 다만 밑에 12개의 다리가 있었다는 점을 감안하면 사발형일 가능성이 높다. 저자는 이 물통에 2천 밧의 물을 담을 수 있다고 하는데, 오늘날 계산으로 약 44톤에 달하는 물이다(House, Konkel, cf. Byl). 같은 물건을 언급하면서 역대하 4:5는 2천 밧이 아니라 3천 밧을 담을 수 있다고 한다. 이 같은 차이는 필사자들의 실수로 인한 것이거나(Keil), 기준으로 사용하는 밧의 크기가 달라서 빚어진 일일 가능성이 높다(ZPEB). 한 학자는 밧의 크기가 시대에 따라 22리터에서 45리터였다고 한다(Jones).

물통은 호리병 모양의 박으로 장식되어 있었으며, 12마리의 소 모양을 한 다리가 받치고 있다. 여기에 소가 등장하는 것을 바알 종교의 침

입을 뜻하는 것으로 보는 사람들도 있다(Gray, cf. Patterson & Austel). 그러나 다윗과 솔로몬이 여호와의 성전을 건축하면서 이방 종교의 이미지를 도입하는 것은 상상할 수 없는 일이다. 그러므로 대부분 학자들은 12마리의 소가 이스라엘의 12지파, 혹은 솔로몬이 자신의 통치 구역을 12로 나눈 것을 상징하는 것으로 해석한다(Jones, House, Sweeney).

엄청난 규모와 12개의 다리가 지탱되고 있는 물통의 구조는 평안, 안정, 힘 등을 상징한다(Sweeney). 물통이 하나님이 정복하시고 다스리시는 혼돈(chaos)(cf. 시 74:12-17; 89:5-11; 93)의 상징이었는지 아니면 단순히 씻는 물을 담는 기능만 있었는지 확실하지 않다(cf. Konkel). 역대하 4:6은 제사장들이 이 물통의 물로 씻었다고 하고, 출애굽기 30:18-21과 40:30-32는 물두멍의 물로 씻었다고 한다. 일부 학자들은 침례교에서 사용하는 세례통의 유래를 이 물통에서 찾는다(Sweeney).

II. 솔로몬의 통치(3:1-11:43)
  C. 솔로몬의 경건한 업적(5:1-7:51)
    4. 성전 도구들과 치장(7:13-51)

---

(4) 놋쇠 받침대와 대야(7:27-39)

[27] 또 놋으로 받침 수레 열을 만들었으니 매 받침 수레의 길이가 네 규빗이요 너비가 네 규빗이요 높이가 세 규빗이라 [28] 그 받침 수레의 구조는 이러하니 사면 옆 가장자리 가운데에는 판이 있고 [29] 가장자리 가운데 판에는 사자와 소와 그룹들이 있고 또 가장자리 위에는 놓는 자리가 있고 사자와 소 아래에는 화환 모양이 있으며 [30] 그 받침 수레에 각각 네 놋바퀴와 놋축이 있고 받침 수레 네 발 밑에는 어깨 같은 것이 있으며 그 어깨 같은 것은 물두멍 아래쪽에 부어 만들었고 화환은 각각 그 옆에 있으며 [31] 그 받침 수레 위로 들이켜 높이가 한 규빗 되게 내민 것이 있고 그 면은 직경 한 규빗 반 되게 반원형으로 우묵하며 그 나머지 면에는 아로새긴 것이 있으며 그 내민

판들은 네모지고 둥글지 아니하며 [32] 네 바퀴는 옆판 밑에 있고 바퀴 축은 받침 수레에 연결되었는데 바퀴의 높이는 각각 한 규빗 반이며 [33] 그 바퀴의 구조는 병거 바퀴의 구조 같은데 그 축과 테와 살과 통이 다 부어 만든 것이며 [34] 받침 수레 네 모퉁이에 어깨 같은 것 넷이 있는데 그 어깨는 받침 수레와 연결되었고 [35] 받침 수레 위에 둥근 테두리가 있는데 높이가 반 규빗이요 또 받침 수레 위의 버팀대와 옆판들이 받침 수레와 연결되었고 [36] 버팀대 판과 옆판에는 각각 빈 곳을 따라 그룹들과 사자와 종려나무를 아로새겼고 또 그 둘레에 화환 모양이 있더라 [37] 이와 같이 받침 수레 열 개를 만들었는데 그 부어 만든 법과 크기와 양식을 다 동일하게 만들었더라 [38] 또 물두멍 열 개를 놋으로 만들었는데 물두멍마다 각각 사십 밧을 담게 하였으며 매 물두멍의 직경은 네 규빗이라 열 받침 수레 위에 각각 물두멍이 하나씩이더라 [39] 그 받침 수레 다섯은 성전 오른쪽에 두었고 다섯은 성전 왼쪽에 두었고 성전 오른쪽 동남쪽에는 그 바다를 두었더라

히람은 10개의 놋쇠 받침대와 대야들을 만들었다. 각 받침대는 길이가 4규빗(=1.8m), 너비가 4규빗(=1.8m), 높이가 3규빗(=1.35m)이다. 이 받침대에는 사자, 소, 그룹 등의 모형이 새겨졌으며, 각각 4개의 놋쇠 바퀴와 놋쇠 축과 네 개의 다리를 지니고 있다. 기능성과 아름다움을 함께 지닌 것이다. 또한 이 받침대에 새겨진 사자와 소 문양은 성전을 건축하는 솔로몬 왕권(viz., 다윗 왕조)의 위엄과 견고함을 상징하며, 그룹은 하나님의 임재를 상징한다(Brueggemann). 이 문양들은 하나님과 다윗 왕조의 연관성을 과시하는 것이다. 이 받침대 위에 놓이게 될 대야 10개가 만들어졌는데 각각 지름이 10규빗(=4.5m)에 달했으며 40밧(נה)의 물을 담을 수 있었다고 한다(38절).

앞에서 언급한 것처럼 1밧은 때에 따라 22리터에서 45리터에 달했다(Jones). 그러므로 각 대야가 40밧의 물을 담았다는 것은 적게는 880리터, 많게는 거의 2톤의 물을 담았던 상당히 큰 그릇이었다. 물로 가득

찬 대야의 무게가 3.5톤에 달한 것으로 추정되기도 한다(Konkel). 대야
를 지탱하고 있는 다리가 바퀴를 달고 있다고 해서(32절), 이 대야들이
이동용이라고 해석하는 주석가도 있지만(Patterson & Austel), 대부분 학
자들은 이 정도 크기와 무게의 대야라면 이동하기가 거의 불가능하다
고 생각하여 바퀴는 장식용이라고 생각한다(cf. Konkel). 히람은 10세트
의 대야와 받침대들을 둘로 나누어 다섯은 성전의 오른쪽(남쪽), 다섯
은 성전의 왼쪽(북쪽)에 두어 사용하도록 했다(39절).

```
II. 솔로몬의 통치(3:1-11:43)
  C. 솔로몬의 경건한 업적(5:1-7:51)
    4. 성전 도구들과 치장(7:13-51)
```

(5) 솥, 삽, 작은 대접(7:40-47)

⁴⁰ 히람이 또 물두멍과 부삽과 대접들을 만들었더라 이와 같이 히람이 솔로
몬 왕을 위하여 여호와의 전의 모든 일을 마쳤으니 ⁴¹ 곧 기둥 둘과 그 기둥
꼭대기의 공 같은 머리 둘과 또 기둥 꼭대기의 공 같은 머리를 가리는 그물
둘과 ⁴² 또 그 그물들을 위하여 만든 바 매 그물에 두 줄씩으로 기둥 위의 공
같은 두 머리를 가리게 한 석류 사백 개와 ⁴³ 또 열 개의 받침 수레와 받침
수레 위의 열 개의 물두멍과 ⁴⁴ 한 바다와 그 바다 아래의 소 열두 마리와 ⁴⁵
솥과 부삽과 대접들이라 히람이 솔로몬 왕을 위하여 여호와의 성전에 이 모
든 그릇을 빛난 놋으로 만드니라 ⁴⁶ 왕이 요단 평지에서 숙곳과 사르단 사이
의 차진 흙에 그것들을 부어 내었더라 ⁴⁷ 기구가 심히 많으므로 솔로몬이 다
달아보지 아니하고 두었으니 그 놋 무게를 능히 측량할 수 없었더라

히람은 물두멍, 삽, 그리고 작은 대접들도 만들었다(40절). 큰 기구
들뿐만 아니라, 작은 기구들까지 그가 직접 관여하고 지시하여 만들어
나간 것이다. 삽은 제단에서 재를 퍼낼 때 사용되었다. 물두멍(כיור)으

로 번역된 히브리어 단어는 물을 담거나 끓이는 그릇을 뜻하기도 하지만(NAS, TNK, cf. Sweeney), 제단에서 재를 퍼 나르는 그릇(솥)을 뜻하기도 한다(HALOT, cf. NIV, NRS, ESV). 본문에서 물두멍(כִּיּוֹר)이 제단에서 재를 퍼낼 때 사용하는 삽과 함께 언급되는 것을 보면 이 본문에서는 이 그릇이 재를 퍼나르는데 사용된 것으로 이해하는 것이 바람직하다(Patterson & Austel). 저자는 히람이 만든 것들을 41-45절에 요약적으로 나열하고 있다. 그는 모든 기구들을 직접 진흙으로 틀을 만들고 그 위에 끓는 쇳물을 붓는 방법으로 만들었다(cf. 46절). 이 같은 제작 방법은 주전 2500년대 이집트에서부터 사용되었다. 저자는 이 작업에 사용된 놋쇠가 얼마나 많았는지 그 양을 아무도 모른다고 한다(47절). 그는 진정으로 브살렐과 오홀리압에 버금가는 사람임을 시사하는 것이다. 또한 솔로몬이 성전과 기구 제작에 있어서 돈을 아끼지 않았음을 증거하는 대목이다.

히람은 모든 놋 기구들을 요단 평지에서 만들었다(46절). 숙곳은 요단 강 동편에 위치했으며 얍복 강이 요단 강으로 흘러드는 곳에 위치했다. 사르단의 위치는 정확히 알려지지 않았지만 숙곳 근처에 있었던 것은 확실하다. 이 지역은 좋은 진흙과 목재로 사용할만한 나무가 풍부한 곳이었으며, 북쪽에서 바람이 꾸준히 불어와 금속 일을 하기에는 최적의 여건을 모두 지녔다(Patterson & Austel, Konkel). 고고학자들은 이 지역에서 이스라엘 왕조 시대에 놋 기구 등 다양하고 광범위한 금속물 제작 흔적을 발굴했다. 히람이 요단 강가에서 성전에서 사용될 기구들을 만들었다는 사실이 돌을 채석장에서 미리 다듬은 다음 옮겨와 성전 터에서 조립하여 망치소리가 들리지 않게 한 일을 연상케 한다. 아마도 성전의 신성함을 의식해서 기구들도 요단 평지에서 제작해 운송해 왔던 것으로 생각된다. 이렇게 해서 성전 밖에서 사용될 물건들을 만드는 일이 모두 끝났다. 이제 성전 안에서 사용될 금 도구들을 만들 차례다(48-51절).

(6) 금 도구(7:48–51)

⁴⁸ 솔로몬이 또 여호와의 성전의 모든 기구를 만들었으니 곧 금 단과 진설병의 금 상과 ⁴⁹ 내소 앞에 좌우로 다섯씩 둘 정금 등잔대며 또 금 꽃과 등잔과 불집게며 ⁵⁰ 또 정금 대접과 불집게와 주발과 숟가락과 불을 옮기는 그릇이며 또 내소 곧 지성소 문의 금 돌쩌귀와 성전 곧 외소 문의 금 돌쩌귀더라 ⁵¹ 솔로몬 왕이 여호와의 성전을 위하여 만드는 모든 일을 마친지라 이에 솔로몬이 그의 아버지 다윗이 드린 물건 곧 은과 금과 기구들을 가져다가 여호와의 성전 곳간에 두었더라

　솔로몬은 성전 뜰에서 사용될 도구들은 히람에게 맡겼지만, 성전 안에서 사용되는 금 기구들은 자신이 직접 관여하여 만들고 있다(Provan, cf. Brueggemann). 모세 이후로 장막에서 사용되었던 기구들과 도구들의 모양대로 만들었다. 그는 금 제단(מִזְבַּח הַזָּהָב)을 만들었다고 하는데, 이것이 무엇이었는지 자세히 언급하지 않는다(48절). 성전 안에 있는 것으로 보아 분향단을 두고 하는 말이라는 것이 대부분의 학자들의 추측이다(Hubbard, cf. 출 30:1–4).

　분향단은 향을 피우는 제단으로 지성소 앞에 있었다(출 30:1). 피어오르는 향의 연기가 밤낮을 가리지 않고 하나님께 피어오르는 이스라엘의 기도를 상징한 것으로 생각된다(House). 솔로몬은 진설병을 놓는 테이블도 만들었다. 이 빵은 이스라엘 중에 거하시는 하나님의 임재와 광야 시절에 그들의 필요를 채우신 하나님의 은혜를 상징한다(cf. 출 25:30). 본문은 금을 여섯 차례나 언급하면서 이 성전 장식품들의 호화로움을 강조한다.

솔로몬은 10개의 촛대를 만들어 지성소 좌, 우에 각각 5개씩 두었다. 비슷한 촛대가 장막에도 있었다(cf. 출 25:31-40). 이 촛대들은 세 가지 기능을 지닌다(Honeycutt). 첫째, 실용적인 기능이다. 어두운 곳에 빛을 주어 밝혀주는 것이다. 둘째, 미적(美的) 기능이다. 성소에 아름다움과 영광을 더해주는 도구였다. 셋째, 상징적인 기능이다. 촛대들은 대체로 나무 모형을 하고 있었다. 나무와 빛을 통해서 생명을 상징한 것이다. 그 외에도 솔로몬은 성전 안에서 필요한 잡다한 도구들을 만들었다(50절). 드디어 그의 아버지 다윗이 그렇게 염원했던 성전을 완성하게 된 것이다(51절).

솔로몬은 아버지 다윗의 소원이 실현되고 있음을 상징하기 위해서 다윗이 헌물한 금과 은을 성전의 창고에 넣었다. 성전이 이스라엘의 보물창고가 된 것이다(Sweeney). 그러나 우리는 기억해야 한다. 성전의 어떠한 영화와 아름다움도 결코 하나님의 임재를 보장할 수 없으며, 성전에서 드려지는 어떠한 제물도 성도들의 순종을 대신할 수 없다는 사실을 말이다.

| II. 솔로몬의 통치(3:1-11:43) |

D. 솔로몬의 믿음: 성전 헌당식(8:1-66)

다윗이 염원했으나 이루지 못했던 성전 건축이 드디어 그의 아들 솔로몬에 의해 이루어졌다. 솔로몬은 본 텍스트에서 완공된 성전을 하나님께 헌당하는 예배를 드린다. 성전 헌당식은 하나님이 다윗뿐만 아니라, 아브라함, 모세 등에게 주신 약속의 성취이기도 하다. 저자는 8장에서 성대했던 솔로몬의 성전 헌당식을 회고한다. 실로 엄청난 규모의 잔치가 베풀어지고 제사가 드려져 온 나라가 축제의 분위기였으며, 하나님도 이들의 예배를 매우 기뻐 받으셨다는 사실을 강조한다.

신학적으로 생각할 때, 8장은 열왕기에서 가장 중요한 텍스트들 중하나이다. 저자는 하나님에 대한 경외, 신학적 역사, 경고, 그리고 격려를 잘 배합하고 있다(House). 이 섹션의 첫 부분(1–13절)과 마지막 부분(62–66)을 형성하는 내러티브(narrative)는 한 쌍의 괄호가 되어 이날있었던 일을 감싸며 헌당식이 어떻게 시작하여 어떻게 끝났는지를 묘사한다. 중간에 놓여있는 14–61절은 세 부분으로 나뉘며 모두 솔로몬의 스피치로 구성되어 있다. 그는 먼저 백성들에게 복을 빌어주며 성전 건축의 역사적 배경을 설명한다(14–21절). 두 번째 섹션은 그의 기도인데, 그는 여기서 자신과 백성들을 위해 7가지를 간구한다(22–53절). 이 7가지 간구는 하나님과 이스라엘 사이에 맺어진 언약의 주요내용들을 부각하는 것으로 진행된다. 마지막 섹션에서 솔로몬은 백성들에게 여호와의 언약을 준수함으로 축복을 받으라고 권면한다(54–61절). 그러므로 8장의 구조는 다음과 같다[8].

  A. 백성들이 법궤를 운반함(8:1–13)
     B. 솔로몬이 역사를 회고함(8:14–21)
        C. 솔로몬의 기도(8:22–53)
     B´. 솔로몬이 미래를 제시함(8:54–61)
  A´. 백성들이 집으로 돌아감(8:62–66)

---

8 비슷한 맥락에서 세오(Seow)는 다음과 같은 구조를 제시한다.
  A. 헌당식 시작(1–13절)
    B. 솔로몬의 서론적 발언(14–21절)
      C. 솔로몬의 기도(22–53절)
    B´. 솔로몬의 마무리 발언(54–61절)
  A´. 축제의 마무리(62–66절)

1. 백성들이 법궤를 운반함(8:1–11)

¹ 이에 솔로몬이 여호와의 언약궤를 다윗 성 곧 시온에서 메어 올리고자 하여 이스라엘 장로와 모든 지파의 우두머리 곧 이스라엘 자손의 족장들을 예루살렘에 있는 자기에게로 소집하니 ² 이스라엘 모든 사람이 다 에다님월 곧 일곱째 달 절기에 솔로몬 왕에게 모이고 ³ 이스라엘 장로들이 다 이르매 제사장들이 궤를 메니라 ⁴ 여호와의 궤와 회막과 성막 안의 모든 거룩한 기구들을 메고 올라가되 제사장과 레위 사람이 그것들을 메고 올라가매 ⁵ 솔로몬 왕과 그 앞에 모인 이스라엘 회중이 그와 함께 그 궤 앞에 있어 양과 소로 제사를 지냈으니 그 수가 많아 기록할 수도 없고 셀 수도 없었더라 ⁶ 제사장들이 여호와의 언약궤를 자기의 처소로 메어 들였으니 곧 성전의 내소인 지성소 그룹들의 날개 아래라 ⁷ 그룹들이 그 궤 처소 위에서 날개를 펴서 궤와 그 채를 덮었는데 ⁸ 채가 길므로 채 끝이 내소 앞 성소에서 보이나 밖에서는 보이지 아니하며 그 채는 오늘까지 그 곳에 있으며 ⁹ 그 궤 안에는 두 돌판 외에 아무것도 없으니 이것은 이스라엘 자손이 애굽 땅에서 나온 후 여호와께서 저희와 언약을 맺으실 때에 모세가 호렙에서 그 안에 넣은 것이더라 ¹⁰ 제사장이 성소에서 나올 때에 구름이 여호와의 성전에 가득하매 ¹¹ 제사장이 그 구름으로 말미암아 능히 서서 섬기지 못하였으니 이는 여호와의 영광이 여호와의 성전에 가득함이었더라

솔로몬은 그동안 다윗 성에 머물러 있던 법궤를 완성된 성전으로 옮기기 위해 이스라엘 장로들과 각 가문의 대표들을 소집한다. 옛적에 이스라엘이 시내 산에서 1년 동안 머물며 율법을 받은 후 온 회중이 하나님의 법궤를 한 중앙에 모시고 행군했던 일을 연상케 한다. 이스라엘은 그때처럼 온전히 하나가 된 것이다. 솔로몬이 법궤를 다윗 성에

서 옮겨온다는 것은 성전이 다윗 성안에 건축된 것이 아님을 시사하
며, 아울러 성전 건축은 솔로몬에게 자신의 통치 중심이 될 수도의 범
위를 확장하는 기회를 주었다(House). 또한 법궤는 예루살렘에 있고,
성막은 기브온에 있는 기이한 현상에 마침표를 찍는 순간이다(Patterson
& Austel). 법궤를 옮기는 일은 일곱째 달인 에다님 월의 절기(הָאֵתָנִים בְּחַג
בַּיֶּרַח)에 있었던 일이다(2절). 일곱째 달의 절기라면 속죄일과 초막절을
두고 하는 말이다(레 23:33-43).

법궤가 이때에 성전으로 운반되었다는 것에는 상당한 의미가 있다.
초막절이 되면 이스라엘은 출애굽 사건을 기념하기 위해서 임시 숙소
인 초막에서 살아야 한다. 이스라엘의 광야생활이 끝나고 하나님이 그
들을 약속의 땅으로 데리고 와서 거기에 집을 짓고 안식을 누리게 하
신 것을 기념하기 위함이다(Patterson & Austel). 모세는 이 절기 때 출애
굽 2세들과 언약을 새로이 했고, 그들에게 율법을 매 7년마다 이 절기
에 읽으라고 지시했다(신 31:9-13). 이러한 절기 때 성막과 법궤가 성전
으로 옮겨졌다는 것은 출애굽의 하나님이 임시 거처에서 영구적인 거
처로 옮기셨다는 것을 상징한다(cf. 삼하 7:6).

또한 이달은 새해를 시작하는 달로, 1일에는 신년식이 진행되었으
며, 10일에는 속죄일이 있었다. 두 절기 모두 과거의 것들을 정리하고
새로이 시작하는 의미를 지닌다. 이스라엘의 역사에서 법궤가 성전에
입성하는 이 시점을 기준으로 이스라엘은 새로운 출발을 하게 된다.
출애굽한 지 수백 년 만에 드디어 성전 시대를 시작한 것이다. 솔로몬
의 스피치 역시 과거 회상과 미래 지향의 두 가지 요소를 담고 있다.
하나님이 이스라엘에게 많은 은혜를 베풀어주신 과거를 회상하는 일
이 미래에도 하나님의 은혜를 기대하게 한다.

한 가지 특이한 것은 시간에 대한 언급이다. 성전 헌당식이 도대체
솔로몬 즉위 몇 년 일곱째 달에 있었던 일이란 말인가? 저자는 이미
"이스라엘 자손이 이집트 땅에서 나온 지 480년, 솔로몬이 이스라엘의

왕이 된 지 4년째 되던 해"(6:1, 새번역), "주님의 성전 기초를 놓은 것은 솔로몬의 통치 제 4년 시브월이고, 성전이 그 세밀한 부분까지 설계한 대로 완공된 것은 11년 불월 곧 여덟째 달이다. 솔로몬이 성전을 건축하는데는 일곱 해가 걸렸다"(6:37-38, 새번역) 등 시간 계산에서 매우 정확함을 보여주었다. 그런데 성전 헌당식을 설명함에 있어서는 이러한 정확성을 보여주지 않는다. 게다가 6:38은 성전이 "여덟째 달"에 완공되었다고 했다. 그런데 이 헌당식은 일곱째 달에 있었던 일이다(2절; cf. 65절). 만일 이듬해 일곱째 달을 뜻한다면 성전이 완공된 지 11개월이 지나서야 헌당식이 행해진 것이다.

어떤 주석가들은 솔로몬이 성전이 완공되기 1달 전에 헌당했다고 해석한다(Ewald). 그러나 성전이 완공된 다음에 성전 기구들이 옮겨졌다는 7:51과 전혀 어울리지 않는 해석이다(Patterson & Austel). 본 텍스트에 기록된 일은 성전 기구들이 모두 제 자리를 찾은 다음에야 가능한 일이기 때문이다. 그래서 대부분의 사람들은 성전이 완공된 다음에 헌당되었다고 생각한다. "솔로몬이 주님의 성전과 왕궁 짓는 일과, 자기가 이루고 싶어한 모든 것을 끝마치니"(9:1, 새번역)를 두 건물이 완공된 다음에 헌당한 것으로 해석하여 성전은 완공된 후 13년이 지난 후에야 헌당되었다고 해석하는 학자들도 있다(Keil). 이 같은 해석의 타당성에 대한 추가 증거로 칠십인역이 8:1에 8:1, 9:1-2, 9:10을 조화시키려고 덧붙인 문구 "솔로몬이 20년을 거쳐 성전과 자신의 집을 건축한 후에…"(καὶ ἐγένετο ἐν τῷ συντελέσαι Σαλωμων τοῦ οἰκοδομῆσαι τὸν οἶκον κυρίου καὶ τὸν οἶκον ἑαυτοῦ μετὰ εἴκοσι ἔτη)가 제시된다. 그러나 솔로몬이 헌당식을 성전이 완공되고 13년이 지난 후에야 거행할 이유가 없다.

그러므로 대부분의 학자들이 성전이 완공된 다음 해 7월에 헌당된 것으로 해석한다(Patterson & Austel, Gray, Seow, House, Konkel). 성전은 완성된 지 11개월 후에 헌당된 것이다. 그렇다면 솔로몬은 왜 11개월을 기다렸을까? 학자들은 7장에 묘사된 철공 일이 이러한 시간을 필요로

했을 것이라고 추측한다(Skinner, Stade & Schwally). 일부 학자들은 장막절이 원래 여덟 번째 달에 지켜지다가, 여로보암이 북 왕국 사람들을 통제하기 위해 비슷한 날짜에 절기를 만들자, 남 왕국 유다가 그 절기를 일곱 번째 달로 앞당겼다고 생각한다. 즉, 6:38의 "여덟째 달"과 본문의 "일곱째 달"은 같은 때를 두고 하는 말이라는 것이다(Montgomery & Gehman, Morgenstern). 그러나 이 11개월의 차이를 원만하게 얼버무리기 위해서 훗날 누군가가 1절에 "그때쯤"(אָז)(개역 "이에"; 공동 "그리고 나서"; 새번역은 이 히브리어 단어를 아예 번역하지 않음)이라는 단어를 삽입한 것이라고 주장하는 사람들도 있다(Würthwein, Noth, Gray). 성전이 안고 있는 신학적·역사적 중요성을 감안할 때, 11개월을 기다렸다가 장막절에 헌당식을 치른 것은 문제가 아니라 오히려 당연한 것으로 생각된다. 성전이 이스라엘 역사의 새로운 시작을 상징하기 때문에 11개월을 기다렸다가 신년이 시작되는 달에 헌당식이 진행된 것이다.

이스라엘의 모든 리더들이 모이자 제사장들과 레위 사람들이 법궤와 장막의 기구들을 새 성전으로 옮겼다(3-5절). 제사장주의 문서(P)가 주전 5세기에 제작된 것이라고 주장하는 학자들은 제사장들이 훗날 자신들의 이권을 보호하기 위해 이 부분을 여기에 삽입한 것이라고 주장한다(Noth, Würthwein). 그러나 이러한 결론을 입증할만한 역사적 자료가 없다. 하나의 추측일 뿐이다. 본문의 의도는 매우 정돈되고 질서를 유지하며 각자 자기 맡은 본분을 다하는 엄숙한 예식을 그리고자 하는 데 있다(House). 솔로몬은 이 일에 돈과 전문성을 헌납했다. 장로들과 각 지파의 리더들은 종교적, 사회적 지지를 더한다. 레위 사람들, 제사장들을 돕고 있다. 제사장들은 자기의 본분대로 법궤를 이송하고 있다.

제사장들은 사실 매우 위험한 일을 하고 있다(cf. 레 10:1-20). 무언가 한 가지라도 잘못되면 웃사의 죽음에서 보았듯이 생명을 잃을 수도 있기 때문이다(삼하 6:1-15). 특히 법궤는 한 번도 영구적인 처소에 거한 적이 없다. 하나님이 영구적인 처소를 요구한 적도 없다(cf. 삼하 7:6-7).

솔로몬이 성전 건축을 시작했을 때 하나님은 자신이 "내 백성 이스라엘 가운데 함께 살겠다"고 말씀하셨지 성전 건물에 사시는 것에 대해서는 한마디 말도 하지 않으셨다(6:11-13). 그러므로 이 일은 만에 하나 하나님의 분노를 살 수도 있는 것이다.

게다가 하나님이 다윗에게 하신 말씀은 그의 "아들"(viz., 자손으로도 풀이될 수 있음)이 성전을 지을 것이라고 했지만, 그 아들이 솔로몬이라고 구체적으로 말씀하신 적은 없다. 그러므로 이 이야기는 두 가지의 긴장감을 지니고 있다(Walsh). (1) 법궤 운송이 사고 없이 끝날 것인가?, (2) 여호와께서 '새 집'을 좋아하실 것인가? 불안감 속에서 모든 안전을 기하기 위해 이스라엘 사람들은 엄청난 양의 제물을 드렸다(5절).

드디어 사고 없이 법궤가 성전에 안치되었다(6절). 그러나 여호와께서 사람들이 그를 위하여 지은 처소를 좋아하실 것인가에 대한 답은 더 기다려봐야 한다. 성막에서 사용하던 물건들도 모두 운반되었다. 그러나 이 일 이후로 이 도구들이 어떻게 되었는가에 대해 성경은 더는 언급하지 않는다. 저자는 거대한 그룹들 밑에 법궤가 놓인 것과 그룹들의 날개가 얼마나 컸는가에 대해서 설명한다(7-8절). 궤를 운반할 때 사용한 두 막대는 그 끝이 지성소의 정면에 있는 성소에서도 보였다고 한다(8절). 무엇을 뜻하는가? 성소에서 지성소로 인도하는 좁은 문 가까이에 가면 지성소 안에 놓여있는 궤의 모습을 어렴풋이 볼 수 있었다는 의미로 해석되기도 하고(Montgomery & Gehman), 지성소로 들어가는 문이 평소에 열려 있어서 안을 들여다볼 수 있었던 것으로도 해석되지만(Robinson) 정확하진 않다. 저자는 이 막대들이 "오늘날까지"(הַיּוֹם הַזֶּה) 그곳에 놓여 있다고 한다(8절). 성전이 주전 586년에 파괴된 점을 감안할 때, "오늘날"은 그 이전이 확실하다. 그런데 이미 서론에서 언급했듯 열왕기는 바빌론 포로 시대 때 최종적으로 저작/편집된 책이다. 그렇다면 본문의 "오늘날"은 저자가 다른 출처를 인용하고 있음을 시사하며, 이 표현을 편집하지 않고 자기 책에서 그대로 재인용하고 있다는 것을 의미한다. 아마도 이 이야기는 "솔로몬 행장"의 일부를 인용하여 구성했을 것이다.

저자는 궤 속에 모세가 호렙 산에서 받은 두 돌판 외에는 아무것도 없다고 한다(9절). 그가 이 사실을 강조하는 것은 아론의 지팡이(민 17:10)와 만나를 담은 항아리(출 16:33)가 법궤 안에 있을 것이라는 추측을 잠재우기 위함이다. 모세오경을 살펴보면 이 물건들이 법궤 옆에 놓였는지, 안에 있었는지 정확하지 않다. 뿐만 아니라 솔로몬 시대에 이르러서 그나마 이 물건들은 더는 존재하지 않았다. 만일 이것들이 존재했다면 제사장들이 이 물건들을 지성소에 안치했을 텐데 전혀 언급이 없다.

그렇다면 이 물건들이 왜 사라진 것일까? 아마도 모세 시대 이후 세월이 지나면서 사람들이 아론의 지팡이와 만나 항아리를 신성화시켰던 것으로 생각된다. 이스라엘 사람들이 히스기야 시대에 이르러서 모세가 만들었던 놋뱀을 사람들이 숭배한 것처럼 말이다. 하나님의 능력과 은혜를 기념하여 백성들이 더 열심히 하나님을 예배하도록 해야 하는 도구(놋뱀)가 오히려 하나님의 영광을 가로채자 히스기야는 그 도구를 파괴함으로써 백성들이 하나님에게만 집중하도록 했다. 아마도 비슷한 일이 솔로몬 시대 이전에 있었던 것 같다. 사람들이 자꾸 하나님이 아니라 아론의 지팡이와 만나 항아리에 관심을 갖자 누군가가 이 물건들을 파괴한 것으로 생각된다. 사무엘 혹은 다윗이 이런 일을 했을 가능성이 많다. 모세 이후 이때까지 이 두 사람처럼 신실하게 하나님을 섬기고 사랑한 사람이 없었기 때문이다. 모세의 돌판이 법궤 안에 있다는 것은 이스라엘이 시내 산 언약과 깊이 연루되어 있음을 다시 한 번 암시한다(House). 또한 아론의 지팡이와 만나 항아리는 사라져도 하나님의 말씀을 기록한 두 돌판은 그대로 법궤 안에 있었다는 사실은 기적과 이적은 사라지고 시들어도 하나님의 말씀만은 영원하다는 것을 강조하는 듯하다. 이스라엘은 기적과 이적에 의존하여 신앙생활을 하지 말고, 이미 주신 하나님의 말씀을 통해서 주님을 알아야 한다는 뜻이다(Brueggemann).

제사장들이 법궤 운송 작업을 마무리하고 성전에서 나왔을 때, 주님의 성전에 구름이 가득 찼다(10절). 시내 산에 구름으로 임하셨던 하나님의 영광, 광야에서 그들을 뙤약볕에서 보호하시고, 갈 길을 인도하셨던 그 영광이 성전에 임한 것이다. 저자는 여호와의 영광(כְבוֹד־יהוה)을 상징하는 구름이 여호와의 집(בֵּית יהוה)에 자욱해서 제사장들이 일을 할 수가 없었다고 기록하고 있다(11절). 오래전 시내 산에 임하셨던 하나님이 성전에 임하신 것이다(Snaith). 이 순간 하나님이 정작 새 집을 기뻐하실 것인가에 대한 솔로몬과 백성들의 불안감이 모두 한순간에 사라졌다. 하나님이 백성들이 그분의 처소로 세운 성전을 기뻐하셨음을 암시하는 현상이기 때문이다. 과거에 하나님이 모세와 백성들과 함께하셨던 것처럼, 솔로몬과 백성들과 함께하실 것이다. 저자는 이러한 사실을 10-11절에서 여호와(יהוה)라는 성호를 세 차례 사용하여 "여호와의 영광이 여호와의 집에 임했다"라는 사실을 재차 확인하는 것을 통해 강조한다. 이렇게 해서 하나님의 임재가 이스라엘 중에 임했다. 하나님의 임재는 주의 백성이 항상 추구하고 갈망해야 하는 신앙의 본질이다. 그러나 백성 중에 임하시는 하나님의 임재는 결코 쉽게 혹은 당연하게 여길 일이 아니며, 주의 백성에게 항상 어려운 문제가 될 수 있다(Brueggemann). 백성이 경건하지 못하면 하나님의 임재가 온갖 재앙을 동반할 수 있기 때문이다.

II. 솔로몬의 통치(3:1-11:43)
  D. 솔로몬의 믿음: 성전 헌당식(8:1-66)

2. 솔로몬이 역사를 회고함(8:12-21)

¹² 그 때에 솔로몬이 이르되

여호와께서 캄캄한데 계시겠다 말씀하셨사오나
¹³ 내가 참으로 주를 위하여 계실 성전을 건축하였사오니
주께서 영원히 계실 처소로소이다

하고 ¹⁴ 얼굴을 돌이켜 이스라엘의 온 회중을 위하여 축복하니 그 때에 이스라엘의 온 회중이 서 있더라 ¹⁵ 왕이 이르되 이스라엘의 하나님 여호와를 송축할지로다 여호와께서 그의 입으로 내 아버지 다윗에게 말씀하신 것을 이제 그의 손으로 이루셨도다 이르시기를 ¹⁶ 내가 내 백성 이스라엘을 애굽에서 인도하여 낸 날부터 내 이름을 둘 만한 집을 건축하기 위하여 이스라엘 모든 지파 가운데에서 아무 성읍도 택하지 아니하고 다만 다윗을 택하여 내 백성 이스라엘을 다스리게 하였노라 하신지라 ¹⁷ 내 아버지 다윗이 이스라엘의 하나님 여호와의 이름을 위하여 성전을 건축할 마음이 있었더니 ¹⁸ 여호와께서 내 아버지 다윗에게 이르시되 네가 내 이름을 위하여 성전을 건축할 마음이 있으니 이 마음이 네게 있는 것이 좋도다 ¹⁹ 그러나 너는 그 성전을 건축하지 못할 것이요 네 몸에서 낳을 네 아들 그가 내 이름을 위하여 성전을 건축하리라 하시더니 ²⁰ 이제 여호와께서 말씀하신 대로 이루시도다 내가 여호와께서 말씀하신 대로 내 아버지 다윗을 이어서 일어나 이스라엘의 왕위에 앉고 이스라엘의 하나님 여호와의 이름을 위하여 성전을 건축하고 ²¹ 내가 또 그 곳에 우리 조상들을 애굽 땅에서 인도하여 내실 때에 그들과 세우신 바 여호와의 언약을 넣은 궤를 위하여 한 처소를 설치하였노라

성전에 임한 하나님의 영광에 압도된 솔로몬이 하나님께 기도를 드렸다(12–13절). 하나님은 인간들이 볼 수 없도록 캄캄한/진한 구름(עֲרָפֶל) 속에 계신다(12절; cf. 출 19:9; 20:21; 신 4:11; 5:22; 시 18:11; 97:2). 하나님의 신비로움을 강조하는 이미지이다(Seow). 하나님의 보좌가 있는 하늘의 모형이라고 할 수 있는 지성소가 항상 어둠으로 가득한 채 유지되는 것을 상기시킨다(Brueggemann). 솔로몬은 이처럼 어두운 구름 속에 거하시는 하나님께 자신이 건축한 성전에 임하시기를 간구하고

있다. 주의 백성 중에 거하시겠다는 하나님의 임재를 성전을 통해 보고 경험하고 싶은 열망에서이다.

하나님의 임재를 바라는 간곡한 기도를 드린 후 솔로몬은 백성에게 돌아서서 그들을 축복하고 말을 시작한다. 무엇보다도 성전 완공과 헌당식이 하나님의 이스라엘을 향한 지속적인 사랑의 일부임을 선언한다. 성전은 이스라엘이 하나님을 위해서 드리는 헌물이 아니라, 하나님이 이스라엘에게 은혜를 베푸시고 그들을 계속 사랑하시기 위해서 세우신 건물임을 고백하는 것이다. 솔로몬은 이 섹션에서 세 가지를 강조한다.

첫째, 다윗 언약이 모세 시대 때 하나님이 이스라엘과 시내 산에서 맺으신 언약의 연속이라는 사실이다(16, 21절). 하나님이 이스라엘을 이집트에서 이끌어내신 은혜에 근거한 시내 산 언약과, 다윗과 그의 후손들에게 영원한 나라를 주신다고 약속하신 다윗 언약은 각기 고유한 독특성을 지니고 있지만 동시에 연속성을 지니고 있다. 다윗 언약이 매우 미래 지향적이라는 점을 감안할 때, 하나님이 과거에 이스라엘에게 베풀어주신 은혜(시내 산 언약)가 이들의 미래까지 축복(다윗 언약)하는 것이다.

둘째, 성전 완공이 이날까지 지체된 것은 하나님의 계획과 뜻에 의한 것이다(17-19절). 하나님의 모든 역사에는 적절한 때가 있기에 결코 인간의 의지만으로는 이루어낼 수 없다. 적절한 때와 방법이 뜻보다 더 중요할 수 있다. 드디어 솔로몬의 시대가 성전을 세우기에 적절한 때였기에 하나님이 이 일을 하신 것이다.

셋째, 솔로몬은 성전이 하나님이 실제로 거하시는 처소가 아니라, 하나님의 이름이 기념되는 곳임을 강조한다(16, 17, 18, 19, 20절). 성전에 임하신 하나님의 임재가 주의 백성들에게 충분하며, 이 성전에서 하나님의 이름을 부르면 하나님이 분명히 응답하실 것이다. 그러나 성전은 어떠한 형태라도 하나님의 실제적인 처소가 될 수 없다. 솔로몬은 하나님의 가까이 계심이 결코 그의 초월하심을 극복할 수 없다는 사실을 깨닫고 있는 것이다.

3. 솔로몬의 기도(8:22-53)

솔로몬의 기도는 열왕기의 성향과 메시지를 이해하는데 매우 중요한 역할을 한다. 그는 먼저 성전 건축과 다윗 언약의 연관성을 정리한 다음(22-26절), 하나님이 성전에 머무신다는 것이 무엇을 의미하는가에 대하여 묵상한다(27-30절). 나머지 부분은 이 성전을 찾아오거나 바라보며 기도하는 사람들의 기도를 들어달라는 7개의 기원과 마무리 간구로 구성되어 있다. 본 텍스트는 다음과 같이 구분된다. 두 번째 파트(27-30절)를 예외로 간주하면 다음과 같은 구조를 지닌다.

  A. 다윗과의 약속을 지키소서(8:22-26)
     성전은 하나님의 거처가 될 수 없나이다(8:27-30)
     B. 첫 번째 간구: 정의가 실현되게 하소서(8:31-32)
        C. 두 번째 간구: 전쟁의 재앙에서 보호하소서(8:33-34)
           D. 세 번째 간구: 은혜의 비를 주소서(8:35-36)
              E. 네 번째 간구: 고통이 없게 하소서(8:37-40)
           D′. 다섯 번째 간구: 은혜를 이방인에게도 베푸소서(8:41-43)
        C′. 여섯 번째 간구: 전쟁에서 승리하게 하소서(8:44-45)
     B′. 일곱 번째 간구: 포로생활에서 구하소서(8:46-51)
  A′. 마무리 간구: 언약을 기억하소서(8:52-53)

(1) 다윗과의 약속을 지키소서(8:22-26)

²² 솔로몬이 여호와의 제단 앞에서 이스라엘의 온 회중과 마주서서 하늘을 향하여 손을 펴고 ²³ 이르되 이스라엘의 하나님 여호와여 위로 하늘과 아래로 땅에 주와 같은 신이 없나이다 주께서는 온 마음으로 주의 앞에서 행하는 종들에게 언약을 지키시고 은혜를 베푸시나이다 ²⁴ 주께서 주의 종 내 아버지 다윗에게 하신 말씀을 지키사 주의 입으로 말씀하신 것을 손으로 이루심이 오늘과 같으니이다 ²⁵ 이스라엘의 하나님 여호와여 주께서 주의 종 내 아버지 다윗에게 말씀하시기를 네 자손이 자기 길을 삼가서 네가 내 앞에서 행한 것 같이 내 앞에서 행하기만 하면 네게서 이스라엘의 왕위에 앉을 사람이 내 앞에서 끊어지지 아니하리라 하셨사오니 이제 다윗을 위하여 그 하신 말씀을 지키시옵소서 ²⁶ 그런즉 이스라엘의 하나님이여 원하건대 주는 주의 종 내 아버지 다윗에게 하신 말씀이 확실하게 하옵소서

백성들에게 성전을 건축하게 된 역사적 배경을 설명한 후, 솔로몬은 하나님께 드리는 기도를 시작했다. 그는 먼저 하나님의 성품 몇 가지를 묵상하며 기도했다. 첫째, 하나님은 이 세상 어디를 봐도 비교할 자가 없으신 분이다(23절). 그분은 온 세상을 창조하신 분이시며, 창조하신 세상을 계속 관리하고 운영하는 통치자이시다. 천지를 창조하시는 것에서나, 창조한 세상을 통치하시는 것에 있어서 하나님 같으신 분이 없으시다.

고대 근동의 신화들에 의하면 신들은 인간을 부려먹고 학대하기 위해서 창조했다. 그러나 여호와 하나님은 사랑하고 교제하기 위해서 인간을 창조하셨다. 만일 하나님이 인간을 부려먹기 위하여 창조하셨다면, 천지창조를 하시던 첫째 날에 인간을 창조하셨을 것이다(cf. 창 1장). 그러나 하나님은 인간을 모든 것이 창조된 이후인 6일째 되는 날 창조하여 바로 다음날인 안식일에 인간과 교제하셨다. 고대 근동의 신화들과 여호와 종교는 인간론에서도 큰 차이를 보이는 것이다. 능력이나 인품에 있어서 세상에는 하나님 같으신 분이 없으시다. 그러므로 솔로몬은 기도를 시작하면서 단순히 교리를 반복하는 것이 아니다. 그는 하나님이 어떤 분이신가에 대해서 깊이 묵상한 다음, 마음에서 우러나오는 감동과 감격으로 이 같은 고백을 하고 있다(Patterson & Austel). 앞으로 솔로몬은 타락하지만, 이 순간만큼은 진실한 예배와 기도를 드리고 있다.

둘째, 하나님은 언약/약속을 지키시는 분이다(23절). 하나님은 거짓으로 혹은 빈말로 약속하시는 경우가 없고 한 번 약속하면 꼭 지키시는 분이다. 세상 그 누구보다도 신실하신 분이다. 하나님이 약속을 이행하시는 것은 또한 인간에 대한 배려와 은혜이기도 하다. 솔로몬이 하나님은 언약을 지키시는 분이라고 고백할 때에 그는 선조들과 그들 시대 이후에 하나님이 약속하시고 이루어주신 모든 것들을 떠올렸을 것이다.

셋째, 하나님은 다윗과의 약속도 지키셨다(24절). 다윗의 삶은 하나님의 은혜의 연속이다. 여기서 약속은 다윗의 아들을 통해서 자신의 처소를 건축하시겠다는 말씀이 이 성전 건축을 통해 성취되었음을 뜻한다. 사람들과의 약속을 지키시는 하나님이 다윗과의 약속도 지키신 것이다. 특히 다윗이 죽은 지 제법 세월이 지난 이 순간 그 약속이 성취되었다는 것은 매우 의미심장하다 할 수 있다. 어느 미국 가요가 노래하는 것처럼 "꿈은 결코 죽지 않는다네, 다만 꿈꾸는 자가 죽는 것이지"(Dream never dies, just the dreamer)가 사실로 확인되었다.

넷째, 하나님은 한 번 맺으신 언약/약속을 꼭 지키시는 분이시기에 미래에도 그렇게 하실 것을 믿는다(25-26절). 지금까지 이스라엘과 솔로몬이 경험했던 것이 미래에 대한 기대와 확신으로 연결되고 있다.
하나님이 과거에 하신 일과 베푸신 은혜에 대한 이해는 결코 과거에
머물지 않는다. 솔로몬은 지금까지 보여주신 하나님의 신실하심에 근
거하여 미래에 대한 기대를 표현하고 있다. 문제는 하나님께 있지 않
다. 그분은 앞으로도 꾸준함으로 다윗과 그의 집안을 축복할 것이다.
오히려 문제는 이러한 기도를 드리고 있는 솔로몬에게 있다. 그는 다
윗 언약의 조건성을 스스로 인정하고 있다. "이제 주 이스라엘의 하나
님, 주님께서 주님의 종인 내 아버지 다윗 임금에게 말씀하시기를 '네
자손이 저마다 길을 삼가서, 네가 내 앞에서 살아온 것 같이 그렇게 살
면, 네 자손 가운데서 이스라엘의 왕위에 앉을 사람이, 내 앞에서 끊어
지지 않게 하겠다'하고 약속하신 것을 지켜주시기를 바랍니다"(25절, 새
번역). 그러나 그는 자신의 입술로 고백한 대로 하나님 앞에 신실하지
못했다. 결국 스스로 하나님의 징벌을 자처하게 된다.

> II. 솔로몬의 통치(3:1-11:43)
>   D. 솔로몬의 믿음: 성전 헌당식(8:1-66)
>   3. 솔로몬의 기도(8:22-53)

(2) 성전은 하나님의 거처가 될 수 없나이다(8:27-30)

27 하나님이 참으로 땅에 거하시리이까 하늘과 하늘들의 하늘이라도 주를 용
납하지 못하겠거든 하물며 내가 건축한 이 성전이오리이까 28 그러나 내 하
나님 여호와여 주의 종의 기도와 간구를 돌아보시며 이 종이 오늘 주 앞에
서 부르짖음과 비는 기도를 들으시옵소서 29 주께서 전에 말씀하시기를 내
이름이 거기 있으리라 하신 곳 이 성전을 향하여 주의 눈이 주야로 보시오
며 주의 종이 이 곳을 향하여 비는 기도를 들으시옵소서 30 주의 종과 주의
백성 이스라엘이 이 곳을 향하여 기도할 때에 주는 그 간구함을 들으시되
주께서 계신 곳 하늘에서 들으시고 들으시사 사하여 주옵소서

솔로몬은 이미 하나님은 이 세상의 그 누구와 비교할 수 없는 분이라고 고백했다(22-26절). 그러므로 그는 자연스러운 결론을 내린다. 비록 최선을 다해 가장 아름답게 성전을 만들고 온갖 귀중한 것들로 장식했지만, 어찌 감히 하나님이 그곳에 거주하시기를 기대할 수 있겠냐는 것이다. 솔로몬은 하나님의 영광이 얼마나 위대한지, 심지어는 하나님을 '얼굴과 얼굴로 알았던'(cf. 신 34:10) 모세마저도 그분의 지나가는 영광을 뒤에서만 잠시 볼 수 있었다는 사실을 잘 알고 있다(cf. 출 33:7-23). 하나님은 솔로몬이 지은 성전에 거하시기에는 너무 자유로우시고 너무 크시다(Brueggemann). 온 세상이 하나님이 거하시기에는 너무 작다. 그러므로 그는 그저 하나님의 이름이 성전에 있는 것만으로도 만족할 뿐이다(29절). 하늘에 거하시는 하나님이 자기 이름을 두신 곳에 '눈'을 두어 백성의 형편을 보살피시는 것을 학자들은 '이름 신학'(name theology)이라고 한다.

솔로몬은 자신과 백성이 성전에 와서, 혹은 성전을 향해 기도드릴 때 하나님이 하늘에서 들으시고 응답해 주실 것을 간구한다(29-30절). 하나님이 성전에 이름만 두시고 백성의 기도를 하늘에서 들으신다는 것은 하나님의 자유를 의미한다. 솔로몬은 성전이 결코 하나님의 자유와 이동성을 제한할 수 없다는 것을 고백하고 있다. 또한 이 말씀은 백성들이 기도할 때 꼭 성전을 찾아오지 않고 자신들이 사는 곳에서도 얼마든지 드릴 수 있다는 점을 강조한다(Provan). 그렇다면 솔로몬은 무엇에 근거하여 하나님이 자신이 간구하는 대로 하실 것을 확신하고 있단 말인가? 네 가지 원리를 생각할 수 있다(House).

첫째, 솔로몬은 하나님이 과거에 모세, 여호수아, 다윗 등에게 자신을 드러내셨다는 것을 잘 알고 있다. 그러므로 솔로몬이 하나님께 성전에 이름을 두기를 간구하는 것은 전혀 새로운 것을 요구하고 있는 것이 아니다. 이미 누차 하셨던 일을 다시 한 번 하시라는 것뿐이다.

둘째, 모세를 통해 주신 말씀에 의하면 하나님은 자신의 백성인 이스라엘과 국가적인 차원과 개인적인 차원에서 관계를 갖기 원하신다 (cf. 신 7:7-9). 솔로몬은 자신이 여호와의 "종"이라는 것과 이스라엘이 주의 백성이라는 것을 알고 있기 때문에 확신을 가지고 기도할 수 있다.

셋째, 솔로몬은 하나님이 신명기 12:4-11에서 "내 이름을 한 곳에 두겠다"는 약속을 이행하실 것을 확신하고 있다. 이 성전이 바로 신명기에서 말씀하신 유일한 예배 처소라고 확신하고 있는 것이다. 드디어 수백 년 만에 모세를 통해 말씀하신 일이 솔로몬을 통해서 실현되고 있다.

넷째, 솔로몬이 하나님에 대해 알고 있는 지식이 그로 하여금 하나님의 임재를 기대하게 하고 있다. 그분은 은혜로우시며(왕상 8:23), 신실하시며(8:24), 성실하시고(8:25), 관계적인 분이시다(8:30). 그러므로 비록 하나님은 신비롭고, 거룩하고, 지극히 높은 분이시지만, 그분은 분명히 인간이 접근할 수 있는 인격적인 분이심을 알고 있는 것이다.

II. 솔로몬의 통치(3:1-11:43)
  D. 솔로몬의 믿음: 성전 헌당식(8:1-66)
    3. 솔로몬의 기도(8:22-53)

---

(3) 첫 번째 간구: 정의가 실현되게 하소서(8:31-32)

³¹ 만일 어떤 사람이 그 이웃에게 범죄함으로 맹세시킴을 받고 그가 와서 이 성전에 있는 주의 제단 앞에서 맹세하거든 ³² 주는 하늘에서 들으시고 행하시되 주의 종들을 심판하사 악한 자의 죄를 정하여 그 행위대로 그 머리에 돌리시고 공의로운 자를 의롭다 하사 그의 의로운 바대로 갚으시옵소서

이스라엘의 왕으로서 솔로몬의 가장 중요한 임무 중 하나가 백성들의 소송을 듣고 재판을 하는 것이다. 물론 대부분의 경우 상소가 솔로몬에게 오기 전에 해결되겠지만 종종 왕에게까지 올 수밖에 없는 경우

들이 있다는 것을 쉽게 상상할 수 있다. 솔로몬은 이럴 때에 올바른 판결을 내릴 수 있도록 하나님이 도와주시기를 간구한다. 솔로몬은 하나님이 직접 판결하시기를 희망한다(32절). 이 간구는 하나님이 성막의 제단을 인정하셨던 것처럼 성전의 제단도 인정해 달라는 바람을 담고 있다(Patterson & Austel). 훗날 예루살렘 성전에는 백성의 상소에 하나님의 판결을 대언하는 선지자들이 상주하게 된다.

증인이나 증거가 불충분하거나 혼란스러운 소송들을 판결할 때 솔로몬의 이러한 간구는 더욱더 절실하고 의미 있는 기도가 된다(Provan, House). 이 경우 소송에 연루된 쌍방을 데려다가 성전의 제단에 맹세케 하는 것도 일종의 방법이다(31절). 진실을 말하게 하고, 진실을 말하지 않는 자가 하나님의 심판을 받아 벌을 받게 하는 것이다. 이러한 절차를 염두에 두고 솔로몬은 제단에 와서 맹세하는 자들을 옳게 판단해 달라고 한 것이다.

(4) 두 번째 간구: 전쟁의 재앙에서 보호하소서(8:33-34)

33 만일 주의 백성 이스라엘이 주께 범죄하여 적국 앞에 패하게 되므로 주께로 돌아와서 주의 이름을 인정하고 이 성전에서 주께 기도하며 간구하거든 34 주는 하늘에서 들으시고 주의 백성 이스라엘의 죄를 사하시고 그들의 조상들에게 주신 땅으로 돌아오게 하옵소서

모세는 이미 율법을 통해 이스라엘이 죄를 지으면 하나님이 그들을 이방인들의 손에 내어줄 수 있다는 경고를 했다(레 26:17; 신 28:25). 솔로몬은 여호수아 시대 때 아간의 죄 때문에 아이 성을 정복하지 못한

것(수 7:1-11), 사사 시대 때의 끊임없는 패배, 엘리 제사장 시대 때 이
스라엘이 블레셋 사람들에게 수모를 당한 것(삼상 4:1-11) 등이 이러한
진리를 입증하는 사건들임을 알고 있다. 하나님이 시내 산에서 이스라
엘과 맺으신 언약은 분명히 양면성을 지니고 있는 것이다. 말씀에 순
종해 경건하게 살면 많은 복을 주시지만, 불순종하여 악하게 살면 하
나님의 벌이 임하게 되는 것이 시내 산 언약이다.

그러므로 하나님은 이스라엘이 자기 말씀에 잘 순종하면 많은 축복
을 내리시지만, 순종하지 않으면 징계를 내리신다. 솔로몬이 기도하는
것은 만일 이스라엘이 하나님의 심판을 받아 전쟁에서 지게 되면, 그
패배가 하나님의 징계라는 것을 깨닫고 회개할 수 있도록 도와주시고,
회개하면 용서해 달라는 것이다. 물론 모든 전쟁이 하나님의 징계에
의한 것은 아니므로 일부 전쟁만 하나님이 주의 백성을 벌하기 위하여
행하신 일이라는 뜻이다. 솔로몬은 이런 일이 있을 때 용서해 주시기
를 하나님께 구하고 있다.

II. 솔로몬의 통치(3:1-11:43)
  D. 솔로몬의 믿음: 성전 헌당식(8:1-66)
    3. 솔로몬의 기도(8:22-53)

---

(5) 세 번째 간구: 은혜의 비를 주소서(8:35-36)

³⁵ 만일 그들이 주께 범죄함으로 말미암아 하늘이 닫히고 비가 없어서 주께
벌을 받을 때에 이 곳을 향하여 기도하며 주의 이름을 찬양하고 그들의 죄
에서 떠나거든 ³⁶ 주는 하늘에서 들으사 주의 종들과 주의 백성 이스라엘의
죄를 사하시고 그들이 마땅히 행할 선한 길을 가르쳐 주시오며 주의 백성에
게 기업으로 주신 주의 땅에 비를 내리시옵소서

솔로몬은 하나님이 날씨에 대하여 모세를 통해서 이미 경고하신 말

씀을 잘 알고 있다. "너희의 하늘을 쇠처럼, 너희의 땅을 놋쇠처럼 단단하게 만들겠다. 그러면 너희가 아무리 힘을 써도, 너희의 땅은 소출을 내지 못할 것이며, 땅에 심은 나무도 열매를 맺지 못할 것이다"(레 26:19-20; cf. 신 28:23). 바알이 아니라 여호와께서 비를 주관하고 계신다. 그래서 솔로몬은 이스라엘이 죄를 지어 이 땅에 비가 내리지 않게 되고, 만일 백성이 이러한 사실을 깨닫게 되어 이 성전을 찾아 하나님께 간구하면 그들의 죄를 용서하시고 다시 비를 달라고 기도한다.

솔로몬은 하나님이 백성의 회개 기도를 들으시고 비를 내려주심으로써 이 둘(회개와 비)의 관계를 통해 이스라엘이 올바로 행할 수 있는 길을 가르쳐 달라는 간구를 곁들이고 있다(36절). 위의 경우처럼 여기서 언급하고 있는 가뭄은 우연히, 자연 현상으로 일어난 것이 아니라, 하나님의 심판의 결과로 빚어진 현상이다. 이럴 때에는 오로지 회개하고 하나님께 돌아오는 방법밖에는 대책이 없다.

(6) 네 번째 간구: 고통이 없게 하소서(8:37-40)

[37] 만일 이 땅에 기근이나 전염병이 있거나 곡식이 시들거나 깜부기가 나거나 메뚜기나 황충이 나거나 적국이 와서 성읍을 에워싸거나 무슨 재앙이나 무슨 질병이 있든지 막론하고 [38] 한 사람이나 혹 주의 온 백성 이스라엘이 다 각각 자기의 마음에 재앙을 깨닫고 이 성전을 향하여 손을 펴고 무슨 기도나 무슨 간구를 하거든 [39] 주는 계신 곳 하늘에서 들으시고 사하시며 각 사람의 마음을 아시오니 그들의 모든 행위대로 행하사 갚으시옵소서 주만 홀로 사람의 마음을 다 아심이니이다 [40] 그리하시면 그들이 주께서 우리 조상들에게 주신 땅에서 사는 동안에 항상 주를 경외하리이다

비가 제때 오지 않으면 가나안 땅이 순식간에 삭막한 곳으로 변하는 것을 잘 알고 있던 솔로몬은 위에서 비를 달라고 간구했다. 이제 그는 한 번 더 하나님께 백성이 이 성전을 향해 회개하면 가뭄을 해갈시켜 주실 뿐만 아니라 온갖 질병과 재앙을 다 거두어주실 것을 간구한다. 뿐만 아니라 회개한 이스라엘을 이방인의 손에서도 구원해 주실 것을 바라고 있다(37절).

그러나 맹목적으로 모든 사람을 동일하게 대해 달라고는 하지 않고, 사람의 마음을 아시는 하나님이 각 사람의 행실대로 갚아 달라고 한다(39절). 올바른 마음을 지닌 사람은 축복하시고 구원하시되, 악한 마음을 지닌 자들은 벌해 달라는 것이다. 이렇게 하면 이스라엘의 땅에 사는 모든 사람이 하나님을 경외할 것이라고 한다(40절). 하나님에 대한 두려움은 순종, 사랑, 섬김 등으로 이어진다(신 10:12). 안타깝게도 우리 주변에는 하나님을 두려워하지 않는 성도와 사역자들이 많다.

II. 솔로몬의 통치(3:1-11:43)
  D. 솔로몬의 믿음: 성전 헌당식(8:1-66)
    3. 솔로몬의 기도(8:22-53)

---

(7) 다섯 번째 간구: 은혜를 이방인에게도 베푸소서(8:41-43)

[41] 또 주의 백성 이스라엘에 속하지 아니한 자 곧 주의 이름을 위하여 먼 지방에서 온 이방인이라도 [42] 그들이 주의 크신 이름과 주의 능한 손과 주의 펴신 팔의 소문을 듣고 와서 이 성전을 향하여 기도하거든 [43] 주는 계신 곳 하늘에서 들으시고 이방인이 주께 부르짖는 대로 이루사 땅의 만민이 주의 이름을 알고 주의 백성 이스라엘처럼 경외하게 하시오며 또 내가 건축한 이 성전을 주의 이름으로 일컫는 줄을 알게 하옵소서

솔로몬이 기도의 초점을 이스라엘 백성에게서 이방인에게 돌린다.

이날처럼 이스라엘의 긍지와 자존심이 불타오르는 날도 없을 텐데, 솔로몬이 여호와의 명성을 듣고 예루살렘과 성전을 찾는 이방인들을 위해 기도한다는 것이 매우 인상적이다. 그가 이방인들을 위해 기도하게 된 동기가 자신의 조상이기도 한 라합(수 2:11)과 룻(룻 1:16) 등과 같이 여호와를 자신들의 신으로 받아들인 자들이었는지, 혹은 최근 그를 많이 도와주었던 히람을 염두에 두었는지 모른다. 동기가 무엇이었든 간에 솔로몬은 세상의 모든 백성에게 하나님이 필요하기에 그들이 하나님을 알아야 한다는 사실을 깨닫고 있다. 왕은 이스라엘이 열방에게 하나님을 알게 하는 도구가 되어야 한다는 사명을 의식하고 있는 것이다. 솔로몬의 이러한 고백은 또한 아브라함에게 주신 말씀을 연상시킨다(창 12:1-3). 이스라엘이 성전을 완성하면서 드디어 제사장 나라가 되어 열방에게 여호와의 축복의 통로가 되기를 갈망하고 있다.

(8) 여섯 번째 간구: 전쟁에서 승리하게 하소서(8:44-45)

44 주의 백성이 그들의 적국과 더불어 싸우고자 하여 주께서 보내신 길로 나갈 때에 그들이 주께서 택하신 성읍과 내가 주의 이름을 위하여 건축한 성전이 있는 쪽을 향하여 여호와께 기도하거든 45 주는 하늘에서 그들의 기도와 간구를 들으시고 그들의 일을 돌아보옵소서

솔로몬은 이미 이스라엘이 범죄하여 전쟁을 치르게 될 때, 그들이 회개하면 용서해 달라고 간구했다(33-34절). 그는 본문에서 다시 전쟁을 언급하지만, 이 전쟁은 앞의 것과 다르다. 이번에는 죄의 대가로 치르는 전쟁이 아니라 하나님이 보내신 전쟁을 의미한다. "주님께서 그

들을 어느 곳으로 보내시든지…"(44절, 새번역). 여호수아의 지휘 아래 가나안 정복에 나섰을 때처럼 말이다. 즉, 하나님의 전쟁이라고 불리는 성전(聖戰)의 경우를 뜻하고 있다.

성전(聖戰)에서는 하나님 임재가 당연시 된다. 그러나 솔로몬은 하나님 임재를 따놓은 당상으로 생각하지 않고 기도한다. 마치 훗날 다니엘이 예레미야서를 보고 바빌론에 끌려온 유다 사람들이 곧 돌아갈 것을 알면서도 금식하며 기도했던 것처럼 말이다(cf. 단 9장). 기도는 하나님의 계획을 알아가는 의미도 있지만, 이미 알게 된 하나님의 계획을 실현해가는 것이기도 하다. 하나님의 뜻을 알았다고 해서 기도를 멈춰서는 안 된다.

> II. 솔로몬의 통치(3:1-11:43)
>   D. 솔로몬의 믿음: 성전 헌당식(8:1-66)
>   3. 솔로몬의 기도(8:22-53)

(9) 일곱 번째 간구: 포로생활에서 구하소서(8:46-51)

46 범죄치 아니하는 사람이 없사오니 그들이 주께 범죄함으로 주께서 그들에게 진노하사 그들을 적국에게 넘기시매 적국이 그들을 사로잡아 원근을 막론하고 적국의 땅으로 끌어간 후에 47 그들이 사로잡혀 간 땅에서 스스로 깨닫고 그 사로잡은 자의 땅에서 돌이켜 주께 간구하기를 우리가 범죄하여 반역을 행하며 악을 지었나이다 하며 48 자기를 사로잡아 간 적국의 땅에서 온 마음과 온 뜻으로 주께 돌아와서 주께서 그들의 조상들에게 주신 땅 곧 주께서 택하신 성읍과 내가 주의 이름을 위하여 건축한 성전 있는 쪽을 향하여 주께 기도하거든 49 주는 계신 곳 하늘에서 그들의 기도와 간구를 들으시고 그들의 일을 돌아보시오며 50 주께 범죄한 백성을 용서하시며 주께 범한 그 모든 허물을 사하시고 그들을 사로잡아 간 자 앞에서 그들로 불쌍히 여김을 얻게 하사 그 사람들로 그들을 불쌍히 여기게 하옵소서 51 그들은 주께

서 철 풀무 같은 애굽에서 인도하여 내신 주의 백성, 주의 소유가 됨이니이다

솔로몬의 마지막 기도 제목이 심상치 않다. 이스라엘이 범죄하여 이 방인들에게 잡혀가게 된다 할지라도, 그들이 성전을 향해 기도하면 그 기도를 들으시고 다시 그들을 이 땅으로 돌아오게 해 달라는 기도이 다. 이 기도는 전쟁과 연관해서 이미 34절에서 간구한 내용을 확대시 켜 놓은 것이다. 그러나 세부 사항들이 이스라엘의 역사에 있어서 최악 의 경우를 상상하고 있다. 율법은 이미 이스라엘이 하나님께 계속 반역 하면 최악의 경우 하나님이 이스라엘을 그들에게 선물하신 땅에서 스스 로 몰아내실 것이라고 선언했다(레 26:27-35; 신 28:36-37, 49-68).

바빌론으로 포로가 되어 끌려가 이 책을 읽고 있는 열왕기 독자들에 게 솔로몬의 이러한 기도는 많은 것들을 정리하는데 도움이 되었을 것 이다. 자신들이 여호와를 거역해서 바빌론까지 끌려오게 되었다는 것 과, 비록 아프지만 소망이 없는 것은 아니라는 것도 잘 알게 되었을 것 이다. 솔로몬이 기도하는 것처럼 그들이 진심으로 회개하고 돌이킨다 면 그들은 분명히 본국으로 돌아갈 수 있는 것이다. 하나님이 그들을 용서하시고 은혜를 베풀면 말이다. 솔로몬이 하나님의 이러한 은혜를 확신할 수 있는 근거는 출애굽 사건이다(51절). 그때부터 하나님과 이 스라엘의 특별한 관계는 시작되었으며, 어떠한 일이 있어도 하나님과 이스라엘의 이 특별한 관계는 깨지지 않을 것임을 확신하는 것이다.

(10) 마무리 간구: 언약을 기억하소서(8:52-53)

[52] 원하건대 주는 눈을 들어 종의 간구함과 주의 백성 이스라엘의 간구함을

보시고 주께 부르짖는 대로 들으시옵소서 ⁵³ 주 여호와여 주께서 우리 조상을 애굽에서 인도하여 내실 때에 주의 종 모세를 통하여 말씀하심 같이 주께서 세상 만민 가운데에서 그들을 구별하여 주의 기업으로 삼으셨나이다

솔로몬이 여호와를 위해서 성전을 건축한 것, 그가 이 순간 주의 백성과 심지어 이방인을 위해서 간절히 기도할 수 있는 것은 하나님과 이스라엘의 특별한 관계로 인해서이다. 여호와는 그들의 하나님이 되셨고, 그들은 하나님의 특별한 소유가 되도록 구별되었다(53절). 이스라엘에게 하나님이 특별하신 것처럼, 하나님께 이스라엘은 특별한 존재이다. 그러므로 솔로몬은 과거에 맺어진 특별한 관계에 의존하여 미래를 확신한다. 과거가 미래의 지표가 되는 것이다.

II. 솔로몬의 통치(3:1–11:43)
   D. 솔로몬의 믿음: 성전 헌당식(8:1–66)

4. 솔로몬이 미래를 제시함(8:54–61)

⁵⁴ 솔로몬이 무릎을 꿇고 손을 펴서 하늘을 향하여 이 기도와 간구로 여호와께 아뢰기를 마치고 여호와의 제단 앞에서 일어나 ⁵⁵ 서서 큰 소리로 이스라엘의 온 회중을 위하여 축복하며 이르되 ⁵⁶ 여호와를 찬송할지로다 그가 말씀하신 대로 그의 백성 이스라엘에게 태평을 주셨으니 그 종 모세를 통하여 무릇 말씀하신 그 모든 좋은 약속이 하나도 이루어지지 아니함이 없도다 ⁵⁷ 우리 하나님 여호와께서 우리 조상들과 함께 계시던 것 같이 우리와 함께 계시옵고 우리를 떠나지 마시오며 버리지 마시옵고 ⁵⁸ 우리의 마음을 주께로 향하여 그의 모든 길로 행하게 하시오며 우리 조상들에게 명령하신 계명과 법도와 율례를 지키게 하시기를 원하오며 ⁵⁹ 여호와 앞에서 내가 간구한 이 말씀이 주야로 우리 하나님 여호와께 가까이 있게 하시옵고 또 주의 종의 일과 주의 백성 이스라엘의 일을 날마다 필요한 대로 돌아보사 ⁶⁰ 이에 세상

만민에게 여호와께서만 하나님이시고 그 외에는 없는 줄을 알게 하시기를
원하노라 ⁶¹ 그런즉 너희의 마음을 우리 하나님 여호와께 온전히 바쳐 완전
하게 하여 오늘과 같이 그의 법도를 행하며 그의 계명을 지킬지어다

솔로몬은 먼저 하던 기도를 마무리한다. 기도를 시작할 때에는 서
있었던 그가(cf. 22절) 지금은 무릎을 꿇고 있다(54절). 무릎을 꿇는다
는 것은 복종을 상징한다(왕상 19:18; 왕하 1:13; 사 45:23). 간곡히 기도
하다 보니 스스로 더 겸비하게 된 것이다(Nelson). 이 예배는 제사장들
을 포함한 모든 참석자들에게 큰 은혜의 체험이 되었음을 쉽게 상상
할 수 있다. 기도를 마무리한 솔로몬은 백성을 향해 큰 소리로 축복
했다(55절).

솔로몬은 백성을 축복하기 전에 하나님의 신실하심을 고백한다(56
절). 솔로몬에 의하면 하나님의 신실하심은 모세를 통해 하신 말씀이
하나도 빠짐없이 다 이루어진 것을 통해 증명된다. 특히 하나님이 약
속하신 안식(מְנוּחָה)이 이루어졌다는 것이다. 물론 솔로몬이 안식이라고
하는 것은 이스라엘 백성이 약속의 땅에 평안하게 안착할 수 있게 된
것을 뜻한다. 원수들에게서 자유하고(신 12:10), 하나님의 임재가 이스
라엘 중에 거하는 것(출 33:14) 등이 안식의 보장이다. 그렇다면 이러한
안식을 위해서 이스라엘은 하나님의 말씀에 전적으로 의지하고 순종
해야 한다. 그래야만 하나님의 임재가 이스라엘 중에 거하고, 하나님
의 임재가 이스라엘에 거할 때 비로소 적들에게서 자유할 수 있기 때
문이다. 솔로몬은 이스라엘의 순종으로 드디어 모세에게 약속하신 축
복이 500여 년 만에 성취되었음을 감격해 하고 있다.

솔로몬은 축복을 통해 세 가지로 이스라엘 사람을 권면한다(57-60
절). 첫째, 솔로몬은 백성의 삶에서 하나님 임재의 중요성을 깨닫도록
축복한다(57절). 옛적에 하나님이 그들의 조상들과 함께하셨던 것처럼
그들과 함께하시고 어떠한 경우라도 하나님이 결코 이스라엘을 버리

시지도, 포기하지도 않으실 것을 축복한다. 솔로몬은 하나님이 함께 하셔야만 그들의 삶이 의미가 있고 성전도 제 기능을 발휘한다는 것을 잘 알고 있다. 그러므로 이 상황에서 이스라엘에게 제일 중요한 것은 하나님의 임재이다. 솔로몬은 이 임재가 그들의 삶에서 중요하게 의식되고 갈망되기를 바라는 것이다.

둘째, 솔로몬은 하나님이 그들의 마음을 주님 자신에게 기울이게 하시기를 축복한다(58절). 모세는 이스라엘의 하나님과 관계가 마음에서 시작되어 순종적인 삶으로 드러난다고 가르쳤다(신 6:4-9; 11:18; 30:14; 32:46). 솔로몬은 우리의 마음이 하나님께 기울게 되면 하나님이 지시하신 길을 걸을 수 있고, 하나님의 율법과 법도를 지킬 수 있게 된다고 고백한다. 그러므로 성도의 삶에서 그의 마음이 하나님께 기울게 되는 것은 필수적이다. 문제는 사람이 스스로 마음을 하나님께 기울게 하기에는 역부족이고 어렵다는 사실이다. 그러므로 솔로몬은 하나님이 우리의 마음이 그분에게 기울게 해 주실 것을 축복한다.

셋째, 솔로몬은 하나님이 이스라엘에게 자비를 베푸시고 그들의 간구를 들어주시는 것을 통해 온 세상이 여호와만이 하나님이시고 다른 신은 없다는 것을 알게 되도록 축복한다(60절). 여호와만이 유일하신 하나님이라는 것은 구약의 가장 중요한 핵심이다. 솔로몬은 세상이 하나님과 이스라엘의 관계를 보고 이 신학에 동의하는 날이 오도록 축복하고 있다.

솔로몬은 하나님의 신실하심을 찬양함으로써 축복을 시작했었다(56절). 이제 그는 이스라엘 백성에게 하나님께 신실할 것을 당부함으로써 축복을 마친다(61절). 하나님의 신실하심에 가장 적절한 인간의 반응은 곧 그분에게 신실한 것이기 때문이다.

5. 백성들이 집으로 돌아감(8:62–66)

[62] 이에 왕과 및 왕과 함께 한 이스라엘이 다 여호와 앞에 희생제물을 드리니라 [63] 솔로몬이 화목제의 희생제물을 드렸으니 곧 여호와께 드린 소가 이만 이천 마리요 양이 십이만 마리라 이와 같이 왕과 모든 이스라엘 자손이 여호와의 성전의 봉헌식을 행하였는데 [64] 그 날에 왕이 여호와의 성전 앞뜰 가운데를 거룩히 구별하고 거기서 번제와 소제와 감사제물의 기름을 드렸으니 이는 여호와의 앞 놋제단이 작으므로 번제물과 소제물과 화목제의 기름을 다 용납할 수 없음이라 [65] 그 때에 솔로몬이 칠 일과 칠 일 도합 십사 일 간을 우리 하나님 여호와 앞에서 절기로 지켰는데 하맛 어귀에서부터 애굽 강까지의 온 이스라엘의 큰 회중이 모여 그와 함께 하였더니 [66] 여덟째 날에 솔로몬이 백성을 돌려보내매 백성이 왕을 위하여 축복하고 자기 장막으로 돌아가는데 여호와께서 그의 종 다윗과 그의 백성 이스라엘에게 베푸신 모든 은혜로 말미암아 기뻐하며 마음에 즐거워하였더라

드디어 성전 봉헌을 위한 성대한 제사가 치러졌다. 솔로몬은 화목제로 소 2만 2천 마리, 양 12만 마리를 드렸다(63절; 대하 7:5). 이같이 많은 수의 제물이 드려진 것은 솔로몬의 부(副)가 어느 정도였는지를 암시한다(Brueggemann). 그런데 여기에 제시된 짐승들의 수가 가능한 숫자인가? 이 정도 규모의 제물이 14일 동안 드려진 것을 감안할 때, 매일 10만 명에서 20만 명을 먹일 수 있다(Sweeney). 그 시대에 메소포타미아 지역에서 종종 행해진 잔치들의 규모를 보면 가능하다고 생각하는 사람도 있고(Hurowitz), 솔로몬이 주관하고 있는 헌당식의 기간과 동원된 인원을 감안하면 충분히 현실적인 숫자라고 간주하는 주석가들도 있다(Keil, Noth, Jones, Gray, Patterson & Austel). 학자들에 따라 주전 8세기 예

루살렘의 인구는 10만 명에서 40만 명 정도 되었을 것이라고 한다(cf. Sweeney). 솔로몬 시대에는 이보다는 적겠지만, 상당한 규모의 인구가 예루살렘과 주변에서 살았던 것을 상상할 수 있다. 많은 학자들이 본문이 제시하는 숫자들을 실제적인 짐승 수로 받아들이기에는 너무 크거나(Matheney), 과장(Montgomery & Gehman), 혹은 믿을 수 없다고 결정 짓는다(DeVries). 그러나 본문이 묘사하고 있는 규모의 잔치에 이 정도 숫자의 짐승들이 도살된 것이 그렇게 비현실적이지는 않다.

제물의 양이 얼마나 많았는지 놋제단이 너무 작아서 성전 앞 뜰을 특별히 구분해서 이곳에서 짐승들을 준비했다. 이 잔치는 나라의 최북단의 하맛에서부터 최남단의 이집트 접경 지역에 사는 사람들이 참석했으며, 2주 동안 치러졌다(65절). 잔치가 끝난 후 모든 백성이 즐거운 마음으로 각자 자기 집으로 돌아갔다. 솔로몬의 왕국에 있는 모든 사람이 행복한 순간이었다.

II. 솔로몬의 통치(3:1-11:43)

E. 하나님의 두 번째 현현(9:1-9)

¹ 솔로몬이 여호와의 성전과 왕궁 건축하기를 마치며 자기가 이루기를 원하던 모든 것을 마친 때에 ² 여호와께서 성전에 기브온에서 나타나심 같이 다시 솔로몬에게 나타나사 ³ 여호와께서 그에게 이르시되 네 기도와 네가 내 앞에서 간구한 바를 내가 들었은즉 나는 네가 건축한 이 성전을 거룩하게 구별하여 내 이름을 영원히 그 곳에 두며 내 눈길과 내 마음이 항상 거기에 있으리니 ⁴ 네가 만일 네 아버지 다윗이 행함 같이 마음을 온전히 하고 바르게 하여 내 앞에서 행하며 내가 네게 명령한 대로 온갖 일에 순종하여 내 법도와 율례를 지키면 ⁵ 내가 네 아버지 다윗에게 말씀하시기를 이스라엘의 왕위에 오를 사람이 네게서 끊어지지 아니하리라 한 대로 네 이스라엘의 왕위

를 영원히 견고하게 하려니와 ⁶ 만일 너희나 너희의 자손이 아주 돌아서서 나를 따르지 아니하며 내가 너희 앞에 둔 나의 계명과 법도를 지키지 아니하고 가서 다른 신을 섬겨 그것을 경배하면 ⁷ 내가 이스라엘을 내가 그들에게 준 땅에서 끊어 버릴 것이요 내 이름을 위하여 내가 거룩하게 구별한 이 성전이라도 내 앞에서 던져버리리니 이스라엘은 모든 민족 가운데에서 속담거리와 이야기거리가 될 것이며 ⁸ 이 성전이 높을지라도 지나가는 자마다 놀라며 비웃어 이르되 여호와께서 무슨 까닭으로 이 땅과 이 성전에 이같이 행하셨는고 하면 ⁹ 대답하기를 그들이 그들의 조상들을 애굽 땅에서 인도하여 내신 그들의 하나님 여호와를 버리고 다른 신을 따라가서 그를 경배하여 섬기므로 여호와께서 이 모든 재앙을 그들에게 내리심이라 하리라 하셨더라

하나님이 처음으로 솔로몬에게 나타나셨을 때는 그가 기브온에 있는 산당에서 제사를 드린 후였다(3:4-14). 성전을 건축하는 도중에 잠시 말씀을 주신 적이 있다(6:12-13). 그러나 그 말씀이 하나님이 솔로몬에게 직접 하신 말씀인지, 아니면 선지자를 통해서 주신 말씀인지 확실하지 않다. 그러므로 솔로몬에게 직접 임하신 하나님이 말씀하신 것으로는 이곳에 기록된 것이 두 번째다.

첫 번째 현현은 솔로몬의 상승세와 맞물려 있었다. 솔로몬은 하나님이 그에게 축복으로 내려주신 하늘의 지혜에 따라 주의 백성을 통치하며 온 세상에 명성을 떨쳤다. 그는 7년을 거쳐 성전을 완공했으며, 13년에 걸쳐 왕궁을 완성했다. 이 말씀이 솔로몬이 성전과 왕궁을 완공한 다음에 임했다고 하는 것으로 보아(1절), 처음 현현이 있은 지 20년 정도가 지난 시점에 이 말씀이 임한 것으로 생각할 수 있다(Patterson & Austel). 그러나 잠시 후에 보겠지만, 꼭 그렇게 간주할 필요는 없다. 어찌 됐든 하나님의 두 번째 현현은 그의 전성 시대의 끝을 장식한다. 솔로몬은 앞으로 그의 일생에서 괄목할만한 업적을 남기지 못한다. 물론 솔로몬은 예루살렘, 하솔, 므깃도, 게셀 등을 요새화한 업적도 남기

지만(9:15-19), 저자는 이 일들을 나열할 뿐 별다른 관심을 가지지 않는다. 앞으로 다른 왕들의 이야기에서도 지속적으로 접하게 되겠지만, 저자는 왕들의 정치적 업적에 별로 관심이 없다. 그의 유일한 관심사는 왕들의 종교적 업적이다. 신앙적인 차원에서 솔로몬은 이제부터 쇠퇴하는 왕의 모습을 보일 뿐이다.

이 섹션은 솔로몬이 성전을 헌당할 때 드렸던 기도(8장)에 대한 하나님의 응답을 기록하고 있다. 흥미로운 것은 하나님이 솔로몬에게 응답하신 때가 성전과 왕궁 공사가 모두 끝난 다음이다(1절). 이미 밝혀진 바대로 솔로몬은 성전을 건축하는데 7년, 왕궁을 건축하는데 13년 등이 두 건물을 건축하는데 20년을 보냈다. 그렇다면 솔로몬이 헌당 기도를 한 다음 13년이 지나서야 하나님이 응답하셨단 말인가? 그렇게 해석할 수도 있겠지만, 성전과 왕궁 건축 외에도 "자기가 이루고 싶어 한 모든 것을 마친 때에"(1절)라는 문구를 더하는 것으로 보아 그렇게 생각할 필요는 없다.

저자는 솔로몬이 많은 건물을 건축하게 된 것을 두 가지 관점에서 조명한다. 첫째, 솔로몬이 많은 건축물을 시공할 수 있었던 것은 하나님의 축복이다. 그의 아버지 다윗도 이러한 일을 하고 싶어했지만 할 수 없었다. 솔로몬이 그의 아버지가 뿌려 놓은 씨앗의 열매를 거두고 있는 것이다. 둘째, 솔로몬은 자신이 건축한 건물들을 하나님께 드리는 일종의 헌물로 생각했다. 특히 성전은 더욱 그러했다.

이러한 정황에서 하나님의 응답(1-9절)은 한 가지를 명백하게 한다. 솔로몬이 누리는 축복과 하나님께 드리는 헌물은 하나님이 그에게 요구하시는 순종의 삶과는 별개 문제라는 것이다. 하나님의 축복과 그분께 드리는 헌물은 결코 하나님이 요구하시는 순종의 삶을 대신할 수 없다. 저자는 이 점을 강조하기 위해 성전과 왕궁뿐만 아니라 솔로몬의 모든 업적을 하나님의 응답과 연결시키고 있다. 뿐만 아니라 저자는 여기에 기록된 하나님의 말씀이 솔로몬 통치의 처음 20여 년에 대한 적절한 결론이자 평가로 여겼기에 이처럼 기록하고 있는 듯하다. 그러므로 실제로 솔로몬의 헌당식 기도가 드려진 지 얼마 후에 하나님의 응답이 임했는지 모르지만, 그리 오랜 시간이 흐른 것은 아닌 것 같다(cf. 3절; 대하 7:1-7). 그러므로 1절은 성전뿐만 아니라, 솔로몬이 평생 했던 모든 건축 사업을 요약하고 있는 것이다. 이러한 현상(두 가지 이상의 일이 마치 한꺼번에 있었던 것처럼 묘사하는 것)을 일종의 '문학적 압축'이라 한다.[9]

하나님이 솔로몬이 건축한 성전을 거룩하게 하시고 거기에 임하실 것을 약속하신다(3절). 솔로몬의 구체적인 기도에 대한 응답이다(cf. 8:22-53). 하나님은 자신의 이름이 성전에 영원히 있을 것과 자신의 눈길과 마음이 항상 이곳에 있을 것을 약속하신다. 솔로몬은 자신의 헌당기도에서 하나님의 이름과 눈길이 성전에 머물렀으면 하는 바람을 간구했는데(8:29), 하나님은 이름(שמי)과 눈길(עיני)뿐만 아니라, 마음(לבי)도 두시겠다고 하신다(3절). 하나님은 솔로몬과 그의 후손들을 비롯한 이스라엘 사람과 얼마든지 함께하시겠다는 의향을 말씀하시는데, 이는 물론 그들이 하나님께 순종할 때만 있는 일이다(cf. 7절).

하나님이 기쁜 마음으로 솔로몬의 기도에 응답하시지만 동시에 순종에 대한 권면을 더하신다(4-5절). 만일 솔로몬이 하나님이 주신 말씀에 순종하여 규례와 율례대로 행하여 그의 아버지 다윗처럼 살아간다면, 하나님은 솔로몬에게도 다윗에게 주셨던 동일한 축복을 내려주실 것을 확인하셨다. 솔로몬이 모세를 통해 주신 말씀대로만 살면 옛적에 조상들에게 임했던 축복이 그의 삶에서도 지속될 것이다. 하나님은 솔로몬 개인에 대해 시작하신 말씀을 온 이스라엘 백성에 대한 것으로 확대하고 계신다(cf. Fretheim). 저자는 이 점을 강조하기 위하여 4-5절에서는 2인칭 단수를 사용하지만, 6절에서부터는 2인칭 복수를 사용

---

9 구약 성경에서 종종 문학적 기술로 사용되는 압축에 대하여는 『엑스포지멘터리 역사서 개론』 앞부분을 참조하라.

한다. 그러므로 6-9절은 솔로몬뿐만 아니라 온 이스라엘에게 주시는 경고이다. 이스라엘과 그들의 자손이 하나님의 말씀에 순종하지 않고 우상들을 섬길 경우, 하나님이 이스라엘을 그들의 기업에서 끊어버리실 것이요, 그들의 성전에 이제는 하나님의 이름을 두지 않으실 것이다(6-7절). 이렇게 되면 한때 온 세상의 선망의 대상이었던 이스라엘이 열방의 비웃음거리 밖에 되지 않을 것이다(8-9절). 물론 이스라엘에게 임할 수치도 하나님이 하시는 일이다.

하나님이 솔로몬에게 하시는 말씀의 내용이 심상치 않다(Sweeney, Konkel, cf. Brueggemann). 왕권과 성전, 그리고 이스라엘 영토의 미래가 모두 솔로몬과 백성들의 순종에 의존한다는 것은 새로운 사실이 아니다. 그러나 이러한 경고가 8장에서 솔로몬이 드린 헌당 기도에 대한 하나님의 응답으로 임했다는 것은 두 가지 의미를 지니고 있다. 첫째, 인간이 하나님께 드릴 수 있는 최고의 선물이라 할 수 있는 성전마저도 하나님이 우리에게 요구하시는 순종의 삶을 대신할 수 없다는 것을 재차 확인하고 있다. 이러한 측면에서 하나님의 이러한 경고는 솔로몬을 향한 하나님의 특별한 은혜라고 생각할 수 있다(House). 주의 백성의 삶에서 우선권과 중요한 것을 혼돈하지 말라는 말씀이다.

둘째, 이스라엘의 가장 복된 날, 가장 지혜로운 왕의 간절한 기도에 이러한 응답이 왔다는 것은 불안한 미래를 예고하는 듯하다(Provan, House, Walsh). 본문이 사용하고 있는 언어도 매우 강한 것들이다. "끊다/끊어버리다"(כרת)(7절)는 이스라엘 공동체에서 쫓아내는 것, 혹은 하나님 백성의 교제에서 제외되는 것을 뜻하는 매우 강한 개념이다 (Patterson & Austel, cf. 레 17:4, 9; 민 19:20). "내가 [성전을] 외면하겠다"(פְּנֵי אֲשַׁלַּח מֵעַל)(7절, 새번역) 역시 매우 강한 언어로서 "이혼"을 의미한다 (House). 고대 사회에서 "속담거리와 이야기거리가 된다"(7절)는 것 역시 상상을 초월하는 정도였다(Patterson & Austel). 이러한 정황을 종합해 볼 때, 현실에서는 6절의 "만일"(אם if)이 8:46의 "때"(כִּי when)와 동일할 수밖에 없다는 결론을 내리게 된다(Provan). 복된 과거와 화려한 현재가 밝은 미래를 보장할 수 없을 뿐만 아니라, 솔로몬과 이스라엘의 미래에 어두운 그림자가 드리워져 있음을 암시한다(Walsh, Provan).

F. 솔로몬의 세상적 지혜(9:10-28)

저자는 솔로몬이 성전을 건축하여 헌당한 것이 삶의 절정(climax)이었다고 평가한다. 그러나 솔로몬 이야기가 성전 헌당으로 끝나는 것은 아니다. 그는 성전을 건축함에 있어서 자신이 가나안 지역의 정치 무대에서 누리고 있던 높은 위상을 최대한으로 활용했다. 성전 헌당식이 끝난 이 순간, 저자는 우리의 시선을 다시 솔로몬의 높은 위상으로 돌리고 있다. 그러나 이미 언급한 것처럼 모든 것이 아름답고 좋은 것만은 아니다. 이 섹션이 묘사하고 있는 솔로몬의 영화 역시 8:22-53, 9:1-9 등에서 암시되었던 미래의 먹구름 아래 있다는 점을 기억해야 한다(Provan). 본문은 다음과 같은 순서로 이야기를 진행한다.[10]

  A. 솔로몬과 히람의 거래(9:10-14)
  B. 솔로몬의 건축 사업(9:15-24)

---

10 한 주석가는 본문에 대하여 다음과 같이 짜임새 있는 구조를 제시한다(Japhet). 문제는
    24-25절이 구조에 어울리지 않는다는 이유로 열외로 취급한다는 사실이다.
    A. 10-14절 히람
      B. 15절 강제로 동원된 인력
        C. 16절 게셀 정복
      B'. 17-23 강제로 동원된 인력
    A'. 26-28절 히람

269

    C. 솔로몬의 예배(9:25)

    D. 솔로몬의 무역(9:26-28)

> II. 솔로몬의 통치(3:1-11:43)
>   F. 솔로몬의 세상적 지혜(9:10-28)

1. 솔로몬과 히람의 거래(9:10-14)

[10] 솔로몬이 두 집 곧 여호와의 성전과 왕궁을 이십 년 만에 건축하기를 마치고 [11] 갈릴리 땅의 성읍 스무 곳을 히람에게 주었으니 이는 두로 왕 히람이 솔로몬에게 그 온갖 소원대로 백향목과 잣나무와 금을 제공하였음이라 [12] 히람이 두로에서 와서 솔로몬이 자기에게 준 성읍들을 보고 눈에 들지 아니하여 [13] 이르기를 내 형제여 내게 준 이 성읍들이 이러한가 하고 이름하여 가불 땅이라 하였더니 그 이름이 오늘까지 있느니라 [14] 히람이 금 일백이십 달란트를 왕에게 보내었더라

솔로몬이 성전과 왕궁을 건축하는데 두로의 히람이 결정적인 역할을 했다. 그는 솔로몬이 원하는 만큼 백향목과 잣나무와 금을 제공한 사람이다(11절). 히람이 솔로몬에게 제공한 금은 120달란트나 되었다. 달란트(כִּכָּר)의 무게는 고대 바빌론의 기록에 의하면 59킬로그램에 달하다가 후에는 49킬로그램에 달했다(BDB). 성경에서는 35킬로그램의 무게를 의미하는 것으로 이해된다(Cogan, cf. 출 25:39). 한 달란트는 3천 세겔에 달하며 한 세겔은 11~12그램 정도 되었다(Archer). 금 120달란트는 엄청난 가치와 무게를 지녔다. 무게만 4,200킬로그램이나 된다. 솔로몬이 이 모든 금을 어디에 쓴 것일까? 저자는 그 사용처를 밝히지 않는다. 그러나 이 금의 일부가 성전과 자신의 궁을 치장하고 그 안에서 사용하는 도구들을 만드는 데 사용한 것은 확실하다.

솔로몬이 히람으로부터 이처럼 많은 양의 금을 받게 된 것이 앞으로

자주 언급될 금에 대한 이야기의 시작에 불과하다. 그는 9:28에 의하면 420달란트, 10:10에 의하면 120달란트, 10:14에 의하면 666달란트의 금을 더 받는다. 뿐만 아니라 이 중 상당한 양이 오빌, 스바 등 매우 특별한 장소에서 온 귀한 것들이다. 전통적으로 대부분의 주석가들은 이러한 정황을 긍정적으로만 보아왔다(cf. Patterson & Austel). 하나님이 솔로몬에게 내리신 축복의 결과라는 것이다.

그러나 금 문제는 그렇게 단순하지 않다. 이미 언급한 것처럼 하나님의 지속된 경고가 솔로몬 이야기의 전체에 먹구름을 드리우고 있다. 게다가 지나친 부(富)가 하나님을 떠나게 하는 것에 대한 경고도 있다(cf. 잠 30:8). 특히 왕에 대한 규례를 담고 있는 신명기 17:17은 왕이 해서는 안될 일로 많은 금은보화를 축적하는 것을 이야기한다. 또한 4-5장에서 저자가 솔로몬의 위상과 영화를 그가 매일 소모했던 양식과 음식으로 표현했던 점을 감안할 때, 본문에서 많은 금에 대해 언급하는 것이 하나님의 축복을 뜻하는 것이 아니라 오히려 불안한 미래를 예고하고 있다는 것이 많은 주석가들의 결론이다(Provan, Walsh, Brueggemann).

솔로몬은 히람의 노고에 대한 답례로 갈릴리(הַגָּלִיל) 지역에 있는 성읍 20개를 주었다. 히람이 이 성읍들을 돌아보고는 마음에 들지 않아 "가불 땅"(אֶרֶץ כָּבוּל; lit., "쓸모없는 땅")이라고 불렀다(Mulder, cf. HALOT). 히람은 솔로몬에게 귀한 것들을 주고 그 대가로 쓸모없는 땅을 받았다. 솔로몬의 간교함과 비열함이 결정적으로 드러나는 사건이다(House). 이러한 정황에서도 히람이 크게 반발하지 않고 그대로 수용하는 것이 그의 나라 두로가 솔로몬의 통치 아래 있었기 때문이다(Provan, Brueggemann). 솔로몬은 폭력적인 수준으로 권력을 남용하여 이웃 나라를 괴롭히고 있다. 이집트 왕의 딸과 결혼하더니, 어느덧 솔로몬은 옛적에 이스라엘 사람들을 억압하던 이집트의 바로처럼 되어 있다. 다른 사람은 몰라도 이집트 사람들에게 억압을 받아본 민족의 후예로서 솔로몬이 이러는 것은 옳지 않다.

271

솔로몬이 히람에게 땅을 준다는 것도 문제를 안고 있다. 비록 별로 쓸모없는 땅이라고는 하지만, 그가 히람에게 넘겨주는 땅은 하나님이 선물로 주신 약속의 땅이다. 그러므로 하나님이 허락하지 않으시면 솔로몬에게는 이 땅을 처분할 권한이 없다. 그런데 그는 엉뚱하게 재산권을 행사하고 있다. 절대권력의 부패를 엿볼 수 있는 장면이다(Brueggemann). 솔로몬이 히람에게 성읍들을 준 것은 땅을 빌어 농사를 짓는 소작민이 마치 땅이 자기 것인 것인양 파는 일과 다를 바 없다. 어떤 학자는 솔로몬이 히람에게 땅을 담보로 잡히고 금 120달란트를 꾸었다가 나중에 갚고 다시 땅을 찾았다고 추측해보지만(Wiseman), 결국 추측에 불과하다. 그래서 대부분의 학자들이 그가 땅을 히람에게 넘겨주는 것을 매우 부정적으로 평가한다(Cogan, Walsh, Provan).

그렇다면 이 사건은 솔로몬의 비행을 잘 드러내고 있다. 첫째, 그는 히람과의 거래에 있어서 자신의 위치와 권력을 최대한으로 이용해서 많은 것을 착취하고 있다. 둘째, 그는 성경이 너무 많으면 하나님께로부터 멀어지게 할 수 있기에 위험하다고 경고하고 있는 부를 지나치게 사모하고 있다. 셋째, 그는 부의 상징인 금을 모으기 위해서 하나님이 축복으로 주신 약속의 땅까지 처분할 생각이 있는 사람이다. 솔로몬의 통치가 결코 좋게 막을 내리지 못할 것임이 암시되고 있다. 하나님이 축복으로 주신 거룩한 지혜가 솔로몬에게는 본문이 묘사하는 세상적 '성공과 지혜'로 악용되고 있다(cf. Brueggemann).

II. 솔로몬의 통치(3:1-11:43)
　F. 솔로몬의 세상적 지혜(9:10-28)

2. 솔로몬의 건축 사업(9:15-24)

[15] 솔로몬 왕이 역군을 일으킨 까닭은 이러하니 여호와의 성전과 자기 왕궁과 밀로와 예루살렘 성과 하솔과 므깃도와 게셀을 건축하려 하였음이라 [16]

전에 애굽 왕 바로가 올라와서 게셀을 탈취하여 불사르고 그 성읍에 사는 가나안 사람을 죽이고 그 성읍을 자기 딸 솔로몬의 아내에게 예물로 주었더니 [17] 솔로몬이 게셀과 아래 벧호론을 건축하고 [18] 또 바알랏과 그 땅의 들에 있는 다드몰과 [19] 자기에게 있는 모든 국고성과 병거성들과 마병의 성들을 건축하고 솔로몬이 또 예루살렘과 레바논과 그가 다스리는 온 땅에 건축하고자 하던 것을 다 건축하였는데 [20] 이스라엘 자손이 아닌 아모리 사람과 헷 사람과 브리스 사람과 히위 사람과 여부스 사람 중 남아 있는 모든 사람 [21] 곧 이스라엘 자손이 다 멸하지 못하므로 그 땅에 남아 있는 그들의 자손들을 솔로몬이 노예로 역군을 삼아 오늘까지 이르렀으되 [22] 다만 이스라엘 자손은 솔로몬이 노예를 삼지 아니하였으니 그들은 군사와 그 신하와 고관과 대장이며 병거와 마병의 지휘관이 됨이었더라 [23] 솔로몬에게 일을 감독하는 우두머리 오백오십 명이 있어 일하는 백성을 다스렸더라 [24] 바로의 딸이 다윗 성에서부터 올라와 솔로몬이 그를 위하여 건축한 궁에 이를 때에 솔로몬이 밀로를 건축하였더라

저자는 성전과 왕궁의 완공을 이미 누차 언급한 적이 있다. 그는 다시 이 섹션에서 성전과 왕궁을 포함한 솔로몬의 건축 사업을 포괄적으로 요약한다. 그는 강제로 노동력을 동원하여 성전과 자신의 궁을 건축한 것 외에도 밀로 궁, 예루살렘 성벽, 하솔, 므깃도, 게셀의 성읍들을 재건했다(15절). 뿐만 아니라 벧호론, 바알랏, 다드몰 등을 건설하였고(17-18절), 그 외에도 매우 광범위한 건축 사업을 전개했다(19절). 이러한 솔로몬의 모습은 이스라엘 사람들을 노예로 삼아 도시들을 건설했던 이집트의 바로들과 흡사하다(Sweeney). 어느덧 피해자가 가해자가 되어 있고, 솔로몬은 이상적인 이스라엘 왕의 모습에서 아주 멀어져 있다.

저자는 이 섹션에서 크게 두 가지를 명확히 한다. 첫째, 솔로몬이 강제 노동력을 단순히 성전 건축에만 사용한 것이 아니라 매우 광범위

한 건축 사업에 사용했다. 그가 강제 노동력을 동원했다는 것은 이미 5:13-16에 기록되어 있다. 그러나 그곳에서는 솔로몬이 마치 성전 건축에만 강제 노동력을 사용하는 것 같은 오해를 유발할 수 있다. 저자는 솔로몬이 그 외 모든 건축 사업에 강제 노동력을 동원했다는 점을 명확히 한다. 둘째, 강제로 동원된 노동력에는 이스라엘 사람은 한 사람도 없었다는 점을 밝히고자 한다. 대신 이스라엘 사람들은 군인, 신하, 군사령관, 관리 병거대 지휘관, 기병대원 등으로 고용되었다(22절).

문제는 이 섹션 역시 단순히 해명으로 끝나지 않는다는 점이다. 본문이 기록하고 있는 몇 가지 정보가 솔로몬의 몰락을 예고하고 있는 듯하다(Walsh, Provan). 첫째, 이미 3장, 7장에서 부정적인 요소로 언급되었던 바로의 딸이 다시 언급되고 있다(16, 24절). 특히 24절은 바로의 딸이 드디어 다윗의 궁을 떠나 솔로몬이 그녀를 위해서 건축한 궁에 들어가게 되었다고 한다. 역대하 8:11에 의하면 솔로몬은 자신의 아내인 바로의 딸이 다윗 궁에서 살 수 없었던 것은 다윗 궁은 법궤가 지나간 거룩한 곳이기 때문이라 한다. 역대기는 솔로몬을 매우 미화하는 책이기에 이 논리가 설득력이 있지만, 열왕기 저자는 바로의 딸의 이동을 부정적으로 보고 있다. 바로의 딸은 솔로몬의 몰락의 절정을 묘사하는 11장에서 다시 등장하는데, 여기서는 그의 등장을 준비하고 있는 듯한 느낌을 준다. 거룩/성결에 신경을 쓰던 솔로몬이 그 성결을 버리고 바로의 딸의 신들을 좇게 된다는 것이 아이러니하다.

둘째, 바로의 딸만큼이나 독자들을 불안하게 하는 것이 바로 강제로 동원된 노예 인력의 정체이다. 저자는 그들이 "아모리 사람과 헷 사람과 브리스 사람과 히위 사람과 여부스 사람"이라고 밝힌다(20절). 이들은 하나님이 가나안에 입성하는 이스라엘 백성에게 진멸하라고 명령하셨던 족속들이다. 하나님이 이들을 진멸하라고 하신 이유는 그들이 이스라엘을 영적으로 실족하게 할 것을 우려하셨기 때문이다. 비록 그들이 노예이기는 하지만, 솔로몬의 왕국에 아직 건재하는 것은 하나님의 우려가 현실로 드러날 수 있음을 암시하는 듯하다(Provan).

셋째, 저자가 제공하는 가장 심각한 정보는 이집트의 바로가 게셀을 정복하여 그 땅을 자기의 딸에게 결혼 지참금으로 주었다는 사실이다(16절). 게셀은 예루살렘에서 겨우 30킬로미터 북쪽에 떨어진 곳에 위치한 도시였다. 여호수아서는 이 지역이 에브라임 지파에 속한 땅이라고 한다(수 16:3). 그러나 이 땅이 여호수아의 군대에 의해서 정복되지는 않았다(cf. 삿 1:29). 바로가 게셀을 취하여 가나안 사람들을 다 죽이고 딸에게 결혼 지참금으로 주었다는 사실은 솔로몬이 장악하고 있는 것으로 간주되는 곳에서 이집트의 바로가 활보하고 있다는 말이 아닌가! 솔로몬의 통치에 금이 가고 있단 말인가? 아니면 솔로몬의 통치에 대한 묘사가 처음부터 과장이었단 말인가? 정확하지는 않지만 매우 불안한 요소임이 확실하며 어느덧 솔로몬은 이스라엘이 그렇게 싫어하던 '이집트의 바로'가 되어 있다(Sweeney).

> II. 솔로몬의 통치(3:1-11:43)
>   F. 솔로몬의 세상적 지혜(9:10-28)

3. 솔로몬의 예배(9:25)

²⁵ **솔로몬이 여호와를 위하여 쌓은 제단 위에 해마다 세 번씩 번제와 감사의 제물을 드리고 또 여호와 앞에 있는 제단에 분향하니라 이에 성전 짓는 일을 마치니라**

본문에서 솔로몬은 분명 대제사장의 모습을 보이고 있다(Brueggemann). 솔로몬은 성전에서 매년 세 차례씩 하나님께 제물을 드렸다. 아마도 이스라엘 남자들이 성전을 찾아와 지켜야 하는 최소한의 절기들을 의미하는 듯하다(출 23:14-19; 신 16:16-17). 즉, 이집트에서 나오게 된 것을 기념하기 위하여 일주일 동안 누룩이 들어있지 않는 빵을 먹고 지내는 무교절, 한 해의 첫 수확의 열매로 드리는 맥추절, 추수의 끝을 알리는 수장절 등을 지켰다는 것이다. 솔로몬도 매년 이 절기들을 지킨 것이다(House, cf. Sweeney).

이 구절의 마지막 문장이 혼선을 초래한다. 대부분의 번역본이 간주하는 것처럼 마치 솔로몬이 드디어 성전을 완공했다는 느낌을 주는 표현이기 때문이다. "이에 전 역사가 마치니라"(개역), "이렇게 그는 성전 짓는 일을 완수하였다"(새번역), "이리하여 솔로몬은 성전 공사를 모두 마쳤다"(공동). 이렇게 번역되고 있는 히브리어 문장을 문자적으로 번역하면 "그가 집을 끝냈다"(וַיְשַׁלֵּם אֶת־הַבָּיִת)이다. 만일 이 문장을 솔로몬이 성전 건축을 완료했다는 뜻으로 해석하면 그가 이미 성전을 정기적으로 찾아 제물을 드렸다는 앞부분과 잘 어울리지 않는다. 그래서 어떤 주석가는 사본을 복사하던 사람의 실수라고 하고(Burney), 성전이 완공되기 전에 솔로몬이 다윗이 세운 제단에서 예배를 드렸던 일을 회상하는 것이라고 하지만(Jones), 대부분의 주석가들은 이 문구가 솔로몬이 성전에 요구되는 사항을 온전히 충족시킨 것을 뜻하는 것으로 풀이한다(Montgomery & Gehman, Keil, House, cf. NIV). 이 말씀이 드디어 성전이 완공되었다는 뜻이 아니라, 성전이 완공된 다음에 솔로몬이 매년 성전이 요구하는 예배를 성실하게 드렸다는 의미로 해석하는 것이다. 이 해석이 문맥의 흐름에 훨씬 더 잘 어울린다. 이때까지만 해도 솔로몬은 절기 때면 성전을 찾아 예배를 성실하게 드렸다는 의미이다.

> II. 솔로몬의 통치(3:1-11:43)
> F. 솔로몬의 세상적 지혜(9:10-28)

4. 솔로몬의 무역(9:26-28)

²⁶ 솔로몬 왕이 에돔 땅 홍해 물 가의 엘롯 근처 에시온게벨에서 배들을 지은지라 ²⁷ 히람이 자기 종 곧 바다에 익숙한 사공들을 솔로몬의 종과 함께

그 배로 보내매 ^{28} 그들이 오빌에 이르러 거기서 금 사백이십 달란트를 얻고 솔로몬 왕에게로 가져왔더라

솔로몬은 에시온게벨에서 배를 만들었고 히람은 자기 사람들을 보내 그 배로 먼 곳까지 항해했다. 솔로몬이 히람에게 매우 형편없는 성읍들을 주었지만 아직도 두 왕의 관계가 유지되고 있는 것이다. 서로 주고 얻을 것이 있는 상황이기에 관계가 쉽게 깨어지지 않았다. 에시온게벨(עֶצְיוֹן גֶּבֶר)은 홍해(יַם־סוּף)가 시내 반도 근처에서 두 줄기로 갈라지는데, 이 중 동쪽 줄기에 속하는 오늘날 아카바 만(Gulf of Aqaba)으로 알려진 곳의 북쪽에 위치했던 항구 도시였다. 이 지역의 지리 변화로 에시온게벨은 이제 항구로 존재하지 않고 내륙의 일부가 되었다(Gray, Patterson & Austel).

솔로몬이 나무가 흔치 않은 사막 지역에서 배를 지을 목재들을 어디서 구했는가에 대해 학자들의 추측이 분분하다. 그때만 해도 에돔의 고산 지대에는 나무가 제법 자라고 있었고, 이 나무들을 해안으로 끌어다가 썼을 것이라는 추측이 있는가 하면(Gray), 아마도 두로에서 배를 만들었다가 해체해서 육지로 이송한 다음 이곳에서 다시 조립했을 것이라는 추리도 있다(Casson). 물론 가능한 일이지만, 엄청난 인력을 요구하는 작업이다. 본문에 의하면 한 가지 확실한 것은 히람이 페니키아 지역의 해안을 장악하고 있고, 솔로몬이 홍해 지역을 장악하고 있다. 즉, 이 두 왕은 지중해와 인도양의 무역을 장악하고 있는 것이다. 이 두 왕의 연합은 그 당시 국제 무대에서 대단한 실력을 과시했을 것이다.

그들이 금으로 유명했던 오빌(אוֹפִירָה)에 가서 금 420달란트(14.7톤)를 가져왔다(욥 22:24). 오빌이 아라비아 지역에 있었다는 것은 대부분 학자들이 인정하는 사실이지만, 정확히 아라비아의 어느 지역에 있었는지는 아직까지 밝혀지지 않았다(cf. Konkel, Sweeney). 확실한 것은 오빌

은 금으로 유명했던 곳이다(창 10:29; 욥 28:16; 시 45:10; 사 13:12). 대부분 학자들이 420달란트는 과장된 것이라고 생각한다. 솔로몬이 아라비아에 속한 오빌에서 금을 받았다는 것은 바로 다음 이야기의 시작을 알리고 있는 듯하다. 솔로몬의 명성을 듣고 많은 금을 가지고 그를 찾아왔던 여왕이 스바에서 오는데, 스바는 오빌과 비슷한 지역에 있었다(Walsh, Provan). 솔로몬은 이처럼 세상적으로 대단한 성공을 이루었다. 무역을 통해 얻은 수입으로 자신의 화려한 삶을 이어갈 수 있었다. 그러나 율법의 기준으로 평가할 때, 솔로몬은 매우 위험한 모험을 하고 있다(Brueggemann).

Ⅱ. 솔로몬의 통치(3:1-11:43)

G. 솔로몬의 세상적 업적(10:1-29)

저자는 솔로몬의 성공 이야기를 이어간다. 솔로몬이 홍해를 통해 교역을 시작한 것이 계기가 되어 홍해 연안에 위치한 스바의 여왕이 그를 찾아왔다. 옛적에 이스라엘의 선조들이 '홍해'를 건너 이집트를 떠난 적이 있는데, 이번에는 솔로몬이 '홍해'를 건너 다시 이집트로 가는 분위기가 조성되고 있다(Sweeney). 비록 저자가 구체적으로 솔로몬을 비난하는 말을 하지는 않지만, 앞 섹션에서와 마찬가지로 그의 행보에 대해 상당히 부정적인 시각을 암시하고 있는 것이다. 본 텍스트는 다음과 같이 두 파트로 구분된다.

  A. 솔로몬과 스바의 여왕(10:1-13)
  B. 솔로몬의 부귀와 지혜(10:14-29)

1. 솔로몬과 스바의 여왕(10:1-13)

¹ 스바의 여왕이 여호와의 이름으로 말미암은 솔로몬의 명성을 듣고 와서 어려운 문제로 그를 시험하고자 하여 ² 예루살렘에 이르니 수행하는 자가 심히 많고 향품과 심히 많은 금과 보석을 낙타에 실었더라 그가 솔로몬에게 나아와 자기 마음에 있는 것을 다 말하매 ³ 솔로몬이 그가 묻는 말에 다 대답하였으니 왕이 알지 못하여 대답하지 못한 것이 하나도 없었더라 ⁴ 스바의 여왕이 솔로몬의 모든 지혜와 그 건축한 왕궁과 ⁵ 그 상의 식물과 그의 신하들의 좌석과 그의 시종들이 시립한 것과 그들의 관복과 술 관원들과 여호와의 성전에 올라가는 층계를 보고 크게 감동되어 ⁶ 왕께 말하되 내가 내 나라에서 당신의 행위와 당신의 지혜에 대하여 들은 소문이 사실이로다 ⁷ 내가 그 말들을 믿지 아니하였더니 이제 와서 친히 본즉 내게 말한 것은 절반도 못되니 당신의 지혜와 복이 내가 들은 소문보다 더하도다 ⁸ 복되도다 당신의 사람들이여 복되도다 당신의 이 신하들이여 항상 당신 앞에 서서 당신의 지혜를 들음이로다 ⁹ 당신의 하나님 여호와를 송축할지로다 여호와께서 당신을 기뻐하사 이스라엘 왕위에 올리셨고 여호와께서 영원히 이스라엘을 사랑하시므로 당신을 세워 왕으로 삼아 정의와 공의를 행하게 하셨도다 하고 ¹⁰ 이에 그가 금 일백이십 달란트와 심히 많은 향품과 보석을 왕에게 드렸으니 스바의 여왕이 솔로몬 왕에게 드린 것처럼 많은 향품이 다시 오지 아니하였더라¹¹ 오빌에서부터 금을 실어온 히람의 배들이 오빌에서 많은 백단목과 보석을 운반하여 오매 ¹² 왕이 백단목으로 여호와의 성전과 왕궁의 난간을 만들고 또 노래하는 자를 위하여 수금과 비파를 만들었으니 이같은 백단목은 전에도 온 일이 없었고 오늘까지도 보지 못하였더라 ¹³ 솔로몬 왕이 왕의 규례대로 스바의 여왕에게 물건을 준 것 외에 또 그의 소원대로 구하는 것을 주니 이에 그가 그의 신하들과 함께 본국으로 돌아갔더라

솔로몬의 지혜는 이스라엘뿐만 아니라 온 세상에 널리 알려졌다(cf. 4:29-34). 스바의 여왕이 솔로몬의 지혜에 대한 자자한 소문을 듣고 그를 찾아왔다(1절). 물론 솔로몬의 지혜를 확인하는 것을 목적으로 한 여정이지만, 당시 정황을 고려할 때 가장 중요한 목적은 두 나라 간의 교역을 활성화하는 일이다(Patterson & Austel, Sweeney). 옛적에 요세푸스가 주장한 이후로 학자들은 스바가 오늘날의 에티오피아라고 했다. 이렇게 해석할 경우 그녀는 솔로몬을 만나기 위해서 거의 3,000킬로미터를 달려왔다. 그러나 최근에 들어서 대부분 학자들은 스바가 오늘날의 예멘을 뜻하는 것으로 이해한다(Kitchen, Patterson & Austel, Konkel). 이렇게 해석할 경우에도 스바의 여왕은 2,500킬로미터를 달려왔다. 솔로몬의 명성이 그만큼 멀리까지 퍼져 있었던 것이다.

스바의 여왕은 상상할 수 있는 모든 질문을 그에게 던져보았다(2절). 그녀의 질문의 일부는 자신이 잘 이해하지 못하는 숨겨진 진리들을 포함하고 있었을 것이다(Patterson & Austel). 근동에서는 이처럼 왕들이 마주앉아 시, 자연, 지혜에 관해 서로 질문하는 것이 외교의 한 부분이었던 것으로 알려진다(Gray). 솔로몬은 그녀의 모든 질문에 막힘 없이 대답할 수 있었다(3절). 그러나 저자는 솔로몬의 이 모든 지혜와 명성이 "여호와의 이름 때문"이라고 밝힌다(1절). 위대한 신이신 하나님이 위대한 왕을 만들어낸 것이다(Burney). 솔로몬이 스스로 지혜를 터득한 것이 아니라 그가 지니고 있는 지혜는 그에게 임한 하나님의 축복의 결과라는 것이다. 솔로몬이 평생 이 사실을 마음에 새기고 감사한 마음으로 주님을 섬겼더라면 얼마나 좋았을까!

스바의 여왕은 솔로몬의 건축물과 관료들의 행정력, 일상 생활 등도 모두 둘러보았다(4-5절). 그녀는 이 모든 것을 보고 넋을 잃을 정도였다. 그러므로 여왕은 솔로몬에 대한 명성이 그 실제를 결코 따라가지 못한다는 사실을 고백했다(7절). 그리고는 이처럼 지혜로운 왕의 통치 아래 있는 백성은 매우 행복할 것이라고 확신했다(8절). 그녀의 발언에는 그 어떠한 시기나 질투가 포함되어 있지 않다. 그녀는 순수한 동기에서 솔로몬의 지혜를 극찬하고 있다.

스바의 여왕은 하나님에 대한 찬양도 잊지 않았다(9절). 여호와께서 솔로몬을 좋아하실 뿐만 아니라 이스라엘을 영원히 사랑하셔서 그를 왕으로 삼으셔서 공평과 정의로 다스리게 하셨다는 것이다(9절; cf. 신 4:37; 7:7-8, 13; 10:15; 23:6). 이 같은 사실을 강조하기 위해서 저자는 솔로몬의 지혜와 명성의 근원이 하나님임을 강조하는 히브리어 문장을 구상한다(Wiseman, Patterson & Austel). 일부 학자들은 여왕의 이러한 고백이 너무 '여호와 종교적'이라고 하지만(Walsh) 별 문제는 없다. 예루살렘에 와서 그녀는 일종의 '개종'을 체험했거나 외교 능력이 뛰어난 다신주의자이다. 전에 히람도 솔로몬과 연관하여 여호와를 찬양한 적이 있다(5:7).

스바의 여왕의 발언 중에 우리가 의식해야 할 한 가지 중요한 사실이 있다. 비록 그녀가 솔로몬의 영화와 모든 것의 화려함에 마음을 빼앗겼지만, 그녀는 하나님이 솔로몬을 이스라엘의 왕으로 세우신 목적을 그 누구보다도 잘 알고 있다. 바로 솔로몬으로 하여금 공평(מִשְׁפָּט)과 정의(צְדָקָה)로 백성을 다스리게 하기 위해서라는 것이다(9절). 일부 학자들은 저자가 스바 여왕의 이러한 발언을 통해 솔로몬과 그의 후손들이 공평과 정의로 백성을 다스리지 못한 것을 비난하는 것으로 해석한다(House, Provan). 훗날 솔로몬에 대해 회고하고 있는 저자의 관점에서는 분명 그렇지만, 스바의 여왕이 이 말을 했을 때에 그녀는 진심으로 했다. 여왕은 자신이 알고 의식하는 것보다 더 많은 의미를 내포한 말을 하고 있는 것이다(cf. Sweeney). 그러므로 우리는 솔로몬의 화려하고 영화로운 삶을 지탱하고 있는 것은 착취한 노동력이요 억울한 사람들의 신음과 고통이라는 사실을 마음에 담고 그의 이야기를 읽어 내려가야 한다(Provan). 세상에서 가장 지혜로웠다고 할 수 있는 솔로몬이 정녕 하나님의 뜻에 따라 백성들을 공평과 정의로 다스리는 지혜는 없었던 것이다. 한국 사회는 기독교 국가가 아니다. 그러므로 공의와 정의가 온 사회를 지배하는 것은 기대하기가 어렵다. 그러나 하나님의 공동체라고 하는 교회에서만큼은 공의와 정의가 하수처럼 흘러 넘쳐야 한다.

솔로몬의 지혜에 감격한 스바의 여왕은 그에게 많은 선물을 주었다. 금 120달란트(4,200kg)와 엄청난 양의 향료와 보석을 선물했다(10절). 120을 실제 숫자보다는 많은 양을 뜻하는 상징으로 해석하는 사람들도 있다(Cogan). 경상도 말로 '억수로 많이' 주었다는 의미이다. 또한 얼마나 많은 향료를 주었는지 솔로몬은 이렇게 많은 향료를 그 누구에게도 다시는 더 받아 본 일이 없다.

솔로몬도 관례대로 그녀에게 정성껏 답례했으며, 그녀가 원하는 것은 무엇이든지 다 주었다(13절). 솔로몬이 그녀에게 무엇을 얼마나 주었는지는 모르지만, 히람에게 많은 목재와 금 120달란트를 받고 쓸모없는 마을 20개를 넘겨준 것을 연상시키는 듯하다. 실제로 히람의 이름이 11절에서 다시 언급된다. 그의 뱃사람들이 엄청나게 많은 양의 백단목(אלמגים)과 보석을 솔로몬에게 갖다 바쳤다(11절). 백단목(אלמגים)이라는 단어는 히브리어 성경에서 이곳에서만 사용되는 단어로서 어떤 나무를 뜻하는지 아무도 모른다(Cogan, cf. DeVries). 한 가지 확실한 것은 매우 귀한 것이었다는 사실이다. 이렇게 귀한 나무가 성전과 왕궁의 계단을 만드는데 사용된다. 역시 솔로몬의 재력을 강조하고 있다.

솔로몬이 "그 여왕이 요구하는 대로"(13절) 다 해주었다는 말에 대한 해석이 분분하다. 오래전부터 한 유태인 전승은 여왕이 원했던 것은 솔로몬의 아들을 갖는 것이었으며 솔로몬은 이러한 여왕의 청을 들어주었다고 한다. 에티오피아에도 이와 비슷한 이야기가 오늘날까지 전승되어 왔다. 에티오피아의 구칭인 아비시니아(Abyssinia)의 왕조가 솔로몬과 스바 여왕의 자손들에 의하여 시작되었다는 것이다(cf. Patterson & Austel, Sweeney). 물론 이 전승의 진의는 밝힐 방법이 없다. 그녀가 3,000킬로미터를 여행해 왔다면, 이러한 대가를 바랐을 수도 있다는 추측에서 유래된 것일 수 있다. 훗날 예수님은 그녀를 하나님의 말씀을 듣기 위하여 어느 정도까지 노력해야 하는가에 대한 모델로 언급하셨다(마 12:42).

> II. 솔로몬의 통치(3:1-11:43)
>   G. 솔로몬의 세상적 업적(10:1-29)

2. 솔로몬의 부귀와 지혜(10:14-29)

[14] 솔로몬의 세입금의 무게가 금 육백육십육 달란트요 [15] 그 외에 또 상인들과 무역하는 객상과 아라비아의 모든 왕들과 나라의 고관들에게서도 가져온지라 [16] 솔로몬 왕이 쳐서 늘인 금으로 큰 방패 이백 개를 만들었으니 매 방패에 든 금이 육백 세겔이며 [17] 또 쳐서 늘인 금으로 작은 방패 삼백 개를 만들었으니 매 방패에 든 금이 삼 마네라 왕이 이것들을 레바논 나무 궁에 두었더라 [18] 왕이 또 상아로 큰 보좌를 만들고 정금으로 입혔으니 [19] 그 보좌에는 여섯 층계가 있고 보좌 뒤에 둥근 머리가 있고 앉는 자리 양쪽에는 팔걸이가 있고 팔걸이 곁에는 사자가 하나씩 서 있으며 [20] 또 열두 사자가 있어 그 여섯 층계 좌우편에 서 있으니 어느 나라에도 이같이 만든 것이 없었더라 [21] 솔로몬 왕이 마시는 그릇은 다 금이요 레바논 나무 궁의 그릇들도 다 정금이라 은 기물이 없으니 솔로몬의 시대에 은을 귀히 여기지 아니함은 [22] 왕이 바다에 다시스 배들을 두어 히람의 배와 함께 있게 하고 그 다시스 배로 삼 년에 한 번씩 금과 은과 상아와 원숭이와 공작을 실어 왔음이더라 [23] 솔로몬 왕의 재산과 지혜가 세상의 그 어느 왕보다 큰지라 [24] 온 세상 사람들이 다 하나님이 솔로몬의 마음에 주신 지혜를 들으며 그의 얼굴을 보기 원하여 [25] 그들이 각기 예물을 가지고 왔으니 곧 은 그릇과 금 그릇과 의복과 갑옷과 향품과 말과 노새라 해마다 그리하였더라 [26] 솔로몬이 병거와 마병을 모으매 병거가 천사백 대요 마병이 만이천 명이라 병거성에도 두고 예루살렘 왕에게도 두었으며 [27] 왕이 예루살렘에서 은을 돌 같이 흔하게 하고

백향목을 평지의 뽕나무 같이 많게 하였더라 ²⁸ 솔로몬의 말들은 애굽에서 들여왔으니 왕의 상인들이 값주고 산 것이며 ²⁹ 애굽에서 들여온 병거는 한 대에 은 육백 세겔이요 말은 한 필에 백오십 세겔이라 이와 같이 헷 사람의 모든 왕과 아람 왕들에게 그것들을 되팔기도 하였더라

저자는 이 섹션에서 금을 최소한 10차례 언급하면서 솔로몬의 부를 다시 부각하고 있다(14, 16-18, 21-22, 25절). 그는 금을 가지고 자신의 궁을 장식하고(16절), 저자가 세상에서 가장 아름답고 화려하다고 평가하는 보좌를 덧입히고(18-20절), 자신의 궁에서 사용되는 기구들과 그릇들을 만들었다(21절). 그의 왕국에서 은은 돌같이 흔해서 귀히 여기지도 않았고, 솔로몬도 은으로는 아무것도 만들지 않는다(21절; cf. 27절). 금뿐만 아니라 여러 가지 사치품도 세계 곳곳에서 수입했다. 상아, 원숭이, 공작새 등도 정기적으로 들여왔다(22절).

솔로몬은 매년 666달란트(25톤; cf. Patterson & Austel)의 금을 징수했으며, 이 액수는 상인들에게 거두어들인 세금, 무역업자들이 납입한 세금, 아라비아 지역의 왕들과 국내의 지방 장관들이 보내는 것 등을 포함하지 않은 액수였다(14-15절). 그의 수입의 일부는 끊임없이 그의 지혜와 명성에 대해 듣고 찾아오는 사람들로부터 받은 예물과 선물들이었던 것으로 생각된다(24-25절).

솔로몬의 총수입 액수에 대해 학자들의 논란이 분분하다. 솔로몬이 매년 이 많은 액수의 세금을 징수했다는 것이 지나치게 과장되었다고 생각하는 주석가들은 이 숫자가 9:14, 28; 10:10에서 언급된 금의 양을 더한 것이라고 해석한다(Montgomery & Gehman, Noth). 솔로몬의 건축 사업과 화려한 삶을 감안할 때 이 정도 수준의 세금이 징수되어야 했기에, 이 숫자는 현실적이라고 생각하는 사람들도 있다(Keil). 특히 그의 부하들은 엄청난 이익을 낼 수 있는 중간상인 역할을 하며 이집트, 시리아, 아라비아, 그리고 지중해 지역을 오갔던 점 역시 여기에 제시

된 수입을 가능하게 한다(Soggin). 한 가지 확실한 것은 솔로몬이 국제 무대에서 정치적·경제적으로 매우 중요한 위치를 굳히고 있다는 것 이다.

솔로몬은 금으로 덧입힌 방패도 만들었다(16절). 200개의 큰 금 방패 를 만들었는데, 각 방패는 600 '세겔'(6.6kg)의 금을 필요로 했다. 히브 리어 텍스트는 '600'만 기록하고 있을 뿐 단위를 언급하지 않는다(cf. NAS). 아마도 필사 과정에서 누락된 것으로 생각된다. 그래서 '세겔'은 해석하는 사람들이 주입한 것이지 본문에는 없다. 일부 학자들은 17절 이 작은 방패 하나를 만드는데 3마네(=300베카)가 사용되었다고 하는 것을 근거로 큰 방패가 각각 600베카(=6마네)의 금을 사용한 것으로 해 석한다(Patterson & Austel).

고대 근동의 장식용 방패들처럼 이 방패들도 나무로 틀을 만들고 그 위에 금을 덧입힌 것들이다(Keil). 큰 방패는 군인의 몸 전체를 가릴만 한 크기였으며 보병이 가지고 다니는 무기였다(ABD, cf. 대하 14:8). 솔 로몬은 추가로 300개의 작은 금 방패를 만들었는데 각 방패가 3마네 (מנה)의 금을 필요로 했다. 작은 방패는 활 쏘는 자들이 가지고 다니는 무기였다(ABD, cf. 대하 14:8). '마네'는 훗날 신약에서 '므나'로 알려진 양 에 해당한다. 시대에 따라 마네의 무게도 달랐는데, 고대 바빌론 시대 에는 1마네가 982그램에 달했지만, 에스겔 시대에는 819그램에 달했 다(BDB). 대체로 학자들은 1마네를 50세겔로 계산한다(Cogan). 그렇다 면 각 작은 방패에 소모된 금은 큰 방패의 4분의 1인 150세겔(1.7kg)이 었다. 큰 방패가 각각 600세겔의 금을 필요로 했다면, 200개를 만드는 데 약 1,400킬로그램, 작은 방패 만드는 데 총 510킬로그램으로, 두 종 류의 방패를 만드는 데 거의 2,000킬로그램의 금이 사용되었다. 솔로 몬은 이 방패들을 만들어 "레바논 수풀 궁"에 보관했다(17절). 이 방패 들은 전시용이지 전투용이 아니었다. 역대기는 작은 방패 1개가 각각 300세겔의 금(3.3kg)에 달했다고 한다(대하 9:16).

솔로몬은 상아를 재료로 사용하여 큰 보좌도 만들었다(18-19절). 아마도 먼저 나무로 틀을 만들고 그 위를 상아로 장식한 것으로 생각된다(Jones). 솔로몬의 보좌는 여섯 층계로 되어 있었고, 각 계단마다 두 마리의 사자가 자리를 잡고 있었다. 그가 앉는 보좌에서 양쪽에 손을 얹는 곳도 사자로 장식되었다. 솔로몬이 이처럼 자신의 보좌에 사자 문양을 많이 도입한 것은 자신의 출신 지파인 유다가 사자로 표현되기 때문이었다(DeVries). 솔로몬은 보좌를 상아로 장식한 후, 나머지 공간(나무가 드러나는 공간)을 금으로 덧입혀 매우 화려한 보좌를 만들었다(Patterson & Austel). 상아는 가나안 지역의 토산품이 아니며 전량 수입품이다. 당시에도 상아는 매우 값이 비싼 물건이었다. 솔로몬의 화려함과 사치가 극에 달하고 있는 것이다.

솔로몬은 두로 왕 히람과 함께 다시스의 배를 바다에 띄워 많은 수익을 올리기도 했다(22절). 저자는 그가 "다시스 배"(אֳנִי תַרְשִׁישׁ)를 띄웠다고 하는데, 다시스라는 곳과 연관된 배들이 아니라, 큰 규모의 상선을 뜻하는 표현이다(Patterson & Austel, Sweeney, Konkel). 이 배들은 험한 날씨에도 먼 곳까지 항해할 수 있었으며, 많은 수익을 얻어 3년에 한 번씩 솔로몬에게 돌아왔다.

우리는 이스라엘의 왕이 이처럼 대량의 금과 사치품을 모으는 것이 별로 좋은 일이 아니라는 것을 잘 알고 있다(cf. 신 17:16-17). 그런데 솔로몬은 금뿐만 아니라 말도 모았다. 이 사실 역시 우리를 걱정하게 하기에 충분하다(cf. 신 17:16-17). 그가 모은 병거가 1,400대, 기병이 1만 2천에 달했다. 솔로몬이 말들을 어디에서 샀는가? 개역성경은 28절을 이집트에서 다 사들인 것으로 해석한다. "솔로몬의 말들은 애굽에서 내어왔으니 왕의 상고들이 떼로 정가하여 산 것이며." 새번역은 이집트와 구에라는 곳에서 샀다고 한다. "솔로몬은 말을 이집트와 구에로부터 수입하였는데, 왕실 무역상을 시켜서, 구에에서 사들였다." 또한 공동번역은 길리기아와 큐에(구에)에서 사들였다고 한다. "솔로몬은 왕실 소속 무역상들을 시켜 길리기아와 큐에로부터 말을 수입하였다."
개역성경이 이처럼 해석하는 것은 '미크베'(מִקְוֵה)를 전치사 '민'(מִן)과 고
유명사 '구에'(קְוֵה)의 합성어로 보지 않고 '수집/모집한 것'(מִקְוֵה)을 뜻하
는 한 단어로 보았기 때문이다. 그러나 이 경우 모음의 표기가 잘 어
울리지 않는다. 구에(קְוֵה)는 소아시아 남동쪽 지중해 해안 지역에 위치
했던 길리기아(Cilicia)의 주요 도시로 말 사육으로 유명했던 곳이다(cf.
Patterson & Austel).

본문의 더 큰 해석적인 논란은 이집트(מִצְרַיִם)에 있다. 대부분의 주석
가들과 번역본들이 이집트로 이해하고, 마소라 사본들에서도 다른 변
형이 없다. 그러나 많은 학자들이 이 단어를 이집트를 뜻하는 '미스
라임'(miṣrayîm)으로 읽을 게 아니라 길리기아를 뜻하는 '무스리'(muṣri)
로 읽어야 한다고 주장한다(Tadmor, Montgomery & Gehman, Noth, DeVries,
Jones). 이유인즉, 본문이 솔로몬이 이집트와 구에에서 말을 사들인 것
으로 말하면서, 마치 그의 상인들이 이집트의 말들도 구에에 모았다가
한꺼번에 가져오는 듯 말을 한다는 것이다(28절).

만일 본문이 길리기아가 아니고 이집트를 염두에 두고 이런 말을 한
다면 잘 이해가 가지 않는다. 이집트에서 말을 싣고 소아시아로 가서
구에에서 말을 더 구해서 왔단 말인가? 또한 이집트에서 말을 구했다
면 도로를 통해 끌고 오면 된다. 반면에 이미 언급한 것처럼 길리기아
는 말 사육으로 유명했던 곳이고, 이 지역의 말들이 주요 항구 도시인
구에에서 거래되었던 것은 당연한 일이다. 그러므로 조금 어렵기는 하
지만 공동번역의 해석이 가장 적합하다. 이 번역을 택할 경우 28-29절
에 묘사되고 있는 솔로몬의 말과 병거 수입 노력이 이스라엘에서 한참
북쪽인 소아시아에서 남쪽인 이집트에 이를 정도로 광범위했다는 점
을 부각하는 표현으로 생각할 수 있다.

솔로몬은 길리기아의 말을 사들이는 것에 만족하지 않고 이집트에
서도 병거와 말을 사들였다(29절). 병거 한 대당 은 600세겔(6.9kg)을 지

불했고 말은 한 필당 150세겔(1.7㎏)을 지불했다. 공교롭게도 솔로몬이 병거와 말 값으로 지불한 은의 무게 차이가 솔로몬이 금으로 만든 큰 방패(600세겔)와 작은 방패(150세겔)의 무게와 같다. 솔로몬은 이집트에서 산 말과 병거를 가나안 지역의 다른 왕들에게 되팔기도 했다.

솔로몬의 영화와 부귀를 묘사하고 있는 10장이 전하고자 하는 긍정적인 메시지는 하나님이 솔로몬과 하신 약속을 확실하게 지키셨다는 것이다(Hubbard, Walsh). 하나님은 솔로몬에게 엄청난 지혜를 주셨고, 솔로몬은 이 지혜를 통해서 하고 싶은 것을 모두 하였고, 심지어는 이 지혜 덕에 개인적인 소득을 많이 올렸다. 또한 하나님은 솔로몬에게 이스라엘이 전에 맛보지 못했던 평안을 주셨다. 사방으로 모든 나라들이 조용하고, 심지어는 이집트의 통치 아래 있다. 그의 군대와 병거는 사실 별로 쓸 일이 없는 과시용에 불과했다. 솔로몬은 엄청난 부를 축적하고 누리고 있다. 역시 하나님이 그와의 약속을 잘 지켜주셨다는 증거이다.

하나님은 솔로몬에게 이처럼 많은 것을 주셨는데, 과연 솔로몬도 하나님과의 계약을 잘 이행하여 그의 말씀대로 살아갈 것인가? 솔로몬 이야기에서 이집트가 언급되는 것은 좋은 징조가 아닌데, 이곳에서도 이집트가 지속적으로 등장하는 것이 분위기를 불안한 쪽으로 몰아가고 있다. 다음 장에서 보듯이 솔로몬은 하나님의 축복을 불순종으로 되갚는 범죄를 저지른다.

Ⅱ. 솔로몬의 통치(3:1-11:43)

H. 솔로몬의 배교: 몰락(11:1-43)

이 장(章)에서 솔로몬의 통치와 삶에 대한 저자의 최종적인 평가가 시작된다. 그동안 독자들을 불안하게 했던 여러 가지 요인들이 그의 몰락으로 드러나고 있는 것이다. 본 텍스트에 기록된 솔로몬의 영적 몰락은 앞으로 열왕기에서 두고두고 반복될 것이다(Fretheim). 이스라엘은 솔로몬의 통치 아래 역대 최고의 부귀와 영화를 누렸다. 그들의 위상은 온 세상이 선망할만한 것이었다. 그러나 그들의 위상이 높았던 만큼 추락의 폭도 크다. 이 이야기가 끝나면, 이스라엘을 기다리는 것은 우상숭배, 분열, 부패 등 절망적인 것들뿐이다.

독자들을 더욱더 안타깝게 하는 것은 솔로몬과 이스라엘은 이러한 비극을 사전에 충분히 예방할 수 있었다는 사실이다. 그들이 여호와의 말씀에 순종하고, 그분과 맺은 언약대로만 살았더라면 이러한 일은 일어나지 않았을 것이다. 솔로몬 자신의 기도(8:22-53)와 하나님의 응답(9:1-9)이 율법대로 사는 것이 얼마나 중요하며, 순종하지 않을 경우 치러야 하는 대가가 얼마나 혹독할 것인가를 분명히 밝혔다. 결국 솔로몬은 자신이 기도한 대로 살지 못해서 자신뿐만 아니라 온 이스라엘에게 비참한 운명을 초래하게 된 것이다. 본 텍스트의 정황을 감안할 때, 그의 부귀영화를 그리고 있는 9:10-10:29마저도 불안한 경고음을 내고 있었음을 알 수 있다(Provan). 더 안타까운 것은 솔로몬이 통치하는 이스라엘에 임한 온갖 환란은 다름 아닌 그들의 하나님 여호와께서 리더인 솔로몬의 죄로 온 공동체에 내리신 재앙이라는 사실이다. 리더십의 중요성을 다시 한 번 실감하게 한다. 본문은 다음과 같은 구조를 지닌다.

A. 솔로몬의 우상숭배(11:1-13)
　　B. 흔들리는 위상(11:14-25)
　　B′. 흔들리는 왕권(11:26-40)
A′. 솔로몬의 죽음(11:41-43)

II. 솔로몬의 통치(3:1-11:43)
 H. 솔로몬의 배교: 몰락(11:1-43)

1. 솔로몬의 우상숭배(11:1-13)

솔로몬이 하나님을 사랑했다(3:3)는 말로 시작한 그의 이야기가 어느덧 마무리 단계에 이르고 있다. 안타까운 것은 하나님을 사랑했던 그가 지금은 바로의 딸을 비롯한 많은 이방 여인들을 사랑했다는 말로 마무리가 된다는 것이다(1절). 저자는 이 같은 변화를 통해 솔로몬의 말년을 신앙적인 몰락뿐만 아니라, 정치적인 몰락으로 묘사하고 있다.

결국 세상 그 누구와도 비길 수 없는 큰 지혜를 가졌던 솔로몬이지만, 그의 지혜마저도 그를 구원하기에는 부족했다. 하나님을 경외하는 것이 올바른 지혜의 근본이거늘 말년에 솔로몬은 온갖 지혜를 지녔으면서도 하나님을 경외하는 지혜는 가지지 않았다. 세상의 모든 지혜를 가진다 할지라도 하나님을 아는 지혜가 없으면 별 의미가 없다. 용두사미(龍頭蛇尾)라는 말이 솔로몬의 일생을 가장 적절하게 묘사하는 듯하다. 본 텍스트는 다음과 같은 구조를 지니고 있다.

  A. 솔로몬의 많은 아내(11:1-3)
 A´. 솔로몬의 우상숭배(11:4-10)
    B. 하나님의 심판(11:11-13)

II. 솔로몬의 통치(3:1-11:43)
 H. 솔로몬의 배교: 몰락(11:1-43)
  1. 솔로몬의 우상숭배(11:1-13)

(1) 솔로몬의 많은 아내(11:1-3)

¹ 솔로몬 왕이 바로의 딸 외에 이방의 많은 여인을 사랑하였으니 곧 모압과

암몬과 에돔과 시돈과 헷 여인이라 ² 여호와께서 일찍이 이 여러 백성에 대하여 이스라엘 자손에게 말씀하시기를 너희는 그들과 서로 통혼하지 말며 그들도 너희와 서로 통혼하게 하지 말라 그들이 반드시 너희의 마음을 돌려 그들의 신들을 따르게 하리라 하셨으나 솔로몬이 그들을 사랑하였더라 ³ 왕은 후궁이 칠백 명이요 첩이 삼백 명이라 그의 여인들이 왕의 마음을 돌아서게 하였더라

저자는 본문에서 솔로몬이 어떻게 하나님의 심판을 받게 되었는가를 묘사하면서 선지적 소송 선언(prophetic lawsuit speech) 양식을 사용하고 있다(Brueggemann). 이 양식은 고소(1-8절)와 경고(9-13절) 등 두 파트로 구성되어 있다. 이미 3장에서부터 우리를 불안하게 했던 이집트 요소가 본문에서 솔로몬 몰락의 시작에 직접적인 요인으로 부각된다(1절). 솔로몬은 이집트의 공주뿐만 아니라 모압, 암몬, 에돔, 시돈, 헷 등에서 많은 여자들을 아내들로 맞아들였다(1절). 여호와께서 일찍이 모세 등을 통하여 이스라엘 사람들에게 종교적인 이유에서 이방 여인들을 아내로 맞아들이지 말라고 하셨는데도(2절, cf 신 7:3-4; 출 34:16; 수 23:1-13) 솔로몬은 외국 여자들을 너무 좋아해서 마음을 돌리지 못했다.

저자가 3:3에서 언급한 것처럼 솔로몬은 하나님을 사랑했다. 그러나 그는 바로의 딸을 포함한 외국 여인들도 사랑했기에(אהב) 그들에게 마음을 주었다(דבק)(2절). 신명기에서는 이 두 동사가 하나님을 사랑하고 오직 그분만을 전심으로 섬기라는 권면에서 자주 사용된다(신 6:5; 10:12, 20; 11:1, 22; 13:4; 30:20). 솔로몬은 하나님께 쏟아야 할 정열을 이방인 아내들에게 쏟고 있는 것이다. 솔로몬은 이방인 아내들만 사랑한 것이 아니라, 그들의 신들까지 사랑했다. 어느덧 솔로몬은 다신주의자가 되어 있었다(Fretheim). 이스라엘 역사에서 가장 지혜롭다는 왕이 다른 것은 다 안다 해도 하나님을 제대로 모르다니! 이제 솔로몬에게 여호와 하나님은 숭배하는 여러 신들 중 하나가 되어 있다. 이 같은

그의 행동은 '시기하는 여호와'를 모르기에 빚어진 일이다. 성전과 왕궁 건축 이야기가 그의 나눠진 마음을 암시했다면, 이 이야기는 나눠진 마음의 어두운 면을 유감없이 묘사하고 있다.

솔로몬이 엄청난 부를 누렸던 만큼 여자 관계도 화려하다. 그는 아내(אשה) 700명에 첩(פִילֶגֶשׁ) 300명을 두었다(3절). 더 큰 문제는 이 아내들이 보통 여인들이 아니라는 사실이다. 모두 다른 나라들의 공주들(שָׂרוֹת)이었다. 물론 이 모든 국제 결혼은 정치적인 이유에서 비롯되었을 것이다(Bright, Fretheim). 그럼에도 불구하고 솔로몬의 결혼 생활에는 두 가지 문제가 있다. 첫째, 그는 모세가 이스라엘에게 준 결혼에 관한 규례를 어김으로써 하나님과 계약을 위반하고 있다(왕상 3:1-14; 6:11-13; 9:1-9). 모세는 이스라엘 사람에게 언약 공동체 밖에서 아내를 찾지 말라고 분명히 경고했다(신 7:3-4; 출 34:15-16). 이유도 명백하게 밝혔다. "그렇게 했다가는 그들의 꾐에 빠져서, 너희의 아들이 주를 떠나 그들의 신들을 섬기게 될 것이며, 그렇게 되면 주님께서 진노하셔서, 곧바로 너희를 멸하실 것이다"(신 7:4, 새번역). 솔로몬이 이방 여인들하고 결혼하는 것이 결국에는 그의 영적인 타락으로 연결되고, 그의 영적인 타락은 하나님의 심판을 자처했다는 점을 감안할 때, 그는 이미 모세가 경고했던 멸망의 길을 그대로 밟고 있는 것이다.

둘째, 솔로몬은 모세가 남긴 왕에 대한 율법을 어겼다(cf. 신 17:14-20). 모세는 구체적으로 "이스라엘의 왕은 또 많은 아내를 둠으로써 그의 마음이 다른 데로 쏠리게 하는 일이 없어야 한다"고 지시했다(신 17:17, 새번역). 안타깝게도 모세의 이 같은 경고가 마치 솔로몬을 염두에 두고 한 말처럼 느껴진다. 솔로몬은 많은 이방인 아내들을 두어 스스로 영적인 자멸을 초래했다. 결국 솔로몬은 하나님이 축복으로 내려주신 부귀영화를 통해 열방의 왕들과 다를 바 없는 모습으로 전락했다. 그가 강제로 노동력을 동원시켜 온갖 건축 프로젝트를 진행한 일은 옛적에 이집트 왕이 이스라엘 사람들을 노예로 삼아 착취하고 억압한 일에 버금간다. 솔로몬은 절대 모방해서는 안 될 이집트 왕을 모방하는 자가 되었다.

(2) 솔로몬의 우상숭배(11:4-10)

⁴ 솔로몬의 나이가 많을 때에 그의 여인들이 그의 마음을 돌려 다른 신들을 따르게 하였으므로 왕의 마음이 그의 아버지 다윗의 마음과 같지 아니하여 그의 하나님 여호와 앞에 온전하지 못하였으니 ⁵ 이는 시돈 사람의 여신 아스다롯을 따르고 암몬 사람의 가증한 밀곰을 따름이라 ⁶ 솔로몬이 여호와의 눈앞에서 악을 행하여 그의 아버지 다윗이 여호와를 온전히 따름 같이 따르지 아니하고 ⁷ 모압의 가증한 그모스를 위하여 예루살렘 앞 산에 산당을 지었고 또 암몬 자손의 가증한 몰록을 위하여 그와 같이 하였으며 ⁸ 그가 또 그의 이방 여인들을 위하여 다 그와 같이 한지라 그들이 자기의 신들에게 분향하며 제사하였더라 ⁹ 솔로몬이 마음을 돌려 이스라엘의 하나님 여호와를 떠나므로 여호와께서 그에게 진노하시니라 여호와께서 일찍이 두 번이나 그에게 나타나시고 ¹⁰ 이 일에 대하여 명령하사 다른 신을 따르지 말라 하셨으나 그가 여호와의 명령을 지키지 않았으므로

솔로몬이 나이가 들자 판단력이 흐려졌다(4절). 정치적인 이유로 솔로몬과 결혼했던 이방인 아내들이 그를 가만히 두지 않았다. 그를 꾀어서 다른 신들을 따르게 한 것이다. 앞 섹션에서는 솔로몬이 다신주의자처럼 되었다고 암시했는데, 본문에서는 다신주의자라는 것을 적나라하게 묘사한다. 솔로몬은 시돈 사람들의 여신 아스다롯(עשתרת), 모압 사람들의 신 그모스(כמוש), 그리고 암몬 사람들의 신 밀곰(מלכם)과

몰렉(מֹלֶךְ)을 숭배했다(5, 7절). 아스다롯은 성의 여신(sex goddess)이며 이스라엘 백성이 가나안에 입성할 때부터 그들을 실족하게 한 신이다(삿 2:13). 암몬 사람들의 밀곰과 몰렉은 동일한 신이며 인간 번제를 선호하는 별(星) 신이었다(레 18:21; 20:2-5; 왕하 23:10; 렘 32:35). 그모스 또한 별(星) 신이었다. 솔로몬은 이스라엘 종교의 가장 기본이 되고 있는 십계명 중 제1계명을 어겼을 뿐만 아니라(Brueggemann), 왕궁에다 '우상 백화점'을 차렸다! 여호와의 은혜를 참으로 많이 경험한 자가 어떻게 이런 짓을 한다니 납득이 가지 않지만, 이것이 영적 세계의 실태이다.

한 가지 재미있는 사실은 '몰렉'이라는 이름은 성경 저자들이 '밀곰'에서 창출해낸 이름이라는 것이다. '밀곰'(מִלְכֹּם)의 이름에서 마지막 자음(m)을 제외한 자음들(m, l, k)에 '수치'를 뜻하는 히브리어 단어 '보셋'(boshet, בֹּשֶׁת)의 모음들(o, e)을 더하여 '몰렉'(Molek, מֹלֶךְ)에 이른 것이다(Patterson & Austel). 이러한 현상이 아스다롯의 이름에서도 드러난다. '아스다롯'은 고대 근동에서 유명했던 여신으로 원래 이름은 '아스타르테'(Astarte)이다. 이 이름에서 첫 모음과 자음들을 따오고, 모음은 역시 '보셋'(boshet, בֹּשֶׁת)에서 따와 합성한 것이 아스다롯의 히브리어 이름 '아스토렛'(Astoret, עַשְׁתֹּרֶת)이다(Konkel). 본문에서도 열왕기 저자는 이방 우상들의 이름에 '가증함/수치'(בֹּשֶׁת)를 더함으로써 자신의 정통적인 우상들에 대한 평가를 제시할 뿐만 아니라 솔로몬의 행위를 비난하고 있는 것이다(Walsh).

솔로몬이 여호와를 버리고 이방 신들과 우상들을 좇았다는 것은 고대 근동의 정서에도 맞지 않는 일이다. 다신주의가 성행하던 고대 근동에서는 항상 종주(宗主)가 종속자들에게 자신의 신(들)을 섬기도록 강요했다. 또한 약한 나라가 강한 나라의 신들을 섬기는 것은 당연한 일이라고 생각했다. 솔로몬은 가나안 지역에서 가장 큰 나라의 왕이다. 게다가 그에게는 그 누구도 넘볼 수 없는 지혜가 있었다. 그런데 지금 그에게 조공을 바치는 나라들의 신들을 숭배하고 있다! 이처럼 솔로몬의 상식 밖의 짓은 옛적에 모든 짐승을 다스리는 자리에 있던 아담과 하와가 '들짐승' 뱀의 말을 듣고 타락한 일을 생각나게 한다.

비록 솔로몬이 노년에 판단력이 흐려져 이처럼 가증스러운 죄를 짓게 되었지만, 타락의 가장 큰 동기는 다른 데 있었다. 그의 마음이 여호와를 떠났기 때문이었다(9절). 저자는 사람이 늙어간다고 해서 자연스레 판단력이 흐려진다고 생각하지 않는다. 나이가 들어도 얼마든지 지혜로운 판단을 할 수 있고, 그 예로 두 차례나 다윗을 언급하고 있다 (4, 6절). 다윗이 노년에도 완전한 마음(שָׁלֵם לֵבָב)으로 하나님을 사모하고 사랑한 것을(4절) 생각한다면 솔로몬의 문제가 다른 곳에서 비롯되었음을 알 수 있다. 결국 솔로몬의 죄는 세월 탓이 아니라 여호와를 향하는 것에서 온전하지 못한 그의 마음이다. 이미 언급한 것처럼 그가 비록 여호와를 사랑했지만, 하나님보다 더 사랑하여 마음을 빼앗긴 것이 있었던 것이다. 바로 수많은 이방인 아내들이었다.

하나님은 솔로몬이 어릴 때부터 사랑하셔서 그에게 '여디디야'라는 애칭을 주셨다. 솔로몬을 다윗의 후계자로 세우셨고, 상상을 초월하는 축복으로 그의 삶을 채우셨다. 심지어 두 번이나 직접 솔로몬을 찾아오셨다. 그런데도 "기적적인 축복을 체험한 다윗의 후계자이자 언약 백성의 리더인 솔로몬이 가장 기본적인 계명인 '내 앞에 다른 신을 두지 말라'(출 20:3)를 어겼다"(House). 하나님의 축복이 사람이 변질되는 것마저 막지는 못한다. 주변에서도 하나님의 축복을 받고 오히려 하나님을 멀리하는 사람을 종종 목격한다. 가난할 때는 신앙생활을 열심히 하다가, 하나님의 축복으로 부자가 되면 십일조 내기가 아까워 교회를 그만두는 사람도 있다. 우리는 하나님의 물질적인 축복은 항상 시험 (test)이라는 것을 기억해야 한다.

이렇게 하나님께 감당하기 어려울 정도의 축복을 받은 다윗의 후손 솔로몬이 구약 율법의 골자인 십계명의 가장 기본적인 조항, "내 앞에 다른 신들을 두지 말라"를 범하고 있다. 죄라는 것이 항상 이런 것이다. 상식과 이성으로 설명되지 않는다. 지혜로운 그가 왜 이런 짓을 했을까? 솔로몬은 배은망덕한 사람이지만, 동시에 그의 죄는 잘 설명이 되지 않는다. 그저 신비(mystery)로울 뿐이다!

```
II. 솔로몬의 통치(3:1-11:43)
  H. 솔로몬의 배교: 몰락(11:1-43)
    1. 솔로몬의 우상숭배(11:1-13)
```

(3) 하나님의 심판(11:11-13)

¹¹ 여호와께서 솔로몬에게 말씀하시되 네게 이러한 일이 있었고 또 네가 내 언약과 내가 네게 명령한 법도를 지키지 아니하였으니 내가 반드시 이 나라를 네게서 빼앗아 네 신하에게 주리라 ¹² 그러나 네 아버지 다윗을 위하여 네 세대에는 이 일을 행하지 아니하고 네 아들의 손에서 빼앗으려니와 ¹³ 오직 내가 이 나라를 다 빼앗지 아니하고 내 종 다윗과 내가 택한 예루살렘을 위하여 한 지파를 네 아들에게 주리라 하셨더라

하나님이 솔로몬을 세상에서 가장 큰 지혜자로 만드셨지만, 그는 자신의 지혜를 적절하게 사용하지 못했다. 사람들은 하나님께 은사와 은혜를 달라고 기도한다. 솔로몬의 삶을 생각해보면, 은사와 은혜를 사모하는 기도보다 하나님이 은사와 은혜를 주시면 어떻게 사용할 것인가에 대한 계획과 묵상이 더 필요하다. 하나님이 주시는 은혜와 은사를 어디에, 어떻게 사용할 것인가에 대해 구체적인 계획을 세워놓으면 그 은사로 죄짓기 전에 한 번 더 생각하게 될 것이다. 재물도 마찬가지다. 대책 없이 달라는 기도보다, 주시면 어디에, 어떻게 사용할 것인지 묵상과 기도가 더 필요하다.

솔로몬은 세상 그 누구보다 큰 지혜를 가졌지만, 정작 하나님을 경외하는 지식은 없었으므로 우상을 숭배했다. 결국 하나님이 우상숭배에 빠진 솔로몬에게 진노하셨다. 하나님의 지속적인 당부와 경고가 무시되었기 때문이다. 하나님의 심판은 가혹했다. 솔로몬의 나라를 나누어 그의 신하에게 주시겠다고 선언하셨다(11절). 옛적에 사울에게 분노하셔서 그의 부하에게 나라를 주시겠다고 하셨던 말씀을 생각나게 하는 대목이다(cf. 삼상 13:14-14; 15:28). 어떻게 생각하면 솔로몬이 제2의 사울이 된 것이다! 다윗 언약은 하나님이 지켜주셔야만 유지될 수 있다는 점이 실감난다.

다행히 하나님은 다윗을 생각하셔서 솔로몬이 살아 있는 동안은 이런 일이 없게 하시고 그의 아들 시대에 가서 나라의 분열이 있을 것이라고 말씀하셨다(12절). 그 신하에게 나라의 대부분을 주시고 한 지파만 솔로몬의 아들에게 주시겠다고 하셨다. 물론 이렇게 하시는 것도 솔로몬을 생각해서가 아니라 다윗 때문이라는 것을 밝히신다(13절). 우리는 하나님의 선언에서 다시 한 번 다윗에 대한 주님의 끊임없는 은혜를 목격하고 있다. 또한 선조의 신앙이 후손에게 전수되기가 얼마나 어려운지도 실감한다. 다윗은 참으로 위대한 신앙인이었지만, 고작 한 세대를 지나 솔로몬은 이 모양이다. 시간이 날 때마다 자식과 신앙적인 대화를 나누며 우리가 아는 하나님을 전해야 한다.

II. 솔로몬의 통치(3:1-11:43)
  H. 솔로몬의 배교: 몰락(11:1-43)

2. 흔들리는 위상(11:14-25)

¹⁴ 여호와께서 에돔 사람 하닷을 일으켜 솔로몬의 대적이 되게 하시니 그는 왕의 자손으로서 에돔에 거하였더라 ¹⁵ 전에 다윗이 에돔에 있을 때에 군대 지휘관 요압이 가서 죽임을 당한 자들을 장사하고 에돔의 남자를 다 쳐서 죽였는데 ¹⁶ 요압은 에돔의 남자를 다 없애기까지 이스라엘 무리와 함께 여섯 달 동안 그 곳에 머물렀더라 ¹⁷ 그 때에 하닷은 작은 아이라 그의 아버지

신하 중 에돔 사람 몇몇과 함께 도망하여 애굽으로 가려 하여 ¹⁸ 미디안을 떠나 바란에 이르고 거기서 사람을 데리고 애굽으로 가서 애굽 왕 바로에게 나아가매 바로가 그에게 집과 먹을 양식을 주며 또 토지를 주었더라 ¹⁹ 하닷 이 바로의 눈 앞에 크게 은총을 얻었으므로 바로가 자기의 처제 곧 왕비 다 브네스의 아우를 그의 아내로 삼으매 ²⁰ 다브네스의 아우가 그로 말미암아 아들 그누밧을 낳았더니 다브네스가 그 아이를 바로의 궁중에서 젖을 떼게 하매 그누밧이 바로의 궁에서 바로의 아들 가운데 있었더라 ²¹ 하닷이 애굽 에 있어서 다윗이 그의 조상들과 함께 잔 것과 군대 지휘관 요압이 죽은 것 을 듣고 바로에게 아뢰되 나를 보내어 내 고국으로 가게 하옵소서 ²² 바로가 그에게 이르되 네가 나와 함께 있어 무슨 부족함이 있기에 네 고국으로 가 기를 구하느냐 대답하되 없나이다 그러나 아무쪼록 나를 보내옵소서 하였더 라 ²³ 하나님이 또 엘리아다의 아들 르손을 일으켜 솔로몬의 대적자가 되게 하시니 그는 그의 주인 소바 왕 하닷에셀에게서 도망한 자라 ²⁴ 다윗이 소바 사람을 죽일 때에 르손이 사람들을 자기에게 모으고 그 무리의 괴수가 되어 다메섹으로 가서 살다가 거기서 왕이 되었더라 ²⁵ 솔로몬의 일평생에 하닷이 끼친 환난 외에 르손이 수리아 왕이 되어 이스라엘을 대적하고 미워하였더라

하나님은 솔로몬이 이방 신들을 좇는 것에 대해서 심판을 선언하신 후, 가나안 지역의 국제 정세를 이스라엘에게 매우 불리하게 진행해 나가셨다. 북쪽과 남쪽에 이스라엘에게 앙심을 품고 있던 옛 적들을 강성하게 하여 이스라엘을 괴롭게 하신 것이다. 하나님은 자기 백성이 죄를 지으면 방관하는 분이 아니시다. 적극적으로 일을 진행하여 어떻 게든 회개하도록 권장하신다. 그래서 이번에는 에돔 사람 하닷을 "일 으켜"(קום, 14절) 솔로몬과 이스라엘을 대적하게 하셨다. 이 동사의 이미 지는 앉아있거나 누워있는 사람을 세우는 것이다. 평소에 잠재해있던 문젯거리를 활동적으로 가동시킨다는 의미이다(Fretheim). 솔로몬을 징 계하기 위해 하나님이 새로운 일을 만드신 것이 아니라, 이미 주변에

잠재해있던 대적들의 움직임을 사용하신 것이다. 저자는 솔로몬에게 대항하는 사람들을 "대적/원수"(שטן)라고 부른다(14절). 훗날 이 용어가 인간을 괴롭히는 마귀, 사탄을 의미하는 고유명사로 사용되지만, 본문에서는 솔로몬을 괴롭히는 원수를 뜻하는 일반명사이다.

사실 이들은 이미 오래전 솔로몬의 아버지 다윗 시대 때부터 이스라엘에 대해 앙심을 품고 복수할 기회를 엿보던 세력들이다. 그러나 그동안에는 하나님이 솔로몬을 축복하셨기에 전혀 이슈가 되지 않았다(Patterson & Austel). 하나님이 반역한 솔로몬을 벌하기로 작정하신 이 순간 이들의 이야기가 수면 위로 떠오른다. 잠재되어 있던 대적이 실제적인 원수가 된 것이다. 우리의 삶에서도 이 같은 일을 종종 경험한다. 하나님께 순종하여 주님의 축복을 누리며 살 때에는 아무런 문제가 되지 않던 것이 어느 날 불순종에 대한 하나님의 심판이 되어 우리를 위협하는 것을 경험해 보았을 것이다. 하나님이 자기 백성을 벌하실 때 완전히 새로운 '진노의 막대기'를 사용하기도 하시지만, 많은 경우에 주변에 잠재해있는 반대/원수 세력을 사용하시기 때문이다. 그러므로 이 같은 사실을 의식하는 사람들은 자신이 누리는 평화와 풍요를 당연한 것으로 생각해서는 안 된다. 하나님을 잘 섬기면 평화와 풍요가 함께하겠지만, 하나님께 등을 돌리면 순식간에 상황이 돌변할 수 있다.

한 가지 재미있는 사실은 이들이 양쪽에서 솔로몬을 위협하고 있지만, 아직까지 어떠한 행동도 감행하지 않는다는 것이다. 남쪽 에돔에는 다윗이 이 지역을 평정하면서(cf. 삼하 8:13-14; 대상 18:12-13) 왕족들을 거의 몰살시키다시피 했는데 하닷이란 사람이 겨우 살아서 이집트로 피했다(17절). 그는 이집트 왕의 도움을 받아 힘을 길러 본국으로 돌아와 솔로몬을 대적했다.

하닷의 이집트 여정과 그의 아들 그누밧이 이집트의 궁에서 자라게 된 것은 여러 면에서 모세의 삶을 연상케 한다. 다윗의 장수 요압이 여섯 달을 에돔에 머물면서 모든 남자아이를 죽인 것은 옛적에 바로가 이스라엘의 남자아이들을 모두 죽이려고 한 일과 비슷하며(출 1:22), 하닷이 이집트 왕족의 은총을 입어 겨우 살아남은 것도 모세가 바로의 딸에 의해 죽음을 면한 일을 연상케 한다. 하닷의 아들 그누밧이 바로의 궁에서 자라난 일은 모세가 젖을 뗀 후에 궁에서 자란 일과 비슷하다.

하닷이 다윗과 요압이 죽었다는 말을 듣고 본국으로 돌아가려 하자 바로가 말리고 나선다. 정황을 고려할 때 솔로몬이 즉위한 지 얼마 지나지 않아 있었던 일로 생각된다. 바로는 왜 하닷을 본국으로 돌려보내기를 꺼려한 것일까? 바로가 그의 사위가 된 솔로몬을 보호하기 위해서일 가능성을 배제할 수는 없지만(Brueggemann), 저자는 그 이유에 대하여 침묵한다.

솔로몬의 입장에서 한 가지 황당한 것은 그를 대적하는 하닷이 바로 그의 처가라 할 수 있는 이집트의 왕가의 도움을 받았다는 사실이다. 이집트가 실익을 고려하여 이렇게 일을 꾸며가고 있다고 생각할 수 있다(Gray). 또한 이 일은 솔로몬이 왕이 된 지 얼마 되지 않았을 때 있었던 일이 분명하지만, 저자가 이제야 언급하는 것은 아마도 한때 좋았던 이스라엘과 이집트의 관계가 그만큼 서먹서먹해 가고 있음을 암시하기 위해서일 것이다. 하닷의 조상들이 다윗에게 당한 일을 감안하면, 그가 이를 악물고 이스라엘에 대항했을 것을 충분히 상상할 수 있다.

북쪽에서 솔로몬을 괴롭히는 적은 시리아의 르손이었다(23절). 그의 행적은 사울에게 쫓기던 다윗과 비슷하다. 르손은 자신이 섬기던 소바 왕 하닷에셀에게서 도망하여 사람들을 모아 두목으로 행세하다가 다마스쿠스를 다스리는 왕이 되었다. 마치 다윗이 사울에게서 도망하여 아둘람 광야에서 사람들을 모아 두목으로 행세하다가 사울이 죽은 후에 왕이 된 것처럼 말이다. 르손은 솔로몬 시대 이후 가장 강력한 시리아—다마스쿠스 왕국을 다스리는 왕조를 시작했다(Malamat, Konkel).

르손은 다윗이 시리아를 침략했던 일(cf. 삼하 8:3-9)에 대해 앙심을 품었다. 그래서 그는 평생 이스라엘을 괴롭혔다(25절). 솔로몬이 소바와 하맛을 정복한 일이 있었던 것(대하 8:3-4)을 감안하면 이 일 역시 솔로몬이 즉위한 후 상당한 세월이 흐른 다음에 있었던 일인데(Patterson & Austel), 솔로몬 정권의 쇠퇴를 강조하기 위해서 이제야 언급되고 있다.

이스라엘, 특히 다윗 왕조에 원한을 품은 두 세력이 남쪽과 북쪽에서 이스라엘을 견제하고 있다. 솔로몬의 절대적인 가나안 지역 통치가 점점 약화되어가고 있는 것이다. 그러나 다음 섹션에서 소개될 여로보암이 솔로몬의 통치에 가하는 위협에 비하면 아무것도 아니다. 이스라엘 내에서 솔로몬의 통치를 위협하는 여로보암에 비하면 하닷과 르손은 밋밋한 시작에 불과한 것이다.

3. 흔들리는 왕권(11:26-40)

²⁶ 솔로몬의 신하 느밧의 아들 여로보암이 또한 손을 들어 왕을 대적하였으니 그는 에브라임 족속인 스레다 사람이요 그의 어머니의 이름은 스루아이니 과부더라 ²⁷ 그가 손을 들어 왕을 대적하는 까닭은 이러하니라 솔로몬이 밀로를 건축하고 그의 아버지 다윗의 성읍이 무너진 것을 수축하였는데 ²⁸ 이 사람 여로보암은 큰 용사라 솔로몬이 이 청년의 부지런함을 보고 세워 요셉 족속의 일을 감독하게 하였더니 ²⁹ 그 즈음에 여로보암이 예루살렘에서 나갈 때에 실로 사람 선지자 아히야가 길에서 그를 만나니 아히야가 새 의복을 입었고 그 두 사람만 들에 있었더라 ³⁰ 아히야가 자기가 입은 새 옷을 잡아 열두 조각으로 찢고 ³¹ 여로보암에게 이르되 너는 열 조각을 가지라 이스라엘의 하나님 여호와의 말씀이 내가 이 나라를 솔로몬의 손에서 찢어 빼앗아 열 지파를 네게 주고 ³² 오직 내 종 다윗을 위하고 이스라엘 모든 지파 중에서 택한 성읍 예루살렘을 위하여 한 지파를 솔로몬에게 주리니 ³³ 이는 그들이 나를 버리고 시돈 사람의 여신 아스다롯과 모압의 신 그모스와

암몬 자손의 신 밀곰을 경배하며 그의 아버지 다윗이 행함 같지 아니하여 내 길로 행하지 아니하며 나 보기에 정직한 일과 내 법도와 내 율례를 행하지 아니함이니라 ³⁴ 그러나 내가 택한 내 종 다윗이 내 명령과 내 법도를 지켰으므로 내가 그를 위하여 솔로몬의 생전에는 온 나라를 그의 손에서 빼앗지 아니하고 주관하게 하려니와 ³⁵ 내가 그의 아들의 손에서 나라를 빼앗아 그 열 지파를 네게 줄 것이요 ³⁶ 그의 아들에게는 내가 한 지파를 주어서 내가 거기에 내 이름을 두고자 하여 택한 성읍 예루살렘에서 내 종 다윗이 항상 내 앞에 등불을 가지고 있게 하리라 ³⁷ 내가 너를 취하리니 너는 네 마음에 원하는 대로 다스려 이스라엘 위에 왕이 되되 ³⁸ 네가 만일 내가 명령한 모든 일에 순종하고 내 길로 행하며 내 눈에 합당한 일을 하며 내 종 다윗이 행함 같이 내 율례와 명령을 지키면 내가 너와 함께 있어 내가 다윗을 위하여 세운 것 같이 너를 위하여 견고한 집을 세우고 이스라엘을 네게 주리라 ³⁹ 내가 이로 말미암아 다윗의 자손을 괴롭게 할 것이나 영원히 하지는 아니하리라 한지라 ⁴⁰ 이러므로 솔로몬이 여로보암을 죽이려 하매 여로보암이 일어나 애굽으로 도망하여 애굽 왕 시삭에게 이르러 솔로몬이 죽기까지 애굽에 있으니라

비록 이스라엘의 남쪽에서는 에돔의 하닷이, 북쪽에서는 시리아의 르손이 솔로몬을 괴롭히고 여러모로 피해를 입히고 있지만, 이 섹션에 등장하는 여로보암이 솔로몬에게 입힐 피해에 비하면 아무것도 아니었다. 게다가 이 일은 하나님이 하시는 일이기에 그 누구고 막을 수 없다. 하닷과 르손이 솔로몬 정권을 외부에서 군사적, 외교적으로 압박했다면, 여로보암은 내부에서 그의 정권의 정당성을 신학적으로 위협하고 있다.

'여로보암'(יָרָבְעָם)은 '백성이 번성하기를!' 혹은 '번성하는 백성'이라는 뜻을 지닌 이름이다(Konkel, cf. HALOT). 그는 에브라임 지파에 속한 스레다 사람으로, 한동안은 솔로몬의 신하였다(26절). 스레다(צְרֵדָה)는 세

겜에서 남서쪽으로 약 25킬로미터 떨어진 곳에 위치했다(ABD). 그는 유능한 용사였고, 능력을 알아본 솔로몬은 그에게 큰 일을 맡겼다(28절). 그가 하루는 예루살렘 성을 나오다가 실로에 거하던(הַשִּׁילֹנִי) 선지자 아히야라는 사람을 만났다. 여로보암이 선지자를 만난 것은 하나님이 11절에서 솔로몬에게 하신 말씀이 성취를 향하여 움직이기 시작했다는 것을 의미한다. 특히 아히야가 실로에서 왔다는 것은 상당한 종교적 정통성을 암시한다(Walsh). 비록 지금은 몰락했지만, 실로는 한때 여호와의 성막이 거하던 곳이며 에브라임을 중심으로 한 북쪽 지파들의 종교생활의 중심지였기 때문이다(cf. 삼상 1-2장).

아히야는 자신이 입고 있던 새 옷을 열두 조각으로 나누더니 열 조각을 여로보암에게 주면서 하나님이 이처럼 이스라엘의 열 지파를 그에게 주실 것이라고 예언했다. 아히야가 옷을 찢는 것이 하나님이 사울을 버리셨을 때 상징으로 주셨던 찢긴 옷을 연상케 한다(cf. 삼상 15:27-28). 그리고 그 이유로 이미 하나님이 11-13절에서 말씀하신 것을 반복한다. 한 가지 중요한 추가적 정보가 있다면 33절의 "이는 저희가 나를 버리고"(יַעַן אֲשֶׁר עֲזָבוּנִי)이다. 솔로몬의 죄가 개인적인 문제로 끝나는 것이 아니라 온 이스라엘 백성에게 영향을 미쳤던 것이다(Provan).

일부 주석가들은 이 문장의 마지막 문구인 "그의 아비 다윗처럼"(כְּדָוִד אָבִיו)의 주어가 솔로몬이라는 사실과 칠십인역, 라틴어역, 시리아어역을 근거로 "저희"가 아니라 "그"가 주님을 버린 것으로 해석한다(Cogan, 새번역; 공동; NRS). 그러나 이렇게 해석하기에는 좀 무리라고 여겨지는 것은 이 동사뿐만 아니라 이 절에 등장하는 나머지 동사 두 개도 3인칭 복수형이다(הָלְכוּ; וַיִּשְׁתַּחֲווּ). 즉, 세 동사가 모두 복수형을 취하고 있는 것이다. 그러므로 대다수의 번역본들과 학자들이 복수형을 그대로 유지한다(Provan, House, Walsh, 개역; NIV, NAS, JPS). 본문을 이렇게 해석할 경우 저자는 솔로몬의 우상숭배가 온 이스라엘 공동체를 실족하도록 했다는 사실을 강조하고자 한다. 일종의 리더십 원리가 암시되고 있는

데, 지도자가 잘못하면 문제가 지도자 개인 문제로 끝나는 것이 아니라 리더십 아래 있는 모든 사람이 대가를 치러야 한다는 원리이다. 이러한 이해는 열왕기 저자의 전반적인 관점과 매우 잘 어울린다.

한 가지 혼란스러운 것은 숫자가 잘 맞지 않다는 사실이다. 아히야는 옷을 이스라엘의 열두 지파를 상징하며 열두 조각으로 나눠서 여로보암에게 열 조각을 주었다. 열 지파를 그에게 주겠다는 뜻이다. 그렇다면 두 조각이 남는다. 그런데 그는 솔로몬에게 한 조각을 주겠다고 했다. 즉, 다윗과의 언약 때문에 다윗 왕조에게 주실 지파는 하나라는 것이다. 다윗 왕조에 남게 될 한 지파는 유다라는 것이 거의 모든 학자들의 해석이다. 그런데 우리가 잘 알다시피 12장에 가서 베냐민이 다윗 왕조에 합세한다(12:21; cf. 15:22).

그래서 칠십인역은 이곳(32절)과 36절에 "한 지파" 대신 "두 지파"(δύο σκῆπτρα)를 말하지만, 대부분 학자들이 이것은 훗날 수정한 것에 불과하다고 생각한다. 그렇다면 마소라 사본의 논리를 어떻게 이해해야 할 것인가? 아히야 선지자에게서 유래된 전승이 적절한 편집 없이 삽입되다 보니까 이렇게 되었다고 주장하는 사람들도 있지만, 좀더 신중한 답을 필요로 하는 것 같다. 어떤 주석가들은 잘 설명은 안 되지만 12:21에 근거해서 베냐민 지파가 "한 지파인 유다 지파"와 함께한다는 것이 전제된 것이라 하고(Provan), 어떤 학자들은 전제된 지파가 베냐민 지파가 아니라 시므온 지파라고 주장한다(Freedman). 이유는 여호수아가 땅을 분배할 때, 유다의 남쪽으로 땅을 분배받은 지파가 시므온이기 때문이다. 세월이 지나면서 시므온은 유다에 흡수되었고, 베냐민 지파가 정체성을 유지하면서 유다 지파에 합류했다는 것이다.

정확히 이 예언이 무엇을 뜻하는가는 확실하지 않다. 한 가지 확실한 것은 이 "한 지파"를 통해 하나님이 다윗에게 주신 등불(נִיר)이 꺼지지 않도록 하실 것이라는 사실이다(36절). 본문에서 등불은 다윗을 기리고 상징하는 살아 있는 대리인(living representative)을 뜻한다(Gray). 이 등불은 하나님이 자기 이름을 두시기 위해 택한 예루살렘에서 영원히 빛을 발할 것이다. 솔로몬의 범죄와 배신도 하나님이 다윗에게 주신 약속을 무효화하지 못한다는 것이 경이롭다.

결과적으로 볼 때 한 가지 특이한 사실이 있다. 사울과 다윗 집안은 앙숙과 같았다. 이러한 이유로 다윗이 왕이 되었을 때 그를 가장 불편하게 했던 지파가 사울 집안이 속했던 베냐민이었다. 그런데 정작 나라가 나뉠 때는 베냐민 지파가 유다 지파와 합류한다는 점이다. 물론 단순히 정치적인 득과 실의 논리로 일을 이렇게 만들었다고 생각할 수도 있지만, 정말 특이하긴 하다.

하나님이 선지자 아히야를 통해 여로보암에게도 다윗에게 주신 약속만큼이나 파격적인 말씀을 주신다. "나의 종 다윗처럼 내가 명하는 바를 모두 지키고 내가 지시하는 길을 가며 내 규정과 명령을 지켜 내 앞에서 바르게 살아라. 그리하면 내가 너와 함께하리라. 또한 다윗의 왕조를 든든히 세워 주었듯이 너의 왕조도 든든히 세워 너에게 이스라엘을 맡기리라"(38절, 새번역). 여로보암이 다윗처럼 하나님 앞에 신실하고 주신 율법만 잘 따르면 그와 그의 자손들의 장래가 보장된다는 것이다. 이 말씀은 또한 다윗에게 주신 언약의 상당한 부분이 조건적이며, 불순종은 언제든지 이 언약을 중단할 수 있다는 점을 암시하고 있다.

나라가 분열하는 것은 솔로몬이 하나님께 지은 죄 때문이다(39절). 다윗 집안은 분명히 대가를 치러야 한다. 그러나 중요한 것은 하나님이 항상 다윗 집안에 이러한 징벌을 주실 것은 아니라는(לֹא כָל־הַיָּמִים) 점이다. 어느 정도의 징계가 이루어지면 다시 이 집안을 용서하실 것을 확고히 하고 있다. 또한 이 말씀의 중요한 의미는 여로보암이 다윗처럼 신실하지 못해서 자신의 왕조를 굳건히 하는데 실패할 것임을 시사한다는 사실이다(Provan). 징벌 후에 용서를 선언하시는 것이 언젠가는 분열왕국이 다시 다윗 왕조의 통치 아래 통일될 날을 기대하게 하기 때문이다.

하나님의 이와 같은 말씀이 여로보암에게 임했다는 소문이 돌았다. 솔로몬은 그를 잡아 죽이려고 했고, 여로보암은 그곳을 피했다. 옛적 사울과 다윗의 갈등이 재현되고 있다. 다윗이 이방인들의 나라로 도피했던 것처럼, 여로보암도 다른 나라로 도피한다. 문제는 그가 간 곳이 다름 아닌 이집트라는 것이다! 여로보암이 이집트로 피신한 때는 시삭 (Shishak)이 이집트의 22대 왕조(ca. 945-924 BC)를 시작한 지 얼마 되지 않은 시점이었을 것이다(Kitchen). 솔로몬에게 딸을 준 왕조는 이미 끝이 난 때이기 때문에 새 왕조의 왕이 여로보암을 받아주었을 것이다. 그럼에도 불구하고 이집트는 솔로몬의 '처가 나라'이다. 그런 이집트가 다시 솔로몬의 원수를 키우고 있다! 이스라엘에 대한 이집트의 정책이 바뀌었음을 암시한다(Konkel). 솔로몬은 이렇게 조금씩 조금씩 근동 지역에서 통치력을 잃어갈 뿐만 아니라 인기도 잃어가고 있다. 모두 하나님께 등을 돌린 죗값이다.

> II. 솔로몬의 통치(3:1-11:43)
>   H. 솔로몬의 배교: 몰락(11:1-43)

4. 솔로몬의 죽음(11:41-43)

⁴¹ 솔로몬의 남은 사적과 그의 행한 모든 일과 그의 지혜는 솔로몬의 실록에 기록되지 아니하였느냐 ⁴² 솔로몬이 예루살렘에서 온 이스라엘을 다스린 날수가 사십 년이라 ⁴³ 솔로몬이 그의 조상들과 함께 자매 그의 아버지 다윗의 성읍에 장사되고 그의 아들 르호보암이 대신하여 왕이 되니라

앞으로 저자가 열왕기에서 두루두루 왕들의 죽음에 적용할 양식 (formula)이 사용되고 있다. 솔로몬의 죽음을 논하는 이 양식 구절들은 몇 가지 정보를 밝힌다. 첫째, 솔로몬에 대한 정보의 출처가 밝혀진다. 이 경우 "솔로몬의 행장"(סֵפֶר דִּבְרֵי שְׁלֹמֹה)이라는 책이다(41절). 저자는 열왕기가 시작되면서 지금까지 제시된 솔로몬에 대한 모든 이야기의 출처가 이 책이라는 것을 암시한다. 둘째, 솔로몬의 통치 기간과 행정 수도에 대한 정보를 제공한다. 그의 통치 기간은 40년으로 아버지 다윗의 통치 기간과 같으며(왕상 2:11), 예루살렘에서 이스라엘을 통치했다. 셋째, 솔로몬의 대를 이어 왕위에 오를 아들의 이름이 언급되고 있다. 바로 르호보암이다. 그러나 그는 우리가 이미 알고 있는 사실을 모른다. 르호보암이 통치하게 될 나라의 크기가 솔로몬의 나라보다 훨씬 작을 것이라는 사실이다.

솔로몬의 삶을 종합해볼 때, 그는 여러 가지 장점과 단점을 지니고 있었던 사람이다. 첫째, 그는 대단한 지혜를 지닌 사람이었다. 그러나 그의 지혜에는 한계가 있었다. 평생 하나님을 섬기는 지혜는 갖지 못하여 어리석게도 우상을 섬겼다. 둘째, 그는 조직과 행정적인 면에서 천재성을 지닌 사람이었다. 자신의 방대한 국가를 효율적으로 운영하고 엄청난 세금을 징수하고 많은 노동력을 동원할 수 있었다. 문제는 12장에서 보게 되겠지만 이 과정에서 백성들로부터 큰 원성을 샀다는 것이다. 셋째, 솔로몬은 외교 정책에 능숙한 사람이었다. 그는 정치적인 목적으로 많은 외국의 공주들과 결혼함으로써 국제적인 무대에서 자신의 입지를 확고하게 할 수 있었다. 물론 말년에 이 외국 아내들이 그를 몰락하게 만들었다. 넷째, 그는 한때 하나님께 도움을 청할 정도로 겸손한 사람이었다. 불행하게도 그 겸손이 오래가지 못했다.

III. 분열왕국과 우상숭배

(12:1-16:34)

솔로몬은 40여 년의 긴 세월 동안 안정적인 통치를 했다. 그가 군림하던 시대에는 외국과의 전쟁도 없었다. 다만 마지막에 시리아의 르손과 에돔의 하닷에게 시달렸던 것이 전부였다. 또한 그는 이스라엘에 엄청난 경제적인 부흥을 가져다주었다. 그의 지혜와 가나안 지역에서의 드높은 위상은 이스라엘의 국제적인 입지를 높이기에 충분했다. 이러한 이유로 그가 비록 말년에 이방 신들과 우상들을 섬겨 이스라엘에 영적 부패를 가져왔다 할지라도, 그의 죽음은 곧 이스라엘의 리더십 구조에 채울 수 없는 공백을 안겨주었다.

르호보암이 솔로몬 같은 지도자가 되지 못한 것이 안타까운 것처럼, 여로보암이 자신을 왕으로 세우신 여호와 하나님을 거역하고 우상을 섬기게 된 것 또한 독자들의 마음을 아프게 한다. 하나님이 여로보암에게도 선지자를 보내어 경고하시지만, 그는 하나님의 경고를 무시하여 결국에는 스스로 자신의 왕조가 오래 지속되지 못하게 한다. 어떻게 해서 솔로몬의 나라가 나누어지게 되었는가와 그 이후 이스라엘에서 우상숭배가 더 활성화된 것을 회고하고 있는 본 텍스트는 다음과 같이 두 파트로 구분된다.

A. 여로보암의 상승과 쇠퇴(12:1-15:32)

B. 오므리 왕조의 상승(15:33-16:34)

A. 여로보암의 상승과 쇠퇴(12:1-15:32)

솔로몬의 대를 이어 그의 아들 르호보암이 왕이 되었다. 그는 모든 측면에서 아버지 솔로몬의 역량에 미치지 못하는 부족한 사람이었다. 르호보암은 자신도 모르게 하나님이 이미 솔로몬에게 선언하신 "네 아들의 시대에 가서 나라를 나누겠다"(11:12)라는 심판의 말씀을 성취해 나가는 데 적격이었다. 한 세대를 지나며 다윗 왕조는 가장 지혜로운 왕에서 사리판단도 못하는 어리석은 왕으로 도태하고 있다. 솔로몬이 하나님의 은혜로 지혜로웠지만, 르호보암에게는 같은 은혜를 주시지 않았기 때문이다. 물론 앞으로도 하나님이 다윗과 언약을 존중하실 것이다(cf. 삼하 7장). 그러나 솔로몬의 죄 때문에 르호보암은 열두 지파가 아닌 두 지파로 구성된 나라를 통치하게 된다.

솔로몬이 죄를 지어 하나님의 심판을 받게 된 일의 가장 큰 수혜자는 다름 아닌 여로보암이다. 하나님이 아히야 선지자를 통해 그에게 이스라엘의 열두 지파 중 열 지파를 주시겠다고 하셨기 때문이다(11:26-32). 또한 하나님은 만일 여로보암이 다윗처럼 주님께 순종하면 그에게 다윗의 왕조에 버금가는 축복을 주시겠다고까지 했다(11:38). 여로보암은 솔로몬이 여호와께 등을 돌리는 죄로 왕이 되는 이득을 얻게 되었지만, 그도 역시 솔로몬의 전철을 밟고 있다. 결국 여로보암의 등극은 이스라엘 종교에 개혁을 가져온 것이 아니라 오히려 부패와 타락을 가중시켰다. 여로보암은 하나님이 주신 기회를 매우 잘못 사용한 것이다. 우리 삶에도 하나님은 종종 좋은 기회를 허락하실 것이다. 이제 그 기회를 어떻게 사용하느냐는 각자의 몫이다. 경건하고 거룩한 목적을 달성하는데 사용했으면 좋겠다.

본 텍스트는 다음과 같이 구분될 수 있다. 유다 왕들의 행적(C)이 이야기의 자연스러운 흐름을 깬다. 열왕기는 남 왕국 유다와 북 왕국 이스라엘의 왕들 이야기를 번갈아가면서 한다. 두 자매 나라에 대해 이야기를 전개하면서 시간의 흐름을 공시화하기(共時, synchronize) 위해서이다.

  A. 나라가 나뉨(12:1-24)

    B. 여로보암의 죄(12:25-13:34)

    B′. 여로보암 비난(14:1-20)

      C. 유다 왕들의 행적(14:21-15:24)

    B″. 여로보암 왕조의 멸망(15:25-32)

III. 분열왕국과 우상숭배(12:1-16:34)
  A. 여로보암의 상승과 쇠퇴(12:1-15:32)

1. 나라가 나뉨(12:1-24)

한 나라였던 이스라엘이 솔로몬의 죄로 둘로 분열하는 이야기가 이 섹션에 기록되어 있다. 초대 왕 사울이 통치하던 시기에는 별다른 분열 조짐이 느껴지지 않았지만, 그가 죽고 나자마자 다윗을 왕으로 세운 유다 지파와 사울의 아들 이스보셋을 왕으로 세운 나머지 지파들이 7년 반 동안 내란을 겪었다. 그러다가 아브넬의 주선으로 어렵게 통일되었고 다윗이 통일왕국의 왕이 되었다. 이제 아브넬의 주선으로 어렵게 통일되었던 나라가 다시 나누어지게 된 것이다. 이스라엘 역사에서 통일왕국은 하나의 부수적인 장식품이었지, 주류는 되지 못했던 것이다(Ahlström).

생각해보면 다윗-솔로몬 시대의 통일 이스라엘은 불편한 연합이었음이 역력하다(cf. Meyers, Bright). 아브넬의 주선으로 나라가 통일이 되기는 했지만, 얼마 지나지 않아 압살롬이 반란을 일으키고, 이 일을 빌미로 나라가 다시 둘로 나뉘었다. 요압의 폭력적인 제재로 다시 통일이 되긴 했지만, 이제 솔로몬의 죄로 다시 나뉠 위기에 처한 것이다. 이번에 나누어지면 이스라엘은 다시는 통일을 이루지 못한다. 이러한 정황을 종합해보면 비록 다윗-솔로몬 시대에 이스라엘은 통일왕국을 유지했지만, 언제든지 기회만 주어지면 둘로 나뉠 수 있는 잠재력을 지니고 있었다. 다윗-솔로몬이 이룬 통일왕국은 무력으로 유지된 불편한 통일이었다. 또한 하나님이 다윗과 솔로몬 주변에 잠재해있는 정치적 문제들을 잠재워주셨기에 가능한 일이었다. 그러나 이제는 솔로몬의 죄로 인해, 하나님 스스로 나서서 잠재해있는 문제들을 깨우신다. 돌이킬 수 없는 이스라엘의 분열을 회고하고 있는 본 텍스트는 다음과 같은 구조를 지니고 있다.

  A. 분열왕국의 조짐: 여로보암(12:1-3a)
    B. 백성의 요구(12:3b-5)
      C. 르호보암이 답을 구함(12:6-11)
      C′. 르호보암의 대답(12:12-15)
    B′. 백성의 반응(12:16-20)
  A′. 분열된 왕국의 현실화: 스마야(12:21-24)

> III. 분열왕국과 우상숭배(12:1-16:34)
> A. 여로보암의 상승과 쇠퇴(12:1-15:32)
>   1. 나라가 나뉨(12:1-24)

(1) 분열왕국의 조짐: 여로보암(12:1-3a)

¹ 르호보암이 세겜으로 갔으니 이는 온 이스라엘이 그를 왕으로 삼고자 하여

세겜에 이르렀음이더라 ² 느밧의 아들 여로보암이 전에 솔로몬 왕의 얼굴을 피하여 애굽으로 도망하여 있었더니 이제 그 소문을 듣고 여전히 애굽에 있는 중에 ³ª 무리가 사람을 보내 그를 불렀더라

화려했던 솔로몬 시대가 끝나고 아들 르호보암이 왕위에 등극하는 때가 왔다(1-2절). 그는 "온 이스라엘"(כל־ישראל)이 모여있는 세겜으로 갔다(1절). 세겜은 이스라엘의 전통과 역사에 있어서 매우 중요한 곳이다(cf. 창 12:6-7; 34). 가나안 정복을 어느 정도 마친 다음 여호수아는 이곳에서 하나님과 이스라엘의 언약을 재차 확인했다(수 24:1-27). 또한 요셉의 뼈와 여호수아가 이곳에 묻힘으로써 창세기에서 시작되었던 출애굽 이야기가 막을 내리게 되었다(수 24:32). 그러므로 이곳은 이스라엘 사람에게 매우 중요한 장소였으며, 특히 훗날 북 왕국을 형성하는 지파들도 이 도시를 특별하게 여겼다. 잠시 후 솔로몬의 아들 르호보암으로부터 열 지파를 빼앗아 북 왕국 이스라엘을 세울 여로보암도 이 같은 정서를 고려하여 자기 왕권의 첫 번째 중심 도시로 삼는다(25절). 르호보암이 자신의 왕위 등극식을 이곳에서 하고자 했던 것은 아마도 자신의 북쪽 지파 지배권을 확인하기 위해서였을 것이다(Seow).

르호보암의 등극을 둘러싼 정황이 솔로몬의 등극 때와는 많이 다르다. 솔로몬은 다윗이 살아 있는 동안 취임식을 가졌던 것에 반해 르호보암은 솔로몬이 죽은 후에 취임하고 있다. 아마도 솔로몬의 즉위는 아도니야의 정권 장악을 방지하기 위해 급하게 진행된 일이었지만 르호보암의 경우 그런 위험이 없기에 솔로몬이 죽은 후 어느 정도의 시간을 두고 왕위에 오른 듯하다. 아울러 솔로몬의 즉위 때는 이스라엘이 어떠한 역할도 하지 않았다. 단지 다윗의 권위로 솔로몬이 왕이 된 것을 공표하는 것이 끝이었다. 반면에 르호보암은 세겜에 모여있는 온 이스라엘의 인준을 받으려 한다(1절). 이스라엘 안에서 다윗 왕조의 입지가 이미 상당히 약화되었음을 시사한다.

솔로몬 시대에 이스라엘 안에서 다윗 왕조의 위상이 약화된 가장 큰 원인은 무리한 건축 사업이다. 북쪽 지역을 중심으로 한 이스라엘의 여러 지파들이 다윗을 지지한 것은 사회적·개인적 이익을 위해서였다. 그러나 솔로몬 시대를 지나면서 솔로몬의 지나친 건축 사업과 사치스러운 삶은 온 나라를 파산에 이르게 하다시피 했고, 결국 북쪽 지파들로 하여금 다윗 왕조 지지를 재고하게 만든 것이다. 역사를 보면 왕들의 화려한 건축 사업에 서민들의 등뼈를 휘게 하는 착취의 그림자가 드리워져 있는 일이 비일비재함을 알 수 있다. 파리 근교에 있는 베르사이유 궁전을 가보면 그 화려함과 규모에 감탄하면서도 서민들을 중심으로 한 프랑스 혁명이 왜 일어날 수밖에 없었는지를 이해하게 된다. 솔로몬도 예외는 아니다. 하나님이 내려주신 축복의 범위에서 해야 할 일들만 추진했으면 되는데, 지나친 욕심을 부려 추가적인 사업들을 추진한 결과 나라를 이처럼 어렵게 만들었다.

르호보암이 이스라엘의 대표들이 모여있는 세겜으로 갈 때만 해도 그의 왕권이 거부될 확률은 별로 없어 보였다. 그러나 그들 사이에는 앞으로 이야기가 어떻게 흘러갈 것인가를 짐작하게 하는 사람이 있었다. 실로의 선지자 아히야에게 이스라엘의 열 지파를 통치하게 될 것이라는 예언을 받은 후 그의 생명을 노리는 솔로몬을 피해 이집트로 내려갔던 여로보암이다(cf. 11:29-32, 40). 솔로몬이 죽자마자, 그가 다시 이스라엘 정치 무대에 모습을 드러내고 있다. 여로보암이 이스라엘 대표들의 요청에 따라 이곳에 와 있다는 것은 그가 이미 상당한 명성과 사람들의 지지를 받고 있음을 시사한다(Patterson & Austel).[11] 그러나 여로보암이 백성과 르호보암의 대치 상황을 만든 것은 아니다(Sweeney). 그는 적절한 때에 나타난 손님이며 잠시 후에 반역을 주도하

---

11 역대하 10:2는 여로보암이 마치 세겜에서 진행되고 있는 일에 대해 소식을 듣고 돌아와 스스로 이스라엘을 대표해 르호보암과 협상에 나선 것처럼 기록하고 있다. 아마도 그가 돌아온 일에 대해 역대기가 열왕기보다 더 간략하게 정리하면서 빚어진 일로 생각된다.

는 자로 변한다. 그러나 지금은 단지 손님으로 이 일을 참관할 뿐이다. 또한 여로보암이 이 순간 회중에 서 있다는 것은 그가 솔로몬은 두려워했지만, 르호보암은 두려워하지 않는 것을 의미할 뿐만 아니라, 선지자 아히야가 선포한 솔로몬 집안에 대한 심판 메시지의 성취가 머지 않았음을 암시한다.

III. 분열왕국과 우상숭배(12:1-16:34)
  A. 여로보암의 상승과 쇠퇴(12:1-15:32)
    1. 나라가 나뉨(12:1-24)

---

(2) 백성의 요구(12:3b-5)

³ᵇ **여로보암과 이스라엘의 온 회중이 와서 르호보암에게 말하여 이르되 ⁴ 왕의 아버지가 우리의 멍에를 무겁게 하였으나 왕은 이제 왕의 아버지가 우리에게 시킨 고역과 메운 무거운 멍에를 가볍게 하소서 그리하시면 우리가 왕을 섬기겠나이다 ⁵ 르호보암이 대답하되 갔다가 삼 일 후에 다시 내게로 오라 하매 백성이 가니라**

여로보암은 이스라엘의 대표가 되어 르호보암과 협상을 했다. 이 이야기의 핵심은 멍에(עֹל)(4절)를 어떻게 할 것인가이다(Brueggemann). 이스라엘과 여로보암의 염원은 간단했다. 그동안 솔로몬 정권 아래 강제 노동, 무거운 세금 징수 등으로 백성의 고통이 너무 심해 살기가 어려우니 백성이 져야 하는 짐의 무게를 줄여달라는 것이었다(4절). 만일 그렇게만 해주면 르호보암을 전적으로 지지하겠다는 약속도 덧붙였다. 비록 하나님의 사람 아히야가 여로보암이 열 지파를 통치할 것이라고 예언했지만, 이 순간까지 그 일이 어떻게 실현될 것인가는 불확실하다. 만일 르호보암이 백성의 요구를 수용하면, 여로보암은 다른 기회를 통해서 이 예언이 성취되기를 기다려야 하기 때문이다(Patterson

& Austel). 짐의 무게를 줄여달라는 요구는 자신들이 지기에는 너무 무거운 짐을 지고 있다고 생각하는 사람이라면 누구나 할 수 있는 것이다.

이스라엘 대표들이 하는 말을 잘 생각해보면 그들은 지금 정체성에 대해 혼란을 겪고 있음을 호소하고 있다. 이스라엘은 무거운 멍에를 메고 중노동을 하고 있다. 이러한 표현은 이스라엘이 이집트에서 노예 생활할 때 자주 사용하던 것들이다(출 1:14; 2:23). 즉, 그들은 자신들이 더는 약속의 땅에서 자유를 누리며 사는 하나님의 백성이 아닌, 왕의 노예가 되어 이집트에서의 종살이를 재현하며 살고 있다고 불평하고 있는 것이다. 그렇기에 여기서 그들의 '자유'를 협상하고 있는 여로보암은 제2의 모세로 평가될 수 있다(Provan). 오래전에 사무엘이 왕을 요구하는 백성에게 경고한 일(viz., "왕은 당신들을 노예로 삼아버릴 것입니다", cf. 삼상 8장)이 다윗—솔로몬 시대를 지나며 이미 현실이 되어 있다.

이 이야기를 이집트 노예생활에 비교할 때, 이집트 왕 역할을 맞은 르호보암은 시간을 벌기 위해서 3일 후에 다시 만나서 말하자고 했다(5절). 이 기간에 그는 백성의 요구를 수용할 때 생길 득과 실을 계산해보아야 한다. 백성의 요구를 들어주면 자신의 통치에 대한 지지와 인기는 얻을 수 있지만, 왕궁 살림이 궁핍해질 수 있다. 반면에 백성의 요구를 무시하면 매우 강력한 반발과 악화된 여론을 감수해야 한다. 그러나 어리석은 르호보암은 이 일로 나라가 나뉠 수 있다는 생각은 한 번도 해보지 않았을 것이다. 그렇기 때문에 매우 경솔한 결정을 내리는 것이 아니겠는가! 그는 사건의 심각성을 파악하지 못했던 것이다.

하나님은 분명 이스라엘을 둘로 나누겠다고 하셨다. 그리고 그 일이 눈앞으로 다가왔다. 그러나 그 누구도 나라가 나뉜 것에 대해 하나님을 원망해서는 안 된다. 르호보암이 어리석게 처신하여 빚어질 일이기 때문이다. 하나님의 계획이 실현될 때에는 항상 이렇다. 비록 하나님이 다가오는 미래를 미리 알려 주지만, 그렇다고 하나님이 강제로 이루시는 일은 별로 없다. 대부분 인간의 어리석음과 죄성을 사용하여 자기 계획을 이루신다. 그러므로 책임은 잘못 결정하고 행동하는 어리석은 인간에게 있지, 하나님께 있는 것이 아니다. 하나님의 섭리와 인간의 의지는 이렇게 '조화'를 이룬다.

III. 분열왕국과 우상숭배(12:1-16:34)
    A. 여로보암의 상승과 쇠퇴(12:1-15:32)
        1. 나라가 나뉨(12:1-24)

(3) 르호보암이 답을 구함(12:6-11)

⁶ 르호보암 왕이 그의 아버지 솔로몬의 생전에 그 앞에 모셨던 노인들과 의논하여 이르되 너희는 어떻게 충고하여 이 백성에게 대답하게 하겠느냐 ⁷ 대답하여 이르되 왕이 만일 오늘 이 백성을 섬기는 자가 되어 그들을 섬기고 좋은 말로 대답하여 이르시면 그들이 영원히 왕의 종이 되리이다 하나 ⁸ 왕이 노인들이 자문하는 것을 버리고 자기 앞에 모셔 있는 자기와 함께 자라난 어린 사람들과 의논하여 ⁹ 이르되 너희는 어떻게 자문하여 이 백성에게 대답하게 하겠느냐 백성이 내게 말하기를 왕의 아버지가 우리에게 메운 멍에를 가볍게 하라 하였느니라 ¹⁰ 함께 자라난 소년들이 왕께 아뢰어 이르되 이 백성들이 왕께 아뢰기를 왕의 부친이 우리의 멍에를 무겁게 하였으나 왕은 우리를 위하여 가볍게 하라 하였은즉 왕은 대답하기를 내 새끼 손가락이 내 아버지의 허리보다 굵으니 ¹¹ 내 아버지께서 너희에게 무거운 멍에를 메게 하였으나 이제 나는 너희의 멍에를 더욱 무겁게 할지라 내 아버지는 채찍으로 너희를 징계하였으나 나는 전갈 채찍으로 너희를 징계하리라 하소서

궁으로 돌아온 르호보암은 솔로몬 시절에 그를 섬기던 원로들을 불러 의견을 물었다. 이미 솔로몬 시대에 이룰 것을 다 이루고, 성취하고 싶은 정치적 야심을 모두 실현한 원로들은 사심이 없고, 지혜롭고, 현실감 있는 조언을 해 주었다(Provan). "백성들의 청을 들어주시오. 그러

317

면 그들이 평생 임금님의 종이 될 것입니다"(7절). 아마도 이들은 솔로
몬의 강제 노동력 동원, 지나친 세금 징수 등을 옆에서 지켜보면서 백
성에 대한 측은한 마음까지 지닌 자들이었을 것이다. 또한 이들은 지
속된 솔로몬의 착취 때문에 얼마나 나라의 경제가 어렵고, 민심이 흉
흉한지를 잘 알고 있다. 영어에 "나귀의 등을 망가뜨린 지푸라기"(a
straw that broke donkey's back)라는 말이 있다. 나귀가 더는 견디지 못할 정
도로 엄청난 짐을 실어놓은 상태에서 지푸라기 하나를 더 얹었더니 나
귀가 짐으로 추가된 지푸라기 하나의 무게를 견디지 못하고 쓰러지더
라는 이야기에서 비롯된 표현이다. 원로들은 이스라엘 백성의 현실이
지푸라기 하나도 더 실을 수 없는 상황이라는 것을 잘 알고 있다. 그러
므로 그들은 매우 현실적이고 지혜로운 조언을 한 것이다.

그러나 원로들의 충고에 만족하지 못한 르호보암은 자기 또래의 젊
은 신하들의 자문을 구했다. 아마도 이들은 르호보암처럼 어렸을 때부
터 부족함 없이 풍요롭게 자란 권세가들의 자식들이었을 것이다. 그들
이 솔로몬 정권에 대해서 떠올릴 수 있는 유일한 기억은 풍요와 사치
에 대한 추억뿐이며, 이 풍요와 사치가 백성의 등뼈를 휘게 하는 착취
에 바탕을 둔 사실은 깨닫지 못했다(Brueggemann). 옛말에 한 부자가 자
기가 사는 마을에서 가난한 사람이 밥이 없어서 굶어 죽었다는 소식을
듣고 죽은 사람에 대하여 이렇게 말했다. "바보, 밥이 없으면 떡이라도
먹지!" 가난한 자의 형편을 전혀 헤아리지 못한 어리석은 부자의 이야
기이다. 이 젊은 조언자들이 이 부류에 속한다. 젊은 신하들은 상황이
얼마나 심각한지 의식하지 못하고 있다. 이 젊은이들의 경험 부족과
어리석음이 상황을 최악으로 몰아가고 있다. 르호보암이 41세에 왕이
되었던 것을 생각하면(14:21), 사실 이들은 젊지도 않다. 오직 어리석을
뿐이다.

젊은 신하들은 솔로몬의 착취를 능가하는 강경책을 제시했다. 그들
은 르호보암의 은총을 입어 직위에 오른 사람들이기에 그가 듣고자 하

는 말을 해주고 있는 것이다(House). 그들은 르호보암에게 "내가 너희에게 씌울 멍에는 나의 아버지가 지어준 것보다 훨씬 무거울 것이며, 만일 거부하면 나의 아버지가 채찍(שׁוֹט)으로 너희를 치셨으나, 나는 너희를 전갈(עַקְרָב)로 칠 것이다"라고 협박하라고 했다(11절). 이들은 아마도 당시 이스라엘에 있었던 일종의 격언의 일부를 사용하고 있는 듯하다(Wiseman). 전갈로 친다는 것이 무엇을 뜻하는가? 보통 채찍보다 몇 배 가혹한 결과를 초래하는 채찍의 일종으로 생각된다(Cogan, Walsh, Patterson & Austel, cf. 새번역; 공동).

하나님은 앞 장(章)에서 분명 솔로몬의 죄로 인해 다윗 왕조에게서 이스라엘 열두 지파 중 열 지파를 빼앗아 여로보암에게 주겠다고 하셨다. 그런데 이 일은 솔로몬의 아들 르호보암의 어리석음으로 실현된다. 그렇다면 하나님이 선지자 아히야를 통해 선포하신 말씀을 스스로 이루신 것인가, 아니면 나라를 분열시킨 일에 대한 책임이 르호보암에게 있는가? 이 이야기에서처럼 성경에서는 하나님의 신적 작정과 인간의 책임이 항상 절묘하게 어우러지고 있다.

(4) 르호보암의 대답(12:12-15)

¹² 삼 일 만에 여로보암과 모든 백성이 르호보암에게 나아왔으니 이는 왕이 명령하여 이르기를 삼 일 만에 내게로 다시 오라 하였음이라 ¹³ 왕이 포학한 말로 백성에게 대답할새 노인의 자문을 버리고 ¹⁴ 어린 사람들의 자문을 따라 그들에게 말하여 이르되 내 아버지는 너희의 멍에를 무겁게 하였으나 나는 너희의 멍에를 더욱 무겁게 할지라 내 아버지는 채찍으로 너희를 징계하였으나 나는 전갈 채찍으로 너희를 징치하리라 하니라 ¹⁵ 왕이 이같이 백성

의 말을 듣지 아니하였으니 이 일은 여호와께로 말미암아 난 것이라 여호와
께서 전에 실로 사람 아히야로 느밧의 아들 여로보암에게 하신 말씀을 이루
게 하심이더라

르호보암이 백성에게 약속한 3일이 지나 왕이 백성의 대표를 만났다.
그는 원로들의 충고대로 하지 않고, 어리석은 젊은 대신들의 조언을 따
랐다. "내 아버지가 너희에게 무거운 멍에를 메웠다. 그러나 나는 이제
그것보다 더 무거운 멍에를 너희에게 메우겠다. 내 아버지는 너희를 가
죽 채찍으로 매질하였지만, 나는 너희를 쇠 채찍으로 치겠다"(14절, 새번
역). 여기에 비추어진 르호보암의 모습은 이집트에서 이스라엘을 혹사
하던 바로의 모습과 별로 다를 바가 없다(Provan). 이것이 솔로몬의 문
제였는데, 르호보암은 더하다. 그러므로 백성들이 반발하는 것은 당연
하다. 사람이 질 수 있는 무게만큼을 짐으로 지어주어야지, 그 이상을
지어주면 허리가 부러지든지, 아니면 거부할 수밖에 없다.

르호보암의 아버지 솔로몬은 하나님께 "주의 종에게 지혜로운 마음
을 주셔서, 주의 백성을 재판하고, 선과 악을 분별할 수 있게 해주시기
를 바랍니다"라고 기도했다(3:9, 새번역). 세상에서 가장 지혜로웠던 솔
로몬의 세대가 지나고 이처럼 어리석은 르호보암의 시대가 열렸다. 이
스라엘이 이처럼 쉽게 몰락할 줄은 아무도 상상 못한 일이었다. 더 마
음을 아프게 하는 것은 다윗 집안의 몰락은 충분히 예방할 수 있었다
는 사실이다. 솔로몬이 하나님만 온전히 사랑했어도 이러한 일은 없었
을 것이라는 아쉬움이 남는다.

저자는 르호보암이 이처럼 어리석게 백성을 대한 것은 여호와께서
아히야를 통해서 여로보암에 대해 하신 말씀을 이루시려는 것이었다
는 말을 더한다(15절). 이 이야기에서 일어나는 모든 일이 우연에 의
한 것은 아니다. 그러나 이 이야기에서 숙명론(fatalism)도 찾아볼 수 없
다. 모든 일이 하나님의 분명한 섭리 속에 진행된다. 그러나 인간의 책

임 또한 강하게 부각된다. 르호보암의 어리석은 결정에 대하여는 그가 책임을 져야 한다. 동시에 하나님은 그의 어리석은 결정을 사용하셔서 자신의 계획을 이루어 나가신다. 하나님의 섭리와 인간의 책임이 어떻게 조화를 이루는가를 단면적으로 보여주는 이야기이다.

III. 분열왕국과 우상숭배(12:1-16:34)
  A. 여로보암의 상승과 쇠퇴(12:1-15:32)
    1. 나라가 나뉨(12:1-24)

(5) 백성의 반응(12:16-20)

16 온 이스라엘이 자기들의 말을 왕이 듣지 아니함을 보고 왕에게 대답하여 이르되

> 우리가 다윗과 무슨 관계가 있느냐
> 이새의 아들에게서 받을 유산이 없도다
> 이스라엘아 너희의 장막으로 돌아가라
> 다윗이여 이제 너는 네 집이나 돌아보라

하고 이스라엘이 그 장막으로 돌아가니라 17 그러나 유다 성읍들에 사는 이스라엘 자손에게는 르호보암이 그들의 왕이 되었더라 18 르호보암 왕이 역꾼의 감독 아도람을 보냈더니 온 이스라엘이 그를 돌로 쳐죽인지라 르호보암 왕이 급히 수레에 올라 예루살렘으로 도망하였더라 19 이에 이스라엘이 다윗의 집을 배반하여 오늘까지 이르렀더라 20 온 이스라엘이 여로보암이 돌아왔다 함을 듣고 사람을 보내 그를 공회로 청하여 온 이스라엘의 왕으로 삼았으니 유다 지파 외에는 다윗의 집을 따르는 자가 없으니라

왕으로부터 전혀 기대 밖의 말을 들은 온 이스라엘은 르호보암에게 이스라엘의 왕권은 근본적으로 백성들의 인준을 받아야 하며 결코 왕이 백성들에게 강요할 수 없다는 것을 확인하고 그 자리를 떠났다(16

절). 그들의 말이 시 형태로 요약되어 있다. "우리가 다윗과 나눌 분깃이 없으며 이새의 아들에게서 받을 유산이 우리에게 없도다. 이스라엘아 각각 장막으로 돌아가라"는 말은 오래전 다윗에 반기를 든 세바가 외쳤던 말이다(삼하 20:1). 아마도 북쪽 지파 사람들의 일종의 외침이 되었던 것으로 생각된다. 그러나 옛적 외침에 새로운 문장이 더해졌다. "다윗이여, 이제 너는 네 집이나 돌아보라." 이들이 더는 다윗 집안의 통치 아래 머물지 않을 것임을 시사하는 말이다. 결국 솔로몬의 죄로 이스라엘은 아브넬의 주선으로 통일이 된 지 70여 년 만에 다시 분열 위기를 맞이했다. 솔로몬이 자신의 죄가 이처럼 큰 '나비효과'를 발휘할 줄 알았다면 절대 죄를 짓지 않았을 것이다. 우리는 죄를 짓고 당장 눈에 보이는 죄의 대가가 없다 하여 안심할 것이 아니라, 오히려 더 큰 죄의 결과는 보이지 않는 곳에서 일어난다는 사실을 깨닫고 최대한 자제해야 한다.

사태의 심각성을 파악하지 못할 정도로 어리석은 르호보암이 강제 노동을 담당하던 감독관 아도니람을 그들에게 보냈지만, "온 이스라엘"(כָּל־יִשְׂרָאֵל)이 모여 그를 돌로 쳐죽였다(18절). 르호보암이 그를 보낸 이유가 사람들의 동요를 진정시키기 위한 것이었다면 사람을 잘못 선택한 것이고, 협박해서 그들을 제압하려고 보냈다면 상황의 심각성을 전혀 고려하지 않은 어리석은 결정이고, 마치 아무 일도 없었던 것처럼 평상시처럼 일을 진행하기 위해 보냈다면 사리 판단이 부족해도 한참 부족한 처사이다. 화난 백성들이 아도니람을 돌로 쳐죽였다는 소식을 전해들은 르호보암이 급히 수레를 몰아 예루살렘으로 도망했지만 때는 이미 늦었다. 상황은 엎질러진 물과 같아서 돌이킬 수 없다. 이제는 나라가 둘로 나누어지는 일만 남았다. 하나님이 계획하신 일이다.

유다 지파만 제외한 "온 이스라엘"이 여로보암을 "온 이스라엘"을 다스리는 왕으로 추대했다(20절). 이처럼 유다 지파만 제외한 "온 이스라엘"이 함께 모여 여로보암을 "온 이스라엘"을 다스리는 왕으로 추대한 것은 마치 르호보암이 왕으로서 정당성과 정통성을 상실하고, 오히려 여로보암이 이스라엘의 정당한 왕으로 느껴지게 한다(Provan). 르호보암이 열두 지파 중 오직 한 지파의 지지를 받아 왕이 된 반면, 여로보암은 열 지파의 지지를 받아 왕이 되었기 때문이다. 이렇게 하여 거의 120년 동안 지속되었던 통일 이스라엘이 분열하게 되었다. 사울이 죽은 이후 다윗과 솔로몬이 80년 동안 노력하여 이룩해낸 나라가 며칠 만에 둘로 나뉘었다는 것이 어떤 교훈을 주는가? 깨어진 것들을 하나로 모으기는 어려워도 하나인 것을 여러 개로 깨는 것은 참으로 쉽다는 것이다(DeVries). 공들여 탑을 쌓기는 어려워도 공들여 쌓은 탑을 허무는 것은 한순간이다. 목회자가 공들여 경건하고 거룩한 사역의 탑을 쌓아 올라가는 것도 중요하지만, 말년에 그 탑이 무너지지 않도록 경솔한 행동을 하거나 죄를 짓지 않도록 하는 것이 더 중요하다. 하나님이 지켜보고 계심을 기억하자.

(6) 분열된 왕국의 현실화: 스마야(12:21-24)

²¹ 르호보암이 예루살렘에 이르러 유다 온 족속과 베냐민 지파를 모으니 택한 용사가 십팔만 명이라 이스라엘 족속과 싸워 나라를 회복하여 솔로몬의 아들 르호보암에게 돌리려 하더니 ²² 하나님의 말씀이 하나님의 사람 스마야에게 임하여 이르시되 ²³ 솔로몬의 아들 유다 왕 르호보암과 유다와 베냐민 온 족속과 또 그 남은 백성에게 말하여 이르기를 ²⁴ 여호와의 말씀이 너희는 올라가지 말라 너희 형제 이스라엘 자손과 싸우지 말고 각기 집으로 돌아가라 이 일이 나로 말미암아 난 것이라 하셨다 하라 하신지라 그들이 여호와의 말씀을 듣고 그 말씀을 따라 돌아갔더라

황급히 예루살렘으로 돌아온 르호보암이 유다와 베냐민 지파 사람들 18만 명을 동원해서 여로보암과 이스라엘을 치려 했다(21절). 그 당시 정황을 감안할 때 엄청난 숫자의 군대이다. 대부분 학자들은 이 숫자를 과장이라고 생각한다(칠십인역은 12만 명으로 기록하고 있음). 정확히 알 수는 없지만, 실제 숫자로 보아도 별 문제는 없다.

솔로몬이 한때 부리던 강제 노동자들의 수가 18만 명이었다(5:13-15). 그런데 다시 18만 명이 언급되고 있다. 저자는 이 숫자를 통해 솔로몬의 착취가 르호보암 시대에도 지속되고 있음을 시사하는 듯하다 (Walsh). 솔로몬은 이들을 이용하여 거대한 건축 사업들을 진행했고, 르호보암은 이들을 통해 자신의 정권을 유지하고 더 나아가 통치 영역을 늘리려 하고 있다. 부전자전이라는 말이 생각난다.

베냐민 지파가 열왕기에서 처음으로 언급되고 있다. 혼란스러운 점은 북쪽 지파들이 다윗의 집안에 반역한 상황에서 베냐민 지파가 북쪽 지파들과 연합하지 않고 유다 지파와 연합한다는 것이다(23절). 게다가 20절에 의하면 유다 지파만 제외하고는, 어느 지파도 다윗 가문을 따르지 않았다. 그런데 베냐민 지파가 갑자기 등장하면서 르호보암을 지지하고 있는 것이다. 옛적 사울과 다윗의 갈등 시대 때부터 베냐민 지파는 다윗과 유다 지파에 적대적이었다. 사울이 베냐민 지파 사람이기 때문이다. 그런데 이곳에서는 함께하고 있다. 옛적 원수들이 이날에는 서로 친구가 된 것일까? 이러한 현상은 정치 무대에서 자주 목격되는 현상이다. 적이라도 서로 이해타산만 맞아떨어지면 언제든지 아군이 될 수 있다.

자칫 잘못하면 엄청난 내란과 동족 상잔이 일어날 상황에서 하나님의 말씀이 스마야라는 선지자를 통하여 임했다(22절). 이 일은 하나님이 하신 일이기에 서로 싸우지 말고 각자 집으로 돌아가 분열왕국을 현실로 받아들이라는 것이다(24절). 하나님의 말씀이 정치적으로 도저히 피할 수 없는 유혈 사태를 막은 것이다. 물론 억지로 강요된 이 불편한 휴전이 오래가지는 못한다. 잠시 후에 보겠지만 앞으로 이 두 정권은 상당한 기간에 전쟁을 하게 된다. 이스라엘이 이처럼 열 지파와 두 지파를 중심으로 두 나라로 분열한 이때가 주전 931/930년이었다(cf. Thiele).[12]

　하나님이 전쟁을 하려던 이스라엘과 유다를 "형제"라고 하신다(24절). 비록 나라는 나누어졌지만, 이 둘은 영원히 한 민족이라는 뜻이다. 피는 물보다 진한 것이다. 안타깝게도 솔로몬 한 사람의 죄로 같은 민족이 두 나라로 분리된다. 그리고 두 나라는 다시는 통일을 보지 못하다가 각자 타국으로 끌려간다. 한 사람의 죄로 빚어진 결과라고 하기에는 참으로 비참하다. 상상을 초월하는 죄의 효과란 것이 무엇인지 잘 보여주고 있다.

　칠십인역은 24절에 매우 많은 양의 추가 내용을 더하고 있다. 내용을 살펴보면 열왕기상 11-12장과 14장의 내용을 일부 반영하고 있지만, 동시에 새로운 내용을 많이 반영하고 있다. 학자들은 이것을 '마소라 사본(MT)의 미드라쉬'(Montgomery & Gehman), '기이하고 임의적으로 정렬된 작문'(Noth), '여로보암에 대하여 아주 오래된 전승을 보존한 사례'(Gray), '여로보암과 르호보암을 함께 비판하는 정교하고 통일성 있는 작품'(Talshir) 등으로 평가한다. 칠십인역이 보여주고 있는 추가적인 내용의 성향이 어떤 것이든 한 가지 확실한 것은 르호보암 때 솔로몬의 죄 때문에 나라가 분열되었다는 사실이다.

2. 여로보암의 죄(12:25-13:34)

하나님이 여로보암에게 열 지파를 주실 것을 예언하시면서 그에게 다윗과 같이 될 수 있는 기회를 주셨다(11:31-38). 그가 하나님 말씀에 순

12　프레트하임(Fretheim)은 주전 922년이라고 함.

종하고 율법대로 살아가기만 하면 다윗과 그의 후손이 누린 만큼이나 크고 영원한 축복을 누리게 될 것이다. 그러나 여로보암은 하나님으로부터 이스라엘의 열 지파를 받자마자 여호와께 등을 돌렸다. 스스로 하나님의 축복을 걷어찬 것이다. 여로보암의 죄를 고하고 있는 본 텍스트는 다음과 같이 구분된다.

A. 여로보암이 여호와를 배신함(12:25-31)
　　B. 선지자가 왕의 불순종을 비난함(12:32-13:10)
　　B′. 선지자의 불순종과 죽음(13:11-32)
A′. 여로보암 왕조의 죄와 멸망(13:33-34)

III. 분열왕국과 우상숭배(12:1-16:34)
　A. 여로보암의 상승과 쇠퇴(12:1-15:32)
　　2. 여로보암의 죄(12:25-13:34)

---

(1) 여로보암이 여호와를 배신함(12:25-31)

[25] 여로보암이 에브라임 산지에 세겜을 건축하고 거기서 살며 또 거기서 나가서 부느엘을 건축하고 [26] 그의 마음에 스스로 이르기를 나라가 이제 다윗의 집으로 돌아가리로다 [27] 만일 이 백성이 예루살렘에 있는 여호와의 성전에 제사를 드리고자 하여 올라가면 이 백성의 마음이 유다 왕 된 그들의 주 르호보암에게로 돌아가서 나를 죽이고 유다의 왕 르호보암에게로 돌아가리로다 하고 [28] 이에 계획하고 두 금송아지를 만들고 무리에게 말하기를 너희가 다시는 예루살렘에 올라갈 것이 없도다 이스라엘아 이는 너희를 애굽 땅에서 인도하여 올린 너희의 신들이라 하고 [29] 하나는 벧엘에 두고 하나는 단에 둔지라 [30] 이 일이 죄가 되었으니 이는 백성들이 단까지 가서 그 하나에게 경배함이더라 [31] 그가 또 산당들을 짓고 레위 자손 아닌 보통 백성으로 제사장을 삼고

여로보암은 에브라임 지역의 중심에 위치한 세겜을 정권의 통치 수도로 삼았다(25절). 세겜(שכם)은 아브라함 시대부터 이스라엘의 유서 깊은 곳이며(cf. 창 12:6), 북 왕국의 동·서를 잇는 전략적인 곳이다(Gray). 그러나 여로보암은 얼마 안 가서 어떠한 이유에서인지 브니엘(פנואל)로 수도를 옮긴다. 브니엘 역시 이스라엘 역사에서 유서가 깊은 곳이다. 야곱이 이곳에서 하나님과 씨름한 적이 있다(창 32:31-32). 브니엘의 정확한 위치는 알 수 없지만 대충 어느 지역에 있었는가는 알 수 있다.

브니엘은 요단 강 동편, 얍복 강기슭에 있었으며 길르앗에서 다마스쿠스로 가는 길이 이 지역을 거쳤으므로 카라반(caravan) 행렬이 자주 지나는 곳이었다(Keil). 여로보암이 이곳으로 행정수도를 옮긴 것이 북쪽 침략자들로부터 길르앗을 보호하기 위해서라는 해석도 있고(Keil, Patterson & Austel), 시간이 지나면서 거세지고 있는 이집트 왕 시삭(Shishak)의 영향력에서 벗어나기 위함이었다는 주장도 있다(Cogan).

여로보암이 북쪽 지파들을 통치하게 되면서 한 가지 걱정거리가 생겼다. 여호와의 성전이 예루살렘에 있는 한 이스라엘 남자들이 예루살렘을 방문하지 않을 수 없고, 그들이 예루살렘을 방문할 때마다 르호보암이 그들을 상대로 정치적인 공세 등을 통해 영향력을 행사할 것이 뻔했다(27절). 그러므로 그는 어떠한 수단과 방법을 동원해서라도 백성이 예루살렘으로 순례 가는 것 자체를 원천 봉쇄하려 했다. 그래야만 자신의 통치가 뿌리내릴 수 있다고 결론지은 것이다. 그는 이 정책을 결정하면서 인간적인 계산과 논리를 바탕으로만 했을 뿐, 자신을 이스라엘의 왕으로 삼으신 하나님을 완전히 배제했다. 사실은 '하나님 요소'를 제일 우선, 그리고 확실하게 고려해야 하는데 말이다.

그가 대안으로 생각해 낸 것이 북 왕국의 최북단이라 할 수 있는 단과 최남단이라 할 수 있는 벧엘에 금송아지를 세우는 것이었다! 고대 근동 왕들은 자기가 통치하는 나라 영토의 맨 끝에 신전을 세우는 것을 즐겨 했다(Fretheim). 여로보암은 왕으로 세우신 여호와 하나님을 잊고 세상 사람들의 풍습을 좇고 있다. 더 나아가 여로보암이 다스리는 백성은 왕으로 세워주신 여호와 하나님의 백성이지, 자기 백성이 아니라는 사실이다. 고고학자들은 단에 위치했던 신전이 여로보암 당시 가로 45미터, 세로 60미터에 달하는 제법 큰 건물이었다고 한다(cf. Konkel). 여로보암은 단과 벧엘 신전에다 금송아지를 세워놓고 이 금송아지들이 바로 그들의 조상을 이집트에서 구해낸 신들이라고 했다(28절). 물론 여로보암은 금송아지 자체가 신이라고 하지는 않았을 것이다(Brueggemann). 아마도 금송아지를 하나님의 임재를 상징하는 언약궤처럼 취급하거나(Donner), 보이지 않는 하나님의 보좌를 받들고 있는 발판으로 간주했을 것이다(Noth). 어찌 되었건 문제는 금송아지는 다산 종교와 밀접한 연관성을 지니고 있다는 사실이다(Bright). 옛적에 아론이 모세가 시내 산 정상에서 내려오지 않자 우상을 만들 때에도 금송아지를 만들었다(cf. 출 32장). 아론의 금송아지 이야기와 본문과의 연결점이 또 하나 있다. 여로보암이 금송아지를 만들어 사람들에게 제시하면서 "너희를 애굽 땅에서 인도하여 올린 너희의 신들이라"(28절)고 외치는 말은 옛적에 아론이 했던 말과 매우 비슷하다(Brueggemann, cf. 출 32:4). 금송아지와 바알은 깊은 연관성이 있으며(Sweeney), 결국에는 이스라엘로 하여금 여호와와 바알을 혼돈하게까지 만들었다(DeVries).

아론이 출애굽 때 시내 산에서 내려오지 않는 모세를 기다리다가 금송아지를 만든 사건을 기억한다면 결코 있을 수 없는 일이다. 그러나 여로보암이 백성들을 쉽게 설득할 수 있는 두 가지 이유가 있었을 것이다. 첫째는 북 왕국의 종교를 주관하고 있는 종교 지도자들을 설득했고, 그들이 사람들에게 금송아지들의 정당성을 인정하게 했다면 백성들은 따라올 수밖에 없는 것이다. 물론 여로보암이 대가로 여러 가지 편의를 제공했을 것은 뻔하다. 둘째, 백성 입장에서는 종교생활이 매우 편리해졌다. 지금까지는 예루살렘까지 가야만 했는데, 새로운 종교 체제가 불편함을 많이 해소해주었고, 종교 지도자들이 정통성을 인정한다니 더할 나위 없이 좋은 일이었다. 이처럼 여로보암과 백성들의 타산이 맞아떨어졌으니 별문제 없이 생명이라고는 찾아볼 수 없는 금송아지들이 출애굽의 신으로 수용되었던 것이다.

여기에 여로보암은 여러 산당들을 더함으로써 이스라엘 백성들에게 최대한의 종교적인 편의를 제공한다(31절). 또한 남 왕국의 종교와 차별를 두기 위해서 레위 지파가 아닌 일반 사람들을 제사장으로 임명하기도 한다. 이 정책 역시 출애굽기의 금송아지 사건을 근거로 제시되었을 수 있다(Brueggemann). 아론 계열 제사장들이 잘못했을 때 나서서 문제를 해결한 사람들은 레위 지파 사람들이었다. 이와 같이 썩은 제사장 제도에 새로운 피를 수혈하는 의미에서 일반인들을 제사장으로 삼았던 것이다. 여로보암의 이야기가 시작될 때, 그는 마치 이집트의 박해에서 이스라엘을 구해낸 모세와 같았지만 이 순간 그는 모세를 대적한 아론으로 변해있다(Provan).

여로보암의 모든 정책은 종교적 원칙과 풍습을 철저하게 배제했다(Wiseman). 하나님의 은혜로 왕이 된 여로보암이 이렇게 쉽게 여호와께 등을 돌리는 것이 참으로 이해하기 어렵다. 특히 그가 솔로몬의 왕국을 나누어 가지게 된 동기가 솔로몬의 우상숭배였다는 점을 생각하면 더욱더 그렇다. 게다가 하나님을 잘 섬기면 다윗이 누렸던 축복을 그에게도 주시겠다고 하지 않았던가! 우리는 솔로몬과 여로보암의 삶에서 인간의 배은망덕함을 새삼 깨닫게 된다. 그러나 우리가 누구를 탓하리요! 우리 자신을 돌아보자! 최소한 여로보암이나 솔로몬처럼 파렴치한 사람은 되지 말고 하나님이 주시는 은혜를 감사히 받고 선행으로 은혜에 보답하는 자가 되자!

(2) 선지자가 왕을 비난함(12:32–13:10)

³² 여덟째 달 곧 그 달 열다섯째 날로 절기를 정하여 유다의 절기와 비슷하게 하고 제단에 올라가되 벧엘에서 그와 같이 행하여 그가 만든 송아지에게 제사를 드렸으며 그가 지은 산당의 제사장을 벧엘에서 세웠더라 ³³ 그가 자기 마음대로 정한 달 곧 여덟째 달 열다섯째 날로 이스라엘 자손을 위하여 절기로 정하고 벧엘에 쌓은 제단에 올라가서 분향하였더라 ¹³:¹ 보라 그 때에 하나님의 사람이 여호와의 말씀으로 말미암아 유다에서부터 벧엘에 이르니 마침 여로보암이 제단 곁에 서서 분향하는지라 ² 하나님의 사람이 제단을 향하여 여호와의 말씀으로 외쳐 이르되 제단아 제단아 여호와께서 이와 같이 말씀하시기를 다윗의 집에 요시야라 이름하는 아들을 낳으리니 그가 네 위에 분향하는 산당 제사장을 네 위에서 제물로 바칠 것이요 또 사람의 뼈를 네 위에서 사르리라 하셨느니라 하고 ³ 그 날에 그가 징조를 들어 이르되 이는 여호와께서 말씀하신 징조라 제단이 갈라지며 그 위에 있는 재가 쏟아지리라 하매 ⁴ 여로보암 왕이 하나님의 사람이 벧엘에 있는 제단을 향하여 외쳐 말함을 들을 때에 제단에서 손을 펴며 그를 잡으라 하더라 그를 향하여 편 손이 말라 다시 거두지 못하며 ⁵ 하나님의 사람이 여호와의 말씀으로 보인 징조대로 제단이 갈라지며 재가 제단에서 쏟아진지라 ⁶ 왕이 하나님의 사람에게 말하여 이르되 청하건대 너는 나를 위하여 네 하나님 여호와께 은혜를 구하여 내 손이 다시 성하게 기도하라 하나님의 사람이 여호와께 은혜를 구하니 왕의 손이 다시 성하도록 전과 같이 되니라 ⁷ 왕이 하나님의 사람에게 이르되 나와 함께 집에 가서 쉬라 내가 네게 예물을 주리라 ⁸ 하나님의 사람이 왕께 대답하되 왕께서 왕의 집 절반을 내게 준다 할지라도 나는 왕과 함께 들어가지도 아니하고 이 곳에서는 떡도 먹지 아니하고 물도 마시지

아니하리니 [9] 이는 곧 여호와의 말씀이 내게 명령하여 이르시기를 떡도 먹지 말며 물도 마시지 말고 왔던 길로 되돌아가지 말라 하셨음이니이다 하고 [10] 이에 다른 길로 가고 자기가 벧엘에 오던 길로 되돌아가지도 아니하니라

본 텍스트는 다음과 같이 짜임새 있는 구조를 지닌다(Patterson & Austel). 이야기의 초점(C, C')은 하나님이 베푸시는 기적을 직접 보았고 또한 개인적인 차원에서 체험한 여로보암이 회개하지 않는 것에 맞추어져 있다. 기적은 사람을 변화시키지 못한다는 성경의 가르침이 다시 한 번 현실로 드러나는 순간이다.

　A. 배경 설명(12:32-13:1)
　　B. 선포와 징조(13:2-3)
　　　C. 왕의 반응과 징조 성취(13:4-5)
　　　C'. 왕의 반응과 회복(13:6)
　　B'. 선지자적 선포(13:7-9)
　A'. 결론(13:10)

여로보암의 종교 변칙은 종교적 절기에도 영향을 미쳤다. 그는 유다에서 행하는 절기와 비슷하게 하여, 여덟째 달 보름날을 절기로 삼았다(12:32). 여기서 말하고 있는 유다의 절기는 다름 아닌 초막절(Feast of Tabernacle)이다. 초막절은 이스라엘의 광야생활을 기념하며 동시에 추수철이 끝났음을 의미한다(레 23:33-43). 솔로몬은 이 초막절 때, 성전 헌당식을 가지며 법궤를 성전에 들여왔다(왕상 8장). 여로보암이 왜 북 왕국의 초막절을 남 왕국 것에 비해 한 달 미룬 이유에 대해 가장 보편적으로 받아들여지는 설은 북쪽의 추수 시즌이 남쪽보다 한 달 정도 늦기 때문이라는 설명이다(Talmon, Cogan). 그러나 이러한 것은 대외 명분에 지나지 않을 뿐, 실질적인 이유는 남 왕국의 종교와 차별된 종교

를 가지겠다는 여로보암의 의지이다(Keil). 이렇게 하여 북 왕국과 남 왕국은 정치적, 종교적으로 완전히 독립된 두 국가가 되었다.

여로보암은 자신이 제정한 종교 절기에 따라 벧엘에 세운 제단에서 제사를 드렸다(12:33). 그가 제단 곁에 서서 막 분향을 하려고 하는데 유다에서 온 하나님의 사람이 나타나서 말씀을 선포했다. 저자는 이 선지자의 이름을 밝히지 않는다. 훗날 요세푸스는 이 사람의 이름이 야돈(Yadon)이었다고 한다. 잇도였을 것이라는 추측도 있다(Patterson & Austel, cf. 대하 13:22). 하나님의 사람은 요시야라는 다윗의 자손이 태어나 이 제단을 더럽힐 것을 선언했다(13:2). 하나님의 사람은 이 예언이 그대로 성취될 징표로 제단이 갈라지고 그 위에 있는 재가 쏟아질 것이라고 했고, 그대로 되었다(3, 5절). 요시야는 앞으로도 300여 년이 지나야 태어나게 된다. 이 예언대로 그가 벧엘을 침략한 것이 열왕기하 23:15-20에 기록되어 있으며, 여기에 예언된 것과 일치한다. 이러한 이유로 일부 학자들은 여로보암에게 선포된 예언을 중심으로 한 이야기가 요시야 시대에 제작된 것이며, 여기에 예언처럼 삽입된 것이라고 주장한다(cf. Brueggemann). 물론 이러한 주장은 어떠한 역사적 증거에 근거한 것이 아니라 인간은 예언을 할 수 없다는 전제 조건에서 비롯된 것이다. 그러나 미가 선지자는 메시야가 탄생하기 700여 년 전에 이미 그분이 어디서 태어나실 것인지를 정확하게 예언했다(미 5:2). 자유주의 신학자들이 주장하는 것처럼 사람은 미래에 대해 예언할 수 없는 것이 아니다. 성경은 하나님이 은사를 주시면 사람은 가까운 미래와 먼 미래를 예언할 수 있다고 한다. 본문에서 여로보암에게 신탁을 선언하는 하나님의 사람은 하나님이 보여주신 말씀에 따라 먼 미래에 있을 일을 예언하러 그를 찾아왔다.

한 주석가는 요시야(יֹאשִׁיָּהוּ)를 '여호와께서 지지하는 자'라는 의미를 지닌 보통명사(appellative)로 해석할 것을 제안한다(Keil). 이렇게 해석할 경우 비록 '요시야'(viz., 여호와께서 지지하는 자)가 본문에 등장하지만, 이

요시야는 일반명사이며, 훗날 요시야 왕이 이 예언을 성취하는 '요시야'(여호와께서 지지하는 자)가 된 것이다. 조금 복잡하기는 한데, 완전히 배제할 필요는 없는 해석이다.

한 가지 가능한 설명은 다음과 같다. 맨 처음 하나님의 사람이 이 예언을 선포했을 때에는 훗날 유다에서 한 왕이 올라와 본문에 묘사된 방법으로 벧엘의 단을 훼손할 것이라고 했을 뿐 구체적인 이름(viz., 요시야)은 언급하지 않았다. 세월이 지나 요시야 왕이 이 예언을 성취하는 장본인이 되었다. 이러한 상황에서 열왕기 저자는 독자들의 이해를 돕기 위하여 이 예언에 요시야라는 구체적인 이름을 삽입했다. 이사야서 후반부가 페르시아 왕 고레스의 이름을 언급한 것도 이 같은 맥락에서 이해될 수 있다(cf. 사 44:28; 45:1).

분노한 여로보암이 그를 잡으라고 지시하며 손을 뻗었지만, 그 손이 곧 마비되어 오므릴 수 없었다. 놀란 그는 하나님의 사람에게 중보해 주기를 호소하여 겨우 손을 회복할 수 있었다. 하나님이 여로보암에게 다시 한 번 자신의 능력을 보이신 것이다. 그러므로 여로보암이 센스 있는 사람이었다면 이 순간 회개하고 그동안의 일을 모두 정리해야 했다. 그러나 그는 팔을 다시 쓸 수 있게 된 것에 대해 감격할 뿐 자신의 죄를 뉘우치지 않았다. 대신 여로보암은 하나님의 사람에게 자기와 함께 집으로 가자고 했다(בֹּאָה־אִתִּי הַבַּיְתָה)(7절). 함께 식사도 하고 감사의 사례도 하고 싶다는 것이다. 여로보암은 자신의 신앙 문제의 본질이 무엇인지 전혀 모르는 사람이다.

고대 사회에서 함께 식사를 한다는 것은 하나가 되는 것을 의미했다(Walsh). 그러므로 여로보암의 초청은 나와 함께 가서 함께 일하자는 의미로 해석될 수 있다. 여로보암의 생각에는 하나님의 사람이 기적을 행하는 사람(miracle worker)이기에 데리고 가면 여러 가지로 이용할 가치가 있다고 생각했을 것이다. 유능한 정치인인 여로보암은 자기에게 재앙을 내린 하나님의 사람을 이용하려 들고 있다. 그가 선포한 재앙이

더 시급하고 심각한 문제인데도 말이다.

여로보암이 "집"(בַּיִת)이라고 부르는 것이 자신이 사는 왕궁인지, 아니면 자신이 세운 신전을 뜻하는지 여기서는 명확하지 않다. 그러나 여로보암이 이 사람을 자신의 궁이 있는 세겜으로 초청했을 가능성이 얼마나 될까? 게다가 하나님의 사람의 반응이 기록되어 있는 8절에서 그는 "나는 이곳에서(בַּמָּקוֹם הַזֶּה) 결코 먹거나 마실 수 없소"라고 말한다. 즉, 여로보암의 초청은 "내가 여호와를 위해서 세운 이 신전에서 나와 함께 있으라. 내가 특별히 배려를 하겠다"라는 의미를 지녔던 것이다 (Cogan, cf. Walsh, Provan). 심판의 메시지를 선포하러 온 하나님의 사람의 의지와 마음을 떠보려는 행위이다. 만일 이 사람이 개인적인 이익을 추구하고 이곳에 와서 말씀을 선포했다면, 얼마든지 이 사람과 새로이 시작된 종교의 수익을 나누겠다는 생각을 가졌을 것이다. 만일 하나님의 사람이 거부하면 여로보암은 이 사람이 선포한 신탁이 여호와께 온 것이라는 사실을 받아들여야 한다. 선지자가 어떠한 이권 개입이나 타산에 의해 메시지를 만들어 전하지 않았다는 것이 사실로 드러나기 때문이다.

당연히 하나님의 사람은 "당신의 집의 절반을 준다 해도" 함께 갈 수 없다고 잘라 말했다(8절). 그러면서 하나님이 자신에게 밥도 먹지 말고, 물도 마시지 말고, 온 길로 되돌아가지도 말라고 명령하셨다는 말을 덧붙였다(9절). 즉, 벧엘에 말씀만 선포하고 즉시 떠나라는 것이었다. 하나님의 사람은 자신이 말한 대로 온 길로 돌아가지 않고 다른 길로 그곳을 떠났다. 그는 전적으로 하나님의 말씀대로 행하는 사람인 것 같았다. 그러나 다음에 벌어질 일을 해석하는데 중요한 단서로 작용할 세밀한 정보 하나가 있다. 그에 의하면 하나님이 그에게 "왔던 길로 되돌아가지 말라"(וְלֹא תָשׁוּב בַּדֶּרֶךְ אֲשֶׁר הָלָכְתָּ)고 하셨다(9절). 그리고 그는 "이에 다른 길로 가고 자기가 벧엘에 오던 길로 되돌아가지도 아니 하였다"(וַיֵּלֶךְ בְּדֶרֶךְ אַחֵר וְלֹא־שָׁב בַּדֶּרֶךְ אֲשֶׁר בָּא בָהּ אֶל־בֵּית־אֵל)(10절).

저자는 하나님의 사람이 전적으로가 아닌 부분적으로 하나님의 말씀에 순종했다는 것을 암시하는 듯하다(Walsh). 하나님은 하나님의 사람에게 네가 간(הלך) 길로 돌아오지(שוב) 말라고 하셨다. 즉, 돌아오되 다른 길로 돌아오라는 것이다. 이 말은 사람들의 추적을 피할 수 있도록 은밀한 길로 가거나 진로를 몇 차례 바꾸라는 뜻으로 풀이되거나(Skinner, Provan, cf. Gray, Cogan), 이미 선포된 말씀은 결코 돌이킬 수 없는(되돌릴 수 없는) 것임을 상징하는 것으로 해석되기도 한다(Simon). 반면에 하나님의 사람은 돌아가지(שוב) 않고 다른 곳으로 갔다(הלך). 그는 자기가 출발했던 유다로 돌아가지 않고 다른 데로 갔던 것이다.

매우 작은 차이라 하겠지만, 하나님의 사람의 내면을 엿보는데 매우 중요한 단서가 될 수 있다. 이후의 본문에서, 늙은 선지자가 아들에게 이 하나님의 사람의 행방을 물었을 때도 '갔다'(הלך)는 단어가 계속 사용되고, 돌아갔다는 단어가 사용되지 않는다(12-13절). 하나님의 사람이 상수리 나무 아래에 앉아 누군가를 기다리는 듯한 분위기도 좀 의심스럽다(14절). 게다가 그는 자신이 어느 길로 가는지를 모든 사람들이 알게 했다(11-12절). 하나님이 요구하신 은밀성이 없었던 것이다. 이미 하나님의 사람의 마음은 여로보암의 제안에 상당히 동요된 듯하다.

그래서 마치 하나님의 사람이 더 좋은 제안을 기다리는 것같아 보이며, 이는 옛적에 하나님이 절대 가지 말라고 하셨는데도 재물에 마음을 빼앗겨 이스라엘을 저주하려 했던 발람을 연상케 한다. 공교롭게도 그가 여로보암의 제안을 거부하는 과정에서 했던 말 "당신의 집의 절반을 준다 해도"(אם־תתן־לי את־חצי ביתך)(8절)라는 말이 옛적 발람이 발락의 종의 청에 대하여 반응을 보일 때 사용했던 동일한 숙어이다. "발락이 그 집에 가득한 은금을 내게 줄지라도(אם־יתן־לי בלק מלא ביתו) 내가 능히 여호와 내 하나님의 말씀을 어겨 덜하거나 더하지 못하겠노라"(민 22:18; 24:13). 우리는 여기서 하나님의 사람의 발언이 발람의 발언의 취지와 너무나도 맞아떨어진다는 점을 주목해야 할 것이다.

(3) 선지자의 불순종과 죽음(13:11-32)

¹¹ 벧엘에 한 늙은 선지자가 살더니 그의 아들들이 와서 이 날에 하나님의 사람이 벧엘에서 행한 모든 일을 그에게 말하고 또 그가 왕에게 하신 말씀도 그들이 그의 아버지에게 말한지라 ¹² 그의 아버지가 그들에게 이르되 그가 어느 길로 가더냐 하니 그의 아들들이 유다에서부터 온 하나님의 사람의 간 길을 보았음이라 ¹³ 그가 그의 아들들에게 이르되 나를 위하여 나귀에 안장을 지우라 그들이 나귀에 안장을 지우니 그가 타고 ¹⁴ 하나님의 사람을 뒤따라가서 상수리나무 아래에 앉은 것을 보고 이르되 그대가 유다에서 온 하나님의 사람이냐 대답하되 그러하다 ¹⁵ 그가 그 사람에게 이르되 나와 함께 집으로 가서 떡을 먹으라 ¹⁶ 대답하되 나는 그대와 함께 돌아가지도 못하겠고 그대와 함께 들어가지도 못하겠으며 내가 이 곳에서 그대와 함께 떡도 먹지 아니하고 물도 마시지 아니하리니 ¹⁷ 이는 여호와의 말씀이 내게 이르시기를 네가 거기서 떡도 먹지 말고 물도 마시지 말며 또 네가 오던 길로 되돌아가지도 말라 하셨음이로다 ¹⁸ 그가 그 사람에게 이르되 나도 그대와 같은 선지자라 천사가 여호와의 말씀으로 내게 이르기를 그를 네 집으로 데리고 돌아가서 그에게 떡을 먹이고 물을 마시게 하라 하였느니라 하니 이는 그 사람을 속임이라 ¹⁹ 이에 그 사람이 그와 함께 돌아가서 그의 집에서 떡을 먹으며 물을 마시니라 ²⁰ 그들이 상 앞에 앉아 있을 때에 여호와의 말씀이 그 사람을 데려온 선지자에게 임하니 ²¹ 그가 유다에서부터 온 하나님의 사람을 향하여 외쳐 이르되 여호와의 말씀에 네가 여호와의 말씀을 어기며 네 하나님 여호와께서 네게 내리신 명령을 지키지 아니하고 ²² 돌아와서 여호와가 너더러 떡도 먹지 말고 물도 마시지 말라 하신 곳에서 떡을 먹고 물을 마셨으니 네 시체가 네 조상들의 묘실에 들어가지 못하리라 하셨느니라 하니라 ²³ 그

리고 자기가 데리고 온 선지자가 떡을 먹고 물을 마신 후에 그를 위하여 나귀에 안장을 지우니라 ²⁴ 이에 그 사람이 가더니 사자가 길에서 그를 만나 물어 죽이매 그의 시체가 길에 버린 바 되니 나귀는 그 곁에 서 있고 사자도 그 시체 곁에 서 있더라 ²⁵ 지나가는 사람들이 길에 버린 시체와 그 시체 곁에 선 사자를 보고 그 늙은 선지자가 사는 성읍에 가서 말한지라 ²⁶ 그 사람을 길에서 데리고 돌아간 선지자가 듣고 말하되 이는 여호와의 말씀을 어긴 하나님의 사람이로다 여호와께서 그에게 하신 말씀과 같이 여호와께서 그를 사자에게 넘기시매 사자가 그를 찢어 죽였도다 하고 ²⁷ 이에 그의 아들들에게 말하여 이르되 나를 위하여 나귀에 안장을 지우라 그들이 안장을 지우매 ²⁸ 그가 가서 본즉 그의 시체가 길에 버린 바 되었고 나귀와 사자는 그 시체 곁에 서 있는데 사자가 시체를 먹지도 아니하였고 나귀를 찢지도 아니하였더라 ²⁹ 늙은 선지자가 하나님의 사람의 시체를 들어 나귀에 실어 가지고 돌아와 자기 성읍으로 들어가서 슬피 울며 장사하되 ³⁰ 곧 그의 시체를 자기의 묘실에 두고 오호라 내 형제여 하며 그를 위하여 슬피우니라 ³¹ 그 사람을 장사한 후에 그가 그 아들들에게 말하여 이르되 내가 죽거든 하나님의 사람을 장사한 묘실에 나를 장사하되 내 뼈를 그의 뼈 곁에 두라 ³² 그가 여호와의 말씀으로 벧엘에 있는 제단을 향하고 또 사마리아 성읍들에 있는 모든 산당을 향하여 외쳐 말한 것이 반드시 이룰 것임이니라

한 주석가는 본 텍스트의 구조를 다음과 같이 평행적으로 분석한다 (Walsh). 그가 제안하는 구조 분석에 의하면 23-24절은 원래 독립된 단락인데, 평행을 이루는 구절이 없어서 20-22절과 함께 취급한다. 아마도 33-34절이 23-24절과 역할 면에서 평행을 이루도록 디자인된 것으로 생각된다(cf. Patterson & Austel).

A. 선지자가 하나님의 사람에 대하여 소식을 들음(13:11)
   B. 소식에 대한 선지자의 발언(13:12)

    C. 선지자가 아들들에게 나귀에 안장을 채우도록 함(13:13)

      D. 선지자가 하나님의 사람을 찾음(13:14-18)

        E. 선지자가 하나님의 사람을 데려옴(13:19)

          F. 선지자가 신탁을 받아 선포함(13:20-22): 신탁이
             성취됨(13:23-24)

A′. 선지자가 다시 하나님의 사람에 대하여 소식을 들음(13:25)

  B′. 소식에 대한 선지자의 반응(13:26)

    C′. 선지자가 아들들에게 나귀에 안장을 채우도록 함(13:27)

      D′. 선지자가 하나님의 사람의 시체를 찾음(13:28)

        E′. 선지자가 시체를 가져다 장사를 치름(13:29-30)

          F′. 선지자가 하나님의 신탁이 이루어졌음을 확인함
             (13:31-32)

본문은 열왕기에 기록된 이야기들에서 가장 이상한 것 중 하나다. 그래서 오래전부터 많은 학자들의 관심과 연구의 대상이 되어왔다(cf. Van Winkle, Lemke, Simon, Walsh). 그러나 바로 앞 섹션에서 제시한 증거들과 해석을 바탕으로 여로보암에게 말씀을 전한 하나님의 사람을 또 하나의 발람으로 생각한다면 학자들이 제시하는 문제들이 모두 해결된다. 그가 하나님의 명령에 따라 벧엘에 와서 하나님의 말씀을 담대하게 전하고 여로보암의 마른 손을 성하게 하고, 제단이 갈라져서 재가 쏟아지는 이적까지 행했지만, 그의 마음은 여로보암이 "함께 살자"고 제안했던 것으로 가득 차 있다. 그러나 그의 마음이 여로보암의 제안에 흔들렸다 할지라도 만일 그가 하나님이 명령하신 대로 먹지도 않고, 마시지도 않고, 곧장 유다로 돌아갔다면 이러한 변을 당하지 않았을 것이다. 그의 문제는 가던 길을 멈추고 나무 아래 쉬고 있을 때부터 시작된 것이다(Provan).

벧엘의 제단에서 있었던 일을 목격한 사람이 자신의 아버지에게 고

했다(11절). 그의 아버지도 벧엘에서 선지자이다. 그가 "노(老) 선지자"(זָקֵן נָבִיא)라는 것이 어떻게 이해되어야 하는가? 아직도 여호와의 말씀을 받는 참 선지자인가? 그렇다면 이 사람은 여로보암이 벧엘에서 우상을 숭배할 때 무엇을 하고 있었단 말인가? 아니면 옛적에는 여호와의 선지자였지만, 이제는 여로보암이 새로 제정한 종교를 전적으로 지지하는 사람이란 말인가? 아마도 후자일 가능성이 많다. 혹은 거짓 선지자로 보아도 무난하다(Fretheim). 그렇다면 이 이야기는 노선지자가 상징하고 대표하는 북 왕국의 '벧엘 종교'와 하나님의 사람이 상징하고 대표하는 남 왕국의 '예루살렘 종교'의 갈등이기도 하다(Brueggemann, cf. Sweeney).

노 선지자는 아들의 말을 듣고 곧바로 집을 나서 유다에서 온 선지자를 뒤쫓기 시작했다. 오래지 않아 그는 상수리나무 밑에서 쉬고 있는 하나님의 사람을 발견하고 집으로 초청했다(15절). 하나님의 사람은 여로보암의 청을 거절할 때 했던 말을 그대로 반복했다. 벧엘을 가리키며 8절에서 사용했던 "이곳"(בַּמָּקוֹם הַזֶּה)을 노인과의 대화에서 그대로 사용하는 것으로 보아 그는 아직 벧엘을 벗어나지 못했다(16, 17절). 아니, 일부러 벗어나지 않았을 것이다.

노인은 자신도 선지자라는 것을 밝히고 거짓말을 했다. 하나님이 천사를 보내어 이 사람을 대접해서 보내라고 명령하셨다는 것이다. 벧엘 종교를 대표하는 노인이 거짓말을 하는 것은 곧 북 왕국의 종교가 거짓과 위선으로 가득 차 있음을 상징한다(Sweeney). 그의 거짓말은 유다에서 온 하나님의 사람에게 내려진 여호와의 금령(禁令)인 "떡도 먹지말고(לֹא־תֹאכַל), 물도 마시지 말며(לֹא־תִשְׁתֶּה), 또 네가 오던 길로 되돌아가지도 말라(לֹא־תָשׁוּב)"를 완전히 번복하고 있다. "네 집으로 데리고 돌아가서(שׁוּב), 그에게 떡을 먹이고(אֹכֶל), 물도 마시게 하라(שָׁתָה) 하였느니라"(18절). 일이 이 정도 되면 유다에서 온 선지자는 곧장 "사탄아 물러가라!"를 외치고 떠나든지, 아니면 최소한 하나님의 말씀을 청했어야 할 것이다. 그 사이에 혹시 하나님의 뜻에 변화가 있었는지 확인하기 위해서 말이다. 하나님이 자신의 일을 노인에게는 말씀하시고 정작 당사자에게는 말씀하지 않으실 가능성이 얼마나 되는가? 젊은 선지자는 태연하게 노 선지자를 따라가 그의 집에서 먹고 마셨다. 옛적에 사탄의 유혹에 마음이 흔들린 하와가 선악과를 따먹은 일을 연상케 한다(cf. 창 3장). 이 사람은 이미 마음이 흔들렸기 때문에 노 선지자가 어떤 말을 해도 들을 준비가 되어 있었다.

식사 도중 하나님의 말씀이 노 선지자에게 임했다. 이 노인이 거짓 혹은 이방 종교 선지자라고 해도 하나님의 말씀이 임했다는 것이 문제가 될 필요는 없다. 하나님은 필요하면 당나귀를 통해서도 말씀을 주는 분이시기 때문이다. 노인이 선포한 하나님의 말씀은 유다에서 온 선지자가 하나님의 말씀을 어겼으니 죽어서 조상의 무덤에 묻히지 못할 것이라는 내용이었다(21-22절). 잠시 여러 가지 욕심에 휩싸여 사리 판단을 못했던 선지자가 몽둥이로 한 대 얻어맞은 듯한 기분으로 황급히 그곳을 떠났다. 그러나 이미 하나님의 말씀은 선포된 상황이다. 결국 그는 돌아가던 길에 사자에게 물려 죽었다(24절). 이 일은 여호와께서 하신 일이라는 것을 확인하는 듯, 사자는 그 사람의 시체나 옆에 서 있는 나귀에 입을 대지 않고 지켜보고만 있었다. 노 선지자가 그의 시체를 가져다가 자신의 묘에 묻는 것으로 이야기가 끝이 난다(28-29절).

이 이야기에 연관된 짐승인 나귀와 사자가 상징성을 지닌 것으로 생각된다. 히브리어로 나귀를 '하몰'(חֲמוֹר)이라고 하는데(24절), 창세기는 두 차례나 하몰을 '세겜의 아버지'라고 한다. 한 번은 야곱이 하몰의 아들 세겜에게 땅을 샀다(33:19). 디나를 강간한 자도 하몰의 아들 세겜이었다(cf. 창 34장). 분명 '나귀'(하몰, חֲמוֹר)는 세겜과 연관이 있는 단어이다(Brueggemann, Sweeney). 북 왕국 이스라엘을 세우고 '세겜'(하몰의 아들)을 수도로 삼은 여로보암은 '세겜의 아버지 하몰'이라 할 수 있다. 또한 '사자'는 '유다'를 상징한다(cf. 창 49:9). 사자가 불순종한 하나님의 사람을 죽인 것처럼 언젠가 하나님이 불순종한 북 왕국 이스라엘을 죽이실 것이다(Mead). 이 일을 지켜본 나귀는 아무것도 못하고 그저 유다에서 온 선지자의 시체 옆을 맴돌 뿐이다. 마치 하나님의 사람의 신탁을 받은 여로보암이 손을 못 쓰게 되었을 때 아무 일도 할 수 없었던 것처럼 말이다. 여로보암이 바로 시체 옆에 서 있는 무능한 나귀인 것이다(Mead).

노 선지자의 마지막 말이 이 이야기가 전하고자 하는 메시지를 정리해 준다. "그가 주의 말씀을 받아서, 베델에 있는 제단과 사마리아 성읍 안에 있는 모든 산당을 두고 외친 그 말씀이 그대로 이루어질 것이다"(32절, 새번역). 선지자의 죽음은 벧엘에 선포된 말씀(viz., 요시야가 벧엘에 와서 모두 부수고 파괴할 것이라는 예언)이 꼭 성취될 것임을 확인하는 증표인 것이다.

이 이야기는 여러 가지 교훈을 담고 있다. 그중 몇 가지만 정리해보자. 첫째, 하나님의 말씀은 결코 바뀌지 않는다는 것이 이 이야기의 주제이다. 저자는 이 점을 강조하기 위해 13장에서 "여호와의 말씀으로"(בִּדְבַר יְהוָה)라는 말을 정확히 7차례 사용한다(1, 2, 5, 9, 17, 18, 32절). 노 선지자도 젊은 선지자의 죽음을 애곡하면서 그의 죽음을 벧엘에 선포된 여호와의 말씀이 그대로 이루어질 것이라는 증표로 삼았다(32절).

둘째, 여로보암이 유다에서 온 선지자를 매수해서 다가오는 화를 모면해보려 했다면 그것은 큰 오산이다. 노 선지자가 하나님께로부터 다른 말이 왔다고 하면서 젊은 선지자의 마음을 돌리려 한 일을 보아서도 알 수 있듯이, 다른 선지자가 나타나서 다르게 선포한다 해도 하나님의 말씀은 선포된 대로 진행될 것이며 결코 바뀌지 않을 것이다. 선지자도 하나님의 선포된 말씀을 바꿀 수 없는 것이다. 주변에서 간혹 '새로운 계시/새로운 진리'를 제시하는 사람들을 본다. 사기극이다. 우리에게 필요한 말씀은 이미 성경에 모두 기록되어 있다.

셋째, 하나님은 자신의 종들에게 선포한 말씀에 대해서 그 말씀을 받은 종들이 먼저 절대적이고 완전하게 순종할 것을 요구하신다. 만일 하나님이 원래의 계획을 수정하신다면, 다른 사람보다 처음에 그 계획을 받은 종에게 확실히 알려 주실 것이다. 젊은 선지자는 하나님의 확고한 말씀을 받았고 수정안이 그에게 제시되지 않았는데도 노 선지자를 따라가서 변을 당했다. 하나님이 확실한 말씀을 주셨다면, 그분으로부터 다른 말씀이 있을 때까지 어떠한 유혹이 와도 그 말씀을 붙잡고 그 말씀에 순종하는 것이 우리의 의무이다. 어떤 것이 하나님의 말씀이고, 어떤 것이 유사품인지 구분할 수 있어야 한다.

젊은 선지자가 유다를 떠났을 때, 그는 하나님의 말씀을 직접 들은 것이 확실하다. 그런데 그는 돌아가는 길에 경력과 전문성을 앞세운 '베타랑 선지자'의 꼬임에 넘어갔다. 물론 그의 마음이 흔들린 것이 가장 큰 이유겠지만, 그래서 그가 듣고 싶어한 메시지를 노 선지자가 주었기에 그를 따라갔겠지만, 하나님께 한 번도 물어보지 않고 남의 말을 듣고 행동을 취한 것이 그를 죽음으로 몰고 간 결정적인 실수였다. 그는 왜 한순간이라도 하나님이 자기에게 하신 말씀을 다른 사람을 통해서 번복하셨을까라는 생각을 해 보지 않았을까? 그를 찾아와 이렇게 말한 사람이 경력이 많고 연륜이 있는 선지자여서 그랬을까? 경력과 연륜은 좋은 것이지만, 종종 하나님의 음성을 듣는데 장애가 된다는 것도 기억해야 한다. 그래서 성경은 처음 된 자가 나중 된다는 경고를 하고 있지 않은가! 또한 젊은 선지자의 마음이 이미 엉뚱한 곳에 가 있었기에 이런 일이 일어나지 않았을까 싶다.

노 선지자가 왜 이런 짓을 했는지 우리는 결코 명확하게 알 수 없다. 그가 아들들로부터 정황을 듣고 유다에서 온 선지자의 마음이 조금은 흔들리고 있음을 알아차렸고, 여로보암도 이 선지자를 데리고 있고 싶어한 것을 간파하고는 어떻게든 두 사람의 관계를 주선해보려고 이런 일을 했던 것일까? 만일 그렇다면 이 노인은 일종의 '알선 책'이라 할 수 있다. 그는 선지자라고 하면서도 하나님의 뜻이 어떠한지 관심이 없는 사람이며 오로지 이스라엘 종교를 위하여 모든 사람이 윈-윈 (win-win)하게 되기를 바라는 사람이다. 종교는 그에게 생활 수단이지 하나님의 뜻을 파악하고 그 뜻대로 사는 것이 아니다. 또 한 가지 가능 성은 노 선지자가 하나님의 벧엘 제단 심판에 대한 계획에 협상/변화 의 여지가 있는지를 확인해보고자 이런 일을 했을 수 있다. 그러나 젊 은 선지자의 죽음으로 일이 끝나는 것을 보고 이 일에 대해 하나님이 마음을 바꾸실 의향이 없다는 것을 깨달은 것이다. 어떠한 인간의 노 력이나 계략도 하나님의 선포된 말씀을 번복할 수는 없다. 노 선지자 의 거짓말로 인하여 젊은 사람이 하나 죽었다. 노 선지자는 진정으로 거짓, 호기심, 명철과 확신의 육신화이다(House).

(4) 여로보암 왕조 죄와 멸망(13:33-34)

³³ 여로보암이 이 일 후에도 그의 악한 길에서 떠나 돌이키지 아니하고 다시 일반 백성을 산당의 제사장으로 삼되 누구든지 자원하면 그 사람을 산당의 제사장으로 삼았으므로 ³⁴ 이 일이 여로보암 집에 죄가 되어 그 집이 땅 위 에서 끊어져 멸망하게 되니라

여로보암은 벧엘에서 하나님의 기적을 체험했다. 그러나 그는 하나 님께 돌아오지 않았다. 젊은 선지자의 죽음에 대해서도 들었을 것이 다. 그러나 그의 마음은 끝까지 하나님으로부터 등을 돌렸다. 우리는 여기서 다시 한 번 기적은 사람의 마음을 돌이킬 수 없다는 사실을 인 정하게 된다. 그러므로 우리가 사모해야 할 것은 죽은 사람을 살리고 병을 낫게 하는 기적이 아니라, 우리의 삶의 지침이 되어 우리를 변화시킬 하나님의 말씀이다.

여로보암은 또한 하나님의 말씀에 의해 왕이 되었다. 또한 그가 솔로몬의 왕국의 일부를 받게 된 것이 솔로몬의 죄 때문이라는 것도 잘 알고 있다. 그러나 그는 솔로몬과 같은 죄를 짓고 있다. 하나님이 그가 말씀에 잘 순종하면 다윗이 누린 축복에 버금가는 은혜를 그와 자손들에게 주시겠다고 하셨다. 그러나 하나님께 돌아오기는커녕 오히려 산당을 발전시키고, 율법에 기록된 제사장에 대한 규례를 철저하게 무시했다. 하나님께 공개적으로 대적하고 있는 것이다. 사람이 어찌 하나님을 대적하여 싸울 수 있겠는가! 결국 그의 운명은 불순종한 순간에 결정되었다. 사람이 배은망덕해도 이렇게까지 할까라는 생각이 들겠지만 이게 단지 여로보암 이야기가 아니라 우리의 실상이 아니던가!

여로보암이 회개하고 돌아오기를 기다리시던 하나님이 극약을 처방하셨다. 그가 세운 왕조가 땅에서 흔적도 없이 사라지게 하신 것이다 (34절). 물론 여로보암의 이야기는 앞으로 조금 더 진행된다. 그러나 저자는 여기서 요약적으로 그의 종말을 예고한다. 벧엘에서 일어난 기적도 그의 강퍅한 마음을 돌이킬 수 없었다는 것을 강조하기 위해서 이곳에 기록되어 있다. 사람이 회심하고 변화한다는 것은 기적 중에 가장 큰 기적이다.

Ⅲ. 분열왕국과 우상숭배(12:1-16:34)
  A. 여로보암의 상승과 쇠퇴(12:1-15:32)

3. 여로보암 비난(14:1-20)

¹ 그 때에 여로보암의 아들 아비야가 병든지라 ² 여로보암이 자기 아내에게 이르되 청하건대 일어나 변장하여 사람들이 그대가 여로보암의 아내임을 알지 못하게 하고 실로로 가라 거기 선지자 아히야가 있나니 그는 이전에 내가 이 백성의 왕이 될 것을 내게 말한 사람이니라 ³ 그대의 손에 떡 열 개와

과자와 꿀 한 병을 가지고 그에게로 가라 그가 그대에게 이 아이가 어떻게 될지를 알게 하리라 ⁴ 여로보암의 아내가 그대로 하여 일어나 실로로 가서 아히야의 집에 이르니 아히야는 나이가 많아 눈이 어두워 보지 못하더라 ⁵ 여호와께서 아히야에게 이르시되 여로보암의 아내가 자기 아들이 병 들었으므로 네게 물으러 오나니 너는 이러이러하게 대답하라 그가 들어올 때에 다른 사람인 체함이니라 ⁶ 그가 문으로 들어올 때에 아히야가 그 발소리를 듣고 말하되 여로보암의 아내여 들어오라 네가 어찌하여 다른 사람인 체하느냐 내가 명령을 받아 흉한 일을 네게 전하리니 ⁷ 가서 여로보암에게 말하라 이스라엘의 하나님 여호와의 말씀이 내가 너를 백성 중에서 들어 내 백성 이스라엘의 주권자가 되게 하고 ⁸ 나라를 다윗의 집에서 찢어내어 네게 주었거늘 너는 내 종 다윗이 내 명령을 지켜 전심으로 나를 따르며 나 보기에 정직한 일만 행하였음과 같지 아니하고 ⁹ 네 이전 사람들보다도 더 악을 행하고 가서 너를 위하여 다른 신을 만들며 우상을 부어 만들어 나를 노엽게 하고 나를 네 등 뒤에 버렸도다 ¹⁰ 그러므로 내가 여로보암의 집에 재앙을 내려 여로보암에게 속한 사내는 이스라엘 가운데 매인 자나 놓인 자나 다 끊어 버리되 거름 더미를 쓸어 버림 같이 여로보암의 집을 말갛게 쓸어 버릴지라 ¹¹ 여로보암에게 속한 자가 성읍에서 죽은즉 개가 먹고 들에서 죽은즉 공중의 새가 먹으리니 이는 여호와께서 말씀하셨음이니라 하셨나니 ¹² 너는 일어나 네 집으로 가라 네 발이 성읍에 들어갈 때에 그 아이가 죽을지라 ¹³ 온 이스라엘이 그를 위하여 슬퍼하며 장사하려니와 여로보암에게 속한 자는 오직 이 아이만 묘실에 들어가리니 이는 여로보암의 집 가운데에서 그가 이스라엘의 하나님 여호와를 향하여 선한 뜻을 품었음이니라 ¹⁴ 여호와께서 이스라엘 위에 한 왕을 일으키신즉 그가 그 날에 여로보암의 집을 끊어 버리리라 언제냐 하니 곧 이제라 ¹⁵ 여호와께서 이스라엘을 쳐서 물에서 흔들리는 갈대 같이 되게 하시고 이스라엘을 그의 조상들에게 주신 이 좋은 땅에서 뽑아 그들을 강 너머로 흩으시리니 그들이 아세라 상을 만들어 여호와를 진노하게 하였음이니라 ¹⁶ 여호와께서 여로보암의 죄로 말미암아 이스라엘을 버리시리니 이는 그도 범죄하고 이스라엘로 범죄하게 하였음이니라 하니라 ¹⁷ 여로보암의 아내가 일어나 디르사로 돌아가서 집 문지방에 이를 때에 그 아이가 죽은지라 ¹⁸ 온 이스라엘이 그를 장사하고 그를 위하여 슬퍼하니 여호와께서 그의 종 선지자 아히야를 통하여 하신 말씀과 같이 되었더라 ¹⁹ 여로보암의 그 남은 행적 곧 그가 어떻게 싸웠는지와 어떻게 다스렸는지는 이스라엘 왕 역대지략에 기록되니라 ²⁰ 여로보암이 왕이 된 지 이십이 년이라 그가 그의 조상들과 함께 자매 그의 아들 나답이 대신하여 왕이 되니라

저자는 이미 여로보암의 가문이 죄로 인해 흔적도 없이 사라질 것이라고 우리에게 귀띔해 주었다(13:33-34). 이 섹션에서는 여로보암의 아들 아비야(אֲבִיָּה)가 병들어 죽은 이야기를 통해 더욱 구체적으로 이미 언급된 내용을 설명해준다. 그래서 아비야가 앓아 누웠다는 정보(1-6절)와 그가 죽었다는 정보(17-18절)가 아히야가 여로보암에게 선포하는 심판 신탁(7-16절)을 감싸고 있다. 아히야의 심판 신탁이 큰 권위를 동반하는 것은 두 가지 이유에서이다. 첫째, 여로보암을 왕으로 세우시겠다는 하나님의 의지를 여로보암에게 알려준 선지자가 아히야이다(11:29-39). 그러므로 여로보암의 왕권은 선지자가 선포한 예언의 성취라고 할 수 있다. 둘째, 아히야는 지금은 쇠퇴했지만, 옛적에는 이스라엘의 북쪽 지역에서 가장 중요한 여호와 종교의 성지였던 실로에 사는 선지자이다. 한때 실로에는 하나님의 성막이 있었다. 이러한 정황을 고려할 때, 아히야의 신탁은 매우 큰 권위를 지닌다. 이스라엘의 북쪽을 지배하는 여로보암에게는 더욱더 그렇다(Brueggemann).

자식의 이름은 부모의 신앙고백이라는데 아이의 이름은 여로보암의 불신에 걸맞지 않게 종교적이다. 아비야는 '여호와가 나의 아버지'라는 뜻이다. 여로보암이 우상숭배로 몰락하기 전에 얻은 아들이었기에 이런 이름을 지었던 것일까? 정확히 알 수는 없지만 선지자 아히야는 하나님은 이 아이가 여로보암 집안에서 유일하게 착한 자라고 평가하시

면서 그가 착하기 때문에 일찍 죽음을 맞이하여 훗날 여로보암의 집에 임할 험한 일들을 경험하지 않을 것이라고 한다(13절). 여로보암의 집에 임할 심판이 얼마나 가혹하길래, 그 심판이 임하기 전에 먼저 죽어 제대로 된 장례를 치르는 것이 축복이라는 걸까!

아비야가 앓아 누운 후 여로보암은 여러 가지 의술도 동원해보고 점술가도 접해보지만 차도가 없자, 오래전에 그에게 왕이 될 거라고 예언해준 실로에 사는 선지자 아히야(אחיה)에게 아내를 보낸다(2-3절;cf. 11:26-39). 우리는 여기서 다시 한 번 여로보암의 마음을 엿볼 수 있다. 그는 세상에 여호와 같은 분이 없다는 것을 잘 알고 있다. 하나님의 종 선지자들 역시 다른 종교의 선지자들과 비교할 수 없는 능력을 지녔다는 사실도 잘 알고 있다. 그래서 그가 자기 능력으로 해결할 수 없는 문제를 해결하기 위해서 여호와의 선지자에게 아내를 보낸다. 그럼에도 불구하고 하나님의 능력을 그 누구보다도 잘 아는 여로보암은 주께 돌아오기를 거부하고 있다. 주님을 자신의 삶에 행운을 안겨주고 액땜을 해주는 일종의 부적으로 이용할 뿐, 자신의 삶을 바쳐 순종하고 사랑할 하나님으로 숭배하기를 거부한다. 교회 다니는 이들 중에도 하나님에 대해 이렇게 생각하는 사람들이 있다. 교회를 다니는 이유는 개인적인 이득을 위해 하나님을 이용하기 위해서이지, 주님을 온전히 섬기기 위해서가 아니다. 아니면 여로보암은 자신이 주님께 돌아오기에는 너무 멀리 갔다고 생각한 것일까? 아들을 위해 하나님께 구하면서도 정녕 자신은 주께 돌아오지 않는 여로보암은 참으로 어리석은 자이다.

여로보암은 아내에게 빵 열 개와 과자, 꿀 한 병을 가지고 가라고 했다. 그는 아직도 하나님을 이런 것들로 매수할 수 있는(Provan) '금복주 영감' 정도로 생각하고 있는 것일까? 여로보암의 아내는 남편이 지시한 대로 변장을 하고 길을 떠났다. 열왕기는 그녀의 이름을 밝히지 않는데, 칠십인역은 그녀가 이집트 왕 시삭(Shishak)의 딸 아노(Ano)였다고 한다. 오늘날까지 밝혀진 역사적 자료로 확인할 수 없는 정보이다.

347

그녀가 변장한 것은 누구를 속이기 위함일까? 아히야 선지자, 하나님, 사람들, 아니면 만나는 모든 사람을 속이려는 것이었을까? 만일 선지자를 속이려 했다면 별로 의미가 없다. 아히야는 매우 늙어서 앞을 잘 볼 수 없기 때문이다. 게다가 여호와의 선지자가 자신에게 묻는 사람이 누군지도 모른다면 문제가 되지 않겠는가! 그러므로 변장술은 아히야에게 별 의미가 없는 것이다.

그러나 아히야가 여로보암의 아내가 그의 집에 들어설 때 발소리를 듣고 그녀를 먼저 알아보며 "네가 어찌하여 다른 사람인 체하느냐?"(6절)는 질문을 하는 것으로 보아 선지자를 속이기 위해 변장한 것이 확실하다. 눈먼 선지자를 속이기 위해 변장을 했는데, 그 눈먼 선지자가 대번에 알아봤다! 별 효과가 없는 일(변장술)에 시간을 허비한 것이다. 그러므로 빵과 꿀을 챙겨 가게 한 것과 변장을 하게 한 것을 종합해보면 여로보암의 영적인 어리석음이 적나라하게 드러나고 있다. 그는 자기를 왕으로 세우신 여호와의 능력에 대해 아직도 감을 잡지 못하는 어리석은 사람이다.

여로보암의 아내의 방문을 받은 선지자 아히야는 그녀가 기대하고 바라던 말보다는 정말 듣기를 꺼려지고 두려워할 수밖에 없는 좋지 않은 신탁을 전해준다(6-16절). 여로보암은 아들의 병 때문에 아히야에게 아내를 보냈지만, 아히야는 그의 왕권에 대해서 먼저 말을 해준다. 여로보암이 하나님의 은혜에도 불구하고 다윗처럼 살지 않았고, 이때까지 이스라엘 역사에 있었던 그 어느 왕보다도 악하게 행하고 우상을 숭배했으니 그 대가를 치르게 될 날이 곧 올 것이라는 하나님의 엄중한 말씀이었다. 주석가들은 아히야가 여로보암을 다윗과 비교한 이유를 여로보암이 다윗처럼 예루살렘 중심의 여호와 종교를 가지지 않았기 때문이라고 말한다(Brueggemann). 그러나 아히야가 하나님이 다윗 왕조에게 속한 나라를 쪼개어 여로보암에게 주신 일을 상기시키는 것으로 보아(8절), 아히야가 오래전에 여로보암을 왕으로 세우면서 "네가 순종하면 다윗에게 내려준 축복을 너에게도 내려주겠다"라고 한 하나님의 말씀(11:38)이 그의 불순종으로 실현되지 않을 것을 확인하는 것으로 해석하는 것이 바람직하다. 하나님은 여로보암의 집안을 쓰레기를 쓸듯 쓸어버리실 것이며(10절), 그에게 속한 사람들은 모두 멸절을 당할 것이라고 하셨다(11절).

아히야는 여로보암의 아내가 돌아가 집에 도착하는 순간 그 아들이 죽을 것이라는 말도 덧붙였다(12절). 그러나 이 아이의 죽음은 앞으로 여로보암의 집안에 임할 하나님의 심판을 감안하면 불행이 아니라 축복이라는 말도 해 주었다(13절). 여로보암의 집안 사람들 중 유일하게 착하게 살았으므로 험한 꼴을 보지 않고 일찍 죽도록 하나님이 배려해 주셨다는 것이다. 그래야 이 아이만이라도 제대로 된 장례식을 거쳐 제대로 무덤에 묻힐 수 있게 되기 때문이었다. 저자는 이 아이가 어떻게 하여 하나님의 은총을 입게 되었는가에 대해 말하지 않는다. 탈무드는 다음과 같이 설명한다. "아비야는 세자였으며 자기 아버지가 백성이 예루살렘으로 예배하러 가는 것을 막기 위하여 세운 보초들을 모두 제거했으며, 자신도 절기 때마다 예루살렘을 찾았기 때문이다"(h. Mo'ed Qat. 28b, cf. Wiseman). 소설 같은 해석이지만, 아비야는 여호와 하나님을 경외한 사람이었기에 하나님의 은총을 입은 것이라고 설명하고 있다.

오래 사는 것이 사람이 누릴 수 있는 가장 큰 축복 중 하나라고 하는 구약 시대의 정황에서 일찍 죽는 것이 복이라니, 앞으로 여로보암의 집안에 임할 심판이 얼마나 혹독할 것인가를 조금이나마 상상하게 한다. 영어에는 "오직 착한 사람만이 일찍 죽는다"(Only the good die young)이란 말이 있다. 여로보암 집안이 처한 상황에 아주 잘 어울리는 말이다.

아히야가 예언한 것들이 언제 성취될 것인가? 아히야는 "오늘, 지금 이 순간에"(זֶה הַיּוֹם וּמֶה גַּם־עָתָּה) 하나님이 여로보암의 집안을 쓸어버릴 사람을 세우실 것이라고 했다(14절). 여로보암 이후에 그의 아들 나답이

349

왕이 되어 2년을 통치하다가 바아사에 의해 죽임을 당했다는 점을 고려할 때(15:25-28), 이 말씀은 이 일이 머지않아 일어날 것이며, 하나님이 이미 그 준비 작업을 시작하셨다는 의미이다. 앞으로 여로보암 왕조가 몇 년간은 지속되겠지만, 이미 하나님의 계획과 섭리 안에서는 뿌리가 뽑히고 쓰레기처럼 버려진 것이나 다름이 없다.

선지자는 여기에 또 하나의 무서운 예언을 더한다. "주님께서는 이스라엘을 쳐서, 물가의 갈대가 흔들리듯이 흔들리게 하실 것이며, 그들이 아세라 목상을 만들어서 주의 분노를 샀으므로, 조상들에게 주신 이 좋은 땅에서부터 이스라엘을 뿌리째 뽑아내어서, 유프라테스 강(הַנָּהָר) 저쪽으로 흩으실 것입니다"(15절, 새번역). 북 왕국 이스라엘이 언젠가는 포로가 되어 타국으로 끌려갈 것을 예언하고 있다. 나라가 출범하자마자 북 왕국 이스라엘은 사형선고를 받은 것이다. 그들이 '짝퉁' 여호와를 단과 벧엘에 세워놓고 참 하나님을 섬기지 않았기 때문이다.

우리는 솔로몬의 헌당기도가 앞으로 이스라엘과 유다가 죄를 짓고 타국으로 끌려갈 것을 예측하고 있음을 보았다(8:46-49). 아히야 선지자는 여기서 벌써 200여 년 후의 일인 주전 722년 사건을 예측하고 있다(cf. 왕하 17장). 하나님이 이처럼 이스라엘을 버리시는 이유는 여로보암의 죄 때문이다(16절). 한 사람의 잘못된 통치가 온 나라의 운명을 파멸에 치닫게 한 것이다. 잘못된 지도자로 인하여 북 왕국 이스라엘은 출범하자마자 사형선고를 받고 있다. 이제 남은 것은 형 집행뿐이다. 지도자의 신실함이 얼마나 중요한가를 일깨워주는 사건이다.

어안이 벙벙하여 말을 잃은 여로보암의 아내는 집으로 돌아갔다. 성경은 그녀가 디르사(הַתִּרְצָה)로 돌아갔다고 하는데(17절) 왜 이곳으로 갔는지 잘 이해가 가지 않는다. 여로보암은 스레다 출신이었으며(왕상 11:26) 그가 행정적 수도로 삼은 곳은 세겜과 부느엘이었다(왕상 12:25). 그러므로 여로보암의 아내가 디르사로 가는 것이 미스터리로 남는다. 디르사는 세겜에서 북동쪽으로 12킬로미터 떨어진 곳에 있었다

350

(ABD). 훗날 바아사(왕상 15:21, 33; 16:6), 시므리(왕상 16:8-9), 오므리(왕상 16:15-23) 왕 시대에 북 왕국의 수도가 된다. 여로보암의 아내가 왜 이곳으로 갔는지 알 수 없지만, 당시 디르사는 상당히 중요한 도시였던 것이 확실하다.

드디어 그녀가 집에 도착하자마자 선지자가 말한 것처럼 아들이 죽었다(17절). 아비야(lit., 여호와는 나의 아버지)의 죽음은 북 왕국에서 여호와 종교의 죽음을 상징한다(Fretheim). 또한 아히야 선지자의 예언이 하나도 빠짐없이 그대로 성취될 증표이기도 했다. 사람들은 그 아이의 죽음을 애곡하고 장례를 치러 주었다(18절). 생명을 사랑하는 하나님이 죽은 아비야가 살아 있는 사람들보다 복이 있다고 하시니 여로보암 집안에 임할 재앙이 어느 정도될 지 상상이 가지 않는다. 그러나 아들의 죽음마저도 여로보암의 마음을 하나님께 돌리기에는 역부족이었다. 그는 끝까지 하나님을 거역하다가 죽었다. 그는 이스라엘을 22년간 통치했으며, 아들 나답이 대를 이었다(20절). 이때가 주전 909년쯤 된다(Thiele). 저자는 여로보암의 나머지 행적에 대해서는 "이스라엘 왕 역대지략"(סֵפֶר דִּבְרֵי הַיָּמִים לְמַלְכֵי יִשְׂרָאֵל)이라는 책을 보라고 한다(19절). 이 문서는 북 왕국의 왕들에 대해서 중요한 자료들을 담고 있는 일종의 실록으로 오늘까지 보존되어 있지는 않다. 저자는 자신이 이 책을 인용하여 이 왕들의 삶과 업적을 정리하고 있음을 시사하고 있다.

III. 분열왕국과 우상숭배(12:1-16:34)
  A. 여로보암의 상승과 쇠퇴(12:1-15:32)

4. 유다 왕들의 행적(14:21-15:24)

열왕기 저자는 지금까지 이스라엘이 어떻게 해서 주전 931년에 솔로몬의 죄로 통일왕국의 시대가 끝나고 분열왕국의 시대를 맞이하게 되었는가를 설명했다. 솔로몬이 죽은 이후 북쪽 지파들이 여로보암의 지휘하에 한 독립국가로 탄생하게 된 것과 북 왕국 이스라엘이 초창기부터 어떻게 하나님께 반역했는가를 회고했다(12:1-14:20).

저자는 북 왕국의 반역 행위에 "여로보암의 죄"(חַטֹּאות יָרָבְעָם)(14:16)라는 고유 명칭을 붙여주었으며 앞으로 이 명칭을 나머지 이스라엘 왕들을 평가하는데 있어서 하나의 공식화된 표현으로 사용한다. '여로보암의 죄'라는 말이 하나의 신학적 잣대가 되어 이스라엘 왕들을 평가하는 기준이 된다(Fretheim). 저자는 북 왕국의 여로보암 시대를 조명한 후 남 왕국의 르호보암, 아비야, 아사의 통치 시대를 정리한다(14:21-15:24). 이 일이 끝나면 다시 북 왕국의 나답, 바아사, 엘라, 시므리, 오므리, 아합의 시대에 초점을 맞출 것이다(15:25-16:34).

저자가 이처럼 남·북 왕국의 왕들을 지그재그식으로 배열하는 것은 같은 시대의 남·북 왕국의 상황을 공관적(共觀的)으로 정리해 나가기 위함이다. 저자가 이 같은 방식으로 번갈아가며 남 왕국과 북 왕국의 역사를 정리하는 것은 비록 이스라엘이 두 나라로 존재하지만, 그들은 동일한 민족이며 하나님 앞에서 한 백성이라는 것을 강조하기 위해서다(Fretheim). 통일에 대한 염원이 강력하게 암시되어 있다. 그러나 남·북 왕국의 왕들을 절대적인 연대 순서에 따라 배열하지는 않는다. 두 왕국의 왕들 중 먼저 즉위한 왕의 통치를 조명한 다음, 역사를 거슬러 올라가 이 왕의 시대 때 다른 왕국에서 진행되었던 왕(들)의 통치를 살펴보는 방식을 취하고 있다. 이 섹션은 이러한 방식의 전형적인 한 예라 할 수 있다. 이 섹션은 다음과 같이 세분화될 수 있다.

A. 유다 왕 르호보암(14:21-31)
B. 유다 왕 아비얌(15:1-8)
C. 유다 왕 아사(15:9-24)

(1) 유다 왕 르호보암(14:21-31)

²¹ 솔로몬의 아들 르호보암은 유다 왕이 되었으니 르호보암이 왕위에 오를 때에 나이가 사십일 세라 여호와께서 자기 이름을 두시려고 이스라엘 모든 지파 가운데에서 택하신 성읍 예루살렘에서 십칠 년 동안 다스리니라 그의 어머니의 이름은 나아마요 암몬 사람이더라 ²² 유다가 여호와 보시기에 악을 행하되 그의 조상들이 행한 모든 일보다 뛰어나게 하여 그 범한 죄로 여호와를 노엽게 하였으니 ²³ 이는 그들도 산 위에와 모든 푸른 나무 아래에 산당과 우상과 아세라 상을 세웠음이라 ²⁴ 그 땅에 또 남색하는 자가 있었고 여호와께서 이스라엘 자손 앞에서 쫓아내신 국민의 모든 가증한 일을 무리가 본받아 행하였더라 ²⁵ 르호보암 왕 제오년에 애굽의 왕 시삭이 올라와서 예루살렘을 치고 ²⁶ 여호와의 성전의 보물과 왕궁의 보물을 모두 빼앗고 또 솔로몬이 만든 금 방패를 다 빼앗은지라 ²⁷ 르호보암 왕이 그 대신 놋으로 방패를 만들어 왕궁 문을 지키는 시위대 대장의 손에 맡기매 ²⁸ 왕이 여호와의 성전에 들어갈 때마다 시위하는 자가 그 방패를 들고 갔다가 시위소로 도로 가져갔더라 ²⁹ 르호보암의 남은 사적과 그가 행한 모든 일은 유다 왕 역대지략에 기록되지 아니하였느냐 ³⁰ 르호보암과 여로보암 사이에 항상 전쟁이 있으니라 ³¹ 르호보암이 그의 조상들과 함께 자니 그의 조상들과 함께 다윗 성에 장사되니라 그의 어머니의 이름은 나아마요 암몬 사람이더라 그의 아들 아비얌이 대신하여 왕이 되니라

솔로몬이 죽은 후 왕권을 계승 받은 르호보암에 대한 이야기는 12장에서 시작된다. 그러나 저자는 그의 관심을 먼저 북 왕국을 통치하게 된 여로보암에게 쏟았다. 여로보암의 행적에서 새로운 해방자 모세를

기대한 사람들의 관심과 호기심을 의식해서였을 것이다. 그러나 불행하게도 여로보암은 여호와께 등을 돌렸고 백성을 우상숭배의 노예가 되게 만들었다. 자신이 스스로 바로의 역할을 자청한 것이다. 저자는 여로보암의 일생에서 눈을 떼어 유다의 왕 르호보암에게 시선을 돌린다.

우리는 이미 12장의 사건을 통해서 르호보암이 어떤 인물인지 잘 알고 있다. 그는 경험이 부족한 매우 어리석은 왕이므로 그에게 기대할 것은 별로 없다. 르호보암은 41세에 왕이 되었고 17년 동안 유다를 통치했다(21절). 북 왕국을 22년 통치했던 여로보암에 비해 5년 정도 일찍 죽은 것이다. 이때가 주전 914년쯤 되었을 것으로 생각된다(Thiele). 그의 어머니는 나아마(נַעֲמָה)였으며 암몬 여자였다(21절). 저자는 그가 암몬 여인의 아들이라는 점을 31절에서 다시 언급함으로써 독자들로 하여금 솔로몬이 얼마나 이방 여인을 가까이했기에 심지어 그의 대를 이을 왕도 이방 여인의 아들로 삼았는지를 짐작하게 한다. 또한 르호보암이 왕이 된 일은 그의 외가인 암몬 왕궁이 유다의 정치와 종교에 얼마나 부정적인 영향을 미쳤을까를 생각해보게 한다(Gray).

르호보암은 개인적으로 특별히 나쁜 짓을 한 왕은 아니다. 그러나 그가 무능하고 어리석은 왕이었다는 사실은 의심할 여지가 없다. 그의 통치 아래 유다 사람들은 북 왕국 이스라엘 형제들에 버금가는 죄를 저질렀다(22–24절). 르호보암은 높은 언덕과 푸른 나무 아래마다 산당들과 돌 우상들과 아세라 목상들을 세웠다. 돌 우상들은 남자 신들의 임재를 상징했고, 아세라 목상들은 여자 신을 상징했다(Skinner). 심지어 북 왕국에 없는 것도 있었다. 유다에는 신전 남창(קָדֵשׁ)들도 있었던 것이다!(24절) 남창이 있었으면 여창은 말할 필요도 없다(Montgomery, Konkel, cf. NIV).

부모들이 자식들을 교육할 때 솔선수범하여 아이들에게 롤모델(role model)이 되는 것보다 더 효과적인 방법은 없다. 아버지가 경건하게 살면 아이들도 아버지를 닮아 경건하게 살려고 할 것이다. 솔로몬은 르호보암에게 참으로 좋지 않은 롤모델이 되었다. 르호보암이 솔로몬이 저지른 온갖 우상숭배를 그대로 답습하고 있기 때문이다.

비록 아쉽고 안타깝지만, 여로보암이 북 왕국 이스라엘에게 새로운 종교를 강요하여 하나님의 분노를 사게 된 것은 그나마 정치적인 배경에서 설명이 될 수 있는 일이다. 그러나 하나님의 성전을 보유하고 있는 유다가 종교적으로 이스라엘보다 더 부패한 것은 도대체 납득이 가지 않는 일이다. 저자도 이러한 유다의 행위를 비난하듯 르호보암이 "여호와께서 자기 이름을 두시려고 택하신 성읍 예루살렘에서" 17년을 다스렸다며 이야기를 시작한다(21절). 유다의 영적 부패는 무엇보다 르호보암의 무능력과 그의 어머니가 암몬 여인이라는 것으로밖에 설명이 될 수 없는 듯하다.

유다의 부패에 대해 분노하신 하나님이 그들을 이방 왕의 손에 붙이셨다(25절). 르호보암 즉위 5년(ca. 926 BC)에 이집트의 시삭이 예루살렘을 치러 올라와서 성전에 있는 보물과 왕궁의 보물을 모두 털어간 것이다(26절). 브라이트(Bright)에 의하면 이집트와 이스라엘의 우호적인 관계는 솔로몬 통치 말기 시대인 주전 935년쯤에 막을 내렸다. 이집트의 연약했던 21대 왕조가 이때 리비아 귀족 시삭(Shishak/Shoshenq)에 의해 제거되었고, 시삭은 이집트의 22대 왕조인 부바스트 왕조(Bubastite Dynasty)를 시작했다.

시삭은 이집트의 통치권을 장악한 후 아시아에서 이집트의 입지를 높이는 것을 목적으로 여로보암 정권을 도와 솔로몬과 르호보암의 세력을 저하시키려 했던 것으로 알려진다(Bright). 열왕기 저자가 시삭이 예루살렘을 침략한 일만 기록하고 있지만, 그는 유다와 이스라엘에서 광범위한 전투를 펼친 기록이 남아있다. 시삭의 카르낙 기념비(Karnak Inscription)에 의하면 그는 이스라엘과 유다에 속한 150개 지역에서 전투를 벌인 것으로 기록되어 있다(Gray). 어느덧 약속의 땅이 이집트인에 의해 짓밟히고 있다. 모두 다 그들이 하나님을 섬기지 않고 우상숭배해서 비롯된 일이다.

시삭의 약탈이 얼마나 심했는지 호위병들이 왕을 시위할 때 사용했던 금 방패까지 빼앗아갔다. 그래서 르호보암은 그의 호위병들에게 놋 방패로 시위하게 하였다(27-28절). 솔로몬의 영화를 상징하며 솔로몬 이야기를 장식했던 금이 한 세대 만에 모두 사라졌다. 이제는 금 대신 놋이 유다의 부/빈곤을 상징한다. 뿐만 아니라 솔로몬 시대를 장식했던 평안은 온데간데없고 끊임없는 전쟁이 있을 뿐이다(30절). 한 세대를 지나면서 다윗 왕조는 이렇게 몰락한 것이다. 부귀영화는 한순간에 사라지는 아침 안개와 같다. 그러므로 이런 것에 너무 마음을 빼앗기는 것은 옳지 않다. 모두 영적인 타락 때문이었다.

그 후 르호보암의 나머지 행적에 대해 "유다 왕 역대지략"(לְבֵי יְהוּדָה סֵפֶר דִּבְרֵי הַיָּמִים לְמַ)을 보라고 한다(29절). 이 책 역시 오늘날까지 보존되지 못한 책이지만, 남 왕국 유다의 왕들에 대한 실록이다. 저자는 자신도 이 책을 인용하여 르호보암의 이야기를 정리하고 있다는 사실을 암시한다. 르호보암이 17년을 다스리고 죽었고 그의 아들 아비얌이 대를 이어 왕이 되었다. 이때가 주전 914년쯤 된다. 마소라 사본들은 대부분 이 왕의 이름을 아비얌(אֲבִיָּם)이라 표기하고 있다. 반면에 역대기(cf. 대하 11:22; etc.), 칠십인역, 그리고 일부 마소라, 일부 사본들은 아비야(אֲבִיָּה)로 표기한다. 아비얌(אֲבִיָּם)을 문자적으로 풀이하면 '나의 아버지는 얌이다'인데 얌(Yam)은 고대 근동 신화에 등장하는 바다 신의 이름이다. 반면에 아비야(אֲבִיָּה)는 '나의 아버지는 여호와이다'라는 뜻을 지닌다. 원래 이름은 아비얌인데, 역대기 저자가 다윗의 후손이 이런 이름을 지녔다는 것을 용납할 수 없어서 수정한 것으로 생각된다. 자식의 이름은 부모의 신앙고백이다. 르호보암은 분명 우상숭배자이자 다신주의자이다. 그러므로 자신은 우상을 숭배하면서 아이 이름은 '아비야'라고 지었을 수 있다. 그러나 그가 숭배하는 신들 중 얌이 있었기에 이신의 이름을 바탕으로 자기 아이에게 '아비얌'이란 이름을 지어주었을 가능성이 더 많다. 다윗 왕조가 2대 왕이었던 솔로몬 때부터 계속 신앙적인 위기를 맞고 있다.

(2) 유다 왕 아비얌(15:1-8)

¹ 느밧의 아들 여로보암 왕 열여덟째 해에 아비얌이 유다 왕이 되고 ² 예루살렘에서 삼 년 동안 다스리니라 그의 어머니의 이름은 마아가요 아비살롬의 딸이더라 ³ 아비얌이 그의 아버지가 이미 행한 모든 죄를 행하고 그의 마음이 그의 조상 다윗의 마음과 같지 아니하여 그의 하나님 여호와 앞에 온전하지 못하였으나 ⁴ 그의 하나님 여호와께서 다윗을 위하여 예루살렘에서 그에게 등불을 주시되 그의 아들을 세워 뒤를 잇게 하사 예루살렘을 견고하게 하셨으니 ⁵ 이는 다윗이 헷 사람 우리아의 일 외에는 평생에 여호와 보시기에 정직하게 행하고 자기에게 명령하신 모든 일을 어기지 아니하였음이라 ⁶ 르호보암과 여로보암 사이에 사는 날 동안 전쟁이 있었더니 ⁷ 아비얌과 여로보암 사이에도 전쟁이 있으니라 아비얌의 남은 사적과 그 행한 모든 일은 유다 왕 역대지략에 기록되지 아니하였느냐 ⁸ 아비얌이 그의 조상들과 함께 자니 다윗 성에 장사되고 그 아들 아사가 대신하여 왕이 되니라

아비얌의 이야기는 다음과 같이 네 파트로 구분될 수 있다(cf. Patterson & Austel). 이 같은 구조는 통치 기간 내내 북 왕국 이스라엘과 전쟁이 끊이지 않은 것(B', 6절)은 그의 온전하지 못한 신앙에서 비롯된 것임을 암시한다(B, 3-5절).

A. 서론: 즉위 기록(15:1-2)
  B. 신앙적 평가(15:3-5)
  B′. 역사적 평가(15:6)
A′. 결론: 마무리 기록(15:7-8)

르호보암의 뒤를 이어 유다의 왕이 된 아비얌의 통치는 2-3년(913-
911 BC)에 지나지 않았다(Thiele, 코간[Cogan]은 911-908 BC으로, 브루그만
[Brueggemann]은 915-913 BC으로 간주함). 그의 어머니는 아비살롬(אֲבִישָׁלוֹם)
의 딸 마아가(מַעֲכָה)였다(2절). 그러나 역대하 13:2는 마아가가 기브아
사람 우리엘의 딸이라고 기록하고 있다. 더 혼란스러운 것은 열왕기
상 15:9-10은 마아가가 아사의 어머니였다고 한다. 이 경우 아사는 아
비얌의 형제이지 8절이 기록하는 것처럼 그의 아들이 아니다. 요세푸
스는 마아가의 어머니는 다윗의 아들 압살롬의 딸 다말이었다고 한다
(Ant., 8.249). 물론 진실 여부를 확인할 수는 없다.

나라가 둘로 나누어지면서 시작되었던 두 왕국의 갈등이 아비얌의
통치 시대에도 계속되었다(7절). 역대하 13:1-20은 주전 912년쯤에 아
비얌이 에브라임에서 여로보암을 물리치고 "벧엘과 그 동네들과 여사
나와 그 동네들과 에브론과 그 동네들"을 빼앗았다고 한다(19절). 아비
얌의 통치는 북 왕국 이스라엘을 대적하는 데 있어 상당한 군사적인
성공을 가져왔다. 그 결과 르호보암이 여로보암에게 빼앗긴 땅의 일부
를 되찾을 수 있었다.

그러나 아비얌은 정치적으로는 상당한 성공을 거두었을 지 모르지
만, 종교적인 면에서는 낙제점을 받고 있다. 그는 조상 다윗처럼 행하
지 않고 아버지 르호보암의 죄를 모두 반복했기 때문이다(3절). 르호
보암의 죄는 어떤 것인가? 저자에 의하면 르호보암 시대 때 유다 사
람들은 산 위와 모든 푸른 나무 아래 산당과 우상과 아세라 목상을 세
웠으며 유다에는 남창들을 두는 것을 비롯해 여호와께서 이스라엘 자

손 앞에서 쫓아내신 가나안 사람들의 모든 가증한 일을 본받아 행했다
(14:22-24). 개가 토한 것을 다시 먹듯이, 이스라엘이 정복 시대에 약속
의 땅에서 가증스럽다며 내치고 죽였던 가나안 사람들의 가증함을 스
스로 답습하고 있다. 가나안을 여호와화하라는 하나님의 명령은 잊힌
지 오래고, 이스라엘이 오히려 가나안화되었다.

저자는 아비얌의 나머지 행적과 그가 행한 모든 일이 "유다 왕 역대
지략" 책에 기록되어 있다고 한다(7절). 자신도 이 출처를 인용하여 아
비얌의 통치를 정리하고 있음을 시사하고 있다. "유다 왕 역대지략"이
란 책은 아비얌 및 다른 유다 왕들의 통치에 대해 훨씬 더 많은 것을
기록하고 있었을 것이다. 고대 근동 나라들의 왕정에 대한 기록 내용
을 감안하면 아비얌의 정치적, 군사적, 경제적 업적에 대하여 많은 정
보를 제공하고 있었을 것이다. 그러나 저자는 이러한 것들에는 관심이
없다. 유일한 관심사는 아비얌의 개인적 신앙생활과 그의 통치가 유다
에 미친 종교적 영향력이다.

앞으로도 유다와 이스라엘의 모든 왕의 통치를 평가함에 있어서 이
것을 유일한 기준으로 삼을 것이다. 여호와의 신정통치를 지향하는 유
다와 이스라엘 나라에서 국가의 흥망성쇠는 결국 나라의 최고 지도자
의 신앙생활에 의해 좌우되는 것이 저자의 관점이다. 교회는 오늘날에
도 신정통치를 추구하는 믿음의 공동체이다. 그렇다면 이러한 공동체
의 지도자들로서 사역자들은 경건한 영성을 유지하는 것에 각별한 관
심을 기울여야 할 것이다. 그들의 영성이 교회에 속한 모든 지체들에
게 커다란 영향을 미칠 수밖에 없기 때문이다.

아비얌이 여호와께 낙제점을 받았지만 하나님은 옛적 다윗과의 언
약을 생각하시고 그의 대를 끊지 않으셨다(4절). 다윗이 죽은 지 벌써
60여 년의 세월이 흘렀다. 그럼에도 불구하고 그의 그림자는 아비얌
의 시대에도 드리워져 있으며 앞으로도 두고두고 유다의 역사에 은혜
롭게 영향을 미칠 것이다. 하나님이 수차례 유다의 왕들에게 분노하시

고 그들을 멸하기를 원하셨지만 번번히 다윗을 생각하며 마음을 돌이
키셨던 것이다. 이 일을 통해 하나님은 한 번 약속하신 것은 끝까지 지
키시는 분이심을 강조한다. 실제로 하나님은 아브라함에게 약속하신
것을 지키기 위해 500여 년 만에 그의 후손을 찾아 이집트로 내려오지
않으셨던가!

또한 다윗에 대한 언급은 우리에게 커다란 도전과 소망이 된다. 한
사람의 신실함이 이처럼 두루두루 기억될 뿐만 아니라 긍정적으로 작
용할 수 있기 때문이다. 우리말에 "호랑이는 죽어서 가죽을 남기고, 사
람은 죽어서 이름을 남긴다"는 격언이 있다. 우리는 과연 어떤 이름을
남기기 위해 오늘을 살고 있는가? 또한 우리는 후손을 위해서 어떤 신
앙의 업적을 남기고 있는가? 주께서 우리의 신실함으로 우리 자손에게
두고두고 복을 내리셨으면 좋겠다.

불행하게도 위대한 다윗도 일생에 한 오점을 남겼다. "다윗이 헷 사
람 우리아의 일 외에는 평생에 여호와 보시기에 정직하게 행하고 자기
에게 명령하신 모든 일을 어기지 아니하였음이라"(5절). 밧세바 사건이
그의 여호와를 향한 진실된 마음과 쌍벽을 이루며 영원히 기억되는 부
끄러움이 되어버린 것이다. 우리는 다윗의 삶에서 교훈을 얻어 오점을
남기지 않기 위해 최선을 다해야 한다.

III. 분열왕국과 우상숭배(12:1-16:34)
  A. 여로보암의 상승과 쇠퇴(12:1-15:32)
    4. 유다 왕들의 행적(14:21-15:24)

(3) 유다 왕 아사(15:9-24)

⁹ 이스라엘의 여로보암 왕 제이십년에 아사가 유다 왕이 되어 ¹⁰ 예루살렘
에서 사십일 년 동안 다스리니라 그의 어머니의 이름은 마아가라 아비살롬
의 딸이더라 ¹¹ 아사가 그의 조상 다윗 같이 여호와 보시기에 정직하게 행하

여 ¹² 남색하는 자를 그 땅에서 쫓아내고 그의 조상들이 지은 모든 우상을 없애고 ¹³ 또 그의 어머니 마아가가 혐오스러운 아세라 상을 만들었으므로 태후의 위를 폐하고 그 우상을 찍어 기드론 시냇가에서 불살랐으나 ¹⁴ 다만 산당은 없애지 아니하니라 그러나 아사의 마음이 일평생 여호와 앞에 온전하였으며 ¹⁵ 그가 그의 아버지가 성별한 것과 자기가 성별한 것을 여호와의 성전에 받들어 드렸으니 곧 은과 금과 그릇들이더라 ¹⁶ 아사와 이스라엘의 왕 바아사 사이에 일생 동안 전쟁이 있으니라 ¹⁷ 이스라엘의 왕 바아사가 유다를 치러 올라와서 라마를 건축하여 사람을 유다 왕 아사와 왕래하지 못하게 하려 한지라 ¹⁸ 아사가 여호와의 성전 곳간과 왕궁 곳간에 남은 은금을 모두 가져다가 그 신하의 손에 넘겨 다메섹에 거주하고 있는 아람의 왕 헤시온의 손자 다브림몬의 아들 벤하닷에게 보내며 이르되 ¹⁹ 나와 당신 사이에 약조가 있고 내 아버지와 당신의 아버지 사이에도 있었느니라 내가 당신에게 은금 예물을 보냈으니 와서 이스라엘의 왕 바아사와 세운 약조를 깨뜨려서 그가 나를 떠나게 하라 하매 ²⁰ 벤하닷이 아사 왕의 말을 듣고 그의 군대 지휘관들을 보내 이스라엘 성읍들을 치되 이온과 단과 아벨벳마아가와 긴네렛 온 땅과 납달리 온 땅을 쳤더니 ²¹ 바아사가 듣고 라마를 건축하는 일을 중단하고 디르사에 거주하니라 ²² 이에 아사 왕이 온 유다에 명령을 내려 한 사람도 모면하지 못하게 하여 바아사가 라마를 건축하던 돌과 재목을 가져오게 하고 그것으로 베냐민의 게바와 미스바를 건축하였더라 ²³ 아사의 남은 사적과 모든 권세와 그가 행한 모든 일과 성읍을 건축한 일이 유다 왕 역대지략에 기록되지 아니하였느냐 그러나 그는 늘그막에 발에 병이 들었더라 ²⁴ 아사가 그의 조상들과 함께 자매 그의 조상들과 함께 그의 조상 다윗의 성읍에 장사되고 그의 아들 여호사밧이 대신하여 왕이 되니라

아사의 이야기도 앞에 기록된 아비얌의 이야기(15:1-8)와 비슷한 구조를 지닌다. 교차대구법적 구조가 역력함을 볼 수 있다.

A. 서론: 즉위 기록(15:9-10)
　　B. 신앙적 평가(15:11-15)
　　B′. 역사적 평가(15:16-22)
A′. 결론: 마무리 기록(15:23-24)

　　아비얌이 죽은 후 아사(אָסָא)가 대를 이어 왕이 되었으며 주전 911-870년 동안 유다를 41년 다스렸다(코간[Cogan]은 908-867 BC으로 간주함). 그의 어머니는 아비살롬의 딸 마아가였다고 한다(10절). 위에서 이미 언급했듯이 마아가는 아비얌의 어머니였다(2절). 그렇다면 아사는 아비얌의 형제이지 아들이 될 수 없다. 그러므로 많은 학자들은 8절의 "아들"을 "형제"로 교정한다. 반면에 마아가를 아사의 어머니가 아니라 할머니로 해석하는 사람들도 많다(Jones, Patterson & Austel, Konkel). 이 경우 마아가는 손자 아사가 통치하는 시대까지 유다의 정치에 상당한 영향을 미쳤다는 뜻이 된다. 별로 설득력이 없어 보이지만, 또 다른 가능성은 아사는 아비얌과 그의 어머니 마아가의 근친상간의 결과라는 것이다(Provan). 이 중 마아가를 아사의 어머니가 아니라 할머니로 해석하는 것이 가장 문맥에 적절하다. 그녀가 주동이 되어 아세라를 섬기고 유다에서 이 종교를 활성화한 것은 그녀의 막강한 영향력을 충분히 상상하게 하기 때문이다(13절).

　　아사의 41년 동안 통치 기간 중 마지막 3년은 아들 여호사밧과 공동 통치를 했던 것으로 추정되며(Thiele), 아마도 23절이 언급하고 있는 "발에 든 병"(חָלָה אֶת־רַגְלָיו) 때문이었을 것이다. 일부 학자들은 "발에 든 병"이 문둥병이나(Montgomery) 발기부전을 뜻하는 완곡어법이라고 하지만(Wiseman, Brueggemann), 정확하지 않으므로 문자적으로 이해하여 그의 발에 병이 도진 것으로 간주하는 것이 바람직하다. 불편한 발로 거동뿐만 아니라 일상생활이 상당히 불편했기에 아들과 섭정을 했을 것이다. 또한 열왕기 저자가 왕들의 질병을 잘 언급하지 않는데 그의 발에 병이 있었다고 기록하는 것으로 보아 그가 이 질환 때문에 죽었을 가능성이 많다(Cogan).

아사는 아버지 아비얌과 달리 군사적으로 뛰어난 사람은 아니었던 것으로 생각된다. 아비얌은 북 왕국에 실력을 행사했던 것에 반해 아사는 오히려 북 왕국에 의해 궁지에 몰리고 있기 때문이다(16-17절). 결국 그는 많은 보물을 다마스쿠스에 보내어 도움을 청했다. 그는 이미 북 왕국과 동맹을 맺고 우호적인 관계를 유지하고 있던 시리아의 왕 벤하닷에게 그 동맹을 파괴하고 유다의 입지를 돕도록 유도함으로써 북 왕국과의 갈등에 끌어들였던 것이다(18-20절). 집안 싸움에 남을 불러들인 격이다.

다윗과 솔로몬은 오랫동안 시리아를 지배하며 조공을 받았다. 반면에 아사는 시리아에게 많은 돈을 보내 도움을 청하고 있다. 어느덧 두 나라의 위치가 바뀐 것이다. 모두 다 솔로몬과 그의 후손의 죄 때문이다. 또한 아사에 의해 이스라엘과 유다의 분쟁에 이방 국가들의 개입이 시작되고 있다. 열왕기 저자는 아사가 이스라엘과의 분쟁에 시리아를 끌어들인 것에 대해 이렇다 할 평가를 내리지 않는다. 그러나 역대기 기자는 이 사건을 하나님께 의지하지 않은 명백한 죄로 규정한다(대하 16:7-10). 역대기 기자는 하나님의 통치권을 위임받아 그의 백성을 다스렸던 왕으로서 아사가 정치적인 문제를 나라의 주인이신 여호와의 도움을 받아 해결하지 않고 외교적으로 해결한 것에 심각한 신학적 문제를 제기하고 있는 것이다. 아사는 하나님 나라와 백성을 자기 마음대로 할 수 있는 나라와 백성으로 착각한 것이다.

아사가 비록 북 왕국과의 갈등에서 불신적인 행동을 취했지만 다른 분야에서는 꾸준히 하나님의 뜻을 구하며 의롭게 살았다는 것이 열왕기 저자의 평가이다. 아비얌같이 형편없는 배교자에게서 아사같이 훌륭한 신앙인이 태어났다는 것은 실로 놀라운 일이다. 그는 조상 다윗과 같이 여호와 보시기에 정직하게 행하였으며(11절), 주를 사모하는 마음이 평생 한결같았다(14절). 구체적으로 아사는 할아버지 르호보암과 아버지 아비얌이 유다 땅을 우상숭배로 물들이는 데 사용한 가증스러운 것들을 모두 제거해 버렸다(11-12절). 성전 유지와 보존을 위해 금과 은을 들여놓기도 했다(15절). 여호와를 향한 일편단심은 열왕기 사가에 의해 매우 높이 평가되고 있으며, 열왕기에서 아사보다 더 위대한 왕으로 평가를 받은 사람은 히스기야와 요시야 둘 뿐이다. 이 두 왕은 산당을 제거했기에 열왕기 저자의 극찬을 받는다. 아사도 산당을 제거했더라면 두 왕과 동일한 평가를 받았을 텐데 그렇지 못한 것이 못내 아쉬움으로 남는다.

저자는 아사의 하나님을 향한 한결같은 마음과 개혁적인 의지가 어느 정도인지 한 사건을 예로 들어 설명한다. 그가 왕이 된 다음 성전 남창들을 모두 나라 밖으로 몰아내고 조상들이 만들어 세운 우상들을 없애버렸다(12절). 우상들을 제거한 다음 할머니 마아가에게 유다에서 아세라 종교를 부추긴 것에 대한 책임을 물어 대왕대비 자리에서 물러나게 하였다(13절). 할머니라도 우상을 숭배하면 아사의 책임 추궁을 면할 수 없었다. 그가 어른을 존경하지 않아서가 아니라 그만큼 여호와를 향한 그의 마음이 각별했기 때문이었다. 아사는 진정 유다의 왕들 중에서 첫 번째로 진정한 개혁적인 마음을 지닌 왕이었다.

역대기 저자는 그가 즉위한 지 15년 되던 해 셋째 달에 선지자 아사랴의 권면에 따라 온 이스라엘을 한 곳에 모아놓고 여호와의 언약을 갱신했다고 한다(대하 15:1-7). 이 모임은 큰 찬양과 기쁨으로 가득했다(대하 15:9-15). 그는 또한 이스라엘에서 우상을 제거하는 일에 많은 노력을 기울였다(대하 15:8). 아사는 개혁을 방해하는 자는 할머니일지라도 용서하지 않았다.

아사가 하나님을 사모하고 정직하게 행한 것에 있어서 다윗을 회상케 했지만, 오점을 남기는 점에서도 다윗과 같았다. 그가 모든 정열을 태워 여호와를 사랑했지만 단 한 가지, 산당은 제거하지 못했다(14절).

저자는 이것 때문에 아사에게 최고 점수를 줄 수 없었다. 윤동주 시인의 "하늘을 우러러 한 점 부끄러움이 없기를 잎새에 이는 바람에도 나는 괴로워했다"라는 글귀가 생각난다. 우리 삶에 있어서 결코 오점을 남기지 않겠다는 비장한 각오로 꾸준히 거룩한 발버둥을 치자.

III. 분열왕국과 우상숭배(12:1-16:34)
  A. 여로보암의 상승과 쇠퇴(12:1-15:32)

5. 여로보암 왕조의 멸망(15:25-32)

[25] 유다의 아사 왕 둘째 해에 여로보암의 아들 나답이 이스라엘 왕이 되어 이 년 동안 이스라엘을 다스리니라 [26] 그가 여호와 보시기에 악을 행하되 그의 아버지의 길로 행하며 그가 이스라엘에게 범하게 한 그 죄 중에 행한지라 [27] 이에 잇사갈 족속 아히야의 아들 바아사가 그를 모반하여 블레셋 사람에게 속한 깁브돈에서 그를 죽였으니 이는 나답과 온 이스라엘이 깁브돈을 에워싸고 있었음이더라 [28] 유다의 아사 왕 셋째 해에 바아사가 나답을 죽이고 대신하여 왕이 되고 [29] 왕이 될 때에 여로보암의 온 집을 쳐서 생명 있는 자를 한 사람도 남기지 아니하고 다 멸하였는데 여호와께서 그의 종 실로 사람 아히야를 통하여 하신 말씀과 같이 되었으니 [30] 이는 여로보암이 범죄하고 또 이스라엘에게 범하게 한 죄로 말미암음이며 또 그가 이스라엘의 하나님 여호와를 노엽게 한 일 때문이었더라 [31] 나답의 남은 사적과 행한 모든 일은 이스라엘 왕 역대지략에 기록되지 아니하였느냐 [32] 아사와 이스라엘의 바아사 왕 사이에 일생 동안 전쟁이 있으니라

저자는 24절에서 유다의 왕 아사가 죽어 장사되었고 그의 아들 여호사밧이 대를 이어 왕이 되었다는 말을 남기고 다시 북 왕국 이스라엘의 왕들에게 초점을 맞춘다. 이스라엘의 초기 왕들에 대한 전반적인 이야기는 16장에서 끝이 난다. 그리고 17장 이후부터는 엘리야의 삶과

사역을 중심으로 이야기가 전개된다. 이 섹션에서 언급되는 이스라엘의 모든 왕들은 한결같이 낙제 점수를 받는다. 북 왕국 이스라엘의 왕들 중 여호와를 경외하는 자는 하나도 없었으므로 그들의 역사는 결국 신실하지 못한 왕들의 행진곡인 것이다. 여로보암이 첫 단추를 잘못 끼운 것이 계속 부정적인 효과를 낳고 있다.

북 왕국 이스라엘의 불안했던 출범은 시간이 지날수록 더 심각한 악순환을 초래했으며 도저히 안정적으로 평가할 수 없는 정치적 불안이 연속되었다. 뿐만 아니라 그들의 종교생활도 날이 갈수록 걷잡을 수 없는 하향곡선을 그려가고 있다. 모든 면에서 북 왕국 이스라엘은 주전 722년의 비참한 운명(국가의 멸망)을 향해 질주하고 있는 것이다. 언급한 것처럼 사형선고는 이미 여로보암 시대에 아히야 선지자를 통해 선포되었다. 이스라엘이 망한 주전 722년에는 아시리아의 손에 사형 집행이 이루어지는 것뿐이다. 남 왕국의 형편은 상대적으로 나은 편이었지만, 그렇다고 해서 모범적이지는 않다는 것이 저자의 회고이다. 게다가 이 두 자매 나라 사이에는 끊임없는 갈등이 있었다.

나답(נָדָב)은 북 왕국의 초대 왕 여로보암의 아들이었으며, 아버지의 대를 이어 이스라엘을 통치했다. 여로보암의 통치는 20여 년 동안 지속되면서 이스라엘에 상당한 정치적 안정을 가져다주었지만, 나답의 통치는 주전 910-909년에 시작된 지 2년 만에 불시착했다(Thiele, 코간[Cogan]은 907-906 BC으로, 브루그만[Brueggemann]과 프레트하임[Fretheim]은 901-900 BC으로 간주함). 바아사에게 암살을 당했기 때문이다. 북 왕국의 역사를 살펴보면 총 19명의 왕들 중 살해당한 자들이 7명에 이른다(cf. 왕상 15:27-28; 16:15-16; 왕하 10:1-17; 15:10-13, 14-16, 25-26, 30-31). 나답이 바로 그 첫 케이스다. 저자는 북 왕국 왕들의 암살 사건을 기록하는 일에 있어서 예후의 경우를 제외하고 모두 같은 유형으로 간략하게 정리한다. 예후가 제거한 왕조가 바로 아합을 중심으로 한 오므리 왕조인데, 이 왕조의 멸망에 대해 매우 자세하게 기록하고 있는 것은 이 왕조가 이스라엘 역사에서 차지한 [부정적인] 위치가 매우 독특했음을 암시한다.

저자는 나답의 몰락의 가장 큰 이유로 그가 아버지의 죄를 그대로 답습했다는 것을 들고 있다(26절). 그러므로 이 글을 읽어 내려가는 독자들은 '만일 나답이 하나님 앞에 바르게 살았더라면…"이란 가정적(假定的)인 질문을 떠올리며 아쉬워할 수밖에 없다. 시작하자마자 끝나버린 나답 정권은 앞으로 이스라엘을 지속적으로 괴롭힐 정치적 파란과 불안감을 예고한다. 이제부터 이스라엘의 역사는 주전 722년에 막을 내릴 때까지 "왕권 쟁탈전"의 연속이 될 것이다. 이스라엘은 통일왕국에서 분열된 이후 총 210년 동안 9왕조로부터 19명의 왕을 맞이하게 된다.

바아사가 깁브돈에서 나답을 살해한 후, 여로보암의 집안을 전멸시켰다. 후환을 남기지 않기 위함이었을 것이다. 이 일 또한 이미 하나님이 선지자 아히야를 통해 여로보암에게 선포하신 말씀(14:10-11)이 그대로 성취된 것에 불과하다(29절). 나답이 살해된 것은 여호와께서 하신 일이라는 의미이다(Brueggemann). 또한 아히야가 일찍 죽은 여로보암의 아들 아비야를 두고 '복 받은 자'라고 한 것이 실감난다(14:13, 17-18). 여로보암이 자신만 죄를 지은 것이 아니라, 이스라엘까지도 죄를 짓게 하였으므로 주 이스라엘의 하나님이 이렇게 진노하셨다는 것이 저자의 설명이다(30절). 허무한 종교와 도덕을 지향하는 지도자들은 국가의 비참한 종말을 자초하는 결과를 초래했다. 이렇게 해서 북 왕국 이스라엘의 첫 번째 왕조가 22년 동안 두 왕을 배출하고 막을 내렸다.

B. 오므리 왕조의 상승(15:33-16:34)

열왕기는 앞 섹션에서 북 왕국 이스라엘의 초대 왕인 여로보암과 그의 아들 나답, 그리고 그들의 왕조가 어떻게 하나님의 분노와 심판으로 몰락했는지를 회고했다. 저자는 여로보암과 나답 이야기 사이에 두 왕의 통치 기간에 유다를 통치했던 남 왕국의 왕들 이야기를 삽입했다. 북 왕국 이스라엘의 시간이 흐른 것처럼, 남 왕국 유다에서도 시간이 흘렀음을 암시하기 위해서였다.

저자는 본 텍스트에서 초점을 다시 북 왕국에 맞추어 이스라엘의 다섯 왕들에 대한 이야기를 한다. 본문에서 언급되는 왕이 다섯이기는 하지만 이들 중 열왕기 저자에게, 그리고 이스라엘 역사에 가장 부정적인 왕은 오므리와 그의 아들 아합이다. 그러므로 이 섹션은 어떻게 오므리가 새로운 왕조를 세웠으며 그의 아들 아합이 어떻게 왕이 되었는가를 묘사하는데 초점이 맞추어져 있다고 할 수 있다(cf. Sweeney). 아합은 북 왕국 이스라엘뿐만 아니라 남 왕국 유다의 영성에도 큰 악영향을 미친 사람이기 때문이다. 아합과 그의 아내이자 시돈의 공주였던 이세벨은 온 이스라엘과 유다에 바알 종교와 아세라 종교를 보급했다. 이 섹션은 다음과 같이 구분된다.

A. 이스라엘 왕 바아사(15:33-16:7)
B. 이스라엘 왕 엘라(16:8-14)
C. 이스라엘 왕 시므리(16:15-20)
D. 이스라엘 왕 오므리(16:21-28)
E. 이스라엘 왕 아합(16:29-34)

1. 이스라엘 왕 바아사(15:33-16:7)

³³ 유다의 아사 왕 셋째 해에 아히야의 아들 바아사가 디르사에서 모든 이스라엘의 왕이 되어 이십사 년 동안 다스리니라 ³⁴ 바아사가 여호와 보시기에 악을 행하되 여로보암의 길로 행하며 그가 이스라엘에게 범하게 한 그 죄 중에 행하였더라 ¹⁶:¹ 여호와의 말씀이 하나니의 아들 예후에게 임하여 바아사를 꾸짖어 이르시되 ² 내가 너를 티끌에서 들어 내 백성 이스라엘 위에 주권자가 되게 하였거늘 네가 여로보암의 길로 행하며 내 백성 이스라엘에게 범죄하게 하여 그들의 죄로 나를 노엽게 하였은즉 ³ 내가 너 바아사와 네 집을 쓸어버려 네 집이 느밧의 아들 여로보암의 집 같이 되게 하리니 ⁴ 바아사에게 속한 자가 성읍에서 죽은즉 개가 먹고 그에게 속한 자가 들에서 죽은즉 공중의 새가 먹으리라 하셨더라 ⁵ 바아사의 남은 사적과 행한 모든 일과 권세는 이스라엘 왕 역대지략에 기록되지 아니하였느냐 ⁶ 바아사가 그의 조상들과 함께 자매 디르사에 장사되고 그의 아들 엘라가 대신하여 왕이 되니라 ⁷ 여호와의 말씀이 하나니의 아들 선지자 예후에게도 임하사 바아사와 그의 집을 꾸짖으심은 그가 여로보암의 집과 같이 여호와 보시기에 모든 악을 행하며 그의 손의 행위로 여호와를 노엽게 하였음이며 또 그의 집을 쳤음이더라

악한 여로보암 왕조를 파멸에 이르게 한 바아사(בַּעְשָׁא)는 훌륭한 사람이었는가? 결코 아니었다. 그도 여호와 보시기에 악을 행하였고 여로보암의 죄를 그대로 반복했다(34절). 그가 쿠데타를 일으켜 여로보암 집안을 멸한 것은 정치적인 야심과 개인적인 이익을 위한 것이지 결코 여호와를 마음에 두고 한 일은 아니었다. 다만 하나님이 악한 여로보암 왕조를 심판하시기 위해 또 하나의 악인인 바아사를 사용하신 것뿐

이다(14:10-11). 그러므로 바아사의 예는 여호와께서 역사를 이루어 나가기 위해 누군가를 도구로 사용하셨다고 해서 자동적으로 하나님의 인정을 받은 것이 아님을 보여준다. 성경에는 하나님이 이스라엘을 벌하기 위해 아시리아를 사용하신 것(사 10장), 야곱이 세겜 사람들하고 합하는 것을 막기 위해 시므온과 레위의 사기극을 사용하신 일(창 34, 49장) 등 악을 이용해 그분의 계획을 진행하시는 일이 허다하다. 바아사를 사용해 여로보암 집안을 멸망시킨 것도 이러한 예에 속한다.

　주변에서 이단들이 자기 목회자를 정당화하려고 제시하는 논리 중 하나가 '자신들의 총수가 만일 하나님의 종이 아니라면 어찌 수많은 기적을 통해 하나님께 쓰임을 받는가?'이다. 그들이 기적이라고 하는 것은 대부분 사기극이다. 이렇게 떠벌리고 다니는 자도 스스로 속고 있는 것이다. 설령 하나님의 뜻을 이루기 위해 그 괴수를 이용하셨다 해도, 그 사실이 그들을 정당화시키지 못한다. 하나님은 필요하면 바위, 당나귀 턱뼈 조차도 사용하시는 분이다.

　바아사는 나답을 살해한 후 이스라엘의 왕이 되어 24년간 통치했다. 그의 통치 연대는 주전 909-886년이다(Thiele, 브루그만[Brueggemann]과 프레트하임[Fretheim]은 900-877 BC으로 간주함). 그가 이스라엘을 다스리는 동안 남 왕국 유다와 갈등이 계속되었다(32절). 그의 통치는 개혁과는 전혀 상관없는 것이었으며 여로보암의 발자취를 그대로 밟았으므로 하나님과 신실한 백성들에게는 매우 실망스러운 정권이었다.

　하나님이 선지자 예후를 보내 바아사와 그의 가문을 "여로보암의 집 같이" 만드실 것을 선언하기에 이르렀다(16:3-4). 예후는 약 35년 후에 아합과 손을 잡고 시리아를 쳤던 여호사밧을 비난하기 위해서 다시 모습을 드러낸다(대하 19:2-3; 20:34). 예후의 심판 신탁은 앞에서 실로의 선지자 아비야가 여로보암을 비난한 것과 세 가지 공통점을 지닌다(Walsh). (1) 하나님이 두 왕에게 은혜를 베푸신 것(2a절; cf. 14:7b), (2) 배은망덕한 두 왕의 죄(2b절; cf. 14:16b), (3) 임박한 하나님의 심판(3절; cf.

14:10b-11).

하나님은 보잘것없는 바아사를 "티끌"(עָפָר)에서 드러내어 이스라엘의 왕으로 삼으실 때 많은 것을 기대하셨다(2절). 본문이 구상하고 있는 이미지는 하나님이 별볼일 없는 한줌의 흙에서 자기의 모양과 형상을 닮은 인간을 빚으신 모습이다(Brueggemann, cf. 창 2:7). 이 같은 상황을 영어로 표현하면 바아사가 "nobody"(별볼일 없는 사람)이었을 때 하나님이 그를 "somebody"(중요한 사람)으로 만들어주시고 일을 시켰는데, "nobody"(별볼일 없는 사람)처럼 일한 것이다. 하나님은 바아사가 주님께로부터 멀어진 이스라엘을 돌이켜 하나님께 돌아오게 하기를 기대하셨다. 그러나 하나님의 기대가 큰 만큼 기대대로 살지 못하여 하나님께 안겨준 실망도 컸다. 한 가지 인상적인 것은 하나님은 온갖 우상숭배와 악행으로 얼룩진 삶을 살고 있는 이스라엘을 아직도 '자기 백성'으로 생각하신다는 것이다(2절). 세상의 그 어떤 권세, 심지어 사탄마저도 주의 백성을 하나님의 사랑에서 끊을 수 없다는 말씀이 생각난다.

이미 여로보암에게 선포되었던 말씀이 바아사를 통해 성취된 점을 감안할 때, 본문에서 바아사에게 선포된 메시지도 머지않아 그대로 이루어질 것은 의심할 여지가 없다. 역사는 하나님의 계획과 말씀이 그대로 펼쳐지고 진행되어가는 무대에 불과하다는 것이 저자의 가르침이다. 하나님이 오늘날도 우리에게 기회를 주시고 많은 것을 기대하신다. 우리는 근신하며 하나님의 기대를 저버리지 않도록 노력해야 한다. 그렇지 않으면 우리 역시 또 다른 바아사가 되어 하나님을 슬프게 할 수밖에 없다. 바아사의 가장 기본 문제는 권력남용이었다. 하나님이 위임해 주신 권력을 바르게 사용하지 못했다. 어떤 면에서 우리의 미래는 자신이 만들어간다. 오늘 진실하면 밝은 미래가, 오늘 신실하지 못하면 어두운 미래가 우리를 기다리고 있다. 특히 목회자는 목회의 본질은 섬김인데, 자신이 권력을 남용할 수 있다는 가능성을 항상 염두에 두고 성도를 섬겨야 한다. 왜냐하면 오늘날 너무나도 많은 교회에서 목회자가 절대적인 권력을 행사하는 자로 타락해 있기 때문이다. 절대적인 권력은 절대적으로 썩게 된다는 것을 기억해야 한다.

III. 분열왕국과 우상숭배(12:1-16:34)
  B. 오므리 왕조의 상승(15:33-16:34)

2. 이스라엘 왕 엘라(16:8-14)

⁸ 유다의 아사 왕 제이십육년에 바아사의 아들 엘라가 디르사에서 이스라엘의 왕이 되어 이 년 동안 그 왕위에 있으니라 ⁹ 엘라가 디르사에 있어 왕궁 맡은 자 아르사의 집에서 마시고 취할 때에 그 신하 곧 병거 절반을 통솔한 지휘관 시므리가 왕을 모반하여 ¹⁰ 시므리가 들어가서 그를 쳐죽이고 그를 대신하여 왕이 되니 곧 유다의 아사 왕 제이십칠년이라 ¹¹ 시므리가 왕이 되어 왕위에 오를 때에 바아사의 온 집안 사람들을 죽이되 남자는 그의 친족이든지 그의 친구든지 한 사람도 남기지 아니하고 ¹² 바아사의 온 집을 멸하였는데 선지자 예후를 통하여 바아사를 꾸짖어 하신 여호와의 말씀 같이 되었으니 ¹³ 이는 바아사의 모든 죄와 그의 아들 엘라의 죄 때문이라 그들이 범죄하고 또 이스라엘에게 범죄하게 하여 그들의 헛된 것들로 이스라엘의 하나님 여호와를 노하시게 하였더라 ¹⁴ 엘라의 남은 사적과 행한 모든 일은 이스라엘 왕 역대지략에 기록되지 아니하였느냐

엘라(אלה)가 아버지 바아사의 대를 이어 왕이 되어 2년 동안 통치했다. 그가 왕이 된 때는 남 왕국 유다의 아사 왕 즉위 27년째 되던 해이다. 역대하 16:1은 그가 아사 왕 즉위 36년째 되던 해에 왕이 되었다고 한다. 필사자의 실수로 빚어진 착오로 생각된다(Patterson & Austel). 그가 2년 동안 즉위한 시기는 주전 886-885년이다(Thiele, Konkel). 브루그만(Brueggemann)과 프레트하임(Fretheim)은 그의 통치가 주전 877-876년에 이루어진 것으로 간주한다. 열왕기는 그가 여호와를 진심으로 섬겼

는가, 아니면 여로보암의 악을 행하였는가에 대해 직접 언급하지 않는다. 그러나 그가 죽는 모습을 보면 이 사람 역시 전형적인 악인이었음을 쉽게 짐작할 수 있다.

엘라의 신하였던 시므리가 그를 암살할 때, 그는 궁내 대신 집에서 술에 취해 있었다(10절). 북 왕국 이스라엘의 역사에 기록된 두 번째 암살이다. 첫 번째로 암살되었던 나답은 그래도 반군과의 전쟁에 패배하여 처형당했다. 반면에 엘라는 방탕한 생활을 하다가 개죽음을 당했다. 저자는 이 사람의 일생에 대해 평가할만한 가치도 느끼지 못했으며, 엘라의 일생에 대한 신학적 평가마저도 기록하지 않는다(13절).

시므리가 엘라를 죽이고 난 후 그 가문의 사람들을 모두 죽였다(11절). 물론 후환을 남기지 않겠다는 계산이다. 그러나 저자는 시므리의 이러한 무자비한 행동이 본의 아니게 하나님이 이미 아버지 바아사에게 선포하셨던 말씀을 성취하고 있음을 밝힌다(12절). 시므리는 자신의 야심을 채우기 위해 엘라를 살해하고 그의 집안을 초토화시켰지만, 넓은 안목에서는 그의 야만적인 행위마저도 하나님의 역사가 이루어져가는 과정의 한 부분이 되어버린 것이다. 즉, 시므리는 자신도 모르게 하나님께 쓰임받고 있다. 시므리는 바아사처럼 쿠데타를 일으켰지만, 바아사처럼 왕조는 세우지 못했다. 그는 고작 7일 동안 이스라엘을 통치했다.

3. 이스라엘 왕 시므리(16:15-20)

[15] 유다의 아사 왕 제이십칠년에 시므리가 디르사에서 칠 일 동안 왕이 되니라 그 때에 백성들이 블레셋 사람에게 속한 깁브돈을 향하여 진을 치고 있더니 [16] 진 중 백성들이 시므리가 모반하여 왕을 죽였다는 말을 들은지라 그 날에 이스라엘의 무리가 진에서 군대 지휘관 오므리를 이스라엘의 왕으로

삼으매 ¹⁷ 오므리가 이에 이스라엘의 무리를 거느리고 깁브돈에서부터 올라와서 디르사를 에워 쌌더라 ¹⁸ 시므리가 성읍이 함락됨을 보고 왕궁 요새에 들어가서 왕궁에 불을 지르고 그 가운데에서 죽었으니 ¹⁹ 이는 그가 여호와 보시기에 악을 행하여 범죄하였기 때문이니라 그가 여로보암의 길로 행하며 그가 이스라엘에게 죄를 범하게 한 그 죄 중에 행하였더라 ²⁰ 시므리의 남은 행위와 그가 반역한 일은 이스라엘 왕 역대지략에 기록되지 아니하였느냐

술에 취해 있던 엘라를 손쉽게 제거하고 왕이 되었던 시므리(זִמְרִי)는 자연히 이스라엘의 셋째 왕조를 형성하기에 이르렀다. 이때가 주전 885년이다(Thiele). 그러나 문제는 그의 통치 기간이다. 왕이 된 기쁨도 채 누려보지 못하고 7일 만에 그의 통치가 막을 내렸다. 저자는 시므리가 엘라를 암살했을 때, 이스라엘의 군대는 블레셋에 속한 깁브돈을 치고 있었다고 한다(15절). 전쟁터에 엘라의 암살 소식이 전해지자 군인들이 시므리를 새 왕으로 인정한 것이 아니라 그들과 함께 블레셋을 상대로 한 전쟁을 지휘하고 있던 오므리 장군을 왕으로 추대했다. 쿠데타가 성공하려면 제일 먼저 군대를 장악해야 하는데, 시므리의 쿠데타는 군사들의 지지를 확보하지 못하고 진행된 일이었다. 시므리가 암살을 미리 계획한 것이 아니라 술자리에서 순간적으로 엘라를 죽인 것이 거의 확실하다. 전쟁터로 소식이 전해지자 군인들이 곧바로 오므리 장군을 왕으로 추대한 것은 이스라엘의 군사령관 오므리의 지도력과 인기에 대한 증언이라 할 수 있다.

오므리를 새 왕으로 추대한 군사들은 깁브돈 치는 것을 포기하고 급히 시므리가 거하던 디르사로 향했다. 싸움은 처음부터 일방적이었음을 쉽게 상상할 수 있다. 전쟁터에서 돌아오는 군대는 사기가 충천했을 뿐만 아니라 숫자에서도 후방에 남아있는 군인들에 비해 훨씬 더 많았을 것이다. 결국 시므리는 이 전쟁이 승산 없는 싸움임을 의식하고 스스로 궁에 불을 지르고 자살했다. 칼로 일어선 자, 칼로 망한다는

한 예가 되어버린 것이다. 그것도 고작 일주일만에 말이다.

시므리에 대한 평가가 흥미롭다. 시므리가 엘라를 치고 왕이 된 지 7일 만에 이처럼 비참한 종말을 맞이하게 된 이유를 "그가 여호와 보시기에 악을 행하여 범죄하였기 때문이니라 그가 여로보암의 길로 행하며 그가 이스라엘에게 죄를 범하게 한 그 죄 중에 행하였더라"라고 밝히고 있다(19절). 시므리가 도대체 7일 동안 어떤 일을 저질렀기에 이러한 평가가 가능하단 말인가?

두 가지 해석이 가능하다. 첫째, 이스라엘의 왕들을 평가할 때 한결같이 적용하는 "여호와 보시기에 악을 행하였더라"라는 판단은 일종의 공식화된 표현(stereotyped formula)으로, 모든 왕들에게 일괄적으로 붙인 꼬리표라는 것이다(cf. Brueggemann). 이 표현이 공식화된 평가인 것은 맞지만, 이렇게 해석할 경우 저자의 진실성에 의심이 간다. 시므리가 하지 않은 일에 대해 비난하는 느낌을 주기 때문이다. 둘째, 시므리에 대한 평가가 그의 통치 기간에 관한 것이 아니라 일생을 염두에 두고 내린 결론이라는 주장이다. 이 해석에 의하면 시므리는 엘라와 전혀 다를 바 없는 사람이며, 그가 쿠데타를 일으킨 유일한 이유는 사적인 야심을 불태우기 위함이었다는 것이다. 그가 엘라의 부하로 있었지만, 그도 이스라엘을 다스리는 지도자로서 경건하고 거룩하게 살아야할 의무가 있는데, 오히려 백성을 더 타락하게 하는 리더십을 발휘했다. 하나님은 다시 한 번 악인(엘라)을 악인(시므리)의 손에 망하게 하신 것이다. 후자의 해석이 더 합리적이고 바람직하다.

III. 분열왕국과 우상숭배(12:1-16:34)
  B. 오므리 왕조의 상승(15:33-16:34)

4. 이스라엘 왕 오므리(16:21-28)

²¹ 그 때에 이스라엘 백성이 둘로 나뉘어 그 절반은 기낫의 아들 디브니를 따

라 그를 왕으로 삼으려 하고 그 절반은 오므리를 따랐더니 ²² 오므리를 따른 백성이 기낫의 아들 디브니를 따른 백성을 이긴지라 디브니가 죽으매 오므리가 왕이 되니라 ²³ 유다의 아사 왕 제삼십일년에 오므리가 이스라엘의 왕이 되어 십이 년 동안 왕위에 있으며 디르사에서 육 년 동안 다스리니라 ²⁴ 그가 은 두 달란트로 세멜에게서 사마리아 산을 사고 그 산 위에 성읍을 건축하고 그 건축한 성읍 이름을 그 산 주인이었던 세멜의 이름을 따라 사마리아라 일컬었더라 ²⁵ 오므리가 여호와 보시기에 악을 행하되 그 전의 모든 사람보다 더욱 악하게 행하여 ²⁶ 느밧의 아들 여로보암의 모든 길로 행하며 그가 이스라엘에게 죄를 범하게 한 그 죄 중에 행하여 그들의 헛된 것들로 이스라엘의 하나님 여호와를 노하시게 하였더라 ²⁷ 오므리가 행한 그 남은 사적과 그가 부린 권세는 이스라엘 왕 역대지략에 기록되지 아니하였느냐 ²⁸ 오므리가 그의 조상들과 함께 자매 사마리아에 장사되고 그의 아들 아합이 대신하여 왕이 되니라

시므리의 자살로 이스라엘의 왕권이 오므리(עָמְרִי)에게 넘어가는 듯했지만 그 이전에 잠시 소란이 있었다. 북 왕국 이스라엘이 둘로 나누어져서 각기 다른 왕을 세우고 내란이 일어나게 된 것이다(21절). 한쪽은 디브니(תִּבְנִי)를 왕으로 내세웠고 다른 쪽은 오므리를 지지했다. 하나님은 이 둘 중 그 누구도 지지하지 않으신다. 두 사람 모두 자기 잇속을 챙기기 위해 싸우는 것이지 여호와를 위해서 싸우는 것이 아니다(cf. Brueggemann). 결국 오므리 쪽이 승리를 거두었으며 디브니는 살해되었다(22절). 이로 인해 오므리가 남 왕국의 아사 왕 즉위 31년에 이스라엘의 왕이 되어 12년 동안 통치하게 되었다(23절). 그러나 29절은 그의 아들 아합이 아버지의 뒤를 이어 왕이 된 해를 아사 왕 즉위 38년이라고 기록한다. 그렇다면 오므리의 이스라엘 통치는 불과 7-8년밖에 되지 않는다.

이 같은 상황을 어떻게 설명할 것인가? 가장 간단한 설명은 오므리

와 아합의 공동 통치로 해석하는 것이다. 그러나 또 한 가지 해석이 가능하며, 이 해석이 더 큰 설득력을 지닌다. 이 해석은 오므리와 디브니가 상당히 팽팽하게 맞선 상태에서 내란을 겪은 듯한 상황을 근거로 하고 있다(21절). 오므리가 군인들의 추대로 왕이 된 것은 시므리가 죽던 해였던 주전 885년이었다. 이때가 아사 왕 즉위 26년이 되던 해였다. 그러나 시므리가 죽자마자 이스라엘에는 내란이 있었다. 디브니와 오므리가 이스라엘의 통치권을 놓고 전쟁을 치렀던 것이다. 전쟁은 5년 동안 지속되었으며 결국 아사 왕 즉위 31년이 되던 주전 880년에 디브니의 죽음으로 막을 내렸다(cf. Konkel). 그러므로 열왕기가 디브니와 오므리의 갈등을 한 절에 기록하고 있지만, 사실은 5년이나 지속된 내란이 있었던 것이다.

아마도 이러한 이유 때문에 오므리가 디르사에서 6년 동안 나라를 다스렸던 것으로 생각된다(23절). 디브니가 죽은 후부터 오므리는 하나된 나라를 통치하게 된 것이다. 마치 옛적에 다윗이 7년 반 동안 헤브론에서 유다의 왕으로 통치하다가 아브넬의 주선으로 통일 이스라엘을 통치한 일처럼 말이다. 그러므로 오므리가 통일된 나라를 통치한 햇수는 6~7년밖에 되지 않는다. 열왕기는 이러한 역사적 정황을 간략하게 회고한다. 오므리의 통치는 시므리가 죽던 해이며 아사 왕 즉위 26년이었던 주전 885년에 시작되어, 아사 왕 즉위 31년이 되던 주전 880년에 드디어 내란을 끝내고 이스라엘을 평정했고, 그의 통일국가 통치는 아사 왕 즉위 38년이 되던 주전 874년까지 지속되었다.

왕으로 추대된 지 5년 만에 하나된 나라를 통치하게 된 오므리는 제일 먼저 이스라엘의 수도를 사마리아로 옮겼다. 세멜이란 자에게 은 두 달란트(당시 한 달란트는 약 49Kg에 달했던 것으로 추정됨, cf. ABD)를 주고 사마리아 지역을 사들여 도시를 건설하여 수도로 삼았다. 사마리아는 세겜에서 약 10킬로미터 북서쪽에 위치한 곳이며 므낫세 지파에 속한 땅이다(ABD). 사마리아는 주변 지역의 중심적인 곳에 위치했을 뿐만 아니라 군사적, 상업적으로 매우 중요한 곳에 있었다(Konkel, Patterson & Austel). 사마리아는 북 왕국이 망하던 주전 722년까지 이스라엘의 수도였다.

오므리의 군사적인 능력과 사마리아를 수도로 삼은 행정력을 감안할 때, 그는 매우 유능한 통치자였음을 쉽게 짐작할 수 있다(Brueggemann). 실제로 오므리에 대한 성경 밖에서의 언급은 이스라엘의 그 어느 왕에 대한 것보다도 많다(Sweeney, cf. ANET.). 심지어 아시리아의 공식적인 기록은 이스라엘을 '오므리의 땅'으로 부를 정도이다. 그런데 성경 안에서는 그에게 고작 8절밖에 주어지지 않는다. 그것도 사마리아를 수도로 삼은 일에 집중되어 있다. 우리는 이러한 현상을 통해 저자가 왕들의 정치적, 경제적 업적을 기록한 책을 많이 인용하지만, 가장 기본적인 관심사는 왕들의 종교적·신앙적 업적에 있음을 쉽게 알 수 있다.

여러 가지 괄목할만한 외교적·정치적 업적에도 불구하고 저자는 오므리를 "여호와 보시기에 악을 행하되 그 전의 모든 사람보다 더욱 악하게 행하였다"라고 평가한다(25절). 우리가 훗날 하나님 앞에 서게 될 때, 우리는 무엇에 근거하여, 어떤 기준으로 하나님께 평가받게 될지 잘 알고 있다. 우리는 이 세상을 사는 동안 그 기준에 맞추어 살아가기 위해 최선을 다해야 할 것이다. 하나님이 원하시는 대로 산다고 해서 우리에게 손해가 나는 것이 아니다. 하나님 기준대로 살면 우리도 행복하고, 주변 사람도 행복하고, 그리고 하나님이 기뻐하시는 일석삼조의 효과가 발생한다. 우리가 최선으로 선을 행하되, 하나님 앞에 오직 예수 그리스도를 통해 받은 믿음 외에는 내세울 것이 없다는 것을 명심하자.

5. 이스라엘 왕 아합(16:29-34)

²⁹ 유다의 아사 왕 제삼십팔년에 오므리의 아들 아합은 이스라엘의 왕이 되니라 오므리의 아들 아합이 사마리아에서 이십이 년 동안 이스라엘을 다스리니라 ³⁰ 오므리의 아들 아합이 그의 이전의 모든 사람보다 여호와 보시기에 악을 더욱 행하여 ³¹ 느밧의 아들 여로보암의 죄를 따라 행하는 것을 오히려 가볍게 여기며 시돈 사람의 왕 엣바알의 딸 이세벨을 아내로 삼고 가서 바알을 섬겨 예배하고 ³² 사마리아에 건축한 바알의 신전 안에 바알을 위하여 제단을 쌓으며 ³³ 또 아세라 상을 만들었으니 그는 그 이전의 이스라엘의 모든 왕보다 심히 이스라엘 하나님 여호와를 노하시게 하였더라 ³⁴ 그 시대에 벧엘 사람 히엘이 여리고를 건축하였는데 그가 그 터를 쌓을 때에 맏아들 아비람을 잃었고 그 성문을 세울 때에 막내 아들 스굽을 잃었으니 여호와께서 눈의 아들 여호수아를 통하여 하신 말씀과 같이 되었더라

이스라엘의 네 번째 왕조를 시작했던 오므리가 죽자 그의 아들 아합(אַחְאָב)이 뒤를 이어 왕이 되었다. 그는 사마리아에 머물면서 22년간 통치했다. 이때가 주전 874-853년이다(Thiele). 저자는 그의 군사적·정치적 능력이나 행정적 업적에 전혀 관심을 기울이지 않는다. 유일한 관심사는 아합의 종교생활이었다. 그는 여로보암이 저지른 죄의 테두리를 벗어나지 못했을 뿐만 아니라 지금까지 이스라엘을 다스렸던 그 어느 왕보다도 여호와 보시기에 악했다는 평가를 받는다.

이 점을 강조하기 위해 저자는 본문에서 아합의 부패성을 세 차례나 고발한다. "오므리의 아들 아합이 그 이전의 모든 사람보다 여호와 보시기에 악을 더욱 행하여"(30절), "느밧의 아들 여로보암의 죄를 따라 행하는 것을 오히려 가볍게 여기며"(31절), "그는 그 이전의 이스라엘의 모든 왕보다 심히 이스라엘 하나님 여호와를 노하시게 하였더라"(33절). 아합의 이야기는 본문에서 끝나지 않는다. 본문은 앞으로 아합과 엘리야가 '여호와와 바알 중 과연 누가 진짜 왕인가?'라는 논제를 놓고 펼쳐나갈 종교적인 대결의 배경을 그려주고 있을 뿐이다.

우리는 아합이 이처럼 철저하게 여호와를 반역하게 된 이유는 알 수 없지만, 그의 종교적 부패에 촉매 역할을 한 요인을 본문에서 발견하게 된다. 아합이 시돈 왕 엣바알(אֶתְבַּעַל)[13]의 딸 이세벨(אִיזֶבֶל)(viz., 바알이 왕이다, Walsh)을 아내로 맞이한 것이다(31절). 시돈 왕족들은 철저한 바알 숭배자들이었다. 요세푸스는 이토바알이 바알 종교의 제사장이었다고 한다(cf. Patterson & Austel). 바알은 이스라엘이 가장 오랫동안 섬겼던 우상이었다. 그 우상의 이름이 이처럼 이세벨과 그녀의 아버지의 이름을 통하여 처음으로 열왕기에 모습을 드러내고 있다. 이들 부녀의 이름을 통해 번영하게 될 바알 종교가 이스라엘에 어떠한 영향을 미칠 것인가를 예고하는 듯하다. 아합이 이세벨과 결혼한 이유는 무역 국가인 시돈과 우호 관계를 맺음으로써 이스라엘의 경제에 도움이 되게 하려는 상생(win-win) 정혼이었다(House).

이세벨의 지지하에 아합은 이스라엘을 바알과 아세라의 나라로 만들어갔다(32-33절). 실제로 아합 시대 때 이스라엘의 배교적 정서는 깊이 뿌리를 내리게 된다. 그래서 한때는 여호와의 성전 건축을 적극적으로 도와주었던 이스라엘의 우방, 두로와 시돈이 아합 시대 이후에는 선지자들의 강력한 비난과 심판의 예언을 받게 된다. 선지자들은 이스라엘의 부패에 두로와 시돈이 이세벨을 통해 큰 역할을 했다고 결론지은 것이다.

아합을 포함한 리더들이 부패한 반면 이 시대를 살아가는 백성은 어

---

13 이 왕의 히브리어 이름은 그의 페니키아어 이름 이토바알[Ittobaal]에서 비롯된 것이며 "바알은 살아있다"라는 뜻을 지닌다(Walsh, cf. HALOT). 여호와의 나라인 이스라엘에 '바알이 살아있다.' 참으로 기가 막힌 일이다.

떠했는가? 그들도 한통속이 되어 하나님의 말씀을 귀담아듣지 않았다는 것이 저자의 주장이다. 이러한 관점이 34절의 사건에 잘 묘사되어 있다. 히엘(חיאל)이란 사람이 오래전 여호수아가 경고했던 것을 무시하고 여리고 성을 재건했던 것이다(cf. 수 6:26). 하나님의 말씀대로 그는 결국 성의 기초를 놓으면서 맏아들 아비람을 잃었고, 성문을 달면서 막내아들 스굽을 잃었다. 기초를 놓은 것은 공사의 시작을, 성문을 다는 것은 공사의 마무리를 상징한다. 본문이 직접 언급하진 않지만, 대부분의 학자들은 아합이 여리고 성 재건을 후원한 것으로 추정한다 (Patterson & Austel, Konkel). 여리고 성의 중요성을 생각할 때 충분히 가능한 해석이다.

어떤 학자들은 본문이 그 당시 성을 새로 건설할 때 행해졌던 예식에 의해 일부러 아이들을 항아리에 담아 매장했던 풍습을 묘사하고 있는 것으로 해석한다(Gray, DeVries, cf. Brueggemann). 아합이 다스리는 이스라엘의 영적 상태를 감안하면 충분히 가능성이 있는 추론이다. 그러나 저자는 하나님이 옛적에 여호수아를 통해 경고하신 말씀이 그대로 성취되었다는 사실에 강조점을 두며 책을 써내려가고 있다. 그러므로 히엘의 자식들이 죽은 것을 이방 종교의 예식에 의해 의도적으로 치러졌던 매장 행위로 해석하는 것보다 하나님의 경고를 무시한 데서 온 저주/심판의 결과로 이해하는 것이 바람직하다. 즉, 히엘의 자식들은 병이나 돌발 사고를 통해서 죽었을 것이다.

남 왕국과 북 왕국의 두 정권은 커다란 대조를 이루고 있다. 남 왕국은 상대적으로 평온하고 안정적인 통치가 지속되고 있다. 그러나 북 왕국의 경우 날이 갈수록 상황이 악화되고 불안하다. 같은 기간을 지나면서 한 왕조가 유다를 통치하고 있는 반면 이스라엘은 벌써 네 번째 왕조가 등장했다. 뿐만 아니라 장기적인 안목에서 살펴볼 때, 북 왕국은 210년 동안 한 국가로 존재하면서 9개의 왕조에서 등장한 20명의 왕의 통치를 받았다. 한 왕조가 평균 2명의 왕을 배출했으며, 한 왕의 평균 통치는 10년에 불과하다. 반면에 남 왕국은 350년에 가까운 세월 동안 한 왕조에서 배출된 20명의 왕의 통치를 받았다. 한 왕이 다스린 기간도 북 왕국 왕들의 평균 통치 기간의 거의 배가 되고 있다. 그만큼 남 왕국이 모든 면에서 안정적이다.

저자는 두 왕국의 차이점을 종교적인 시각에서 평가하고 있다. 남 왕국은 여호와를 경외하는 훌륭한 신앙인들이 종종 왕으로 배출되어서 '타락-개혁' 모델이 어느 정도 반복되고 있다. 반면 북 왕국 왕들은 한결같이 여호와께 등을 돌린 자들이었고, 시간이 지날수록 계속 하향곡선을 그리며 추락하는 악순환이 지속된다(Fretheim). 게다가 남 왕국에는 '다윗 요인'이 작용했다. 유다의 아비얌이 형편없이 굴 때에도 하나님은 다윗과 약속 때문에 그의 정권을 멸하기를 거부하셨다(15:4). 앞으로 다윗 요인은 열왕기 안에서 계속 유다 왕들의 이야기에 등장하게 된다. 하나님은 이처럼 한 사람의 신실함과 그와의 약속을 세월이 지나도 변함없이 이행하시는 분이다. 우리는 이러한 하나님을 믿고 고백하기에 더욱더 신실하게 오늘을 살아가야 할 것이다.

IV. 엘리야의 사역

(왕상 17:1-왕하 1:18)

이미 언급했듯이 열왕기 저자에게 오므리 왕조는 매우 사악한 정권이었을 뿐만 아니라 이스라엘의 영성을 돌이킬 수 없는 곳까지 끌고 간 가장 반(反)여호와 종교적 성향을 띤 권세였다. 북 왕국을 세운 여로보암이 통치하던 시대에 이스라엘이 아히야 선지자를 통해 '사형선고'를 받았다면, 아합−이세벨이 지배하는 시대를 지나면서 이스라엘은 도저히 돌아올 수 없는 강을 건너게 된다. 더 이상 하나님의 용서가 가능하지 않은 곳까지 가버린 것이다. 오므리 왕조는 매우 짧은 시간에 가장 심각한 영적 부패를 초래했으며 나봇의 포도원 강탈 사건이 암시하듯이 윤리와 도덕도 바닥이었다. 이 왕조의 왕들 중에서도 저자의 특별한 관심을 받는 사람은 아합과 그의 아내 이세벨이다. 한마디로 말해 이 부부는 우유부단한 남편과 악하고 강한 아내로 구성된 죄짓기에 가장 효과적인 결합이다. 그래서 필자는 이들을 '환상의 커플'이라고 부르며, 열왕기 저자도 이 같은 평가에 동조하는 듯하다. 이곳에서 시작하는 아합과 이세벨의 이야기가 열왕기하 9장에 가서야 이세벨의 죽음으로 막을 내리는 것을 볼 때 이러한 사실을 알 수 있다. 저자가 유다와 이스라엘 왕들의 치부를 드러내는 과정에서 다른 왕들의 통치에 비해 이 부부의 시대에 상대적으로 매우 많은 공간을 할애하고 있다.

하나님이 아합 시대 때 하향곡선을 그리며 추락하는 이스라엘의 영성을 회복하려고 무던히 애를 쓰셨다. 엘리야와 엘리사라는 선지자들로 구성된 드림팀(dream team)을 이스라엘에 보내 이스라엘의 마음을 돌이키게 하셨다. 또 이들 사이에는 하나님의 말씀이 얼마나 신실한가를 다시 한 번 강조하는 미가야 선지자도 있었다(왕상 22장). 사실 저자는 북 왕국과 남 왕국 왕들의 이야기를 어떻게 전개해 나갈 것인가에 대한 패턴(pattern)을 미리 제시하고, 이 패턴에 따라 본격적으로 책을 진행했다(cf. 14:19-16:34). 이러한 상황에서 저자는 자신이 이미 제시한 패턴을 한쪽으로 치워놓고 엘리야(왕상 17-21장; 왕하 1-2장)—미가야(왕상 22장)—엘리사(왕하 3-9장) 세 선지자의 이야기를 한다. 선지자들의 이야기가 열왕기의 흐름을 침범하고(intrude) 있는 것이다(Brueggemann).

저자가 다른 이야기로 자신이 전개하고 있는 책의 흐름을 스스로 방해할 때에는 그 이야기가 내포하고 있는 의미가 그만큼 중요하다는 것을 암시한다. 또한 세 선지자들의 이야기가 열왕기상·하의 구조에서 가장 중심(왕상 17장-왕하 9장)에 위치한 것도 이야기의 중요성을 강조한다. 실제로 이 선지자들의 이야기는 매우 강력한 신학적인 선언이다. 선지자들의 이야기를 통해 세상에 여호와처럼 능력으로 충만하시고 자기 백성의 형편을 자상하게 살피시는 신은 없다고 단언한다. 또한 이스라엘이 의지해야 할 분은 무능한 인간 왕들이 아니라 그들의 진정한 왕이시며 능력으로 충만하신 여호와라는 사실을 강조하기 위해서, 남·북 왕국의 왕들의 이야기를 멈추면서까지 하나님이 보내신 종, 선지자들의 이야기를 회고하고 있다.

그러나 이스라엘은 아합 정권의 절대적인 지지와 후원을 받은 바알과 아세라 종교를 계속 따랐다. 엘리야와 엘리사, 이 두 선지자의 사역은 '여호와와 바알 중 과연 누가 이스라엘의 왕인가?'라는 논쟁에서 이미 바알 쪽으로 기울어버린 대세를 하나님 쪽으로 반전시키기에는 역부족이었다. 그들은 이스라엘이 전에 들어보지 못하고, 후에도 들어보지 못했던 온갖 기적들을 행했다. 심지어 죽은 사람들까지 살렸다! 그러나 이스라엘은 돌아오지 않았다. 기적은 사람을 변화시킬 수 없다는 것이 또 한 번 현실로 드러난 것이다. 오직 하나님의 은혜가 각 사람에게 새로운 심장을 주실 때만 회심이 가능하다.

하나님이 두 기적의 일꾼, 엘리야와 엘리사를 보내신 것은 이스라엘을 너무나도 사랑해서 바알에게 넘겨줄 수 없으셨기 때문이다. 이 선지자들은 바알 종교에 흠뻑 젖어있던 이스라엘 백성에게 과연 누가 참 신이고 이스라엘의 왕인지를 생각해보라고 도전했다. 그들은 이스라엘 백성이 지켜보는 가운데서 온갖 기적을 통해 여호와만이 진정한 하나님이고 이스라엘의 왕이라는 사실을 유감없이 드러냈다. 그러나 이스라엘은 하나님이 엘리야와 엘리사를 통해 이루신 수많은 기적들을 직접 목격하고도 설득되기를 거부했다. 죄의 수렁에 빠진 주의 백성이 수렁이 너무 깊어 헤어날 수 없었다. 결국 이스라엘은 영적 타락으로 돌이킬 수 없는 곳까지 가버렸다. 그러므로 이 시대 이후 이스라엘에게 유일하게 남겨진 것은 사형 집행뿐이다. 사형을 선고하고 형 집행을 예고하는 것은 선지자들의 몫이었다. 이때부터 100여 년이 지난 후, 이스라엘과 유다의 선지자들 중 처음으로 책을 남긴 아모스와 호세아는 이미 여로보암 때부터 확정되었고, 아합 시대를 지나며 더 확고해진 사형 집행을 그대로 선포하게 된다.

A. 엘리야와 바알 종교의 대결(17:1-18:46)
B. 엘리야가 호렙 산으로 피신함(19:1-21)
C. 엘리야가 아합을 비난함(20:1-22:40)
D. 엘리야의 마지막 날들(22:41-왕하 1:18)

A. 엘리야와 바알 종교의 대결(17:1-18:46)

아합이 정권을 잡은 이후 이스라엘은 걷잡을 수 없는 바알 종교의 부
흥을 경험하고 있다. 가장 큰 이유는 아합이 바알 숭배자이자 시돈의
왕인 엣바알의 딸 이세벨과 결혼했기 때문이다. 이세벨은 바알 종교
의 확산을 위해 최선을 다한 여인이다. 이런 여인이 이스라엘의 왕비
가 되었으니, 얼마나 큰 영향을 미쳤을까 충분히 상상이 간다. 게다가
이세벨은 매우 독하고 악하면서도 추진력이 매우 강한 여자이다. 아
내의 농간에 놀아나고 있는 아합은 수도 사마리아에 바알 신전을 세우
고, 아세라 목상도 세움으로 두 종교를 국교(國敎)로 지정하였다. 아합
과 이세벨은 여호와종교를 내버려두지 않았다. 노골적으로 핍박하고
선지자들을 잡아죽였다. 이스라엘 역사에서 처음으로 종교적 탄압과
박해의 시대가 열린 것이다. 더 충격적인 것은 이 왕과 왕비가 탄압하
는 종교가 다름 아닌 이스라엘을 이집트에서 해방시킨 여호와 종교라
는 것이다. 성경이 왜 주의 백성에게 이방 여인(viz., 불신자)과 결혼하지
말라고 하는지 이해가 간다. 경건과 거룩은 쌓아올리려면 평생이 필요
하지만, 쌓아올린 것을 무너뜨리는 것은 한순간이다. 특히 이세벨처럼
악하고 추진력이 강한 우상숭배자와 결혼하면 이렇게 된다. 아합은 그
이전의 이스라엘 왕들보다 더 심하게 여호와 이스라엘의 하나님을 진
노하게 하였다(16:33). 이리하여 이스라엘은 건국 이래 최악의 영적 위
기를 맞이하고 있다.

아합과 이스라엘 사람이 선택의 여지가 없어서, 혹은 그들의 신 여
호와가 유일한 하나님이심을 몰라서 이런 일을 벌이고 있는 것일까?
만에 하나라도 그들이 무지해서 여호와를 섬기지 않고 있다면, 이러한
여호와에 대한 이스라엘의 무지를 단숨에 잠재울 수 있는 이적들을 행

할 사람이 등장했다. 바로 엘리야(אֵלִיָּהוּ)이다. 그의 이름은 '여호와가 하나님이시다/여호와는 나의 하나님이시다'라는 뜻을 지닌다. 이는 온갖 이적을 베풀어 시내 산에서 이스라엘 왕이 되신 여호와가 능력의 신이심을 온 세상에 선포함으로써 바알과 아세라 종교의 확산을 막고 이스라엘을 여호와의 품으로 돌아오게 하는 그의 사명에 적절한 이름이다. 엘리야 이야기는 문맥적으로나 역사적 정황으로도 분명 아합과 이세벨의 독선에 방해하는 역할을 한다(cf. Fretheim).

많은 학자들이 엘리야의 이름이 그의 사역과 너무 잘 어울린다 해서 이 이름을 본명이 아니라 가명(假名)이라고 한다(Montgomery & Gehman, Gray, Jones). 그러나 그가 태어날 때부터 이 이름을 지녔다는 것을 부인할 근거도 없고, 그럴 필요도 없다(Cogan). 엘리야는 별다른 소개 없이 열왕기 저자가 펼쳐 놓은 이야기 무대에 등장하는 '한 선지자'(a prophet)이자 '광야의 음성'이다. 그러나 시간이 지나면서 그는 이스라엘의 선지자 전통에서 모든 선지자들의 모델이 되는(cf. 말 4:5-6) 바로 '그 선지자'(the prophet)로 자리를 잡는다.

아합과 이세벨에게 '이스라엘에 참 하나님은 여호와'라는 것을 가르치는 사역을 하는 엘리야(또한 엘리사)는 정권을 위협하는 역적으로 보일 수밖에 없다. 왜냐하면 아합은 바알과 아세라 종교를 국교화하고 여호와 종교를 본격적으로 핍박하기 시작했는데, 엘리야가 여호와 종교의 선지자로 나타나 온갖 이적을 베풀어 백성을 현혹하고 있기 때문이다. 마치 오늘날 공산주의가 모든 종교를 공산체제를 위협하는 정치적 세력으로 간주하는 것과 비슷하다. 이런 속에서도 아합이 엘리야를 죽이지 못하는 것은 하나님이 선지자를 보호하셨기 때문이다. 하나님이 종에게 사명을 주시면, 그 사명이 다할 때까지 보호하신다. 본 텍스트는 다음과 같이 여러 섹션으로 구분된다.

A. 가뭄이 시작됨(17:1)

B. 엘리야가 그릿 시냇가를 찾음(17:2-6)

B'. 엘리야가 사르밧 성을 찾음(17:7-16)

   C. 엘리야가 죽은 아이를 살림(17:17-24)

B". 엘리야가 아합을 찾음(18:1-15)

B"'. 아합이 엘리야를 찾음(18:16-19)

   C'. 여호와가 바알을 '죽임'(18:20-40)

A'. 가뭄이 끝남(18:41-46)

IV. 엘리야의 사역(왕상 17:1-왕하 1:18)
  A. 엘리야와 바알 종교의 대결(17:1-18:46)

1. 가뭄이 시작됨(17:1)

¹ 길르앗에 우거하는 자 중에 디셉 사람 엘리야가 아합에게 말하되 내가 섬기는 이스라엘의 하나님 여호와께서 살아 계심을 두고 맹세하노니 내 말이 없으면 수 년 동안 비도 이슬도 있지 아니하리라 하니라

새로운 이야기가 전개되면서 엘리야가 아무런 예고 없이 등장한다. 엘리야의 이야기와 앞 섹션의 유일한 연결점은 이스라엘의 왕 아합이다(Patterson & Austel). 엘리야(אֵלִיָּהוּ) 이름의 의미는 '여호와가 하나님이시다/여호와는 나의 하나님이시다'라는 뜻이며, 이런 의미의 이름을 가진 선지자의 등장은 여호와를 제외하고 다른 신들만을 숭배하고 있는 아합(cf. 16:31-33)에게 그의 신앙이 모두 잘못된 것임을 상징한다(Brueggemann). 엘리야는 디셉 사람(הַתִּשְׁבִּי)이다. 그러나 디셉이 지역 이름인지(Sweeney), 아니면 사회의 신분이나 지위를 뜻하는 것인지는 알 수 없다. 만일 디셉이 지역 이름이라면 아직까지 알려진 바가 없으며(Cohen, Cogan), 지파나 문중/일족의 이름이라면 확실하지 않다(Walsh). 여기에 혼란을 더하는 것은 히브리어 문구(מִתֹּשָׁבֵי גִלְעָד)를 어떻게 해석하

느냐이다(cf. Sweeney). 문자 그대로 해석하면 "길르앗에 거하는 자 중에" 가 된다(개역; NAS, JPS, cf Patterson & Austel). 반면에 많은 번역본들이 칠십인역의 "ὁ Θεσβίτης ἐκ Θεσβων τῆς Γαλααδ"에 근거하여 "길르앗의 디셉에 사는"으로 번역한다(새번역, 공동, NIV, NRS). 즉 "디셉"을 "거하는 자"로 번역하지 않고 지역 이름으로 해석하는 것이다. 또한 여기서 사용되는 "거하는 자"(תוֹשָׁב)라는 단어는 이스라엘에 거하는 "방랑자/이방인"을 뜻한다(Cogan, 레 25:23, 35, 45; cf. 창 23:4).

이러한 사실에 근거하여 어떤 학자들은 엘리야가 여호와 종교로 개종한 이방인이었다고 한다(Keil). 길르앗으로 이주해온 이민자(immigrant)였다고 하는 주석가들도 있다(Walsh, Konkel, cf. Sweeney). 엘리야가 이방인이었을까? 정황을 참작할 때 충분히 가능한 일이다. 지금까지 열왕기 저자는 히람과 같은 이방인에 대해 매우 우호적으로 묘사해 왔다. 게다가 지금부터 시작되는 엘리야-엘리사 이야기에서 이방인이 매우 긍정적으로 평가된다. 잠시 후 만나게 될 사르밧 성의 여인, 나아만 등이 이방인들이다.

엘리야는 아합에게 나타나 자신의 말이 없으면 앞으로 수년 동안 가뭄이 임할 것이라고 했다. 1년이 건기와 우기로 나누어져 있는 가나안에서 이른 비(10-11월)와 늦은 비(3-4월)가 내리지 않을 것이라는 뜻이다. 선지자는 이 기간에 이슬도 없을 것이라고 한다. 지역에 따라 때로는 가랑비 내리듯이 내리는 이슬은 비만큼 중요하지는 않지만, 이스라엘 농사에 매우 중요한 역할을 했다(Patterson & Austel). 가나안 고대 사회에서 가뭄은 신들이 내리는 저주로 간주되었다. 성경도 하나님이 불편한 심기를 드러내는 방법 중 하나로 이슬까지 내리지 않는 가뭄을 통해 백성을 심판하신다고 한다(cf. 신 33:28; 시 19:12; 학 1:10). 또한 하나님이 바알을 숭배하고 있는 아합과 북 왕국 이스라엘에게 가뭄을 주시는 것은 가장 합리적인 심판이다. 다산(多産)의 신으로 숭배되는 바알은 천둥의 신이기 때문이다. 가나안 종교에서 바알은 세상에 비가 내리게 한다하여 다산의 신이 되었다. 하나님이 가뭄을 내리시는 것은 바알이 비를 준다고 하는 이스라엘의 믿음에 선전포고를 하는 상징성을 내포한다. 과연 이스라엘이 숭배하는 바알이 비를 주는지, 시내 산에서 그들의 왕이 되어주신 여호와가 비를 주는지 한번 보자는 의미이다.

가뭄을 선포한 엘리야는 어떠한 제재도 받지 않고 그 자리를 떠났다. 엘리야가 이렇게 할 수 있었다는 것에는 두 가지 의미가 내포되어 있는 듯하다. 첫째, 엘리야의 행위는 아합의 입장에서 볼 때는 나라의 안녕을 위협하는 반역 내지는 불손한 행위이다. 또한 아합이 이스라엘의 왕으로서 추구하고 보장해야 하는 것은 백성의 풍요로움이다. 마치 오늘날 대통령이 가장 신경을 쓰는 것이 국가 경제인 것처럼 말이다 (Brueggemann). 이러한 상황에서 엘리야가 가뭄을 선포하는 것은 곧 아합 정권을 무력하게 만드는 일이다. 그러므로 아합이 원하면 얼마든지 엘리야를 체포할 수 있었다. 그러나 엘리야는 이 말씀을 선언하고 나서 아무런 제재를 받지 않고 유유히 그 자리를 떠났다. 아합은 전혀 손을 써보지 못하고 그를 보냈다. 아합이 엘리야의 카리스마와 복장에 압도되었던 것일까? 아니면 성경에는 기록이 되어있지 않지만 아합이 도저히 손을 쓸 수 없는 어떤 이적이나 엘리야를 감싼 침범할 수 없는 기운(aura)이 있었던 것일까? 옛적에 여로보암은 벧엘에 세워진 제단에 대해 비난하는 선지자를 제재하려다 손이 마비되는 체험을 했다. 그렇다면 아합이 이 일을 떠올린 것일까?

둘째, 바알은 다산(多産)의 신이며 비/태풍과 연관이 되어 있는 신이다. 건기와 우기가 뚜렷이 구별되어 비가 내려야 할 때 내리지 않으면 한 해 작물을 모두 잃을 수밖에 없는 가나안 지역에서 비는 풍요와 직접적인 관계가 있다. 그러므로 사람들이 바알을 섬긴 이유는 바알이 비를 내려 풍요를 안겨준다고 믿었기 때문이다. 이러한 상황에서 엘리야는 바알에 대한 이스라엘 사람의 생각에 도전장을 내밀고 있다. 비를 주장하시는 분은 여호와 하나님이지 결코 그들이 숭배하는 바알이 아니라는 것이다. 만일 바알이 진정한 신이면 그가 비를 내려 가뭄이 임할 것이라고 선포한 여호와의 선지자 엘리야가 엉터리라는 것을 입증해야 한다. 반면에 엘리야가 말한 대로 정말 비가 오지 않는다면 바알은 아무런 능력이 없는, 인간이 만들어낸 허상에 불과함을 보여주는 것이다. 만일 일이 이렇게 되면 이스라엘 사람은 자신의 잘못된 생각을 버리고 참 신이신 여호와께 돌아와야 한다. 그러나 우리가 알다시피 이스라엘은 하나님의 능력과 바알의 무능함을 경험하고도 여호와께 돌아오지 않았다. 영적 어두움은 상식적인 사리판단도 못하게 하는 마력을 지닌다.

2. 엘리야가 그릿 시냇가를 찾음(17:2-6)

² 여호와의 말씀이 엘리야에게 임하여 이르시되 ³ 너는 여기서 떠나 동쪽으로 가서 요단 앞 그릿 시냇가에 숨고 ⁴ 그 시냇물을 마시라 내가 까마귀들에게 명령하여 거기서 너를 먹이게 하리라 ⁵ 그가 여호와의 말씀과 같이 하여 곧 가서 요단 앞 그릿 시냇가에 머물매 ⁶ 까마귀들이 아침에도 떡과 고기를, 저녁에도 떡과 고기를 가져왔고 그가 시냇물을 마셨으나

엘리야는 아합 앞에 당당히 나와 경고함으로써 아합을 당황하게 했지만, 사실 그의 생명이 위협을 받고 있다(18:10, 17). 아합은 엘리야만 제거한다면 가뭄을 모면할 수도 있다고 생각했을 것이다. 그래서 하나님은 엘리야에게 "요단 강 동쪽에 있는 그릿(כרית) 시냇가에 숨어서" 지내라고 하셨다(4절). 그릿 시냇가의 위치는 아직까지 알려지지 않았다. 일부 학자들은 그릿(כרית)을 지역 이름으로 간주하지 않고 "[물]에서 잘린(cf. 동사 כרה) 곳"(Ehrlich), "마른 시냇가의 계곡"을 뜻한다고 한다

(Cogan, Sweeney). 한 가지 확실한 것은 엘리야가 숨은 곳이 요단 강 근처 동편에 있다는 점이다. 그렇다면 이 지역은 길르앗에서 온 엘리야에게 는 매우 익숙한 곳이다.

엘리야가 그릿 시냇가에서 숨어 지내는 것은 곧 생명을 지탱하는데 필수적인 문명의 혜택에서 멀어지는 것을 의미하며, 또한 자기 자신을 매우 큰 위험에 노출하는 행위이다(Brueggemann). 먹을 음식과 마실 물 마저 마땅치 않은 곳에서 거처할만한 주거 공간을 확보하는 것은 거의 불가능한 일이다. 그는 매일 주님이 보내주시는 까마귀를 통해 생명 을 유지할 수 있었다. 이러한 엘리야의 삶은 다산의 신을 숭배하여 풍 요를 누리려는 이스라엘 사람의 삶과 매우 대조적이다. 그들은 바알을 통해 풍요를 추구하지만, 가뭄으로 생존을 위협받는 매우 큰 곤경에 빠질 것이다. 반면에 이 기간에 생명을 위협하는 위태로운 곳에 와 있 는 엘리야는 하나님이 베풀어주시는 일용할 양식으로 살아간다. 엘리 야의 삶은 가장 열악한 환경에서도 자기 백성의 생명을 보존하시는 하 나님께 등을 돌리고 바알을 좇는 이스라엘이 얼마나 어리석은가를 적 나라하게 드러낸다.

엘리야가 얼마 동안 이곳에 숨어 지냈는지는 알 수 없다. 그는 이곳 에 있는 동안 시냇물을 마셨으며, 아침저녁으로 까마귀들이 물어다 주 는 빵과 고기를 먹었다. 저자는 까마귀가 어디서 엘리야의 아침과 저 녁 식사를 구했는지는 관심이 없다. 단지 이 일을 단순히 하나님이 엘 리야를 위해서 베푸신 기적으로 묘사하고자 했다. 비록 바깥 세상의 형편이 어렵지만, 하나님은 이렇게 엘리야를 기적적으로 먹여 살리셨 다. 하나님이 엘리야를 먹이신 것은, 하나님은 자기 종들의 필요를 확 실히 채우신다는 진리의 좋은 예이다. 또한 하나님이 엘리야로 하여금 이곳으로 피신하게 하여 아합의 손에서 벗어나게 하신 것은, 하나님은 자기 종들을 위험에서 보호하신다는 진실의 좋은 예이다(Montgomery & Gehman). 하나님이 사명을 주신 자는 그 사명이 다할 때까지 결코 죽지 않는다. 하나님이 보호하실 것이기 때문이다.

3. 엘리야가 사르밧 성을 찾음(17:7-16)

[7] 땅에 비가 내리지 아니하므로 얼마 후에 그 시내가 마르니라 [8] 여호와의 말씀이 엘리야에게 임하여 이르시되 [9] 너는 일어나 시돈에 속한 사르밧으로 가서 거기 머물라 내가 그 곳 과부에게 명령하여 네게 음식을 주게 하였느니라 [10] 그가 일어나 사르밧으로 가서 성문에 이를 때에 한 과부가 그 곳에서 나뭇가지를 줍는지라 이에 불러 이르되 청하건대 그릇에 물을 조금 가져다가 내가 마시게 하라 [11] 그가 가지러 갈 때에 엘리야가 그를 불러 이르되 청하건대 네 손의 떡 한 조각을 내게로 가져오라 [12] 그가 이르되 당신의 하나님 여호와께서 살아 계심을 두고 맹세하노니 나는 떡이 없고 다만 통에 가루 한 움큼과 병에 기름 조금 뿐이라 내가 나뭇가지 둘을 주워다가 나와 내 아들을 위하여 음식을 만들어 먹고 그 후에는 죽으리라 [13] 엘리야가 그에게 이르되 두려워하지 말고 가서 네 말대로 하려니와 먼저 그것으로 나를 위하여 작은 떡 한 개를 만들어 내게로 가져오고 그 후에 너와 네 아들을 위하여 만들라 [14] 이스라엘의 하나님 여호와의 말씀이 나 여호와가 비를 지면에 내리는 날까지 그 통의 가루가 떨어지지 아니하고 그 병의 기름이 없어지지 아니하리라 하셨느니라 [15] 그가 가서 엘리야의 말대로 하였더니 그와 엘리야와 그의 식구가 여러 날 먹었으나 [16] 여호와께서 엘리야를 통하여 하신 말씀 같이 통의 가루가 떨어지지 아니하고 병의 기름이 없어지지 아니하니라

그릿 시냇가에서 지낸 지 얼마나 되었을까? 엘리야는 다시 길을 떠나 다른 곳으로 가야 한다. 그가 머물던 시내의 물이 말랐기 때문이다. 그릿 시냇가의 물이 말랐다는 것은 엘리야가 1절에서 선포한 가뭄

이 온 나라를 엄습하여 아합과 그가 숭배하는 바알이 얼마나 무능한 가를 드러낼 뿐만 아니라 이스라엘의 생명도 위협받고 있다는 뜻이다 (Brueggemann). 엘리야의 예언이 현실로 드러난 것이다. 한 가지 의아한 것은 아침저녁으로 까마귀를 통해 엘리야에게 기적적으로 먹을 것을 주셨던 하나님이 왜 물은 주지 않았을까 하는 점이다. 하나님께서는 마실 것을 주시는 것이 먹을 것을 주시는 것만큼이나 쉬운 일일 텐데 말이다. 아마도 하나님이 때로는 기적을 베푸시기도 하지만 항상 그런 것은 아니고 자연의 법칙과 질서도 존중하신다는 것을 암시하는 듯하다. 게다가 엘리야가 여기를 떠나야 하는 더 큰 이유는 그가 이방인의 땅 사르밧에 가서 불쌍한 과부와 아들을 위해 기적을 베풀어 그들의 생명을 구하는 데 있다. 그는 하나님의 종으로서 죽어가는 생명을 구하기 위하여 길을 떠난다. 하나님은 항상 우리에게 생명 주기를 원하시는 분이다.

엘리야가 하나님의 말씀에 따라 사르밧(צָרְפַתָה)으로 갔다. 하나님이 거기에 있는 한 과부에게 엘리야에게 먹을 것을 주도록 지시해두셨기 때문이다(9절). 엘리야가 가뭄을 선포한 이후 지금까지 그는 아합의 통치 영역 밖에서 하나님이 까마귀를 통해 주시는 것으로 살아왔다. 이번에도 하나님은 아합의 통치 영역 밖에서 엘리야를 먹이신다. 이스라엘을 살리시는 이는 아합도 아니고, 바알도 아니며, 오직 여호와이심을 강조하기 위해서이다. 사르밧은 시돈에서 남쪽으로 13킬로미터 떨어진 곳에 위치한 시돈에 속한 지중해의 해안 마을이다(Cogan). 엘리야는 지금 이스라엘의 영토를 벗어났을 뿐만 아니라 이스라엘의 영성을 좀먹고 있는 이세벨의 고향으로 가고 있다. 즉, 엘리야는 이스라엘에서 성행하고 있는 바알 종교의 본거지로 간 것이다(House). 바알을 숭배하는 아합은 여호와를 섬기는 엘리야가 바알의 영토로 갔을 것이라고는 상상조차 못했을 것이다(Patterson & Austel). 사르밧이 원수의 영토이지만, 엘리야는 그 덕에 아합의 추적을 쉽게 따돌릴 수 있었다.

구약에서 과부는 사회에서 가장 연약하고 소외된 계층에 속한다. 과부는 항상 남의 도움을 필요로 하는 사람이다(Cogan). 그런데 하나님은 엘리야에게 과부에게 가서 자신을 의탁하라고 하신다! 그것도 온 땅에 기근이 와서 부자도 살기가 힘든 상황에서 말이다. 벼룩의 간을 내먹으란 말인가? 이 하나님의 명령은 결국 이 과부에게 기적이 임할 것을 암시하고 있다(Kimchi). 과부와 그의 아들은 아사지경(餓死之境)에 처해 있다(Brueggemann). 빵을 요구하는 엘리야를 통해 하나님의 은총이 임하지 않으면 과부와 아들에게는 죽음밖에 없는 절박한 상황이다.

바알의 영토인 이곳에서 여호와는 엘리야를 통해서 바알에게 승리하실 것이다(Steck). 바알은 자신의 영토에서 그를 숭배하는 사람들에게 물도, 양식도, 생명도 주지 못한다. 반면에 여호와께서는 원수의 영토에서 자기 백성인 엘리야와 과부 모자에게 먹을 것을 주시고, 나중에는 생명도 주신다. 하나님의 은혜는 인종이나 종교적 차이를 초월하여 임한다. 이 섹션의 중심 주제가 바로 이것이다. 하나님은 바알이 할 수 없는 일을 서슴없이 이루어내시는 능력의 신이다(Fensham). 그것도 바알의 영토에서 말이다! 하나님은 잠시 후 갈멜 산에서 한 번 더 바알이 신이 아니라 인간이 만들어낸 우상이며 무용지물에 불과함을 결정적으로 드러내실 것이다. 본문에 기록된 바알을 상대로 한 여호와의 승리는 갈멜 산에서 이루실 승리의 서곡에 불과하다.

엘리야는 사르밧에 도착하자마자 땔감을 줍고 있던 과부를 알아봤다(10절). 아마도 과부들만 입던 특유의 옷차림 때문에 쉽게 알아볼 수 있었을 것이다(cf. 창 38:14). 그는 과부에게 먼저 물 한 그릇을 부탁했다(10절). 그녀가 물을 뜨러 가려고 할 때, 먹을 것도 좀 갖다 달라고 했다(11절). 물을 달라고 할 때는 그대로 수긍하던 여인이 빵을 달라고 하자 대꾸를 했다는 것은 그녀에게 온 땅을 강타한 가뭄보다 그녀의 삶을 지배하고 있는 궁핍이 더 위협적이라는 것을 암시한다. 엘리야에게 줄 마실 물은 어떻게 해 보겠지만, 빵까지는 줄 여력이 없었다.

과부의 입을 통해서 드러나는 그녀의 형편이 매우 딱하다. 그녀는 집에 조금 남은 밀가루로 마지막 빵을 만들어 아들과 먹으려고 장작을 구하러 여기에 나왔다가 엘리야를 만났다. 마지막 남은 밀가루로 빵을 구워먹으면 더 이상 양식이 없다. 도움을 기대할만한 곳도 없다. 즉, 그녀가 준비하고 있는 빵은 이 세상에서 그녀와 아들의 '최후의 만찬'인 것이다(12절). 그런데 엘리야가 그 빵을 달라고 한다! 경상도 말로 차라리 "문둥이 콧구멍에서 마늘을 빼먹지!"

엘리야는 서러움에 복받쳐 절망과 좌절을 토로하는 여인을 달래며 믿음을 요구했다. "걱정하지 말고 내가 하라는 대로 하시오. 빵을 만들어서 먼저 나에게 가져오시오. 그 뒤에 아들과 먹을 빵을 만드시오. 여호와께서 이 땅에 다시 비를 주실 때까지, 밀가루가 떨어지지 않을 것이며, 기름이 마르지 않을 것이요"(13-14절, 새번역). 과부의 입장에서 이 사람의 말을 믿기가 좀 그렇다. 만일 그렇게 안 되면 마지막 남은 양식을 사기당하게 되기 때문이다. 반면에 엘리야는 이 급박한 상황에서 여인에게 믿음을 요구하고 있다. 만일 여호와의 말씀을 믿고 그대로 따르면 그녀와 아들이 평안히 이 기근을 넘길 수 있다는 약속을 제시한다.

여인은 현명한 결정을 했다. 물론 "먹고 죽은 귀신이 때깔도 곱다"라는 말이 있지만, 빵 하나 더 먹고 죽으나 덜 먹고 죽으나, 죽기는 마찬가지 아닌가! 그래서 그녀는 엘리야의 말을 믿고 그가 원하는 대로 엘리야에게 먼저 빵을 만들어주었다. 여인은 자기가 가지고 있는 식량(provision)보다는 그 식량을 주시는 이(provider)를 믿어보기로 결정한 것이다(Patterson & Austel). 그랬더니 정말로 기적이 일어나는 것이 아닌가! 하나님이 엘리야를 시켜 말씀하신 대로 행하신 것이다. 그래서 과부 모자는 기근이 끝날 때까지 엘리야와 함께 지내며 계속 빵을 먹을 수 있었다(15-16절). 저자는 이 기적이 어떠한 방법으로 이루어졌는지 언급하지 않는다. 하나님이 예전처럼 까마귀를 보내신 것인지, 항아리에서 밀가루를 덜어내면 곧바로 새 밀가루가 생긴 것인지, 아니면 매일

'우렁각시'가 찾아왔는지 알려주지 않는다. 이야기의 강조점이 기적 자체가 아니라, 그 기적을 행하신 하나님께 있기 때문이다. 성경이 하나님의 기적을 회고할 때 흔히 있는 현상이다. 과부와 아들이 계속 빵을 먹으며 살 수 있게 된 것이 별거 아닌 것 같지만, 온 나라가 가뭄에 시달리고 극한 빈곤에 처해있는 과부의 형편을 감안하면 사치스러운 풍요로움이다(Brueggemann).

이 사건은 비록 온 세상이 가뭄과 기근에 시달리며 사람들의 생존이 위협받고 있지만, 하나님을 바라보고 믿는 사람들에게는 하나님이 양식을 주실 수 있고, 주신다는 사실을 회고하고 있다. 주의 보호는 시간과 장소와 상황을 초월하여 주를 앙망하는 자들에게 임하는 것이다. 하나님의 구원의 손길이 사회에서 가장 소외되고 힘이 없는 낮은 자에게 임했다는 것도 우리에게는 큰 위로와 도전이 된다. 교회는 학벌이나 경제적 여건과 상관없이, 하나님을 사랑하는 모든 사람들이 주님을 예배하고 서로 마음껏 교제하는 곳이 되어야 한다.

엘리야가 과부를 찾았을 때, 여인은 낮아질 때로 낮아져서 더 이상 낮아질 수 없는 상황에 처해 있었다. 그녀를 기다리고 있는 유일한 미래는 죽음뿐이었다. 꿈도 포기한 지 오래이며 하루하루 살아가는 것이 부담스러울 뿐이었다. 이런 절박한 상황에서 그녀는 여호와의 말씀을 믿음으로써 살게 되었다. 가장 절망하고 싶을 때, 가장 포기하고 싶을 때가 여호와를 바라기에 가장 좋은 때이다. 우리 삶에도 이러한 원리가 적용될 수 있지 않을까 싶다. 종종 하나님은 우리가 완전히 포기하고 더 이상 낮아질 수 없는 곳에 이를 때까지 기다리시다가 극적인 구원의 손을 내미신다. 그러므로 크리스천은 어떠한 상황에서도 좌절할 필요가 없다. 가장 절망적인 때가 하나님이 베풀어주실 수 있는 은혜에 가장 근접해있는 때이기 때문이다. 열왕기는 같은 교훈을 담고 있는 사건을 하나 더 기록한다. 바로 여호야긴 이야기이다(왕하 25:27-30). 이 땅에서 그 어떤 소망도 가질 수 없는 상황에 처한 여호야긴에

397

게 37년 만에 바빌론 감옥에서 풀려나는 자유가 임했다. 더 나아가 나머지 여생을 편안히 살도록 바빌론 사람들이 배려해 준 것이다. 여호야긴 왕 이야기야말로 가장 포기하고 싶을 때가 하나님의 구원을 바라기에 가장 좋을 때라는 진리를 다시 한 번 확인해주는 사건이다.

IV. 엘리야의 사역(왕상 17:1-왕하 1:18)
  A. 엘리야와 바알 종교의 대결(17:1-18:46)

4. 엘리야가 죽은 아이를 살림(17:17-24)

¹⁷ 이 일 후에 그 집 주인 되는 여인의 아들이 병들어 증세가 심히 위중하다가 숨이 끊어진지라 ¹⁸ 여인이 엘리야에게 이르되 하나님의 사람이여 당신이 나와 더불어 무슨 상관이 있기로 내 죄를 생각나게 하고 또 내 아들을 죽게 하려고 내게 오셨나이까 ¹⁹ 엘리야가 그에게 그의 아들을 달라 하여 그를 그 여인의 품에서 받아 안고 자기가 거처하는 다락에 올라가서 자기 침상에 누이고 ²⁰ 여호와께 부르짖어 이르되 내 하나님 여호와여 주께서 또 내가 우거하는 집 과부에게 재앙을 내리사 그 아들이 죽게 하셨나이까 하고 ²¹ 그 아이 위에 몸을 세 번 펴서 엎드리고 여호와께 부르짖어 이르되 내 하나님 여호와여 원하건대 이 아이의 혼으로 그의 몸에 돌아오게 하옵소서 하니 ²² 여호와께서 엘리야의 소리를 들으시므로 그 아이의 혼이 몸으로 돌아오고 살아난지라 ²³ 엘리야가 그 아이를 안고 다락에서 방으로 내려가서 그의 어머니에게 주며 이르되 보라 네 아들이 살아났느니라 ²⁴ 여인이 엘리야에게 이르되 내가 이제야 당신은 하나님의 사람이시요 당신의 입에 있는 여호와의 말씀이 진실한 줄 아노라 하니라

일부 학자들은 이 이야기가 원래 엘리야 이야기의 일부가 아닌데, 이곳에 삽입된 것이라고 주장한다(White). 그들이 증거로 제시하는 것은 크게 세 가지이다. 첫째, 엘리야가 디셉 사람이 아니라 "하나님의

사람"으로 불린다는 것이다(18, 24절). 둘째, 이야기에 등장하는 여인이 앞 이야기에서는 과부로 소개되었는데, 이 이야기에서는 "집주인 되는 여인"으로 불렸다가(17절) 나중에야 "과부"로 불린다는 것이다(20절). 셋째, 앞의 두 섹션(1-7절, 8-16절)은 모두 선지자적인 말씀 선포로 시작되었는데, 이 섹션은 그렇게 시작하지 않는다는 것이다. 그러나 이러한 주장은 성경 저자의 창의성이나, 다양한 장르와 문구를 사용할 수 있는 능력을 인정하지 않는 행위에 불과하다. 스타일과 문체로 저작권을 논하는 것이 표면적으로는 설득력이 있어 보이지만, 가만히 생각해보면 그렇지 않을 확률이 더 많다. 같은 저자가 다루는 주제에 따라, 저작 시기에 따라 스타일과 문체와 구상하는 단어는 현저한 차이를 지닐 수 있다. 이 글을 읽고 있는 독자도 10년 전 자기 글을 꺼내 다시 읽어보면 의외로 지금 쓰는 글과 차이가 많음을 느끼게 될 것이다. 게다가 이 이야기에서 중요한 위치를 차지하는 과부, 아들, 선지자 모두 바로 앞 섹션에서 이미 언급된 등장인물들이다. 차이점보다 공통점이 훨씬 더 많다(cf. Sweeney).

이 이야기는 다음과 같이 짜임새 있는 구조를 바탕으로 진행된다(Patterson & Austel). 이야기의 핵심은 엘리야가 하나님께 간구하여 죽은 아이를 살리는 일이다. 하나님은 엘리야의 기도를 들으시는 분이며, 엘리야는 죽은 아이까지 살려내는 능력을 지닌 하나님의 사람이라는 것이 확인되는 순간이다.

A. 아들이 죽자 과부가 엘리야를 원망함(17:17-18)
  B. 엘리야가 어머니에게서 아이를 취함(17:19)
    C. 엘리야가 하나님의 도움으로 아이를 살림(17:20-22)
  B′. 엘리야가 아이를 어머니에게 돌려줌(17:23)
A′. 아들이 살아나자 과부가 엘리야를 칭찬하며 선지자임을 인정함
  (17:24)

엘리야와 하나님의 관계, 그리고 하나님의 능력을 가장 확실하게 온 천하에 드러낼 사건이 일어났다. 엘리야가 머물던 집의 하나밖에 없는 아들이 죽은 것이다(17절). 일부 주석가들은 아이가 죽은 것이 아니라, 일시적으로 호흡이 멈춘 것이거나(Gray), 죽지는 않았지만 거의 죽어가는 상황이라 하는데(Sweeney), 설득력이 전혀 없는 추측이다(cf. Konkel). 아이의 어머니와 엘리야가 아이가 죽은 것을 확인한다(18–20, 23절). 특히 엘리야는 사람의 죽음을 뜻하는 '죽다'(מות)라는 동사를 사용하고 있다(23절).

아들이 죽자 여인은 엘리야와 하나님을 원망했다. 자신 같은 죄인은 조용히 죄 속에서 살다가 죄로 죽어가는 것이 마땅한데, 엘리야가 찾아와서 거룩하신 하나님 앞에 자신의 죄가 드러나게 했고, 그래서 그 죗값을 치르기 위해 아들이 죽었다는 논리이다(cf. 막 1:24; 눅 5:8). 물론 진실은 아니다. 그녀는 아들을 잃은 아픔을 이렇게 토로하고 있는 것 뿐이다. 하나님이 엘리야를 통하여 은혜를 베풀지 않으셨다면, 여인과 아들은 오래전에 죽었을 것이기 때문이다. 그녀가 이 사실을 모를 리가 없다. 지금까지 생명이 연장된 것은 전적으로 여호와의 자비였다. 그러나 여인은 하나님의 능력을 다시 한 번 의지해보기보다는 아들의 죽음을 운명으로 받아들이려 하기에 이런 말을 한다. 반면에 엘리야는 하나님께 항의한다. 결코 이 아이의 죽음을 현실로 받아들일 수 없다는 입장을 표현하고 있는 것이다.

우리는 과부의 아들의 죽음이 하나님의 영광을 드러내는 사건이지, 과부에게 자신의 죄를 상기하게 하는 잔인한 고문이 아니라는 사실을 잘 알고 있다. 만일 하나님이 그녀의 아들을 데려가신다면 지금까지 생명을 연장해주신 것이 이해가 가지 않는다. 이 아이가 병으로 죽게 하기 위해 굶주림에서 구하셨단 말인가? 또한 이곳은 바알의 영토이다. 하나님이 엘리야를 이곳에 보내신 것은 바알이 아니라 자신이 생명을 주관하시는 분이라는 것을 보여주기 위함이었다. 그런데 지금 하나님이 그 생명을 연장하고 주관하는 힘을 잃었는가? 결코 아니다. 그러므로 우리는 여인의 울음소리를 들으면서도 그녀의 아들이 다시 살게 될 것을 기대해본다. 이미 오래전에 죽었을 목숨을 이때까지 연장해주셨다가 이제 와서 이 아이를 죽이실 이유가 없지 않은가! 지금은 이 아이가 죽을 때가 아니다. 하나님의 은혜가 다시 한 번 이 가정에 임할 것을 예고한다.

과부의 원망을 뒤로하고 엘리야는 아이의 시신을 안고 자기가 머물던 다락방으로 올라갔다. 당시 이스라엘의 집 구조를 보면 1층에는 부엌과 저장 공간, 만약 집에 가축이 있으면 가축을 이곳에 두었다. 가족의 주거 공간은 2층에 있었다(ABD). 다락방은 집 구조에서 3층에 해당하며, 주로 창고로 사용되거나 곡식을 말리는 곳이었다. 다락방은 집안을 통하지 않는 독립적인 출입구가 있어 엘리야는 2층에 사는 여인과 아들의 사생활을 침해하지 않으면서 살 수 있었다. 일부 학자들은 엘리야와 과부의 관계에 대해 온갖 추측을 내놓지만(cf. Sweeney), 그가 다락방에서 살았다는 것은 이러한 우려를 모두 단번에 날려버린다(Patterson & Austel). 엘리야는 과부의 집에 거하는 '하숙생' 내지는 '자취생'에 불과하다(Sweeney).

엘리야는 자기 방에서 하나님께 부르짖으며 항의했다. "주 나의 하나님, 어찌하여 내가 머물고 있는 이 집의 과부에게 이렇게 재앙을 내리시어, 그 아들을 죽게 하십니까?"(20절, 새번역) 그는 결코 아이의 죽음을 현실로 받아들일 수 없다고 절규하고 있다. 게다가 엘리야는 아이의 죽음이 하나님의 계획과 맞지 않다는 것도 잘 알고 있다. 그는 하나님이 자신을 바알의 아지트로 보낸 것은, 바알이 하지 못하는 일을 하시기 위함이라는 것을 알고 있었다. 그렇기 때문에 그는 뜻밖에 찾아온 아이의 죽음에 대해서 그냥 지나칠 수는 없었다.

엘리야는 기도하고 나서 세 번이나 자신의 몸을 아이의 몸 위에 놓고는 다시 기도했다. "주 나의 하나님, 제발 이 아이의 호흡이 되돌아오게 하여 주십시오!"(21절, 새번역). 하나님이 엘리야의 간절한 기도를 들으시고 그 아이의 호흡을 되돌아오게 하셨다(22절). 엘리야가 아이의 몸에 자신의 몸을 세 차례나 놓는 것은 고대 근동의 정서를 반영한 것인데, 이렇게 해서 환자의 질병이 치유자의 몸으로 옮겨간다고 생각했다(Gray, Jones).

고대 근동에서 사람이 죽으면 간다고 믿었던 '지하 세계/저 세상'(underworld/netherworld)도 하나님의 능력의 범위를 벗어나지 못했다. 바알은 한 번도 사람을 살린 적이 없다. 여호와께서는 마치 무능한 바알을 빈정대듯 그의 영토에서 사람을 살리고 있다! 그것도 바알의 신도를 살리고 있다! 하나님이 바알을 상대로 압승하신 것이다! 더 나아가 하나님은 엘리야의 기도를 들어주셨다. 주님은 우리의 간절한 기도를 들어주시는 자상하고 인격적인 하나님이시다.

이 순간 가뭄과 기근이 지속되고 있는 온 세상은 죽음이 드리워져 있다. 시간이 지날수록 죽음의 그림자가 더 짙어지는 상황에서, 여호와 하나님은 생명을 유지시키고 창조하신다. 과부 모자에게 먹을 양식을 주신 것이 혹독한 기근 속에서도 주를 경외하는 자들을 책임지시겠다는 하나님의 의지를 입증하는 사건이었다면, 아이를 다시 살리신 이 사건은 여호와는 온 세상에 가득한 죽음의 권세를 꺾으실 능력뿐만 아니라, 의지도 있으시다는 것을 확인시켜주는 사건이다. 하나님은 자신의 능력과 의지를 생명을 살리는 일에 사용하셔서 이 땅에 생명 주기를 원하신다.

죽음에서 아들을 돌려받은 여인이 탄복한다. "이제야 저는, 어른이 바로 하나님의 사람이시라는 것과, 어른이 하시는 말씀은 참으로 주의 말씀이라는 것을 알았습니다"(24절, 새번역). 여인의 이 발언이 17장에 묘사된 엘리야 이야기의 목적을 요약적으로 잘 말해주고 있다. 구약의 내러티브에서는 중요한 사람이 직분이나 소명을 받으면, 그 사람이 과연 그 일을 감당할 능력이 있는가를 평가해보는 사건이 바로 다음에 등장한다. 사울, 다윗, 솔로몬이 그랬다. 이 섹션에서는 예고없이 등장한 선지자 엘리야가 온 이스라엘에 기근이 임할 것이라는 말씀을 선포하기에 적합한 사람인가를 평가하고 있다.

먼저 우리는 2-6절을 통해 엘리야가 그릿 시냇가에 거하면서 하나님의 특별한 보호를 받는 것을 보았다. 하나님과 그의 관계가 예사롭지 않은 것이다. 또한 7-16절을 통해 우리는 하나님이 그를 통해 기적을 행하신 것을 보았다. 성경에 기록된 선지자들에 관한 이야기에서 가장 중요하게 부각되는 요소 중 하나가 그들의 능력이다(Sweeney). 먹을 것이 없어서 죽을 수밖에 없는 모자를 엘리야의 기적을 통해 살리셨다. 그 후, 17-23절에서 우리는 엘리야가 행할 수 있는 기적의 범위가 죽은 사람까지 살릴 수 있다는 것을 알게 되었다. 물론 이 일을 위해서 그는 하나님께 열심히 부르짖어야 했지만 말이다. 그러므로 우리는 24절에 기록된 이 여인의 고백에 함께 동참할 수 있다. 그는 진정한 하나님의 사람이다. 그는 머지않아 바알의 거처지인 갈멜 산 정상에서 바알과 대결할만한 능력을 지닌 여호와의 종이다. 엘리야는 갈멜 산 대결에서 바알은 '죽이고' 이스라엘을 가뭄에서 '살릴 것'이다. 마치 이 이야기에서 과부의 아들을 살린 것처럼 말이다.

저자는 크게 두 가지를 통해 엘리야가 하나님의 사람이라는 사실을 입증한다. 첫째, 무엇보다도 그의 삶에는 하나님의 말씀이 풍요롭다는 것이다. 그는 하나님의 말씀을 받고 당당하게 기근을 선포했다(1절). 하나님이 그에게 그릿 시냇가로 가라고 말씀하셨다(2-4절). 엘리야에게 시돈에 있는 사르밧으로 가라는 하나님의 말씀이 다시 임했다(8-9절). 과부를 만났을 때 그는 하나님이 과부와 아들을 먹여 살리실 것이라는 말씀을 이미 받았다(14절).

둘째, 여호와의 말씀이 풍요로운 만큼 엘리야가 말씀에 순종한 것도 각별하다(cf. Brueggemann). 그는 주의 말씀대로 그릿 시냇가를 찾았다(5절). 엘리야가 사르밧으로 간 것도 하나님의 명령에 순종하는 일이었다

(8-10절). 과부와 아들을 살리시겠다는 하나님의 말씀을 전적으로 믿었
다(14, 16절). 엘리야의 이러한 모습은 하나님의 확고한 명령을 받고도
미련이 남아서 벧엘에서 머뭇거리다 죽음을 자청한 유다에서 온 하나
님의 사람(13장)과 사뭇 다른 모습이다. 그러므로 신실한 엘리야는 위
기에 처했을 때 하나님의 경청을 요구할 수 있었다(20절). 하나님도 그
의 신실한 종 엘리야의 부르짖음을 들으실 수밖에 없었다(22절). 엘리
야는 하나님과 매우 긴밀한 관계를 유지하는 사람이었다.

　엘리야는 이렇게 하나님의 말씀이 그에게 있고, 하나님의 말씀에 절
대적으로 순종하여 자신의 신앙을 뒷받침하는 사람이었기에 하나님의
기적을 마음껏 체험할 수 있었다. 더 나아가 그의 순종이 있었기에 하
나님은 그를 통해 사람들이 전에 들어보지 못한 온갖 기적들을 행하실
수 있었다. 또한 그가 행하는 기적들은 모두 여호와가 하나님이시라는
것만을 드러낼 뿐, 엘리야에게 어떠한 개인적인 영광은 가지 않았다(24
절). 종은 주인의 영광을 탐하지 않아야 한다. 다만 그가 진정한 하나
님의 종(viz., '하나님의 사람')이라는 것을 드러낼 뿐이었다.

Ⅳ. 엘리야의 사역(왕상 17:1-왕하 1:18)
　A. 엘리야와 바알 종교의 대결(17:1-18:46)

5. 엘리야가 아합을 찾음(18:1-15)

¹ 많은 날이 지나고 제삼년에 여호와의 말씀이 엘리야에게 임하여 이르시되
너는 가서 아합에게 보이라 내가 비를 지면에 내리리라 ² 엘리야가 아합에
게 보이려고 가니 그 때에 사마리아에 기근이 심하였더라 ³ 아합이 왕궁 맡
은 자 오바댜를 불렀으니 이 오바댜는 여호와를 지극히 경외하는 자라 ⁴ 이
세벨이 여호와의 선지자들을 멸할 때에 오바댜가 선지자 백 명을 가지고 오
십 명씩 굴에 숨기고 떡과 물을 먹였더라 ⁵ 아합이 오바댜에게 이르되 이 땅
의 모든 물 근원과 모든 내로 가자 혹시 꼴을 얻으리라 그리하면 말과 노새

를 살리리니 짐승을 다 잃지 않게 되리라 하고 ⁶ 두 사람이 두루 다닐 땅을 나누어 아합은 홀로 이 길로 가고 오바댜는 홀로 저 길로 가니라 ⁷ 오바댜가 길에 있을 때에 엘리야가 그를 만난지라 그가 알아보고 엎드려 말하되 내 주 엘리야여 당신이시니이까 ⁸ 그가 그에게 대답하되 그러하다 가서 네 주에 게 말하기를 엘리야가 여기 있다 하라 ⁹ 이르되 내가 무슨 죄를 범하였기에 당신이 당신의 종을 아합의 손에 넘겨 죽이게 하려 하시나이까 ¹⁰ 당신의 하 나님 여호와께서 살아 계심을 두고 맹세하노니 내 주께서 사람을 보내어 당 신을 찾지 아니한 족속이나 나라가 없었는데 그들이 말하기를 엘리야가 없 다 하면 그 나라와 그 족속으로 당신을 보지 못하였다는 맹세를 하게 하였 거늘 ¹¹ 이제 당신의 말씀이 가서 네 주에게 말하기를 엘리야가 여기 있다 하 라 하시나 ¹² 내가 당신을 떠나간 후에 여호와의 영이 내가 알지 못하는 곳으 로 당신을 이끌어 가시리니 내가 가서 아합에게 말하였다가 그가 당신을 찾 지 못하면 내가 죽임을 당하리이다 당신의 종은 어려서부터 여호와를 경외 하는 자라 ¹³ 이세벨이 여호와의 선지자들을 죽일 때에 내가 여호와의 선지 자 중에 백 명을 오십 명씩 굴에 숨기고 떡과 물로 먹인 일이 내 주에게 들 리지 아니하였나이까 ¹⁴ 이제 당신의 말씀이 가서 네 주에게 말하기를 엘리 야가 여기 있다 하라 하시니 그리하면 그가 나를 죽이리이다 ¹⁵ 엘리야가 이 르되 내가 섬기는 만군의 여호와께서 살아 계심을 두고 맹세하노니 내가 오 늘 아합에게 보이리라

이 이야기는 다음과 같은 구조로 전개된다(cf. Patterson & Austel). 이야 기의 핵심은 엘리야가 오바댜에게 아합을 찾아가 자신에 대해서 알리 라고 명령하는 일에 있다. 드디어 3년 만에 아합과 바알이 한 팀이 되 고 엘리야와 여호와가 한 팀이 되어 경합을 벌이게 된 것이다. 팀 구성 이 이러하니 승리는 엘리야와 하나님이 따놓은 당상이다. 바로 앞 이 야기에서도 하나님과 엘리야는 이미 사르밧 성에서 바알을 상대로 절 대적으로 승리한 팀이다.

A. 하나님이 엘리야에게 아합을 찾아가라고 하심(18:1-2a)

   B. 아합과 오바댜가 짐승을 먹일 풀을 찾아 나섬(18:2b-6)

      C. 엘리야가 오바댜에게 아합을 찾아가 알리라고 함(18:7-8)

   B'. 오바댜가 아합이 엘리야를 찾으려 했지만 못 찾았기에 불안해함(18:9-14)

A'. 엘리야가 오바댜에게 자신이 아합을 찾아갈 것을 약속함(18:15)

엘리야가 아합에게 기근을 선포한 지 3년이 지났다. 지난 3년 동안 비가 오지 않아서 나라가 매우 어렵다(5-6절). 신약은 이때 가뭄이 3년 반 동안 지속되었다고 한다(눅 4:25; 약 5:17). 이 같은 차이는 서로 다른 계산법이 사용된 것에서 비롯되었을 것이다(Patterson & Austel). 묵시문학에서 3년 반은 환란을 상징한다(단 7:25; 12:7, 11; 계 11:3). 하나님은 사르밧에 있는 엘리야에게 가서 아합을 만나라고 하신다(1절). 드디어 하나님과 바알의 최종 한판이 시작되는 순간이다. 물론 지난 3년 동안 지속된 가뭄을 통해 바알은 이미 완패했다. 비와 천둥의 신이라던 그가 자기 숭배자들을 위해서 한줄기의 비도 내리지 못했기 때문이다.

지난 3년 동안 비를 내려주지 않으신 하나님 때문에 바알은 물론 아합도 씻을 수 없는 수모를 당했다. 그와 이세벨은 바알이 비를 주어 이스라엘을 풍요롭게 한다면서 바알 종교를 국교화했는데, 엘리야가 가뭄을 선포한 이후로 비가 한 방울도 오지 않아 자기가 강요한 종교가 거짓이고 풍요를 약속한 자신도 무능한 왕이라는 것이 온 천하에 드러났기 때문이다(cf. Brueggemann). 그래서 지난 3년 동안 아합은 엘리야를 찾아 복수를 하려고 무던히도 애를 썼지만 찾을 수 없었다(10절). 하나님이 엘리야를 적절한 때에 사용하시려고 그동안 감추어두셨기 때문이다.

아이러니한 것은 그동안 엘리야는 바알 종교를 이스라엘의 국교로 삼은 이세벨의 고향에서 얼마 떨어지지 않은 곳에서 지냈다는 사실이다! 바알은 결국 엘리야를 찾으려 했지만 찾을 수 없었던 아합처럼 무능하고 무기력한 존재였던 것이다. 당연한 얘기지만, 바알은 능력을 지닌 신이 아니라, 인간이 스스로 만들어낸 조각품에 불과하다. 이제 때가 되어 엘리야가 스스로 아합 앞에 모습을 드러내게 되었다. 드디어 바알 숭배의 허무함을 온 천하에 드러낼 때가 무르익은 것이다. 독자들은 하나님의 능력과 바알의 무능함을 보고 사람들이 하나님께 돌아오기를 간절히 바라는 마음으로 본문을 읽어 내려가게 된다.

엘리야는 아합을 만나기 위해 길을 떠났고 가는 길에 오바댜(עֹבַדְיָהוּ)(lit. '여호와의 종')를 만났다(2, 7절). 옛적부터 일부 랍비들은 이 오바댜가 소선지서 오바댜의 저자라고 주장했고 아직도 그렇게 생각하는 사람들도 있지만(Konkel), 현실성이 없는 해석이다(Patterson & Austel, Sweeney). 오바댜는 아합의 궁내 대신으로 하나님을 매우 깊이 경외하는 자(יָרֵא אֶת־יְהוָה)였다(3절). 이세벨은 바알 종교를 열심히 육성할 뿐만 아니라 노골적으로 하나님의 선지자들을 학살함으로써 여호와 종교를 뿌리뽑으려 했다(4절). 굴러온 돌이 박힌 돌을 빼려 했던 것이다. 이러한 상황에서 오바댜는 몰래 여호와의 선지자 100명을 50명씩 나누어 두 개의 굴에 숨기고 그들에게 먹고 마실 것을 주었다(4절). 얼마 동안 그렇게 했는지 모르지만 온 땅에 기근이 임한 상황에서 100명을 먹여 살릴 수 있는 것으로 보아 그는 상당한 재력가였던 것이 확실하다.

또한 아합이 말과 짐승들에게 먹일 풀을 찾아 나섰을 때 자신의 영토 반을 오바댜에게 맡기고, 자신이 나머지 반을 순회하는 것으로 보아 오바댜의 지위와 아합의 그에 대한 아합의 신뢰가 매우 높았음을 알 수 있다(5-6절). 아마도 오바댜는 아합 정권의 제2인자였을 것이다. 이런 사람이 생명을 내걸고 여호와의 선지자들을 숨겼다. 이세벨이 이 사실을 알게 되면 그는 살아남기 힘들다. 오바댜는 대단한 믿음의 소유자였던 것이다. 하나님은 우리가 전혀 예상할 수 없는 곳에 자기 사람들을 배치해 두시며 '바알에게 무릎을 꿇지 않은 7,000'을 보존하신다.

우리는 아합이 말에게 먹일 풀을 찾아 나섰다고 하는 것에서 그가 말을 매우 중요시했음을 알 수 있다(5절). 실제로 아시리아 왕 살만에셀 3세(Shalmaneser III, ca. 859-824 BC)의 기록이 이 같은 사실을 확인해준다. 주전 853년에 카르카르(Qarqar)에서 이스라엘의 아합 왕과 하다데세르(Hadadezer)로도 알려진 시리아의 벤하닷 2세가 연합하여 살만에셀 3세에 대항해서 싸웠다가 패한 적이 있다. 이때 아합이 시리아에게 군마 2천 필을 주었다고 한다(ANET). 아합이 이처럼 많은 말을 시리아에 줄 수 있었던 것은 평상시에도 매우 많은 말을 보유하고 있다는 것을 뜻한다. 당시 말은 전쟁 무기로 사용된 점을 감안할 때, 아합은 상당한 군사적 나라를 유지했음을 알 수 있다.

오바댜는 엘리야를 보자마자 그를 알아봤다(7절). 그렇다면 우리는 17:1에서 엘리야를 처음 만났지만, 이스라엘 사람은 이미 이 사람이 누구인지를 알고 있었을 가능성이 많다(Patterson & Austel). 아합에게 말씀을 선포하기 전에 이미 그에 대한 소문이 자자했을 수 있는 것이다. 아니면, 엘리야의 복장과 모습이 매우 특이해서 누구든지 말만 듣고도 엘리야를 알아볼 수 있을 수도 있다(cf. Patterson & Austel). 혹은 오바댜가 아합 정권의 매우 높은 지위에 있다는 것은 3년 전 엘리야가 아합에게 말씀을 선포하러 나타났을 때 오바댜가 선지자를 보았을 가능성이 높다. 하여튼 오바댜는 엘리야를 쉽게 알아보았다.

엘리야도 오바댜에 대해서 알고 있다. 그래서 그는 오바댜에게 "당신 상전[아합]에게 내가 여기 있다고 보고하시오"라고 지시했다(8절, 새번역). 그러나 오바댜가 엘리야의 명령을 받고 난색을 표했다. 지난 3년 동안 아합은 엘리야를 찾으려고 혈안이 되었지만 찾지 못했다. 그런데 오바댜가 드디어 찾았다고 해서 아합을 이곳으로 데려오는 사이에 혹시 엘리야가 마음이 바뀌어 다른 곳으로 가버리면 자기는 왕을 능멸한 죄로 죽음을 면할 수 없는 것이다(9-12a절). 그는 자기가 어렸을 때부터 얼마나 여호와를 경외해왔고, 어떻게 지금까지 여호와의 선지자들을 보호해왔는지를 말하면서 제발 자기에게 이러한 일이 일어나지 않게 해달라고 호소했다(12b-14절). 엘리야는 절대 그런 일은 없을 것이라고 하나님의 살아 계심을 두고 맹세했다. 여호와의 종이 여호와의 이름으로 맹세했으니 오바댜는 더 이상 걱정할 필요가 없다. 그리고 엘리야는 오바댜를 안심시키며 자신이 시키는 대로 하라고 지시했다. 엘리야는 바로 오늘 아합을 만날 것이라는 의지도 밝혔다(15절).

> IV. 엘리야의 사역(왕상 17:1–왕하 1:18)
>   A. 엘리야와 바알 종교의 대결(17:1–18:46)

6. 아합이 엘리야를 찾음(18:16-19)

¹⁶ 오바댜가 가서 아합을 만나 그에게 말하매 아합이 엘리야를 만나러 가다가 ¹⁷ 엘리야를 볼 때에 아합이 그에게 이르되 이스라엘을 괴롭게 하는 자여 너냐 ¹⁸ 그가 대답하되 내가 이스라엘을 괴롭게 한 것이 아니라 당신과 당신의 아버지의 집이 괴롭게 하였으니 이는 여호와의 명령을 버렸고 당신이 바알들을 따랐음이라 ¹⁹ 그런즉 사람을 보내 온 이스라엘과 이세벨의 상에서 먹는 바알의 선지자 사백오십 명과 아세라의 선지자 사백 명을 갈멜산으로 모아 내게로 나아오게 하소서

오바댜가 아합에게 엘리야가 있는 곳을 알리자 아합이 곧장 엘리야를 만나러 왔다(16절). 그가 엘리야에게 맨 처음 한 말은 "이스라엘을 괴롭게 하는 자여 너냐?"(הַאַתָּה זֶה עֹכֵר יִשְׂרָאֵל)였다(17절). 그는 지금 가뭄과 기근으로 인한 이스라엘의 모든 고통과 문제가 엘리야에 의해서 비롯된 것이라고 생각한다. 엘리야의 발언(17:1)으로 바알이 화가 나서 이스라엘에 비를 내리지 않는다는 것이 그의 논리이다(Patterson & Austel). 아합이 하나님께 등을 돌리고 무능한 신을 숭배해서 일이 이렇게 된 것인데, 그는 이 와중에도 하나님의 선지자를 원망할 명분을 가지고 있다!

그는 옛날 여호수아 시대 때 아간이 금과 옷을 숨겨 온 이스라엘에 하나님의 재앙을 가져왔던 것을 회상하면서 엘리야를 제2의 아간으로 여기고 있는 것이다. 그래서 아합은 아간이 이스라엘을 괴롭혔던 것을 묘사하던 동사(עכר)(수 7:25; 이 동사에서 아골 골짜기의 이름이 유래함)를 엘리야에게 적용하여 사용한다. 사람이 왜 이렇게 어리석을까? 이스라엘에 임한 기근이 여호와께서 엘리야를 통해 하시는 일인 것을 깨달았으면, 빨리 바알을 버리고 주님께 돌아와야 하는데, 오히려 주의 선지자를 '문제아' 취급을 하고 있다.

엘리야는 아합의 말을 되받아쳤다. 이스라엘을 괴롭히는 자는 자신이 아니라 바로 아합과 그의 집안이라는 것이다(18절). 아합과 그의 집안이 왜 이스라엘을 괴롭히는 자들인지에 대한 설명도 아끼지 않았다. 하나님의 계명을 버리고 바알을 섬기고 있는 것이 문제의 발단이다. 즉, 이스라엘에 임한 기근의 재앙은 모두 아합과 그의 집안이 바알을 섬기는 데서 비롯되었다는 것이다. 엘리야 자신이 온 이스라엘에 기근을 선포하기는 했지만, 이스라엘이 기근으로 시달리게 된 것은 그들이 하나님의 명령을 어기고 천둥과 비의 신, 바알을 숭배했기 때문이다. 이스라엘이 당면하고 있는 기근 문제는 본질상 종교적/신학적인 문제였다.

그렇다면 엘리야가 이러한 사실을 입증할 길이 있는가? 그는 갈멜 산에서 진실을 밝히겠다며 갈멜 산에서 만나자고 했다. 그리고 아합에게 갈멜 산으로 올 때 꼭 바알 선지자 450명과 아세라 예언자 400명도 함께 데려오라고 했다(19절). 바알이 무능하다는 것은 이미 온 천하에 드러났다. 비를 주어서 풍요로움을 준다고 믿었던 바알이 지난 3년 동안 비를 내리지 못했으므로 그를 숭배하는 자들의 삶은 곤핍해 있다. 그는 참 신이 아니었다. 이제 엘리야는 갈멜 산에서 온 이스라엘이 지켜보는 가운데 바알의 머리에 최후의 일격을 가하고자 한다. 엘리야는 갈멜 산에서 이미 기진맥진된 바알을 처형하기를 원한다. '갈멜'(כרמל)

이라는 이름은 '하나님의 포도원'이라는 뜻을 지닌다(Brueggemann).

갈멜은 해발 500미터 이상의 고지대에 위치했으며 지중해 해변을 따라 남북으로 25킬로미터에 달하는 산악 지대이다(Sweeney). 이 산악 지대에서 가장 높은 곳이 갈멜 산으로 불린다. 갈멜 산은 빽빽한 숲으로 우거져 있으며 오늘날의 하이파(Haifa)에 위치한 곳이다(ABD). 이 산의 자연적인 아름다움과 장엄함은 오래전부터 다산의 상징이 되었다(cf. 사 35:2; 렘 2:7). 또한 여러 개의 굴이 곳곳에 널려있다. 그래서 학자들은 오바댜가 아마도 이 산에 있는 두 굴에 선지자들을 숨긴 것으로 생각하기도 한다(Sweeney).

솔로몬이 가불 지역을 두로의 히람에게 넘겨준 이후부터 갈멜은 두로와 이스라엘의 자연스러운 경계가 되었다(Cogan). 갈멜은 오랫동안 이스라엘 종교와 바알 종교의 중요한 장소였음이 확실하다(Rowley). 저자에 의하면 엘리야는 이곳에서 허물어진 여호와의 제단을 고쳐 쌓는다(30절). 이곳에서 오랫동안 여호와께 예배가 드려져 왔지만, 이세벨이 그 예배를 파했던 것이다. 그래서 엘리야가 갈멜 산 위에서 여호와께 다시 제단을 쌓는 것은 이세벨이 허물어버린 여호와 종교를 다시 쌓는다는 상징성을 지녔다.

가나안 종교에서 갈멜은 바알의 거처지로 여겨지기도 했다. 갈멜에서 주후 3세기까지 사람들이 바알을 숭배한 흔적이 남아있다(Cogan). 그러므로 엘리야가 갈멜에서 아합을 만나자고 하는 것은 진정한 갈멜의 주인이 과연 누구인가를 판가름하자는 것이다(cf. Konkel). 여호와인가? 아니면 바알인가? 그런데 갈멜에서 해결되어야 할 또 하나의 이슈가 있다. 이스라엘이 당면하고 있는 문제에 대하여 누구에게 책임이 있는가? 여호와를 섬기는 자들에게 있는가, 아니면 바알을 섬기는 자들에게 있는가? 이 질문은 다음 섹션에서 해답을 찾을 수 있다.

7. 여호와가 바알을 '죽임'(18:20-40)

²⁰ 아합이 이에 이스라엘의 모든 자손에게로 사람을 보내 선지자들을 갈멜산으로 모으니라 ²¹ 엘리야가 모든 백성에게 가까이 나아가 이르되 너희가 어느 때까지 둘 사이에서 머뭇머뭇 하려느냐 여호와가 만일 하나님이면 그를 따르고 바알이 만일 하나님이면 그를 따를지니라 하니 백성이 말 한마디도 대답하지 아니하는지라 ²² 엘리야가 백성에게 이르되 여호와의 선지자는 나만 홀로 남았으나 바알의 선지자는 사백오십 명이로다 ²³ 그런즉 송아지 둘을 우리에게 가져오게 하고 그들은 송아지 한 마리를 택하여 각을 떠서 나무 위에 놓고 불은 붙이지 말며 나도 송아지 한 마리를 잡아 나무 위에 놓고 불은 붙이지 않고 ²⁴ 너희는 너희 신의 이름을 부르라 나는 여호와의 이름을 부르리니 이에 불로 응답하는 신 그가 하나님이니라 백성이 다 대답하되 그 말이 옳도다 하니라 ²⁵ 엘리야가 바알의 선지자들에게 이르되 너희는 많으니 먼저 송아지 한 마리를 택하여 잡고 너희 신의 이름을 부르라 그러나 불을 붙이지 말라 ²⁶ 그들이 받은 송아지를 가져다가 잡고 아침부터 낮까지 바알의 이름을 불러 이르되 바알이여 우리에게 응답하소서 하나 아무 소리도 없고 아무 응답하는 자도 없으므로 그들이 그 쌓은 제단 주위에서 뛰놀더라 ²⁷ 정오에 이르러는 엘리야가 그들을 조롱하여 이르되 큰 소리로 부르라 그는 신인즉 묵상하고 있는지 혹은 그가 잠깐 나갔는지 혹은 그가 길을 행하는지 혹은 그가 잠이 들어서 깨워야 할 것인지 하매 ²⁸ 이에 그들이 큰 소리로 부르고 그들의 규례를 따라 피가 흐르기까지 칼과 창으로 그들의 몸을 상하게 하더라 ²⁹ 이같이 하여 정오가 지났고 그들이 미친 듯이 떠들어 저녁 소제 드릴 때까지 이르렀으나 아무 소리도 없고 응답하는 자나 돌아보는 자가 아무도 없더라 ³⁰ 엘리야가 모든 백성을 향하여 이르되 내게로 가까이 오라 백성이 다 그에게 가까이 가매 그가 무너진 여호와의 제단을 수축하되 ³¹ 야곱

412

의 아들들의 지파의 수효를 따라 엘리야가 돌 열두 개를 취하니 이 야곱은 옛적에 여호와의 말씀이 임하여 이르시기를 네 이름을 이스라엘이라 하리라 하신 자더라 ³² 그가 여호와의 이름을 의지하여 그 돌로 제단을 쌓고 제단을 돌아가며 곡식 종자 두 세아를 둘 만한 도랑을 만들고 ³³ 또 나무를 벌이고 송아지의 각을 떠서 나무 위에 놓고 이르되 통 넷에 물을 채워다가 번제물과 나무 위에 부으라 하고 ³⁴ 또 이르되 다시 그리하라 하여 다시 그리하니 또 이르되 세 번째로 그리하라 하여 세 번째로 그리하니 ³⁵ 물이 제단으로 두루 흐르고 도랑에도 물이 가득 찼더라 ³⁶ 저녁 소제 드릴 때에 이르러 선지자 엘리야가 나아가서 말하되 아브라함과 이삭과 이스라엘의 하나님 여호와여 주께서 이스라엘 중에서 하나님이신 것과 내가 주의 종인 것과 내가 주의 말씀대로 이 모든 일을 행하는 것을 오늘 알게 하옵소서 ³⁷ 여호와여 내게 응답하옵소서 내게 응답하옵소서 이 백성에게 주 여호와는 하나님이신 것과 주는 그들의 마음을 되돌이키심을 알게 하옵소서 하매 ³⁸ 이에 여호와의 불이 내려서 번제물과 나무와 돌과 흙을 태우고 또 도랑의 물을 핥은지라 ³⁹ 모든 백성이 보고 엎드려 말하되 여호와 그는 하나님이시로다 여호와 그는 하나님이시로다 하니 ⁴⁰ 엘리야가 그들에게 이르되 바알의 선지자를 잡되 그들 중 하나도 도망하지 못하게 하라 하매 곧 잡은지라 엘리야가 그들을 기손 시내로 내려다가 거기서 죽이니라

성경에 기록된 가장 놀라운 '거리 공연' 중 하나가 시작되는 순간이다(Brueggemann). 갈멜 산 정상에서 온 이스라엘이 지켜보는 앞에서 행해지는 이 '공연'을 통해 엘리야와 여호와 혹은 바알과 그의 선지자들 중 한 그룹이 죽어나가야 한다. 두 팀이 공존할 수는 없기 때문이다. 물론 우리는 바알과 그의 선지자들이 죽어나갈 것이라는 것을 이미 3년 동안 진행된 기근과 사르밧 성에서 있었던 일을 통해 잘 알고 있다. 바알이 아무런 힘이 없는 신일 뿐만 아니라 인간이 만들어낸 우상에 불과하다는 것이 드러나는 순간이다.

아합은 엘리야와 약속한 대로 이스라엘의 모든 자손(כל־בְּנֵי יִשְׂרָאֵל)을 갈멜 산으로 불렀다(20절). 물론 한 사람도 남김 없이 왔다는 뜻은 아니다. 온 이스라엘을 대표하는 사람들이 이곳에 모였다는 것이다. 그들은 무엇을 위하여 모였는가? 여호와와 바알 중 과연 누가 진정한 신인가를 목격하기 위해서였다. 엘리야는 갈멜 산에 모여든 백성에게 당당하게 도전했다. "양다리를 걸치지 말라! 만일 여호와가 하나님이시거든 그를 따르고, 바알이 하나님이거든 그를 따르라!"(21절, 새번역) 선지자는 이미 여호와만이 참 신이라는 것을 지난 수년간의 경험을 통해 익히 체험했기에 그의 권면은 참으로 당당하다. 이처럼 체험한 신앙은 당당하다. 그러나 백성은 한 마디도 하지 않았다. 당분간 상황을 지켜보고 판단하겠다는 것이다.

엘리야는 말을 이어갔다. 이 땅에 남은 유일한 여호와의 선지자는 자기뿐이라고 했다. 물론 과장법이다. 우리는 이미 오바댜가 최소한 100명의 여호와 선지자를 보호하고 있는 것을 알고 있다. 엘리야는 바알 선지자들은 450명이나 되는 것을 상기시키며 제안을 했다. 각자 소한 마리를 제물로 삼아 각을 떠서 자기의 신에게 바치되 불을 지피지 않는다는 것이다. 그래서 바알이든 여호와든 불을 보내서 제물을 태우는 신이야말로 참 신이라는 것을 입증하자는 것이다. 그들은 비록 바알의 이름으로 사기를 치며 사람들을 속여 생활하고 있지만, 바알이 참 신이 아니라는 것을 그 누구보다도 잘 알고 있을 것이기에 주저했을 것이다. 그래서 바알 선지자들이 주저하는 사이에 방청객들로 그곳에 모인 백성들은 그렇게 하자고 했다(24절). 바알 선지자들은 억지로 이 일에 휘말려 든 것이다.

엘리야는 바알 선지자들에게 먼저 시작하라고 했다(25절). 바알 선지자들은 하는 수 없이 소 한 마리를 골라 제단 위에 올려놓고 아침부터 한낮이 될 때까지 "바알은 응답하소서"라고 기도하며 부르짖었다. 제단을 돌며 춤도 추어 보았다(26절). 그러나 바알의 대꾸가 있을 리 없다. 바알은 실제로 존재하는 신이 아니라, 인간이 만들어낸 상상력에 불과했기 때문이다. 그래서 바알은 하루 종일 침묵한다. 아니 침묵할 수밖에 없다는 말이 더 맞다. 저자는 바알에게서 "아무 소리도 들리지 않았다"는 말을 두 차례나 하며(26, 29절), 이 이야기에서 히브리어 부정사(אֵין)를 다섯 차례나 사용한다(Brueggemann).

엘리야는 바알과 선지자들을 조롱하며 말했다. "더 큰소리로 불러라. 바알은 신이니까 다른 일을 하고 있을지, 아니면 용변을 보고 있을지, 아니면 멀리 여행을 떠났을지, 그것도 아니면 자고 있으므로 깨워야 할지 모르지 않느냐!"(27절, 새번역) 바알이 똥 누느라(שִׂיג) 분주해서 그의 선지자들의 부르짖음에 응답하지 못한다는 엘리야의 비아냥은 바알에게 최고로 수치스러운 일격이라 할 수 있다(Rendsburg, Gray). 엘리야의 발언에 열을 받을 대로 받은 바알 선지자들은 절박할 때 하던 방식대로 자신들의 몸에 상처를 내며 저녁 제사를 드릴 시간이 될 때까지 부르짖었지만 부질없는 짓이었다(28-29절). 바알은 신이 아니었기 때문이다.

바알 종교와 담무스(Tammuz) 종교 등 죽음과 연관된 고대 종교들은 예배자들이 피를 흘리는 예식을 종종 행했다(Konkel, Sweeney). 이렇게 해서 그들은 죽어 저 세상에 가 있는 자신의 신을 불러올 수 있다고 생각했다. 바알 종교의 경우 바알의 누이이자 아내인 아세라(혹은 아낫, 이스타르, 이난나 등 문화권에 따라 같은 여신이 다른 이름으로 불림)를 자극하여 저 세상에 가 있는 바알을 다시 이 세상으로 데려오도록 했다. 성경은 사람이 자해하는 것을 율법으로 금한다(레 19:28; 21:5; 신 14:1). 아마도 이러한 이교적인 풍습도 염두에 둔 금지령으로 생각된다. 드디어 저녁 제물을 드리는 시간이 되자 엘리야는 백성들을 불러 그들이 지켜보는 가운데 허물어진 여호와의 제단을 고쳐 쌓았다(30절). 사람들이 지켜보는 가운데 홀로 무너진 제단을 쌓는 엘리야의 심정이 어떠했을까?

엘리야는 자신을 지켜보는 그들에게 결코 어떠한 요술을 부리거나 눈속임을 하지 않는다는 것을 보여주고자 했다(Abarbanel). 그는 저녁 제사를 드릴 시간 즈음에 이스라엘의 열두 지파에 따라 돌 열두 개를 골라 쌓아서 제단을 만들었다(31절). 저녁 제사를 드릴 시간(29절)이면 오늘날 시간으로 오후 3시쯤이다(Josephus, Edersheim). 옛적에 모세가 시내 산에 이스라엘 열두 지파를 상징하는 열두 개의 돌로 제단을 쌓았던 일과 요단 강을 건넌 후 여호수아가 제사장들이 법궤를 메고 서 있었던 요단 강 중앙과 길갈에 열두 개의 돌을 쌓았던 일을 연상케 한다(출 24:4; 수 3-4장). 일부 주석가들이 엘리야가 허물어진 여호와의 제단을 고쳐 쌓았다는 30절과 그가 열두 지파를 상징하는 열두 개의 돌을 모아 제단을 쌓았다는 31절이 서로 다른 전승을 반영하고 있다고 생각한다. 그러나 30절은 일반적인 선언문으로, 31절은 세부 사항을 설명해주는 문구로 해석해도 전혀 무리가 없다(Cogan). 엘리야가 열두 개의 돌로 다시 쌓는 허물어진 제단은 이스라엘의 허물어진 영성을 상징하기도 한다(Patterson & Austel).

제단을 완성한 엘리야는 제단 주변에 두 세아의 물을 담을 수 있는 도랑을 팠다(32절). 한 세아(סאה)가 어느 정도인지 알 수 없지만 학자들의 추측이 7.3리터의 소량에서 1,568세제곱미터(m³)에까지 이른다(cf. Cogan, Sweeney, HALOT). 엘리야가 백성들에게 열두 항아리의 물을 제물 위에 부으라고 하는 것으로 보아 그렇게 큰 규모는 아니었던 것 같다. 한 주석가는 엘리야가 이 도랑을 판 이유가 제물을 태우기 위해서 인화물질로 채우기 위해서라고 하는데(Hitzig, cf. Gray) 참 어이없는 주장이요, 본문의 의도를 왜곡시키는 처사다. 엘리야는 도랑을 파서 물이 흠뻑 고이게 한다. 그는 초자연적인 기적(viz., 하늘에 계시는 여호와께서 내려주시는 불)만이 제단에 있는 제물을 태울 수 있다는 것을 보여주기 위해 제물을 흥건하게 적신 물이 흘러 도랑에 고이도록 하고 있다.

엘리야는 쌓아 놓은 장작 위에 제물을 올려놓고는 백성들에게 열두 통의 물을 길어다가 제물 위에 뿌리라고 했다. 물은 제단을 넘쳐 도랑을 채웠다(33−35절). 엘리야는 상황을 일부러 제물이 타기 어렵게 만들어가고 있다. "통 넷에 물을 채워다가⋯부으라⋯다시 그리하라⋯다시 그리하니⋯세 번째로 그리하니라"(33−34절). 잠시 후에 일어날 일—하늘에서 불이 내려와 제물을 태우는 일—은 결코 사기극도, 우연히 된 일도, 인간이 잔꾀를 부려 할 수 있는 일도 아니라 하나님이 하신 기적이라는 것을 입증하기 위한 준비이다.

드디어 때가 되어 엘리야가 제단을 향해 나아가 기도하기 시작했다. 바알 선지자들이 행했던 화려한 예식도, 현란한 춤도, 자신의 몸을 해하는 일도 없다. 그는 조용히 하나님께 기도할 뿐이다. 엘리야가 조용히 기도하는 모습은 바알 선지자들의 광기 서린 호들갑과 극명한 대조를 이룬다(Patterson & Austel, cf. 29절). 저자는 바알과 여호와를 극명하게 대조하는 것을 이야기의 핵심으로 삼고 있는데(White, Hallo), 이러한 대조 중 하나가 바로 두 진영의 선지자들의 기도하는 모습이다. 엘리야는 아브라함과 이삭과 야곱의 하나님께 여호와가 이스라엘의 하나님이시며, 자신은 바로 그 여호와의 명령대로 행하고 있는 종이라는 것을 보여달라고 했다(36−37절). 어떻게 이러한 진실을 보여달란 말인가? 물에 흠뻑 젖은 제물을 태워달라는 것이다. 이 이적을 통해 이스라엘 사람들이 여호와가 하나님이심을 알게 해 달라고 기도했다(37절).

기도가 끝나자마자 하나님의 응답이 왔다. 바알 선지자들이 하루 종일 온갖 쇼를 다하고도 바알에게 응답받지 못한 일과 극명한 대조를 이룬다. 여호와의 불이 하늘로부터 떨어져서 제물과 장작, 심지어 평소 때는 타지 않는 돌들과 흙도 태웠고, 도랑의 물도 말려버렸다(38절). 일부 주석가들은 하늘에서 내려온 이 불을 천둥과 벼락이라고 하는데(cf. Patterson & Austel), 제물을 태우고 도랑의 물을 말리기에는 천둥과 벼락으로는 부족하다. 어떤 사람들은 비행접시에서 외계인이 내린 불이라고 소설을 쓴다! 하나님의 즉각적인 반응은 바알 선지자들의 온종일 지속된 노고에도 불구하고 전혀 반응을 보이지 않았던 바알과 완전히 대조적이다. 여호와만이 하나님이라는 것이 온 백성들 앞에 입증된 것이다! 이 상황을 지켜보던 백성들도 땅에 엎드려 "여호와께서 하나님이시다!"(יְהוָה הוּא הָאֱלֹהִים)를 연발했다(39절). 만일 이스라엘 백성이 그동안 잘못된 리더들 때문에 엉터리 신을 섬겨 왔다면 이날 갈멜 산에 모인 사람들은 여호와가 참 신이라는 것을 스스로 깨달았을 것이다. 이제는 여호와—바알의 대결 구도가 아니라 오직 여호와만이 참 신이심이 온 세상에 드러나는 순간이다(Brueggemann). 그렇다면 앞으로 이스라엘이 여호와를 믿고 안 믿고는 여호와와 우상 중 누가 참 신인가에 관한 이슈가 아니라, 백성과 자신과의 선택에 관한 이슈이다.

엘리야는 흥분한 이스라엘 백성에게 바알 예언자들을 모두 잡으라고 했다. 바알이 여호와 앞에서 "죽었으니" 그의 선지자들도 제거되어야 한다. 일부 주석가들은 엘리야의 폭력성에 대하여 맹렬하게 비난하지만(Montgomery & Gehman, Fritz), 저자는 엘리야의 폭력성을 문제 삼거나 이슈화시킬 어떠한 의도를 보이지 않는다. 이 주석가들은 저자의 의도와 상관없는 것을 이슈화시키고 있다. 바알 예언자들은 자신들이 바알을 섬기는 것도 나쁜 일인데 하물며 아무것도 모르는 백성을 잘못 인도한 죄를 지은 사람들이기에 당연히 책임을 물어야 한다는 것이 저자의 의도이다. 더욱이 이스라엘은 여호와의 신정 통치를 지향하는 나라이다. 하나님이 통치하시는 나라에서 이 거짓 선지자들이 바알을 앞세워 사람들을 현혹했으니 벌을 받아야 한다.

엘리야는 이들을 끌고 기손 강으로 가서 거기서 모두 죽였다. 아마도 이때는 강이 바짝 말라있었기에 바알 예언자들의 피만이 그 계곡에 흘렀을 것이다. 잠시 후 비가 오면 그들의 피는 물에 섞여 흘러내려가며 바알 숭배로 더러워진 땅을 어느 정도 정결하게 할 것이다(cf. Brueggemann, Sweeney). 또한 엘리야가 바알 선지자들을 죽이는 것을 통해서, 옛적에 모세가 시내 산 밑에서 우상 숭배자들을 죽였던 일을 상기시켜 준다(출 32:26-28). 여호와에 대한 엘리야의 열정이 비느하스(민

25:7-8)와 사무엘(삼상 15:32-33)의 열정을 앞서고 있다(Cogan). 율법에 의하면 이스라엘을 우상숭배로 인도한 바알 선지자들은 분명히 죽어 마땅한 일이다(신 13:1-11). 사실 이 모든 광경을 지켜보던 아합도 죽어 마땅하다. 로마에 가면 로마법을 따라야 한다고, 바알 선지자들과 아합이 하나님이 통치하시는 이스라엘에서 이런 짓을 했기에 이스라엘의 법으로 다스려야 한다.

그런데 아세라 선지자들은 어떻게 된 것일까? 엘리야는 아합에게 아세라 선지자 400명도 데리고 나오라고 했는데, 갈멜 산에서 그들의 흔적은 보이지 않는다(19절). 게다가 본문의 흐름으로 보아 엘리야가 죽인 자들은 바알 선지자들 450명뿐이지 아세라 예언자들은 포함되지 않았다. 아세라 선지자들의 보호자이자 후원자인 이세벨은 그들이 이 시합에 참석하는 것을 원치 않아서 보내지 않았던 것으로 해석하는 주석가들이 있다(Kimchi, Provan). 이렇게 해석하면 아합의 절대적인 권한에도 아랑곳하지 않는 이세벨의 기세를 엿볼 수 있다. 아세라 예언자들에 대한 언급이 원래는 없었는데 훗날 19절에 삽입되다 보니 이렇게 된 것이라는 주장도 있다(Wellhausen). 제일 쉽지만 제일 어이없고 책의 흐름을 이해하지 못한 해석이다. 또한 사본을 복사하던 사람이 실수로 22절에서 아세라 선지자에 대한 언급을 빠뜨려서 이렇게 된 것이라는 해석도 있다(Simon). 이 경우, 아세라 선지자들은 바알 선지자들을 전혀 돕지 않다가 죽을 때만 같이 죽는다. 그러나 이 해석은 40절에서 엘리야와 백성들이 바알 선지자들만 죽인 일을 제대로 설명하지 못한다.

엘리야의 바람과는 달리 아세라 선지자들은 처음부터 갈멜 산에 모습을 드러내지 않았다. 아마도 이세벨이 엘리야와 대적하는 것은 바알 선지자들로 충분하다고 여겨 아세라 선지자들은 갈멜 산으로 가지 말라고 지시했을 것이다. 그러다가 엘리야의 이야기가 일단락되면 아세라 선지자들이 모습을 드러낸다. 미가야 선지자 이야기에서이다. 아합과 여호사밧이 군대를 일으켜 시리아를 치고자 했을 때 아합은 선지자들에게 승리 여부를 물었다. 선지자들은 주(אֲדֹנָי)께서 두 왕에게 승리를 주실 것이라고 예언했다(왕상 22:6). 그러나 믿음의 사람인 여호사밧은 마음이 편치 않았다. 그래서 아합에게 '여호와 선지자'를 불러달라고 했고, 미가야가 불려왔다(왕상 22:7-9). 비록 이 선지자들이 '주'의 이름으로 예언을 했지만, 여호사밧의 마음이 편치 않은 것을 보면 이 선지자들이 여호와의 선지자가 아님이 확실하다.

이야기에서 어떤 일이 벌어지고 있는가를 생각해보자. 아합이 불러온 선지자들은 누구인가? 이들이 여호와의 선지자들인가? 아니면 아세라(혹은 바알)의 선지자들인가? 엘리야가 아합에게 갈멜 산에서 만나자고 하면서 바알 선지자 450명과 아세라 선지자 400명을 데려오라고 했었다(19절). 아합과 여호사밧 앞에서 예언하고 있는 선지자들의 수가 400명이다!(왕상 22:6) 그러므로 아세라의 선지자들임이 확실하다.

당시 정황을 생각해보자. 아합과 이세벨은 바알과 아세라 종교를 국교화하고 있다. 또한 이세벨은 여호와의 선지자들을 붙잡는 대로 죽이는 상황이다. 그래서 오바댜가 100명을 두 굴에 숨겨두고 후원하고 있다. 이런 정황에서 여호와 선지자 400명이 떼를 지어 아합 앞에 버젓이 나타날 가능성은 얼마나 되는가? 가능성이 전혀 없다. 그렇다면 이 선지자들은 아합과 이세벨이 후원하는 선지자들이다. 대부분의 바알 선지자들이 갈멜 산에서 엘리야에 의해 죽임을 당한 것을 감안하면 이들은 분명 아세라의 선지자들이다. 아합 앞에서 예언하는 선지자의 수가 400명이라는 것도 같다.

그렇다면 아세라 선지자들이 어떻게 주(אֲדֹנָי)의 이름으로 예언을 할 수 있는가? 이미 언급했듯이 이 "주"는 여호와일 수도 있고, 아세라 선지자 자신들의 신일 수도 있다. 설령 여호와라 해도 문제가 되지 않는다. 당시 아세라 종교나 바알 종교는 다신주의(多神主義)적 성격을 지녔다. 그래서 이 종교들의 선지자들은 의뢰인(손님)이 숭배하는 신(들)의 이름으로 예언을 해 주었다. 모압 사람들이 이스라엘을 저주하려고 불렀던 발람도 이 같은 성향을 지닌 사람이었다(cf. 민 22장).

8. 가뭄이 끝남(18:41-46)

⁴¹ 엘리야가 아합에게 이르되 올라가서 먹고 마시소서 큰 비 소리가 있나이다 ⁴² 아합이 먹고 마시러 올라가니라 엘리야가 갈멜산 꼭대기로 올라가서 땅에 꿇어 엎드려 그의 얼굴을 무릎 사이에 넣고 ⁴³ 그의 사환에게 이르되 올라가 바다쪽을 바라보라 그가 올라가 바라보고 말하되 아무것도 없나이다 이르되 일곱 번까지 다시 가라 ⁴⁴ 일곱 번째 이르러서는 그가 말하되 바다에서 사람의 손 만한 작은 구름이 일어나나이다 이르되 올라가 아합에게 말하기를 비에 막히지 아니하도록 마차를 갖추고 내려가소서 하라 하니라 ⁴⁵ 조금 후에 구름과 바람이 일어나서 하늘이 캄캄해지며 큰 비가 내리는지라 아합이 마차를 타고 이스르엘로 가니 ⁴⁶ 여호와의 능력이 엘리야에게 임하매 그가 허리를 동이고 이스르엘로 들어가는 곳까지 아합 앞에서 달려갔더라

바알 선지자들을 처형한 엘리야는 멍하게 서 있는 아합에게 큰 빗소리(הֲמוֹן גֶּשֶׁם)가 들리니 안심하고 가서 음식을 먹으라고 했다(41절). 드디어 3년 동안 지속되었던 가뭄이 끝날 것이라는 예언이다. 엘리야는 자신의 선지자적 상상력을 통해 빗소리를 듣고 있다(Provan). 여호와께서 불, 물, 그리고 비까지 조장하신다는 것은 바알 종교의 정당성을 노골적으로 부인하는 선언이다(Bronner).

아합은 엘리야가 하라는 대로 하는 순한 양이 되어 있다(42절). 그는 하나님의 제단이 재건되는 것을 보았고, 진정한 의미에서 하나님의 능력을 경험했다. 선지자의 명령에 따라 그는 하나님 앞에서 음식도 먹는다. 오바댜에 의하면 아합은 매우 두려운 존재였다(18:9-14). 그 두려운 아합이 엘리야 앞에서는 온순하다. 엘리야가 하라는 대로 하며 그가 하는 일을 숨죽이고 지켜볼 뿐이다. 이 이야기에서 아합은 엘리야에게 단 한 번 말했다(17절). 나머지 이야기는 엘리야가 주도한다. 아합은 자기가 섬기는 바알 신처럼 무능하다. 엘리야는 바알 선지자들에게 압도적인 승리를 거둔 것처럼, 아합에게도 절대적으로 승리를 거두었다(Provan).

우유부단하고 머리가 좋지 않은 아합은 지금 자신에게 무슨 일이 벌어지고 있는지 의식하지 못한다. 만일 엘리야가 그의 눈앞에서 하고 있는 일이 어떤 의미인지 깨달았다면, 그는 결코 엘리야를 살려둘 수가 없기 때문이다. 아합은 아내 이세벨과 함께 바알 종교와 아세라 종교를 이스라엘의 국교로 삼았다. 이들은 아합 정권의 종교적인 정체성과 정당성을 바알과 아세라에서 찾았던 것이다. 그들은 조상 대대로 내려온 여호와 종교는 아예 핍박하여 땅에서 없애려 했다. 이러한 상황에서 엘리야가 바알 선지자들을 모두 죽인 것은 곧 아합 정권에 도전하는 것일 뿐만 아니라, 정권의 종교적 근간을 없애버린 행위이다. 그래서 남편을 통해 소식을 들은 이세벨은 곧바로 엘리야를 협박한다 (19:2). 그녀는 상황이 이렇게 된 이상 엘리야와 아합은 같은 땅에서 공존할 수 없다는 사실을 알기 때문이다. 그러나 엘리야 앞에 온순한 양처럼 앉아있는 아합은 이러한 사실을 깨닫지 못한다. 그는 참으로 왕이 되어서는 안 될 어리석은 사람이다.

아합이 먹고 쉬는 동안, 엘리야는 산꼭대기로 올라가서 땅을 바라보며 기도했다. 그리고는 시종을 일곱 번이나 정상으로 보내 지중해 쪽을 살펴보고 오라고 했다. 드디어 종이 일곱 번째 갔다오더니 사람의 손바닥만한 작은 구름(עָב)이 바다에서부터 떠오르고 있다고 했다(44절). 이 구름(עָב)은 우리가 일상적으로 보는 구름이 아니라, 비를 동반한 매우 어둡고 깜깜한 구름을 뜻한다(Patterson & Austel, cf. 삿 5:4; 삼하 23:4). 엘리야는 곧장 아합에게 비가 와서 길이 막히기 전에 하산하라고 권고

했고, 아합은 그렇게 했다. 아합은 자신이 타고 있는 마차가 비로 인해 질퍽해진 땅에 갇히기 전에 사마리아까지 27킬로미터를 가야 한다(Patterson & Austel).

하늘은 짙은 구름으로 깜깜해지고 큰 비가 퍼붓기 시작했다(44-45절). 지난 3년 동안의 가뭄이 해갈되는 순간이다. 아합과 이스라엘은 다시 한 번 마음에 새겨야 한다. 그들에게 비를 주시는 이는 바알이 아니라 여호와라는 것을 말이다. 아합과 이스라엘은 이 순간까지 자신들이 삶에서 누린 모든 풍요로움도 여호와께로부터 비롯된 것이라고 인정해야 한다. 바알은 아무것도 할 수 없는 무기력한, 아니 아예 존재하지 않는 신이다. 생명은 오직 그들의 하나님 여호와께 달려 있는 것이다. 안타깝게도 이 같은 기적을 경험하고도 아합은 바뀌지 않는다. 기적은 순간적으로 사람의 관심은 끌 수 있어도 바꾸지는 못하기 때문이다.

B. 엘리야가 호렙 산으로 피신함(19:1-21)

엘리야는 갈멜 산에서 바알 선지자들을 상대로 절대적인 승리를 거두었다. 그는 여세를 몰아 갈멜 산을 떠나 아합이 거하던 이스르엘(יִזְרְעֶאל)로 갔다(18:46). 이때까지 이야기에서 우리는 이스라엘의 실권자는 아합이 아니라 그의 아내 이세벨이라는 사실을 보았다. 아합은 매우 우유부단한 허수아비에 불과하다. 반면에 이세벨은 남편 아합의 권세를 이용하여 여호와의 예언자들을 학살했다(18:4, 13). 엘리야가 아합에게 갈멜 산으로 데려오라던 바알과 아세라의 선지자들은 "이세벨의 녹을 먹은 자들"(18:19, 새번역)이라는 사실도 이세벨이 실권자라는 현실을 정확하게 반영하고 있다. 이세벨은 이방 여인이며, 강하고 악하다. 그래서 심지어는 아합도 그녀를 두려워하는 듯하다(Patterson &

423

Austel, cf. 16:31; 21:25). 이세벨의 딸 아달랴를 며느리로 맞아들인 다윗 왕조도 큰 위기를 맞는다(왕하 8:16-19; 11:1-20; 대하 21:5-7). 우상숭배자 이세벨의 강하고 악함이 남 왕국에까지 영향을 미친 것이다. 여호와가 다스리는 나라라고 하는 이스라엘에서 참으로 어이없고 한심한 일이 벌어지고 있다!

일부 학자들이 추측하는 것처럼 아합이 아세라의 예언자들을 갈멜 산으로 데려오지 못한 이유가 이세벨이 반대해서였다면, 이스라엘 정치와 종교에서 그녀의 위치가 어떠했는지를 짐작하게 한다. 하나님이 갈멜 산에서 바알을 상대로 절대적인 승리를 거두셨다. 그러나 갈멜 산 대결은 엘리야와 아합의 개인적인 경합이기도 했다. 하나님이 바알에게 승리하신 것처럼, 엘리야도 아합을 상대로 절대적인 승리를 거두었다. 엘리야의 승리 이후로 아합은 순한 양이 되어 엘리야의 지시에 따라 움직였다. 그러나 엘리야가 아합에게 승리한 것은 이세벨과의 대결을 앞둔 전초전에 불과했다. 엘리야가 여호와를 사랑한 만큼이나 이세벨은 바알을 숭배했고, 이 둘의 대결은 필연적이었다(House).

안타깝게도 아합에게 승리한 엘리야는 이세벨에게 참패한다. 그는 이세벨의 말 한 마디에 생명의 위협을 느끼고 하나님의 산으로 도망한다. 갈멜 산의 엘리야와 전혀 다른 모습이다. 엘리야의 도피, 그리고 그를 대신할 제자, 선지자 엘리사를 소개하는 본 텍스트는 다음과 같은 구조를 지닌다. 이세벨의 협박에 간담이 녹은 엘리야는 아합 집안을 상대로 더 이상 효과적인 사역을 할 수 없다. 그래서 하나님이 그를 대신해 아합 집안에 최종 일격을 가할 선지자로 엘리사를 세우신다(17절).

A. 이세벨의 협박(19:1-3a)
  B. 엘리야의 호렙 산 도피(19:3b-8)
  B´. 엘리야가 하나님을 만남(19:9-18)
A. 엘리사의 등장(19:19-21)

1. 이세벨의 협박(19:1–3a)

¹ 아합이 엘리야가 행한 모든 일과 그가 어떻게 모든 선지자를 칼로 죽였는지를 이세벨에게 말하니 ² 이세벨이 사신을 엘리야에게 보내어 이르되 내가 내일 이맘때에는 반드시 네 생명을 저 사람들 중 한 사람의 생명과 같게 하리라 그렇게 하지 아니하면 신들이 내게 벌 위에 벌을 내림이 마땅하니라 한지라 ³ᵃ 그가 이 형편을 보고 일어나 자기의 생명을 위해 도망하여

남편 아합으로부터 그날 있었던 일을 전해들은 이세벨은 눈도 껌뻑하지 않고 오히려 분노와 증오로 이를 갈았다. 이세벨(אִיזֶבֶל)의 이름은 "왕자[바알]는 어디 있는가?"라는 뜻을 지닌다(Konkel). 엘리야가 바알 선지자들을 죽였을 때 아합은 분위기에 휩쓸려 별생각 없이 상황을 지켜보았지만, 이세벨은 엘리야의 행동이 종교적인 차원을 초월해서 아합 정권을 무력화하고 정당성까지 무너뜨렸다는 사실을 의식한다(Brueggemann). 아합은 왕이 된 이후 바알 종교를 국교화하고, 그의 정권이 바알 숭배에 근간을 두고 있다는 사실은 온 천하에 알려진 일이다. 이러한 정황에서 이세벨은 남편 아합이 엘리야가 바알 선지자들을 죽이도록 내버려둔 일을 이해할 수 없다. 왕이 어떻게 자기 정권을 위협하는 자를 그냥 둘 수 있단 말인가! 그래서 이세벨은 두려워하기는커녕 오히려 엘리야에게 사람을 보내 협박했다. "네가 예언자들을 죽였으니, 나도 너를 죽이겠다. 내가 내일 이맘때까지 너를 죽이지 못하면, 신들이 주는 천벌을 달게 받겠다. 아니, 그보다 더한 재앙이라도 그대로 받겠다"(2절, 새번역). 그녀는 매우 현실감 있게 엘리야를 협박하고 있다. 심지어는 시간까지 제시한다. "내일 이 시간까지 너를 죽일 것이다!" 이세벨이 악하고 강해서 이런 공갈을 치지만, 또한 정당성을

위협받은 권력자의 당연한 반응이다.

엘리야는 "잡히기만 하면 내 손에 죽는다!"라는 어느 정도 모호한 협박이 아니라 "내일 이맘때까지"라는 구체적인 협박에 녹아내렸다. 엘리야는 마치 오바댜가 아합을 두려워했던 것처럼 이세벨을 두려워하고 있다(Hauser). 이미 하나님의 보호와 인도하심을 그릿 시냇가와 사르밧에서 확실하게 체험했고, 죽은 아이를 살린 엘리야가 왜 이렇게 이 여자를 무서워하는 것일까? 게다가 바로 전에 갈멜 산에서 상상을 초월하는 승리를 거두고 내려오지 않았는가!

이세벨의 협박에 엘리야가 순식간에 무너진 것에는 여러 가지 이유가 복합적으로 작용하고 있다. 첫째, 엘리야는 아합보다 이세벨이 더 강하고 무서운 사람이라는 것을 잘 알고 있다. 그녀는 여호와의 선지자들을 학살한 전적을 가지고 있다(18:4, 13). 반면에 아합은 그렇게 강한 성격의 사람이 아닌 것이 확실하다. 이스라엘을 실질적으로 통치하는 사람은 이세벨이지 아합이 아니다. 더군다나 엘리야가 여호와에게 충성하는 것만큼이나 그녀의 바알에 대한 열정 또한 대단하지 않은가!

둘째, 그녀가 바알 선지자들이 학살을 당했다는 소식을 듣고 무서워하기보다는 분노하고 있다. 평범한 사람이라면 소식을 접하고 숨을 텐데 오히려 신들(우상들)을 들먹거리며 죽이겠다고 맹세를 한다. 이것은 빈말이 아니라, 잡히기만 하면 엘리야를 꼭 죽이겠다는 뜻이다. 이세벨은 이렇게 할 수밖에 없다. 남편과 자신이 공들인 정권의 숙원 사업(바알과 아세라 종교를 국교화하는 것)을 엘리야가 방해했을 뿐만 아니라, 정권의 종교적 정당성과 근간을 완전히 부정했기 때문이다. 그러므로 엘리야와 그들은 같은 나라에 함께 있을 수가 없다. 둘 중 하나는 제거되어야 한다. 이세벨은 자신이 살기 위해서라도 엘리야를 죽여야 한다. 그녀는 또한 군사 등 이스라엘의 모든 무력과 재력을 동원할 수 있는 능력을 가졌다. 그러므로 이세벨은 엘리야에게 무서운 위협이 될 수밖에 없다.

셋째, 가장 큰 이유는 엘리야의 영적 공허였다. 그는 지금 일생에 가장 크고 빛나는 일을 해냈다. 갈멜 산에서의 위대한 승리는 대대로 빛날 업적이다(cf. Patterson & Austel). 그러나 엘리야의 화려한 성취감과 하늘을 날 듯한 영적 만족 이면에는 누적된 피곤과 무기력함이 그의 영혼을 끌어내리려 한다. 복음서에 의하면 예수께서 광야에서 40일 금식한 후에 사탄에게 시험을 받으셨다(마 4장). 이때 예수님은 40일 동안의 금식을 통해 하나님과 깊은 교제를 하시던 때였다. 우리의 개념으로 말하자면 가장 하나님과 가까운 때인 것이다. 그런데 사탄이 다른 때도 아니고 하필이면 왜 이때를 택하여 예수님을 시험한 것일까? 이때보다는 영적으로 침체될 때가 더 승산이 있지 않을까? 사탄이 이러한 것을 놓칠 정도로 어리석지 않을 텐데 말이다.

사탄은 결코 어리석지 않다. 사탄은 인간이 언제 가장 크게 영적 공허를 느끼는지 잘 알았고 바로 그 순간을 노렸다. 사람이 하나님과 가장 가깝다고 느낄 때, 무언가 이루었다고 생각할 때, 바로 그 순간이 가장 쉽게 무너질 수 있는 때이다. 가장 높은 곳에 있을 때 떨어지면, 낙폭도 그만큼 큰 것이다. 우리는 사람들이 큰일을 한 바로 다음에 자살을 하는 이야기를 종종 듣는다. 엘리야도 바로 이런 순간을 체험하고 있다. 이세벨은 엘리야가 느끼는 심리적 공허의 정곡을 찌르고 있는 것이다.

엘리야가 이세벨의 협박을 두려워하게 된 이 모든 이유에도 불구하고 우리는 이세벨이 진정으로 엘리야를 죽이려 했는가에 대하여 의심할 수밖에 없다. 만일 그녀가 엘리야를 진짜 죽이려 했다면 경고가 왜 필요한가? 이세벨이 그냥 사람을 보내서 그를 죽이면 될 텐데 말이다(Konkel). 그러므로 이세벨이 원했던 것은 엘리야의 생명이 아니라, 엘리야가 도시를 떠나는 것이다(Walsh). 엘리야가 도시에 머무는 한, 그녀의 바알 종교 육성이 타격을 받을 수밖에 없다. 많은 사람들이 엘리야의 도전을 받아 여호와 종교로 다시 돌아갈 것도 뻔한 일이다. 게다가 남편 아합의 마음도 흔들리고 있다. 아마 엘리야가 사마리아를 떠나지 않는 한 아합의 마음은 계속 흔들릴 것이다. 또한 이세벨은 순교자의 피로 이스라엘을 물들이고 싶지 않다. 갈멜 산 일로 엘리야에게는 상당한 추종자가 있었을 텐데(Konkel) 만일 그를 죽이면, 여론이 나빠질 것은 뻔하다. 그러므로 그녀의 이 모든 일을 위해서는 엘리야를 죽이는 것보다 그가 솔선수범해서 도시를 떠나도록 압박을 가하는 것이다.

겁에 질린 엘리야가 이세벨의 협박이 어떤 신학적 의미를 지니는지 생각하지 않고 단순한 반응을 보인다(Provan). 엘리야가 이세벨을 피해 그곳에서 도망한 것이다. 많은 주석가들이 엘리야가 호렙 산으로 도망가는 것을 그가 선지자 소명을 재확인하러 가는 행위로 해석해 왔다. 그러나 그가 브엘세바에 시종을 남겨두고 로뎀 나무 아래서 죽기를 원하는 것 등을 감안할 때 별로 설득력이 없다. 그래서 최근 들어 대부분의 학자들은 엘리야가 자신의 선지자 소명을 포기하기 위하여 호렙 산에 간 것으로 해석한다(Breuil, Nordheim, Cohn, Coote, DeVries, House, Walsh). 저자는 1–3절을 통해 이야기의 흐름을 완전히 바꾸어 놓고 있다(Hauser). 승리가 패배로 변했고, 용감했던 선지자가 피신처를 찾는 겁쟁이가 되어 있다. 모두 다 한 여인의 협박 때문이라는 사실이 씁쓸하게 느껴진다.

> IV. 엘리야의 사역(왕상 17:1–왕하 1:18)
> B. 엘리야가 호렙 산으로 피신함(19:1–21)

2. 엘리야의 호렙 산 도피(19:3b–8)

³ᵇ 유다에 속한 브엘세바에 이르러 자기의 사환을 그 곳에 머물게 하고 ⁴ 자기 자신은 광야로 들어가 하룻길쯤 가서 한 로뎀 나무 아래에 앉아서 자기가 죽기를 원하여 이르되 여호와여 넉넉하오니 지금 내 생명을 거두시옵소서 나는 내 조상들보다 낫지 못하니이다 하고 ⁵ 로뎀 나무 아래에 누워 자더

니 천사가 그를 어루만지며 그에게 이르되 일어나서 먹으라 하는지라 ⁶ 본즉 머리맡에 숯불에 구운 떡과 한 병 물이 있더라 이에 먹고 마시고 다시 누웠더니 ⁷ 여호와의 천사가 또 다시 와서 어루만지며 이르되 일어나 먹으라 네가 갈 길을 다 가지 못할까 하노라 하는지라 ⁸ 이에 일어나 먹고 마시고 그 음식물의 힘을 의지하여 사십 주 사십 야를 가서 하나님의 산 호렙에 이르니라

엘리야는 사환을 유다의 브엘세바에 남겨두고 홀로 하룻길을 갔다. 브엘세바는 유다의 최남단에 위치한 지역으로 이곳을 지나면 인적이 없는 광야가 있을 뿐이다. 저자가 브엘세바 앞에 "유다"를 더하는 것은 엘리야가 아합의 영토를 완전히 벗어났음을 강조하기 위함이다. 엘리야가 얼마나 두려웠는지 북 왕국 이스라엘을 벗어나는 것으로 만족하지 않고, 남 왕국 유다의 땅을 지나쳐 이집트 근처에 와 있다. 또한 이스라엘 땅에서 멀리 떨어져 있는 그는 더 이상 이세벨을 두려워하지 않아도 된다.

엘리야는 계속 걸었다. 그가 이세벨의 협박에 놀라기는 되게 놀란 것 같다. 그러다가 엘리야는 광야에서 어떤 로템 나무(רֹתֶם)를 발견하고는 그 나무 아래로 가서 거기서 죽기를 간청하며 기도했다(4절). 자존심이 상할 대로 상한 엘리야의 초췌한 모습이다. 엘리야가 광야에 있다는 것은 그가 이세벨의 칼은 피했지만, 다른 유형의 위험에 처해있다는 뜻이다. 광야에는 그의 생명을 유지시켜 줄만한 것들이 없기 때문이다(Brueggemann). 그러므로 하나님이 도와주지 않으시면 엘리야는 죽은 목숨이다. 이런 정황을 고려하면 피곤에 지치고 굶주린 배를 움켜쥔 엘리야가 죽음을 갈망하는 것은 당연한 일이라 생각할 수 있다.

로템나무는 일종의 싸리나무 같은 것으로써 유목민이 불쏘시개로 쓰기도 하고 상황이 절박하면 먹기도 했던 관목이었다(Cogan). 로템나무가 때로는 3미터까지 자라지만 대부분 1–2미터 정도 자란다(Konkel, cf.

Patterson & Austel). 그렇다면 엘리야가 로뎀나무 아래에서 죽음을 청한
다는 것은 그의 명성과 업적에 걸맞지 않은 행동이다. 상상해보라! 다
큰 어른이 싸리나무 밑에서 죽겠다고 누워있다! 정 죽고 싶으면 그래
도 자신의 덩치에 걸맞게 큰 나무를 고르지! 아마도 기진맥진한 엘리
야가 쓰러지기 일보 직전에 그나마 찾을 수 있었던 것이 로뎀나무였기
때문에 이 나무 밑에서 잠이 든 것으로 생각된다(5절).

  엘리야의 말에 어폐가 있다. 그가 이제까지 광야로 온 것은 살기 위
해서다. 그는 살고 싶어서 죽음으로 협박하는 이세벨을 피해 여기까지
왔다. 그런 그가 이제는 죽게 해달라고 하나님께 애원한다!(4절) 애초
에 죽음을 각오했다면 차라리 이세벨을 대적하여 장엄하게 순교할 것
이지 왜 이제 와서, 그것도 그를 죽이려는 이세벨에게가 아니라 그가
살기를 원하시는 하나님께 "죽여 주시옵소서!"를 연발하는가? 지난 며
칠 동안 도망하면서 생각해보니 자신이 한심하다고 생각된 것일까?

  사실 엘리야가 그렇게 말한 것은 정말 죽기를 원해서가 아니다. 그
의 기도는 소망을 버리고 좌절하며 자신에 대해 환멸을 느끼는 사람의
탄식 소리이다(Walsh, cf. Patterson & Austel, cf. 욘 4:3). 또한 엘리야가 "나
는 내 조상들보다 낫지 못합니다"라고 말하는 것은 그가 지금 엄청난
스트레스와 압박을 받고 있음을 시사한다. 그는 하나님이 자신에게 너
무나도 많은 것을 요구하신다고 생각한다. 그는 자기만이 유일하게 살
아 있는 여호와의 선지자라고 생각한다. 그는 이렇게 힘든 상황에서
하나님이 그에게 온 세상을 여호와께 돌아오게 하는 사명을 주신 것으
로 생각한다. 그는 일종의 '메시야 병'(messianic complex)을 앓고 있다.

  이러한 상황에서 엘리야는 자기 혼자 이 사역을 감당하기에 너무 부
족하다는 사실을 인정한다. 엘리야가 자신이 조상보다 조금도 나을 것
이 없다고 생각하게 된 가장 큰 원인은 갈멜 산에서의 압도적인 승리
에도 불구하고 바알 종교를 뿌리뽑지 못한 것에 대한 실망이다(House).
하나님이 그의 기도를 들으사 죽게 해 주신다면, 그의 선지자 사명은

끝이 나는 것이며, 엘리야의 죽음은 여호와께서 그에게 너무나도 많은 것을 요구하셨다는 것을 입증하는 증거가 된다(Walsh).

놀라운 것은 하나님이 이렇게 한심한 사람을 마다하지 않고 보살펴 주신다는 점이다. 하나님이 엘리야를 종으로 세우셨을 때, 그의 이러한 한계를 알고 계셨다. 그러므로 만일 엘리야를 버리려면 그때 버리셔야 했다. 하나님은 누구를 자기 종으로 세우면 끝까지 책임지고 보살피는 분이다. 이 순간 엘리야를 보내신 주인이신 하나님은 그의 종 엘리야가 징계와 책망보다는 치료와 회복이 필요하다는 것을 알고 계신다. 그래서 하나님은 엘리야에게 그가 원하는 죽음 대신 생명을 주셨다. 이세벨이 그에게 죽음을 '준 것'과는 완전히 대조적이다(Fretheim). 광야가 엘리야에게 줄 수 없는 것, 그러나 생존하기 위해서는 꼭 필요한 것, 빵과 물을 주님이 주셨다(6절). 과거에는 까마귀를 통해서 그를 먹이셨는데, 이번에는 천사를 통해서 먹이셨다. 그만큼 엘리야가 처한 상황이 절박하다.

잠에서 깨어나 음식을 먹고 난 엘리야는 다시 잠을 잤다(6절). 몹시 지치고 기력이 쇠했던 것이다. 하나님이 빵과 물을 주어 죽겠다는 엘리야를 살리신 것은 전에 사르밧 성 밖에서 엘리야가 만난 과부에게 주신 것들이다. 저자는 이 두 사건을 직접적으로 연계시키기 위해서 과부의 이야기(17:13–14)에서 이미 사용된 단어들인 "빵"(מַצֹּת)과 "병"(צַפַּחַת)을 본문에서 사용한다(Patterson & Austel, 6절). 주님이 엘리야를 보살피시는 것은 그에게 과거의 일들—그릿 시냇가에서 그를 기적적으로 먹이셨던 일, 과부의 집에서 가뭄을 이겨냈던 일과 아이를 살리는 기적을 체험한 일, 갈멜 산에서 450명의 바알 선지자를 상대로 승리한 일—을 회상시키기 위해서이다(Provan). 이때까지 엘리야가 행한 놀라운 일들은 모두 하나님이 하신 일이다. 엘리야는 하나님의 종으로 단지 쓰임을 받은 것뿐이지 한 일은 별로 없다. 선지자가 이러한 사실을 깨달았다면 지금 와서 하나님께 "죽여 달라"는 부탁은 하지 않을 것이다. 역시 기적은 사람을 변화시키지 못한다. 심지어 엘리야 선지자처럼 하나님이 기적 중계인(miracle-agent)으로 사용하시는 사람도 변화시키지 못한다.

천사의 보살핌으로 원기를 회복한 엘리야는 밤낮 40일을 걸어 호렙 산에 도착했다(8절). 호렙 산은 성경에서 "하나님의 산"으로 불리는 곳이다(출 3:1; 4:27; 18:5; 신 5:2). 브엘세바에서 호렙 산까지는 하루에 30킬로미터를 간다 해도 10일 정도면 되는 길이다. 그런데 엘리야는 40일 주야를 걸어서 갔다고 한다. 그러므로 그의 40일 여정은 상징적인 의미를 지닌다. 엘리야의 40일 여정은 여러 면에서 이스라엘의 광야생활을 연상케 한다(Sweeney). 옛적 모세 시대에 이스라엘이 가데스바네아에서 경험한 영적 실패 후 40년 동안 광야를 방황하다가 약속의 땅에 들어가게 된 것처럼, 패배를 맛본 엘리야도 40일을 광야에서 보내야 했다(Patterson & Austel, Sweeney). 더 나아가 모세가 40일 동안 물과 음식이 아니라 오직 하나님을 의지하고 주님의 새로운 사명을 기다렸던 것처럼(출 34:28) 엘리야도 40일 동안 물과 음식을 먹지 않고 하나님의 새로운 사명을 기다려야 한다. 40일의 준비기간 끝에 드디어 모세가 하나님의 임재를 보았던 것처럼(출 33:12-23), 엘리야도 하나님의 임재를 직접 보게 될 것이다. 때로는 하나님을 만나는 일이 엄청난 노동과 노력을 요구한다. 이처럼 만나기 어려운 위대한 분을 예수님을 통해 항상 만날 수 있다는 것은 그저 은혜라고 할 수밖에 없다.

IV. 엘리야의 사역(왕상 17:1-왕하 1:18)
 B. 엘리야가 호렙 산으로 피신함(19:1-21)

3. 엘리야가 하나님을 만남(19:9-18)

⁹ 엘리야가 그 곳 굴에 들어가 거기서 머물더니 여호와의 말씀이 그에게 임하여 이르시되 엘리야야 네가 어찌하여 여기 있느냐 ¹⁰ 그가 대답하되 내가

만군의 하나님 여호와께 열심이 유별하오니 이는 이스라엘 자손이 주의 언약을 버리고 주의 제단을 헐며 칼로 주의 선지자들을 죽였음이오며 오직 나만 남았거늘 그들이 내 생명을 찾아 빼앗으려 하나이다 ¹¹ 여호와께서 이르시되 너는 나가서 여호와 앞에서 산에 서라 하시더니 여호와께서 지나가시는데 여호와 앞에 크고 강한 바람이 산을 가르고 바위를 부수나 바람 가운데에 여호와께서 계시지 아니하며 바람 후에 지진이 있으나 지진 가운데에도 여호와께서 계시지 아니하며 ¹² 또 지진 후에 불이 있으나 불 가운데에도 여호와께서 계시지 아니하더니 불 후에 세미한 소리가 있는지라 ¹³ 엘리야가 듣고 겉옷으로 얼굴을 가리고 나가 굴 어귀에 서매 소리가 그에게 임하여 이르시되 엘리야야 네가 어찌하여 여기 있느냐 ¹⁴ 그가 대답하되 내가 만군의 하나님 여호와께 열심이 유별하오니 이는 이스라엘 자손이 주의 언약을 버리고 주의 제단을 헐며 칼로 주의 선지자들을 죽였음이오며 오직 나만 남았거늘 그들이 내 생명을 찾아 빼앗으려 하나이다 ¹⁵ 여호와께서 그에게 이르시되 너는 네 길을 돌이켜 광야를 통하여 다메섹에 가서 이르거든 하사엘에게 기름을 부어 아람의 왕이 되게 하고 ¹⁶ 너는 또 님시의 아들 예후에게 기름을 부어 이스라엘의 왕이 되게 하고 또 아벨므홀라 사밧의 아들 엘리사에게 기름을 부어 너를 대신하여 선지자가 되게 하라 ¹⁷ 하사엘의 칼을 피하는 자를 예후가 죽일 것이요 예후의 칼을 피하는 자를 엘리사가 죽이리라 ¹⁸ 그러나 내가 이스라엘 가운데에 칠천 명을 남기리니 다 바알에게 무릎을 꿇지 아니하고 다 바알에게 입맞추지 아니한 자니라

엘리야가 40일 동안 걸어서 호렙 산에 도착했다. 그는 동굴을 발견하고 거기서 하나님을 기다렸다(9절). 하나님은 엘리야에게 "네가 어찌하여 여기 있느냐?"라고 질문을 하셨다. 대화를 시작하는 수사학적인 질문이다(Cogan). 엘리야는 자신이 그동안 얼마나 하나님만을 열정적으로 섬겨 왔는지와 그의 사역의 대상이던 이스라엘 백성이 얼마나 악한가에 대해 하나님께 하소연했다(10절). 마치 자기의 수고를 알아달

433

라는 듯 엘리야의 발언에는 엄살과 과장이 섞여 있다. 엘리야가 상황을 과장하고 있다는 것이 세 가지를 통해 드러난다. 첫째, 그가 회고한 것처럼 이스라엘 사람이 여호와를 버린 것은 사실이다. 그러나 그는 상당수의 무리들이 갈멜 산에서 펼쳐진 일을 보고 하나님께 돌아온 것을 체험한 사람이다. 그런데 그는 여기서 마치 이스라엘의 모든 사람이 계속 여호와께 등을 돌리고 있고, 이세벨뿐만 아니라 온 이스라엘이 여호와의 선지자들을 죽이고, 하나님의 제단을 허는 것으로 말한다. 그는 상당한 '살'을 붙여 현실을 왜곡하고 있다.

둘째, 우리는 이미 오바댜의 입술을 통해서 여호와의 선지자들 상당수가 살아 있다는 것을 알고 있다. 그런데 엘리야는 마치 자기 혼자만이 살아남은 것으로 말한다. 엘리야는 이들이 제대로 선지자 역할을 하지 못한 사람들이라 선지자로 인정하지 않은 것일까? 그렇다면 이세벨을 피해서 굴에 숨은 자신도 마찬가지 아닌가? 엘리야가 자기 혼자만이 생존한 선지자라는 것은 현실을 많이 과장한 것이다. 셋째, 우리가 알기로는 그의 생명을 노리는 자는 이세벨 혼자였다. 그러나 그는 온 이스라엘이 그의 생명을 찾고 있다고 엄살을 떤다. 물론 이세벨이 권세를 잡고 있기에 온 이스라엘에게 엘리야를 죽이라고 명령할 수는 있다. 그러나 그의 이러한 탄식은 무엇보다도 현실에 대한 실망을 담고 있는 듯하다. 그는 갈멜 산에서의 환상적인 승리로 이스라엘 안에서 바알 종교의 뿌리를 송두리째 뽑을 수 있을 줄 알았다. 그래서 그가 이스르엘로 내려가면 사람들이 그를 영웅으로 열렬하게 환영해줄 줄 알았다. 그러나 현실은 그렇지 않은 것에 대해서 그는 좌절하고 있다. 이스라엘은 엘리야를 영웅 대접은커녕 오히려 이곳까지 쫓아내지 않았는가? 물론 자신이 스스로 도망쳐나왔지만 말이다.

하나님은 그와 변론하는 대신 자신의 현현을 보여줄 테니 산 정상으로 나오라고 하셨다(11절). 엘리야는 산 위로 나아가 섰고 그 앞으로 하나님이 지나가셨다. 그가 서서 하나님의 임재를 보는 모습은 옛적 모세의 모습을 연상케 한다(출 33:21-23). 주석가들은 모세와 엘리야가 같은 장소에 서 있는 것으로 생각하기도 한다(Patterson & Austel). 저자는 "크고 강한 바람이 주 앞에서 산을 쪼개고, 바위를 부수었으나, 그 바람 속에 주님께서 계시지 않았다. 그 바람이 지나가고 난 뒤에, 지진이 일었지만, 그 지진 속에도 주님께서 계시지 않았다. 지진이 지나가고 난 뒤에, 불이 났지만, 그 불 속에도 주님께서 계시지 않았다"라고 회고한다(11-12절, 새번역). 하나님은 우리가 상상할 수 있는 최고의 이적들과 파괴력 속에 거하지 않으셨던 것이다. 산을 쪼개는 강력한 바람은 홍해를 갈랐던 하나님의 바람을 연상케 하며, 지진과 불 역시 모세와 연관된 것들이다. 모세의 하나님이 엘리야에게 임하신 것이다(출 19:16-18; 신 5:23-26). 온갖 기적을 행하고도 죽고 싶다며 이곳을 찾은 엘리야는 옛적에 이스라엘을 광야에서 인도하면서 힘들면 자기 생명을 거두어 달라고 했던 모세와 비슷하다.

이 모든 장엄한 광경들이 지난 다음에 하나님은 부드럽고 조용한 소리(קוֹל דְּמָמָה דַקָּה)로 엘리야에게 말씀하셨다(12절). 일부 학자들은 이 표현이 '소리는 아예 없고 최고의 거룩함을 상징하는 으스스한 침묵'을 뜻하는 것으로 해석한다(cf. NRS, Sweeney, Brueggemann). 엘리야는 하나님이 부드럽고 조용한 목소리로 말씀하시는 것이 무엇을 뜻하는지 깨닫지 못했다. 그래서 하나님이 대화를 시작할 때 하셨던 질문과 동일한 질문을 반복하셨을 때, 그도 처음과 같은 대답을 반복할 뿐이다(13-14절).

엘리야는 하나님의 산으로 알려진 호렙 산(시내 산)에서 은밀하게 말씀하시는 하나님을 만났다. 무엇보다도 호렙 산은 하나님의 산이다. 출애굽 시절에 이스라엘은 이곳에서 불과 천둥으로 임하신 하나님을 만났다(cf. 출 19-20장). 엘리야도 최근에 갈멜 산 위에서 상상을 초월하는 이적을 행하시는 하나님을 만났다. 그런데 이번만큼은 하나님이 광풍이나, 지진이나, 불을 통해 나타나지 않으셨다. 그것도 하나님의 산에서 말이다.

　이 사건은 무엇을 의미하는가? 최소한 세 가지를 생각할 수 있다. 첫째, 하나님은 기적과 이적을 통해서도 역사하시지만, 조용하고 은밀한 곳에서도 역사하시는 분이다. 하나님이 장엄한 광경들을 지속적으로 연출하지 않으신다 해서 그분의 사역이 멈춘 것은 아니다. 하나님은 때로는 장엄하게 때로는 섬세하게 역사하시는 분이신 것이다. 그러므로 우리는 문제에 당면했을 때, 항상 기적을 동반한 하나님의 개입을 기대해서는 안 된다(Gray, Dilday).

　둘째, 여호와께서는 엘리야에게 하나님의 사역이 항상 세상의 권세와 하나님의 원수들을 무력으로 파괴하는 것만이 전부가 아니라는 것을 강조하신다(Keil). 때로는 하나님의 권세가 이 세상의 권세에 짓밟히는 듯이 느껴지기도 하고, 어떤 때는 하나님이 아예 역사하지 않는 것처럼 보일 때도 있다. 이적을 행하시기도 하지만, 침묵하시는 듯이 잔잔히 말씀하실 때도 있다. 여호와 앞에서 호들갑을 떨고 있는 엘리야에게 하나님은 자신의 위치와 미래를 생각해보라고 권면하시는 것이다. 엘리야는 한동안 파격적인 이적이 일어나지 않았다고 해서 의기소침해 있다.

　그러나 엘리야는 천사를 통해 그를 회복시켜주신 하나님의 은혜가 옛적에 까마귀를 통해서 그를 먹여 살리셨던 것만큼이나 놀라운 기적이라는 것을 인정해야 한다. 갈멜 산 위에 펼쳐졌던 하나님의 역사만큼이나 이 세밀한 음성도 가치가 있다는 것을 엘리야는 깨달아야 하는 것이다. 또한 앞으로 그가 할 일, 하사엘과 예후를 세우고, 엘리사를 제자 삼는 일 역시 아합과 이세벨을 대적하고 바알 종교를 배척하는 것만큼이나 중요하고 의미 있는 일이라는 것을 깨달아야 한다. 예수께서 기도에 대한 가르침과 하나님 나라에 대한 비유를 말씀하실 때 은밀하게 이루어진다는 사실을 누누이 강조하신 것도 이와 같은 원리와 맥을 같이한다(마 6:4-6; 막 4:11, 30-32; 눅 13:18-21).

　셋째, 하나님이 부드럽고 조용한 소리로 엘리야에게 말씀하신 가장 중요한 목적은 그에게 새로운 사명을 주기 위해서였다(Provan). 엘리야의 개인적인 실망이나 상처에 대해 아시는지 모르시는지 하나님은 선지자의 느낌이나 감정에 대해 아무 말씀도 하시지 않는다(Brueggemann). 아마도 천사를 통해 이미 그에게 필요한 것은 다 채워주셨기에 사적인 이슈에 대해서는 침묵하시는 듯하다. 대신 그가 해야 할 일에 대해서만 말씀하신다.

엘리야는 하사엘과 예후에게 기름을 붓고 엘리사를 후계자로 삼아야 한다(15-16절). 세 가지 일이지만, 하나님은 하나로 취급하여 말씀하신다. 세 가지 일이 서로 연결되어 있기 때문이다(17절). "하사엘의 칼을 피하는 자를 예후가 죽일 것이요 예후의 칼을 피하는 자를 엘리사가 죽이리라." 엘리야가 새로이 받은 임무를 완수하기 위해서는 왔던 길을 돌아가야 한다. 생명에 위협을 느끼고 도망쳤던 길을 되돌아가야 한다. 하나님은 엘리야가 왔던 길로 되돌아가는 것을 주저할 수 있기 때문에 "돌아가라"(לֵךְ שׁוּב)(15절)는 강력한 명령어를 사용하신다. 그렇다면 엘리야는 본인이 두렵다며 하던 일을 버리고 떠난 곳으로 돌아가야 한다(Patterson & Austel). 가서 도피하느라고 피했던 갈등, 문제, 위협 등을 직접 마주쳐 해결해야 한다(Brueggemann). 우리 삶에서도 종종 이런 경험을 한다. 힘들고 어려워 도망하다시피 떠난 정황이 시간이 지나면서 스스로 해결되면 좋겠지만, 그렇지 않다. 세월이 지나 떠나왔던 상황을 접해보면 그대로다. 야곱의 경험이 좋은 예이다. 야곱은 형님의 분노를 피해 하란으로 도주하여 20년을 살았다. 드디어 20년 만에 고향으로 돌아와 형님에게 기별을 했는데, 형님이 400명의 남자들을 이끌고 나온단다! 20년 전에 남겨두고 도주한 일이 다시 되살아난 것이다. 그러므로 문제에서 도망하는 것만이 좋은 해결책은 아니다.

하사엘에게 기름을 붓는다는 것은 여호와의 통치가 이스라엘에만 제한되어 있지 않음을 시사한다. 그리고 예후에게 기름을 붓는 것은 이세벨이 날뛰는 북 왕국 이스라엘도 동일하게 하나님의 통치 아래 있음을 강조한다. 엘리사를 후계자로 삼는 것과 바알에게 무릎 꿇지 않은 사람 7천 명(실제적인 숫자라기보다는 많은 사람을 상징하는 숫자; Montgomery & Gehman, Cogan)이 있다는 것은, 세상이 아무리 험악하고 마치 여호와를 믿는 사람이 모두 사라진 것처럼 느껴진다 해도 하나님은 결코 침묵하지 않으시며, 조용하게 은밀한 곳에서 역사해 나가신다는 점을 강조한다(House). 이 일들은 엄청난 위험을 동반하고 있다. 특히 아합이 버젓이 살아있는데, 그를 칠 예후에게 기름을 부어 왕으로 삼는 것은 반역에 해당하는 행위이다.

그럼에도 불구하고 앞으로 엘리야가 해야 할 일들은 그가 갈멜 산 위에서 했던 일에 비하면 '조용한 음성'에 불과하다. 그러나 하사엘과 예후에게 기름을 붓고 엘리사를 후계자로 삼는 것은 하나님의 섭리대로 세상이 진행되는 과정에서 갈멜 산 사건만큼이나 중요하다. 앞으로 이스라엘에서의 바알에 대한 승리는 갈멜 산 사건과 같이 세상을 요란케 하는 일을 통해서가 아니라 조용하고 은밀한 정치적인 과정을 통해서 일어날 것이며, 그 승리는 엘리야를 통해서가 아니라 다른 사람을 통해서 있을 것이다. 아울러 이 말씀은 하나님이 앞으로 엘리야를 통해서 역사하시는 방법이 기적과 장엄한 일들을 통해서 하는 것에서 조용하고 부드러운 방법으로 바뀐다는 것을 암시하고 있다(Provan).

IV. 엘리야의 사역(왕상 17:1–왕하 1:18)
  B. 엘리야가 호렙 산으로 피신함(19:1–21)

4. 엘리사의 등장(19:19–21)

[19] 엘리야가 거기서 떠나 사밧의 아들 엘리사를 만나니 그가 열두 겨릿소를 앞세우고 밭을 가는데 자기는 열두째 겨릿소와 함께 있더라 엘리야가 그리로 건너가서 겉옷을 그의 위에 던졌더니 [20] 그가 소를 버리고 엘리야에게로 달려가서 이르되 청하건대 나를 내 부모와 입맞추게 하소서 그리한 후에 내

가 당신을 따르리이다 엘리야가 그에게 이르되 돌아가라 내가 네게 어떻게 행하였느냐 하니라 21 엘리사가 그를 떠나 돌아가서 한 겨릿소를 가져다가 잡고 소의 기구를 불살라 그 고기를 삶아 백성에게 주어 먹게 하고 일어나 엘리야를 따르며 수종 들었더라

하나님께로부터 새로운 사명을 받은 엘리야는 그 사명을 이루기 위해 호렙 산을 떠났다(19절). 그가 선지자의 소명을 단념하기 위하여 하나님의 산을 찾았다면, 하나님은 그를 회복시키셨을 뿐만 아니라 새로운 사명을 주셔서 왔던 곳으로 되돌아가게 하시는 것이다. 하나님이 옛적에 모세를 통해서 세상에 보여주셨던 것 만큼이나 위대한 일들을 그동안 엘리야를 통하여 하셨다. 그러나 엘리야는 자기를 들어 쓰신 하나님의 은혜에 감사하지 못하고 요나처럼 반응했다(Provan). 이제 하나님의 산에서 주님을 만난 엘리야는 자신을 정비하고 다시 길을 떠난다. 엘리야를 통해 온 천하가 놀랄 일을 하게 하셨던 하나님이 이제는 엘리야를 통해 은밀하고 부드러운 일들을 하려고 하신다. 그러나 엘리야는 마지 못해서 온 길을 되돌아갈 뿐이다(Walsh). 엘리야의 모습은 적극적으로, 그리고 긍정적으로 새 사명을 환영하는 자세가 아니기 때문이다. 새 소명에 대한 엘리야의 미온적인 태도는 앞으로 전개될 사건들에서 엿볼 수 있다. 하나님이 하사엘, 예후, 엘리사에게 기름을 부으라고 하셨는데, 그는 하사엘과 예후를 찾아가지 않는다. 엘리사가 그를 대신해서 이들을 만난다. 뿐만 아니라 하나님이 엘리사를 후계자로 세울 때 그에게 기름을 부으라고 하셨는데, 엘리야는 그에게 기름을 붓지 않는다.

엘리야가 길을 가다가 엘리사를 만나게 되었다(19절). 엘리사(אֱלִישָׁע)의 이름은 "하나님은 나의 구원이시다"라는 의미를 지닌다(Konkel, cf. HALOT). 이 두 사람의 만남이 우연인 것처럼 보이지만, 이미 하나님이 엘리사에 대해서 언급하신 것을 감안할 때, 이 만남 뒤에는 하나님의 보이지 않는 연출이 있었음을 알 수 있다. 엘리야가 엘리사를 만났을 때, 엘리사는 열두 겨릿소를 앞세우고 밭을 갈고 있었다. 그가 밭을 가는데 열두 개의 쟁기를 동원했다는 것은 엘리사가 상당한 부를 누리던 사람이었음을 시사한다(Patterson & Austel, Walsh). 그러므로 엘리사가 엘리야를 따른다는 것은 많은 것을 포기하는 것을 뜻한다(Cogan). 엘리야가 먼저 행동을 취했다. 밭을 갈고 있는 엘리사 앞에 자신의 외투를 던졌다. 하나님이 그에게 기름을 부으라고 하셨는데, 대신 옷을 던지는 것으로 보아 이 두 행위가 상징하는 바가 같거나 비슷하다고 생각할 수밖에 없다(Brueggemann). 옷을 던지는 것은 던지는 사람이 외투를 받은 사람에게 자신의 선지자적인 능력을 전수한다는 상징성을 지니고 있다(Gray, House, Konkel).

엘리야가 엘리사에게 한마디도 하지 않았지만, 엘리사는 그가 자기에게 옷을 던진 의미를 잘 알고 있다. 그러므로 그는 엘리야에게 "아버지와 어머니에게 작별 인사를 드린 뒤에, 선생님을 따르겠습니다"(20절, 새번역)라고 말한다. 엘리사가 사역으로 나서기 전에 부모에게 작별 인사를 하러 가는 모습은 그의 따스한 성격의 한 단면을 보여준다. 그는 훗날 선지자들의 따뜻하고 자상한 아버지 노릇을 한다(왕하 2-8장). 엘리야는 "내가 네게 어떻게 행하였느냐?"라고 말하며 마치 아무런 일도 없었던 것처럼 시침을 떼면서 그가 진정으로 하나님을 따를 것인가를 시험해보았다.

부모님께 인사를 드리고 돌아온 엘리사는 자기가 끌던 겨릿소를 잡고 소가 메던 멍에를 불살라서 그 고기를 삶아 사람들에게 주어 먹게 했다. 그가 취하고 있는 행동은 곧 감사제사를, 소는 예물을 뜻한다(Sweeney, Konkel). 엘리사는 그를 선지자로 부르신 하나님께 먼저 감사의 제단을 쌓고 엘리야를 따라나서는 것이다. 우리도 전에 소명을 주신 하나님께 감사의 제단을 쌓고 주님을 따랐다. 지금도 소명을 주신 하나님께 감사하고 있는지 자신을 돌아보자.

　　엘리사는 평소에 자신의 삶과 안녕을 상징했던 소와 멍에를 부숨으로 자신의 과거와의 단절을 선언하고 있다(House, Walsh, Provan). 그는 자신의 과거를 불에 태웠다(Patterson & Austel). 한 주석가는 엘리사의 이러한 행동을 '과거의 삶으로 돌아갈 수 있는 다리를 태운 것'으로 표현하다(Fretheim). 옛 삶으로 돌아가지 않겠다는 강력한 의지의 표현이다. 이윽고 엘리사는 엘리야를 따라나섬으로써 그의 제자가 되었다. 엘리사는 적극적으로 선지자의 소명에 임하고 있는 것이다. 이처럼 소명에 적극적인 엘리사의 모습은 호렙 산을 떠나오는 엘리야의 모습에서 볼 수 있었던 미지근한 자세와는 매우 대조적이다.

C. 엘리야의 아합 규탄(20:1-22:40)

저자는 엘리야의 이야기를 잠시 접어두고 선지자가 문제 삼고 있는 아합에게 초점을 맞춘다. 그동안 아합은 열왕기에 등장한 후 별다른 역할을 해내지 못했다. 이 섹션에서 그와 이세벨이 주인공이 되다시피 한다. 20장과 22장은 아합이 시리아(아람) 사람들과 지속적으로 전쟁을 하고 있음을 회고한다. 중간인 21장은 아합과 그의 아내가 어떻게 죄 없는 자를 살해하고 재산을 빼앗는가를 기록하고 있다. 20-22장을 형성하고 있는 '전쟁―살인'과 '약탈―전쟁' 구조는 마치 시리아 사람들과의 전쟁이 아합과 이세벨이 이스라엘에서 자행하고 있는 약탈과 살인 등에 대한 죗값 때문이라고 말하는 듯하다.

　　하나님이 선지자들을 통해 아합의 잘못에 대해서 경고하시는 것도 각별하다. 아합이 나봇의 포도원을 취한 일이 있은 후에 엘리야는 그에게 심판의 말씀을 선포했다(21:17-29). 다른 선지자들도 아합에게 비난을 퍼부었다(20:35-43; 22:1-28). 아합이 하나님을 끝까지 거역한 것

은 그가 결코 하나님의 경고를 듣지 못해서가 아니다. 엘리야 이야기
에서처럼 아합의 이야기에서도 이슈는 같다. 누가 참 하나님인가? 누
가 세상을 통치하시는가? 누가 하나님을 대변하는가? 여호와의 백성
의 왕이 된다는 것이 무엇을 의미하는가?(House) 칠십인역은 20장과 21
장의 이야기의 순서를 바꾸어 기록하고 있다.

이 섹션은 다음과 같은 구조를 지닌다. 이야기의 핵심이 이세벨이
나봇을 살해하고 포도원을 빼앗은 일에 가 있다. 아합과 이세벨은 종
교적으로 부패한 사람들일 뿐만 아니라, 사회적으로도 자신들의 권력
을 남용하는 최악의 왕족이다. 그들은 누명을 씌워 죄 없는 나봇을 살
해하고 재산을 뺏는 등 하나님의 심판을 받아 마땅한 사람들로 묘사된
다. 종교적으로 부패한 사람들이 도덕적으로 깨끗할 리가 없으니 그들
이 이런 만행을 저지른 것이 놀랄 일은 아니다.

> A. 이스라엘과 시리아의 전쟁(20:1-34)
>   B. 예언자가 아합을 규탄함(20:35-43)
>   C. 이세벨이 나봇을 살해함(21:1-16)
>   B′. 엘리야의 아합 비난(21:17-29)
> A′. 시리아 전쟁에서 아합이 죽음(22:1-40)

IV. 엘리야의 사역(왕상 17:1-왕하 1:18)
   C. 엘리야의 아합 규탄(20:1-22:40)

1. 이스라엘과 시리아의 전쟁(20:1-34)

엘리야에 대한 이야기가 잠시 멈추고 있다. 선지자가 기름을 부어 시
리아의 왕으로 세워야 할 하사엘 대신 벤하닷이 이 이야기에 등장한
다. 우리는 이미 벤하닷이라는 이름의 시리아 왕에 대해서 들은 적이
있다(15:18). 유다의 아사와 이스라엘의 바아사 시대 때의 일이었다. 만

일 이 벤하닷이 그때 언급된 동일 인물이라면, 이 이야기는 아합이 통치를 시작한 뒤 얼마 되지 않아서 있었던 일이다. 반면에 다른 인물이라면 그의 통치 말기 때 있었던 일이다. 시리아의 기록에 의하면 또 하나의 벤하닷이 그때쯤 언급되기 때문이다(cf. 본문 주해).

이 사건에서는 엘리야가 등장하지 않고, 엘리사도 보이지 않는다. 그렇다고 해서 선지자들이 없는 것은 아니다. 이야기의 핵심 부분에서 선지자들이 언급된다. "한 선지자"(20:13-14), "하나님의 사람"(20:28), "선지자 무리"(20:35-42). 아합을 상대하는 선지자가 엘리야나 엘리사가 아니라 다른 사람들이라는 사실 등을 감안할 때, 이 이야기는 아합이 통치를 시작한 지 얼마 되지 않은 때, 곧 엘리야와 엘리사가 아직 등장하지 않았을 때에 있었던 일일 가능성이 많다. 저자는 엘리사가 엘리야를 대신해서 하게 될 일들에 대한 역사적 배경을 설명하기 위해 잠시 과거로 되돌아가고(flashback) 있다.

엘리야가 아합을 두고 이스라엘을 괴롭게 하는 자라고 비난했던 18장의 테마가 여기서 다시 살아난다. 아합은 하나님의 은혜로 벤하닷을 완전히 제거할 수 있었던 상황에서 그를 살려주어 오히려 화를 키운다. 뿐만 아니라 그는 여호와가 진정한 하나님이신 줄 알면서도 하나님을 신뢰하고 믿기를 거부한다. 하나님은 아합에게 많은 은혜를 베풀어주셨지만, 아합은 여호와를 하나님으로 섬기지 않았던 것이다. 본 텍스트는 다음과 같은 구조를 지닌다. 저자는 아합이 전쟁할 때마다 하나님이 승리를 주셨지만, 그는 정작 하나님의 은혜를 악으로 되갚았다는 사실을 강조하고자 한다. 아합은 하나님의 은혜에 배은망덕(背恩忘德)한 자인 것이다.

A. 아합이 벤하닷에게 승리함(20:1-22)
B. 아합이 아벡에서 승리함(20:23-30)
C. 아합이 벤하닷을 놓아줌(20:31-34)

IV. 엘리야의 사역(왕상 17:1-왕하 1:18)
  C. 엘리야의 아합 규탄(20:1-22:40)
    1. 이스라엘과 시리아의 전쟁(20:1-34)

(1) 아합이 벤하닷에게 승리함(20:1-22)

역사를 살펴보면 이스라엘과 시리아는 앙숙처럼 기회만 되면 서로 싸
웠다. 어떻게 생각하면 오늘날 이스라엘과 시리아가 겪고 있는 갈
등은 매우 오래된 것으로써 본문이 묘사하고 있는 갈등과 비슷하다
(Brueggemann). 물론 승자는 그때 그때 달랐다. 이번에는 이스라엘의 아
합이 벤하닷을 상대로 승리했다. 그는 여세를 몰아 다시는 시리아가
이스라엘을 상대로 전쟁을 해 올 수 없을 정도로 시리아를 약화시킬
기회를 쥐었다. 여호와께서 일을 그렇게 만들어가셨기 때문이다. 그러
나 아합은 그의 원수 벤하닷을 살려 주었을 뿐만 아니라, 그를 극진히
대접했다. 이 어이없는 일의 시작을 알리는 본 텍스트는 다음과 같이
두 파트로 나뉜다.

  A. 시리아의 침략(20:1-12)
  B. 이스라엘의 승리(20:13-22)

IV. 엘리야의 사역(왕상 17:1-왕하 1:18)
  C. 엘리야의 아합 규탄(20:1-22:40)
    1. 이스라엘과 시리아의 전쟁(20:1-34)
      (1) 아합이 벤하닷에게 승리함(20:1-22)

① 시리아의 침략(20:1-12)

¹ 아람의 벤하닷 왕이 그의 군대를 다 모으니 왕 삼십이 명이 그와 함께 있
고 또 말과 병거들이 있더라 이에 올라가서 사마리아를 에워싸고 그 곳을

치며 ² 사자들을 성 안에 있는 이스라엘의 아합 왕에게 보내 이르기를 벤하
닷이 그에게 이르되 ³ 네 은금은 내 것이요 네 아내들과 네 자녀들의 아름다
운 자도 내 것이니라 하매 ⁴ 이스라엘의 왕이 대답하여 말하기를 내 주 왕
이여 왕의 말씀 같이 나와 내 것은 다 왕의 것이니이다 하였더니 ⁵ 사신들이
다시 와서 이르되 벤하닷이 이르노라 내가 이미 네게 사람을 보내어 말하기
를 너는 네 은금과 아내들과 자녀들을 내게 넘기라 하였거니와 ⁶ 내일 이맘
때에 내가 내 신하들을 네게 보내리니 그들이 네 집과 네 신하들의 집을 수
색하여 네 눈이 기뻐하는 것을 그들의 손으로 잡아 가져가리라 한지라 ⁷ 이
에 이스라엘 왕이 나라의 장로를 다 불러 이르되 너희는 이 사람이 악을 도
모하고 있는 줄을 자세히 알라 그가 내 아내들과 내 자녀들과 내 은금을 빼
앗으려고 사람을 내게 보냈으나 내가 거절하지 못하였노라 ⁸ 모든 장로와 백
성들이 다 왕께 아뢰되 왕은 듣지도 말고 허락하지도 마옵소서 한지라 ⁹ 그
러므로 왕이 벤하닷의 사신들에게 이르되 너희는 내 주 왕께 말하기를 왕이
처음에 보내 종에게 구하신 것은 내가 다 그대로 하려니와 이것은 내가 할
수 없나이다 하라 하니 사자들이 돌아가서 보고하니라 ¹⁰ 그 때에 벤하닷이
다시 그에게 사람을 보내어 이르되 사마리아의 부스러진 것이 나를 따르는
백성의 무리의 손에 채우기에 족할 것 같으면 신들이 내게 벌 위에 벌을 내
림이 마땅하니라 하매 ¹¹ 이스라엘 왕이 대답하여 이르되 갑옷 입는 자가 갑
옷 벗는 자 같이 자랑하지 못할 것이라 하라 하니라 ¹² 그 때에 벤하닷이 왕
들과 장막에서 마시다가 이 말을 듣고 그의 신하들에게 이르되 너희는 진영
을 치라 하매 곧 성읍을 향하여 진영을 치니라

시리아의 왕 벤하닷(בֶּן־הֲדַד)이 큰 군대를 이끌고 이스라엘을 침략해
왔다. 이 벤하닷이 누구인가에 대해 학자들의 논란이 분분하다. 시리
아의 '벤하닷'은 이집트의 '바로'처럼 즉위 이름(throne name)일 가능성
이 다분하다(Patterson & Austel). 그러나 만일 이 호칭이 즉위 이름이 아
니라 개인의 이름이라면 그 사람은 누구일까? 일부 학자들은 주전 9

세기 대부분 동안 시리아를 다스린 것으로 추정되는 벤하닷 1세(Ben-Hadad I)로 추정한다(Albright, Bright, House, Montgomery, Unger). 다른 학자들은 본문의 벤하닷과 전에(viz., 바아사 왕 시대) 이스라엘을 침략하여 상당한 규모의 영토를 빼앗은 벤하닷을 구분하고 있는 듯한 34절을 근거로, 이 이야기에 등장하는 시리아 왕을 벤하닷 2세(Ben-Hadad II, 860-842 BC경)라고 칭하고 이스라엘을 침략했던 그의 아버지를 벤하닷 1세(Ben-Hadad I, 885-860 BC경)라고 칭한다(Edwards, Keil, Kitchen, Malamat, Wiseman, Wood). 후자가 전자보다 34절을 훨씬 더 쉽게 설명한다. 아시리아의 살만에셀 3세(Shalmaneser III, 858-843 BC)의 기록은 본문에 등장하는 벤하닷의 이름을 하닷에셀(Hadad-Ezer)로 표기하고 있다(Patterson & Austel).[14]

학자들은 벤하닷이 이스라엘을 침략한 이유로 다양한 추측을 내놓았다. 당시 가나안 지역의 몇몇 나라가 구축하고 있는 반(反)아시리아 연합에 이스라엘을 가입시키기 위해서 침략해 왔거나, 이스라엘에게서 상업 도로를 빼앗기 위해서 왔다는 등 다양하다(cf. Patterson & Austel). 그러나 벤하닷이 왜 이스라엘을 침략해 왔는지에 대해서 저자는 아무런 언급을 하지 않는다. 이야기의 진행에 중요하지 않기 때문이다. 중요한 것은 시리아가 이스라엘을 침략해 왔다는 사실이다. 벤하닷은 32명의 왕(מֶלֶךְ)을 데리고 왔다고 한다. 모든 정황을 감안할 때, 이들은 '지방 영주'임이 분명하다(새번역; cf. Cogan, Walsh, Konkel). 벤하닷은 별 어려움 없이 이스라엘을 점령했고 수도 사마리아 성을 포위하고 공격했

---

14 이들(Patterson & Austel)은 주전 9세기 시리아 왕들에 대하여 다음과 같이 제안한다(cf. Long, Cross).

이름	즉위 연대(BC)
벤하닷 1세	885-860; 다브림몬의 아들(왕상 15:18)
벤하닷 2세	860-842
하사엘	841-802
벤하닷 3세	802-780?

다(1절).

성을 포위한 상태에서 벤하닷은 아합에게 사신을 보내 아합의 모든 부(富)와 아내와 자식들이 자기의 것이라고 선언했다. 고대 근동에서는 과장된 언어를 사용하여 협상하는 것이 일상화되어 있었기에 (Brueggemann) 아합은 벤하닷이 단순히 항복을 요구하는 것으로 생각해서 그가 전적으로 옳다며 맞장구를 쳤다(4절). 돈을 주겠다는 것이다. 그러나 벤하닷은 다시 사절을 보내서 자신의 말이 무슨 뜻인지를 명확하게 밝혔다. 돈뿐만 아니라 아합의 아내들과 자식들도 모두 다 내놓으라는 것이다(5절). 벤하닷은 다음날 부하들을 보내 자기가 말한 모든 것을 다 취하겠다는 말도 덧붙였다(6절). 벤하닷의 요구는 지나친 것일 뿐만 아니라 아합에게 치명적인 치욕일 수밖에 없다. 벤하닷은 자신의 무리한 요구가 거부될 것을 어느 정도 의식하고 있었다. 벤하닷은 처음부터 아합과 싸울 생각을 할 뿐, 협상할 생각은 별로 없었던 것이다 (Walsh, Patterson & Austel).

아합은 성의 원로들을 불러 상황을 설명하고 어떻게 하면 좋을지 상의했다. 어떠한 이유에서인지 원로들은 벤하닷을 별로 두려워하지 않는다. 이미 그가 온 이스라엘을 정복하다시피 했는데도 말이다. 그래서 원로들은 아합에게 벤하닷에게 대항하여 싸우자고 했다(8절). 용기를 얻은 아합은 벤하닷의 사절에게 돈은 얼마든지 줄 의향이 있지만, 아내와 자식들을 내놓으라는 요구는 들어줄 수 없다고 했다. 최후의 수단으로 문제를 돈으로 해결할 수 있다면 그렇게 해보겠다는 의지였다. 벤하닷은 다시 사절들을 보내 자신은 결코 돈으로 만족할 수 없다고 했다(10절). 그리고 아합의 제안을 반역으로 규정해서 성 전체를 아무것도 남지 않을 때까지 완전히 파괴하겠다는 협박도 덧붙였다(10절).

결코 전쟁을 피할 수 없게 되었다는 것을 깨달은 아합이 벤하닷의 약을 올리는 한마디를 했다. "참 군인은 갑옷을 입을 때에 자랑하지 아니하고, 갑옷을 벗을 때에 자랑하는 법이다"(11절, 새번역). 전쟁의 결과는 두고 봐야 하기 때문에 전쟁에 떠나는 자(갑옷을 입은 자)가 아니라, 전쟁에서 승리하고 돌아온 자(갑옷을 벗은 자)가 자랑할 권리가 있다는 뜻이다. 아합은 전쟁에 대해서 너무 자만하지 말라며 벤하닷의 약을 올리고 있는 것이다. 아합이 한 말이 벤하닷에게 전해졌을 때, 벤하닷은 그와 함께한 32명의 왕들(영주들)과 술을 마시고 있었다(12절; cf. 16절). 저자가 이러한 정보를 귀띔해 주는 것은 술에 취한 벤하닷은 이성적이지 않으므로 매우 어리석은 행동을 할 것을 암시하기 위해서이다(Brueggemann). 즉, 이 전쟁에서 그는 벤하닷이 패할 것을 예고하고 있는 것이다(Sweeney). 아합의 말에 화가 치밀은 벤하닷은 모든 군대에게 출전 명령을 내렸다(12절).

② 이스라엘의 승리(20:13–22)

¹³ 한 선지자가 이스라엘의 아합 왕에게 나아가서 이르되 여호와의 말씀이 네가 이 큰 무리를 보느냐 내가 오늘 그들을 네 손에 넘기리니 너는 내가 여호와인 줄을 알리라 하셨나이다 ¹⁴ 아합이 이르되 누구를 통하여 그렇게 하시리이까 대답하되 여호와의 말씀이 각 지방 고관의 청년들로 하리라 하셨나이다 아합이 이르되 누가 싸움을 시작하리이까 대답하되 왕이니이다 ¹⁵ 아합이 이에 각 지방 고관의 청년들을 계수하니 이백삼십이 명이요 그 외에 모든 백성 곧 이스라엘의 모든 자손을 계수하니 칠천 명이더라 ¹⁶ 그들이 정오에 나가니 벤하닷은 장막에서 돕는 왕 삼십이 명과 더불어 마시고 취한 중이라 ¹⁷ 각 지방의 고관의 청년들이 먼저 나갔더라 벤하닷이 정탐꾼을 보냈더니 그들이 보고하여 이르되 사마리아에서 사람들이 나오더이다 하매 ¹⁸

그가 이르되 화친하러 나올지라도 사로잡고 싸우러 나올지라도 사로잡으라
하니라 ¹⁹ 각 지방 고관의 청년들과 그들을 따르는 군대가 성읍에서 나가서
²⁰ 각각 적군을 쳐죽이매 아람 사람이 도망하는지라 이스라엘이 쫓으니 아람
왕 벤하닷이 말을 타고 마병과 더불어 도망하여 피하니라 ²¹ 이스라엘 왕이
나가서 말과 병거를 치고 또 아람 사람을 쳐서 크게 이겼더라 ²² 그 선지자
가 이스라엘 왕에게 나아와 이르되 왕은 가서 힘을 기르고 왕께서 행할 일
을 알고 준비하소서 해가 바뀌면 아람 왕이 왕을 치러 오리이다 하니라

전쟁이 진행되는 동안 한 선지자가 아합에게 여호와 하나님의 말
씀을 주었다. 시리아 군대가 이스라엘 군대보다 훨씬 더 규모가 크다
(Brueggemann). 아합에게는 큰 시리아 군대를 당해낼 방법이 없지만, 하
나님이 그에게 승리를 주실 것이라는 내용이었다. 전쟁은 군인 숫자의
크고 작음에 속해있지 않고 여호와께 속해있음을 확인하는 순간이다.
하나님이 이교(異敎)를 좇고 있는 아합에게 승리를 주시는 이 전쟁의
신학적인 의미는 아합으로 하여금 "여호와가 하나님이심을 알게" 하는
것이다(13절). 이 말씀은 출애굽 때 많이 사용되었다(출 6:7; 7:5; 10:2;
14:4; 16:12; etc.). 여호와가 이스라엘의 하나님이시고, 이스라엘은 아직
도 주의 백성이라는 것을 강조하기 위해서 과거를 연계시키고 있는 것
이다.

지푸라기라도 잡고 싶은 심정이었던 아합은 귀가 솔깃해서 모든 것
을 선지자가 지시한 대로 했다. 아합은 비록 하나님을 믿지는 않지만,
하나님의 말씀을 잘 듣고 있다. 그가 여호와를 의지하면 도저히 이길
수 없는 적도 이길 수 있게 된다는 체험을 하고 나서도 하나님을 섬기
지 않는 것을 보면서, 우리는 인간의 무지함과 영적인 어리석음이 얼
마나 심각한지 깨달아야 한다.

아합은 7천 명의 군대와 젊은 장교들 232명을 이끌고 나가서 대승을
거둔다. 아합이 7천 명으로 승리했다는 것은 우연이 아니다. 하나님은

호렙 산에서 엘리야에게 '바알에게 무릎 꿇지 않은 7천 명'을 말씀하셨다(19:18). 숫자 '7천'은 이 두 사건을 연계시키면서 바알에게 무릎 꿇지 않은 7천 명이 지닌 가능성과 잠재력을 생각하게 한다(cf. Brueggemann). 하나님의 7천 명은 어떠한 일도 해낼 수 있는 능력을 지녔다. 하나님이 그들을 통해 사역하시기 때문이다.

아합에게 승리를 안겨준 가장 큰 요인은 벤하닷의 방심과 교만이었다. 그는 자기 군대가 숫자적으로 이스라엘을 압도하고 있다는 사실에 방심해서 전쟁터에 와서 술판을 벌였다. 심지어는 아합이 군대를 이끌고 나온다는 보고를 받고도 항복하러 오는 줄 알았다(18절). 그래서 그는 사마리아에서 나오는 자들을 생포하라는 명령을 내렸다. 벤하닷은 이스라엘이 자기 군대를 상대로 싸우러 나올 수 있다는 가능성을 완전히 배제한 것이다. 이것은 그의 교만이며, 동시에 아합 군대가 얼마나 형편없었는지에 대한 증언이다. 이스라엘의 군대는 적들의 비웃음거리에 불과했던 것이다. 그러나 하나님이 아합의 군대와 함께하시니 전혀 뜻밖의 결과가 나왔다. 시리아 군대가 아합 앞에서 대패하고 도주해야 하는 수모를 당한 것이다. 벤하닷은 술 때문에 패배했고, 아합은 하나님의 말씀이 있어서 승리했다(House).

이렇게 해서 이스라엘은 시리아와의 전쟁에서 압도적인 승리를 거두게 되었다. 그러나 이것이 마지막이 아니다. 아합 옆에서 하나님의 말씀을 전하고 작전을 도와주던 선지자는 아합에게 벤하닷이 다시 올 것이니 힘을 키우고 만반의 준비를 하라고 귀띔해 주었다(22절). 이스라엘이 앞으로도 벤하닷을 상대로 승리하게 될 것을 암시한다. 상황이 이 정도 되면 아합이 하나님을 섬겨야 하는데 그의 마음은 변하지 않는다. 그에게 여호와는 잠시 이용해 자기가 얻고자 하는 것을 얻는 도구에 불과하지 섬겨야 하는 대상이 아니기 때문이다. 이런 사람에게 은혜를 베푸시는 하나님이 오히려 이해가 잘 되지 않는다.

(2) 아합이 아벡에서 승리함(20:23-30)

²³ 아람 왕의 신하들이 왕께 아뢰되 그들의 신은 산의 신이므로 그들이 우리보다 강하였거니와 우리가 만일 평지에서 그들과 싸우면 반드시 그들보다 강할지라 ²⁴ 또 왕은 이 일을 행하실지니 곧 왕들을 제하여 각각 그 곳에서 떠나게 하고 그들 대신에 총독들을 두시고 ²⁵ 또 왕의 잃어버린 군대와 같은 군대를 왕을 위하여 보충하고 말은 말대로, 병거는 병거대로 보충하고 우리가 평지에서 그들과 싸우면 반드시 그들보다 강하리이다 왕이 그 말을 듣고 그리하니라 ²⁶ 해가 바뀌니 벤하닷이 아람 사람을 소집하고 아벡으로 올라와서 이스라엘과 싸우려 하매 ²⁷ 이스라엘 자손도 소집되어 군량을 받고 마주 나가서 그들 앞에 진영을 치니 이스라엘 자손은 두 무리의 적은 염소 떼와 같고 아람 사람은 그 땅에 가득하였더라 ²⁸ 그 때에 하나님의 사람이 이스라엘 왕에게 나아와 말하여 이르되 여호와의 말씀에 아람 사람이 말하기를 여호와는 산의 신이요 골짜기의 신은 아니라 하는도다 그러므로 내가 이 큰 군대를 다 네 손에 넘기리니 너희는 내가 여호와인 줄을 알리라 하셨나이다 하니라 ²⁹ 진영이 서로 대치한 지 칠 일이라 일곱째 날에 접전하여 이스라엘 자손이 하루에 아람 보병 십만 명을 죽이매 ³⁰ 그 남은 자는 아벡으로 도망하여 성읍으로 들어갔더니 그 성벽이 그 남은 자 이만 칠천 명 위에 무너지고 벤하닷은 도망하여 성읍에 이르러 골방으로 들어가니라

전혀 예상하지 못하던 패배의 잔을 마시게 된 시리아 사람들이 패배의 원인을 생각해보았다. 그들은 이스라엘보다 훨씬 더 막강하고 규모가 큰 군대를 가지고도 패배한 이유를 이스라엘의 신 여호와에게서 찾았다. 그들은 자신들의 패배에 대한 신학적인 답을 찾은 것이다! 이미

우리가 이야기에서 보았듯이 여기까지는 그들의 말이 옳다. 그러나 그
들의 다음 말이 하나님의 자존심을 건드릴 수밖에 없다. 여호와는 산
의 신이지 평지의 신이 아니니까 다음에는 많은 군대를 이끌고 가서
평지에서 싸우자는 것이다(23절).

전략적으로는 매우 지혜로운 전술이다. 아군의 수가 적군의 수보다
월등하게 많을 때는 평지에서 싸우는 것이 훨씬 더 승산이 있기 때문
이다. 그러나 시리아 사람들은 잘못된 여호와에 대한 신학으로 말미암
아 스스로 무덤을 파고 있다. 하나님은 자신이 여호와이심을 드러내기
위해서 아합이 맘에 들지 않아도 그에게 승리를 주셨다(13절). 그러므
로 이번에도 하나님은 개입하셔서 다시 한 번 자신이 여호와이심을 드
러내고, 시리아 사람들에게는 여호와의 능력이 산에만 제한된 것이 아
님을 보여주실 것이다(28절). 시리아 사람들이 본의 아니게 하나님의
자존심을 건드렸다. 아합이 승리할 수 있었던 것은 여호와의 선지자를
참모로 두었기 때문이며, 벤하닷이 패배할 수밖에 없었던 것은 그의
참모들은 하나님의 말씀이 아닌 잔머리로 전략을 세우는 사람들뿐이
었기 때문이다(Walsh). 하나님의 지혜와 인간의 지혜가 대결했으니 당
연히 하나님의 지혜가 승리하는 것이다.

이듬해에 벤하닷은 엄청난 군대를 소집하여 이스라엘을 침략했다.
가나안 지역에서는 대체로 봄이나 이른 여름에 전쟁을 했다. 이때는
날씨도 심하게 덥지 않고, 짐승들을 먹일 풀이 있으며, 또한 봄에 수확
하는 곡식이 있었기에 군량미를 구하기가 쉬웠다(Konkel). 두 군대는 아
벡(PDN)에서 만났다(26절). 이스라엘 안에는 아벡이란 이름을 지닌 지역
이 다섯 곳이나 있었다. 그러므로 이 아벡이 어디인지 정확히 알 수는
없지만, 오늘날의 골란 지역(Golan Heights)을 뜻하는 것으로 생각된다
(Cogan). 또한 본문의 내용을 감안할 때, 이 지역에는 넓은 평지가 있었
음이 확실하다.

저자는 시리아와 이스라엘의 군대의 규모를 이렇게 대조하고 있다.

"이스라엘 군대는 시리아 군대에 비하면, 마치 작은 염소 두 떼와 같았고, 시리아 군대는 그 땅을 가득 채울 만큼 많았다"(27절, 새번역). 수적으로는 이스라엘에게 도저히 승산이 없는 싸움이다. 게다가 시리아 사람들이 원했던 평지에서 전쟁을 하고 있다. 모든 것이 시리아에게 유리하다. 그러나 그들이 놓친 한가지 중요한 요소가 있다. 바로 이스라엘의 하나님 여호와이시다. 기대했던 것처럼 하나님은 예언자를 아합에게 보내셨다. 여호와께서는 시리아에게는 이스라엘 하나님의 능력이 그들이 생각하는 것처럼 산지에 제한되어 있지 않고, 평지에서도 무한한 능력을 발휘하는 분이라는 것을 과시하기를 원하셨고, 아합과 이스라엘에게는 여호와 같은 분이 없다는 것을 다시 한 번 보여주기를 원하셨다(28절).

두 군대는 서로 마주보며 진을 쳤다. 그들은 처음 6일을 상대방을 탐색하는 데 보냈다. 그러다가 드디어 7일째 되던 날 전투가 시작되었다. 이미 예견했던 것처럼 전쟁은 이스라엘의 완승으로 끝났다. 이스라엘은 그날 하루 시리아 보병 10만 명을 무찔렀으며, 나머지는 아벡 성으로 피했지만, 성벽이 무너져 2만 7천 명이 성벽 밑에 깔렸다. 성벽이 무너져 이렇게 많은 숫자를 덮쳤다는 것은 이 전쟁에 여호와 하나님이 직접 개입하셨다는 증거였다.

(3) 아합이 벤하닷을 놓아줌(20:31-34)

³¹ 그의 신하들이 그에게 말하되 우리가 들은즉 이스라엘 집의 왕들은 인자한 왕이라 하니 만일 우리가 굵은 베로 허리를 동이고 테두리를 머리에 쓰고 이스라엘의 왕에게로 나아가면 그가 혹시 왕의 생명을 살리리이다 하고

³² 그들이 굵은 베로 허리를 동이고 테두리를 머리에 쓰고 이스라엘의 왕에게 이르러 이르되 왕의 종 벤하닷이 청하기를 내 생명을 살려 주옵소서 하더이다 아합이 이르되 그가 아직도 살아 있느냐 그는 내 형제이니라 ³³ 그 사람들이 좋은 징조로 여기고 그 말을 얼른 받아 대답하여 이르되 벤하닷은 왕의 형제니이다 왕이 이르되 너희는 가서 그를 인도하여 오라 벤하닷이 이에 왕에게 나아오니 왕이 그를 병거에 올린지라 ³⁴ 벤하닷이 왕께 아뢰되 내 아버지께서 당신의 아버지에게서 빼앗은 모든 성읍을 내가 돌려보내리이다 또 내 아버지께서 사마리아에서 만든 것 같이 당신도 다메섹에서 당신을 위하여 거리를 만드소서 아합이 이르되 내가 이 조약으로 인해 당신을 놓으리라 하고 이에 더불어 조약을 맺고 그를 놓았더라

벤하닷은 겨우 아벡 성으로 몸을 피해 성안의 어느 골방에 숨어있다 (30절). 그에게 평지에서 싸우라고 제안했던 참모들이 두 번째 계략을 내놓았다. 항복하라는 것이다! 그들이 듣기로는 이스라엘의 왕들은 인정이 많다고 했으니, 비굴하지만 항복해서 살려달라고 호소해 보자는 것이다(31절). 우리말 번역본들에서는 언약적인 개념이 모두 잊혀버리고 단지 약자에 대한 강자의 자비만이 강조되지만, 실제로 본문의 핵심은 언약(בְּרִית)(34절)의 갱신이다. 벤하닷의 신하들은 이스라엘 왕들이 "인자한 왕들"(מַלְכֵי חֶסֶד)이라고 하는데(31절), 이곳에서 "인자함"을 의미하며 사용되는 히브리어 단어(חֶסֶד)는 언약적 충성을 뜻한다.

부하들은 이스라엘의 왕들은 언약을 잘 맺고, 맺은 언약은 잘 준수하는 사람들이니 옛적 언약을 바탕으로 호소해보자고 제안한다 (Brueggemann, Patterson & Austel, Sweeney, Konkel). 그러므로 이것은 전쟁에 패한 약자가 오로지 살기 위해서 강자에게 살려달라고 호소하는 것이 아니다. 다른 대안이 없기에 벤하닷은 부하들을 굵은 베로 허리를 묶고, 목에 줄을 동여매게 해서 아합에게 보냈다(새번역). 베로 허리를 묶는 것은 수치와 근신의 상징이며(Patterson & Austel), 목에 줄을 동여매는

것은 당신과 맺은 언약을 따르겠다는 의지의 표현이다(Gray, Konkel).

벤하닷의 부하들이 아합에게 나아와 제발 벤하닷 왕의 목숨만은 살려달라고 애원했다. 아합이 벤하닷의 부하들을 환대하니 그들이 벤하닷을 데리고 나왔다(33절). 아합은 벤하닷의 품위를 회복시켜주고 그와 조약을 맺었다. 벤하닷은 답례로 이스라엘에서 빼앗은 땅을 돌려줄 것과, 아합이 다마스쿠스 안에 상업 중심지를 세울 수 있게 할 것을 약속했다. 이러한 조약을 맺은 후 아합은 벤하닷을 돌려보냈다(34절).

엘리야는 이미 아합을 "이스라엘을 괴롭게 하는 자"로 규정함으로 옛적 아간이 이스라엘을 괴롭게 했던 일을 연상케 했다(18:18). 아간은 하나님께 속한 것을 취해서 이스라엘에 재앙을 가져왔다. 아합은 여기서 하나님께 속한 벤하닷의 생명을 살려줌으로써 화를 자초한다. 그러므로 아간의 이야기를 바탕으로 우리는 다음 두 가지 질문을 하게 된다. (1) 아합이 벤하닷을 살려주는 이유가 옛적에 아간이 개인적인 이익을 위해서 옷과 금을 훔친 것과 동일한가? (2) 이 일로 인하여 아합도 아간과 같은 운명을 맞게 될 것인가? 저자는 이 두 질문에 모두 긍정적으로 답을 한다. 아합은 또 하나의 아간인 것이다.

> IV. 엘리야의 사역(왕상 17:1-왕하 1:18)
> C. 엘리야의 아합 규탄(20:1-22:40)

2. 예언자가 아합을 규탄함(20:35-43)

[35] 선지자의 무리 중 한 사람이 여호와의 말씀을 그의 친구에게 이르되 너는 나를 치라 하였더니 그 사람이 치기를 싫어하는지라 [36] 그가 그 사람에게 이르되 네가 여호와의 말씀을 듣지 아니하였으니 네가 나를 떠나갈 때에 사자가 너를 죽이리라 그 사람이 그의 곁을 떠나가더니 사자가 그를 만나 죽였더라 [37] 그가 또 다른 사람을 만나 이르되 너는 나를 치라 하매 그 사람이 그를 치되 상하도록 친지라 [38] 선지자가 가서 수건으로 자기의 눈을 가리어 변

장하고 길 가에서 왕을 기다리다가 ³⁹ 왕이 지나갈 때에 그가 소리 질러 왕을 불러 이르되 종이 전장 가운데에 나갔더니 한 사람이 돌이켜 어떤 사람을 끌고 내게로 와서 말하기를 이 사람을 지키라 만일 그를 잃어 버리면 네 생명으로 그의 생명을 대신하거나 그렇지 아니하면 네가 은 한 달란트를 내어야 하리라 하였거늘 ⁴⁰ 종이 이리 저리 일을 볼 동안에 그가 없어졌나이다 이스라엘 왕이 그에게 이르되 네가 스스로 결정하였으니 그대로 당하여야 하리라 ⁴¹ 그가 급히 자기의 눈을 가린 수건을 벗으니 이스라엘 왕이 그는 선지자 중의 한 사람인 줄을 알아본지라 ⁴² 그가 왕께 아뢰되 여호와의 말씀이 내가 멸하기로 작정한 사람을 네 손으로 놓았은즉 네 목숨은 그의 목숨을 대신하고 네 백성은 그의 백성을 대신하리라 하셨나이다 ⁴³ 이스라엘 왕이 근심하고 답답하여 그의 왕궁으로 돌아가려고 사마리아에 이르니라

아합이 벤하닷과 협정을 맺고 그를 다마스쿠스로 돌려보낸 후, 선지자들이 모여 사는 곳에서 이상한 일이 벌어졌다. 거리 극장(Street Theatre)의 무대에 한 편의 행동 예언이 시작된 것이다(cf. Brueggemann). 한 선지자가 여호와의 명령을 받고서 다른 선지자에게 자기를 치라고 했다. 그러나 이유를 알 수 없는 폭행에 동조할 수 없다고 생각했는지 부탁을 받은 선지자는 그렇게 하기를 거부했고, 결국 하나님의 명령을 거부한 대가로 그는 사자에 물려 죽었다(35-36절). 전에도 한 선지자가 하나님의 명령에 순종하지 않았다가 사자에게 물려 죽은 일이 있었다 (13:24). 이 일에 대한 소문은 순식간에 선지자들 사이에 퍼졌다.

하나님의 명령을 받은 선지자가 다시 한 선지자에게 접근하여 때리라고 하니, 혹여 자기도 사자에 물려 죽을세라 그는 때리라고 한 선지자를 심하게 때렸다(37절). 이 사건은 두 가지를 말한다. 첫째, 때리라고 한 선지자는 참으로 하나님께로부터 말씀을 받았다. 둘째, 그는 자신이 받은 말씀을 전하기 위해서 전쟁에 참가하여 심한 부상을 당한 사람처럼 변장을 해야 했다. 선지자들은 참 이상한 사람들이다. 가끔

이렇게 상식 밖의 일을 한다. 영적 세계의 진리는 우리가 쉽게 판가름할 정도로 단순한 것이 아님을 시사하는 것이다. 우리 눈에 보이는 것이 실체의 전부는 아니다.

심한 상처를 입은 선지자가 얼마 전에 있었던 시리아—이스라엘 전쟁에서 부상당한 군인처럼 위장하고 도로변에 앉아있다가 아합이 지나가는 것을 보고 그를 불렀다. 선지자는 옛적에 나단이 다윗을 찾아가 그의 간음에 대하여 비유로 이야기했던 것처럼(삼하 12:1-10), 아합에게 비유로 그의 이야기를 해주었다. 선지자의 이야기는 이러했다. 한 군인이 자기에게 포로를 데리고 와서 감시하라고 했다. 만일 포로가 도망가면 생명을 내놓던지, 아니면 은 한 달란트(=3,000세겔)를 내놓으라고 했다. 포로는 감시가 허술한 틈을 타서 도망쳤다. 선지자가 아합에게 이 이야기를 하는 것은 도망간 포로의 몸값으로 은 한 달란트는 지나친 금액이니 왕이 판결해서 액수를 낮추어달라는 취지의 요청이다. 은 한 달란트면 노예 100명을 살 수 있다(cf. 출 21:32). 선지자가 도망간 포로의 몸값으로 이처럼 큰 액수를 이야기하는 것은 아합이 벤하닷을 살려준 죄의 심각성을 강조하기 위해서이다(Jones). 아합은 이 군인의 항소에 "네가 원래 약속한 벌금을 물어야 마땅하다"라는 판결을 내렸다(40절). 액수가 아무리 높다 해도 원래 계약대로 이행하라는 것이다.

그러자 선지자는 감고 있던 붕대를 풀었고, 아합은 그 사람이 여호와의 선지자들 중 하나라는 것을 깨달았다. 선지자는 아합이 하나님이 죽이기로 작정한 사람(חרם) 벤하닷을 살려주었으니 그가 대가를 치러야 할 것이라고 선언했다(42절). 성경은 벤하닷이 처한 상황을 진멸(חרם)이라고 하는데, 진멸(חרם)이 선포되면, 반드시 그 사람과 경우에 따라서는 그의 가족과 소유 등도 함께 죽여야 한다. 이런 벤하닷을 살려둠으로써 아합이 그를 대신해서 죽고, 이스라엘이 시리아 사람들을 대신해서 죽어야 한다는 엄청난 재앙이 선지자를 통해 선언된 것이다(42절). 그러므로 아합은 선지자에게 사형선고를 받고 있다(Brueggemann). 백성의 죽음은 앞으로도 상당한 시간이 흘러야 현실화될 것이다(cf. 왕하 17장). 반면에 아합의 죽음은 머지않아 있을 일이다.

선지자의 심판 신탁을 들은 아합은 화를 내면서 사마리아에 있는 궁으로 돌아왔다(43절). 그는 선지자들이 항상 자기의 마음에 드는 말을 하는 사람들은 아니라는 사실을 잘 알고 있다. 심지어는 그에게 싫은 소리를 해도 선지자들을 해하지 않는 것이 좋다는 것을 안다. 비록 그가 여호와를 섬기지는 않지만, 그의 선지자를 건들면 후환이 크다는 것쯤은 알고 있다. 아합은 나봇이 포도원을 팔지 않겠다고 할 때에도 화를 내고 궁으로 돌아온다(21:4).

> IV. 엘리야의 사역(왕상 17:1-왕하 1:18)
>   C. 엘리야의 아합 규탄(20:1-22:40)

3. 이세벨이 나봇을 살해함(21:1-16)

¹ 그 후에 이 일이 있으니라 이스르엘 사람 나봇에게 이스르엘에 포도원이 있어 사마리아의 왕 아합의 왕궁에서 가깝더니 ² 아합이 나봇에게 말하여 이르되 네 포도원이 내 왕궁 곁에 가까이 있으니 내게 주어 채소 밭을 삼게 하라 내가 그 대신에 그보다 더 아름다운 포도원을 네게 줄 것이요 만일 네가 좋게 여기면 그 값을 돈으로 네게 주리라 ³ 나봇이 아합에게 말하되 내 조상의 유산을 왕에게 주기를 여호와께서 금하실지로다 하니 ⁴ 이스르엘 사람 나봇이 아합에게 대답하여 이르기를 내 조상의 유산을 왕께 줄 수 없다 하므로 아합이 근심하고 답답하여 왕궁으로 돌아와 침상에 누워 얼굴을 돌리고 식사를 아니하니 ⁵ 그의 아내 이세벨이 그에게 나아와 이르되 왕의 마음에 무엇을 근심하여 식사를 아니하나이까 ⁶ 왕이 그에게 이르되 내가 이스르엘 사람 나봇에게 말하여 이르기를 네 포도원을 내게 주되 돈으로 바꾸거나 만일 네가 좋아하면 내가 그 대신에 포도원을 네게 주리라 한즉 그가 대답하

기를 내가 내 포도원을 네게 주지 아니하겠노라 하기 때문이로다 [7] 그의 아내 이세벨이 그에게 이르되 왕이 지금 이스라엘 나라를 다스리시나이까 일어나 식사를 하시고 마음을 즐겁게 하소서 내가 이스르엘 사람 나봇의 포도원을 왕께 드리리이다 하고 [8] 아합의 이름으로 편지들을 쓰고 그 인을 치고 봉하여 그의 성읍에서 나봇과 함께 사는 장로와 귀족들에게 보내니 [9] 그 편지 사연에 이르기를 금식을 선포하고 나봇을 백성 가운데에 높이 앉힌 후에 [10] 불량자 두 사람을 그의 앞에 마주 앉히고 그에게 대하여 증거하기를 네가 하나님과 왕을 저주하였다 하게 하고 곧 그를 끌고 나가서 돌로 쳐죽이라 하였더라 [11] 그의 성읍 사람 곧 그의 성읍에 사는 장로와 귀족들이 이세벨의 지시 곧 그가 자기들에게 보낸 편지에 쓴 대로 하여 [12] 금식을 선포하고 나봇을 백성 가운데 높이 앉히매 [13] 때에 불량자 두 사람이 들어와 그의 앞에 앉고 백성 앞에서 나봇에게 대하여 증언을 하여 이르기를 나봇이 하나님과 왕을 저주하였다 하매 무리가 그를 성읍 밖으로 끌고 나가서 돌로 쳐죽이고 [14] 이세벨에게 통보하기를 나봇이 돌에 맞아 죽었나이다 하니 [15] 이세벨이 나봇이 돌에 맞아 죽었다 함을 듣고 이세벨이 아합에게 이르되 일어나 그 이스르엘 사람 나봇이 돈으로 바꾸어 주기를 싫어하던 나봇의 포도원을 차지하소서 나봇이 살아 있지 아니하고 죽었나이다 [16] 아합은 나봇이 죽었다 함을 듣고 곧 일어나 이스르엘 사람 나봇의 포도원을 차지하러 그리로 내려갔더라

이 이야기는 다음과 같은 구조를 바탕으로 전개된다(cf. Patterson & Austel). 이야기의 핵심은 이세벨이 얼마나 강하고 악한 여자인가를 보여주는 것이다. 그녀는 참으로 악한 여자이며 우유부단한 아합과 함께 죄짓는 일에 '환상의 커플'을 이룬다.

A. 아합이 나봇의 포도원을 탐하지만 얻지 못함(21:1-4a)
  B. 이세벨이 포도원을 약속함(21:4b-7)
    C. 이세벨이 나봇에 대하여 음모를 꾸밈(21:8-10)

 C′. 이세벨이 나봇에게 누명을 씌워 죽임(21:11-14)
 B′. 이세벨이 아합에게 포도원을 차지하라고 함(21:15)
 A′. 아합이 나봇의 포도원을 얻음(21:16)

 저자는 "그 후에 있은 일"이라며 아합은 이스라엘의 모든 왕들보다
더 악했음을 이야기한다(16:30-34). 그는 바알과 아세라 종교를 이스라
엘의 국교로 만들었다. 그래서 우리는 심판하시는 하나님이 아합뿐만
아니라 그의 집안(왕조)까지 멸하실 것이라는 신탁을 기다리고 있다.
바로 앞 이야기에서는 아합이 죽여야 할(viz., 진멸[חרם]되어야 할 자) 벤하
닷을 살려주었기 때문에 그가 시리아 왕을 대신해서 죽임을 당할 것이
선포되었다. 드디어 이 이야기에서는 엘리야가 아합과 그의 집안이 쿠
데타에 의해서 뿌리가 뽑힐 것이라는 구체적인 심판을 선포한다.
 아합은 지금까지 하나님의 은혜를 여러 번 체험했다. 그런 그가 자
기 아내 이세벨과 함께 벌이는 일은 여호와의 은혜를 저버리는 행위일
뿐만 아니라, 이스라엘이 하나님과 시내 산에서 맺은 언약을 위반하는
범죄 행위다. 그러므로 범죄자 아합과 이세벨과 그들의 집안이 저지른
죄에 대한 심판이 선포되는 것은 당연한 일이다.
 아합 집안의 몰락에 결정적인 역할을 하는 사람은 바로 그의 아내 이
세벨이다. 그녀가 남편 몰래 음모를 꾸며서 죄 없는 나봇을 살해한 것
이 하나님의 진노를 사는 데 결정적인 역할을 했다. 시돈에서 우상숭
배자 이세벨을 데려와 결혼한 아합은 결국 결혼을 잘못해서 몰락하게
되었다. 솔로몬은 수많은 이방 아내들로 인해 몰락했는데, 아합은 한
이방 아내로 인해 몰락하고 있다. 물론 형(刑) 집행은 잠시 더 기다려야
한다.
 이스르엘(יִזְרְעֶאל)에 나봇이란 사람이 살고 있었다. 이스르엘은 '하나
님이 심으신다'는 뜻을 지닌 매우 비옥한 땅이다. 사마리아에서 멀지
않으며, 이스라엘 산악 지대에서 보기 드문 평지이다. 그러므로 나봇

이 이스르엘에 포도원을 가지고 있었다는 것은 이 밭이 매우 비옥하고 아합이 탐낼만하다는 뜻이다(cf. Sweeney). 나봇(נבות)은 '싹'(shoot)이라는 뜻을 지닌 이름이다(HALOT). 그의 이름은 농부에게 매우 잘 어울리며, 포도원을 보살피는 사람의 이름으로도 적격이다. 나봇은 아합의 궁 근처에 포도원(כרם)을 가지고 있다(1절). 히브리어로 진멸을 뜻하는 단어(חרם)와 포도원을 뜻하는 단어(כרם)의 소리가 거의 똑같다. 일종의 언어유희가 사용되고 있는 듯하다. 아합은 하나님이 진멸하라고 하신 자(חרם)는 죽이지 않고 대신 남의 포도원(כרם) 주인을 죽인다.

궁궐을 확장하고 싶었던 아합은 그에게 가서 그 땅을 자기에게 넘기라고 했다. 거기에 채소밭/정원(גן־ירק)을 꾸미겠다는 것이었다(2절). 여기서 일부 학자들은 매우 중요한 상징성을 포착한다. 우리말로는 "채소밭"(개역) 혹은 "정원"(새번역/공동)으로 번역되어 있는 히브리어 문구가 구약에서 딱 한 번 더 나온다. 모세는 이집트와 약속의 땅을 비교하면서 이집트를 인간의 돌봄이 필요한 채소밭/정원으로, 가나안 땅을 하나님이 직접 돌보시는 땅으로 묘사한다. "네가 들어가 차지하려 하는 땅은 네가 나온 애굽 땅과 같지 아니하니 거기에서는 너희가 파종한 후에 발로 물 대기를 채소밭(גן־ירק)에 댐과 같이 하였거니와 너희가 건너가서 차지할 땅은…네 하나님 여호와께서 돌보아 주시는 땅이라 연초부터 연말까지 네 하나님 여호와의 눈이 항상 그 위에 있느니라"(신 11:10-12). 또한 전통적으로 이스라엘은 하나님이 특별히 돌보시는 포도원으로 비유되어 왔다(사 3:13-15; 5:1-7; cf. 요 15:1-17). 이 두 가지를 겸하면, 아합이 나봇의 포도원을 정원으로 개조하고자 하는 것은 마치 이스라엘을 이집트화하려는 상징성을 담고 있는 것이다(Provan). 그러므로 이런 생각을 가지고 있는 왕이 여호와의 율법과 말씀을 등한시하는 것은 당연한 일일 것이다.

아합은 나봇이 원하면 더 좋은 포도원으로 보상해 줄 수도 있고, 아니면 충분히 값을 쳐서 지불해 주겠다고 제안했다(2절). 그러나 나봇은 조상에게 유산으로 받은 것을 남에게 파는 것은 여호와께서 금하신 불경한 일이라며 단호히 거부했다(3절). 아합은 포도원을 거래할 수 있는 부동산으로 간주하지만, 나봇은 자신의 포도원을 율법이 거래를 금하는 유산(נַחֲלָה)이라 한다(Brueggemann). 구약에는 이스라엘의 땅은 여호와의 소유이며 이스라엘 사람은 그 땅을 잠시 빌려 사용하는 것뿐이라는 생각이 팽배하다. 그러므로 어쩔 수 없이 땅의 소유권이 다른 사람에게 넘어간 상황에서도 희년이 되면 원래 그 땅을 소유하던 집안에게 돌려주어야 했다(cf. 레 25:23-28; 민 36:7-12). 유일한 예외는 성안에 있는 집이었다. 이 경우 1년이 지나면 물릴 수 없다(레 25:29-31).

나봇에게 거부당한 아합은 마음이 상했다(4절). 바로 앞 이야기에서 변장하고 그를 만나 심판을 선언한 여호와 선지자의 말을 듣고 그가 상심했던 일을 상기시키는 동일한 표현이다(20:43). 아합의 마음을 상하게 하는 사람들은 모두 여호와의 말씀을 선포하거나 여호와의 말씀대로 살아가는 사람들이다(Brueggemann). 그는 왕으로서 백성에게 거부당했기 때문에 자존심도 많이 상했다. 얼마나 상심했는지 그는 궁으로 돌아와서 음식도 마다하고 침대에 누웠다. 우리는 이 대목에서 아합이 상당히 소심했음을 상상할 수 있다.

상심해있는 남편을 보고 이세벨이 의아해했다. 그녀는 아합에게 이유를 물었고, 그는 자초지종을 설명해주었다(6절). 남편의 이야기를 들은 이세벨은 어이없다는 생각을 했을 것이다. 아합이 왕의 권력을 사용하여 빼앗으면 될 것을 소유주가 땅을 팔기를 거부한다며 상심해 누워있는 아합이 황당할 뿐이다. 이세벨은 그 땅을 꼭 아합의 것으로 만들어주겠다며 그를 달랬다(7절). 우리는 그녀가 음모를 꾸밀 것을 직감할 수 있다. 아합은 하나님을 멀리한 사람이지만, 순진한 면이 있는 사람이다. 반면에 이세벨은 매우 계산적이고 치밀하며 악한 여자다. 이세벨은 상심해있는 남편을 하나님이 세우신 원칙을 존중하려는 사람으로 생각하기보다는, 주어진 권력도 사용하지 못하는 연약한 통치자라고 생각했을 것이다(Konkel). 엘리야가 왜 아합을 두려워하지 않고 이세벨을 두려워했는지 충분히 이해가 간다.

남편에게 나봇의 포도원을 선사하겠다고 약속한 이세벨이 곧장 음모를 꾸몄다. 아합의 이름으로 편지를 써서 옥쇄로 봉인하여 나봇이 사는 성읍의 장로들과 귀족들에게 보냈다. 내용은 두 불량자/건달을 고용해서 나봇이 하나님과 아합을 저주했다고 위증하게 해서 돌로 쳐죽이라는 것이었다. 옛적에 다윗이 음모를 꾸며 우리아를 죽이라며 요압에게 보낸 편지를 연상케 한다(삼하 11:14).

이 편지가 아합의 이름으로 되어 있고, 옥쇄의 봉인을 받았지만, 편지를 받은 장로들과 귀족들이 이 편지가 아합이 직접 보낸 서신으로 알고 왕의 명령대로 했을까? 아니다. 그들은 이세벨이 이 음모를 꾸며냈다는 것을 알고 있다. 나봇을 죽인 후 그들이 아합이 아니라 이세벨에게 보고하는 것을 보면 알 수 있다(14절).

이스르엘의 장로들과 귀족들은 아마도 며칠 전 아합이 나봇의 포도원을 사려다 거부당했다는 일에 대해 알고 있었을 것이다. 그러므로 이 명령이 무엇을 의미하는지도 잘 알고 있다. 비록 아합이 절대적인 권력을 지닌 왕이고 이세벨이 잔인한 보복을 할 수 있는 여자라 하더라도 이들은 백성의 리더들로서 이렇게 악한 일에 동조하는 것은 옳지 않다. 공의와 정의를 지켜야 하는 자들이 모두 다 이 모양 이 꼴이라면 그 사회가 얼마나 부패했을까 짐작이 갈 것이다. 그러므로 이 사건은 바로 앞에서 선지자가 아합에게 "너의 백성도 멸망할 것이다"라고 선포한 내용의 정당성을 간접적으로 입증한다(20:42).

이스라엘의 율법에 의하면 어떠한 경우에라도 한 사람의 증언으로는 사람을 처형할 수 없다(cf. 신 17:6; 19:15; 민 35:30). 그러므로 이세벨은 두 "불량자/건달"(בְּנֵי־בְלִיַּעַל)을 고용하여 나봇에 대해 위증하게 했다. 이 단어는 문자적으로 풀이하면 "전혀 도움이 되지 않는 사람들"이라는 뜻이다(TDOT, cf. Sweeney). 사회의 질서와 정의를 지향하는 일

에 해를 끼칠지언정 어떠한 도움도 되지 않는 사람들을 뜻하는 말이다
(NIDOTTE). 아마도 이세벨이 보낸 편지에는 이들을 불량자/건달이라
고 하는 말은 없었는데 저자가 이들의 역할을 평가하면서 추가한 표현
일 것이다(Cogan). 이 갈등은 자신을 변호할 힘이 없는 나봇과 세상의
권세를 모두 지닌 정부와의 대결이다(Brueggemann).

하나님께 망언했다는 모함으로 재판에 회부된 나봇은 변변하게 자신
을 변호할 기회도 갖지 못하고, 도시 밖으로 끌려나가 돌에 맞아 처형
되었다. 본문은 이세벨이 나봇만을 죽인 것으로 기록하지만, 열왕기하
9:26은 나봇의 아들들까지 함께 죽였다고 한다. 만약에 나봇에게 아들
들이 있었다면 그들도 죽여야만 왕이 땅을 빼앗을 수 있다. 그러므로
열왕기하 9:26의 기록이 더 정확한 회고라 할 수 있다. 그렇다면 왜 본
문과 열왕기하 9:26은 이 같은 차이를 보이는가? 저자가 이곳에서는
아합의 포도원 소유에 유일한 걸림돌인 나봇의 운명에만 초점을 맞추
고자 하기 때문이다. 이세벨이 남편에게 걸림돌이 된 나봇을 죽인 것
만 전함으로 흐름을 매끈하게 하고 있다. 저자가 본문에서 이세벨이
나봇의 아들들까지 죽였다고 하면, 그 일에 대하여 추가적으로 설명해
야 하기 때문이다.

나봇이 지키려 했던 땅은 여호와께서 그의 조상들에게 주신 땅이다.
그는 여호와의 말씀대로 이 땅을 지키려다 살해를 당했다. 반면에 그
를 살해한 사람들은 그 누구보다도 이 땅에서 여호와 법과 말씀이 보
존될 수 있도록 열심히 노력해야 하는 지도자들이다. 그런 그들이 악
한 권력의 시녀가 되어 권력이 행하는 폭력에 가담했다. 하나님이 이
런 사회를 용납하실 리 없다. 그러므로 이스라엘을 향한 하나님의 심
판은 당연한 일이다.

나봇을 처형한 장로들과 귀족들은 이세벨에게 소식을 전해 알렸다
(14절). 이미 언급한 것처럼 그들은 아합이 아닌 이세벨이 자신들에게
나봇을 죽이는 음모를 담은 편지의 장본인이라는 것을 알고 있었던 것

이다. 소식을 전해들은 이세벨은 남편 아합에게 나봇은 죽었으니 가서 그의 땅을 취하라고 말했다(15절). 아마도 마음속으로 자신과 아합을 대적하는 자들은 모두 나봇처럼 될 것이라고 다짐했을 것이다. 이세벨은 단순히 바알 종교를 전파하는 사람이 아니다. 그녀는 이미 수많은 여호와의 선지자들을 죽인 적이 있다. 이 사건을 통해 우리는 그녀가 여호와에 대한 경외가 없는 사람일 뿐만 아니라 도덕적인 개념도 전혀 없는 괴물이라는 것을 알게 되었다. 아내를 통해 나봇의 죽음에 대하여 알게 된 아합은 즐거운 마음으로 그 땅을 차지하려고 이스르엘로 내려갔다(16절).

비록 나봇은 이 이야기에서 한 마디밖에 하지 않지만 그의 이름이 여러 번 언급된다. 실제로 그의 이름이 등장하는 횟수는 아합과 이세벨의 이름을 합한 것보다 더 높다. 심지어 나봇의 이름은 그가 죽은 다음인 14-16절에서만 6차례나 등장한다. 저자가 나봇의 이름을 이처럼 자주 등장시킨 것은 아합과 이세벨의 죄를 극대화시킬 뿐만 아니라, 장로들과 귀족들도 합세한 악의 권력이 의인을 죽였다는 분위기를 조성한다. 아합의 통치 아래 어느덧 이스라엘은 악의 소굴로 변해버렸다. 이야기 전체에 나봇의 악몽이 서려 있다(Walsh).

IV. 엘리야의 사역(왕상 17:1-왕하 1:18)
  C. 엘리야의 아합 규탄(20:1-22:40)

4. 엘리야의 아합 비난(21:17-29)

¹⁷ 여호와의 말씀이 디셉 사람 엘리야에게 임하여 이르시되 ¹⁸ 너는 일어나 내려가서 사마리아에 있는 이스라엘의 아합 왕을 만나라 그가 나봇의 포도원을 차지하러 그리로 내려갔나니 ¹⁹ 너는 그에게 말하여 이르기를 여호와의 말씀이 네가 죽이고 또 빼앗았느냐고 하셨다 하고 또 그에게 이르기를 여호와의 말씀이 개들이 나봇의 피를 핥은 곳에서 개들이 네 피 곧 네 몸의 피도

할으리라 하였다 하라 ²⁰ 아합이 엘리야에게 이르되 내 대적자여 네가 나를 찾았느냐 대답하되 내가 찾았노라 네가 네 자신을 팔아 여호와 보시기에 악을 행하였으므로 ²¹ 여호와의 말씀이 내가 재앙을 네게 내려 너를 쓸어 버리되 네게 속한 남자는 이스라엘 가운데에 매인 자나 놓인 자를 다 멸할 것이요 ²² 또 네 집이 느밧의 아들 여로보암의 집처럼 되게 하고 아히야의 아들 바아사의 집처럼 되게 하리니 이는 네가 나를 노하게 하고 이스라엘에게 범죄하게 한 까닭이니라 하셨고 ²³ 이세벨에게 대하여도 여호와께서 말씀하여 이르시되 개들이 이스르엘 성읍 곁에서 이세벨을 먹을지라 ²⁴ 아합에게 속한 자로서 성읍에서 죽은 자는 개들이 먹고 들에서 죽은 자는 공중의 새가 먹으리라고 하셨느니라 하니 ²⁵ 예로부터 아합과 같이 그 자신을 팔아 여호와 앞에서 악을 행한 자가 없음은 그를 그의 아내 이세벨이 충동하였음이라 ²⁶ 그가 여호와께서 이스라엘 자손 앞에서 쫓아내신 아모리 사람의 모든 행함 같이 우상에게 복종하여 심히 가증하게 행하였더라 ²⁷ 아합이 이 모든 말씀을 들을 때에 그의 옷을 찢고 굵은 베로 몸을 동이고 금식하고 굵은 베에 누우며 또 풀이 죽어 다니더라 ²⁸ 여호와의 말씀이 디셉 사람 엘리야에게 임하여 이르시되 ²⁹ 아합이 내 앞에서 겸비함을 네가 보느냐 그가 내 앞에서 겸비하므로 내가 재앙을 저의 시대에는 내리지 아니하고 그 아들의 시대에야 그의 집에 재앙을 내리리라 하셨더라

이 이야기는 다음과 같은 구조를 지닌다(Patterson & Austel). 이야기의 한 중심에 서 있는 나래이터(저자)의 아합에 대한 평가는 크게 세 가지이다. 첫째, 그는 이스라엘 역사상 가장 악한 왕이다. 둘째, 아합이 이렇게 된 것은 이세벨의 충동 때문이다. 셋째, 그는 종교적으로도 매우 가증하게 행한 사람이다.

A. 주께서 아합에게 심판을 선언하기 위하여 엘리야를 보냄(21:17-19)
  B. 엘리야가 아합과 이세벨에게 심판을 선언함(21:20-24)

C. 열왕기 저자의 아합과 이세벨의 죄 지적(21:25-26)

B´. 아합이 엘리야의 선언을 겸손하게 받음(21:27)

A´. 주께서 아합의 심판을 아들 세대까지 보류하심(21:28-29)

아합이 이스르엘에서 나봇의 포도원을 접수하는 동안, 가서 아합을 만나 말씀을 전하라는 하나님의 말씀이 엘리야에게 임했다(17절). 권력을 악용하는 이세벨이 나봇을 죽이는 일을 사주한 것에 대해서 법적인 심판은 피해갈 수 있지만, 나봇의 포도원의 참 주인이신 창조주 하나님의 심판은 피해갈 수 없다(Konkel). 엘리야가 아합을 만나러 가는 곳은 이미 아합의 소유가 된 포도원이지만, 하나님은 계속 나봇의 것이라고 하신다(18절). 아합이 폭력을 사용하여 빼앗은 땅의 진정한 소유자는 아직도 나봇이라는 것이다(Brueggemann). 옛적에 다윗이 우리아의 아내를 빼앗아 자기 아내로 삼았지만, 성경은 그녀를 끝까지 우리아의 아내로 표기하는 것과 비슷하다(cf. 마 1:6).

엘리야는 곧바로 하나님이 말씀하신 대로 아합을 찾았고, 아합은 엘리야를 보자마자 예전처럼 소리를 지른다. "내 원수야, 네가 또 나를 찾아왔느냐?"(20절, 새번역) 전에는 엘리야를 보고 "이스라엘을 괴롭게 하는 자"라고 하더니 이제는 "내 원수"(איבי)로 부르며 엘리야에 대한 개인적인 감정을 더한다. 아합의 '열렬한 환영사'를 접한 엘리야도 만만치 않다. "그렇습니다. 이렇게 또 찾아왔습니다. 임금님은 목숨을 팔아 가면서까지, 주님께서 보시기에 악한 일만 하십니다"(새번역). 엘리야는 아합이 나쁜 짓만 안 했어도 이렇게 찾아올 일이 없었을 텐데 왕이 하나님 보시기에 악한 일을 행해서 찾아왔으니, 그가 아합을 찾아온 것은 전적으로 아합에게 책임이 있다고 주장한다. 솔직히 엘리야도 아합을 벌레 정도로 생각하지, 좋아서 찾아온 것이 아니지 않은가? 선지자와 악한 왕의 관계는 이처럼 불편하게 되는 것이 보통이다.

엘리야가 아합을 찾아온 것은 심판을 선언하기 위해서만이 아니다.

비록 아합과 이세벨이 비밀스럽게 음모를 꾸며 나봇을 살해했지만, 하나님은 모두 알고 계셨다는 점을 그에게 상기시키려는 목적도 있다. 인간이 세상에서 하나님 몰래 할 수 있는 일은 아무것도 없다. 아무리 어두운 골방에서 하는 일이라도, 아무리 은밀한 계획 속에 진행되는 일이라도 하나님께는 모두 만천하에 드러난 바와 다를 바가 없다. 그러므로 하나님을 속이려는 생각은 일찌감치 버리는 것이 좋다.

엘리야는 아합에게 그와 이세벨이 저지른 죄에 대한 책임을 물어 하나님이 그의 집안을 '개판'으로 만드실 것이라는 말씀을 선언했다. 개들이 아합의 피를 핥을 것이요(22:38), 개들이 이세벨의 시체를 성벽 옆에서 찢을 뿐만 아니라, 그의 가족들의 시체까지 찢어 먹을 것이라고 예언한 것이다(19-24절; cf. 왕하 9:25-26). 이것은 아합 집안의 모든 사람이 제대로 된 장례식을 받지 못할 것임을 시사하고 있다(Hubbard). 엘리야는 아합의 집안은 여로보암과 바아사의 집안 꼴처럼 되어 완전히 멸절될 것이라는 말씀도 덧붙였다(22절).

하나님의 이러한 판결이 너무 가혹한가? 저자는 25-26절을 통해 하나님의 이러한 결정에 대한 정당성을 설명하고 자신의 개인적인 지지를 표명한다. "자기 아내 이세벨의 충동에 말려든 아합처럼, 주님께서 보시기에 이렇게 악한 일을 하여 자기 목숨을 팔아 버린 사람은, 일찍이 없었다. 아합은, 주님께서 이스라엘 자손의 눈앞에서 쫓아내신 그 아모리 사람이 한 것을 본받아서, 우상을 숭배하는 매우 혐오스러운 일을 하였다"(새번역). 아합과 이세벨이 그동안 저지른 죄를 생각해보면 하나님의 심판은 절대적으로 정당한 것이다.

바로 다음 순간에 우리는 전혀 예기치 못한 일을 접하게 된다. 아합이 엘리야가 선포한 심판의 말씀을 듣고 근신했던 것이다!(27절) 그는 자기 옷을 찢고 맨몸에 굵은 베 옷을 걸치고 금식하며 슬퍼했다. 바로 위에서 저자는 아합이 이스라엘 역사에서 가장 악한 왕이라고 했다(25-26절). 또한 우리는 저자의 이러한 평가가 옳다는 것을 잘 알고 있다. 아합은 "여로보암의 죄"에 바알 숭배를 더했던 사람이기 때문이다 (16:30-33). 그런 아합이 엘리야의 말씀을 듣고 회개한다. 그의 근신이 특별한 것은 두 가지 이유에서이다. 첫째, 우리는 아합처럼 흉악한 사람이 회개할 것을 전혀 기대하지 않았다. 둘째, 엘리야가 아합에게 어떠한 인센티브(viz., 회개하면 형량을 감해준다는 등)를 주지 않았는데도 그가 회개한다는 것은 참으로 경이로운 일이다(cf. Brueggemann). 그러므로 학자들은 아합이 회개한 일을 열왕기에 기록된 그의 업적 중 가장 훌륭한 일이라고 한다(House).

하나님은 아합의 근신을 보시고 그에게 내리시겠다던 심판을 그의 아들 세대로 보류하셨다(29절). 아합의 근신은 의미 있고 중요했지만, 이미 그의 집안에 선포된 심판을 취소할 만큼의 영향력은 지니지 못했다. 반면에 아합이 근신하여 그의 세대에 임할 하나님의 심판을 한 세대 보류할 수 있었다는 것은, 이미 서론에서 언급한 열왕기 저자의 주요 신학을 재차 확인하는 역할을 한다. 하나님은 죄인들이 돌이키고 회개하면 언제든지 그들을 용서할 준비를 하고 있는 자비로우신 분이라는 것이다(Patterson & Austel).

그렇기 때문에 아합처럼 전에 보지도 못한 악인도 근신하니까 하나님은 그의 형량을 많이 감해 주셨던 것이다. 이 책이 최종적으로 정리된 곳은 바빌론이라고 했다. 이 책의 처음 독자들도 포로로 끌려와 바빌론에서 생활하던 이스라엘 사람들이다. 저자는 이 사건을 통해 그들에게 중요한 신학적인 메시지를 전하고자 한다. 아무리 험한 죄를 저지른 사람도 회개하면 하나님은 그를 용서하실 수 있고, 하나님의 용서는 곧 은혜로 연결될 것이라는 사실이다. 즉, 저자는 이 이야기를 통해 바빌론에 끌려와 있는 유다 사람들에게 범민족적인 회개와 근신을 촉구하고 있는 것이다. 이스라엘이 회개하여 낮아질 때, 비로소 그들이 높아지기를 기대할 수 있다.

IV. 엘리야의 사역(왕상 17:1–왕하 1:18)
C. 엘리야의 아합 규탄(20:1–22:40)

5. 시리아 전쟁에서 아합이 죽음(22:1-40)

아합이 벤하닷을 돌려보낸 지(20장) 3년이 지났다. 일부 주석가들은 이때가 오늘날의 연대로 주전 853년쯤이라고 추정하지만(Patterson & Austel), 여러 가지 이유로 확실하지는 않다(cf. Sweeney). 그동안 이스라엘과 시리아 두 나라 사이에 전쟁은 없었다. 아니, 시리아가 그때 너무나도 큰 타격을 입었기에 당분간은 전쟁할 엄두를 내지 못했을 것이다. 그러나 문제가 생겼다. 벤하닷이 이스라엘에서 취한 모든 땅을 돌려주겠다던 약속(20:34)을 지키지 않은 것이다. 특히 길르앗 라못을 돌려주지 않고 있는 것이 아합의 마음에 걸렸다. 라마(왕하 8:29)라고도 알려져 있는 라못은 한때 도피성이었다(신 4:43).

이것이 악인들의 연합의 결과이다. 그들의 인품에서 신뢰라는 것을 찾아볼 수 없고, 어떻게든 위기만 모면하면 된다는 사고방식을 지녔기 때문에 언약을 맺어도 서로 존중하지 않는다. 아합은 죽음에 당면한 벤하닷에게 생명을 주었지만, 벤하닷은 그에게 약속을 이행하지 않는 것으로 답한다. 더 나아가 벤하닷은 잠시 후 아합을 죽이게 될 것이다. 생명을 죽음으로 답하는 것, 이것이 악인들이 서로를 대하는 모습이다. 이 섹션은 다음과 같이 두 파트로 나뉜다.

A. 미가야가 아합에게 경고함(22:1-28)
B. 아합의 죽음(22:29-40)

(1) 미가야가 아합에게 경고함(22:1-28)

아합이 시리아로부터 되찾고자 하는 길르앗 라못은 길르앗 지역의 동북 쪽에 위치한 고원의 주요 요새였기에 이스라엘과 시리아가 자주 싸우던 곳이다(cf. 왕하 8:28-29). 벤하닷이 아직도 이곳을 돌려주지 않았다는 것은 비록 그가 전쟁에서 패했지만, 아직 상당한 세력을 유지하고 있다는 것을 의미한다. 또한 라못이 그만큼 시리아에게 중요했기 때문에 이스라엘에게 돌려주기를 꺼려하고 있다. 본 텍스트는 다음과 같이 두 파트로 나뉜다.

A. 아합이 길르앗 라못에 대하여 계획함(22:1-6)
A′. 하나님이 아합의 죽음에 대하여 계획하심(22:7-28)

① 아합이 길르앗 라못에 대하여 계획함(22:1-6)

¹ 아람과 이스라엘 사이에 전쟁이 없이 삼 년을 지냈더라 ² 셋째 해에 유다의 여호사밧 왕이 이스라엘의 왕에게 내려가매 ³ 이스라엘의 왕이 그의 신하들에게 이르되 길르앗 라못은 본래 우리의 것인 줄을 너희가 알지 못하느냐 우리가 어찌 아람의 왕의 손에서 도로 찾지 아니하고 잠잠히 있으리요 하고 ⁴ 여호사밧에게 이르되 당신은 나와 함께 길르앗 라못으로 가서 싸우시겠느

냐 여호사밧이 이스라엘 왕에게 이르되 나는 당신과 같고 내 백성은 당신의
백성과 같고 내 말들도 당신의 말들과 같으니이다 ⁵ 여호사밧이 또 이스라엘
의 왕에게 이르되 청하건대 먼저 여호와의 말씀이 어떠하신지 물어 보소서
⁶ 이스라엘의 왕이 이에 선지자 사백 명쯤 모으고 그들에게 이르되 내가 길
르앗 라못에 가서 싸우랴 말랴 그들이 이르되 올라가소서 주께서 그 성읍을
왕의 손에 넘기시리이다

시리아가 라못을 돌려주지 않는 것에 대해서 어떻게 할까를 고심하
고 있는 아합에게 손님이 찾아왔다. 남 왕국 유다의 여호사밧이었다.
마지막으로 우리가 유다와 이스라엘의 왕들을 접했을 때, 그들 사이에
는 끊이지 않는 갈등이 있었다. 언제 이런 갈등이 해소된 것일까? 정
확하진 않지만 오므리가 왕이 되었던 시점 바로 전까지 진행되었던 이
스라엘의 엄청난 내란과 분규가 유다와의 전쟁을 종식시킨 것으로 생
각된다. 우리가 알다시피 여호사밧은 경건한 왕이었다. 그런데 그가
아합 같은 죄인과 무엇을 하고자 했던 것일까? 역대하 18:1은 여호사
밧과 아합 집안은 결혼으로 맺어져 있었다고 한다. 아마도 이러한 이
유 때문에 여호사밧이 사마리아를 방문했던 것으로 보인다.

아합은 여호사밧이 방문한 것을 계기로 삼아 신하들을 불러 라못 상
황에 대한 대책을 함께 논의했다. 그들은 전쟁을 해서 빼앗는 방법밖
에 없다는 결론을 내렸다(4절). 그는 여호사밧에게 이 전쟁에 참여할
것을 요구했고, 여호사밧은 당연히 그렇게 할 것이지만 먼저 여호와의
뜻을 알아보자고 했다(5절). 아합은 여호사밧의 요청대로 하나님의 뜻
을 알아보기로 했다. 그래서 그는 평소에 그가 후원하던 선지자 400명
을 불러들였다. 그리고는 그들에게 전쟁에서 승리할 것인지를 물었다.

아합의 선지자들은 한결같이 "올라가십시오. 주님께서 그 성을 임금
님의 손에 넘겨 주실 것입니다"라고 예언했다(6절, 새번역). 그러나 여호
사밧은 이들의 말에 만족하지 못했다(7절). 원문을 잘 보면 왜 그가 만

472

족하지 못하는지 확실히 드러난다. 여호사밧은 아합에게 여호와(יהוה)께 묻자고 했다(5절). 아합이 불러온 400명은 단순히 선지자들(הַנְּבִיאִים)이라고 기록하고 있다. 그들은 아합에게 주(אֲדֹנָי)가 승리를 줄 것이라고 했다(6절). 만족하지 못한 여호사밧은 다시 여호와(יהוה)의 선지자를 요구했다. 이들은 여호와의 선지자가 아니었던 것이다.

이 선지자들은 자신의 신을 주/주인(אֲדֹנָי)이라고 한다. 물론 이 단어가 성경에서는 여호와를 뜻하며 사용되는 경우가 흔하다. 그러나 엘리야가 갈멜 산의 대결을 앞두고 450명의 바알 선지자들과 400명의 아세라 선지자들을 데려오라고 했는데 400명의 아세라 예언자들은 나타나지 않았다. 공교롭게도 여기에 모인 선지자들의 수가 400명이다. 게다가 우리는 이미 이세벨이 여호와의 선지자들을 학살했다는 사실을 들은 적이 있다(18:4). 그러던 그녀가 언제부터 남편이 여호와의 선지자들을 후원하는 것을 허락하게 되었을까? 가능성 없는 일이다. 그러므로 우리는 이 선지자들이 여호와의 선지자들이 아니라 이교(異敎)의 선지자들이었다는 사실을 깨달아야 한다(Provan, Walsh).

이들이 설령 여호와의 이름으로 예언해도 문제가 되지 않는다. 실제로 여호사밧이 자신들의 예언에 설득이 되지 않자, 그들은 여호와의 이름으로 예언한다(11절). 바알, 아세라 종교를 포함한 가나안의 종교들은 대체로 다신주의(多神主義)였기에 의뢰인/고객(client)이 원하는 신(들)의 이름으로 예언하는 것은 흔히 있었던 일이다. 모압 사람들의 초청을 받고 이스라엘을 저주하려 했던 발람도 이런 유형의 사람이다. 이 거짓/이교 선지자들은 여호와의 음성을 듣는 자들이 아니라 아합이 원하는 메시지를 들려주는 애완용 선지자들이었다.

② 하나님이 아합의 죽음에 대하여 계획하심(22:7-28)

⁷ 여호사밧이 이르되 이 외에 우리가 물을 만한 여호와의 선지자가 여기 있지 아니하니이까 ⁸ 이스라엘의 왕이 여호사밧 왕에게 이르되 아직도 이믈라의 아들 미가야 한 사람이 있으니 그로 말미암아 여호와께 물을 수 있으나 그는 내게 대하여 길한 일은 예언하지 아니하고 흉한 일만 예언하기로 내가 그를 미워하나이다 여호사밧이 이르되 왕은 그런 말씀을 마소서 ⁹ 이스라엘의 왕이 한 내시를 불러 이르되 이믈라의 아들 미가야를 속히 오게 하라 하니라 ¹⁰ 이스라엘의 왕과 유다의 여호사밧 왕이 왕복을 입고 사마리아 성문 어귀 광장에서 각기 왕좌에 앉아 있고 모든 선지자가 그들의 앞에서 예언을 하고 있는데 ¹¹ 그나아나의 아들 시드기야는 자기를 위하여 철로 뿔들을 만들어 가지고 말하되 여호와의 말씀이 왕이 이것들로 아람 사람을 찔러 진멸하리라 하셨다 하고 ¹² 모든 선지자도 그와 같이 예언하여 이르기를 길르앗 라못으로 올라가 승리를 얻으소서 여호와께서 그 성읍을 왕의 손에 넘기시리이다 하더라 ¹³ 미가야를 부르러 간 사신이 일러 이르되 선지자들의 말이 하나 같이 왕에게 길하게 하니 청하건대 당신의 말도 그들 중 한 사람의 말처럼 길하게 하소서 ¹⁴ 미가야가 이르되 여호와께서 살아 계심을 두고 맹세하노니 여호와께서 내게 말씀하시는 것 곧 그것을 내가 말하리라 하고 ¹⁵ 이에 왕에게 이르니 왕이 그에게 이르되 미가야야 우리가 길르앗 라못으로 싸우러 가랴 또는 말랴 그가 왕께 이르되 올라가서 승리를 얻으소서 여호와께서 그 성읍을 왕의 손에 넘기시리이다 ¹⁶ 왕이 그에게 이르되 내가 몇 번이나 네게 맹세하게 하여야 네가 여호와의 이름으로 진실한 것으로만 내게 말하겠느냐 ¹⁷ 그가 이르되 내가 보니 온 이스라엘이 목자 없는 양 같이 산에 흩

어졌는데 여호와의 말씀이 이 무리에게 주인이 없으니 각각 평안히 자기의 집으로 돌아갈 것이니라 하셨나이다 ¹⁸ 이스라엘의 왕이 여호사밧 왕에게 이르되 저 사람이 내게 대하여 길한 것을 예언하지 아니하고 흉한 것을 예언하겠다고 당신에게 말씀하지 아니하였나이까 ¹⁹ 미가야가 이르되 그런즉 왕은 여호와의 말씀을 들으소서 내가 보니 여호와께서 그의 보좌에 앉으셨고 하늘의 만군이 그의 좌우편에 모시고 서 있는데 ²⁰ 여호와께서 말씀하시기를 누가 아합을 꾀어 그를 길르앗 라못에 올라가서 죽게 할꼬 하시니 하나는 이렇게 하겠다 하고 또 하나는 저렇게 하겠다 하였는데 ²¹ 한 영이 나아와 여호와 앞에 서서 말하되 내가 그를 꾀겠나이다 ²² 여호와께서 그에게 이르시되 어떻게 하겠느냐 이르되 내가 나가서 거짓말하는 영이 되어 그의 모든 선지자들의 입에 있겠나이다 여호와께서 이르시되 너는 꾀겠고 또 이루리라 나가서 그리하라 하셨은즉 ²³ 이제 여호와께서 거짓말하는 영을 왕의 이 모든 선지자의 입에 넣으셨고 또 여호와께서 왕에 대하여 화를 말씀하셨나이다 ²⁴ 그나아나의 아들 시드기야가 가까이 와서 미가야의 뺨을 치며 이르되 여호와의 영이 나를 떠나 어디로 가서 네게 말씀하시더냐 ²⁵ 미가야가 이르되 네가 골방에 들어가서 숨는 그 날에 보리라 ²⁶ 이스라엘의 왕이 이르되 미가야를 잡아 성주 아몬과 왕자 요아스에게로 끌고 돌아가서 ²⁷ 말하기를 왕의 말씀이 이 놈을 옥에 가두고 내가 평안히 돌아올 때까지 고생의 떡과 고생의 물을 먹이라 하였다 하라 ²⁸ 미가야가 이르되 왕이 참으로 평안히 돌아오시게 될진대 여호와께서 나를 통하여 말씀하지 아니하셨으리이다 또 이르되 너희 백성들아 다 들을지어다 하니라

여호사밧이 다른 선지자를 요구하자 아합은 마지못해 자기가 싫어하는 이믈라의 아들 미가야(מִיכָיְהוּ)라는 선지자를 불러들였다(8절). 아합이 그를 싫어하는 이유는 간단했다. 미가야는 한 번도 자기에게 좋은 일을 예언한 적이 없는 재수 없는 사람이라는 것이다. 우리는 여기서 아합의 어리석음을 목격하고 있다. 그는 그의 귀에 간지럽게 말하는 사

람들 즉, 듣기 좋은 말을 해주는 사람들을 좋아하고 진실을 말하는 사람들을 싫어한다. 이렇게 되면 당연히 그의 통치는 좋지 않은 쪽으로 치우칠 수밖에 없다. 반면에 미가야는 여호사밧이 믿을 만한 참 선지자, 결코 자신의 이익을 위해 결코 진리를 왜곡하지 않고, 신념을 가지고 오직 하나님이 주신 말씀만을 전하는 사람이라는 것을 알 수 있다.

아합의 부하들이 미가야를 부르러 간 사이에 400명의 거짓 선지자들이 다시 예언하기 시작했다. 그들 중 시드기야라는 자가 철 뿔들을 가지고 나와서 아합에게 말했다. "주님(יהוה)께서 이렇게 말씀하십니다. '철로 만든 이 뿔을 가지고, 너 아합은 사람들을 찌르되, 그들이 모두 파멸될 때까지 그렇게 할 것이다' 하십니다"(11절, 새번역). 다른 예언자들도 그를 따라 여호와의 이름을 들먹이며 예언을 했다(12절). 위에서는 여호와의 이름으로 예언을 하지 않던 자들이 어떻게 된 것일까? 그들이 진정 여호와의 선지자란 말인가? 아니다. 그들은 여호사밧이 자신들의 예언을 믿지 않자, 그를 설득하기 위하여 여호와의 이름을 들어 예언하고 있는 것뿐이다(cf. Walsh).

미가야를 데리러 간 아합의 신하가 미리 미가야에게 다른 예언자들처럼 승리를 예언할 것을 강요했다(13절). 그러나 미가야는 죽어도 여호와께 받은 말씀만 할 뿐이라고 잘라 말했다(14절). 그는 어떠한 압력에도 좌지우지되지 않는 인물이었던 것이다. 아합이 정식으로 미가야에게 전쟁에 대하여 물었더니 미가야는 "올라가십시오. 승리는 임금님의 것입니다. 주님께서 그곳을 왕의 손에 넘겨 주실 것입니다"라고 했다(15절, 새번역). 지금까지 거짓 선지자들이 한 말과 똑같은 말을 했다. 그러나 아합은 기뻐하기는커녕 역정을 내며 진실을 말하라고 다그쳤다(16절). 무슨 일이 벌어지고 있는가? 미가야가 아합의 승리를 말하면서 빈정대는 투로 했던 것이다! 미가야는 아합이 절대 승리하지 못할 것이라며 그와 선지자들을 비아냥거리고 있다.

아합이 진실을 알기 원하자 미가야는 그에게 진실을 주었다! 아합이 전쟁에서 죽을 것이라는 예언이었다(17절). 아합은 여호사밧을 바라보며, "내가 이래서 저 사람을 싫어한다"고 설명했다(18절). 미가야는 이러한 정황에 기죽지 않고 그들에게 이 일에 대하여 자기가 받고 본 말씀을 해 주었다. 거짓 선지자들이 승리를 예언하는 것은 천상어전 회의에서 거짓 영이 파견되어 그들을 속였기 때문이라는 것이다(21-23절). 그 이유는 아합을 길르앗 라못으로 꾀어 죽이기 위해서였다(20절).

미가야의 이야기를 듣고 있던 거짓 선지자(아세라 선지자) 시드기야가 그의 뺨을 때리며 대들었다. "여호와의 영이 나를 떠나 어디로 가서 네게 말씀하시더냐?"(24절) 거짓 종이 참된 종을 핍박하고 있다! 세상은 종종 요지경이다. 미가야는 시드기야가 몇 년 전 아합에게 패해 아벡성의 어느 골방에 숨었던 벤하닷과 같은 신세가 되어서야 비로소 자신이 한 말이 진실이라는 것을 알게 될 것이라고 선언했다(24절). 시드기야도 심판을 피할 수 없을 것이라는 점을 확고히 하고 있는 것이다.

평소에 미가야에게 좋지 않은 감정이 많았던 아합도 화를 냈다. 그리고 자신이 전쟁에서 승리하고 돌아올 때까지 그를 감옥에 가두어 죽지 않을 만큼의 물과 음식을 주라고 명령했다. 아합은 미가야에게 보란 듯이 승리를 하고 돌아와서 그를 처형할 것을 계획하고 있다. 아합의 신하들에게 끌려가던 미가야는 한마디 더했다. "만일 당신이 살아 돌아오면 내 손에 장을 지진다!"(28절) 선지자는 또한 모든 백성에게 자기가 한 말에 대한 증인이 되어 줄 것을 당부하고 감옥으로 떠났다. 아합은 결코 신적(神的) 속임수에 희생된 것이 아니다. 그는 스스로 자신의 운명을 택했다. 하나님은 미가야를 통해서 분명히 앞으로 될 일을 말씀해 주셨다. 만일 아합이 살기를 원했다면 미가야의 말을 들어야 했다. 그러나 그는 미가야를 싫어했기에 그를 통해 선포된 하나님의 말씀을 듣기를 거부했다. 아합의 미가야에 대한 부정적인 감정이 영적인 시야를 모두 막아버린 것이다. 결국 아합이 스스로 죽음을 택한 것이다.

사실 신앙적 관점에서 생각할 때 이 이야기에서 문제가 되는 것은 아합이 아니라 여호사밧이다. 아합은 매우 악한 사람이기 때문에 하나님의 심판을 받아 죽는 것은 당연한 일이다. 반면에 여호사밧은 신앙인이다. 그는 여호와를 경외하는 사람이기 때문에 아세라 선지자들의 예언을 받아들이지 않고 여호와 선지자의 예언을 구했다(7절). 참 선지자 미가야는 아합이 죽을 것이라며 이 전쟁에서 있을 일을 정확히 말해 주었다(20절). 미가야가 "온 이스라엘이 목자 없는 양같이 산에 흩어졌다"고 한 말도(17절) 그의 죽음과 왕조의 종말을 의미한다(Brueggemann).

더 나아가 미가야는 자신이 환상에서 본 내용을 회고하면서 아합은 무시하다시피 하고 영적인 분별력이 있는 여호사밧에게만 말을 하는 듯하다. 저자는 미가야의 이러한 의도를 선지자가 두 왕을 향해 말하면서도 마치 한 사람에게만 하듯 단수를 사용하는 것을 통해 암시한다(19절). 비록 미가야가 두 왕을 향해 말하고 있지만, 사실은 믿음의 사람 여호사밧에게 패할 전쟁이니 나가지 말라고 권면하는 것이다. 그럼에도 불구하고 여호사밧은 선지자의 권면을 무시하고 전쟁에 나간다.

아세라 선지자들이 예언할 때 여호사밧은 하나님의 말씀을 구했다. 그래서 불려온 사람이 미가야이다. 미가야가 여호사밧이 구한 하나님의 말씀을 알려 주었는데도 그는 그 말씀을 어기고 아합과 함께 전쟁터로 향한다! 여호사밧 역시 다른 왕들에 비해 상대적으로 좋은 믿음을 지녔지만, 온전히 하나님을 따르는 사람은 아니었던 것이다. 이 이야기에서 여호사밧은 오늘날 자신을 하나님의 자녀라며 교회에 다니는 많은 사람들과 비슷하다. 입으로는 그 누구보다도 하나님을 사랑하지만, 정작 순종하는 일에서는 주저하는 사람들 말이다. 이 일로 선지자 예후가 전쟁에서 생명을 잃지 않고 간신히 집으로 돌아온 여호사밧을 맹렬히 비난한 일이 역대기에 기록되어 있다(대하 19:1-2).

(2) 아합의 죽음(22:29-40)

²⁹ 이스라엘의 왕과 유다의 여호사밧 왕이 길르앗 라못으로 올라가니라 ³⁰ 이스라엘의 왕이 여호사밧에게 이르되 나는 변장하고 전쟁터로 들어가려 하노니 당신은 왕복을 입으소서 하고 이스라엘의 왕이 변장하고 전쟁터로 들어가니라 ³¹ 아람 왕이 그의 병거의 지휘관 삼십이 명에게 명령하여 이르기를 너희는 작은 자나 큰 자와 더불어 싸우지 말고 오직 이스라엘 왕과 싸우라 한지라 ³² 병거의 지휘관들이 여호사밧을 보고 그들이 이르되 이가 틀림없이 이스라엘의 왕이라 하고 돌이켜 그와 싸우려 한즉 여호사밧이 소리를 지르는지라 ³³ 병거의 지휘관들이 그가 이스라엘의 왕이 아님을 보고 쫓기를 그치고 돌이켰더라 ³⁴ 한 사람이 무심코 활을 당겨 이스라엘 왕의 갑옷 솔기를 맞힌지라 왕이 그 병거 모는 자에게 이르되 내가 부상하였으니 네 손을 돌려 내가 전쟁터에서 나가게 하라 하였으나 ³⁵ 이 날에 전쟁이 맹렬하였으므로 왕이 병거 가운데에 붙들려 서서 아람 사람을 막다가 저녁에 이르러 죽었는데 상처의 피가 흘러 병거 바닥에 고였더라 ³⁶ 해가 질 녘에 진중에서 외치는 소리가 있어 이르되 각기 성읍으로 또는 각기 본향으로 가라 하더라 ³⁷ 왕이 이미 죽으매 그의 시체를 메어 사마리아에 이르러 왕을 사마리아에 장사하니라 ³⁸ 그 병거를 사마리아 못에서 씻으매 개들이 그의 피를 핥았으니 여호와께서 하신 말씀과 같이 되었더라 거기는 창기들이 목욕하는 곳이었더라 ³⁹ 아합의 남은 행적과 그가 행한 모든 일과 그가 건축한 상아궁과 그가 건축한 모든 성읍은 이스라엘 왕 역대지략에 기록되지 아니하였느냐 ⁴⁰ 아합이 그의 조상들과 함께 자매 그의 아들 아하시야가 대신하여 왕이 되니라

아합은 화를 내며 '재수 없는' 미가야를 감옥에 가두었지만, 그가 한 말이 마음에 걸렸다(Skinner, Brueggemann). 아니면 벤하닷이 자기를 얼마나 미워한다는 것을 알기에 직접 부딪치는 것을 피하기 위해서였을까?(Farrar) 그는 변장술로 만일을 대비했다. 아합은 자신이 벤하닷뿐만 아니라 여호와도, 또한 미가야가 말한 운명도 속일 수 있을 것이라고 생각했던 것 같다. 그래서 그는 보통 군인으로 위장하고 전쟁에 임했다. 그가 변장술을 쓰는 것은 마치 한 선지자가 변장하고 그를 길에서 만났던 것을 연상케 한다(20:35-42). 뿐만 아니라 이스라엘의 왕들 중 변장술을 쓴 사람들은 별로 좋은 사람들이 못 되었다. 사울은 변장하고 엔돌의 여인을 찾은 적이 있었다. 여로보암은 아내를 변장시켜 아히야를 찾아가도록 했다. 아합의 변장술이 처음에는 잘 작동하는 것처럼 보였다. 왕복을 입고 출전을 했던 여호사밧이 이스라엘의 왕으로 오인되어 죽을 고비를 맞았지만, 시리아 사람들은 그가 아합이 아닌 것을 알고는 뒤쫓지 않았다.

이 전쟁은 나라와 나라, 혹은 왕과 왕 사이의 싸움이 아니다. 이 전쟁은 오직 한 사람, 아합을 죽이는 일에 목적을 둔 싸움이다. 시리아의 왕이 군사들에게 하는 말에서 이 같은 사실이 확인된다. "너희는 작은 자나 큰 자와 더불어 싸우지 말고 오직 이스라엘 왕과 싸우라"(31절). 또한 정상적인 전쟁에서는 여호사밧도 죽었어야 하는데(32절), 그를 죽이려 했던 시리아 군은 그가 아합이 아니라는 사실을 깨닫고 그냥 보내준다. 그들은 오로지 아합을 죽이기 위해서 전쟁을 하고 있다. 시리아 군은 하나님이 아합을 죽이기 위해서 사용하는 도구였던 것이다(Brueggemann).

하나님은 아주 희한한 방법으로 아합을 죽이셨다. 한 시리아 군인이 별생각 없이 무심코(לחמ) 활을 쏜 것이 우연히 아합에게 명중한 것이다(34절). 그것도 활이 급소를 찔러 죽게 되었다! 이 당시 군인들이 입은 갑옷은 여러 개의 조그만 쇠 조각을 이어 만들었으며, 아마도 이 이

음새 사이로 활이 뚫고 들어간 것으로 생각된다(Wiseman). 아합이 변장으로 시리아 사람들을 속일 수는 있었지만, 여호와가 결정하신 운명은 따돌릴 수 없었던 것이다. 결국 치명적인 부상을 당했지만 전쟁이 얼마나 치열했던지 치료도 제대로 못 받아보고 저녁 무렵에 죽었다(35절).

전쟁이 끝나고 사람들은 그의 시체를 가지고 사마리아로 돌아와서 묻었다. 그의 갑옷과 병거를 사마리아의 못에서 씻는데 개들이 그 피를 핥았으니 하나님의 모든 말씀이 그대로 되었다(38절). 저자는 이 못이 창녀들이 목욕을 하는 곳이라고 하는데(38절),[15] 이 못이 아합과 이세벨이 국교화시킨 종교에 종사하는 신전 창녀들(그들은 여 제사장들이라고 부름)이 목욕하는 곳이라는 뜻이다(Patterson & Austel). 죽은 아합의 핏물이 그가 거룩하게 여겼던 여 제사장들을 부정하게 만든 것이다.

아합의 나머지 행적은 "이스라엘 왕 역대지략"에 기록되어 있다(39절). 그는 상아 궁과 성읍들을 건축하였다. 아합은 그의 아버지가 시작한 사마리아 건설을 마무리한 사람이다. 오므리는 사마리아 건설을 시작한 지 6년 만에 죽었다(16:23). 아합은 자신의 궁을 석재를 사용하여 만들고 많은 상아를 사용하여 화려하게 치장했던 것으로 알려졌다. 고고학자들은 오므리 왕조 시대의 사마리아 궁에서 많은 상아 유물도 발굴했다. 저자는 아합이 상당한 건축가였음을 인정하고 있는 것이다. 그가 죽고 아들 아하시야가 왕이 되었다.

---

15 일부 주석가들은 마소라 사본의 "창녀"(זֹנוֹת)를 "갑옷"(זַיְנוֹת)으로 수정하여 이 못이 창녀들이 목욕하는 곳이 아니라 갑옷을 씻는 곳으로 해석하기를 제안하지만 수정할 필요가 없다. 잠시 후에 보겠지만, 마소라 사본의 "창녀"가 저자가 전하고자 하는 메시지와 더 잘 어울린다.

D. 엘리야의 마지막 날들(22:41-왕하 1:18)

엘리야는 엘리사를 후계자로 물색해 놓은 상태이다. 이제 남은 것은 적절한 시간을 찾아 그에게 사역을 물려주면 된다. 그러나 엘리야는 모든 것을 엘리사에게 넘기기 전에 마지막으로 이스라엘의 왕 아하시야를 상대로 하나님의 말씀을 선포해야 한다. 이 섹션은 머지않아 승천을 앞둔 엘리야의 마지막 사역 현장을 담고 있다. 저자는 엘리야의 마지막 사역을 언급하기 전에 유다 왕 여호사밧과 이스라엘의 왕 아하시야에 대하여 간략하게 정리한다. 본 텍스트는 다음과 같이 구분된다.

A. 유다 왕 여호사밧(22:41-50)
B. 이스라엘의 왕 아하시야(22:51-53)
C. 엘리야와 아하시야(왕하 1:1-18)

1. 유다 왕 여호사밧(22:41-50)

41 이스라엘의 아합 왕 제사년에 아사의 아들 여호사밧이 유다의 왕이 되니 42 여호사밧이 왕이 될 때에 나이가 삼십오 세라 예루살렘에서 이십오 년 동안 다스리니라 그의 어머니의 이름은 아수바라 실히의 딸이더라 43 여호사밧이 그의 아버지 아사의 모든 길로 행하며 돌이키지 아니하고 여호와 앞에서 정직히 행하였으나 산당은 폐하지 아니하였으므로 백성이 아직도 산당에서 제사를 드리며 분향하였더라 44 여호사밧이 이스라엘의 왕과 더불어 화평하니라 45 여호사밧의 남은 사적과 그가 부린 권세와 그가 어떻게 전쟁하였는

지는 다 유다 왕 역대지략에 기록되지 아니하였느냐 ⁴⁶ 그가 그의 아버지 아사의 시대에 남아 있던 남색하는 자들을 그 땅에서 쫓아내었더라 ⁴⁷ 그 때에 에돔에는 왕이 없고 섭정 왕이 있었더라 ⁴⁸ 여호사밧이 다시스의 선박을 제조하고 오빌로 금을 구하러 보내려 하였더니 그 배가 에시온게벨에서 파선하였으므로 가지 못하게 되매 ⁴⁹ 아합의 아들 아하시야가 여호사밧에게 이르되 내 종으로 당신의 종과 함께 배에 가게 하라 하나 여호사밧이 허락하지 아니하였더라 ⁵⁰ 여호사밧이 그의 조상들과 함께 자매 그의 조상 다윗 성에 그의 조상들과 함께 장사되고 그의 아들 여호람이 대신하여 왕이 되니라

저자가 유다의 왕들에 대해서 마지막으로 언급한 이후(15:9-24) 상당한 시간이 흘렀다. 그동안 북 왕국에만 치중했던 것은 남 왕국의 역사에는 특별히 괄목할 만한 일이 별로 없었다는 것을 뜻하기도 한다. 저자는 이제 잠시 남 왕국의 여호사밧(יְהוֹשָׁפָט)(lit., "여호와께서 심판하신다")에게 집중한다. 그의 일대기가 여기서 요약적으로 기록되어 있지만, 열왕기하 3장에서 그의 이야기가 다시 등장한다. 그리고 열왕기하 8:16에 이르기까지 유다의 왕은 여호사밧이다.

여호사밧은 35세에 왕이 되어 25년 동안 통치했다. 이 통치 기간은 아버지 아사와의 3년의 공동 통치(872-869 BC)과 아들 여호람과의 5년의 공동 통치(853-848 BC)을 포함하고 있다(Thiele). 그렇다면 여호사밧이 홀로 유다를 통치한 기간은 주전 869-853년 사이의 16년에 불과하다. 이 연대와 숫자는 열왕기상 15:24; 22:51-52, 열왕기하 1:17; 3:1; 8:16-24 등을 감안하여 내린 결론이다(cf. Thiele).

여호사밧은 아버지 아사처럼 신앙의 사람이었다(43절). 그는 하나님 보시기에 정직하게 행하였으며 성전 남창(הַקָּדֵשׁ)들을 모두 내쫓았다(46절). 여호사밧의 이러한 정책은 그가 얼마나 여호와를 사랑했는가를 보여준다. 다만 아쉬운 것은 산당(בָּמָה)을 제거하지 않아서 백성들이 산당들로 인해 실족하게 된다는 사실이다(43절). 열왕기에서 유다의 몇몇

왕이 긍정적인 평가를 받지만, 두 사람만이 산당을 제거한 것으로 기록
하고 있다. 바로 히스기야와 요시야인데 저자는 이 두 왕의 공로를 인
정하여 이들을 전에도 없었고 후에도 없었던 훌륭한 왕으로 평가한다.

　여호사밧의 정치적 업적 중 가장 중요한 것은 에돔에 대한 유다의 주
권을 회복했다는 것이다(47절). 그는 솔로몬처럼 선박업에도 뛰어들었
다. 여호사밧은 솔로몬이 했던 것처럼 에시온게벨에서 다시스 선단을
만들어 오빌로 보내려 했다(cf. 9:26-28). 그러나 배들이 파손하는 바람
에 성공하지는 못했다. 여호사밧의 사정을 딱하게 생각했던 북 왕국
의 아하시야 왕이 동업을 제안하지만, 그는 받아들이지 않았다(49절).
그러나 역대기 저자는 여호사밧이 실패하게 된 이유를 그가 북 왕국의
아하시야와 동업했기 때문이라고 한다(대하 20:35-37). 이 사건은 여호
사밧이 솔로몬의 영화를 회복하려고 노력했지만 실패했다는 것을 상
징하는 듯하다(cf. Provan).

IV. 엘리야의 사역(왕상 17:1-왕하 1:18)
　D. 엘리야의 마지막 날들(22:41-왕하 1:18)

2. 이스라엘의 왕 아하시야(22:51-53)

⁵¹ 유다의 여호사밧 왕 제십칠년에 아합의 아들 아하시야가 사마리아에서 이
스라엘의 왕이 되어 이 년 동안 이스라엘을 다스리니라 ⁵² 그가 여호와 앞에
서 악을 행하여 그의 아버지의 길과 그의 어머니의 길과 이스라엘에게 범죄
하게 한 느밧의 아들 여로보암의 길로 행하며 ⁵³ 바알을 섬겨 그에게 예배하
여 이스라엘의 하나님 여호와를 노하시게 하기를 그의 아버지의 온갖 행위
같이 하였더라

　여호사밧이 유다의 왕이 된 지 17년째 되던 해에 아합의 아들 아하
시야(אֲחַזְיָה)(lit., "여호와께서 붙잡으시다")가 북 왕국의 왕이 되었다. 그는 2

년 동안 사마리아에서 통치했다(51절; ca. 853-852 BC). 그는 여로보암과 그의 부모 아합과 이세벨의 죄를 반복했다. 자신도 철저한 바알 숭배자가 되었던 것이다(53절). 저자는 아하시야가 이러한 행동을 통해 하나님의 진노를 샀다고 귀띔해준다. 머지않아 그가 하나님의 심판에 의해 처형될 것임을 암시하고 있다.

그나마 남 왕국에는 경건한 왕이 종종 있었기에 아직 포기할 때는 아니다. 반면에 북 왕국에는 소망이 없다. 여로보암 이후로 지금까지 제대로 된 왕이 하나도 없다. 심지어는 엘리야처럼 시시때때로 이적을 행하는 하나님의 선지자마저도 타락한 왕들의 마음을 돌리기에는 역부족이다. 결국 죄로 인해 북 왕국의 운명은 이미 결정되어 있는 것이다. 목자가 좋은 양을 만나는 것이 복이라면, 양들이 좋은 목자를 만나는 것은 더 큰 복이다. 리더가 그만큼 중요한 것이다.